KB063420

노동자가 잃은 것이라곤 쇠사슬뿐이요 얻을 것은 전 세계다.

만국의 노동자여, 단결하라!

인간의 모든 역사는 계급투쟁의 역사다.

역사는 두 번 반복된다.
한 번은 비극으로, 또 한 번은 희극으로….

화폐는 인간의 노동과 생존의 양도된 본질이다.
이 본질은 인간을 지배하며, 인간은 이것을 숭배한다.

Karl Marx

A Biography

2

마르크스 전기 2

초판 1쇄 인쇄 · 2018년 5월 1일
초판 1쇄 발행 · 2018년 5월 5일

지은이 · 마르크스 · 레닌주의연구소
옮긴이 · 김대웅 · 임경민
펴낸이 · 이춘원
펴낸곳 · 노마드
기 획 · 강영길
편 집 · 이경미
디자인 · 디자인오투
마케팅 · 강영길

주 소 · 경기도 고양시 일산동구 무궁화로120번길 40-14(정발산동)
전 화 · (031) 911-8017
팩 스 · (031) 911-8018
이메일 · bookvillagekr@hanmail.net
등록일 · 2005년 4월 20일
등록번호 · 제2005-29호

잘못된 책은 구입하신 서점에서 교환해 드립니다.
책값은 뒤표지에 있습니다.

ISBN 979-11-86288-22-1 (04300)
        979-11-86288-20-7 (세트)

이 도서의 국립중앙도서관 출판예정도서목록(CIP)은 서지정보유통지원시스템 홈페이지(http://
seoji.nl.go.kr)와 국가자료공동목록시스템(http://www.nl.go.kr/kolisnet)에서 이용하실 수 있습
니다.(CIP제어번호: CIP2018010318)

마르크스 전기

마르크스 · 레닌주의연구소 | 지음
김대웅 · 임경민 | 옮김

2

nomad
노마드

| 옮긴이의 글 |

이 책은 소련공산당 중앙위원회 부설기관인 마르크스·레닌주의연구소 (Institute of Marxism-Leninism)가 공식적으로 공동 저술한 마르크스의 전기 이다. 이 책 이외에도 지금까지 여러 권의 마르크스 전기가 간행되었는데, 머리말에서도 소개되었지만 맨 처음 프란츠 메링의『카를 마르크스; 그의 삶에 관한 이야기』가 출판되어 주목을 끌었고, 랴자노프(David Borisovich Ryazanov)의『카를 마르크스; 인간, 사상가 그리고 혁명가*Karl Marx: Man, Thinker, and Revolutionist*』(A Symposium. [Editor.] London: Lawrence and Wishart; 1927), 이사야 벌린(Isaiah Berlin)의『카를 마르크스; 그의 삶과 시대상황 *Karl Marx: His Life and Environment*』(Thornton Butterworth; 1939), 오귀스트 코르 뉘(Auguste Cornu)의『카를 마르크스와 근대사상*Karl Marx et la pensée moderne*』 (Contribution à l'étude de la formation du marxisme. Ed. sociales, Paris; 1948), 존 루 이스(John Lewis)의『카를 마르크스의 생애와 교훈*The Life and Teaching of Karl Marx*』(Lawrence & Wishart; 1965), 그리고 독일 통일사회당 부설 마르크스· 레닌주의연구소가 펴낸 마르크스의 전기가 바로 그것들이다. 하지만 이 것들 중에는 마르크스와 엥겔스의 초고들이 발견되기 이전에 집필되거나 (프란츠 메링의 책), 혹은 왜곡된 시각으로 저술된 것(이사야 벌린의 책)도 있 다. 하지만 1999년 영국『가디언』지의 칼럼니스트 프랜시스 윈(Francis Win) 이 펴낸 평전(원제는『*Karl Marx*』이며 2000년 푸른숲에서 정영목 번역으로 출판 됨)은 마르크스 개인사에 대한 또 다른 시각의 저술로 눈여겨볼 만하다.

페도세예프(P. N. Fedoseyev), 이레네 바흐(Irene Bakh), 골만(L. I. Golman), 콜핀스키(N. Y. Kolpinsky), 크릴로프(B. A. Krylov), 쿠즈미노프(I. I. Kuzminov), 말리쉬(A. I. Malysh), 모솔로프(V. G. Mosolov), 예프게니아 스테파노바

(Yevgenia Stepanova) 등이 집필하고 유리 스도브니코프(Yuri Sdobnikov)가 영역한 이 책은 마르크스의 단순한 전기가 아니라 그의 사상 형성과정, 저작 경위 등을 실천의 관점에서 총체적으로 서술하고 있다. 특히 이 책을 출판한 프로그레스 출판사(Progress Publishers)는 구소련이 영어권 세계에 사회주의에 관한 저작들을 쉽고도 정확하게 전달하기 위해 설립한 것이다.

1989년 당시 무려 2년이라는 시간을 투여해 이 책을 번역했지만, 아무래도 번역이 잘되어 있는지 걱정이 많았었다. 당시에는 그것에 대한 평가가 이미 독자들의 몫으로 넘겨졌다고 여겨 질책을 기다려보는 수밖에 없었다. 다행히도 당시 고려대 행정학과 최장집 교수님이 『한겨레신문』에 기고한 서평에 안도의 한숨을 내쉰 기억이 있다. 하지만 당시의 어투가 지금과는 좀 달라 수정을 가했으며, 조금 부족했던 부분과 사진자료들을 대폭 보충해서 이번에 개정판을 선보이게 되었다. 그리고 이 자리를 빌려 초역 당시 원본을 빌려주신 윤소영 교수님께 다시 한 번 고마움을 표하고자 한다.

끝으로 본문에 나오는 인명과 단체명 그리고 여러 가지 참고사항은 『岩波西洋人名辭典』(증보판, 1981)과 『現代マルクス=レーニン主義事典』(사회사상사, 1980)을 참조했으며, 번역의 텍스트는 『Karl Marx, A Biography』(Progress Publishers, Moscow, 1973)를 사용했음을 밝혀둔다.

2018년 3월
마르크스 탄생 200주년을 맞이하여
김대웅

우리나라의 학문적 수용에 큰 기여할 듯

카를 마르크스의 생애를 기록한다는 것은 그 일이 누구의 것이든 지난한 일이 아닐 수 없을 것이다. 마르크스는 엥겔스와 더불어 인류의 사고와 역사를 바꾸어 놓을 만한 방대한 사상체계를 만들어냈다. 동시에 1848년 혁명으로부터 그 자신 세상을 떠날 때까지 실천적 사회주의 운동가로서 헌신하였다. 그뿐만 아니라 이후 세계 도처에서 발전한 사회주의 운동이 그의 사상에 대한 다양한 해석과 적용을 가능케 하였다. 마르크스가 끼친 실천적 영향은 그만두고라도, 그가 남긴 저작과 문건은 너무나 방대한 것이어서 1950년대 말 동독에서 펴낸 마르크스·엥겔스 저작집은 4권으로 묶고도 그에 포함되지 않은 문건이 아직도 방대한 형편이다. 지금 동독에서 편집 중에 있는 저작집은 결정판이 될 것으로 예상되는데 그것은 무려 100권으로 4반세기의 시간을 요하여 21세기 초에나 출간될 예정으로 있다.

국제적으로 마르크스의 선구적 역할을 해온 마르크스·레닌주의연구소가 1973년 펴낸 마르크스의 전기는 가장 풍부한 자료와 정보의 발굴을 토대로 한 하나의 커다란 업적임에 의심의 여지가 없다.

이번에 김대웅·임경민 번역으로 펴낸『마르크스 전기』를 접할 수 있게 된 것은 우리나라의 마르크시즘의 학문적 수용에 하나의 사건이라고 할 수 있을 것이다. 지금도 고전으로 평가되고 있는 프란츠 메링(Franz Mehring)의『카를 마르크스; 그의 삶에 관한 이야기*Karl Marx: The Story of His Life*』(1935, 독일어판은 1918) 이래 수많은 전기 가운데서 데이비드 맥렐런(David McLellan)의『카를 마르크스; 생애와 사상*Karl Marx: His Life and Thought*』(1973)과 막시밀리앵 뤼벨(Maximilien Rubel)의『마르크스; 생애와 저작*Marx, Life and Works*』(1980)은 하나의 업적으로 평가된 바 있으나 그 나름대로의 한계를 보여주기도 했다.

사회주의 국가의 마르크시즘 연구는 개별 연구가들이 학문적 노동 분업을 통해 지나치게 협애하다시피 한 전문적·실증적 분야나 문제에 대한 연구를 수행하고, 이러한 개별적·부분적 연구를 종합하는 독특한 공동 연구의 방법으로 외부에 널리 알려져왔다. 이러한 연구방법을 반영하는 마르크스·레닌주의연구소의 전기는 따라서 그 사용된 기초자료의 방대함과 문헌적 엄밀성이 무엇보다도 돋보인다. 이 저작에서는 연구소의 명칭이 그러하듯이 마르크스의 이론이 이후 사회주의 운동에서 갖는 실천적 함의에 초점을 두면서 마르크스와 레닌 각각의 이론과 실천 간의 내적 연관관계를 중요시한다. 바꾸어 말하면 소비에트의 공식적 교리라고 할 수 있는 레닌주의 관점에서 마르크스를 투사한다고 볼 수 있다. 한계라면 마르크스의 서구사상사와의 관계, 특히 헤겔과의 관계 그리고 마르크스의 철학적·인간학적 측면이 상대적으로 소홀히 다루어진 점을 지적할 수 있다.

끝으로 이 책의 번역은 평자가 최근년에 들어와 번역본을 접했던 것 가운데 가장 훌륭한 번역의 하나로, 찬사를 표하고 싶다.

차례 C O N T E N T S

10장 『자본론』 – 마르크스의 대표작

11장 제1인터내셔널의 창설자와 지도자

12장 파리 코뮌

CONTENTS

마르크스 전기 1

К.МАРКС

1818 – 1883

8장

마르크스 정치경제학의 형성, 그 결정적 단계

★

"노동이 모든 부요, 가치의 원천이라는 대전제가 정치경제학에 의해 제시된 이래, 다음과 같은 문제가 불가피하게 등장했다. 즉 임노동자가 노동으로 창출한 가치의 총합을 획득하지 못하고 자본가에게 그 일부를 넘겨주고 있는 사실과 이 전제는 이렇게 부합될 수 있는가? 부르주아 경제학자들과 사회주의자들이 이 문제에 대해 과학적으로 타당한 해답을 내리기 위해 노력했음에도 불구하고 마르크스 이외에는 어느 누구도 해결책을 내놓지 못했다."

— 프리드리히 엥겔스 —

1857년 경제공황에 관한 평론들

반동기 전반에 걸쳐 카를 마르크스(Karl Marx)는 자본주의 세계의 정치·경제적 발전을 규정하는 모든 것들에 큰 관심을 보였다. 짧은 기간에 생산력은 놀라울 정도로 증대했고, 공장제도는 유례없는 성공을 거두었다. 또한 한 지붕 아래 미증유의 대규모 노동자들을 집합시키는 수백 개의 공장들이 생겨났다. 대기업에서는 산업노동자의 수동식 설비가 증기기관과 각종 기계로 급속히 대체되고 있었다. 운송 및 통신부문의 혁명도 동시에 일어났다. 그리하여 전 세계의 철도 총연장은 1847년에 25,000킬로미터였던 것이 1857년에는 83,000킬로미터로 늘어났다.

1850년과 1860년 사이에 세계시장의 교역량은 거의 두 배로 증가했으며, 신용 및 은행업의 성장은 예측을 불허할 정도였다. 다양한 종류의 수많은 은행들이 급속도로 성장하여 엄청난 영향력을 행사하기 시작했다. 주식시장도 활기에 차 있었다. 이 모든 것들은 부르주아 경제학자들과 신문이 자본주의 제도를 찬양하는 데 이용되었다.

그러나 자본주의 경제발전에 관한 마르크스의 과학적 분석은 주기적인 과잉생산공황의 새로운 출현을 내다보게 했고, 그것은 실제로 산업 및 무역의 벼락경기에 뒤이어 나타났다. 이 예측은 정확히 입증되었다. 1857년에 공황이 발발했고 그것은 생산량의 격감, 대대적인 상품가격의 하락, 대량실업 등의 형태로 나타났다. 이것은 사실상 세계적 규모를 띤 자본주의의 첫 번째 공황이었다.

마르크스는 『뉴욕 데일리 트리뷴New York Daily Tribune』지에 기고한 각종 평론에서 정기적으로 유럽의 경제상황에 대한 평가를 개진했는데, 이들 중 다수는 1857년 공황의 조건·원인·징후 및 특성들을 다루고 있다.

그는 1857년 공황에 특별한 관심을 기울였다. 첫째로는 그에 관련된 사실과 과정이 정치경제학의 이론적 체계화에 도움이 되었기 때문이고, 둘째로는 그것이 자본주의가 가장 발달한 나라에서 정치상황을 악화시키고 있는 것처럼 보였기 때문이다.

영국·프랑스·독일의 신문과 잡지에 실린 각종 평론과 개인적인 관찰에 의거해 공황 직후에 쓴 마르크스의 논문들은 공황 이전 시기 및 공황기 전체의 경기 기복에 관한 생생한 소묘일 뿐 아니라, 그 자체가 마르크스 경제순환론과 공황론의 일부를 이루고 있는 불후의 이론적 종합이기도 하다.

마르크스는 1857년에 일어난 경제공황이 (그 징후와 표현이 어떠하든) 결코 상업 및 금융부문의 우연적인 둔화나 침체가 아니라 전형적인 주기적 과잉생산공황이었고, 그 자체는 하나의 구조적인 현상으로서 자본주의의 불가피한 귀결이므로 어떤 정부도 이를 모면할 수 없다고 주장했다. 그것은 산업 및 무역의 모든 발전과정에 내재된 모순에 의해 예정되어 있던 것이었다.

그 당시 경제학자들 사이에는 발권은행들이 화폐유통량을 조절함으로써 재화의 공급과 수요의 자연스러운 균형에 조작을 가하고, 생산량의 증감을 유도함으로써 가격수준에 영향력을 미칠 수 있다는 견해

1857년 공황 당시 은행으로 몰려가는 사람들.

가 널리 유포되어 있었다. 많은 사람들이 과잉생산은 필요량 이상의 화폐 남발과 이에 따른 가격의 급등이 원인이라고 믿고 있었다. 마르크스는 영국은행(Bank of England)에서 나온 자료를 이용해 이러한 관념의 불합리성을 증명했다. 사실 벼락경기를 동반한 주식투기는 공황 발발의 사소한 원인에 불과했다. "거래는 건전하다. 그러나 불행히도 그 소비자들은 …… 불건전하다."[1]라는 식으로 '결정화(結晶化)'한 이론가들은 마르크스를 비웃었다.

공황이 발발하자마자 "상업적 격동기는 자유무역의 출현과 더불어 종말을 고했다."[2]라고 오랫동안 주장해온 부르주아 저널리스트들의 피상적인 언명의 허구성이 폭로되었다.

산업 및 상업의 번영 뒤켠에는 노동계급에 대한 야만적인 착취가 엄존하고 있었으며, 그것은 공황기에 절정을 이루었다. 영국의 고용주들은 강력한 계급투쟁의 결과로 국회에서 통과된 바 있는 '공장법(Factory Acts)'을 무시하고 노동일을 연장했다. 그들은 임금을 인하하고 성인 노동자 대신에 어린이들을 더욱 선호했다. 한 평론에서 마르크스는 영국의 자본가들에 대해 "어린 노동자 세대의 생혈로 살이 찐 흡혈귀"[3]라고 혹평했다. 노동대중의 참상은 공황 때문에 더욱 악화되었다. '산업 활동이 마비'되자 유럽 전역에 걸쳐 노동계급의 빈곤이 급속히 확대되었다.

마르크스는 '공동체 전체의 행복'[4]을 희생시킴으로써 특히 대다수 인민의 세액 부담을 가중시키고, 산업 및 상업자본가들에게 정부의 푸짐한 혜택과 특권을 나누어줌으로써 공장 소유자들과 거대 무역업자들의 손실을 보상하기 위해 온갖 수단을 모색하고 있던 부르주아 정부의 책략을 폭로했다. 이것은 빈민 대중의 어깨 위로 공황의 부담을 전가시키려는 사악한 책략이었다.

---

1) *New York Daily Tribune* No. 5176, November 21, 1857.

2) Ibid., No. 5196, December 15, 1857.

3) Ibid., No. 4994, April 22, 1857.

4) Ibid., No. 5202, December 22, 1857.

마르크스는 1857년 공황의 특성을 과장하고 이를 일종의 고립된 현상으로 파악하려는 모든 경향에 반대했다. 그는 "모든 새로운 상업적 위기에 고유하게 나타나는 뚜렷한 특성들이, 이들 공황 모두에게 공통적인 측면들보다 더욱 중요하게 간주되어서는 안 된다."[5]라고 못 박았다. 그는 경제공황은 자본주의 생산양식 안에 구조적으로 뿌리박고 있는 것이기 때문에, "자본주의가 지속되는 한 자연의 계절 변화와 마찬가지로 출현을 감내할 수밖에 없다."[6]라고 믿고 있었다.

「1857~58년 경제학 초고」 저술 작업

마르크스와 엥겔스(Friedrich Engels)는 반동의 득세가 단명으로 끝날 것이라고 믿고 있었다. 그래서 1857년 공황을 딛고 일어난 자본주의 세계의 호황이 정치적 변화와 더불어 또 다른 혁명을 초래하리라고 기대했다. 이러한 조건 아래서 마르크스는 노동계급에게 사회 발전의 법칙(경제법칙)에 관한 지식을 제공해주는 정치경제학 분야의 저술을 최우선 과제로 여겼다. 그는 이러한 작업이 프롤레타리아 투사들에게 혁명적 과업을 자각하도록 도와주고, 프롤레타리아의 계급의식과 단결을 촉진할 것이라고 믿어 의심치 않았다. 공황이 한창 진행되고 있을 때, 마르크스는 그가 지금까지 해온 경제학 연구를 정리하기 시작했다. 하지만 이것을 책으로 출판하기 전에 스스로의 문제의식을 명확히 하기 위해 예비 초고를 작성하기로 했다.

1857년 7월부터 이듬해 5월에 걸쳐 작성한 이 초고[7]는 인쇄 분량으로 50매가 넘는 것으로, 이후의 수많은 경제학 노트의 기원이 되었다. 이것

---

5) Ibid., No. 5445, October 4, 1858.

6) Ibid.

7) 이는 나중에 『정치경제학 비판 요강*Grundrisse der Kritik der politischen Ökonomie*』으로 불렸는데, 『자본론』의 초고에 해당하는 책이다. 이 『요강』에는 마르크스가 1857년 7월부터 1858년 5월까지 집필한 3편의 경제학 초고가 실려 있다. 1. 「바스티아와 캐리」(1857년 7월), 2. 「서설」(1857년 8월), 3. 「정치경제학 비판 요강」, 이 3편의 초고는 1939년부터 1941년까지 구소련의 마르크스·레닌주의연구소에 의해 처음으로 그 전문이 『정치경제학 비판 요강』이라는 제목으로 출간되었다 — 옮긴이.

은 「1857~58년 경제학 초고」의 골격을 구성하고 있으며, 마르크스의 과학적 천재성이 낳은 위대한 걸작이라 할 수 있다.

이 위대한 저작을 단기간에 그것도 "빈곤이 마르크스와 그의 가족을 무겁게 짓누르고 있을 때"[8] 집필했다는 것은 매우 주목할 만하다. 현존하는 마르크스와 그 가족들의 편지는 이 위대한 인간과 그의 가족들이 당시에 처해 있던 곤궁 상태가 얼마나 심각했는지를 잘 보여준다. 엥겔스에게 보낸 1857년 1월 20일자 편지에서 그는 이렇게 썼다.

"현재 나는 그나마 갖고 있던 돈마저 거처를 마련하는 데 다 써버리는 바람에 곤궁에 빠져 칩거해 있다네. …… 정말 무엇을 어떻게 해야 할지 막막하고, 5년 전보다 훨씬 절망적인 상황에 처해 있다네. 사실 난 인생의 쓴맛 단맛을 다 맛보았다고 생각했지. 허나 천만의 말씀(Mais non). 사실 더욱 심각한 것은 이러한 곤경이 일시적이지 않다는 것이네. 그리고 어찌해야 이런 곤경으로부터 벗어날 수 있을지 그 방법을 알 길이 없네."[9]

그의 처지는 줄곧 악화되었다. 57년 공황이 발발하자 『트리뷴』지 편집자들은 마르크스를 제외한 유럽 지역의 모든 특파원들을 해고해버렸다. 『트리뷴』지 편집자들은 미국의 다른 신문들이 마르크스에게 원고를 의뢰할까 봐 두려워했던 것이다. 하지만 매달 8편의 평론을 기고해왔던 마르크스는 이제 4편밖에는 청탁을 받지 못했기 때문에 수입이 반으로 줄게 되었다.

이 어려운 시기에 엥겔스는 모든 수단을 다해 마르크스를 도왔다. 레닌(Vladimir Ilich Lenin)은 "엥겔스의 지속적이고 헌신적인 재정 지원이 없었다면, 마르크스는 『자본론The Capital』을 완성할 수도 없었을뿐더러 필시 빈곤에 압사당했을지도 모른다."[10]라고 말했다.

이처럼 궁핍한 생활에도 불구하고 마르크스는 뛰어난 구상으로 저술 작업에 몰두했다. 1857년 12월 8일자 편지에서 그는 엥겔스에게 "나는 대

---

8) V. I. Lenin, *Collected Works*, Vol. 21, 48쪽.
9) Marx, Engels, *Werke*, Bd. 29, 97쪽.
10) V. I. Lenin, *Collected Works*, Vol. 21, 48쪽.

격변이 도래하기 전에 기본적인 문제들을 명확히 하기 위해 밤을 지새워 경제학 연구를 정리하고 있다."[11]라고 말했다. 그는 혁명의 대의에 대한 무한한 충정으로 불타고 있었으며 노동계급에 대한 의무감으로 충만해 있었다.

마르크스는 각권마다 각기 다른 주제를 담은 총 6권의 책을 쓰기 위한 일련의 계획에 따라 「1857~58년 경제학 초고」를 집필했다.

「1857~58년 경제학 초고」의 서설

「초고」는 하나의 서설(Introduction, Einleitung)로 시작되는데, 이것은 성숙한 마르크스주의의 가장 뛰어난 이론적 표본 중 하나이다. 그것은 전문 학문으로서 정치경제학의 주제와 방법에 관한 마르크스의 견해를 가장 고도로 체계화하고 있다는 점에서 엄청난 과학적 가치를 갖고 있다.

정치경제학은 물질적 가치의 생산과정에서 인간 사이에 맺어지는 사회관계 및 그 운동을 지배하는 객관적인 경제법칙을 취급한다. 정치경제학의 주요 과제 중 하나는 사회적 생산의 각 역사적 형태들 사이의 차별성과 특수성을 확립하는 것이다. 그것은 또한 모든 생산양식을 관통하는 일반적 법칙을 고찰하는 것이기도 하다.

서설은 사회적 생산의 개별 요소들 사이에 존재하는 변증법적 상호작용과 그것의 역할에 관련된 핵심문제들을 상세히 설명하고 있다. 인간이 무언가를 생산할 때면 필요에 따라 자연의 산물을 이용한다. 또한 분배는 생산된 재화의 소비비율을 확정하며, 교환은 개인에게 그 자신이 소유하고 있지 않지만 소유하기를 원하는 생산물을 공급한다. 그리고 소비하는 생산물은 개별적 취득의 대상물이다. 이러한 일련의 과정에서 볼 때 시작은 생산이고 그 끝은 소비이다. 그리고 이 생산과 소비 사이를 매개하는 요소로서 중간에 교환과 분배가 있다. 마르크스는 분배에 대한 생산의 우위성을 특히 강조하고 있다. 그것은 모든 경우에서 분배양식이 생산양식

---

11) Marx, Engels, *Werke*, Bd. 29, 225쪽.

에 의해 규정된다는 것을 의미한다. 분배는 새로운 생산의 전제조건으로 기능하면서도 그 자체는 항상 일반적으로는 생산의 산물이고, 특수하게는 특정 역사적 생산형태의 산물이다.

정치경제학의 방법론을 다룬 부분에서는 특히 정치경제학에서 과학적 추상(abstraction)이 사용되어야 할 영역에 관해 상세히 논하고 있으며, 정확한 과학적 분석과 해석을 위한 기본원리를 해설하고 있다.

추상은 현실세계로부터 제반 관계들을 분리해내고 그 관계들 속의 특정 요소, 즉 특정한 관계를 연구하는 것을 의미한다. 그것은 고유한 역사적 특수성과 법칙을 갖고 있는 관계들의 총체를 분석하기 위한 출발점이다. 하나의 논리적 범주이자 특수한 연구 도구에 불과한 이 추상이 현실의 속성과 인식의 운동을 동시에 표현할 수 있는 이유가 바로 여기에 있으며, 결과적으로 현실의 여러 현상들과 과학적 개념들을 정의하는 데 비슷한 방식으로 적용될 수 있는 이유 또한 여기에 있다. 추상 개념들 중에는 '인구 일반'처럼 일반적이기 때문에 함축된 내용이 빈약한 것도 있고, 그들 존재의 경제적 기초인 '계급'처럼 특수하기 때문에 함축성이 풍부한 것도 있다. 마르크스에 따르면, 생산 일반은 모든 시대의 생산에 공통적인 무엇인가를 제시해줌으로써 특정 시대의 구체적인 생산을 반복해서 분석하는 수고를 덜어주었기 때문에 의미 있는 추상이다.

마르크스는 연구가 유효한 성과를 거두려면 가장 단순한 정의를 얻을 때까지 표면, 즉 기존 개념으로부터 현상의 본질로 파고 들어가야 한다고 강조했다. 그래야만 연구자는 '반대편'에(분석으로부터 종합으로, 특수한 추상과 규정들로부터 '다양한 규정과 관계들을 포함하는 하나의 전제'[12]로) 도달할 수 있다. 인구 일반이라는 범주는 그 자체로는 모호한 추상개념에 불과하지만, 사전에 과학적으로 분석된 특수한 규정들의 종합(sum-total) 속에서 매우 명확하고도 구체적인 것으로 변하면서 혼란스러운 전체라는 탈을 벗게 된다.

---

12) Karl Marx, *A Contribution to the Critique of Political Economy*, Moscow 1971, 206쪽.

가장 간단한 요소(예를 들어 노동, 분업, 수요, 교환가치 등)로 거슬러 올라가는 것이야말로 '올바른 과학적 방법'[13]이다. 그러나 추상에서 구체로 나아가는 이 방법은, 즉 '많은 규정들의 종합'이자 '다양한 측면들의 통합'을 의미하는 이 방법은 단지 정신이 구체적인 것을 인지하고, 그것을 인식과정에서 재생산하는 하나의 수단에 불과하다. 하지만 그것은 결코 구체적인 것 자체가 그것을 통해 출현하는 과정이 아니다. 범주들은 현실을 반영할 뿐 현실을 창조하는 것이 아니기 때문이다.

방법론에 관한 특별한 관심 중 하나는 인식과정에서 역사적인 것과 논리적인 것의 관계를 설정하는 문제이다. 마르크스는 경제적 범주들이 역사 속에서 결정적인 역할을 해온 바의 추이를 통해 고찰해서는 안 되며, 현대 부르주아 사회에서 그것들의 관계에 주목하여 고찰해야 한다고 강조함으로써 논리적 방법을 지지한다. 이미 사라졌거나 지금 존재하고 있는 형태들에 대한 정확한 이해를 위해서는 일련의 논리적 범주들 속에서 일정 형태들의 각종 사례들을 빠짐없이 규정할 필요가 있다.

그렇다고 해서 마르크스가 역사적 방법(실제의 역사적 추이에 따라 현상을 고찰하는 방법)을 거부했다는 것은 아니다. 정치경제학은 본질적으로 사회 발전의 경제적 법칙과 더불어 생산형태들이 그 안에서 기능하고 계승되는 조건들을 탐구한다는 점에서 하나의 역사과학이다. 역사적으로 덜 발전된 형태들에 대한 인식은 "인간을 해부하는 것이 원숭이의 해부에 이르는 하나의 열쇠인"[14] 것처럼, 더욱 발전된 형태들에 대한 분석을 의미한다. 마르크스는 연구에 관한 한 논리적인 방법과 역사적인 방법이 '하나'라는 원리를 정식화했다.

서설은 마르크스가 경제현상의 분석방법과 정치경제학의 문제들을 혁명적 프롤레타리아의 세계관에 관한 철학적 문제들과 밀접히 연관시켜 체계화했음을 명백히 보여주고 있다. 마르크스는 생산관계가 사회 발전

---

13) Ibid.

14) Karl Marx, *A Contribution to the Critique of Political Economy*, 211쪽.

의 경제적 기초라고 추정하는 한편, 정치적·이데올로기적 상부구조와 관련된 과정들을 지속적으로 고찰했으며, 토대에 대한 그것들(상부구조)의 종속성 및 반작용을 추적했다.

마르크스는 사회적 의식의 한 형태인 예술에 대해서도 깊이 연구했다. 그는 인류 문화의 훌륭한 산물에 대한 해박한 지식에 힘입어 1840년대 초에 새로운 유물론적 미학의 토대를 구성하는 많은 결론들을 정식화했다.

예술에 관한 유물론적 전제를 처음으로 도출해낸 사람은 마르크스였다. 『1844년·경제학·철학 초고』에서 그는 아름다운 것을 지각하고 재생시키며, '미(美)의 법칙에 따라 물질을'[15] 형성하는 인간 능력의 발전에서 노동이 차지하는 지대한 역할을 강조했다. 동시에 그는 예술작품을 창조하는 능력은 인간의 인류학적·자연적 자질에 의거하는 것이 아니라, 오히려 인간의 사회적·역사적 존재 조건에 의거한다는 점을 강조했다. 이들 조건에 어떤 변화가 생기면 미적 관념과 요구 그리고 기준 역시 변화되는 경향이 있다.

마르크스는 예술이 인간의 사회생활에서 지대한 역할을 담당하고 있다고 확신했으며, 창조적인 예술을 세계에 대한 하나의 반영태(反映態)이자 동화(同化)의 양식으로 간주했다. 그는 진보적인 예술은 사회과정과 사회 성원들의 정신적 발전 및 교육에 진보적인 영향을 미칠 수 있다고 확신하고 있었다.

그리하여 마르크스는, 예술은 성격상 사회적이기 때문에 역사적으로 발전한다는 사실을 입증했으며, 특정 계급세력의 정책과 이데올로기 그리고 계급모순(계급대립 사회에서는)의 영향을 받는다고 보았다. 예술작품의 내용과 문학 및 예술에서 특정 장르의 유행은 전적으로 사회 발전 수준과 사회구조에 의해 규정된다. 마르크스는 이것이야말로 특정 시대의 예술이 그 시대에만 특유한 이유, 즉 예를 들어 고대 그리스의 신화나 서사시를 현대적 조건 아래서 창조하는 것이 왜 불가능한가를 설명해주는 기

---

15) Karl Marx, *Economic and Philosophic Manuscript of 1844*, 72쪽.

본적인 이유 중 하나라고 생각했다.

"도대체 그리스의 상상력과 그리스 예술의 근저에 깔려 있는 자연 및 사회관계에 관한 개념이 자동 정방기(精紡機)와 기관차, 철도, 전신기가 있는 현대에 어떻게 형성될 수 있겠는가?"[16]

마르크스는 통속적인 사회학적 접근을 경계하면서 일정 계급의 사회생활과 이데올로기가 예술작품에 반영되는 과정은 전혀 직접적이거나 기계적이지 않다고 말했다. 창조적인 예술은 사회 발전의 일반적 법칙에 종속되면서도, 의식의 특수형태로서 그 자체로 특수성과 법칙성(regularity)을 갖는다. 그리고 이들 성격 중 그 어느 하나에 의해 예술의 번성기와 물질적 생산의 영역을 포함한 다른 분야의 고양기가 일치하지 않을 수도 있는 것이다.

또한 이데올로기, 특히 예술의 발전에 존재하는 상대적 독립성도 반드시 고려해야 할 문제이다. 예술작품이 비록 역사적으로 제한된 사회형태와 관련이 있기는 하나, 그것은 전자의 중요성이 후자의 사멸과 더불어 필연적으로 감소한다는 점을 의미하는 것은 아니다. 마르크스는 실례를 들어 그리스의 예술과 서사시에 관해 언급하면서, 그것들은 "미적 쾌락을 선사하고, 어떤 측면에서는 하나의 기준이자 도달할 수 없는 이상으로 간주된다."[17]라고 말했다. 마르크스는 계속해서 이런 현상을 깊이 있게 설명하고 있다. 그것은 그리스 예술이 소박하고 건강하고 정상적인 현실인식과 '자연적 진실'에 대한 추구를 반영하고 있으며, 독특한 매력과 신선한 인간미에 충만해 있고, 역사 발전의 초기 단계, 즉 그 유아기에 인류가 갖고 있던 세계관을 표현하고 있다는 사실 때문이었다.[18]

이 실례는 마르크스주의의 중요한 미학 원리를 표현하고 있다. 그것은 예술품을 궁극적으로 일정한 사회적 조건과 사회적 관계의 반영으로서 고찰할 경우, 이 작품들에서 무언가 영속적 가치가 있는 것, 즉 진실로 인

---

16) Karl Marx, *A Contribution to the Critique of Political Economy*, 216쪽.
17) Ibid., 217쪽.
18) Ibid.

간적인 요소, 나아가 다음 세대의 미적 요구에 부합하는 그 무엇인가를 드러내 보여주는 일이 필요하다는 말이다. 과거의 예술적 유산에 대한 냉소적인 태도는 마르크스주의와는 전혀 어울리지 않는다. 마르크스는 세계예술의 보배들을 진정 소중히 여길 수 있는 방법, 그리고 정신문화의 영역에서 쌓아온 인류의 위대한 업적들의 진보를 위해 배우고 활용할 방법에 관한 적합한 실례를 제공해주었다. 마르크스는 『경제학·철학 초고』를 통해 당시 자본주의 세계의 예술 상황을 분석하면서, 자본주의적 현실은 진실로 창조적인 예술에 절대적이지만, 자본주의 아래서 문학과 예술의 발전을 부정하지는 않는다고 말했다. 그것은 근본적으로 자본주의적 착취체제가 위대한 문학가와 예술가들을 고무하는 인간적 원리에 적대적이라는 것을 뜻한다.

그들이 이상과 자본주의 현실세계 사이의 모순을 깊이 자각할수록 종종 자신의 계급적 기반과는 반대로, 작품 속에서 자본주의적 관계들의 비인간성에 대한 저항에 크게 공감하게 된다. 심지어 부르주아 문학에서조차도 창조적 예술에 대한 부르주아 사회의 적대성은 다양한 형태의 자본주의적 현실을 비극적인 사건으로 가득 찬 세계로 묘사하도록 강요하기도 한다. 이것이 자본주의 아래서 이루어지는 창조적 예술의 발전에 관한 변증법적 측면이다. 셰익스피어(William Shakespeare)와 발자크(Honoré de Balzac)를 비롯해, 뛰어난 예술적 재능에 힘입어 시대와 계급 기반을 뛰어넘고 착취제도의 사악함(무산자에 대한 냉담한 태도, 막강한 돈의 위력, 인간 존엄성에 대한 모독 등)에 가책을 느낀 천재적인 문학가들이 부르주아 사회에서 태어날 수 있었던 이유가 바로 여기에 있다.

이 서설과 그 외 다른 저작 및 편지들을 통해 제시된 마르크스의 일반론은 그가 내세운 미학사상의 명실상부한 보고(寶庫)로서, 문학과 예술에 관한 과학적 이론과 역사의 근간을 이루고 있다.

「1857~58년 경제학 초고」의 본문

비록 이 서설은 완성하지 못했지만, 내용의 풍부성은 「1857~58년 경제학 초고」의 본문에서 개진한 여러 가지 사상을 반영하고 있다.

'화폐'의 장(章)에서는 가치 및 화폐의 일반이론에 관한 주요 문제들을 아주 자세히 설명하고 있다. 여기서 마르크스는 초기에 펼친 화폐론을 수정했다. 초기에, 특히 『철학의 빈곤』에서는 데이비드 리카도(David Ricardo)의 견해를 받아들였다. 리카도의 견해에 따르면, 금이나 은은 가치가 생산가격에 의해 결정되지 않는 일종의 배타적 상품 범주라는 것이다.

마르크스는 수요와 공급을 화폐가치의 배후에 있는 요소로 간주하는 이론의 오류를 비판했다. 그는 귀금속의 가치로 환산된 상품가격을 결정하는 것은 유통 중에 있는 귀금속의 양이 아니라 그것들의 생산가격이라는 사실을 보여주었다.

"귀금속의 생산비용이 오르면 모든 상품가격은 떨어지고, 귀금속의 생산비용이 떨어지면 상품가격은 올라간다. 이것이 일반적인 법칙이다."[19]

마르크스는 화폐가 유통되는 기나긴 과정을 단계적으로 추적했다. 화폐는 국가와는 달리 계약의 산물이 아니라 교환의 산물이다. 그리고 교환은 노동 분업의 산물이자 결과이다.

"상품의 유통은 화폐유통의 최우선 전제이다."[20]

원래 화폐 역할을 했던 것은 가장 자주 교환되는 상품, 사회 전체 또는 사회 특정 부분에 의해 소비의 대상물(object of consumption)로 교환되었던 어떤 상품이었다. 교환의 초기 단계에서는 소금, 가죽, 가축, 노예가 화폐로 기능했다. 그리고 상당 기간이 흐른 뒤에야 비로소 개별적 또는 생산적인 소비에 전혀 사용되지 않는 하나의 상품이 교환 그 자체의 소용품(need)으로 기능하기 시작했다.

"초기 단계에서는 상품이 특수한 효용가치에 힘입어 화폐가 되고, 다

---

19) Karl Marx, *Grundrisee…*, 108쪽.
20) Ibid., 102쪽.

음 단계에서는 그것이 화폐로 기능함으로써 특수한 효용가치를 획득한다."21)

마찬가지로 화폐의 기능도 점차 발전했다. 초기 단계의 교환과 교역에서 화폐는 대부분 가치의 척도로서만 기능했고, 예외적인 경우를 제외하고는 대부분 교환의 수단이나 매개체로 기능하지 않았다. 마르크스는 호메로스(Homeros)의 작품 속에서 수소가 화폐로 취급될 때는 일차적으로 가치의 척도로서 기능하고 있다고 지적했다.

「1857~58년 경제학 초고」의 대부분은 마르크스가 57년 11월부터 이듬해 5월까지 연구주제로 설정했던 '자본'의 장(章)에 할애되어 있다. 여기서는 마르크스 경제학 이론의 초석이라 할 수 있는 잉여가치론이 처음으로 소개되고 있다. 이 장은 상품생산이 역사적으로 가장 저급한 단계에서 전면적으로 개화한 단계로, 즉 노동력이 상품화되고 구매와 판매의 과정이 모든 것들을 지배하며, 그 법칙이 사회 전체의 생활양식과 행동양식을 지배하는 단계로 발전해왔음을 보여주고 있다.

마르크스는 화폐를 자본의 최초 형태로 간주하고, 산업자본의 갖가지 변형들을 자세히 분석하고 있다. 「초고」는 자본이 어떻게 상품으로서의 모습과 화폐로서의 모습으로 번갈아가며 나타나는지를 보여준다. 자본 그 자체는 이 두 규정들의 대체물, 즉 생산수단의 소유자에 의해 처음 투자된 화폐량보다 더 많은 화폐를 획득하는 것이 그것의 최종 결과이자 목적인 대체물을 의미한다. 비록 이것은 특권화된 상품이지만 상품으로서 화폐 그 자체와 자기증식 능력을 획득한 화폐 사이의 본질적인 차이를 강조하고 있다.

그러나 사회적 생산의 일정 단계에서 화폐는 자본으로 전화(轉化)되는데, 이 전화는 저절로 이루어지는 것도, 그렇다고 화폐의 고유한 본성에 기인하는 것도 아니다. 그것은 오로지 노동자의 노동력이 다른 수많은 상품과 마찬가지로 하나의 상품으로 구매와 판매의 대상이 되면서 발생한

---

21) Ibid., 83쪽.

다. 노동력을 구매하는 자본가는 그 가치에 상당하는 보수를 지불하는데, 그것은 평균적으로 노동자의 생존비와 노동자로서의 훈련비를 합한 가치에 해당한다. 이때 자본가가 필요로 하는 것은 노동력의 사용가치이다. 하지만 그는 최종 생산물에서 임금으로 표현된 노동력 비용, 즉 노동력 유지에 필요한 자본비용을 공제하고 난 나머지 불불노동(不拂勞動, unpaid-labour) 부분을 얻는 방식으로 이를 활용한다. 전체 생산물과 마찬가지로 이 부분 역시 임금노동자에 의해 만들어진다. 이것이 부르주아 사회의 착취계급에 의해 수탈되는 모든 형태의 불로소득의 원천, 즉 잉여가치이다.

결과적으로 자본과 노동의 거래는 단지 외관상의 교환에 불과하다. 부르주아 경제학자들은 이 외관상의 등가교환을 자본주의적 관계들을 정당화하기 위한 일종의 현실적 사실로서 제시하곤 한다.

마르크스는 「1857~58년 경제학 초고」에서 처음으로 불변자본(constant capital; 생산수단의 가치)과 가변자본(variable capital)의 개념을 정식화했다. 이 발견은 생산과정에서 일반적인 자본 또는 총자본이 아닌 임금으로 지출된 자본 부분에 의해 이윤이 발생한다는 사실을 명확히 한 점에서 결정적인 중요성을 지닌다. 기초 자산에 해당하는 자본 부분, 예를 들면 원료 및 자재비용에 관한 한 그 가치는 생산과정에서 증가하는 것이 아니라 단지 최종 생산물로 이전되는 것에 불과하다.

고전 경제학자들은 비록 이윤과 지대가 단순히 불불노동의 일부분임을 알고 있었지만, 노동자가 고용주에게 넘겨줄 수밖에 없는 생산물의 이 불불노동 부분에 관해 한 번도 '전체적으로 그 본연의 모습 그대로'[22] 분석해 본 적이 없었다. 하지만 "근본적으로(au fond) 잉여가치는(그것이 이윤의 기초를 이루고는 있지만, 일반적으로 이윤이라 불리는 것과는 다르다는 것을 밝히는 수준까지) 결코 분석된 적이 없었다."[23]

마르크스의 위대한 과학적 성과는 잉여가치의 특수형태(이윤, 이자, 지

---

22) Karl Marx, *Capital, Vol. 1, Moscow*, 1965, 5쪽.
23) Karl Marx, *Grundrisse*…, 288쪽.

대)를 뛰어넘어 이를 분석했다는 데 있다. 사실상 이것은 줄곧 이윤의 일반형태와 특수형태를 혼동해온 고전파 부르주아 정치경제학과 마르크스주의 경제학을 구분해주는 결정적인 분기점 가운데 하나이다.

마르크스는 자본의 역사적 추세를 고찰하면서, 이후 수십 년 동안 생산력이 일반적으로 발전할 것이라고 예고했다.

그는 "사물의 새로운 유용성을 발견하기 위한 자연 전반의 탐구"[24]에 관해 말한다. 그는 모든 지역 및 국가들 사이에 생산물의 교환이 보편화되고 있는 상황을 묘사하고, '자연물(natural objects)', 즉 개인적·생산적 소비에 사용되는 대상에 대한 새로운 가공방법의 발전, 소비에 적합한 새로운 물체와 이미 알려진 물체의 새로운 유용성을 발견하기 위한 전면적 지구 탐사에 관해 말한다. 자연과학의 발달은 이러한 발전에 있어 하나의 필수적인 전제조건이다.

자본은 생산력의 발전을 촉진하기 때문에 "거대한 문명화 능력(civilising influence)"[25]을 지니고 있다. 하지만 그것은 조만간 발전의 내적 한계에 부딪힌다.

"자본의 생산은 끊임없이 극복되면서, 그 순간 또다시 끊임없이 발생하는 온갖 모순에 봉착하게 된다."[26]

일정 단계에서, 생산력의 무한하고도 전면적인 발전을 향한 자본주의적 경향은 사회체제 그 자체의 근본적인 속성과 충돌하기 시작한다.

미래의 과학 응용 방식에 관한 마르크스의 심도 있고 정확한 예견은 특히 중요한 의미를 지니고 있다. 대규모 자본주의적 생산 속에는 이미 "가장 중요한 요소인 과학의 기술적 응용이라는 측면에서 생산이 점차로 과학적 성격을 띠어가는"[27] 경향이 있다. 무엇보다도 앞선 산업을 통해 도달한 기술 수준과 "불변자본의 발전은 일반적인 사회적 지식이 얼마만큼

24) Ibid., 312쪽.
25) Ibid., 313쪽.
26) Ibid.
27) Ibid., 587쪽.

직접적인 생산력으로 전환되었는가를 나타내는 지표이다."[28] 마르크스는 생산 및 생산력의 발전이 사회적 대립의 질곡으로부터 해방된 사회에서는 이 과정이 보다 강력히 진행될 것이라고 말했다.

마르크스는 집단성이 생산의 기초가 되고, 개인의 노동이 처음부터 집단적인 노동으로 기능하는 공산주의 사회의 또 다른 측면들에 대해 매우 중요한 사상을 개진했다. 그것은 지금처럼 교환이 노동을 보편화하는 것이 아니라 생산의 집단성이 처음부터 생산을 집단적·보편적 자산으로 만들 것이라는 사상이다.

마르크스는 집단적인 생산체제에서는 다양한 생산부문 사이에 노동시간을 균형 있게 분배하는 것과 같은 시간의 절약이 제1의 경제법칙, 즉 '거의 전면적인(to a much greater extent)' 법칙으로 변한다고 말했다. 모든 현실 경제는 노동시간의 절약과 생산비의 최소화로 표현된다. 그리고 이것은 곧 노동생산력을 증대시키는 것과 다름없다. 또한 노동시간의 절약은 여가시간, 즉 노동대중의 완전하고도 전면적인 발전을 위해 사용되는 시간이 늘어남을 의미한다. 그리고 이것은 결국 노동생산력에 일정한 반향을 일으킨다. 자유시간(여가와 좀 더 높은 가치를 추구하는 시간)은 사회의 모든 성원들로 하여금 정신력과 체력을 마음껏 발전시킬 수 있도록 해줄 것이다.

과학적 분석의 수준과 논의된 문제들의 범위를 고려한다면, 「1857~58년 경제학 초고」는 마르크스가 20여 년에 걸쳐 각고의 노력 끝에 내놓은 저작의 첫 번째 초안, 즉 『자본론』의 초판으로 여길 만하다.

새로운 경제학 저작 출판 준비 작업

「1857~58년 경제학 초고」가 채 완성되기도 전에 마르크스는 이를 출판하기 위한 준비 작업에 들어갔다. 먼저 그는 여러 육필(肉筆) 노트를 일목요연하게 이용할 수 있도록 상세한 주제 목록을 작성했다. 1858년 8월 초

---

28) Ibid., 594쪽.

부터 11월 중순 사이에 그는 이 「초고」를 토대로 삼아 『정치경제학 비판*A Contribution to the Critique of Political Economy*』[29])의 원고를 집필했다. 한편 출판업자를 물색 중이던 마르크스에게 페르디난트 라살레(Ferdinand Lassalle)로부터 연락이 왔는데, 라살레는 마르크스가 제안한 방식대로(마르크스는 당시 이 저작을 한꺼번에 출판할 수가 없었다) 베를린의 출판업자 둥커(Duncker)와 계약을 맺어, 이 저작을 인쇄전지 4내지 6장 분량의 일련의 부(部)로 나눠 연속 출판할 수 있도록 도와주었다. 양쪽의 동의하에 작성한 계약서에 최종 서명하는 시기는 제2부를 인쇄할 때까지 미루었다.

마르크스는 제1부가 후속 내용의 이론적 기초를 제공할 만한 비교적 자기완결적인 작품이 되기를 바랐기 때문에 1858년 5월 말경에 원고를 인쇄업자에게 송고하기로 했다. 출판을 위한 원고 집필은 마르크스의 악화된 건강과 재정적 어려움 때문에 크게 제약을 받았다. 그는 종종 전혀 일에 몰두할 수 없을 정도로, 심지어는 "펜을 움직일 수조차 없을 정도로" 고통에 시달리곤 했으며, 고통을 무릅쓰고 연구를 조금 진전시킨 뒤에는 "여지없이 며칠 동안 앓아누워야만 했다."[30]) 이 때문에 저작의 완성이 지연되었고 또 책의 체제에도 영향을 미쳤다.

마르크스는 자신의 저작에 대해, 특히 그것이 심혈을 기울인 15년 연구의 결실이었기 때문에 그다지 만족해하지 않았으며, 좀 더 나은 것이 되길 바랐다.

"이 저작은 사회적 관계에 대한 매우 중

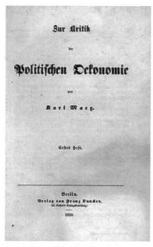

『정치경제학 비판*Zur Kritik der politischen Ökonomie*』 독일어 초판.

---

29) 『정치경제학 비판을 위하여』라는 제목으로도 불리는 이 책은 「서문」, 제1장 「상품」, 제2장 「화폐 또는 단순 유통」으로 이루어졌다. 「서문」에는 그때까지의 이력이나 이른바 '유물론적 역사관의 공식'이 기록되어 있다. 「서문*Vorwort*」과 「서설*Einleitung*」은 별개의 것이다. 1857년 8~9월에 『정치경제학 비판 요강』의 서두로 쓴 「서설」은 1907년에 간행된 카우츠키 편의 『정치경제학 비판』의 부록에 수록되어 널리 알려졌다 ─ 옮긴이.

30) Marx, Engels, *Werke*, Bd. 29, 318, 323쪽.

요한 견해에 최초로 과학적 표현을 부여하고 있다. 이에 대한 왜곡된 이해를 방지하는 것이 당에 대한 나의 의무라고 생각한 것은 바로 이 때문이다."[31]

마르크스는 항상 자신의 연구와 정치적 행위에 대해서는 의도적으로 높은 기준을 설정했다. 이는 그의 행동규범이었고 확고한 윤리적 원칙이었다.

원고를 집필하는 동안 마르크스는 『경제학자*The Economist*』지를 통해 부르주아 경제학자 제임스 매클래런(James Maclaren)이 쓴 『현대사 초략*A Sketch of the History of the Currency*』이라는 책의 출판 사실을 알게 되었는데, 그는 이 책을 매우 읽고 싶어 했다.

"그 책을 읽어보지도 않고 집필을 계속한다는 것은 나의 이론적 양심에 반하는 일이다."[32]

대체로 대영박물관 도서관에 새로운 책이 도착하는 데는 상당한 시일이 걸렸고, 마르크스는 9실링 6펜스밖에 안 되는 이 책을 살 여유가 없었다. 그의 가족 또한 곤궁에 찌들어 있었다. 그는 심지어 베를린(Berlin)에 원고를 보내는 데 필요한 1파싱(farthing; 4분의 1페니 – 옮긴이)의 우송료조차 없어[33] 엥겔스가 돈을 보내올 때까지 기다려야만 했다.

결국 1859년 1월 26일에야 비로소 원고를 베를린으로 보냈다. 애초의 약속 기간보다 두 배나 늦은 때였다. 그리고 약 한 달 뒤인 2월 23일에는 「서문」도 보냈다. 제1부를 인쇄하는 데는 상당히 오랜 시간이 걸렸다. 마르크스는 그 출판업자가 일을 '뭉그적거리고'[34] 있다는 사실에 몹시 분개했다. 우여곡절 끝에 1859년 6월 11일 마침내 초판 1,000부가 출간되었다.

---

31) Ibid., 566쪽.
32) Ibid., 330쪽.
33) Ibid., 385쪽.
34) Ibid., 586쪽.

『정치경제학 비판』제1부

마르크스의 가장 뛰어난 저작 중 하나인 『정치경제학 비판』은 「서문 *preface(Vorwort)*」으로 시작한다. 경제학 연구사를 간략히 개관하고 유물사관에 입각해서 계급을 규정하고 있는 「서문」은 이론과 실천 모두에 매우 중요한 고도로 혁명적인 결론들을 제시하고 있다. 마르크스는 다음과 같이 말하고 있다.

"인간은 그들 존재의 사회적 생산과정에서 불가피하게 자신들의 의지와는 독립된 일정한 관계, 즉 물적·생산력 발전에 상응하는 일정 단계의 생산관계에 들어간다. 이들 생산관계의 총체가 사회의 경제구조, 즉 현실적인 토대를 형성하는바 법적·정치적 상부구조가 이 토대 위에 구축되며, 또한 이 토대에 사회적 의식의 특정 형태들이 조응한다. 물질생활의 생산양식이 사회적, 정치적, 지적 생활의 일반적 과정을 규정한다. 인간의 의식이 존재를 규정하는 것이 아니라 오히려 사회적 존재가 의식을 규정하는 것이다. 발전의 일정 단계에서 사회의 물적 생산력은 종래의 생산관계 또는 이제까지 기능해왔던 일정한 틀 내의 소유관계(이는 단지 생산관계의 법적인 표현에 불과하다)와 갈등을 일으키게 된다. 생산력 발전의 형태에 의해 이들 관계는 생산력 발전의 질곡으로 변하게 된다. 이때 사회혁명의 시기가 도래한다."[35]

유물론의 기본적인 결론과 기초 명제에 입각한 계급규정을 사회관계에 적용함으로써, 「서문」은 그 자체로서 과학적 가치를 갖는 문건이 되었다.

「서문」은 단테(Alighieri Dante)의 다음과 같은 짧막한 경구(警句)로 끝을 맺고 있는데, 마르크스는 이를 연구와 혁명적 투쟁에서 좌우명으로 삼고 있었다.

"이제 모든 의혹을 떨쳐버리고 온갖 비굴함을 여기에 묻어라(Qui si convien lasciare ogni sospette, Ogni viltà convien che qui sia morta)."[36]

---

35) Karl Marx, *A Contribution to the Critique of Political Economy*, 20~21쪽.
36) 영역은 단테의 *The Divine Comedy*, Illustrated Modern Library, Inc., 1944, 22쪽에서 인용했다.

「서문」에 이은 『정치경제학 비판』 제1부는 제1장 「상품*The Commodity*」과 제2장 「화폐 또는 단순 유통*Money or Simple Cirualation*」으로 구성되어 있다.

제1장은 설명과 의미가 가장 난해하다. 마르크스는 자본주의적 생산의 모순적 성질을 가장 단순한 상품 형태를 통해 드러내 보여주고 있으며, 이에 따라 부르주아 사회의 경제적 범주들에 대하여 한층 진전된 분석과 비판을 수행하는 데 이론적 원리의 단초를 확립할 수 있었다. 마르크스가 제시한 방법론의 중요한 특징은 가장 기초적인 형태에서 출발하여 점차 복잡한 형태로 나아가는 것이다. 상품과 가치에 대한 그의 분석은 그 자체가 목적이 아니다. 그것은 화폐와 자본의 분석을 향한 논리적 이행의 길을 열어준다.

언뜻 보기에 부르주아의 부(富)는 상품의 거대한 집적물처럼 보이고, 개별 상품이 부의 기본 요소인 것처럼 나타난다. 마르크스에 따르면 상품(구매와 판매의 대상물)은 사용가치와 교환가치의 모순적인 통일물이다.

사용가치는 필요하고도 유용하며 인간적 욕구의 대상이 될 수 있는 물(物)의 자격(capacity)을 의미한다. 사용가치는 어떤 사회에서든, 또 어떤 사회적 생산형태 아래에서든 부의 물질적 내용을 이루며, 구두수선공·재단사·목수·농부의 노동 등과 같은 구체적 노동에 의해 창출된다.

이에 비해 교환가치는 경제적 관계를 반영한다. 상품에 실현된 노동(교환가치를 창출한다)은 사용가치의 특수한 내용, 즉 노동 자체의 특수하고도 구체적인 형태와는 무관하다. 그것은 차별성이 제거되고 질이 사상(捨象)[37]된 노동이며, '노동자의 개별적인 특성들이 지워진 노동'[38]이다. 가치의 본질을 이루고 있는 이 노동을 마르크스는 추상적 보편 노동(abstract universal labour)이라고 불렀다.

「1857~58년 경제학 초고」에서 그는 노동이 이중성을 갖고 있으며, 이 가운데 추상적 노동이 교환가치의 원천이라고 말했다. 그는 『정치경제학

---

37) 유의할 필요가 있는 현상의 특징 이외의 다른 성질을 버리는 일. 추상 작용에 필연적으로 수반되는 부정적 측면이다 — 옮긴이.

38) Karl Marx, *A Contribution to the Critique of Political Economy*, 29쪽.

비판』제1부에서 이에 대해 자세히 설명하고 있다. 추상적 인간노동이란 다양한 유형의 노동을 단순한 평균노동으로, 즉 일정한 사회의 평균적 개인이 수행할 수 있는 노동으로 환원시킨 것을 의미한다. 가치 속에 표현된 노동은 각각의 개인적 노동으로 수행되지만, 교환 및 시장관계의 매개를 거치면 그와는 정반대의 추상적 보편 노동으로 탈바꿈한다. 따라서 이 노동은 노동의 특수한 사회적 형태이다.

마르크스는 노동이 가치의 유일한 원천이라고 선언함으로써 고전파 부르주아 정치경제학자들이 주창한 가치의 기원과 본질에 관한 기본적인 개념들을 수용했다. 하지만 그는 노동가치설의 가장 열렬한 옹호자였던 리카도에 비해 실질적인, 그리고 질적으로 전혀 새로운 진전을 이룩했다.

리카도를 비롯한 그의 선배들은 사용가치와 가치의 차이점 등을 인식하고 있었음에도 불구하고 이들의 관계를 규정하지는 못했다. 또한 노동이 가치의 원천이라는 사실을 발견하기는 했으나 가치를 창조하는 노동의 특수성을 입증하지는 못했다. 그들은 오로지 가치의 크기에만 관심을 가졌고, 그것을 상품에 구현된 노동시간으로만 이해했기 때문에 질적인 측면을 보지 못했으며, 가치와 사용가치 속에 표현된 노동 형태의 특수성을 간과할 수밖에 없었다.

마르크스는 이것들을 규명해낸 최초의 인물이었다. 그의 위대한 과학적 성과는 상품(교환가치와 사용가치의 통일물로서)의 이중성과 노동(구체적 노동과 추상적 보편 노동의 통일물로서)의 이중성을 제1장에서 상세히 해명했다는 점에 있다. 그는 상품의 영역이 사물들의 관계로 구성되어 있다는 잘못된 관념을 일소했고, 모든 왜곡된 형태의 자본주의 경제법칙을 심도 있고 총체적으로 비판하기 위한 과학적인 전제를 확립했다.

제2장은 제1장보다 더욱 포괄적이면서도 매우 구체적으로 기술되어 있다. 제1장 「상품」에는, 윤곽조차 분명치 않아서 훗날『자본론』을 통해 비로소 발전시킬 수 있었던 몇 가지 문제들이 실려 있지만, 제2장 「화폐 또는 단순 유통」은,『자본론』제1권에서 제1장 부분은 분량 면에서도 거의 두

배로 늘어났을뿐더러 전면적으로 다시 썼지만, 이 제2장과 관련된 내용은 분량 면에서는 원래의 반으로 줄었고 내용 수정도 전혀 없었다.

전체적으로 이 장은 마르크스의 화폐 및 화폐유통 이론에 관한 가장 성숙되고 가장 구체화된 설명 부분이다. 이것이『자본론』제1권의 해당 부분보다 훨씬 더 자세한 설명으로 이루어져 있고,『자본론』에는 없는 중요한 역사적 개관을 포함하고 있다는 사실이야말로 다른 요인들과 함께 마르크스 사상의 가장 뛰어난 저술인『정치경제학 비판』의 과학적 중요성을 결정해주고 있다.

마르크스는 화폐와 화폐 순환에 관한 진정으로 과학적인 이론을 창조했으며, 화폐가 편의상 유통부문에 도입된 것이 아니라 유통 그 자체에 의해 창출되었다는 사실을 보여주었다.

특정한 상품이 화폐로서 기능하는 것은 바로 그것이 갖는 고유한 속성(운반 및 분할의 용이성 등) 때문인데, 바로 그 속성 때문에 그 상품은 가치의 적절한 표현물로 기능하고, 사적 상품 생산자들 사이의 교환과정에서 사회적 노동의 구현체로서 등장하게 된다. 화폐가 가치를 지니는 것은 그것이 일정한 사회적 기능을 수행하기 때문이 아니라 노동의 생산물이기 때문에, 즉 가상적인 가치나 관습적인 가치가 아니라 모든 다른 상품과 마찬가지로 현실적인 가치를 갖고 있기 때문이다. 화폐는 가치의 최고의 표현으로서 구체적 노동과 추상적 노동 사이에, 그리고 상품의 고유한 가치와 사용가치 사이에 존재하는 모순의 발전을 통해 진화된 것이다. 그것은 개별적 노동이 사회적 노동으로 나타나면서 갖게 되는 형식이다.

역사에 뿌리를 둔 모든 화폐의 기능(유통·축장·지불의 수단으로서, 그리고 세계화폐로서)을 분석하면서, 마르크스는 유통에 필요한 화폐량을 지배하는 법칙과 그 밖의 다른 유통법칙을 체계화했다.

『정치경제학 비판』은 정치경제학 분야에서 하나의 진정한 혁명이었다. 요제프 바이데마이어(Joseph Weydemeyer)에게 보낸 1859년 2월 1일자 편지에서 마르크스는 "나는 우리 편에 과학적 승리를 안겨주고 싶다."[39]라고 썼는데, 그 목표는 이 저작의 발간으로 훌륭하게 성취되었다.

마르크스는 자신의 경제관이 부르주아 경제학자들의 이론이나 교의보다 우월하다는 것을 입증했다. 그는 방법론상의 우수성과 정치경제학적 주제에 대한 유례없이 정확한 접근을 통해, 부르주아 경제학의 기본 범주에 관한 연구에서 고정화되고 거의 요지부동인 것처럼 보이던 관념들을 타파할 수 있었다.

그는 또한 부르주아적 소유관계에 대한 프루동(Pierre Joseph Proudhon)의 비판과 개혁을 통해 그 '나쁜 측면'을 제거하고자 하는(과학적 사회주의의 아류인 프루동주의가 주창하고 있는) 그의 계획이 이론적으로 매우 취약하다는 명백한 증거를 제시했다. 결과적으로 『정치경제학 비판』의 출판은 혁명적 노동계급 편에 이중의 이론적 승리를 가져다줬다. 그것은 부르주아 정치경제학에 대한 승리이며, 프루동과 그의 추종자들이 표방했던 정치경제학의 프티부르주아적 변종에 대한 승리를 의미했다. 『정치경제학 비판』 제1부는 화폐 및 화폐유통에 관한 세계적으로 가장 훌륭한 저작일 뿐 아니라, 마르크스 경제학 이론의 기초인 가치론을 최초로 정립했다는 점에서 각별한 중요성을 지니고 있다.

독일의 공인 부르주아 신문들은 이 책에 대해 침묵을 지켰다. 심지어 마르크스의 몇몇 동료들조차 처음에는 이 책의 매우 심오한 내용을 거의 이해조차 하지 못했다. 따라서 이 사상을 보급한다는 측면에서 볼 때는 오히려 이 책에 대한 엥겔스의 평론이 더 효과적이었다. 그는 마르크스의 이 저작이 뛰어난 과학적 성과이며 정치경제학 발전에 새로운 지평을 열었다고 말했다. 책은 날개 돋친 듯이 팔려나갔으며, 유럽뿐만 아니라 미국에서도 읽혔다. 마르크스는 이러한 성공에 용기를 얻어 즉시 제2부 집필에 착수했다. 아울러 제1부의 영어판을 내고자 했으나 여러 가지 개인적인 이유 때문에 그 계획을 포기할 수밖에 없었다.

---

39) Marx, Engels, *Werke*, Bd. 29, 573쪽.

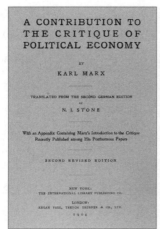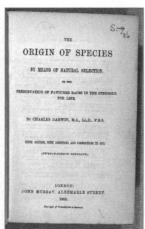

영어판 『정치경제학 비판』과 『종의 기원』 속표지.

마르크스와 다윈

마르크스의 『정치경제학 비판』이 출간되었던 1859년에 찰스 다윈 (Charles Robert Darwin, 1809~82)의 『자연도태에 의한 종의 기원에 관하여On the Origin of Species by means of Natural Selection』, 즉 『종의 기원』도 출간되었다. 이 책은 인간 이성이 자연의 내밀한 비밀을 폭로함으로써 이룩한 가장 중요한 공적 가운데 하나이자, 종교·관념론 및 형이상학에 대한 유물론과 변증법의 빛나는 승리로 일컬어지는 다윈주의의 출현 및 확립의 한 계기로 작용했다. 사실상 마르크스와 엥겔스가 철두철미한 과학적 세계관(변증법적·사적 유물론 철학)을 체계화하고, 마르크스가 경제이론을 정립하고 있던 바로 그 순간에 찰스 다윈의 자생적인 변증법적·유물론적 유기체 자연관(organic nature) 역시 결정화되고 있었다는 것은 상당히 주목할 만한 사실이다.

이러한 사실은 단순히 시간상의 동시발생 정도로 치부될 일이 아니다. 사실 1840년대에는 변증법적 유물론이 바로 실천을 통해서, 즉 사회 발전 과정과 사회적 생산 및 과학기술 발전에 의해서 생성되고 있었던 것이다.

대규모 공업 발전과 증기기관의 이용은 물리학과 화학에 일정한 자극제로 작용했으며, 이로 인해 물질 및 에너지의 변형과 관련된 제반 과정들을 해명해야 할 필요성이 대두되었다. 또한 광업의 팽창은 지각에 대한 탐사를 가속화시켰으며, 이는 당연히 지질학의 발달을 가져왔다. 그리고 강도 높은 농업 경영은 식물과 동물의 종(種)에 관한 연구를 필요로 하게 되었으며, 이러한 연구는 종의 변화와 발전이라는 사상 속에서 절정을 이루었다. 자본주의와 노동계급 운동이 발전함에 따라 사회생활의 근본적 변혁을 위한 제반 조건들도 무르익게 되었다. 바로 이 모든 것들이 일종의 과학으로서 유물변증법의 출현을 가속화시켰던 것이다.

당시에는 낡은 종교적·관념론적 세계관이 여전히 풍미하고 있었지만, 그것은 이미 새로이 부상하고 있는 진보세력과 해소 불가능한 모순관계에 들어서고 있었다. 마르크스와 엥겔스는 그들이 진정 혁명적 진보계급인 프롤레타리아트의 이데올로그였던 까닭에, 새로운 유물변증법적 세계관의 토대가 되는 학문과 실천의 여러 공적들을 심오하고도 포괄적으로 일반화할 수 있었다. 그리고 사회 발전과 계급투쟁 및 혁명을 지배하는 법칙들을 발견한 것도 바로 그들이었다.

한편 다윈은 자연과학에 대한 자유주의적 견해로 인해 부르주아적 사회·정치관으로부터 벗어날 수 없었다. 그러나 성실하고도 고결한 원칙을 고수하는 자연과학도이자 진실을 추구하고 사심 없는 탐구자였던 그는 생물학적·농학적 자료들을 일반화하는 과정에서 자연스럽게 유물론과 변증법을 수용하게 되었다. 그는 학문 활동을 지속하기 위한 기반이 되는 제반 조건들과 과학적 탐구 논리에 따라, 필연적으로 그러한 길을 취하지 않을 수 없었던 것이다.

그리하여 과학의 두 거장, 즉 마르크스와 다윈은 관련 분야가 전혀 달랐음에도 불구하고(마르크스는 철학·정치경제학 및 그 밖의 사회과학에서, 다윈은 생물학에서) 비슷한 방법론적 견해에 도달했다. 마르크스는 사회구조의 변동성을, 다윈은 식물의 종이 갖는 변동성을 각각 발견·입증했다. 엥겔스는 훗날 이에 관해 이렇게 기술했다.

"다윈이 자연생물체의 발전법칙을 발견했다면, 마르크스는 인류 역사의 발전법칙을 발견했다."[40]

다윈의 저작이 지니는 진가를 제대로 이해한 최초의 인물 역시 마르크스였다. 1860년 12월 19일 그는 『종의 기원』을 읽은 직후 엥겔스에게 다음과 같은 내용이 담긴 편지를 썼다.

"그것이 비록 영어로 조야하게 표현되어 있지만, 우리의 견해를 위한 자연사적 토대를 담고 있다."[41]

다윈은 자연진화론을 주장하면서 세계는 고정·불변한다는 형이상학적 관념에 결정타를 가했으며, 과학적 사회발전관의 확산을 위한 기반을 명확히 제시했다. 마르크스는 다윈의 이론을 자연과학의 여러 위대한 업적 중 하나로 여겼다. 그는 자연과학도 사회현상에 대한 과학적 분석과 함께 혁명적·유물론적 세계관의 토대를 이룬다고 생각했다. 다윈의 저서는 자연이 일정한 계획에 따라 설계되었다는 생각을 밑바닥에서부터 흔들어 놓았으며, 자연의 합리적 의미를 과학적으로 설명했다.

마르크스는 또한 다윈의 세계관이 지니고 있는 한계와 취약점, 그중에서도 특히 동식물 세계에 작용하고 있는 법칙과 당대 자본주의 사회에서 그가 목격한 경쟁적 투쟁, 즉 '만인의 만인에 대한 투쟁(a war of all against all)' 사이의 유사성을 지나치게 단순화시켰다고 지적했다. 하지만 그것은 사실상 큰 약점이라고 할 수 없었다. 마르크스의 생각으로는 자본주의의 사회적 모순들을 '영원한' 자연법칙에 따라 설명하기 위해, 다윈이 발견한 생물학적 법칙을 인간사회에 적용하려는 이른바 사회진화론자들의 시도가 훨씬 더 위험한 것이었다.

마르크스는 둘째 딸 라우라(Laura Lafargue)와 사위인 폴 라파르그(Paul Lafargue)에게 보낸 1869년 2월 15일자 편지에서, 영국 사회에 만연한 격심

---

40) Marx and Engels, *Selected Works*, Vol. 3, 162쪽.
41) Marx, Engels, *Werke*, Bd. 30, 131쪽.

한 경쟁이 다윈에게 동식물 사이의 생존투쟁과 자연도태를 시사해주었던 반면에, 사회진화론자들은 이러한 경쟁을 "인간사회가 그것의 수성(獸性)으로부터 결코 벗어날 수 없는 결정적 이유로"[42]로 간주함으로써 위대한 자연주의자의 이론을 왜곡했다고 말했다.

마르크스와 다윈은 비록 세계관의 차이 때문에 밀접한 친분을 유지하지 못했지만, 서로의 과학적 업적을 존중하고 인정했다. 1873년 10월 1일 다윈은 『자본론』 책자를 증정 받고서 다음과 같은 편지를 마르크스에게 띄웠다.

친애하는 마르크스 선생.

자본에 관한 당신의 위대한 저작을 저에게 보내주신 호의에 감사드립니다. 그리고 지금 저는 정치경제학의 심오하고도 중차대한 주제에 관해 좀 더 깊은 인식에 도달함으로써, 당신의 호의가 결코 헛된 것이 아니었음을 보여주고 싶을 따름입니다.

비록 우리의 연구 내용이 서로 상당히 다른 것이기는 하지만, 저는 우리 모두 지식의 범위를 보다 넓히기를 열망하고 있고, 그것이 결국 인류의 행복에 보탬이 되리라 믿습니다.

당신의 성실한 벗
찰스 다윈[43]

다윈은 또한 1880년 10월 13일자 편지에서, 『자본론』의 저자가 그 책의 내용 중 1개 부(部)를 자신에게 헌정하는 영예를 안겨준 데 감사하면서, 마르크스에게 존경의 마음을 표했다. 그는 이 편지에서 자신이 마르크스 저작 전반의 내용을 숙지하지 못한 데다, 가족들의 신앙심에 상처를 주지 않

---

42) 마르크스·레닌주의연구소 중앙당 문서보관소.
43) Ibid.

말년의 찰스 다윈(1731-1802).

기 위해 가급적 공개적인 반(反)종교적 발언을 삼갔기 때문에 마르크스의
호의를 부득이 거절할 수밖에 없었다고 밝히고 있다. 그럼에도 불구하고
우리는 다윈이 마르크스의 학문적 공헌을 인정하고 있다는 사실을 이 편
지 전반을 통해 엿볼 수 있다.

  마르크스와 다윈이 체계화한 이론들은 긴밀한 상호작용을 통해 서로
뒤섞이고 또 서로를 보강해주면서 발전했다. 다윈주의는 마르크스주의
철학을 확증하고 구체화하고 또 발전시킨 방대한 여러 사실들을 나열하
고 있다. 또한 다윈주의적 진화론이 사회 전반에 확산되면서 노동계급이

마르크스주의 교의를 흡수하는 데 보다 유리한 기반이 창출되었다. 한편 마르크스주의는 그것대로 다윈의 이론에 유물변증법적 해석을 가하고, 그것의 방법론적 원칙들을 발전시키는 데 지대한 공헌을 했다. 마르크스와 엥겔스 그리고 레닌은 다윈의 사상을 매우 높이 평가했고, 그것들이 지닌 엄청난 학문적 중요성을 지적했으며, 또한 그 사상을 널리 퍼뜨리고자 노력했다.

레닌은 마르크스의 학문적 업적과 다윈의 발견을 비교하는 가운데 다음과 같이 썼다.

"다윈이 동식물의 종을 단절된, 우연한 그리고 '신에 의해 창조된', 따라서 불변하는 것으로 보는 견해에 종지부를 찍은 것과 마찬가지로, 마르크스는 사회를 개인들의 기계적인 집합체(모든 종류의 변화를 권위들의 의지, 굳이 예를 들자면 사회와 정부의 의지에 내맡겨버리고 우연히 출현해서 우연히 변화하는)로 보는 견해에 종지부를 찍었다. 또 다윈이 종의 가변성과 연속성을 확립함으로써 생물학에 철저히 과학적인 기초를 제공한 최초의 인물이듯이, 마르크스는 사회의 경제구조를 기존 생산관계의 총합으로 보는 개념을 확립하고 그러한 구조들의 발전이 바로 자연사의 한 과정이라는 사실을 확립함으로써, 사회학에 과학적 기반을 제공한 최초의 인물이었다."[44]

---

44) V. I. Lenin, *Collected Works*, Vol. 1, 142쪽.

9장

민주주의 운동과
프롤레타리아 운동의
새로운 고양

★

1848년 당시에도 그랬던 것처럼, 마르크스는 더욱 광범하고 더욱 '서민적인' 대중, 즉 일반적으로는 프티부르주아지, 특수하게는 농민, 최종적으로는 전(全) 빈민계급을 부르주아 민주주의 운동에 참여시켜 그 영역을 확대하고, 운동을 극점으로 끌어올리는 데 남달리 깊은 관심을 갖고 있었다.

— V. I. 레닌 —

세계적인 경제공황은 혁명으로 귀결되지는 못했으나, 1850년대 말과 60년대 초에 있었던 유럽과 미국의 새로운 혁명적 고양에 하나의 촉진제로 작용했다. 민족통일을 위한 움직임이 재차 고양되고 있던 독일과 이탈리아에서는 부르주아 민주주의 혁명이라는 근본 과제가 채 완수되지 못한 상태에 있었으며, 러시아와 미국에서는 혁명적 상황이 진전되고 있었다. 폴란드와 아일랜드에서는 민족 탄압에 대한 투쟁이 새로운 국면에 접어들었고, 보나파르트 체제하의 프랑스와 오스트리아 제국의 민중들 사이에는 혁명적 소요 상태가 만연하고 있었다.

또한 노동계급의 정치적 활동이 독일, 영국, 프랑스, 미국을 비롯한 여러 국가들에서 활발하게 벌어지고 있었다. 프롤레타리아 운동은 부르주아 민주주의 운동과 결별하면서 독자적인 발전 경로를 모색하고 있었다.

마르크스는 노동계급 운동의 절실한 요구에 부응하여 프롤레타리아 당 건설을 위한 투쟁의 실천적인 측면에 더욱 관심을 기울이게 되었다. 노동자계급으로 하여금 적대적인 집단에 타격을 가하고, 부르주아 정당들의 정치적 영향력에서 벗어나 부르주아 민주주의적 변혁을 완수하는 데 독자적으로 행동할 수 있도록 가능한 모든 수단을 다해 도울 필요가 있었던 것이다. 노동자계급에게 이 역할의 이론적 근거를 제시하고자 했던 마르크스는 가능한 한 빠른 시간 내에 경제학 연구를 완성하려 했다. 『정치경제학 비판』 제1부를 출간한 그는 지칠 줄 모르는 정력으로 옛 경제학 초고를 정리하고 새로운 초고를 집필하는 작업에 착수했다. 엄청난 노력을 기울인 끝에 그는 방대한 연구를 수행할 수 있었고, 이를 통해 새로운 환경에서 양적으로 확대되고 있던 프롤레타리아 조직가로서 수행해야 할 의무를 다할 수 있었다.

그는 새로운 국제적 갈등과 전쟁, 각국의 혁명적 사건에 직면한 프롤레타리아 혁명가들을 위해 전술원칙을 정식화하는 데 특별히 많은 노력을 기울였다.

1859년 초에 마르크스는 프롤레타리아의 국제적 연대를 확대·강화하기 위한 작업에 착수했다. 1859년 2월 마르크스는 다시 바이데마이어와 편지를 교환하기 시작했다. 마르크스는 바이데마이어가 시카고(Chicago)의 노동자들을 위한 신문 발간을 준비할 당시 그를 도운 적이 있다. 마르크스는 독일에 있는 더욱 많은 사람들에게도 편지를 쓰기 시작했다. 1862년 말에는 하노버(Hannover)의 내과의사로서 1848~49년의 혁명에 참가했던 루트비히 쿠겔만(Ludwig Kugelmann)과 정기적으로 서신을 교환하기 시작했다. 마르크스는 영국의 런던(London) 등지에 거주하고 있던 이전의 '공산주의자동맹' 회원들, 그중에서도 카를 펜더(Karl Pfänder), 로흐너(Lochner), 이만트(Imandt)와 더욱 밀접한 관계를 맺었다. 마르크스는 모든 동료들이 새로운 혁명적 고양기를 맞아 프롤레타리아 혁명가들이 직면하고 있는 각종 사업에 적극 참여하기를 원했다.

새로운 상황 아래서는 혁명적 이념을 보급하기 위한 공개적인 연단으로서, 그리고 프롤레타리아 전사들의 조직 중심부로서 기능할 만한 프롤레타리아 정기간행물을 확보하는 것이 특히 중요했다. 마르크스는 엥겔스에게 보낸 1859년 5월 18일자

루트비히 쿠겔만(1828~1902).

편지에서 "근본적으로 중요한 것은 적들뿐만 아니라 우리 자신도 런던의 신문지상에 우리의 견해를 밝힐 수 있어야 한다는 것이다."[45]라고 쓰고 있다.

『인민』

1859년 5월 초 마르크스와 그의 동료들은 신문을 통해서 프롤레타리아 이념을 선전하는 문제를 논의했다. 며칠 후에 마르크스는 '독일노동자 공산주의교육협회(German Workers' Communist Educational Society)'와 런던의 다른 독일 노동자회의 기관지인 주간『인민Das Volk』으로부터 1859년 5월 7일에 기고 요청을 받았다. 기고를 의뢰한 사람은 이 주간지 편집인이자 프티부르주아 민주주의자인 엘라드 비스캄프(Elard Biscamp)였다. 마르크스의 회신은 애매했다. 이 신문에 이데올로기적인 영향력을 행사할 수 있는지가 궁금했기 때문이었다.

그는 공식적으로 기고를 거절했지만 도움을 약속했고, 실제로 기사의 편집을 돕거나 신문을 위한 기금 조성에 협력했으며, 기삿거리를 선정해 주기도 했다. 그리하여 제2호 신문에는 갓 출간된 엥겔스의 소책자「포강과 라인강The Po and the Rhine」에 관한 기사가 실리기도 했다. 5월 28일에 발행된 제4호에는 마르크스의 요청으로 엥겔스가 쓴「이탈리아의 운동The Italian Campaign」이라는 제목의 평론이 실렸다.

신문 사설들의 논조는 마르크스의 영향을 받아 점차 내정 및 대외정책과 관련된 사건들을 프롤레타리아의 관점에서 분석하는 쪽으로 바뀌기 시작했다. 처음에는 주로 런던의 독일인 프티부르주아 집단의 편협한 이익을 반영하는 이주민 신문에 불과하던『인민』은 점차 프롤레타리아의 견해를 대변하는 전투적이고 혁명적인 기관지로 변모해갔다. 그리하여 마르크스와 그의 동료들은 1859년 6월 무렵에는 이 신문과 좀 더 밀접한 관계를 확립할 수 있었다.

----

45) Marx, Engels, *Werke*, Bd. 29, 436쪽.

6월 11일자 신문 제6호에는 마르크스와 엥겔스, 프라일리그라트(Ferdinand Freiligrath), 볼프(Wilhelm Wolff)가 신문 제작에 참여하고 있다는 편집인의 공식 발표문이 실려 있다. 6월 초에 마르크스는 신문의 실질적인 편집인이자 경영자가 되었고, 그무렵 신문은 이미 프롤레타리아 혁명가들의 조직가 역할을 하고 있었다.

주간지 『인민 *Das Volk*』

『인민』지의 칼럼을 통해 마르크스와 엥겔스는 프롤레타리아의 혁명이론과 전술의 다양한 측면을 설명했다. 이 신문은 또한 마르크스가 『정치경제학 비판』에 붙인 서문과 그에 대한 엥겔스의 서평을 실었다. 엥겔스는 서평에서, 과학과 실천 및 혁명적 운동에서 마르크스가 정립한 사적 유물론이 매우 큰 의의를 지닌다는 점을 지적했다. 또한 마르크스가 정립한 유물변증법적 방법론의 기본 특징에 대해서도 설명하고 있다.

『인민』지는 프롤레타리아 대중의 이익을 옹호했으며, 프롤레타리아의 계급투쟁에 관한 각종 소식을 전했다. 이 신문은 또한 당시 영국의 노동계급을 분기시키는 데 중요한 역할을 했던 런던 건축노동자들의 파업 소식도 독자들에게 전했다.

마르크스는 프티부르주아의 이데올로기와 투쟁하는 것이 신문의 중요한 임무 가운데 하나라고 확신하고 있었다. 비스캄프와 더불어 마르크스는 프티부르주아 이데올로그들이 내세우는 원칙이 정치성을 결여하고 있으며, 그들의 견해는 속물근성과 민족주의로 가득 차 있다고 맹렬히 비난하는 수많은 기사와 평론을 썼다.

이 신문은 특히 이탈리아 전쟁(1859년 이탈리아가 통일을 위해 프랑스와 동맹을 맺고 오스트리아와 벌인 전쟁으로, 제2차 독립전쟁으로도 불린다)과 그 전쟁에서 드러난 프롤레타리아의 전술, 보나파르트주의와 영국·프로이

셴·러시아 대외정책의 실체를 폭로하는 데 깊은 주의를 기울였다.

『인민』지의 발행은 오래 지속되지 못했다. 1859년 8월 들어, 창간 때부터 문제가 되었던 재정난이 돌이킬 수 없는 지경에 이르렀던 것이다. 마르크스는 신문 발행에 필요한 자금을 확보하려고 갖은 노력을 기울였지만 결국 실패하고 말았다. 『인민』지의 최종호인 제16호는 1859년 8월 20일에 발행되었다. 그러나 『인민』지는 단명으로 그쳤음에도 불구하고 과학적 공산주의와 프롤레타리아 당 전술원칙의 보급에 크게 기여했다.

이탈리아 통일 문제의 혁명적 해결을 위하여

1859년 초의 이탈리아는 바야흐로 혁명이 일어나기 직전의 상황이었다. 오스트리아의 지배로부터 북부(롬바르디아와 베네치아)를 해방시켜 국가를 통일하고자 하는 요구는 점점 강렬해졌다. 이탈리아의 대(大)부르주아와 자유주의적 신사계급(gentry)은 민중의 참여를 배제하고 왕정에 입각해 '위로부터' 국가를 통일하기를 바라고 있었다. 이 정책의 주창자는 부유한 지주이자 사르디니아 공국의 수상 카보우르(Camillo Benso Cavour) 백작이었다. 카보우르는 프랑스의 나폴레옹 3세와 손잡고 대(對)오스트리아 연합전쟁을 통해서 자신의 계획을 실현할 수 있다고 믿었다. 한편 나폴레옹 3세는 이탈리아 '해방'을 돕는다는 미명하에 '국지적인' 군사작전을 성공적으로 수행함으로써 프랑스에서 지위를 확고히 보전하고 이탈리아에서 보다 넓은 영지를 획득하고자 했다.

주세페 가리발디, 주세페 마치니와 함께 이탈리아 통일의 3걸이라고 불리는 카보우르(1810~61) 수상.

그러나 나폴레옹 3세나 카보우르의 기대와는 달리 1859년 4월 말에 시작된 프랑스와 사르디니아 공국의 대(對)오스트리아 전쟁은 이탈리아의 강력한 혁명적 봉기로 결말이 났다. 인민봉기의 물결은 토스카나(Toscana)·파르마(Parma)·모데나(Modena)를 휩쓸었고, 이들 소국의 절대왕정은 전복되었다. 동북부의 로마냐(Romagna)와 중부의 다른 교황령에서도 봉기가 발생했다.

마르크스와 엥겔스는 이탈리아 문제가 유럽 전체에 영향을 미치리라는 점을 정확하게 인식했으며, 이탈리아에서의 투쟁이 다른 국가의 혁명운동 발전에도 영향을 미칠 것이라고 확신했다. 전쟁이 발발하기 전인 1859년 2월에 이미 마르크스는 "이탈리아에서 성공적인 혁명은 모든 피압박 민족의 억압자들에 대한 전반적인 투쟁의 도화선이 될 것"[46]이라고 쓰고 있다.

마르크스와 엥겔스는 이탈리아 문제가 혁명적으로 해결되어야 한다는 단호한 입장을 취했다. 1859년 1월 초에 쓴 「이탈리아 통일에 관하여 *On Italian Unity*」라는 논문에서 마르크스는 "가중되는 고난과 더불어 이탈리아인들의 억압자에 대한 불타는 적개심은 대혁명으로 폭발할 것"[47]이라는 신념을 표명하고 있다. 마르크스는 그가 '이탈리아 민족당(Italian National Party)'이라고 부른 진정으로 애국적인 세력을 지원했고, 피에몬테(Piemonte)의 사보이 왕조(Savoy dynasty)의 주도 아래 이탈리아를 통일하려는 반대중적·반혁명적인 음모를 폭로했다. 마르크스는 이탈리아의 민주주의자들이 중간계급, 프티부르주아, 농민, 진보적 지식인과 아직은 소집단에 머물러 있는 노동계급을 결집시켜 "위대한 민족 봉기를 주도하기"[48]를 희망했다. 마르크스는 그것이야말로 민족해방을 달성하고, 민주적인 원칙을 바탕으로 이탈리아를 통일하며, 광범한 대중의 이익에 기초해서 절박한 사회적·정치적 문제들(봉건 잔재의 청산, 군주제의 폐지 등)을 해결할 수 있는 유일한 방법이라고 확신했다.

이탈리아 문제를 다룬 각종 논문들에서 마르크스는 귀족과 대부르주아 진영의 반혁명적·보나파르트주의적 활동을 무력화시킬 이탈리아 인민의 역량에 대해 몹시 감격스러운 어조로 신뢰를 표명하고 있다. 마르크스

------

46) *New York Daily Tribune*, No. 5541, January 24, 1859.

47) Ibid.

48) Ibid.

는 이탈리아와 관련한 나폴레옹 3세의 반혁명적 음모를 폭로한 이탈리아 민주주의 지도자 주세페 마치니(Giuseppe Mazzini)를 찬양하면서, 마치니의 "행동은 도덕적 용기와 애국적 헌신으로 가득 찬 참으로 경탄할 만한 것이었다."[49]라고 논평했다.

마르크스도 나폴레옹 3세의 대(對)이탈리아 정책이 갖는 진정한 성격을 구명하는 데 전력을 기울였다. 전쟁이 외교적·군사적으로 준비되고 있을 당시에 쓴 여러 논문들(「유럽의 전쟁 전망*The War Prospect in Europe*」, 「루이 나폴레옹의 지위*Louis Napoleon's Position*」, 「프랑스의 전쟁 전망*The War Prospect in France*」 등)에서 마르크스는 나폴레옹 3세가 이탈리아 문제에 개입한 것은 이탈리아에서 혁명적 폭발을 예방하고, 반혁명적 정부의 지배 속에서 이탈리아의 분열 상태가 유지되도록 하며, 프랑스에서 자신의 지위를 강화하고자 하는 충동에서 비롯되었다고 밝히고 있다. 마르크스는 "제2제정의 허울뿐인 영광은 급속히 사라져가고 있다. 추악한 협잡을 공고히 하려면 피를 흘릴 필요가 있는 것이다."[50]라고 쓰고 있다. 이것은 이탈리아 전쟁이 시작되는 바로 그 순간에 여실히 입증되었다.

마르크스는 혁명적·민주주의적 세력들이 그러한 상황을 활용하여 대중을 분기시키고, 그럼으로써 왕조 사이의 전쟁을 혁명전쟁으로 전환시킬 수 있게 되기를 바랐다.

1859년 7월 11일 빌라프란카(Villafranca) 휴전조약 체결로 종식된 전쟁의 결과는 마르크스의 「이탈리아가 얻은 것은 무엇인가?*What Has Italy Gained?*」, 「평화*The Peace*」, 「빌라프란카 조약*The Treaty of Villafranca*」 등의 논문에서 분석되었다. 마르크스는 나폴레옹 3세가 전쟁을 종식시키기로 서둘러 결정을 내렸던 것은 전쟁 당사자들의 의사와는 달리 이탈리아 전쟁이 "혁명전쟁으로 변화하고"[51] 있었기 때문이라고 서술했다. 그러나 빌라프

49) Ibid., No. 5665, June 17, 1859.
50) *New York Daily Tribune*, No. 5547, January 31, 1859.
51) Ibid., No. 5698, July 28, 1859.

란카 조약[52])은 피압박 민족의 옹호 라는 나폴레옹 3세의 숨겨진 진의 가 이탈리아의 해방과 통일이라는 과제와는 거리가 먼 것임을 극명하 게 보여주었다. 마르크스는 빌라프 란카 조약이 이탈리아인들에게 얼 마나 굴욕적인 것인지를 역설하고

휴전조약을 맺는 나폴레옹 3세와 프란츠 요제프 1세.

있다. 롬바르디아(Lombardia)는 처음에는 프랑스에 할양되었다가 "프랑스 의 선물로서 사보이 왕국에"[53) 넘겨졌으며, 나폴레옹 3세는 그 대가로 사 보이와 니스의 합병을 요구했다. 베네치아는 여전히 오스트리아의 지배 하에(1866년까지) 남았다. 마르크스는 "이제 감상주의자나 광신자들마저 루이 나폴레옹을 자유의 옹호자로 믿으려 들지 않을 것이다. 따라서 그가 그러한 믿음을 불러일으키는 데는 상당한 시간이 걸릴 것이다."[54)라고 서 술했다.

가리발디 운동

1859년 7월 마르크스는 빌라프란카 조약에 즉각 반응했다.

"그러나 십중팔구 반도 전역의 상황을 변화시키고 마치니와 다른 공화 주의자들을 다시금 역사의 전면에 부상시킬 혁명이 이탈리아에서 발발할 것이다."[55)

그리고 이러한 예견은 10개월이 채 지나지 않은 시점에서 사실로서 정

---

52) 프랑스와 사르디니아 연합군은 솔페리노(Solferino) 전투에서 승리했다. 그런데 나폴레옹 3세는 사르디니아 수상 카보우르를 빼고 빌라프란카에서 오스트리아 황제 프란츠 요제프 1세를 직접 만나 휴전에 합의했다. 이탈리아반도 전체가 자신이 통제할 수 없는 사태로 발전할지 모른다고 우려했고, 전후 프로이센의 침공이 두려웠으며, 오스트리아가 4개의 요새로 후퇴함에 따라 전 투가 장기전에 돌입하게 되리라고 생각했기 때문이었다. 빌라프란카 조약이 체결되자 카보우 르는 프랑스의 배신행위에 격분해 수상 자리에서 물러나버렸다. 결국 이 휴전협정은 11월 10일 취리히(Zürich) 조약으로 확정되었다 – 옮긴이.

53) Ibid., no. 5704, August 4, 1859.

54) Ibid., No. 5698, July 28, 1859.

55) Ibid., No. 5704, August 4, 1859.

이탈리아의 혁명가이자 군인, 정치가인
주세페 가리발디(1807~82).

확히 입증되었다. 1860년 4월 시칠리아(Sicilia)에서 이탈리아의 통일을 요구하는 대중봉기가 폭발했던 것이다. 이탈리아의 탁월한 혁명가 주세페 가리발디(Giuseppe Garibaldi)는 서둘러 반란자들을 규합했다. 그리고 1860년 5월에는 시칠리아에 상륙한 그 유명한 '천인대(千人隊, thousand)'[56]를 진두지휘했다. 가리발디의 군대는 승리를 거듭하면서 나폴리(Napoli)로 진격해 들어가 마침내 9월 초 그곳을 장악했다. 그리하여 남부 이탈리아 전역을 나폴리 부르봉 왕가의 손아귀에서 해방시키는 위업을 달성했다. 가리발디는 이에 그치지 않고 곧장 로마 진군 준비에 착수했다.

마르크스와 엥겔스는 이탈리아 내 사태의 추이를 예의 주시하면서 가리발디와 그 휘하의 의용군들이 보여준 영웅적 투쟁에 전폭적인 지지를 표명하는 한편, 진정으로 대중적인 이 지도자가 채택한 혁명전술에 아낌없는 찬사를 보냈다.

마르크스는 나폴레옹 3세가 이탈리아에서 획책하고 있는 음모와 맞서 싸우는 가리발디의 확고한 결의를 전폭 지지했다. 그는 프랑스 황제에 대한 가리발디의 부정적 태도를 분석하는 가운데, 1860년 9월 15일자로 라살레에게 보낸 편지에서 "가리발디는 마치니와 마찬가지로 **보나파르트의 사절**(Bonaparte's mission)에 대한 나의 견해에 뜻을 같이하고 있다."[57]라고 썼다. 그는 가리발디의 성공적 투쟁이 이탈리아 발전에 대한 혁명적 전망을 눈앞에 펼쳐 보여줬을 뿐만 아니라, 나폴레옹 3세의 유럽 정책과 보나파르트 체제 전반의 토대를 일시에 뒤흔들어 놓았다고 믿었다.

마르크스는 가리발디의 혁명적 활동에 반기를 들고 있던 피에몬테 지

---

56) 1860년 5월 10일 시칠리아에 도착하여 나폴리 왕국군과 시칠리아 왕국군을 패배시킨 1,089명의 의용군. '붉은 셔츠단'이라고도 불렀는데, 나중에는 지주 편으로 반동화되었다. – 옮긴이.
57) Marx, Engels, *Werke*, Bd. 30, 564쪽.

배 집단의 반혁명적 정책을 폭로했다. 그는 사르디니아 공국 정부가 가리발디의 로마 진군을 좌절시키기 위해 피에몬테군을 교황령에 진입시키려고 나폴레옹 3세와 모종의 협약을 체결한 사실을 우려의 눈길로 지켜보았다. 마르크스는 "카보우르는 보나파르트 체제의 명백한 꼭두각시이다."[58]라고 썼다.

가리발디는 이렇듯 위대한 승리를 거두었음에도 불구하고 혁명투쟁을 끝까지 관철시키는 데는 실패했다. 그는 마치니와 그 밖의 다른 민주주의자들의 강력한 주장에도 불구하고 나폴리에 민주공화국을 선포하고, 나아가 그 기치 아래 이탈리아의 완전 통일을 위해 싸움을 계속해내는 데까지 이르지는 못했다. 1860년 10월 그는 마침내 로마 진군을 포기하고 피에몬테군의 나폴리 진입을 허용하고 권력을 그들에게 이양함으로써 정치적 단견과 그 특유의 비일관성을 여실히 드러냈다. 그의 가장 큰 관심사는 역시 이탈리아의 완전 통일이었지만, 그는 통일이 어떠한 형태로 이루어져야 하는가에 대해서는 그다지 큰 중요성을 부여하지 않았다. 따라서 그는 민주주의자이자 공화주의자였지만 입헌왕정에 기초한 국가 통일을 거부하지는 않았다. 그리하여 정치가 가리발디는 마르크스와 엥겔스의 기대와는 정반대로 혁명전략가 가리발디보다 훨씬 더 낮은 차원에 머물러 있었음을 드러냈다.

1860년 10월 말 남부 이탈리아에서 시행된 국민투표는 피에몬테 왕국과 이탈리아의 통합을 지지했고, 결국 가리발디의 진두지휘 아래 이탈리아 인민이 획득한 승리의 열매들은 사보이 왕국과 자유주의 귀족, 그들을 지원하는 대(大)부르주아지 연합의 손아귀로 넘어가고 말았다.

독일 통일운동 전술

이탈리아 독립전쟁은 프로이센과 독일연방에 속한 여러 공국들의 민족주의를 고양시켰다. 독일의 대중 조직들은 오스트리아에 대한 나폴레옹 3

---

58) Ibid., 568쪽.

세의 공격이 분명 라인강 좌안에 대한 공공연한 영유권 주장의 서막을 알리는 것이라고 간주했다. 그리고 언론이나 각종 집회, 영토 확장 계획에 반대하는 그룹들 사이에서도 점차 이러한 생각들이 표출되기 시작했다. 1859년에 고양된 독일 민족주의는 다시금 독일연방의 여러 국가들을 단일 국가로 통일시켜야 한다는 여론을 형성했다.

마르크스와 엥겔스는 프롤레타리아 혁명가들이 이탈리아 분쟁에서 취했던 전술적인 입장과 밀접히 연관시켜 이 문제에 관한 프롤레타리아의 전술을 정식화했다. 그것은 유럽에서 이미 다양한 혁명운동과 민족해방 운동에 쐐기를 박아버린 보나파르트주의가 독일 통일의 커다란 장애물이라는 인식에서 출발했다. 마르크스와 엥겔스는 보나파르트 체제하의 프랑스를 패배시키는 것이 유럽 혁명에 가장 중요한 전제이며, 프로이센과 다른 국가들이 이탈리아 전쟁에서 오스트리아 편에 서도록 하는 요인으로 작용할 것으로 믿었다. 그렇다고 해서 그들이 오스트리아 반동체제나 이탈리아에 대한 오스트리아의 지배를 지지하는 전술을 채택했던 것은 아니다. 오히려 그들은 이탈리아 국민과 다른 인민대중들을 탄압하는 오스트리아를 줄곧 비난하고 있었다. 마르크스는 그의 평론「프로이센의 전쟁 전망The War Prospect in Prussia」에서 다음과 같이 쓰고 있다.

"독일 인민은 오스트리아에 대항하기 위해 단호히 이탈리아를 지지하는 한편, 보나파르트에 대항하기 위해 오스트리아 편에 서지 않을 수 없었다."59)

그것은 프롤레타리아 운동과 민주주의 운동 편에 서서 당시에 가장 복잡한 정치적 문제를 해결하려는 변증법적인 접근이라고 할 수 있다.

독일 정부가 본래 의도와는 전혀 상관없이 오스트리아의 편을 들어 이탈리아 전쟁에 개입하는 것은 왕국들 사이의 전쟁을 혁명전쟁으로 전환시키는 데 아주 유리한 여건을 조성하여, 이탈리아가 오스트리아의 지배로부터 진정으로 해방될 수 있는 조건을 형성하리라고 마르크스는 확신

---

59) *New York Daily Tribune*, No. 5598, March 31, 1859.

했다. 오스트리아와 독일 공국들이 연합 행동을 취한다면 프랑스의 패배는 유럽에서 혁명적 봉기를 초래하여 프랑스의 보나파르트 체제와 오스트리아 제국, 프로이센 그리고 독일연방의 여러 공국들의 반동 정권을 붕괴시킬 것이고, 이에 따라 독일과 이탈리아가 혁명적·민주주의적 노선에 의해 통일되는 결과를 가져올 가능성이 있었다. 이러한 생각에 천착한 마르크스는 평론 「슈프레강과 민치오강The Spree and The Mincio」을 통해, 이미 조성되어 있는 이러한 정세 아래서는 프로이센과 오스트리아의 동맹이 **"혁명을 의미한다."**[60]라고 말했다. 이러한 경로로 사태가 발전했더라면 차르 체제의 러시아는 불가피하게 프랑스 편에 서서 독일에 대항하는 전쟁에 가담할 것이고, 이것이 혁명적 위기를 가속·심화시켜 유럽 혁명이 가능했을 것이다.

마르크스는 「프로이센의 전쟁관A Prussian View of the War」, 「대가Quid pro quo」, 「슈프레강과 민치오강」, 그 밖의 평론에서 프로이센 정부가 추구하고 있는 소심한 중립주의 정책은 보나파르트주의를 공공연하게 지지하는 정책이라고 비난했다. 그는 프로이센이 나폴레옹 3세와의 전쟁에 가담하지 않으려는 것은 혁명의 발발을 두려워하기 때문이며, 또한 프로이센을 정점으로 독일을 통일하려는 계획에 따라 오스트리아의 약점을 이용하고 기만책을 동원해 희생을 최소화하면서 주도권을 장악하려고 했기 때문이라고 밝혔다.

그의 평론 「1859년의 에르푸르트주의Erfurtism in Year 1859」는 역사가 독일에 부여한 양자택일적 선택에 관해 직접 언급하고 있다. 즉 민족통일과 변혁 요구와 같은 긴급한 과제들이 혁명적인 방식으로 수행될 것인가, 아니면 지배 도당들에 의해 그들의 이해에 부합하는 수단과 방식으로 위로부터 수행될 것인가 하는 문제를 놓고, 마르크스는 "반동세력의 손아귀에 들어가면 이러한 혁명적 계획은 그에 상응하는 혁명적 열망에 대한 풍자가

---

60) Marx, Engels, Werke, Bd. 13, 393쪽.

되기 십상이다."[61]라고 경고했다.

마르크스는 한 신문기사에서 이탈리아 전쟁의 종결이 유럽 혁명의 문제가 뒷전으로 밀려나는 것을 의미하지는 않는다고 강조했다. 실제로 독일에서는 심지어 빌라프란카 조약이 체결된 후에도 민족주의가 계속 고양되었다. 1860년 프로이센에서는 주 의회의 하원이 군을 재조직하고 군비를 증강하려는 정부 법안을 부결시켰을 때, 이를 둘러싸고 생긴 갈등이 독일 통일운동을 새롭게 자극했다. 독일에서는 혁명적 정세가 전개되기 시작했다. 마르크스는 1860년 4월에 쓴 평론 「베를린의 여론*Public Feeling in Berlin*」에서 혁명적 동요가 한층 격화되고 있는 상황에 주목했다.

1862년 갈등이 절정에 달했을 당시의 마르크스와 엥겔스가 교환한 편지를 보면, 그들은 프로이센의 상황이 더욱 악화되어 위기의 혁명적 표출이 가능하다고 확신했던 듯하다. 하지만 1848년처럼 자유주의적 야당이 소심함을 드러내 융커 정부에 항복해버리지나 않을까 무척 염려했다. 실제로 프로이센의 자유주의자들은 공허한 반대성명 이상의 행동을 취하지 않았으며, 반혁명세력이 그들의 위치를 공고히 다지는 것도 묵과했다. 1862년 9월, 전년에 프로이센의 왕으로 즉위한 빌헬름 1세는 포메라니아(Pomerania) 출신 융커인 비스마르크(Otto Eduard Leopold Bismarck)를 수상에

임명하였고, 비스마르크는 주 의회의 동의도 없이 곧 군사개혁을 단행했다. 자유주의 성향의 진보주의자들은 이에 대해 형식적인 항의를 했을 뿐 어떤 행동도 취하지 않았다. 실제로 그들은 비스마르크가 연설 중에 표현했던 '철혈(鐵血, blood and iron)'로써 독일을 (혁명이 아니라 — 옮긴이) 위로부터 통일하도록 방조한 것이나 다름없었다.

오토 에두아르트 레오폴트
비스마르크(1815~98).

---

61) Ibid., 414쪽.

마르크스와 라살레의 차이점

프롤레타리아·민주주의 운동의 고양기에 마르크스와 페르디난트 라살레의 차이점은 극명하게 드러났다. 수년 동안 마르크스는 라살레가 혁명적 이론을 받아들이고 프롤레타리아를 위해 일하도록 설득했다. 마르크스는 엥겔스와 라살레에게 보내는 편지에서 라살레의 이론적 관점을 되풀이해서 비판했으며, 라살레가 관념론자인 헤겔(Georg Wilhelm Friedrich Hegel)의 입장을 취하고 있음에 주목했다. 그는 라살레의 철학적 저작들이 피상적이며 절충주의적이고, 더구나 라살레 본인마저도 허세를 부리고 있다는 점을 강조했다.

1858년 2월 1일 엥겔스에게 보내는 편지에서, 마르크스는 라살레의 저서 『에베소의 암흑에 묻혀 있는 사람, 헤라클레이토스의 철학The Philosophy of Heraclitus, the Obscure of Ephesus』[62]에 대해 날카로운 비판적 분석을 가하고 있다. 그는 다음과 같이 썼다.

"라살레의 저서 『암흑에 묻혀 있는 사람, 헤라클레이토스의 철학』에서 광명은 본질적으로는 매우 공허한 편집 잡물이다. 라살레는 헤라클레이토스(Heracleitos)가 긍정과 부정의 통일을 완성하는 데 사용했던 각각의 많은 표상들을 빌려와, 기회를 놓치지 않고 이러한 과정에서는 결코 획득될 수 없는 헤겔의 『논리학』에서 추출해낸 것들을 (항상 장황한 말로) 우리에게 제시하고 있다. 그는 스스로가 '본질', '현상', '변증법적 과정'에 대해 빠짐없이 알고 있음을 증명해야 하는 학생처럼 굴고 있다."[63]

마르크스는 라살레가 비판을 수용하고 잘못된 견해를 포기하기를 바라면서 그와의 관계를 유지했다. 하지만 실상 라살레는 마르크스의 견해를 지지한다고 마르크스에게 확언했을 때조차도 여전히 프티부르주아 민주주의자였다. 당시 라살레가 경도되었던 사회주의적 관점은 과학적 공산주의와는 무관한 데다가, 주로 프티부르주아 사회주의자들이 지녔던 여

---

62) 헤라클레이토스의 철학을 헤겔적으로 해석했다고 라살레가 자랑한 철학서. 10년에 걸쳐 2권으로 완성함 – 옮긴이.

63) Marx and Engels, *Selected Correspondence*, 101쪽.

러 가지 공상적 사회주의의 교의로부터 나온 것이었다. 1850년대 말경 당시의 정치적 문제들에 대한 접근방식과 견해의 차이는, 프롤레타리아 혁명가들의 이론 문제 및 전술과 관련해서 마르크스·엥겔스와 라살레 사이의 근본적인 견해차를 낳았다.

1859년 마르크스와 엥겔스는 독일의 농민전쟁을 눈앞에 두고 1522~23년에 발생한 기사들의 봉기를 다룬 라살레의 사극『프란츠 폰 지킹겐Franz von Sickingen』에 대해 우호적이지만 꽤 비판적인 평가를 담은 평론을 썼다. 라살레에게 보낸 편지에서(마르크스는 1859년 4월 19일, 엥겔스는 같은 해 5월 18일) 그들은 마르크스주의 미학의 핵심적 원리를 정식화하고 있다. 이 사극의 문학적 측면에 대한 마르크스와 엥겔스의 분석은 리얼리즘의 문제에 집중되어 있으며, 이에 관해 그들이 언급한 것은 문학의 이론과 역사에 대한 그들 견해의 토대를 이루고 있다.

마르크스와 엥겔스는 문학적 사조이자 예술적 방법인 리얼리즘이 예술의 발전에서 가장 높은 성과라고 믿었다. 그들은 리얼리즘적 방법이 예술적 형태로서는 가장 적절하고 포괄적이며 심원하게 현실을 반영할 수 있다고 주장했다. 리얼리즘적 방법은 결코 현실을 복제하는 것이 아니라, 현상의 본질에 뚫고 들어가 그것을 예술적 용어로 일반화시키고 당대의 전형적 모습을 창출하는 방법이다. 마르크스와 엥겔스가 셰익스피어, 세르반테스(Miguel de Cervantes), 괴테(Johann Wolfgang von Goethe), 발자크, 푸시킨(Aleksandr Sergeevich Pushkin) 같은 위대한 리얼리스트들의 저작에 가치를 부여한 것은 바로 이러한 점들 때문이었다.

1854년에 쓴 논문에서 마르크스는 다음과 같이 말하고 있다. 19세기 영국의 리얼리스트들(디킨스[Charles Dickens], 새커리[William Makepeace Thackeray], 샬럿 브론테[Charlotte Brontë], 엘리자베스 개스켈[Elizabeth Gaskell])은 "멋진 형제애적 감정을 나누고 있는 소설가들이다. …… 그들의 생생하고 감동적인 글들은 모든 직업 정치가, 정치평론가와 모럴리스트들을 모두 합한 것보

다도 더욱 훌륭하게 정치적·사회적 진실을
표현하고 있다."[64]

독일의 노동 운동가 페르디난트 라살
레(1825~64). 헤겔 철학에 심취했고,
프랑스의 사회주의와 마르크스 사상
의 영향을 받았다.

마르크스가 라살레의 사극을 평가하는 데
사용한 기준은 그가 리얼리즘의 본질을 깊이
이해하고 있음을 나타내고 있다. 그는 라살레
작품의 장점, 즉 훌륭한 구성과 줄거리의 생
동감에 주목했다. 그와 동시에 그는 그 작품
이 수사와 인물을 지나치게 추상적으로 묘사
하는 등 리얼리즘의 원칙에서 벗어나고 있다
는 점을 지적했다. 작중 인물들을 "단지 시대
정신을 대변하는 통로(tabe)"[65]로 격하시킴으로써, 라살레는 작중 인물들
의 진솔성과 개성을 박탈하고 있다. 사극의 현실적인 사회적 배경과 인물
이 결여되어 있다는 점도 리얼리즘에서 일탈했음을 보여주는 부분이다.
더구나 라살레는 역사적 분위기를 전달해주지 못하고 있다.

이와 같은 비판적 관점은 리얼리즘 예술의 중요한 원칙들을 보여주고
있다. 마르크스와 엥겔스는 진실한 묘사와 묘사된 현상에 대한 구체적이
고 역사적인 접근을 강조했다. 작중 인물들은 그들이 처한 계급 기반의 특
성과 정신세계의 전형적 측면을 반영하는 개개의 특징들을 갖추고 있어
야 한다. 진정한 리얼리즘 작가라면 자신의 사상을 독자들에게 교훈적 충
고라는 형태로 전달하지 않는다. 대신에 생동감 넘치는 작중 인물을 통
해 다양한 예술적 표현으로 독자들의 마음과 영혼에 자신의 사상을 각인
시켜주어야 한다. 마르크스와 엥겔스는 라살레가 위대한 독일의 시인이
자 극작가인 프리드리히 폰 실러(Friedrich von Schiller)의 작품들에 나타난
몇몇 약점들, 즉 작중 인물의 다양한 사상을 일차원적으로 대변하는 추상
물로 전락시키고, 번거로운 수사적(修辭的) 경향성을 심화시켰다고 단정했

---

64) *New York Daily Tribune*, No. 4145, August 1, 1854.
65) Marx and Engels, *Selected Correspondence*, 116, 117쪽.

다. 이런 점에서 그들은 셰익스피어의 리얼리즘을 라살레의 그것보다 훨씬 높게 평가했으며, 또한 그가 실러의 방법을 모방함으로써 심오한 사상과 고매한 이상에 셰익스피어류(流)의 능력(진솔한 감정의 표현과 다양한 인물묘사)을 결합시켜야 하는 리얼리즘 작가에 대한 요구를 무시했다고 라살레에게 말했다.

마르크스는 예술적인 형식에 대해서도 작가들에게 매우 높은 기준을 설정했다. 그는 라살레에게 "당신이 시를 썼던 만큼 좀 더 예술품답게 당신의 운율(iambs)을 다듬었어야 했소."[66]라고 말했다.

라살레에게 보내는 편지에서, 마르크스와 엥겔스는 당대의 문학과 삶의 관계에 대해서도 말하고 있다. 마르크스는 극에서 묘사된 16세기의 사건과 19세기 중반의 상황을 비교·유추한다거나, "1848~49년의 혁명당의 운명을 규정한 진실로 비극적인 충돌"[67]을 꼬집어 지적하고자 하는 라살레의 발상을 비난했던 것은 아니었다. 그가 잘못이라고 간주한 것은 충돌 자체에 대한 관념적이고도 부정확한 해석과, 그 원인을 외적이며 추상적인 '혁명의 비극'으로 환원시켜 구체적이고도 역사적인 계급적 내용을 사상시켜버린 점이었다. 마르크스가 라살레를 비판한 것은 그의 극에 정치적 경향이 있기 때문이 아니라, 유물론적 역사 해석의 관점이나 프롤레타리아 혁명의 관점에서 볼 때 근본적으로 부정확했기 때문이었다. 전체적으로 볼 때, 마르크스와 엥겔스는 일정한 정치적 견해를 반영하고 있는 정치적 경향은 어떤 문학작품에서나 중요한 부분이라고 보고 있다. 그들은 문학을 정치의 위에 올려놓으려는 시도나 '예술을 위한 예술'을 극렬히 비판했다. 같은 시기에 마르크스는 당의 이익을 무시한 프라일리그라트를 비난하면서, 그가 혁명적 견해를 포기하고 프티부르주아 민주주의자들과 긴밀한 관계를 맺고 있는 것이 그의 작품에 부정적인 영향을 미치고 있다고 개탄했다.

---

66) Ibid., 116쪽.
67) Marx and Engels, *Selected Correspondence*, 116쪽.

마르크스와 엥겔스는 모름지기 훌륭한 작품이라면 당대의 삶의 과정을 생생하고도 예술적인 형태로 진솔하게 표현해야 하며, 진보적인 사상을 전달하고 사회의 진보적 집단의 이익을 옹호해야만 한다고 확신했다. 그들은 문학에서의 당파성 개념을 이러한 의미로 이해했다. 그들은 이데올로기적 내용과 미학적 형태 그리고 문학적 솜씨의 유기적 혼융(라살레의 극은 분명 이것을 빼먹고 있다)이야말로 진정한 리얼리즘 예술에 필요한 특성이라고 믿었다.

그들은 라살레의 극을 비판적으로 분석하면서, 단지 그 작품의 문학적인 장단점을 지적하는 데 그치지 않고 근본적인 정치적 원칙까지도 비판했다. 마르크스는 라살레가 기사 지킹겐이 이끄는 귀족세력을 혁명적 사상의 담지자로 묘사하고 있다고 맹렬히 비난했다. 그는 라살레에게 다음과 같이 쓰고 있다.

"당신은 루터적·기사적 저항을 뮌처(Thomas Münzer)[68]의 대중적 저항 위에 자리매기는 고증학적 오류에 빠지지 않았는가?"[69]

사실 라살레의 오류에는 그럴 만한 이유가 있었다. 독일의 농민전쟁에 대한 그의 견해는 일반적으로 대중의 혁명적 잠재력을, 그중에서도 특히 농민의 혁명적 잠재력을 과소평가한 것이었다. 그는 농민을 전적으로 반동계급으로 간주했던 것이다.

독일의 민족적 통일을 도모하고 이 나라의 중요한 사회·정치적 문제를 해결하는 다양한 방법을 둘러싸고 벌어진 싸움에서 라살레는 부르주아―융커 연합의 편을 드는 경향이 있었다. 라살레가 창작한 극의 정치적 경향을 분석하면서, 마르크스는 과거의 혁명적 사건의 추진세력뿐 아니라 장차 독일 발전의 원동력에 대해서도 그와 토론을 벌인 적이 있었다.

그러나 마르크스와 엥겔스는 결국 라살레가 그들의 견해에 승복하도록 만들지 못했다. 라살레는 마르크스와 엥겔스의 비판에 답하는 과정에서,

----

68) 독일의 급진 종교개혁가. 마르크스주의자들은 그를 농민반란의 지도자로 평가하고, 사회주의 혁명의 전통이 그로부터 시작되었다고 주장했다 ― 옮긴이.
69) Ibid., 117~118쪽.

농민전쟁은 **혁명적이 아니라 궁극적으로 반동적**[70]이라고 썼다.

독일을 통일하는 방법에 대한 문제는 1859년 이탈리아 전쟁과 관련해서 마르크스와 라살레 사이에 극히 심각한 이견을 초래했다. 라살레는 마르크스와 엥겔스가 「포강과 라인강」이라는 소책자를 통해 취했던 견해를 익히 알고 있었으나, 그들을 지지하기는커녕 오히려 적대적인 태도를 취했다. 1859년 5월 라살레는 베를린에서 「이탈리아 전쟁과 프로이센의 과제 *The Italian War and Prussia's Tasks*」라는 제목의 소책자를 익명으로 펴냈는데, 그는 여기에서 프로이센을 지지하는 부르주아지와 프로이센 융커의 결속을 외치면서 프로이센을 정점으로 왕정에 입각해서 독일을 통일하는 계획을 지지했다. 민주 공화정에 입각해 나라를 통일하자는 마르크스의 호소(1848)와는 대조적으로, 라살레는 프로이센 군주에 의한 공국들의 병합을 지지했다. 그의 소책자는 독일 인민이 아니라 프로이센 정부에 봉사했던 것이다.

라살레는 프로이센 정부의 중립주의 정책을 옹호하고, 프로이센 정부에 오스트리아의 곤경을 이용하라고 충고하면서, 정부의 통일강령을 실천에 옮기라고 촉구했다. 이탈리아 문제에 대한 보나파르트적 대중선동을 비판하는 대신, 라살레는 이탈리아에서 나폴레옹 3세가 "위대하고 정당한 대의, 세련되고 고도로 민주주의적인 대의, 따라서 모든 인민이 소중히 가슴에 품고 있는 대의"[71]를 위해 일하고 있다고 주장했다.

마르크스와 엥겔스는 라살레의 소책자가 독일 통일 문제와 관련한 자신들의 견해를 공개적으로 비판한 것이라고 생각하고 대단히 불쾌해했다. 마르크스는 1859년 5월 18일자로 엥겔스에게 보낸 편지에서 "라살레의 소책자는 대단한 실패작이었다."[72]라고 썼다. 라살레에게 그의 입장이 프롤레타리아 혁명가들의 입장과 무관하다고 말했다. 그러나 마르크스는

---

70) F. Lassalle, *Nachgelassene Briefe und Schriften, Herausgegeben von Gustav Mayer*, Stuttgart-Berlin, 1922, Bd. 3, 205쪽.

71) F. Lassalle, *Cesammelte Reden und Schriften*, Berlin, 1919, Bd. Ⅰ, 43쪽.

72) Marx, Engels, *Werke*, Bd. 29, 432쪽.

설득을 통해 라살레의 견해와 전술을 변화시킬 수 있으리라는 기대 속에서 그와의 관계를 계속 유지했다.

레닌은 1859년에 드러났던 마르크스와 라살레의 근본적인 차이점을 다음과 같이 설명했다.

"라살레는 프로이센과 비스마르크의 승리에, 또한 이탈리아와 독일의 민주주의적 민족운동의 열세에 순응했다. 그리하여 마르크스가 민족적·자유주의적 소심함에 반대되는 독자적이고도 오로지 민주주의적인 정책을 고취·발전시킨 반면에, 라살레는 민족적·자유주의적 노동정책 쪽으로 방향을 선회했다(1859년에 프로이센이 반[反]나폴레옹 진영에 가담했다면 독일의 대중운동은 고양되었을 것이다)."[73]

팸플릿 「포크트 씨」

마르크스와 엥겔스는, 프롤레타리아 당 건설에 가장 중요한 과제 중의 하나는 통속적 민주주의자인 카를 포크트(Karl Vogt)와 같은 부르주아지 이데올로그나 대변인의 각종 비방과 공격으로부터 프롤레타리아 기간요원들을 보호하는 것이라고 보았다. 이는 그들이 아직 유아기적 탈을 벗지 못한 관계로 여전히 그 역량을 강화시켜야 하는 과제를 안고 있기 때문이었다. 프롤레타리아 혁명가에 대한 악질적인 비방자 포크트는 1859년 12월에 「종합신문」에 대한 나의 고소My Lawsuit against the 'Allgemeine Zeitung'」라는 팸플릿을 찍어낸 적이 있다. 포크트는 특히 마르크스와 '공산주의자동맹' 내 그의 동조자들의 활동을 훼방하는 데 혈안이 되어 있었다. 그는 이들을, 비밀리에 경찰과 손을 잡고 있으며 혁명을 부추기기 위해 위조화폐를 찍어내고 있는 음모자들이라고 비방했다. 그는 『인민』지가 바이에른(Bayern)의 반동적 신문인 『종합신문』의 지국이며, 출처가 의심스러운 돈을 받았다고 주장함으로써 『인민』지를 헐뜯었다.

마르크스는 포크트의 비방이 유아기의 프롤레타리아 당에 대한 대중의

---

73) V. I. Lenin, *Collected Works*, Vol. 21, 141쪽.

독일 출신 스위스의 과학자, 철학자, 정치가인 카를 포크트(1817~95). 동물학, 지질학, 생리학 분야에 많은 저서를 남겼다. 오른쪽은 마르크스의 「포크트 씨」 초판.

불신을 조장하기 위해 부르주아지가 획책하고 있는 공격의 일환으로 간주했다. 그는 평소 개인적인 모략에 대해서는 반응을 보이지 않았지만, 이번 경우는 당의 존엄성에 대한 비방이었기 때문에 묵과할 수 없는 일이라고 생각했다. "그는 독일 신문과 독일계 미국 신문들이 10년 사이에 나에게 퍼부었던 온갖 모략에 대해 매우 드물게 극히 예외적인 경우에만, 예컨대 쾰른(Köln)의 공산주의자 재판처럼 당의 이익이 걸려 있을 때만 서면을 통해 답변했다."[74]

포크트의 팸플릿에 대한 마르크스의 대응이 바로 「포크트 씨 *Herr Vogt*」였다. 이 팸플릿은 1860년 12월 런던에서 두 가지 과제를 띠고 발행되었다. 첫 번째 과제는 포크트를 우연적인 인물이 아닌 '전체 경향을 대변하는 개인'[75]으로, 부르주아지의 전형적인 충복으로 폭로하는 것이었다. 게다가 민주주의자라는 가면을 쓰고 자연주의자(naturalist)로 명성이 높았던 포크트는 마르크스가 훗날 입증했듯이, 실상 정치적 영역에서는 보나파르트주의의 비밀 하수인으로 활동하고 있었다.

---

74) Marx, Engels, *Werke*, Bd. 14, 614쪽.
75) Ibid., 386쪽.

두 번째 과제는 프롤레타리아 혁명가들의 과거와 현재의 활동과 견해 그리고 목표를 진실되고 왜곡되지 않은 시각으로 조명함으로써 이들의 대중적 권위를 강화시키는 것이었다. 그는 1860년 2월 23일 프라일리그라트에게 이렇게 썼다. 포크트에 대한 투쟁은 "당의 **역사적 정당성 증명** 뿐 아니라, 독일 내에서 당이 처하게 될 미래의 지위를 규정짓는다는 의미에서도 결정적인 중요성을 갖고 있다."[76]

마르크스는 1860년 1월 말에 팸플릿 집필을 위한 기초자료를 수집하기 시작했고, 경제학 연구까지 중단한 채 거의 1년에 걸쳐 정력적으로 팸플릿 집필 작업에 몰두했다. 포크트의 주장을 반박하고 포크트의 정체를 폭로하는 정보를 얻기 위해 그는 유럽 각지의 동료와 면식 있는 사람들, 심지어는 낯선 사람들에게도 거의 50여 통의 편지를 보냈으며, 수많은 기록과 각종 출판물을 연구했다. 게다가 그는 맨체스터(Manchester)에 있는 엥겔스를 찾아가 1860년 2월부터 5월 25일까지 그곳에 머물면서 포크트를 논박하기 위한 작업계획을 논의하고, 엥겔스가 갖고 있던 '공산주의자동맹'의 역사 자료를 살펴보았다. 마르크스의 여러 동료들은 그가 이 작업에 그토록 많은 노력을 기울이고 있는 이유를 이해하지 못하고 헛되이 시간만 낭비하고 있다고 여겼다. 하지만 마르크스의 초점은 명명백백했다. 그로서는 프롤레타리아 당의 사상이 위대하고 순수하다는 것을 대중에게 알려야만 했고, 노동계급의 적으로부터 당을 비방하거나 중상할 기회를 뿌리 뽑아야 했다.

이 팸플릿에서 포크트는 주로 정치적 인물로 묘사되었으나, 그의 저작에 표현된 철학적 견해들도 아울러 분석되었다. 마르크스는 루트비히 뷔히너(Ludwig Büchner), 야코프 몰레스호트(Jakob Moleschott)와 더불어 19세기 중반의 독일 속류 유물론자인 포크트의 유치한 사상을 날카롭게 풍자했다.

마르크스는 그가 악질적인 거짓말쟁이임을 보여주면서, 프롤레타리아

---

76) Ibid., Bd. 30, 459쪽.

당에 대한 포크트의 비방을 일일이 반박했다. 포크트의 악의에 찬 이야기는 모순된 진술과 거짓으로 가득 차 있어 '이 살찐 악당' 자신조차 그 뒤범벅된 파편들을 짜 맞출 수 없을 정도였다. 프롤레타리아 혁명가들이 경찰과 손을 잡고 있다는 가당치 않은 비난을 서슴없이 퍼붓고 있던 포크트 자신이 실상은 경찰당국과 야합하고 있다는 사실을 용의주도하게 숨기고 있었던 것이다.

마르크스는 국제 공산주의 운동의 발전을 사실 그대로 묘사함으로써 포크트의 주장이 날조된 것임을 보여주었다. 수많은 기록에 의거해서 그는 혁명적 프롤레타리아 조직을 건설하려는 프롤레타리아 혁명가들의 영웅적인 투쟁을 생생하게 묘사했다. 마르크스는 '공산주의자동맹'의 활동·성격·목표에 대한 역사적 배경을 대담하고 간결한 어휘로 서술하고, 종파주의적 요소와 통속적인 프티부르주아 민주주의자들에 대한 '동맹'의 투쟁이 갖고 있는 중요성을 설명했다.

이 팸플릿의 핵심은 포크트가 보나파르트 체제로부터 돈을 받고 있는 하수인임을 폭로한 부분이었다. 마르크스는 1859년 3월에 출판된 포크트의 저작 『유럽의 현 상황에 대한 연구*Studies of Present Situation in Europe*』를 읽으면서, 그것이 프랑스 당국의 직접적인 지시로 집필되었으며, 나폴레옹 3세가 유럽의 여론에 이데올로기적 영향력을 행사하는 데 이 저작이 이용되었다는 것을 알게 되었다. 그는 이렇게 썼다.

"포크트는 단지 튀일리궁(Tuileries宮; 파리에 있는 프랑스의 옛 왕궁 — 옮긴이)에서 괴상한 복화술사가 말소리를 외국어처럼 들리게 하려고 사용했던 수많은 마우스피스(mouthpiece) 중 하나에 불과했다."[77]

나폴레옹 3세에 대한 포크트의 충성 사례는 이외에도 많았다. 마르크스는 그가 유럽 각국에 그물처럼 퍼져나간 보나파르트 체제의 밀정조직과 깊은 관계를 맺고 있었고, 실제로 그 당사자 중 한 명이었다는 사실을 밝혀냈다.

---

77) Marx, Engels, *Werke*, Bd. 14, 516쪽.

이 '민주주의자' 포크트가 실제로는 보나파르트 정부의 충실한 하수인이었다는 마르크스의 견해를 완전히 입증하는 자료들(마르크스가 당시에는 알지 못했던)이 후에 출판되었다. 비밀자금의 지출내역이 밝혀져 있는 나폴레옹 3세의 회계장부가 제2제정의 몰락 이후 출판되었는데, 거기에는 포크트가 1859년 8월에 프랑스 황제로부터 4만 프랑을 받았다는 기록이 있다.

마르크스는 이탈리아 전쟁 발발에 관여한 것을 비롯한 나폴레옹 3세의 각종 정책이 띠고 있는 반혁명성을 폭로했다. 그는 또한 프랑스 황제가 소수민족의 민족주의 운동을 자신의 반혁명적 목적에 이용하면서, 이러한 의도를 은폐하는 수단으로 사용한 민족문제 및 악명 높은 '민족성 원리(national principle)'에 관한 보나파르트 체제의 민중 선동책을 격렬하게 비난했다. 또한 프롤레타리아의 동요분자와 보나파르트 지배집단의 밀회가 노동계급 운동을 위협하고 있다는 마르크스의 경고도 대단히 중요한 의미를 지니는 것이었다.

마르크스는 포크트를 비롯해 이런 부류의 사람들이 보여준 보나파르트 옹호론은 프로이센을 옹호하는 태도와 프로이센의 '통일사명론(unifying mission; 프로이센을 정점으로 독일을 통일해야 한다는 천명론 – 옮긴이)'을 확산시키기 위한 노력으로 발현되었다고 보았다. 프로이센을 정점으로 하는 독일 통일을 부르짖던 자들에 대한 비판의 표적은, 마르크스가 비록 거명하지는 않았지만 역시 라살레였다. 마르크스는 1859년 11월 26일자로 엥겔스에게 보낸 편지에서 "라살레는 허풍을 떤다는 점에서 포크트와 닮았다."[78]라고 말했다.

팸플릿 「포크트 씨」는 내용이 깊이 있고 형식도 매우 뛰어나다. 문학적 측면에서 볼 때 그것은 세계에서 가장 뛰어난 풍자문들과 어깨를 나란히 한다. 1860년 12월 19일에 마르크스에게 보낸 편지에서 엥겔스는 이렇게 썼다.

---

78) Marx, Engels, *Werke*, Bd. 29, 515쪽.

"이번 저작은 그대의 과거 어느 글보다도 뛰어난 논박문(論駁文)이오."79)

예니 마르크스의 와병

포크트의 중상모략은 마르크스의 아내 예니(Jenny Marx)에게도 악영향을 미쳤다. 마르크스가 포크트를 반박하는 팸플릿 집필에 전념하고 있던 수개월 내내 그녀는 신경과민과 함께 종종 불면증에 시달렸다. 그녀는 또 팸플릿을 정서하는 일에 매달려야 했다. 그리하여 그 일을 마감하던 11월 19일 그녀는 급기야 몸져눕고 말았다. 의사는 그녀의 병을 천연두로 진단했다. 과로로 인해 극도로 쇠약해진 그녀는 두 번의 예방주사를 맞았어도 천연두에 걸릴 정도로 저항력이 떨어졌던 것이다.

이러한 상황은 마르크스에게 여간한 고통이 아니었다. 마르크스는 아이들을 이웃에 사는 빌헬름 리프크네히트(Wilhelm Liebknecht)의 집으로 보내야 했다. 그리고 그와 헬레네 데무트(Helene Demuth)가 번갈아가며 예니의 병상을 지켰다. 예니는 훗날 몸져누운 첫 며칠간의 상황을 루이제 바이데마이어(Luise Weydemeyer)에게 다음과 같이 묘사하고 있다.

"참으로 엄청난 고통이었죠. 얼굴이 어찌나 후끈후끈 달아오르던지 통잠을 이룰 수가 없었습니다. 저는 병상을 지키며 지극히 간호하는 카를이 무척 걱정되었습니다. 결국 저는 의식은 말짱한데도 외부와 접한 모든 감각기관을 사용할 수 없게 되었지요. 그리고 방 안에는 난로의 불꽃이 이글거리고, 타는 듯한 내 입술 위에는 얼음주머니가 놓인 상태에서 저는 11월의 찬 공기를 맞기 위해 항상 창문을 열어두어야 했죠. 때때로 제게는 자줏빛 드롭스가 주어졌습니다. 거의 삼킬 수가 없었고 청각도 점차 희미해지면서 결국 눈을 뜰 수가 없었죠. 그래서 저는 영원한 밤의 나락으로 떨어져버릴 것인지의 여부조차 알 수 없었답니다."80)

일주일 내내 예니는 사경을 헤맸다. 그러던 중 갑자기 병세가 호전되기

---

79) Ibid., Bd. 30, 129쪽.
80) *Reminiscences of Marx and Engels*, 247쪽.

시작했다. 마르크스는 1860년 11월 26일자로 엥겔스에게 이런 내용의 편지를 보냈다.

"아내는 이제 가까스로 위기를 넘겼다네. 완쾌되려면 상당한 시일이 걸리겠지. 어쨌든 그 병의 발작 증세라 할 만한 것은 이제 모면한 듯하네."[81]

그리고 예니가 완전히 쾌차하는 데는 거의 두 달이 걸렸다. 예니의 병은 마르크스의 일상을 완전히 엉망으로 만들어 놓았다. 처음에는 아예 일손을 잡을 수조차 없었다. 그는 엥겔스에게 다음과 같이 썼다.

"평론을 쓴다는 것은 전혀 생각조차 할 수 없는 일이네. 지금 내 마음의 평정을 유지해주는 유일한 대상은 수학(數學)이네."[82]

12월 말경 예니의 병이 상당한 차도를 보이자 의사는 아이들이 집으로 돌아와도 좋다고 허락했다. 이는 잠시라도 딸들과 떨어져 있어도 금세 몹시 우울해하는 그들 부부의 기분을 일시에 뒤바꿔 놓았다. 하지만 예니가 병석에 있는 동안 마르크스가 시달린 육체적·정서적 긴장이 이번에는 그에게 병을 안겨다주었다. 1월 초 마르크스는 예니의 병세가 호전되기가 무섭게 만성간질환이 도져 거의 한 달 내내 몸져누워야 했다.

네덜란드와 독일 여행

마르크스의 발병과 거의 같은 시기에 가족들은 또다시 재정적인 면에서 고초를 겪기 시작했다. 1861년 초 미국에서 송금되던 수입이 크게 줄었기 때문이다. 내전을 눈앞에 둔 상황에서 『신(新)아메리카 백과사전New American Cyclopaedia』의 출판이 보류되었다. 게다가 『뉴욕 데일리 트리뷴』은 1857년의 공황 때와 마찬가지로 마르크스를 제외한 모든 유럽 주재 통신원들을 해고하는 한편, 마르크스에게는 일정 기간 기사 송고를 중지하고 그 기간이 지나면 기존에 매주 두 편이던 평론 수를 한 편으로 줄여달라고 요청했다.

---

81) Marx, Engels, *Werke*, Bd. 30, 115쪽.
82) Ibid., 113쪽.

2월 말경 마르크스는 가계의 재정 문제를 해결하기 위해 삼촌인 리온 필립스(Lion Philips)를 찾아갔다. 그는 네덜란드의 잘트봄멜(Zaltbommel)에 살고 있는 상인으로 상당한 부자였다. 마르크스는 어머니의 부동산을 관리하고 있던 필립스가 마르크스의 유산 분배 몫으로 얼마 정도는 융통해 줄 수 있으리라 기대했다. 그리고 이런 기대는 실현되었다. 마르크스는 1861년 5월 17일 런던으로 돌아온 즉시 엥겔스에게 이렇게 전했다.

"내 삼촌을 졸라 160파운드를 손에 쥐었소. 이제 우리가 진 빚을 어지간히 갚을 수 있을 듯하오."[83]

마르크스는 네덜란드에서 프로이센의 수도인 베를린으로 건너가 그곳에서 3월 17일부터 4월 12일까지 머물렀다. 그의 베를린 방문은 두 가지 목적이 있었다. 하나는 라살레와 신문 공동간행 계획을 상의하고자 하는 것이었고, 다른 하나는 빌헬름 1세의 즉위에 맞추어 프로이센 정부가 발표한 사면령을 기회로 프로이센 시민권을 회복하고자 하는 것이었다. 베를린에서 마르크스는 라살레의 초빙 손님이었다. 그로서는 1848~49년 혁명 이후 라살레를 처음 만나는 것이었다. 라살레와 그의 친구 소피 하츠펠트(Sophie Hatzfeldt) 백작부인은 마르크스를 따뜻이 환영했다. 하지만 그들의 관심은 오로지 자신들과 이 유명한 혁명사상가의 친분을 친구들에게 과시하는 데 집중되어 있었다. 그들은 마르크스를 '상류사회(select society)'에 소개하면서 고위층 인사들이 참석하는 만찬을 개최하고, 그를 극장에 초대하기도 했다. 마르크스는 로열박스 바로 옆 좌석에 앉아 호화롭기만 한 발레를 구경하면서 지루한 하루 저녁을 보내야만 했다. 그나마 이것은 나은 편이었다. 그가 '프로이센적 자화자찬으로 가득 찬' 구스타프 프라이타크(Gustav Freytag)의 희극 「언론인들*The Journalists*」을 관람했을 때는 자리를 지키고 앉아 있기 힘들 지경이었다.

한편 마르크스는 기자석에 앉아 하원(Chamber of Deputies)의 회의과정을 지켜보았다. 그리고 1848년 여름에 방청했던 프로이센 '국민의회'와 그

---

83) Ibid., 161쪽.

것을 비교하면서, 프로이센 의회제도에 발생한 일련의 변화들이 결코 바람직한 방향으로 이루어진 것이 아니라는 사실을 깨달았다.

"답답한 회의장, 비좁은 청중석, 긴 의자에 앉아 있는 대의원(과 팔걸이 의자에 앉아 있는 '신사들[the gentlemen]'), 그 관청과 학교의 미묘한 혼합. 비교컨대 벨기에 의회는 참으로 인상적이었다. 심손(Simson)인지 삼손(Samson)인지 하는 의장이란 작자는 그의 당나귀 턱을 이용해 움츠러들고 있는 속물들을 밑으로부터 공격함으로써 만토이펠(Manteuffel)에게 갖고 있던 원한을 앙갚음하고 있었다."[84]

베를린의 다른 회합에서 받은 인상도 썩 좋은 편은 아니었다. 그는 잘트봄멜에 머무르는 동안 친분을 텄던 사촌 앙투아네트(Antoinette, 나네트[Nannette])에게 "속물들의 세계가 나를 에워싸고 있다."[85]라고 썼다. 그러나 학창시절의 친구였던 저명한 역사가 카를 쾨펜(Karl Köppen)과의 만남은 그에게 크나큰 기쁨을 주었다.

마르크스는 프로이센의 수도에서 그가 처한 특수한 상황 때문에 불쾌한 감정을 씻을 수 없었음에도, 그곳에서 점증하는 저항과 전반적인 동요의 명백한 징후를 기쁜 마음으로 지켜보았다. 그는 엥겔스에게 그곳 상황을 다음과 같이 묘사하고 있다.

"베를린의 분위기는 전반적으로 분방하고 들떠 있다네. 이곳에서 상하 양원은 비웃음거리에 불과하오. …… 대다수 대중들 사이에는 기존 언론에 대한 불만이 고조되고 있다네. 이런 상황에서라면 내년쯤 베를린에서 새로운 신문을 창간하는 것도 매우 시의적절하다는 생각이 드네."[86]

그러나 신문 공동창간과 관련한 라살레와의 논의는 별다른 성과를 거두지 못했다. 라살레는 자신에게 신문 운영의 전권을 일임하라는 단서를 달았다. 영국으로 돌아온 마르크스는 엥겔스와 상의한 끝에 라살레에게 그 단서를 받아들일 수 없다는 편지를 보냈다. 실상 마르크스로서도 라살

---

84) Marx, Engels, *Werke*, Bd. 30, 167쪽.

85) Ibid., 594쪽.

86) Ibid., 163쪽.

레의 지나친 허영심과 거만한 태도, 상류사회로 진출하려는 그의 간절한 욕망을 눈으로 직접 목격한 마당에 그와 공동으로 일을 추진해나가고 싶은 마음이 내키지 않았던 것이다.

마르크스는 라살레의 도움으로 프로이센 시민권을 회복하기 위한 여러 조치들을 취했다. 그가 복권 문제를 상당히 중요하게 생각한 것은 그것이 영구 거주나 적어도 상당 기간의 독일 체류를 가능하게 해줌으로써 독일 노동계급 운동을 지도하는 데 관여할 수 있도록 해줄 것이기 때문이었다. 그리하여 1861년 3월 25일 마르크스는 베를린 경찰서장 체들리츠(Zedlitz)에게 복권 신청서를 송달했다.

그러나 그의 요청은 베를린을 떠나기 전에 이미 각하되었다. 이유는 그가 1845년에 자진해서 프로이센 시민권을 포기했다는 것이었다. 마르크스를 대단한 위험인물로 점찍고 있던 프로이센 당국이 그의 거주를 허용할 리 만무했다. 마르크스는 라살레에게 그 문제를 위임했다. 하지만 마르크스를 대신해서 제출한 라살레의 신청서 역시 1861년 6월에 베를린 경찰서장에 의해 각하되었고, 같은 해 11월에는 내무상에 의해 각하되었다. 이와 관련해서 마르크스는 이른바 사면이라는 것이 "기만과 협잡이요 사기에 불과하다."[87]라며 분개해 마지않았다.

베를린을 떠난 마르크스는 엘버펠트(Elberfeld), 바르멘(Barmen), 쾰른 등지를 잠시 방문했다. 그는 쾰른에서, 1852년 공산주의자 재판 당시 변호인단의 일원으로 활약했던 변호사 카를 슈나이더 2세(Karl Schneider II)와, '공산주의자동맹'의 회원이었고 그 재판의 피고인 중 한 사람인 카를 클라인(Karl Klein)을 만났다. 이후 4월 19일에는 어머니를 만나기 위해 이틀 동안 트리어(Trier)를 방문했다. 그것은 모자간의 마지막 상면이 되었다. 헨리에타 마르크스(Henrietta Marx)는 2년 6개월 뒤인 1863년 11월 30일 세상을 떠났다.

트리어를 등진 마르크스는 아헨(Aachen)을 거쳐 다시 네덜란드를 방문,

---

87) *International Review of Social History*, Amsterdam, 1956, Vol. 1, Part 1, 90쪽.

그곳에서 로테르담(Rotterdam)·암스테르담(Amsterdam)·잘트봄멜 등지에 머물다가 4월 29일 런던으로 돌아왔다.

블랑키에 대한 변호

마르크스는 베를린에 머무르는 동안, 1859년 사면으로 풀려나 프랑스로 귀국한 오귀스트 블랑키(Auguste Blanqui)가 1861년 3월 파리에서 다시 체포되었다는 소식을 들었다. 죄목은 비밀단체 조직이었다. 소피 하츠펠트는 마르크스에게 베를린의 민주주의 성향 서클들이 보나파르트 경찰의 행태에 분노를 금치 못하면서 블랑키에게 동정을 표하고 있다고 전했다. 재판이 진행되는 동안 블랑키는 마자(Mazas) 감옥에 수감되었는데, 블랑키에 대한 그곳 간수들의 처우는 한마디로 야만적이었다. 그리고 1861년 여름에 증거 불충분에도 불구하고 그는 4년형을 언도받았다.

런던으로 돌아온 마르크스는 블랑키 구명운동을 적극 펴나가기 시작했다. 그는 1848~49년 혁명에 참여한 프랑스인 망명가 시몽 베르나르(Simon Bernard) 및 전(前) 인민헌장운동 지도자 어니스트 존스(Ernest Johns)와 더불어 블랑키의 투옥 및 부당한 처우에 항의하는 집회를 주관했다. 동시에 마르크스는 프랑스 혁명가이자 블랑키의 절친한 동료이며 브뤼셀(Brussel)로 망명해서 드농빌(Denonville)이라는 필명으로 기고 활동을 하고 있던 루이 와토(Louis Watteau)와 편지를 주고받기 시작했다. 마르크스는 와토를 통해 블랑키와 접촉할 수 있는 루트를 뚫는 데 성공했다. 마르크스는 이 소식을 엥겔스에게 전하는 1861년 6월 19일자 편지에서 이렇게 쓰고 있다.

"블랑키가 우리의 호의에 대해 …… 나와 독일 프롤레타리아 측에 감사한다는 전갈을 드농빌을 통해 전해왔다네. 나는 우리가 다시 프랑스의 혁명적 집단과 직접적인 관계를 확립할 다시없는 기회를 포착했다고 생각하네."[88]

마르크스는 블랑키 변호운동을 조직하기 위해 언론을 통해 여러 가지

----

88) Marx, Engels, *Werke*, Bd. 30, 176쪽.

단호한 조처들을 취했다. 그는 5월에 하츠펠트 백작부인에게 편지를 보내, 블랑키가 가혹한 처우를 받고 있다는 여론을 형성하고 그의 석방운동을 전개하는 데 그녀의 도움이 필요하다고 말했다. 마르크스의 이러한 노력 덕분으로 블랑키에 관한 기사가 독일뿐 아니라 이탈리아와 미국의 진보적 신문에도 게재되었다.

마르크스는, 프랑스의 열성 혁명가를 제물로 삼아 그를 감옥에 감금하고 있는 보나파르트주의자들의 실체를 폭로할 팸플릿을 간행하고자 했던 와토를 전폭적으로 지원했다. 그는 하츠펠트를 통해 독일의 민주주의 서클들에게 팸플릿 간행기금을 마련해줄 것을 호소했다. 마르크스도 런던의 '독일노동자교육협회'의 도움을 얻어 이주민들을 대상으로 기금을 모금하기 위해 혼신을 다했다. 1861년 11월 10일 마르크스는 블랑키를 높이 찬양하는 편지와 함께 '협회'가 모금한 돈을 와토에게 보냈다. 그 편지에는 다음과 같은 내용이 담겨 있다.

"내가 항상 프랑스 프롤레타리아트의 머리이자 가슴이라고 생각해왔던 한 인물의 운명에 대해 나만큼 관심을 갖고 있는 사람도 없을 것입니다."[89]

러시아의 사회적 변화와 마르크스

1850년대 말경부터 러시아 내부의 사태의 추이를 예의 주시해오던 마르크스는 크림전쟁에서의 패배로 차리즘이 점차 쇠퇴하고 있다는 결론에 도달했다. 크림전쟁으로 말미암아 차르 체제 러시아의 정치·경제적 후진성이 폭로되었음은 물론이고, 농노들 사이에서는 소요 상태가 만연했고, 이것이 러시아 봉건 농노제의 기반을 잠식하고 있었다. 마르크스는 1858년 10월 8일자로 엥겔스에게 보낸 편지에서 러시아 제국에서 고조되고 있는 혁명적 분위기에 대한 견해를 피력하고 있다.

"그럼에도 불구하고 1854~55년의 러시아 전쟁은 …… 러시아 내부의

---

89) Marx to Watteau, November 10, 1861, 마르크스·레닌주의연구소 중앙당 문서보관소.

현 상황 변화를 명백히 촉진시켰다."[90]

같은 해 마르크스는 러시아에서 농노제의 위기가 급속히 진전되어 폭발 직전에 있으며, 혁명적 상황으로 발전하고 있음을 알려주는 징후가 나타나고 있고, 이것이 유럽 반동세력의 보루인 차리즘을 쇠퇴일로로 몰아넣었다고 말했다. 마르크스는 엥겔스에게 보내는 편지에서 이러한 점들을 지적하면서, "러시아의 농노해방운동"이 "이 나라의 전통적인 외교정책을 무력화시킬 수 있는"[91] 내적 발전의 단초를 열었다고 말했다.

마르크스는 또한 러시아 내부의 절박한 변화들을 야기하는 사회·경제적 원인들을 명백히 인식했다. 소멸해가고 있는 봉건적 관계들은 자본주의의 발전을 급속히 촉진시켰다. 이러한 상황에서 자본주의 체제의 발전은 봉건지주와 자본가라는 이중의 억압 아래서 땀 흘려야만 하는 피착취 대중에게 극심한 고통을 안겨주었다. 그리고 이 모든 상황이 혁명적 소요를 한층 격화시켰다.

농노제의 붕괴가 필연적이라는 것을 깨달은 마르크스는 러시아 사회가 농노제의 폐지 방법을 놓고 모종의 선택을 해야 할 기로에 놓여 있으며, 이것이 각축을 벌이고 있는 각 계급의 현안으로 부각되고 있다고 보았다. 이전과 같은 방식으로는 통치가 불가능하다는 것을 깨달은 지배계급은 개혁을 통해 위기를 모면할 방도를 모색하고 있었으나, 수백만의 농민들은 근본적이고 혁명적인 방식으로 문제를 해결하기 위해 분투하고 있었다. 이 점에 대해 마르크스는 "러시아의 농노들은 정부와는 다른 의미에서 해방을 이해하고 있다."[92]라고 서술하고 있다. 마르크스는 지배계급 내에서도 개혁에 대한 입장이 일치되지 않고 있으며, 자유주의적 지주와 농노 소유자 간에 논쟁이 일고 있다는 점을 익히 알고 있으면서도 개혁의 배후 추진세력은 다른 곳에 존재한다고 확신했다. 서유럽 신문들의 견해와는 대조적으로, 마르크스는 개혁을 농민과 지주의 화해 불가능한 계급

---

90) Marx and Engels, *Selected Correspondence*, 111쪽.
91) Marx, Engels, *Werke*, Bd. 29, 324쪽.
92) Ibid., Bd. 44, 498쪽.

투쟁의 산물로 간주했던 것이다.

농업개혁이 실시되기 전에 이미 마르크스는 각종 신문에 발표된 정보 자료를 토대로 1858년부터 1860년에 걸쳐 『뉴욕 데일리 트리뷴』지를 통해 개혁의 몇몇 중요한 성격에 대해 언급하고 있다. 그중에서도 「러시아에서 농업개혁의 준비*The Preparation of Peasants' Reform in Russia*」, 「해방 문제*The Emancipation Question*」이 두 편의 평론은 오로지 러시아의 개혁을 다루기 위해 집필한 것이다. 마르크스는 혁명의 압력 또는 전쟁의 위협 아래서만 비로소 절대주의 정부가 농민의 해방에 동의하게 되리라고 강조했다.[93] 위로부터 채택된 모든 유사한 조치들과 마찬가지로, 정부에 의해 입안된 개혁은 잠정적인 성격을 띠기 때문에 러시아에서 필연적으로 나타날 부르주아적 변혁의 한 걸음을 예시해주는 것에 불과할 뿐이다. 따라서 이는 임박한 문제들을 해결해줄 수 없으며, 결국 혁명에 의해서만 모든 문제들이 해결될 수 있다고 확신했다.

알렉산드르 2세가 1861년 2월 19일에 칙령을 발표하기 전에 이미 마르크스는 정부가 계획하고 있는 개혁을 분석하면서, 그것이 대중의 의지와 동떨어지고 지주의 이익을 최대한도로 보호하며 농노제의 다양한 측면들을 온존시킬 목적으로 제정되리라고 예견했다. 하지만 이러한 조치들이 소멸되어가고 있는 토지귀족 계급의 쇠퇴와 몰락을 오랫동안 가로막을 수는 없다고 확신했다. 농민의 입장에서 볼 때 개혁은 환상적인 해방에 불과했으며, 상환금 등을 통해 그들을 착취하는 새로운 수단으로서 단지 속박의 형태만 바뀐 것에 불과했다. 개혁은 농민들이 지주의 예속에서 벗어나는 데 도움이 되지 못하며, '가부장적(patriarchal)' 예속에 대신해서 '문명화된(civilized)' 예속 상태가 들어서는 것을 의미할 뿐이었다.

마르크스는 차르 정부의 개혁조치가 갖는 진정한 의미를 농민들이 자각함으로써 농민의 혁명적 운동이 지속적으로 성장할 수 있기를 희망했다. 그는 러시아 정부가 자기 방식대로 개혁을 관철시키려 한다면 "러시

----

93) *New York Daily Tribune*, No. 5458, October 19, 1858.

아 농촌 주민 사이에 엄청난 돌발사태가 발생할지도 모른다."[94]라고 지적하고, 예견되는 러시아에서의 부르주아 민주주의 혁명에 대해 언급하고 있다. 그것은 공포체제와 함께 "러시아판 1793년이 조만간 도래하게 될 것"[95]임을 의미하는 동시에, 이것이 "러시아 역사의 전환점"을 이루어 "진정하고도 전반적인 문명화"[96]를 가져오리라는 것을 의미했다. 자본주의적 관계의 미숙한 발전으로 인해 이 혁명은 농민혁명의 형태를 취할 것이라고 확신했던 마르크스는 라살레에게 보낸 1859년 2월 4일자 편지에서 특별히 이 점을 밝히고 있다.

크림전쟁이 발발하기 직전과 그 전쟁이 한창 진행 중이던 때만 하더라도 마르크스는 러시아에서 혁명이 일어나는 것은 아직 요원한 일로 내다보았다. 따라서 러시아를 주로 유럽 반동세력의 보루라는 관점에서 파악하고 있었다. 하지만 이제 그의 생각은 바뀌기 시작했다. 전제정치에 대한 확고한 적대성을 간직한 채 마르크스는 점차 비공식적인 러시아, 즉 차리즘과 싸우고 있던 러시아 인민에 관심을 집중시켰다. 그는 러시아의 대중세력이 급속히 성장하고 있으며 러시아에서 인민혁명이 성숙하고 있다는 확증을 발견하고 기뻐했다. 이후 마르크스는 러시아의 혁명운동(혁명 러시아)을 차르 러시아에 대한 길항력으로 파악했으며, 장차 유럽에서 일어날 모든 혁명의 가능한 경로를 모색하고 전반적인 혁명전략을 수립하려면 이를 항상 고려해야 할 요인이라고 믿게 되었다. 마르크스는 1858년 6월에 발표한 한 평론에서 다음과 같이 기술하고 있다.

"10년 전만 해도 혁명적 추세를 가장 강력하게 가로막고 있던 강대국이 있다. 바로 러시아다. 하지만 지금껏 러시아의 발밑에는 가연성 물질이 쌓여왔고, 이제 강한 서풍이 불기만 하면 러시아는 즉시 불타오를 것이다."[97]

---

94) Ibid., No. 6072, October 10, 1860.
95) Ibid., No. 5535, January 17, 1859.
96) Ibid.
97) Ibid., No. 5359, June 24, 1858.

1858년 여름까지만 해도 마르크스는 서유럽의 혁명활동이 러시아에서 혁명적 폭발을 야기할 것이라고 확신하고 있었다. 하지만 러시아에서 빈발하던 농민봉기는 곧 서유럽보다 러시아에서 먼저 혁명의 불길로 타오를 수도 있으며, 그 불길이 실제로 러시아에서 서유럽으로 번질 수도 있다는 점을 시사해주었다. 이와 관련해서 마르크스는 1859년 12월 엥겔스에게 보낸 편지에서 "러시아의 운동은 유럽의 다른 모든 지역의 운동보다 더욱 빠른 속도로 진전되고 있다."[98)]라고 썼다.

마르크스는 러시아의 혁명운동을 프롤레타리아와 서구 민주주의의 결합으로 파악했다. 마르크스는 엥겔스에게 보낸 1860년 1월 11일자 편지에서, 러시아에서 진척되고 있는 사태와 미국의 흑인 노예제에 대한 투쟁을 비교하면서 다음과 같은 견해를 피력하고 있다.

"내 생각에는, 현재 세계에서 일어나고 있는 가장 위대한 사건 중 하나는 미국 노예들의 운동이고 …… 다른 하나는 러시아 노예들의 운동이라네."[99)]

1861년 4월 러시아의 농촌 개혁조치가 공표된 이후에도 마르크스는 계속 이 나라에서 혁명이 발발하기를 기대하고 있었고, 그의 이러한 견해는 농민층의 동요가 지속되고 심지어 점증하고 있다는 그의 각종 기사들을 통해 입증되고 있다. 그는 개혁 직전 및 개혁 기간 중의 러시아 상황을 혁명 직전의 상황으로 간주할 만한 훌륭한 역사적 근거를 갖고 있었다.

후에 레닌은 "가장 신중하고 침착한 정치가조차도 혁명 발생의 가능성과 농민반란의 심각한 위험성을 인정하지 않을 수 없었을 것이다."[100)]라고 서술하고 있다. 1859~61년의 혁명적 상황이 실제로 혁명으로 진전되지 않았다고 해서, 러시아에서 인민혁명이 무르익어가고 있고 러시아 대중들에게 무진장한 혁명적 에너지가 잠재되어 있다고 본 마르크스의 판단이 그 가치를 잃는 것은 결코 아니다.

----

98) Marx, Engels, *Werke*, Bd. 29, 525쪽.
99) Marx and Engels, *Selected Correspondence*, 121쪽.
100) V. I. Lenin, *Collected Works*, Vol. 5, 39쪽.

『언론』지에 대한 기고 활동

1859년에 마르크스의 기고를 요청한 바 있던 빈(Wien)의 자유주의 신문 『언론Die Presse』의 편집장 막스 프리들렌더(Max Friedländer)는 1861년 6월 초에 마르크스에게 자신의 신문에 기고해줄 것을 다시 요청했다.

『언론』지는 당시 3만 명의 독자를 확보하고 있었으며 오스트리아뿐 아니라 독일에서도 널리 읽히고 있었다. 당시로서는 상당한 것으로 인정받고 있던 이 신문의 대중성은 대외정책 현안들에 대해 반(反)보나파르트적 입장을 취하고 있었기 때문이다. 그러나 마르크스는 이 신문이 국내 현안들에 대해 진보적인 입장을 취하고, 안톤 폰 슈멜링(Anton von Schmerling) 장관의 반동적 국내정책에 대한 지지를 철회한 1861년 10월에 가서야 비로소 첫 평론을 송고했다. 1861년 9월 28일 마르크스는 엥겔스에게 다음과 같이 전하고 있다.

"**빈의 『언론』**지가 …… 마침내 슈멜링에 반대하는 입장으로 선회했다네. 이제는 그 신문과 관계를 맺는 것도 가능할 듯싶소."[101]

사실 마르크스로서는 독일인들에게 자신의 견해를 직접 전달할 수 있다는 것이 매우 중요한 의미를 지니고 있었다.

1861년 10월 마르크스는 편집자들의 청탁에 따라 미국 내전에 관한 두 편의 평론을 빈으로 보냈다. 이 두 평론은 모두 편집자들을 만족시켜 대서특필되었다. 이후 마르크스는 1861년 11월부로 『언론』지의 집필진 명부에 등록되었다는 사실을 통고받았다. 고료는 평론 한 편당 1파운드, 기사 한 편당 10실링이었다.

마르크스가 『언론』지에 기고한 평론의 상당수는 미국의 내전과 그것이 국제정세에 미

1848년 7월 3일 오스트리아 빈에서 창간된 『언론Die Presse』.

---

101) Marx, Engels, *Werke*, Bd. 30, 194쪽.

칠 영향을 다룬 것이었다. 마르크스는 그 전쟁이 유럽의 혁명운동을 강화시키는 데 도움이 될 것이라는 합당한 근거를 갖고 있었다. 따라서 유럽 독자들에게 미국 내 사태의 추이를 면밀하게 추적한 기사를 제공하는 것을 매우 중요하게 여겼다. 1862년 4월 28일자 편지에서, 마르크스는 엥겔스에게 "이 중차대한 문제에 관한 올바른 견해를 독일 내에 확산시킬"[102] 필요성을 역설했다.

또한 마르크스는 영국의 경제상황과 노동인민의 생계기준을 다룬 여러 평론도 『언론』지에 실었다. 그는 남북전쟁으로 인해 미국의 면화 수입이 중지되면서 영국 섬유산업이 맞게 되는 파국을 생생히 묘사했다. 또 「영국의 공황The Crisis in England」과 「영국의 빈민 노동자들Needy Workers in England」을 통해 직장을 잃은 직공들의 처참한 곤궁을 여실히 폭로했다. 그리고 인민헌장운동의 퇴조로 인해 노동조합주의의 영향하에 있던 영국 노동계급의 정치활동이 점차 활기를 띠기 시작하는 상황에 대해서도 주목했다.

『언론』지에 게재된 마르크스의 평론들은 막대한 군비 지출과 왕실의 사치행각을 포함한 제2제정의 타락상을 끊임없이 추적·폭로했다. 또한 1861년 프랑스·영국·스페인의 멕시코 군사개입을 지켜본 마르크스는 이후 나폴레옹 3세의 모험주의적 대외정책의 실상을 폭로하는 평론들을 많이 썼다. 그는 이전투구의 무정부 상태를 빌미로 개시된 군사개입의 진정한 목적은 진보적인 후아레스(Benito Pablo Juárez) 정부를 전복시키고 멕시코 공화국을 유럽 열강의 식민지로 탈바꿈시키는 데 있다는 사실을 폭로했다. 멕시코 개입에 관한 마르크스의 평론들은 식민주의와 민족 압제에 맞선 투쟁에 신선한 자극제가 되었다.

『언론』지의 부르주아 편집자들은 마르크스의 평론 대부분이 지나치게 혁명적이라고 생각했다. 1861년 말경에 이르러 마르크스는 그가 쓴 몇몇 평론들이 게재되지 않고 있음을 깨달았다. 이와 관련해서 마르크스는

---

102) Ibid., 227쪽.

1861년 12월 27일자 편지에서 엥겔스에게 "『언론』지가 내 평론들의 절반도 채 게재하지 않고 있다는 사실은 꽤 불쾌한 일"[103]이라고 말했다. 실리지 않은 평론들 중에서 몇 편은 멕시코 토벌 상황을 다루면서 유럽 열강들의 식민지 확장 정책을 비난하는 것들이었다.

1862년에 접어들면서 마르크스의 평론을 게재하는 횟수는 훨씬 더 줄어들었다. 그리하여 1862년 런던에서 열린 제2회 만국박람회 직전에 프리들렌더는 마르크스의 글을 전적으로 박람회 관련 기사로 제한하고, 다른 문제들에 관해서는 일주일에 한 편을 넘지 않도록 규제하려고 했다. 결국 1862년 12월 마르크스는 이 신문에 기고하기를 중단하고 말았다.

미국 내전, 『뉴욕 데일리 트리뷴』과 관계 단절

마르크스와 엥겔스는 1861년 봄부터 미국에서 일어난 사태의 추이에 주목했다. 1860년의 대통령 선거에서 흑인 노예제도에 반대하는 공화당 후보 에이브러햄 링컨(Abraham Lincoln; 그는 노예제 폐지를 위한 첫걸음은 노예제도가 시행되고 있는 지역을 제한하는 것이라고 믿었다)이 당선되자 남부의 노예 소유자들은 공공연하게 반란을 일으켰다. 남부의 각 주는 다투어 연방(Union)으로부터 분리를 선언했다. 1861년 2월 4일에 이들 주의 대표자들은 독자적인 남부연맹(Southern Confederation)을 결성했다. 그리고 1861년 4월 21일에는 반란군이 연방군대에 맞서 군사작전을 개시했다. 이것이 미증유의 규모로 전개된 내전(남북전쟁)의 시작이었다.

마르크스는 1865년 4월까지 지속된 미국 내전을 역사적 중요성을 지닌 사건으로 보았으며, 주로 『언론』지에 이 내전에 관한 40여 편의 평론을 기고했다. 군사적 측면에 관해서는 여전히 엥겔스에게 조언을 구했다. 하지만 1862년 12월 이후로 마르크스는 더 이상 정기간행물에 전쟁 경과에 관한 평론을 기고할 수 없었다. 『언론』지와의 관계가 단절되었고 『뉴욕 데일리 트리뷴』지와의 관계는 훨씬 전에 단절되었기 때문이다. 『트리뷴』지 기

---

103) Ibid., 212쪽.

고는 10년간 계속된 협력관계 끝에 편집자들이 당분간 기사 송고를 중단해 달라고 귀띔한 1861년 초부터 점차 줄어들기 시작했다. 그리하여 그의 평론들은 10월이 지나기까지 발표되지 않은 채 처박혀 있어야만 했다. 그러던 중 1862년 3월에 남부 각 주와의 타협을 지지하는 자들이 편집국의 주도권을 잡자 마르크스는 『트리뷴』지와의 관계를 청산해버렸다. 『트리뷴』지와 그에 뒤이은 『언론』지와의 관계 단절은 마르크스의 생활에 또 한차례 시련을 가져다주었다. 1861년에 재개된 경제학 관련 저술 작업을 평온하게 계속할 수 없게 되었음은 물론, 이제 다시 생계수단을 찾아 동분서주하지 않을 수 없게 되었다. 1863년 초에는 철도국의 서기로 일할 생각까지 했지만 악필을 이유로 거절당했다. 그러던 중 상황이 다소 호전된 것은 어머니로부터 약간의 재산을 상속받은 1863년 말경이었다.

불가피한 사정 때문에 마르크스의 신문 논설은 단지 미국 내전의 초기 단계를 다루는 데 그치고 있다. 하지만 이 평론들은 전쟁의 전 시기에 걸친 사건과 인물들에 대한 예리한 정치적 분석을 가했으며, 엥겔스를 비롯한 여러 사람들에게 보낸 그의 편지 덕분에 보완되었다.

마르크스는 미국에서 벌어지는 사건들을, 예리한 안목을 지닌 사회학자로서, 반동세력과 싸우는 열정적 투사로서, 그리고 미국과 유럽 노동인민의 이익을 위한 옹호자로서 바라보았다. 그는 각종 평론과 편지에서 미국 내전의 사회·경제적 원인을 구명하면서, 그것의 성격과 원동력을 분석했다. 전쟁은 두 개의 사회체제, 즉 산업노동자의 임노동으로 대변되는 북부의 지배적인 자본주의적 '자유노동 체제'와 장인 및 농민들의 노동으로 대변되는 남부의 지배적인 전 자본제적 '노예 체제'의 갈등에서 비롯되었다.

"이 투쟁은 북미 대륙에서 양 체제가 더 이상 평화롭게 공존할 수 없게 되면서 일어났다."[104]

노예제의 존속은 자본제의 발달과 점점 더 양립할 수 없게 되었다.

마르크스는 내전이 노예제도라는 문제에 집중되고 있다는 점을 강조했

----

104) Marx, Engels, *Werke*, Bd. 15, 346쪽.

다. 1861년 10월에 그는 한 평론에서 다음과 같이 밝히고 있다.

"주지하다시피 전체 운동은 노예제 문제에 기초해 있었고, 또 지속적으로 그것에 기초를 두고 있다. 그것은 노예제가 존재하는 각 주(州)에서 노예들이 즉각적으로 자유를 얻어야 하는 것인가의 여부를 둘러싸고 발생한 전쟁이 아니라 북부의 2,000만 자유 시민들이 30만에 불과한 노예 소유자들의 과두정(寡頭政)에 의해 지배당하고 있는 사태의 타당성 여부를 둘러싸고 일어난 것이며, 또한 공화국의 광대한 영토가 자유 주(州)들의 토대로 될 것인가 아니면 노예제를 채택한 주들의 토대로 될 것인가, 궁극적으로는 연방의 국가정책이 멕시코와 중앙아메리카 그리고 남아메리카 노예제도의 강압적 확산을 모토로 삼아야 할 것인가의 여부를 놓고 대립한 전쟁이었다."[105]

마르크스는 미국 내전의 역사적 기원을 언급하면서 적대 세력(공업화된 북부와 노예제가 유지되는 남부) 간의 투쟁이 "반세기에 걸친 미국 역사의 동력"[106]이었다고 말했다. 마르크스는 「북아메리카 내전The Civil War in North America」(1861)이라는 평론에서, 노예제 문제에 관한 한 남부는 북부에 대해 거듭 승리를 구가하면서 호전적이고 침략적인 세력의 역할을 끊임없이 수행해왔다고 강조하고 있다. 노예 소유 과두정이 들어설 수 있었던 것은, 남부의 노예주(농장주)들과 지속적인 관계를 맺고서 목화를 비롯한 노예노동의 각종 산물들을 교역함으로써 부를 쌓았던 북부의 대(大)부르주아지의 지원 때문이었다.

"점차 기승을 부리는 노예주들의 맹공격에 맞서기 위한 1817년 이래 주기적으로 반복된 시도"는 이러한 반혁명적 동맹으로 좌절되고 말았다."[107] 그러는 가운데 주로 산업 부르주아지가 중심이 된 부르주아 진보 집단은 노예제에 대한 투쟁을 강화해왔으며, 이것이 노예제에 반대하는 대중운동과 더불어 대통령 선거에서 링컨의 승리를 낳았던 것이다.

---

105) Ibid., 338쪽.
106) *New York Daily Tribune*, No. 6403, October 11, 1861.
107) Marx, Engels, *Werke*, Bd. 15, 334쪽.

마르크스는 '분리(남부 11주의 탈퇴 – 옮긴이)'라는 소위 평화적인 성격에 관심을 가지고 있던 영국 부르주아 신문들의 허구성을 폭로했으며, 남부 노예주들의 진정한 의도를 모호하게 하고 이들을 지방자치의 수호자(이른바 연방정부의 주권 침해에 맞서 단지 자기방어의 차원에서 주의 권리를 지킨다는 의미에서)로 부각시키려는 유럽 신문들의 시도를 단호하게 비판했다. 마르크스는 남부의 소수 착취자들이 심지어 남부 각 주 대다수 주민의 이익에 배치되는 수탈행위에 부심하고 있다는 점을 강조하고 있다. 흑인은 논외로 치더라도, 남부의 노예 소유제에 기초한 과두정은 "수백만의 소위 '가난한 백인들'의 반대에 부딪히고 있었다. …… 그들의 상황은 로마제국 몰락기에 로마 평민들이 처한 상황과 비견될 수 있을 정도이다."[108] 연방으로부터의 분리는 사실상 반혁명적 반란이자 노예주의 폭동이었으며, 어떠한 의미에서도 "방어적인 전쟁이라고 볼 수 없는 침략적인 전쟁, 노예제를 확산시키고 영속화하기 위한 전쟁이었다."[109]

북부가 진보적인 전쟁을 수행하고 있다는 점을 강조하면서, 마르크스는 북부 연합의 부르주아 집단이 보여준 우유부단함을 신랄하게 비난했으며, 부르주아 공화국 정부가 개전 당시부터 이를 전국적인 혁명전쟁으로 변질되는 것을 달가워하지 않았다고 비판했다. 마르크스는 이것을 미국 부르주아 민주주의의 한계로 보았다. 전쟁의 초기 단계에서 북부 연합이 채택한 이런 정책은 경제적 잠재력과 인력의 우위에도 불구하고 북군이 패배한 주요 원인이었다.

마르크스는 남부인들에게 공감하는 반동적 관료들이 북군 내에 수두룩했다는 사실에 분노를 표했다. 그는 무엇보다도 흑인 문제에 대해 북부의 지도자들이 채택한 정책을 강력하게 비판했다. 혁명적 반란을 두려워한 나머지 그들은 처음부터 흑인의 입대를 달가워하지 않았다. 마르크스는 북군에 흑인들을 편입시키는 것이 전쟁의 경과에 막대한 영향을 미칠 뿐

---

108) Ibid., 337쪽.
109) Ibid., 340쪽.

만 아니라, 북군의 사기를 크게 진작시키고 남부 노예주들의 기반을 잠식하는 결과를 가져올 것이라고 확신했다. 1862년 8월 7일자로 엥겔스에게 보낸 편지에서 마르크스는 "흑인 1개 연대만 있어도 남부인들의 신경에 놀랄 만한 영향을 미칠 걸세."[110]라고 쓰고 있다.

마르크스는 노예제에 대한 투쟁이 미국의 노동인민, 그중에서도 특히 프롤레타리아의 이익에 부합한다는 점을 끊임없이 강조했다. 노예제도는 백인과 흑인을 분리시킴으로써 착취자에 대한 투쟁과정에서 노동계급 운동을 약화시키고 노동계급의 단결을 저해하는 장애물이었기 때문이다.

"노예제로 인해 공화국의 일부분이 추악한 모습을 띠고 있는 한 미국 노동자들의 독자적인 운동은 처음부터 무력화될 수밖에 없었다."[111]

마르크스는 노예제에 대한 투쟁에서 대중이 결정적 역할을 수행할 것으로 확신했다. 그는 자유를 사랑하는 미국의 농민과 노동자가 북부 정부의 전쟁양식을 변화시키도록 강력한 영향력을 행사해주길 바랐다. 내전 과정에서 고양되고 있는 대중 활동은 전쟁을 진정한 혁명으로 변화시킬 것인바, 이 혁명의 불길 속에서 농장주의 과두정치와 북부에 있는 이들의 공범자들에 의한 반역 음모는 틀림없이 붕괴될 것이다. 마르크스는 "북부가 결국은 본격적으로 전쟁에 돌입할 것이며, 내부의 노예제를 지지하는 정치가들을 지도적 지위에서 몰아내면서 혁명적 수단에 의지할 것"[112]이라는 사실을 확실히 느꼈다. 그는 1862년 8월에 다음과 같이 썼다.

"지금까지 우리는 미국 내전의 제1막, 즉 '**입헌적으로** 각색된 전쟁(constitutional conduct of the war)'을 목격해왔다. 따라서 제2막, 즉 '**혁명적으로** 각색된 전쟁(revolutionary conduct in the war)'이 우리 앞에 기다리고 있다."[113]

마르크스의 예측은 완벽하게 입증되었다. 대중의 압력에 밀린 링컨 정

---

110) Ibid., Bd. 30, 270쪽.
111) Karl Marx, *Capital*, Vol. I , 301쪽.
112) Marx, Engels, *Werke*, Bd. 30, 270쪽.
113) Ibid., Bd. 15, 526쪽.

남북전쟁 당시 북군의 흑인연대.

부는 1862년 하반기에 몇몇 혁명적이고 민주주의적인 조치를 취하지 않을 수 없었다. 그리고 이것들은 궁극적으로 북부에 승리를 안겨다주었다. 마르크스는 흑인연대 창설 허용, 반역자 재산몰수법 등 링컨의 조치를 환영했다.

그는 특히 반역적인 농장주들에 예속된 모든 흑인 노예에 대해 자유를 선포한 1862년 9월 22일의 '노예해방령'에 기쁨을 감추지 못했다. 마르크스는 해방령이 비록 노예에게 자유는 주었으되 토지는 주지 않았다는 결함을 지니고는 있지만, 엄청난 혁명적 중요성을 갖고 있다고 강조했다. 「북아메리카의 상황에 대해On the Events in North America」라는 논문에서 마르크스는 링컨의 노예해방령이야말로 "연방 결성 이후의 미국 역사상 가장 중요한 문서"[114]라고 말했다. 해방령은 전쟁이 새로운 단계, 즉 혁명적인 방식으로 수행되는 전쟁 단계로 이행되었음을 알려주는 것이었다.

같은 논문에서 마르크스는 링컨을 대중의 목소리에 귀를 기울일 줄 아는 탁월한 정치가로 묘사하고 있다. 마르크스는 링컨이 서민 출신이고 서민적인 정서와 생활양식을 겸비하고 있다는 점에서 그를 좋아했다. 마르크스는 링컨의 부르주아적 한계와 다소 무정견(無定見)한 점을 비판하면서도, 링컨의 순수한 자세와 능력 그리고 과장된 수사를 거부하는 태도를 높이 평가했다. 마르크스의 링컨에 대한 찬사는 이렇다.

"미국 역사상, 나아가 인류 역사상 링컨은 워싱턴과 어깨를 나란히 할 만한 인물이 될 것이다."[115]

마르크스는 또한 혁명운동에 대한 전체적인 전망에 비추어 내전을 평가했다. 그는 노예제를 무너뜨리기 위한 투쟁이 미국의 노동계급은 물론

---

114) Ibid., 553쪽.
115) Ibid.

국제 프롤레타리아 전체를 결집시킬 수 있는 중요한 요소라고 확신했다. 그는 노예주들의 반란이 "노동자에 대한 자산가의 대대적인 성전(聖戰)을 알리는 경보"116)를 발하고 있으며, 전 세계 노동대중의 미래가 북부의 승패 여하에 달려 있다고 말했다. 미국의 부르주아지가 대중이 거둔 승리의 열매를 가로채고 흑인의 불평등 상태를 온존시키기 위해 제아무리 노력한다 하더라도, 혁명적 수단에 의한 미국의 노예제 폐지가 대서양 양안(兩 岸)의 해방투쟁을 촉진시키는 계기가 될 것이라고 확신했다.

이것이 바로 마르크스가 유럽의 노동계급과 미국의 노예폐지론자 및 피억압 흑인들 간의 연대를 그토록 중요하게 여겼던 이유이다. 마르크스는 미국 내전에 관한 그의 모든 평론들을 통해 모든 국가의 노동인민이 국적과 피부색에 관계없이 공통된 이해를 지닌다는 사상을 설득력 있게 제시하고 있는데, 이것은 프롤레타리아 국제주의라는 대원칙의 진일보를 의미하는 것이었다.

영국 노동자들의 북부 지원 운동

마르크스는 남부를 지원하여 공개적으로 내전에 개입하려는 영국 지배층에 대한 노동계급의 항의가 프롤레타리아에게 국제적 연대정신을 가르치는 데 상당히 중요한 역할을 했다고 확신했다. 개전 당시부터 영국 정부는 남부의 농장주들을 지지했으며, 무기와 물자를 공급하고 농장주들에게 영국의 조선소에서 전함을 건조하도록 허용했다. 영국의 부르주아지와 귀족들은 대(對)북부 전쟁에 개입하고 반동적 유럽 국가들 간의 동맹을 결성하여 남부에 무력 지원을 하기 위한 음모를 꾸미고 있었다. 그러나 이러한 구상은 영국 인민, 특히 노동계급의 강력한 저항에 부딪혔다.

「영국의 여론English Public Opinion」, 「런던 노동자들의 집회London Workers' Meeting」를 비롯한 몇몇 평론을 통해, 마르크스는 혁명적 프롤레타리아의 주요 당면 과제는 대외정책에 적극적인 영향력을 행사하는 것이라고 지

---

116) *The General Council of the First International*, 1864~1866, 52쪽.

적하면서, 영국의 노동계급이 이러한 국제적 임무를 충실히 이행하고 있다는 것을 보여주었다. 1861년 겨울에 개최된 수많은 집회에서 영국 노동자들은 노예제를 옹호하는 수치스러운 침략행위에 단호히 대처할 것을 결의했다. 마르크스는 미국 내전이 초래한 직물업계의 공황으로 영국의 노동계급이 혹독한 궁핍에 시달리고 있었음에도 여전히 끄떡없는 자세를 고수하고 있다고 말했다. 따라서 노동자들의 궁핍을 기화로 북부에 대한 노동자들의 증오감을 심으려던 영국 정부의 노력은 실패로 돌아갔다.

지배 엘리트의 노력에도 불구하고 북부에 동조하는 감정은 날로 커져 가고 있었다. 1862년과 1863년에 런던, 맨체스터, 셰필드(Sheffield)에서 개최된 수많은 집회에서 노동자들은 노예제와 싸우는 투사들과의 연대를 천명했다. 1863년 3월 26일에 마르크스는 '런던무역평의회(London Trades Council)'의 주최로 성(聖) 제임스 홀에서 열린 매우 인상적인 노동자 집회에 참석한 적이 있었다. 영국의 부르주아 집단과는 달리 그 집회의 연사들은 북부 정부에 대한 결연한 지지를 천명했다. 그 집회에서 받은 감명에 대해 마르크스는 엥겔스에게 보낸 1863년 4월 9일자 편지에서 이렇게 썼다.

"노동자들은 부르주아적 수사학을 전혀 사용하지 않고도 자본가들에 대한 적의를 숨김없이 토로하면서 **아주 훌륭한** 연설을 했다네."[117]

마르크스는 영국의 프롤레타리아가 취한 국제주의적 입장을 매우 높이 평가했다. 1863년 10월에 그는 이렇게 쓰고 있다.

"미국 내전의 지속이 100만 영국 노동자들에게는 가장 혹독한 고통과 궁핍을 의미하는 것이었지만, 미국의 노예주들을 지지하여 전쟁에 개입하려는 지배계급의 거듭되는 시도를 무산시킴으로써 영국 노동계급은 역사상 불멸의 영예를 획득할 수 있었다."[118]

영국 노동자들의 개입 반대 운동에 관한 마르크스의 논문들은 국제적인 분쟁에 처한 프롤레타리아가 어떻게 혁명적 노선을 수립하고 주장해

---

117) Marx and Engels, *Selected Correspondence*, 140쪽.
118) Marx, Engels, *Werke*, Bd. 15, 577쪽.

야 하는지를 보여주고 있다.

1863~64년 폴란드 봉기에 대한 마르크스의 태도

또 하나의 중요한 혁명투쟁이 1863년 초에 발생했다. 1월 22일과 23일에 차르 러시아의 지배 아래 있던 폴란드 영토에서 게릴라전을 시발로 한 민족해방 봉기가 발발한 것이다. 마르크스는 이 봉기가 폴란드에서 일어났던 이전의 봉기와는 달리, 서유럽은 물론 동유럽 그리고 혁명적 소요(1861년 개혁에 불만을 품은 대중들의 운동)가 끊이지 않던 러시아 등의 혁명적 분위기를 배경으로 시작되었다는 점에서 매우 중요하게 여겼다. 이것은 폴란드 봉기에 새로운 전망을 열어주었다. 마르크스와 엥겔스는 상황이 호전된다면 이 봉기가 전 유럽 혁명의 서곡이 될 수도 있으리라고 확신했다. 그들은 폴란드 봉기가 러시아 혁명에 불을 붙이는 하나의 촉매제가 될 것이며, 인접한 독일, 특히 프로이센으로 그 열기가 확산되어 정치적 위기를 초래함으로써 다른 서유럽 제국으로까지 번질 것으로 전망했다. 마르크스는 엥겔스에게 보낸 1863년 2월 13일자 편지에서 이에 관해 이렇게 쓰고 있다.

"이번 폴란드 사태에 대한 자네의 생각은 어떠한가? 한 가지 분명한 사실은 유럽에서 재차 혁명의 시대가 확실하게 열렸다는 것일세. 이제 그 용암이 옆길로 새지 않고 동에서 서로 흘러가리라는 희망을 갖도록 하세."[119]

봉기가 진행되는 동안 마르크스와 엥겔스는 봉기의 성공 가능성 및 그것이 다른 나라의 혁명운동에 미칠 영향을 분석하고, 봉기세력 내부의 당파 사이에 일고 있는 투쟁을 관찰하면서, 봉기의 진로에 영향을 미치는 외국 정치세력에 대한 평가를 담은 편지를 교환했다.

마르크스와 엥겔스는 봉기의 성공 여부가 무엇보다도 두 가지 요인, 즉 폴란드 농민의 광범한 참여와 폴란드 인민의 해방투쟁을 러시아 혁명운동과 통합시킬 수 있는 관건인 러시아의 농민혁명에 달려 있다고 확신했

---

119) Marx, Engels, *Werke*, Bd. 30, 324쪽.

다. 그들의 견해는 러시아의 혁명적 민주주의자 및 1861년에 결성된 폴란드 '적색' 혁명당원들의 견해와 일치했다. 장기적인 안목을 갖춘 폴란드와 러시아의 뛰어난 혁명가들은 양국의 혁명 역량을 통일시키기 위한 작업에 열중했다. 1862년에 그들은 1863년 봄으로 계획된 폴란드 봉기를 러시아 혁명가들이 지원한다는 합의에 도달했다. 마르크스와 엥겔스는 이러한 합의 사실을 알지 못했지만 적절한 조건만 주어진다면 폴란드 봉기가 러시아 농민대중의 혁명적 활동에 추진력을 제공할 것이며, 러시아 혁명으로부터 강력한 지원을 받으리라고 내다보았다.

그러나 1863년 여름에 이르러 마르크스와 엥겔스는 폴란드 봉기의 성공 가능성이 점차 희박해지고 있다는 결론에 도달했고, 유감스럽게도 러시아에서 농민 소요가 진정되기 시작하면서 폴란드의 봉기가 농민혁명으로 발전하는 데 실패하는 상황을 목격해야만 했다. 마르크스는 폴란드 봉기가 성공적으로 발전하지 못한 주원인을, 대중 혁명투쟁보다는 프랑스와 영국의 원조에 기대를 걸고 있던 '백색당(The White)'에 의해 봉기세력의 전(全) 지도부가 장악당하고 있었다는 데서 찾았다. 대지주와 부르주아 엘리트의 이해를 대변하고 있던 '백색당'은 봉기가 농민혁명으로 발전하는 것을 막는 데 부심했다. '백색당원들'은 우크라이나와 백러시아 지방에 대한 영유권을 주장했다. 또한 그들은 외국에 거주하는 폴란드 귀족들과 접촉했다. 파리에 거주하고 있던 차르토리스키(Czartoryski) 왕자를 통해 그들은 나폴레옹 3세와 파머스턴(Henry Johne Temple Palmerston) 정부와 관계를 갖고 있었다. '백색당원들'의 친(親)서방정책은 봉기에 결정적인 영향을 미쳤다. 마르크스는 엥겔스에게 보낸 1863년 8월 15일자 편지에서 "폴란드 봉기는 부스트라파(Boustrapa)[120]와 차르토리스키 일파의 음모로 완전히 붕괴되고 말았다."[121]라고 쓰고 있다.

마르크스는 엥겔스에게 보낸 여러 편지 속에서 폴란드 봉기에 대한 프

---

120) 나폴레옹 3세의 별명.
121) Marx, Engels, *Werke*, Bd. 30, 369~70쪽.

랑스와 영국의 도발적인 정책을 비판하는 한편, 이들 국가가 사실상 봉기 진압의 동반자로서 차르 정부의 보복조치를 거들었다는 사실을 밝히고 있다. 프랑스와 영국 정부는 봉기세력에게 위선에 찬 동정을 표하면서도, 결정적인 순간에는 이들을 운명의 손에 내맡겨버렸다. 그들은 외교적 제스처로 일관했을 뿐 폴란드인들을 진정으로 돕지는 않았다. 마르크스는 프랑스와 영국이 폴란드 사태에 개입했던 것은 다른 속셈이 있었기 때문이라는 점을 강조했다. 나폴레옹 3세는 국제 상황을 악화시켜 라인 좌안(左岸) 장악 등의 호기를 포착하려는 모험적인 기대를 품고 있었다. 마르크스는 봉기가 시작된 직후 곧 프랑스 황제의 음모를 간파했다. 1863년 2월 21일자로 엥겔스에게 보낸 편지에서 마르크스는 "폴란드 사태와 관련하여 내가 가장 우려하는 바는 저 탐욕스러운 보나파르트가 라인으로 쳐들어갈 구실을 찾아 다시금 곤경에서 벗어나려 하리라는 것일세."[122]라고 적고 있다.

마르크스는 또한 폴란드 봉기에 공감을 표시한 파머스턴의 선언 뒤에 숨겨진 진정한 의도를 간파하고 있었다. 파머스턴 영국 수상은 러시아의 외교적 처지를 복잡하게 만들어 프랑스의 행동을 유발시킴으로써, 크림전쟁 이후에 갓 조성된 프랑스와 러시아의 친선 관계를 좌절시킬 심산이었다.

애초에 마르크스는 비스마르크의 프로이센 정부가 폴란드 봉기를 진압하는 과정에서 차르 정부를 가장 적극적으로 지원하리라는 점을 믿어 의심치 않았는데, 곧 그의 판단이 옳았다는 것이 입증되었다. 1863년 2월 8일 차르와 프로이센 정부는 폴란드 봉기 진압에 상호 협력한다는 협정에 조인했다. 프로이센의 자유주의적 부르주아지는 이러한 반혁명적 협정을 사실상 지지했고, 지방의회에서 겁에 질린 비판을 하는 것 외에는 이렇다 할 행동도 취하지 않았다. 마르크스는 비스마르크에게 굴복한 프로이센 자유주의자들의 비겁함을 격렬히 비난했다.

---
122) Ibid., 332쪽.

마르크스는 폴란드의 봉기세력을 돕기 위해 최선을 다했다. 그는 서유럽의 노동자와 민주주의 서클의 폴란드 인민에 대한 동정심이야말로 폴란드 인민을 위한 가장 효과적인 지원조직을 결성하는 데 유용할 뿐만 아니라, 만국 노동자들의 국제적 우애를 돈독히 하는 데도 유용하리라 여겼다. 마르크스는 런던에 있는 '독일노동자교육협회'에 폴란드 인민을 지원할 것을 촉구했으며, 영국·스위스·미국에 거주하는 독일인 노동자와 독일 내 노동자들 사이에서 폴란드 봉기세력을 돕기 위한 모금운동을 전개했다.

1863년 9월에 마르크스는 봉기세력을 지원할 독일 의용군 편성을 도와달라는 라핀스키(Lapinski) 폴란드 육군 대령의 요청을 받고 이에 기꺼이 응하기로 했다. 1863년 9월 13일 마르크스는 엥겔스에게 이 소식을 전하면서 "그 일 자체는 훌륭하지 않은가."[123]라고 말하고 있다. 그는 라핀스키를 도와 모금을 위한 실질적인 조치를 취하고, 엥겔스에게 맨체스터에서 모금을 해달라고 의뢰하기도 했다. 하지만 모금액이 부족한 데다가 외국의 혁명의용군을 받아들인다는 발상에 일부 '백색당원들'이 부정적인 태도를 취했기 때문에 라핀스키의 원군 요청은 실현되지 못했다.

폴란드 봉기와의 연대운동을 경험한 마르크스와 엥겔스는 민족해방투쟁은 오로지 러시아의 혁명운동과 유럽 노동계급의 긴밀한 협력을 통해서만 성공할 수 있다는 결론에 도달했다. 그들은 피압박 민족이 해방을 쟁취할 수 있는 중요한 조건은 민족독립투쟁을 내부의 혁명적 변혁, 특히 농민문제의 민주주의적 해결과 결합시키는 것이라고 확신했다.

폴란드에 관한 팸플릿 저술 작업

마르크스는 정기간행물을 통해서도 폴란드 봉기를 지원할 수 있으리라 여겼다. 프로이센과 러시아가 봉기의 공동 진압에 합의하는 협정을 체결했다는 소식을 접한 마르크스는 곧 엥겔스와 더불어 베를린과 상트페테

---

123) Marx, Engels, *Werke*, Bd. 30, 373쪽.

르부르크(Sankt Peterburg) 경찰의 합작 음모를 폭로하고, 독일의 여러 민주주의적 서클에 폴란드를 옹호하며 국내 반동세력에 대항하는 결연한 행동에 돌입할 것을 촉구하기 위해 폴란드 관련 소책자를 저술하기로 했다. 두 사람은 소책자 저술과 관련해서 서로 업무를 분담하여 마르크스는 역사·외교 부문을, 엥겔스는 군사 부문을 떠맡기로 했다. 1863년 2월 말 마르크스에게 보내는 서신에서 엥겔스는 이 책자의 개략적인 구상을 제시하면서 제목을 「독일과 폴란드, 1863년 폴란드 봉기에 관한 정치·군사적 성찰Germany and Poland, Politico-Military Reflections on the Polish Insurrection of 1863」로 할 것을 제안했다.

그러나 이 책자는 마르크스의 건강이 악화되면서 완성을 보지 못했다. 3월에 고질적인 간질환이 재발해서 5월 말까지 계속되었던 것이다. 그래도 그는 이 두 달 반 동안 방대한 양의 준비 작업을 해놓았다. 그는 거의 50권에 달하는 책자에서 대형 노트 두 권과 소형 노트 한 권 분량의 자료를 발췌했다. 마르크스는 유럽의 주도 세력들이 추구하는 각종 정책들과 연관시켜 폴란드 문제를 고찰하는 과정에서, 폴란드뿐 아니라 러시아·프로이센·프랑스의 외교사 및 국내 정치사와 관련된 각종 문서·논문·서신·역사서들을 연구했다. 소형 노트에는 각종 신문기사에서 발췌한 1863년 봉기의 추이와 관련된 자료들이 수록되어 있다.

뒤이어 마르크스는 이 자료들을 체계적으로 조합해서 주제별로 구분하고 각 주제에 포함된 사실들을 연대순으로 배열했다. 이를 기초로 그는 두 편의 초고를 작성했다. 하나는 「프로이센의 모리배들The Prussian Scoundrels」이라는 제목의 초고로서 1640년에서 1863년에 걸친 기간 동안 정립된 프로이센—폴란드 관계를 다루었으며, 다른 하나는 제목 없이 폴란드—프랑스 외교사를 연대순으로 기록한 것이었다. 이후 그는 팸플릿 자체를 저술하면서 제1장의 이형판(異形版)을 저술하는 데 이 예비 자료들을 이용했다. 그는 중세기를 논의의 서두로 삼아 제1초고는 1692년까지, 제2초고는 1770년까지 진행시켰다. 그중 제2초고는 전자보다 정교하게 다듬어진 것으로서 「폴란드, 프로이센 그리고 러시아*Poland, Prussia and Russia*」라는 제목을 붙였다. 바로 이것이 1863년 5월 말까지의 진행 상황이었다. 그는 5월 29일 엥겔스에게 "거듭된 시도에도 불구하고 결국 폴란드 이야기를 **끝맺지 못했다.**"[124]라며 안타까워했다. 마르크스와 엥겔스는 팸플릿을 완성하는 데 너무 많은 시간이 걸리고 봉기에 실질적으로 도움이 될 만한 시일 내에 출판하기는 어려울 것으로 판단하고 저술 작업을 중단한 것으로 보인다.

그러나 현존 원고들만으로도 우리는 마르크스의 전반적인 구상을 읽을 수 있을 뿐 아니라, 그가 쓰고자 했던 내용의 상당 부분들도 미루어 짐작할 수 있다. 마르크스는 「프로이센의 모리배들」의 초고와 제1장의 첫 부분을 통해서, 프로이센과 차르 체제하의 러시아가 두 세기에 걸쳐 폴란드에 대해 갖고 있던 영토 확장 야망을 추적하고 있다. 마르크스는 프로이센의 진의를 폭로하고 "노쇠한 호엔촐레른(Hohenzollern) 왕가를 공격하는"[125] 데 관심을 집중하고 있다. 이 팸플릿은 1848년 혁명으로 등장한 프로이센 반동세력들을 혹평하는 마르크스의 여러 평론들의 속편이자 증보판이라 할 만한 것이었다.

마르크스는 호엔촐레른 왕가의 브란덴부르크 가계가 발흥하는 과정을  상세히 묘사하는 가운데, 그들이 폴란드로부터 프로이센 공국의 지배권을 탈취하려고 꾸민 치졸한 음모·기만·배신행위들을 폭로하고, 그러한 탈취행위를 기반으로 이후 영토를 확장하고 왕의 칭호를 획득하는 과정을 그리고 있다. 폴란드의 귀족주의적 공화국이 쇠

브란덴부르크 선제후, 프로이센 왕, 독일 황제, 호엔촐레른 공국의 통치자와 루마니아의 왕을 배출한 호엔촐레른 왕가의 문장(紋章).

---

124) Ibid., 350쪽.
125) Ibid., 332쪽.

퇴의 길을 걷자, 이전의 봉신(封臣)들은 마치 먹이를 낚아챌 기회를 포착한 늑대처럼 종복 특유의 천박함을 그대로 드러낸 채 이전의 영주에게 복수를 했다. 마르크스의 원고는, 18세기에 프로이센이 러시아 및 오스트리아와 밀접한 동맹관계를 맺고 폴란드를 3분하면서 보여준 배신행위를 폭로하고 있다. 이후 프로이센은 폴란드 인민의 모든 봉기를 진압하는 무장경찰 역을 도맡아 했다. 마르크스는 프로이센이 정복정책을 수행하면서 동원한 비열하고도 야만적인 각종 수단들을 생생히 그려 보여주고 있다. 그는 프로이센 군국주의자들이 제1차 폴란드 분할의 전야에 보여준 만행을 다음과 같이 묘사하고 있다.

"1771년 초엽 프로이센 용병들이 프로이센령 폴란드의 전역을 장악하고, 전대미문의 약탈과 잔악하고도 추악한 온갖 야만적 행위를 자행했다."[126]

마르크스는 이 원고에서 호엔촐레른 왕가 치하의 프로이센과 차르 체제하의 러시아가 폴란드에 취한 정책을 하나의 예로 제시하면서, 타국에 대한 노예적 공동 지배는 압제자들을 서로 구속하고 그들의 상호의존성을 높이며, 이 경우에는 보다 강한 쪽이 약한 쪽의 운명을 상당 정도 지배하게 된다는 사상을 구체화했다. 그는 프로이센 군주들이 폴란드 영토를 점령하면서 차르 러시아에 의존했다는 사실에 주목하면서, 이러한 의존은 주로 러시아 차르에 대한 호엔촐레른 왕가의 굴욕적 헌신 때문이라고 보았다. 프로이센과 차르 러시아를 결합시킨 또 다른 요인은 유럽에서 발휘했던 해방자의 영향력에 대한 공통된 증오심이었다. 호엔촐레른 왕가와 로마노프(Romanov) 왕가는 항상 자국의 독립을 회복하고자 하는 폴란드 인민의 열망을 혁명적 경향의 한 표현으로 간주했다.

"자코뱅 전쟁 이후 …… 프로이센은 폴란드를 동구의 프랑스요 혁명의 분화구로 보았다."[127]

---

126) Marx and Engels, *On Reactionary Prussianism*, Second Russian Edition, Moscow, 1943, 18쪽.
127) 마르크스·레닌주의연구소 중앙당 문서보관소.

마르크스는 이 원고 전반에 걸쳐서 하나의 생각을 일관되게 제시하고 있다. 즉 프로이센 국가 수립 이후 호엔촐레른 왕가는 줄곧 독일의 진정한 이익과는 거리가 먼, 그리고 사실상 독일의 이익에 정면으로 배치되면서 이웃 슬라브 인민들과 독일인에게 모두 해를 끼치는 대(對)폴란드 정책을 추구해왔다는 것이다. 1848~49년과 마찬가지로 마르크스는 프로이센 왕정이 혁명적·민주주의적 수단에 의한 독일 통일의 주요 장애물이므로, 왕정의 전복이야말로 독일의 혁명적 발전을 위한 첫걸음이라는 사상을 개진했다. 팸플릿 저술 작업이 한창 진행 중일 때 마르크스는 엥겔스에게 다음과 같이 써 보냈다.

"폴란드는 독일에게 꼭 필요한 존재이지만, 폴란드와 프로이센이 나란히 존재한다는 것은 애초에 불가능한 일이므로 후자, 즉 프로이센이 이 지구상에서 사라져주어야 한다."[128]

마르크스는 유럽 열강들 및 폴란드 내에서 이루어지고 있는 사회적·경제적·정치적 발전과정에 대한 분석과 밀접한 연관을 유지하면서, 폴란드를 둘러싼 열강들의 외교적 분쟁을 추적했다. 이 원고에서 마르크스는 폴란드의 사회구조와 민족해방운동의 계급적 구성을 연구했다. 그는 프로이센과 오스트리아, 러시아가 추구한 반(反)폴란드 정책이 타락한 폴란드 귀족들의 지지를 받고 있었다는 사실에 주목했다. 그들은 자신들의 봉건적 특권이 존속되는 한 언제든지 민족독립을 포기할 용의가 있었다. 민족부르주아지의 힘이 나약했던 상황에서 일단의 진보적인 폴란드 신사계급은 오랫동안 귀족의 과두정에 맞서 싸우면서 민족독립을 쟁취하기 위한 투쟁에 동조했다. 따라서 마르크스 말대로 "폴란드에서 다른 유럽 국가의 부르주아지와 비슷한 입장을 갖고 있던 **폴란드 신사계급**과 귀족은 명백히 구분되어야 한다."[129]

마르크스는 폴란드 신사계급의 지도적 서클들이 폴란드 분할에 저항

---

128) Marx, Engels, *Werke*, Bd. 30, 334쪽.
129) 마르크스·레닌주의연구소 중앙당 문서보관소.

하고 자국 내에서 정치·사회적 진보를 이룰 수 있는 길을 밝히려 했던 사실을 거론하면서, 이들 집단은 진보적이며 당시의 해방사상과 프랑스 부르주아 혁명의 이상을 수용하고 있음을 보여주었다. 이러한 입장에서 그는 귀족주의 도당에 대한 폴란드 애국세력의 투쟁을 통해 채택된 1791년 5월 3일의 헌법을 높이 평가했다. 이들 혁명가들은 계급적 한계에도 불구하고, 외세의 압제에 맞선 폴란드 해방투쟁과 타데우시 코시치우슈코(Tadeusz Kościuszko)가 이끈 1794년 봉기를 계기로 불타오른 폴란드 인민 봉기에서 두드러진 역할을 수행해왔다.

마르크스의 폴란드 관련 초고는 민족문제와 관련해서 그가 후세에 물려준 이론적 유산의 중요한 일부이다. 그것들은 또한 그의 창조적 방법론을 좀 더 구체적으로 엿볼 수 있게 해주는 동시에 모든 연구 영역에서 피압제자들의 이익, 즉 프롤레타리아 운동의 이익을 위해 일하는 과학자로서 마르크스가 보여준 성실성을 단적으로 보여주고 있다.

런던 '독일노동자교육협회'에서의 활동

1860년대는 마르크스가 런던의 '독일노동자교육협회' 활동에 매우 적극적으로 참여한 시기였다. 그와 엥겔스는 1850년 9월 '협회'가 종파분자들의 영향 아래 놓이게 되면서, 그 단체와 관계를 단절한 바 있었다. 그러나 1850년대 말에 들어서면서 상황은 변했다. 요한 에카리우스(Johann Georg Eccarius), 프리드리히 레스너(Friedrich Lessner)를 비롯한 프롤레타리아 혁명가들이 구 지도부의 종파주의적 오류를 극복하고, '협회'와 그 밖의 영국 노동계급 조직 및 이주민 프롤레타리아 집단의 보다 밀접한 관계를 정립하고자 노력하면서 이 단체에서 두드러진 역할을 떠맡기 시작했다. 이제 마르크스는 '협회' 활동을 재개할 수 있게 되었다.

그는 노동자들에게 국제 연대정신을 불어넣고자 노력했다. 그리고 1861년 '협회'가 프랑스 및 독일 노동자들의 집회를 열어 블랑키의 체포에 대한 항의문을 만장일치로 채택하는 데 주도적 역할을 한 사람도 다름 아닌 마르크스였다.

또한 마르크스는 폴란드 봉기가 발발하자 '협회'를 서구 노동자들의 폴란드 민족해방운동 지원을 위한 연대행동의 조직 중추로 탈바꿈시키는 작업에 몰두했다. '협회'는 다른 프롤레타리아·민주주의 이주민 서클들과 함께 영국·프랑스 노동자들의 폴란드 지원 투쟁에 적극 참여했다. 그러한 목적으로 열린 런던의 각종 집회와 대회에 대표를 파견했는데, 대표적인 경우가 1863년 7월 22일 성 제임스 홀에서 열린 집회였다.

1863년 10월 마르크스는 '교육협회'를 대표해서 폴란드 반란군 지원기금 모금을 위한 호소문을 작성했다. 이 호소문은 독일에 대해 폴란드 문제의 중요성과 관련한 마르크스의 견해, 즉 그가 폴란드 관련 미완성 초고에서 피력했던 견해를 요약하고 있다. 한마디로 말해 그가 이 호소문에서 피력한 명제는 "독립 폴란드 없이는 독립 통일 독일도 존재할 수 없다."라는 것이었다. 그는 "영웅적인 인민에 대한 대학살을 묵묵히, 태만하게 그리고 냉담하게 바라보고 있는" 독일 부르주아를 비난하면서, 폴란드 독립투쟁은 프롤레타리아트, 그중에서도 특히 독일 프롤레타리아트의 중대한 대의라고 강조했다.

"그 깃발 위에 **폴란드의 복구**(Poland's Restoration)가 핏빛 꽃 같은 글씨로 새겨져야 한다."[130]

호소문은 삐라로 제작되어 11월 하반기에 영국 내 독일 이주민들에게 배포되었다. 그리고 마르크스의 지시에 따라 복사본 50매가 독일 현지 노동자들에게 배포되기 위해 송달되었다.

'협회'에서 마르크스의 활동은 프롤레타리아 운동 지도자들과 마르크스의 결속을 다지는 데 한몫했다. 그는 독일인 이주 노동자들에게 보다 널리 알려졌을 뿐 아니라, '협회'가 지속적으로 접촉해오던 영국과 프랑스 노동계급 운동 단체에서도 지명도를 높였다.

----

130) Marx, Engels, *Werke*, Bd. 15, 576, 577쪽.

한 친구의 죽음

빌헬름 볼프는 1853년 가을에 맨체스터로 거처를 옮겨 마르크스와 엥겔스의 노동계급 조직 작업을 도왔다. 그는 마르크스가 작성한 폴란드에 관한 호소문을 전폭 지지했다. 1863년 12월 2일 볼프는 예니 마르크스에게 다음과 같이 썼다.

"처음 몇 줄을 읽어 내려가던 중 저는 이 짧지만 강력한 호소문의 장본인이 '무어인(Moor人; 마르크스의 별명 – 옮긴이)임을 쉽사리 간파할 수 있었습니다."[131]

볼프는 이 호소문을 맨체스터에 거주하고 있던 독일인 이주자들에게 유포시키는 데 최선을 다했다. 그는 이 호소문이 그들 중 일부가 여전히 받아들였던 편협한 민족주의적 태도를 극복하는 데 도움이 될 것으로 믿었다.

마르크스는 볼프를 엥겔스 다음가는 소중한 친구로 여겼다. 그리하여 중요한 정치적·전술적 문제에 부딪힐 때마다 그와 상의했다. 한편 볼프는 마르크스의 당파적 정치활동을 성심성의껏 도왔다. 1860년대 들어 볼프는 중병으로 자주 앓아누웠다. 프로이센 감옥 생활과 망명기간 중의 생활고에 건강을 해쳤던 것이다. 죽음의 순간이 다가오고 있음을 직감한 볼프는 1863년 12월 말에 유언서를 작성하여, 몇 푼 안 되는 저금의 대부분을 마르크스와 그의 가족에게 물려주었다. 그리고 이 돈은 마르크스가 『자본론』제1권을 집필하는 데 큰 도움이 되었다.

1864년 5월 3일 마르크스는 친구의 임종을 지켜보기 위해 맨체스터를 방문했다. 혼수상태에 빠져 있던 볼프는 잠깐 동안 의식을 회복해서 마르크스와 엥겔스를 알아보는 듯한 표정을 짓다가 이내 의식을 잃었다. 볼프는 결국 5월 9일에 세상을 떠났다. 마르크스는 그의 아내에게 다음과 같이 썼다.

"그의 죽음으로 우리는 몇 안 되는 친구이자 전우를 잃었다. 그는 인간

---

131) *Mary and Engels und die ersten Proletarischen Revolutionare*, Dietz Verlag, Berlin, 1965, 206쪽.

이란 단어가 갖는 최상의 의미를 구현한 인물이다."[132]

5월 13일 거행된 볼프의 장례식에서 마르크스는 짧은 추도사를 낭독했다. 하지만 걷잡을 수 없는 슬픔으로 몇 번이나 낭독을 중단하곤 했다.

마르크스와 '전독일노동자협회'

독일 노동계급 운동의 부활과, 세력을 통일하고 대중적 관심사에 대한 독자적인 입장을 확립하고자 하는 독일 노동자의 요구를 인식한 라살레는 정치적 노동자 조직의 필요성에 대한 선동 작업을 개시했다. 그는 독일 노동계급 운동의 이론가이자 지도자임을 자처하면서 그 운동강령과 전술을 공식화하기 위해 애썼다.

마르크스는 라살레가 대중선동에 착수하기 전인 1862년 7~8월 런던에 머물고 있을 당시 그의 강령의 요체를 알게 되었다. 라살레는 노동자들이 국가, 즉 융커 국가 프로이센의 도움으로 확립된 생산조합과 보통선거권을 통해 사회해방운동을 전개해야 한다고 주장했다. 이 강령은 노동계급에게 어떠한 혁명적 전망도 제시하지 못했으며, 오히려 혁명적 계급투쟁 없이도 사회주의의 실현이 가능하다는 환상을 심어주었다.

이에 마르크스는 런던에서 대화를 통해 라살레에게 그 강령이 「공산당선언」에 명시된 원칙에 위배된다는 점을 지적했다.

라살레의 견해에는 독창적인 것이라곤 아무것도 없었다. '국가가 지원하는 조합'이라는 발상은 1840년대에 이미 프랑스 가톨릭 사회주의자였던 필리프 뷔셰(Philippe Buchez), 프티부르주아 사회주의자인 루이 블랑(Louis Blanc) 등이 제시한 적이 있었다. 더욱이 라살레는 영국과 독일의 상이한 상황을 고려하지 않은 채, 인민헌장운동에서 자신의 보통선거권 요구를 빌려왔다. 마르크스는 농민이 압도적으로 많고 노동계급의 정치의식이 아직 저급한 독일 같은 나라에서는, 1851년 프랑스의 쿠데타 기간 중에 보나파르트주의자들이 자행했듯이, 이러한 요구를 반혁명세력도 악용

---

132) Marx, Engels, *Werke*, Bd. 30, 655쪽.

할 소지가 많다고 말했다. 물론 마르크스는 보통선거권 자체에 반대했던 것이 아니라, 단지 라살레가 그것을 노동계급 해방의 유일하고도 확실한 수단으로 주장한 것에 반대한 것이다.

마르크스는 또한 라살레가 과거 독일의 노동계급 투쟁, 1848년의 혁명적 전통과 '공산주의자동맹'의 연계성을 무시하고 있다고 비판했다. 마르크스는 과도한 야심을 품은 채 언제나 최상의 각광을 받으려고 애쓰는 라살레를 혐오했다. 마르크스는 "내가 그를 만났던 해에 그는 완전히 미친 것 같았네."라고 엥겔스에게 말하고 있다.

"그는 이제 자신이 위대한 학자이자 심오한 사상가, 가장 명석한 연구가일 뿐만 아니라 돈 후안(Don Juan)이며 혁명적인 리슐리외(Armand Richelieu) 재상이라고 확신하고 있다네."[133]

라살레는 예니에게도 매우 좋지 않은 인상을 주었다. 그녀는 과대망상증에 사로잡혀 있고 측근에 아첨꾼과 식객을 거느리고 싶어 하는 라살레를 반어적으로 묘사하고 있다.

"그는 학자, 사상가, 시인 그리고 정치가로서 획득한 명성의 무게로 거의 압사당할 지경이었다."[134]

런던 회합 직후 마르크스는 마침내 라살레와 결별했다. 1865년 2월 23일에 쿠겔만에게 보낸 편지에서 마르크스는 그 이유를 이렇게 말했다.

"그가 선동에 몰두했기 때문에 우리의 관계는 단절되었네. 1) 그의 자화자찬적인 허풍과 더불어 그가 나와 다른 사람들의 저작을 매우 뻔뻔스럽게 표절했고, 2) 내가 그의 **정치적** 전술을 **비판했으며**, 3) 그가 선동에 착수하기 전에 이미 나는 이곳 런던에서 그에게 **프로이센은 국가**에 의한 직접적인 **사회주의적** 참견이 난센스에 불과하다는 점을 충분히 설명하고 '입증했기' 때문일세. 우리의 개인적인 회합에서 그랬던 것처럼 내게 보낸 편지(1848년에서 1863년 사이)에서도 그는 항상 내가 대표하는 집단의 신봉

---

133) Marx, Engels, *Werke*, Bd. 30, 258쪽.
134) *Reminiscences of Marx and Engels*, 234쪽.

자로 자처했다네. 그는 런던에서(1862년 말) 나와 **함께** 자신의 유희를 즐길 수 없다는 판단이 서자, 곧 나와 옛 당파에 **대항하는** '노동자의 독재자'로 나서기로 작정했다네."[135]

그러나 라살레와 결별한 후에도 마르크스는 그의 활동을 예의 주시했다. 1863년 5월에 라살레의 주도 아래 '전(全)독일노동자협회'가 결성되자 마르크스는 그것을 독일의 독자적인 노동계급 운동의 부활로서, 프롤레타리아의 임무를 협동조합이나 공제은행 등의 설립에 국한시키려고 애쓰던 프란츠 슐체델리치(Franz Hermann Schulze-Delitzsch) 등 자유주의자들의 감독으로부터 노동자들을 해방시키기 위한 중요한 진전으로 간주했다. 마르크스는 "라살레는 15년간 휴면에 빠져 있던 독일의 노동운동을 다시 일깨웠고, 이것은 그의 불후의 공적으로 남을 것"[136]이라고 말했다. 마르크스와 엥겔스는 독일 프롤레타리아의 정치적 통일을 위한 투쟁이 객관적으로 떠맡고 있던 객관적 역할을 고려하여 라살레의 그릇된 신조와 전술에 대한 공개적인 비판을 삼갔다.

그러나 마르크스와 엥겔스는 라살레의 지도 아래서 '전독일노동자협회'가 종파주의적, 개량주의적 조직으로 가능하고 있다는 점을 명백히 밝혔다. 국가의 지원을 받는 생산조합과 정치적 만병통치약으로서의 보통선거권에 대한 라살레의 신조는 '전독일노동자협회'의 기본 방침으로 채택되었다. 라살레는 노동자의 임금이 ('임금철칙'의 작용 때문에) 일정한 최저기준 이상으로 오를 수 없다는 천박한 견해를 폈으며, 노동계급의 경제적 조건을 향상시키기 위한 투쟁의 중요성을 부정했다. 그래서 '협회'는 애초부터도 노동조합을 설립하고 파업을 조직하는 활동에 참여하기를 거절했다. 농민을 혁명적 계급으로 보지 않는 라살레의 영향을 받아 '협회'는 착취제도에 대항하는 해방투쟁에 농민대중을 참여시키는 과제를 완전히 무시했으며, 봉건 잔재의 청산을 요구하지도 않았다. '협회' 지도부는 국외

---

135) Marx and Engels, *Selected Correspondence*, 167쪽.
136) Ibid., 213쪽.

프롤레타리아 조직과 국제적 접촉을 거부하는 민족주의적 편향성을 드러냈다. '협회'의 조직 구조는 라살레의 독재적 방식에 조응하는 것으로, 노동계급 운동의 민주주의적 원칙에 위배되는 것이었다. 의장인 라살레는 막강한 권한을 갖고 '협회'의 사무를 거의 독단적으로 처리했다. 게다가 사실상 '협회' 내에 회장에 대한 개인숭배를 주입하고 있었다.

마르크스와 엥겔스는 지배 융커집단과 손을 잡는 위험한 길로 노동자 조직을 이끌려는 시도야말로 라살레 전술의 가장 큰 결점이라고 보았다. 착취계급에 대한 라살레의 공격은 일면적인 것에 불과했다. 그는 자유주의적 부르주아(진보당)들을 공격(그 자체로서 매우 중요한)한 반면, 비스마르크 정부와 융커에 맞서 싸우지는 않았다. 오히려 부르주아지에 대항하는 세력과 노동계급이 서로 동맹을 맺도록 부추겼다.

그 당시만 해도 마르크스와 엥겔스는 라살레와 비스마르크가 비밀리에 편지를 교환하고 있었고, 몇 번에 걸쳐 비밀협정을 맺어왔다는 사실을 알지 못했다. 라살레는 진보당에 맞선 싸움에서 노동자 조직의 지원을 비스마르크에게 약속했으며, 비스마르크의 통일 계획도 지원하기로 약속했다. 그 대가로 라살레는 보통선거제의 도입과 생산조합 설립을 약속받았다. 하지만 마르크스는 라살레의 각종 발언을 통해서 그가 프로이센 정부 대표들과 접촉하고 있음을 추측했다. 1865년 1월 라살레가 죽은 후(그는 1864년 8월 31일의 투쟁 중 사망했다) 마르크스와 엥겔스는 비로소 그와 비스마르크가 생각보다 밀접한 관계를 맺고 있었고, 프로이센 정부의 수반에게 슐레스비히(Schleswing)와 홀슈타인(Holstein) 합병을 둘러싸고 연합의 지원을 약속했다는 사실을 알았다. 그와 비스마르크의 관계에 관련된 사실들이 속속들이 밝혀진 것은 라살레 사후 10년이 지난 뒤의 일이었지만, 라살레가 죽은 직후 마르크스와 엥겔스가 라살레의 행위를 노동계급 운동에 대한 배신행위라고 낙인찍은 것은 바로 그러한 이유 때문이었다.

라살레를 비판하면서 마르크스와 엥겔스는 그를 '전독일노동자협회'와 동일시하지 않았을 뿐 아니라 독일의 전체 노동계급 운동과 동일시하지도 않았다. 마르크스와 엥겔스는 '협회' 내의 건전한 구성원들, 즉 여전히 혁명적 전통에 충정을 지닌 노동자들의 도움으로 '협회'의 정강과 조직 원칙을 수정할 수 있으며, '협회'를 노동자계급의 전투조직으로 개조할 수 있을 것으로 여겼다. 독일에서 온 보고서는 '협회' 안팎에 특히 라인 지방의 프롤레타리아 중에서 그러한 혁명세력이 존재하고 있음을 입증해주었다. 라살레와 그의 추종자들은 선진 노동자들의 머릿속에서 '공산주의자동맹'과 그 지도자인 마르크스와 엥겔스를 지워버릴 수는 없었다. 1864년 봄 라인주의 론스도르프(Ronsdorf)시에서 개최된 '협회'의 기념행사에서 마르크스와 엥겔스의 이름이 거명되자, 그 자리에 모인 대중들은 박수를 보내며 환호했다. 1864년 여름에 프로이센 당국의 박해를 피해 영국에 온 졸링겐(Solingen)의 두 노동자는 마르크스에게 라인 지방의 노동자들이 그와 엥겔스의 견해에 크게 공감하고 있다고 말했다.

마르크스와 엥겔스는 '협회' 내 전우들의 활동을 굳게 믿고 있었다. 그들은 특히 리프크네히트를 신뢰했는데, 그는 1862년 귀향한 이래 마르크스와 엥겔스에게 독일 노동계급의 상황에 관해 정기적으로 소식을 보내왔다. 마르크스와 엥겔스는 리프크네히트에게 과학적 공산주의 사상을 전파하도록 권고했다. 그들은 이 사상의 전파야말로 라살레의 프티부르주아적 사회주의의 영향을 극복하는 최선의 수단이며, 라살레의 종파주의적·개량주의적 전술을 폭로하고 독일 프롤레타리아 운동의 혁명파(라살레주의와 대비하여)를 형성하기 위한 최선의 방법이라고 보았다.

'인터내셔널'로 가는 길

1850년대 말과 60년대 초의 새로운 혁명적 고양은 국제적 노동계급 운동의 괄목할 만한 성공을 가능케 했다. 노동자의 파업은 눈에 띄게 늘어났다. 각종 상조회와 노동조합부터 '전독일노동자협회'와 같은 정치단체까지 각종 노동자 조직이 여러 나라에서 건설되었다. 프롤레타리아 대중 활동은 노동계급 자체의 구성 변화에 따라 새로이 규정되었다. 노동계급은 수적으로 증가했을 뿐만 아니라 계급의 구조 자체도 변화했다. 산업혁명이 진전됨에 따라 대규모 산업노동자들이 '공산주의자동맹' 설립 당시 압도적 다수를 차지하고 있던 반(半)직인 프롤레타리아트와 비교해볼 때 꾸준히 증가추세를 보이는 집단으로 형성되어가고 있었다. 노동계급이 이제 막 출현했을 따름인 몇몇 나라에서도 그들의 역할은 날로 늘어만 갔다.

노동계급 운동이 발전함에 따라 국제 프롤레타리아 세력의 단결이 긴급한 과제로 떠올랐다. 노동자들에게는 국제적 연대를 이루려는 본능적인 충동이 있었다. 그리하여 국제 노동대중 조직을 설립해야 한다는 목소리가 날로 높아가면서 지지를 얻기 시작했다. 이 조직 결성에서 실제적인 추진력이 되었던 것은 1863년 7월 22일 런던에서 열린 폴란드 봉기세력과 연대한 집회였다. 뒤이어 독일과 프랑스의 노동자들은 이러한 조직을 결성하기 위해 조직위원회를 구성했다.

그러나 혁명적인 국제 프롤레타리아와 대중조직을 건설하기 위해서는 단결을 향한 노동자들의 본능적 욕구 이상의 것이 필요했다. 노동자 세력의 결집을 위해서는 이데올로기적 토대가 있어야 하며, 이는 각국 노동자계급의 기본적 이해를 과학적으로 표현해내는 혁명이론을 통해서만 제공받을 수 있었다. 이 이론이 바로 마르크스와 엥겔스의 교의였다. 1860년대만 하더라도 노동자들은 대부분 부르주아 이데올로기와 마르크스 이전의 공상적 사회주의 영향 아래 있었지만, 노동계급 운동은 이미 마르크스 사상을 점차적으로 흡수해나갈 만큼 성숙해 있었다. 마르크스 이론은 노동자들에게, 부르주아와 프티부르주아지의 영향력 및 그들의 이데올로기적 혼란, 노동계급의 분파적 고립성 및 민족적 배타성을 극복할 수 있는 수단을 제공해주었다.

1848~49년 혁명의 전야에 마르크스와 엥겔스는 프롤레타리아 국제주의의 과학적 근거를 마련했으며, '공산주의자동맹'을 건설함으로써 앞으로 출현할 광범위한 국제 프롤레타리아 조직의 전형을 창출해냈다. 그는 이러한 조직의 지도적 핵심을 이룰 수 있는 혁명적 기간요원을 양성했다.

마르크스는 반동기에, 특히 프롤레타리아 운동 및 민주주의 운동의 고양기에 프롤레타리아를 과학적 공산주의의 기치 아래 결집시키기 위해 투쟁했다. 당시 마르크스가 쓴 몇몇 정치평론은 노동계급 운동에 선도적으로 참여하는 모든 이들이 혁명적 견해를 가질 수 있도록 도와주었고, 이들에게 국제주의를 가르쳤으며, 단결 욕구를 한층 강화시켜주었다.

마르크스의 실제적 활동 또한 만국 노동자의 국제적 결집을 촉구했다. 그는 1860년대 초에 런던의 '독일노동자교육협회'에 참여했고, 블랑키를 옹호하는 성명서를 발표했으며, 폴란드의 민족해방운동과 미국의 반(反) 흑인노예제 투쟁에 대한 결속의 표시로 영국 노동자들이 조직한 집회를 지지했다. 또한 그는 '전독일노동자협회'의 선진적 혁명가들과도 접촉을 가졌다. 마르크스와 각국 노동계급 운동 대표자들의 접촉은 노동자들의 국제적 투쟁을 위한 결집을 촉진시켰다.

마르크스와 그의 동료들의 이론적·실천적 활동, 과학적 공산주의와 프롤레타리아 국제주의 사상을 전파하려는 노력, 프롤레타리아 당을 창설하려는 집념, 이 모든 것들은 '국제노동자협회(International Working Men's Association; 인터내셔널)'에 이데올로기적 토대를 부여하는 데 결정적인 역할을 했다.

한편 마르크스는 자본주의 체제에 대항하여 싸우는 노동자들에게 이론적 무기를 제공하기 위해 그의 대표작인 『자본론』집필에 혼신의 노력을 기울이기 시작했다.

10장

『자본론』
─ 마르크스의 대표작

★

『자본론』은 우리의 공격과 방어 이 양자를 위한 무기, 요컨대 우리의 칼이자 방패이다.
─ 요한 필리프 베커 ─

『정치경제학 비판』제2부의 저술 작업

1859년 1월『정치경제학 비판』제1부의 원고를 출판사에 우송한 뒤, 마르크스는 즉시 계획했던 정치경제학 저작의 제2부 첫 번째 부분(「자본에 관하여On Capital」)을 완성하기 위한 장(章)의 준비에 착수했다. 마르크스는 1857~58년의 경제학 초고를 바탕으로 먼저 이 장에 대한 세부 계획을 세웠다.

제1부에서는 자본의 생산과정을 다뤘고, 제2부에서는 자본의 유통을 다룰 계획이었다. 그리고 제3부는 '자본과 이윤'이라는 제목을 붙였다. 마지막 부는 제목을 '잡록(雜錄, Varia)'으로 잡았는데, 농업과 토지와 자본을 다루고자 했다. 마르크스는 여기서 자신의 지대이론을 제시하려 했던 것 같다.

마르크스는『비판』제2부를 준비하는 데 시간이 그다지 많이 걸리지는 않을 것으로 보고 제1부를 펴낸 후 곧 출판하려고 했다. 하지만 엥겔스에 따르면, 마르크스는 막상 제1부가 출판되자 제2부와 후속 부에서 기본적인 사상을 개진하기에는 아직 모든 세부적인 사항에 정통하지 못하다는 것을 느끼기 시작했다고 한다. 저작의 주제를 상술하기 전에 문제 전체를 더 연구해야 할 필요가 생긴 마르크스는 대영박물관 도서관에 소장되어 있는 도서들을 새로이 섭렵하기 시작했으며, 새로운 자료들을 수없이 검토했다. 그는 우선 엥겔스의『영국 노동계급의 상태』를 다시 읽었으며, 1855~59년 사이의 많은 공장보고서(Factory Reports)들을 철저히 분석했다.

이렇듯 다양하고도 집중적인 연구는 1860년 초에서 1861년 중반 사이에 일시적으로 중단되었는데, 이는 소책자 「포크트 씨」 저술 때문이었다.

마르크스가 『자본론』을 집필했던
1860년대 대영박물관 도서관 열람실.

1861~63년의 경제학 초고

1861년 여름이 되어서야 비로소 마르크스는 정치경제학 연구에 거의 전적으로 몰두할 수 있었다. 그는 자신이 '말(馬)처럼'[137] 일했다고 말했다. 그는 때때로 수주일 동안 연구를 중단하지 않으면 안 되었는데, 주로 끊임없는 '집안 걱정'[138], 예컨대 가족들에게 찾아오는 병이라든지 그 외에 극심한 궁핍과 빈곤 때문이었다.

마르크스는 1861년 8월에서 1863년 9월에 걸쳐 노트 23권에 달하는, 그리고 거의 인쇄용 전지 200장에 달하는 방대한 분량의『정치경제학 비판』제2부 초고를 썼다. 이것은 제1부에 이어지는 내용이 실제로 어떤 것인가를 보여주는 것이라 할 수 있다. 실상 이것은 1857~58년의 경제학 초고 이후의『자본론』전체에 대한 두 번째 설명이었다.

1862년 6월 18일 마르크스는 엥겔스에게 이렇게 썼다.

"나는 이 책의 분량을 늘리려고 애쓰고 있네. 독일 녀석들은 책의 가치를 부피로 평가하기 때문이라네."[139]

----

137) Marx, Engels, *Werke*, Bd. 30, 252쪽.

138) Ibid., 226쪽.

139) Marx and Engels, *Selected Correspondence*, 128쪽.

그러나 1861~63년 초고의 분량이 전적으로 이런 이유 때문에 늘어났다고 보는 것은 잘못이다. 분량이 늘어난 것은 마르크스의 방대한 구상 때문이었고, 또 하나의 장에 불과하지만 매우 중요한 내용을 쓰기 위해 모아놓았던 자료가 방대했기 때문이었다.

초고는 자본의 생산과 관련된 일반적인 문제들의 가장 중요한 측면들을 상세히 설명하고 있다. 화폐의 자본으로의 전화, 절대적 잉여가치, 상대적 잉여가치, 노동의 자본에 대한 형식적·실제적 종속, 협업, 분업, 기계와 그것의 자본주의적 이용의 결과, 잉여가치의 자본으로의 재전화(자본축적), 자본의 본원적 축적 등이 그것이다. 이처럼 이 초고는 장차『자본론』제1권에서 다뤄질 문제들을 반영하고 있었다. 이것은 엥겔스가 표현했듯이 "그것에 관한 최초의 현존하는 초안"[140]이었다.

초고 중 몇 권의 노트는 자본주의적 재생산과정에서의 화폐 운동, 재생산(주로 단순재생산), 잉여가치와 이윤, 이윤의 평균이윤율로의 전화, 대부자본과 상업자본, 상업이윤, 자본주의적 생산발전에 따른 이윤율 저하 경향 등과 같이『자본론』제2권 및 제3권에 연관된 주제들을 다루고 있다.

마르크스는 초고를 저술하면서 계획 전반을 재구성했다. 1862년 말경 그는『정치경제학 비판』(1859년 출판) 제1부를 직접 승계하는 것이 아니라, '정치경제학 비판'이라는 부제를 붙여『자본론』이라는 제목의 독립된 저작으로 제2부를 출판하려는 개괄적인 틀을 생각한 것이다. 1862년 12월 28일 쿠겔만에게 보낸 편지를 보면, 마르크스는 그때 당시 이미 이 책의 초고를 본질적으로 독자적인 것으로 간주하고 있었음을 알 수 있다. 초고는 '정치경제학의 원리'들을 설명하고 있으며, 그것은 제1부와 더불어 좀 더 구체적인 관계들을 다루게 될 정치경제학 후속 부분의 체계화를 비교적 쉽게 해줄 이론적 정수이다. 같은 편지에서 마르크스는 초고를 정서해서 출판을 위해 마지막 손질을 가하려는 의도도 밝히고 있다.

실제로 그는 초고를 정서하고 다듬었을 뿐만 아니라 새로운 자료를 덧

---

140) Karl Marx, *Capital*, Vol. Ⅱ, Moscow, 1971, 2쪽.

붙여 분량을 늘렸다. 1863년 전반기에 마르크스는 기술발전과 생산기술의 역사, 산업혁명의 성격과 그 특수한 양상, 그리고 그것이 노동계급의 상황과 투쟁에 미친 영향 등에 관한 연구에 깊이를 더하려고 애썼다. 또한 그는 대영박물관 도서관에서 많은 시간을 보내면서 정치경제학사에 관한 여러 저작들을 연구했다.

마르크스는 건강이 좋지 않기 때문에 저작을 일찍 완성할 수는 없었다. 1863년 6월 6일 친구 베르타 마르크하임(Bertha Markheim)에게 보낸 편지에서 예니는 다음과 같이 썼다.

"올봄에 나의 사랑하는 카를은 간(肝)이 심하게 악화되었단다. 허나 모든 장애들을 극복하고 책은 완성되어가고 있어. 만약 그가 인쇄용 전지 20~30장 정도에 고치기로 한 원래 계획을 고수했다면 책은 좀 더 일찍 완성됐을 거야. 하지만 독일인들은 부피가 큰 책만을 신뢰하는 데다가, 이 '훌륭한 사람들'에게는 불필요한 것을 생략하고 교묘히 응축시키는 것이 무의미한 것으로 보이기 때문에, 카를은 많은 역사 자료를 덧붙여 독일 땅에 폭탄처럼 떨어질 인쇄용 전지 50장 분량에 달하는 책을 완성했단다."[141]

부르주아 경제학적 견해에 대한 역사비판적(historic-critical) 분석은 1861~63년 초고의 상당 부분을 차지하고 있다. 마르크스는 그것을 '서튼 부분'이라고 불렀는데, 거기에서 그는 "모든 사항을 수정하고 심지어는 역사적인 부분조차도 전혀 알려지지 않은 자료들을 근거로 재구성해내야만"[142] 했다.

초고의 분량이 늘어나면서, 마르크스는 완성된 듯 보였던 이 저작을 실은 3권으로 나누어야 한다는 것을 느끼기에 이르렀다.

---

141) 마르크스·레닌주의연구소 중앙당 문서보관소.
142) Marx, Engels, *Werke*, Bd. 30, 368쪽.

1863~65년의 경제학 초고

1863년 8월부터 마르크스는, 노트 23권에 달하는 61~63년의 경제학 초고에서는 아직 충분히 깊이 있게 체계화되지 못했던 부분, 즉 자본의 유통이나 잉여가치의 형태 변환에 관한 연구 등을 보완하는 데 집중했다. 장차『자본론』제2권과 제3권에서 다룰 문제들에 주의를 집중했던 것이다. 새로운 초고를 집필하기 위해 그는 사정이 허락하는 한 새로운 자료와 저작들에 대한 광범한 연구에 전념했다. 그는 프랑스의 자료들, 일본에 관한 새로운 자료들, 유스투스 리비히(Justus Freiherr von Liebig)와 크리스티안 쇤바인(Christian Friedrich Schönbein) 등 독일 농화학자들의 저작에 관심을 기울였다.

그러나 저술 작업은 또다시 장애에 부딪혔다. 다시 중병으로 몸져눕게 된 것이다. 이 때문에 그는 1863년 12월에서 이듬해 2월까지 독일과 네덜란드에서 요양을 했다. 이후에도 '국제노동자협회'가 1864년 9월에 창립되면서 그가 "이 협회 전체를 지도"[143]해야 했기에 거기에 많은 시간을 빼앗겼다. 그것은 마르크스가 정치경제학 연구에 전념할 수 없도록 만들었고, 자연히 저작의 완성은 지연될 수밖에 없었다.

마르크스에게는 혁명적 과학이나 노동계급 운동에 대한 관심이야말로 더할 나위 없이 중요한 것이었기에, 그는 다른 긴급한 일이나『자본론』집필 시간을 할애하여 가능한 한 모든 운동에 헌신적으로 참여했다. 건강이 회복되면서 그는 저작을 되도록 빨리 완성할 요량으로 밤낮을 가리지 않고 집필에 몰두했다. 그는 자신의 연구를 놓고, 1848~50년에 영국의 '공장주들(factory dogs)'이 노동자들에게 강요했던 방식과 비슷한 '교대제(system of shift)'를 적용했다고 농담 삼아 말하기도 했다.

"나는 낮에는 대영박물관에 갔으며, 밤에는 집필을 했다."[144]

1865년 7월 31일 마르크스는 엥겔스에게 단지 3개 장 정도『자본론』의

---

143) Marx, Engels, *Werke*, Bd. 31, 533쪽.
144) Ibid., 178쪽.

이론 부분(전반부 3분책)을 완성했다고 전했다. 제1분책은 출판사에 보낼 수도 있었으나, 전체를 완성할 때까지 갖고 있으려 했기 때문에 그렇게 하지는 않았다.

더구나 『자본론』을 출판하기로 함부르크(Hamburg)의 한 출판사 편집진과 사전에 협의할 때는 인쇄용 전지 60장을 초과해서는 안 된다는 조항이 있었다. 그 때문에 마르크스는 제한된 분량으로 각각의 부분을 균형 있게 설명하려면 "얼마만큼이나 축약하고 삭제해야 할지 알기 위해서"[145] 초고 전체를 완성하는 것이 절대적으로 필요하다고 느꼈다.

그의 헌신적인 노력과 확고한 결심 덕분에 『자본론』의 전체 초고는 1865년 12월 말에 완성될 수 있었다. 이 저작은 워낙 방대해서 지대(地代)에 관한 부분만으로도 따로 한 권의 책이 될 수 있을 정도였다.

『자본론』 제1권의 출판

1866년 1월 1일, 마르크스는 엥겔스의 충고에 따라 저작 전체가 아닌 자본의 생산을 다룬 제1분책을 출판할 자를 물색하기 시작했다. 그는 이 일에 크나큰 자부심을 갖고 임했다. 그것은 마치 "몇 번의 산고를 겪으면서 낳은 아이를 어루만지며 씻겨주는 것과 같은 기쁨"[146]이었다. 물론 저작의 나머지 부분도 준비하고 있었다. 이때 그의 건강이 다시 악화되었다. 1866년 4월 리프크네히트의 부인에게 보낸 편지에서 예니는 다음과 같이 쓰고 있다.

"카를이 새해 들어 새로운 저술을 필사하기 시작할 당시만 해도 별 탈은 없었어요. 참으로 훌륭히 작업을 진행하고 있었죠. 그래서 오랫동안 초조하게 그리고 거의 절망적인 상황 속에서 기다려온 원고가 상당 분량 완성된 것을 뿌듯하게 지켜보며, 가슴속에 남몰래 품었던 기쁨이란 이루 말할 수조차 없었답니다. 그런데 1월 말경 갑자기 카를의 고질병이 도졌어

----

145) Ibid., 134쪽.
146) Ibid., 179쪽.

요."147)

두 달 넘게 몸져누워 있을 때에도 마르크스는 "낮 동안 잠시나마 집필을 계속했다."148) 이런 방식으로 그는 「노동일*the Working Day*」 장의 역사 부분을 보강했다.

마르크스는 조금이라도 도움이 되는 출판물은 물론, 필요한 정보를 얻을 수 있으리라 생각되는 모든 입수 가능한 자료를 검토해야 할 필요성을 느꼈다. 1866년 말 그는 가능한 한 빨리 제임스 로저스(James Rogers)가 지은 『영국 농업과 가격의 역사*A History of Agriculture and Prices in England*』라는 책을 구해달라고 엥겔스에게 요청했다.

"나는 이 책을 철저히 통독해야만 할 것 같으이. 특별히 하나의 장을 이 책에 할애하고 싶네. 이 책이 꽤 오래전에 출판되었지만 여태껏 도서관에 비치되어 있지 않네."149)

1866년 2월에는 엥겔스에게 존 와츠(John Watts)가 지은 『노동조합과 파업, 기계, 협동조합*Trade Societies and Strikes, Machinary, Co-operative Societies*』을 구입해 달라고 부탁했는데, 이 책은 어느 공장보고서에 거론되어 있었던 것이다. 이해에 마르크스는 의회의 청서(Blue Books), 영국 산업에서 어린이와 여성 노동 실태에 관한 공식 보고서들, 영국 프롤레타리아의 생활환경 등을 되풀이해서 검토했다. 그리하여 마침내 1867년 4월에 엥겔스에게 책이 완성되었음을 통보하면서 이를 직접 함부르크로 가져갈 것이라고 알리기까지, 그는 몸을 거의 돌보지 않고 집필에 매달렸다. 그는 4월 10일에 런던을 떠나 이틀 후 정오경에 함부르크에 도착했다. 저술 작업은 무척 고된 시련이었으나, 연구와 열람실에서 해방된 그는 날씨에도 아랑곳없이 실로 '대단히' 즐거운 시간을 보낼 수 있었다. 그러나 출판업자 오토 마이스너(Otto Meissner)를 만난 마르크스는 그가 재량으로 일을 시킬 수 있는 인쇄공이나 숙련된 교정원을 충분히 확보하지 못하고 있음을 알았다. 그

---

147) 마르크스·레닌주의연구소 중앙당 문서보관소.

148) *Letters sur "Le Capital"*, Paris, Editions Sociales, 1964, 150쪽.

149) Marx, Engels, *Werke*, Bd. 31, 269쪽.

래서 라이프치히(Leipzig)에 있는 오토 비간트(Otto Wigand)에게 출판을 의뢰했다. 이 책의 출판 작업은 1867년 4월 29일에 시작되었다.

함부르크에서 일을 마친 마르크스는 친구 쿠겔만을 만나기 위해 하노버로 떠났다. 마르크스는 1862년 이래 그와 편지 교환을 해왔으나 개인적으로 만난 적은 없었다. 마르크스는 극진한 환영을 받았으며, 둘은 쉽사리 공통점을 발견하고는 매우 가까워졌다. 쿠겔만의 아내인 게르트루트(Gertrud)는 마르크스가 '침울한 혁명가'인 줄로만 여겼다가, "다감한 라인 지방 억양으로 고향을 생각나게 해주는 깔끔하고도 유머가 풍부한 신사"라는 것을 알고는 무척 놀랐다고 했다.

"희끗한 머리카락 아래로 반짝이는 검은 눈이 그녀를 보고 미소 짓고 있었다. …… 마르크스는 겸손하고 온유했고 …… 모든 것에 관심을 보였으며, 특히 어떤 사람에게 호감을 가지고 있을 때나 재치 있는 말이 나오면 외눈 안경을 만지작거리며 친근한 태도로 그에게 질문을 하곤 했다."[150]

마르크스는 거의 한 달 동안 쿠겔만의 집에 머물며 그곳에서 1차 교정지를 읽었다.

엥겔스가 교정지에 대단히 민감한 관심을 보였으므로 마르크스는 그에게 교정지를 보냈다. 엥겔스는 이를 읽어본 후 마르크스가 난해하기 짝이 없는 경제학 관련 문제들을 간단 명쾌한 개념으로 설명한 것에 충심으로 경하해마지 않았다.[151] 그는 마르크스에게 가치의 형태가 역사적으로 어떻게 발전해왔는가를 좀 더 상세히 기술함으로써, 이미 변증법적으로 입증된 역사적 실례들을 뒷받침하도록 충고했다. 엥겔스는 "이렇듯 비교적 추상적인 연구에 제시된 사상의 행적은 좀 더 짧은 소부(小部)와 별개의 부제들을 통해 한층 더 명료해질 것"[152]이라고 확신했다. 쿠겔만도 마르크스에게 비슷한 내용의 충고를 해주었다.

마르크스는 즉시 이 충고를 따랐다. 6월 22일 그는 엥겔스에게 다음과

---

150) *Reminiscences of Marx and Engels*, 274쪽.

151) *Letters sur "Le Capital"*, 172쪽.

152) Marx, Engels, *Werke*, Bd. 31, 303쪽.

같이 썼다.

"**가치형태**의 발전에 관해 나는 자네의 충고를 따르기도 하고 때로는 그렇지 **않기도** 했는데, 그것은 이점에서도 역시 변증법적으로 행동하기 위해서이네. 다시 말해 나는 1) **동일한 내용**은 가능한 한 간단하고 알아듣기 쉽게 설명한 **부록**으로 붙였으며, 2) 자네의 충고에 따라 매 발전 단계마다 **제목을 따로 붙이고,** §§ 등과 같은 기호를 써서 이들을 구분했네."153)

마르크스가 1867년 8월 16일 오전 두 시에 엥겔스에게 쓴 편지는 대단히 감동적이고도 역사적인 기록이다. 거기에서 마르크스는 다음과 같이 쓰고 있다.

"경애하는 프레드.

이제 방금 그 책의 **마지막 장**(sheets; 49번째 장)의 수정을 마쳤네. 부록 (**가치형태**)은 **소활자**로 1과 4분의 1장에 달하는군.

그 **서문** 역시 어제 수정이 끝나 돌려줌으로써 **마침내 이 책을 완성했다네**. 이것이 가능했던 것은 오로지 자네의 덕택일세. 자네의 희생이 없었다면 세 권에 달하는 방대한 저술은 결코 완성하지 못했을 걸세. 무한한 감사와 더불어 자네를 포옹하네."154)

그는 이 작업을 위해 25년 동안이나 헌신적인 작업과 끊임없는 탐구를 거듭해왔던 것이다. 진정한 친구로서 사심 없이 자신을 후원하고 도와준 엥겔스에게 마르크스가 감동에 찬 말로 진심어린 애정과 감사를 표한 것은 당연했다.

마르크스가 말했듯이 『자본론』을 완성하기 위해 그는 "건강과 행복 그리고 가족을 희생했다."155) 그런 점에서 예니가 다음과 같이 말한 것도 충분한 근거가 있다.

"이보다 더 어려운 상황에서 집필한 책은 거의 없었다. 이 책의 집필과 관련해서 알려지지 않은 이야기들을 책으로 엮어내자면 아마 몇 권 분량

---

153) Marx and Engels, *Selected Correspondence*, 188쪽.
154) Ibid., 191~92쪽.
155) Ibid., 185쪽.

이 족히 넘을 것이다. 그리고 그것을 듣는 사람이라면 이 책을 쓰는 동안 묵묵히 감내해온 엄청난 근심과 번민과 고통을 헤아릴 수 있을 것이다. 오직 노동자와 그들의 이익을 위해 쓴 이 저작이 완성되기까지 치른 희생을 노동자들이 알아준다면 좋으련만……."156)

『자본론』독일어판 초판(1867).

노동자계급은 천재의 손으로부터 위대한 이데올로기적 무기를 건네받았다. 마르크스가 말했듯이, 『자본론』은 부르주아지와 지주의 머리를 겨냥했던 이전의 그 어떠한 것보다도 더 무서운 무기였다.

1867년 9월 14일에 『자본론』 초판 1,000부가 발간되었다. 마르크스는 이 책의 인세로 해묵은 빚을 청산하고 재정적 곤경을 어느 정도는 극복할 수 있으리라고 기대했지만, 실상은 그가 농담 삼아 얘기했듯이 인세가 너무 적어 집필할 때 피운 담뱃값에도 미치지 못할 정도였다.

그는 이 저작을 그와 엥겔스의 친우이자 다년간 혁명투쟁을 함께했던 훌륭한 전사 빌헬름 볼프에게 헌정했다. 그 책의 속표지에는 이렇게 씌어 있다.

"이 책을 용감하고 충직하며 숭고한 프롤레타리아의 주역, 잊을 수 없는 친우 빌헬름 볼프에게 바친다. 그는 1809년 6월 21일 타르누프(Tarnów; 폴란드 남부의 주)의 보른(Born)에서 태어나 맨체스터에서 망명 중 1864년 5월 9일에 서거했다."

『정치경제학 비판』 제1부를 출판했을 때와 마찬가지로, 독일의 부르주아지는 『자본론』 제1권을 침묵으로 묵살하려 했기 때문에 마르크스와 그의 동료들은 곤혹스러웠다. 책이 출판되기 직전에 엥겔스는 마르크스에게 이 책은 '부르주아지들의' 공격을 받아야 하며, 그럼으로써 광범위한 대중의 관심을 끌게 될 것이라고 암시했다. 마르크스는 엥겔스의 생각에 동

---

156) Marx, Engels, *Werke*, Bd. 31, 596쪽.

의하면서 1867년 9월 12일에 엥겔스에게 이렇게 썼다.

"이 책이 **부르주아지**들의 공격을 받도록 해야 한다는 자네의 계획이야 말로 **최상의 투쟁수단**이네."[157]

이 계획에 따라 엥겔스는 책의 출판 직후 여러 부르주아 신문에 수많은 서평을 썼다.

외관상으로는 객관적인 부르주아 학자가 쓴 것처럼 보이는 이 서평은, 정치경제학 분야에서 독일인들이 이뤄놓은 성과는 거의 없다는 말로 시작된다. 독일의 공식 전문 경제학자들은 경제발전상의 모순과 난점들을 회피하는 경향이 있었으며, 바스티아(Claude Frédéric Bastiat)의 비과학적인 견해를 좇아 리카도와 시스몽디(Jean Charles Léonard Simonde de Sismondi)를 비롯한 고전경제학자들의 이론을 거부했다. 그들은 '일시적인 망명을 위해' 고전경제학의 유산을 거부했다. 이러한 경향에 비추어볼 때 철저한 과학정신과 냉엄한 비판이 특징인 마르크스의 초기 저작, 특히 1859년의 화폐에 관한 저작은 마르크스를 단연 돋보이는 존재로 부각시키기에 충분하다고 엥겔스는 말했던 것이다. 독일의 공식 경제학자들이 마르크스의 초기 결론에 대해서조차 반박할 수 없었다는 점을 감안하면 과학적 정밀성과 치밀한 변증법적 구조를 장점으로 지니고 있으며, 사회의 다양한 역사적 단계를 설득력 있고 철두철미하게 묘사한 그의 후기 저작, 즉『자본론』제1권에서 제시된 결론들에 그들이 반박하기란 더욱 어려웠다. 엥겔스는 마르크스의 가장 중요한 발견들을 신중하고 상세하게 목록으로 작성했다.

엥겔스의 논평은 의심할 여지없이『자본론』제1권을 대중화하는 데 크게 기여했다. 또한 마르크스의 동료들이『자본론』의 저자 서문에서 정리·발췌한 내용을 독일, 영국, 프랑스 등지의 신문에 게재한 것도 이 책의 대중화에 긍정적인 영향을 끼쳤다.

독일의 부르주아 과학은 침묵으로 대응하려던 애초의 계획을 곧 포기

---

157) Ibid., 346쪽.

하지 않을 수 없었다. 더 이상 마르크스의 저작을 아예 존재하지 않는 것으로 치부하는 것은 어리석은 짓이었기 때문이다. 『자본론』제1권의 가치는 공공연하게 인정받고 있었다. 독일 신문에 실린 오이겐 뒤링(Karl Eugen Dühring)의 서평은 부르주아지의 '대대적인 혼란과 불안'[158]을 전형적으로 드러내 보여주고 있다. 오이겐 뒤링은 통속적인 철학자이자 경제학자로서 당시 베를린 대학에 조교수로 재직하고 있었다.

독일의 위대한 유물론 철학자 루트비히 포이어바흐(Ludwig Feuerbach)는 『자본론』에 대해 매우 흥미 있는 언급을 하고 있다. 그는 자신의 저작『윤리학에 관하여; 행복설Concerning Ethics; Eudaemonism』에서『자본론』은 풍부한 사실을 담고 있으며 사회를 고발하는 힘이 있다고 썼다. 그는 다음과 같이 말했다.

"공기 중의 산소조차 마음껏 들이마시기 어려운 영국의 공장들과 노동자들의 주거지(만약 돼지우리를 주거지라고 부를 수 있다면) 등 사람들이 떼지어 몰려 있는 곳에서는(이와 관련해서 카를 마르크스의『자본론』을 보라. 이 저작에는 끔찍하긴 하지만 흥미 있는 사실들, 반박의 여지가 없는 사실들이 풍부히 수록되어 있다) 그 어느 곳에서도 도덕성을 찾아볼 수 없으며, 미덕은 기껏해야 산업가와 자본가들의 전유물일 뿐이다."[159]

마르크스의 저작은 러시아의 지도적인 과학적 인텔리겐치아 서클에서 대단한 환영을 받았다.

마르크스 자신에 대한 최대의 보상은 자신의 저작이 노동자들에게 환영받고 있다는 것을 알게 된 것이었다. 이 책은 발간되자마자 노동자계급 언론들의 환영을 받았다. '제1인터내셔널'(본부는 스위스) 독일지부가 발행하는 기관지『선구자Vorbote』는 1867년 9월호에서 '마르크스의 저작은 노동자계급에게 승리를 의미한다.'는 기사를 실었다. 1868년 9월 '인터내셔널' 브뤼셀 회의에서 독일 대표단의 발의로 모든 나라의 노동자들은『자본론』

---

158) Marx, Engels, Werke, Bd. 32, 8쪽.

159) Ludwig Feuerbach, Samtliche Werke, Zehnter Band, Stuttgart, 1911, 266~67쪽.

을 학습해야 하며, 따라서 『자본론』이 여러 나라 말로 번역되어야 한다는 결의문이 통과되었다. 이 회의는 또한 자본주의 체제에 처음으로 과학적 분석을 가한 저자의 매우 귀중한 공헌을 강조했다.

『자본론』 제1권의 러시아어판

1868년 9월 '상트페테르부르크 공제신용조합'의 젊은 사무원 니콜라이 다니엘손(Nikolai Danielson; 혁명적 나로드니키[Narodniki, 인민주의자][160] 운동가로서 훗날 자유주의적 나로드니키 운동가들의 탁월한 지도자가 되었다)은 마르크스에게 편지를 써서 『자본론』의 러시아어판 출판 문제를 문의했다.

"당신의 최근 저작(『자본론―정치경제학 비판』)에 매력을 느낀 한 지방 출판업자 폴리아코프(N. P. Poliakoff)가 이 책을 러시아어로 번역·출판하겠다는 의사를 전해왔습니다."[161]

『자본론』을 러시아어로 번역하겠다는 생각은 게르만 로파틴(German Lopatin)이 처음 제기했다. 그는 상트페테르부르크 대학을 졸업한 젊은이로, 상트페테르부르크와 다른 도시들에서 혁명적 성향을 지닌 젊은이들에게 인기가 높았던 니콜라이 체르니솁스키(Nikolay Chernyshevsky)의 열렬한 추종자이기도 했다.

1870년 7월 초 로파틴은 오로지 마르크스를 만날 목적으로 런던에 왔다. 마르크스는 그를 따뜻이 환영했다. 그리고 두 사람은 곧 친해졌다. 25세의 로파틴은 비판적 정신의 소유자로 당당하면서 확고한 신념을 갖고 있었을 뿐 아니라, 다방면에 조예가 깊어 "내가 좋아하고 존경하는 사람은 세계에서 몇 되지 않는다."[162]라고 말한 마르크스의 마음을 끌었다. 한편 로파틴은 마르크스에게 숭배에 가까운 감정을 품고 있었다. 그는 마르크스를 "가장 탁월한 정치경제학 집필가이자 유럽 전역에 가장 널리 알려진

---

160) 알렉산드르 2세의 자유주의적 개혁이 실패하자 혁명적 지식인들은 러시아 농촌사회의 부흥이 중요하다고 주장하면서 '브나로드(Vnarod, 인민 속으로)'라는 구호를 앞세우며, 농민을 계몽하여 사회개혁을 달성하려고 했다 ― 옮긴이.

161) 마르크스·레닌주의연구소 중앙당 문서보관소.

162) Marx, Engels, *Werke*, Bd. 33, 478쪽.

인물이라 할 만한"[163] 사람으로 평가했다. 런던에서 두 사람은 『자본론』 제1권의 러시아판 출간을 놓고 자주 논의했으며, 그 과정에서 마르크스는 제1편 「상품과 화폐」를 보다 대중적인 형태로 재집필할 것을 약속했다.

젊은 시절의 게르만 로파틴(1845~1918).

마르크스의 충고에 따라 로파틴은 제2편 「화폐의 자본으로의 전화」부터 번역에 착수했다. 그리하여 1870년 11월 말까지 제3편 「절대적 잉여가치 생산」과 제4편 「상대적 잉여가치 생산」 일부의 번역을 끝냈다. 그것은 대략 제1권의 3분의 1에 이르는 분량이었다. 하지만 번역 작업은 로파틴이 시베리아에 유형 중이었던 체르니솁스키의 탈출을 도모하기 위해 러시아로 귀국하는 바람에 일시 중단되었다. 러시아에서 그는 당국에 체포되어 1873년 여름에야 가까스로 자유의 몸이 될 수 있었다.

『자본론』의 번역은 로파틴의 친구였던 니콜라이 다니엘손이 완성했다. 그리고 이 작업에는 훗날 모스크바 대학 화학과 교수가 된 니콜라이 류바핀(Nicolai Lyubavin)도 참여했다. 그러나 애초의 계획과는 달리 제1장이 원본을 기준으로 번역되었는데, 이는 마르크스가 다른 긴급한 용무에 쫓긴 나머지 그것을 재집필할 수 없었기 때문이다. 대신에 마르크스는 몇 군데를 약간씩 수정하고 제1장과 함께 다른 장에도 몇몇 사항들을 새로이 추가했다.

1872년 3월 27일 러시아어판 3,000부가 마침내 빛을 보게 되었다. 3,000부는 당시로서는 상당히 많은 부수였지만 수요 역시 이에 못지않았다. 그리하여 5월 15일까지 900부가 팔렸고, 연말 즈음에는 초판이 거의 매진되었다.

이 러시아어판 『자본론』은 최초의 외국어 번역본이었다. 마르크스는 이

---

163) *Reminiscence of Marx and Engels*, 201쪽.

『자본론』 러시아어 초판(1872).

번역본을 매우 모범적인 것으로 높이 평가했다. 역자들은 저자의 개인적인 도움을 받는 가운데 이 극히 복잡한 작업을 훌륭히 마무리했다. 그들이 새로이 소개한 많은 용어들이 러시아 독자들에게 무리 없이 수용되었으며, 훗날 그것들은 학문적 관용어로 사용되기에 이르렀다.

러시아어판 『자본론』 제1권의 출판은 그야말로 일대 사건이었다. 마르크스와 친분이 두터웠던 독일 노동자 프리드리히 레스너는 당시를 다음과 같이 회상하고 있다.

"그는 당시의 러시아 내 동향에 대단한 중요성을 부여하고 있었으며, 이론적 저작들의 연구와 근대 사상에 관한 지식의 확산에 몸 바치고 있던 사람들에게 존경을 표시했다. 그가 마침내 상트페테르부르크에서 보내온 러시아어판 『자본론』의 최종판을 받아들였을 때, 그는 이 사건을 그즈음의 중대한 업적이라 생각했으며, 그와 그의 가족 및 동료들에 대해서는 축하해 마지않을 경사라고 생각했다."[164]

『자본론』의 인쇄를 허가했던 유명한 차르 체제 검열관은 **"그 책을 이해하기는 고사하고 읽을 수 있는 러시아인은 극소수에 불과할 것이다."**[165] 라고 생각했다. 그러나 1880년에 마르크스가 적이 만족스럽게 지켜본 바에 따르면, 『자본론』은 다른 국가들보다 러시아에서 훨씬 더 많이 읽히고, 또 훨씬 더 높은 가치를 부여받고 있었다. 『자본론』은 러시아 혁명가들이 러시아에 마르크스주의를 확산시키고, 최초로 마르크스주의적 서클과 집단을 조직해내는 데 큰 도움을 주었다. 『자본론』 최초의 몇 가지 판들은 미래의 마르크스주의 당을 확립하는 기틀을 마련하는 데 큰 공헌을 했다.

---

164) *Reminiscences of Marx and Engels*, 170쪽.
165) *Krasny Arkhiv*, Moscow, 1933, Vol. 1(56), 7쪽.

『자본론』 제1권의 독일어 제2판

1871년 가을 무렵 이미 『자본론』 제1권의 독일어 초판이 매진되고 이 책의 수요가 날로 증가하자, 출판업자 오토 마이스너는 마르크스에게 가능한 한 빨리 제2판을 출판할 수 있도록 준비해 달라고 요청했다.

이것은 엄청난 작업을 요구하는 것이었다. 그동안 마르크스에게 일어난 각종 변화는 우선 그 책의 구성에 영향을 미쳤다. 초판에서 모두 6장으로 구성되었던 이 책은 이제 7편 25장으로 구성되었다. 그리고 거의 모든 장이 작은 단락과 소부(小部)로 세분되었다. 이렇듯 책의 구성 자체가 변화한 데에는 1867년에 엥겔스가 한 조언이 크게 작용했다.

제2판을 위해 새로이 많은 각주들이 첨가되었는데, 거기에는 로파틴의 견해가 얼마간 참작되었다. 그리고 원본에 많은 수정을 가하고 또 여러 사항들이 새로이 첨가되었다. 마르크스의 맏딸 예니 롱게는 마르크스가 이러한 개선사항에 만족을 표했다고 회상하면서, 이러한 태도는 그에게서 '좀처럼 보기 드문'[166] 일이라고 덧붙였다.

『자본론』 제2판 작업에 몰두하는 중에도 마르크스는 '인터내셔널'에 많은 시간을 투여했을 뿐 아니라, 런던으로 도피해온 파리 코뮌 참여자들을 돕는 일에도 헌신했다. 1871년 12월 21~22일자로 쿠겔만에게 보낸 편지에서 예니는, 아버지에게는 지배계급 정부와의 싸움도 싸움이려니와 '금발의 뚱뚱한 마흔 살 먹은' 여주인들과 실랑이를 하는 것도 여간 힘든 일이 아니라고 말했다. 당시 마르크스는 파리 코뮌 관계자들이 밀린 집세 때문에 여주인들의 닦달에 시달려야 했다.[167] 따라서 오로지 밤 시간에만 『자본론』 작업에 몰두할 수 있었던 것 같다.

제2판은 처음에는 9개 부분으로 나누어 1872년 그 첫 부분이 출판된 이래 1873년까지 연속 출판되었다. 1873년 1월 마르크스는 제2판 전체에 대한 발문을 집필했다. 그리고 같은 해 6월 초 비로소 초판의 세 배 분량에

---

166) Marx, Engels, *Werke*, Bd. 33, 695~96쪽.

167) Ibid., 687쪽.

달하는 제2판 단행본이 출판되었다.

『자본론』제1권의 프랑스어판

제1권의 프랑스어판은 1872년부터 1875년에 걸쳐 몇 부분으로 나누어 출판되었다. 프랑스어판은 외국어판으로는 러시아어판에 이어 두 번째 것이었다. 마르크스는 이 저작을 좀 더 개선하고 프랑스 독자들의 이해를 돕기 위해 프랑스어판 제작에 직접적인 도움을 아끼지 않았다.

프랑스어판 발간을 준비하기 시작한 것은 최초의 프롤레타리아 정권 확립을 위한 시도였던 파리 코뮌이 좌절된 이후의 일이었다.

그러나 코뮌 멤버들조차도 대개는 단지 본능적인 사회주의자들이었다. 따라서 과학적 사회주의의 핵심 원리들을 명확히 이해하지 못했다. 마르크스는 쿠겔만에게 보낸 1874년 5월 18일자 편지에서 "이론적 토대와 실천적 상식이 너무도 명백히 결여되어 있는 것이 프랑스의 현실이다."[168] 라고 관찰하고 있다. 당시 프랑스에서는 프루동주의가 여전히 노동자들에게 위험스런 영향력을 발휘하고 있었다. 1867년 5월 1일자 루트비히 뷔히너에게 보낸 편지에서, 마르크스는 『자본론』의 독일어판이 발간된 후 파리에서도 프랑스어판이 출판되기를 원한다는 심정을 토로하면서 그 이유를 다음과 같이 말하고 있다.

"나는 프루동이 프티부르주아지를 이상화함으로써 그들을 그릇된 견해에 빠지도록 유도했다고 생각하네. 따라서 바로 그런 오류로부터 프랑스를 구출해내는 일이야말로 무척 중요하다고 믿네."[169]

『자본론』의 과학적 논리는 프루동의 주요한 환상들을 타파하고 진정한 프롤레타리아 운동에 이르는 길을 밝혀주었다.

마르크스는 『자본론』을 연재 출판하겠다는 출판업자 모리스 라샤트르 (Maurice Lachâtre)의 제안을 받아들였다.

---

168) Ibid., 628쪽.
169) Ibid., Bd. 31, 544쪽.

"그러한 형식을 취할 경우 이 책이 노동자계급에게 좀 더 접근 가능한 것이 될 것이다. 그리고 그것이야말로 나에게는 최우선의 관심사이다."[170]

조제프 로이가 번역한
『자본론』 제1권의 프랑스어 초판.

『자본론』 제1권의 프랑스어판을 번역한 사람은 한때 포이어바흐의 저작들도 번역했던 조제프 로이(Joseph Roy)였다. 마르크스에 따르면, 로이는 양쪽 언어에 정통했지만 지나치게 직역을 했기에 저자를 만족시키지 못했다. 결국 마르크스는 이 까다로운 번역 원고와 씨름하지 않을 수 없었다. 마르크스는 1874년 5월 12일자 편지에서 라샤트르에게 "로이의 원고는 …… 처음부터 끝까지 뜯어 고쳐야 했다."[171]라고 고충을 털어놓았다. 마르크스는 단순히 번역 원고를 손질하는 데 그치지 않고 자신의 사상을 많은 부분 새로운 형태로 표현했다.

프랑스어판은 독일어 제1~2판과는 상당히 다른 모습으로 선보였으며, 1890년에 엥겔스의 편집으로 출판된, 그리고 일반적으로 최종판으로 간주되는 독일어 제4판(비록 엥겔스가 마르크스의 독일어 제2판과 프랑스어판을 위한 작업 내용을 거의 대부분 고려했음에도 불구하고)과도 일정한 차이를 보여주고 있다.

독일어 제2판과 후속 판이 7부 25장으로 구성된 데 반해 프랑스어판은 8부 33장으로 구성되어 있다. 제24장 「이른바 본원적 축적The So-Called Primitive Accumulation」이 프랑스어판에서는 8부로 따로 분리되어 「본원적 축적」이라는 제목으로 출판되었기 때문이다.

『자본론』 제1권의 프랑스어판 속표지에 '저자 완벽개정판'이라는 문구가 삽입될 수 있었던 것도 나름의 충분한 근거를 갖고 있었던 것이다. 마

---

170) Karl Marx, *Capital*, Vol. I, 21쪽.
171) 마르크스·레닌주의연구소 중앙당 문서보관소.

르크스는 동료들과 서신을 통해 자주 이 독특한 판에 피력된 사상들을 인용했는데, 그는 그때마다 그러한 사상들이 다른 판에서처럼 그렇듯 엉성하게 피력되어 있지 않다는 점을 덧붙이고 있다. 그는 제1권 역자들에게 프랑스어판을 원본으로 사용하도록 강력히 권유했다. 그는 러시아어 제2판과 관련해서 1878년 11월 15일 다니엘손에게 다음과 같이 자신의 생각을 말하고 있다.

"1) **각 장의 구분**은 (**세목 분류**의 경우도 마찬가지이지만) 프랑스어판에 준해서 이루어지는 것이 좋을 듯싶소. 2) 역자는 항상 독일어 제2판과 프랑스어판을 면밀히 비교해야 할 것이오. 그것은 후자가 많은 수정과 증보물을 담고 있기 때문이오……"[172]

마르크스는 제1권의 프랑스어판이 좀 더 대중적인 성격을 띠기에 그 책을 영어나 로망스어(Romance Language; 라틴 계통의 근대어를 총칭 ─ 옮긴이)로 번역하고자 할 때 프랑스어판을 원본으로 삼는 것이 작업에 훨씬 용이하리라고 생각했다.

마르크스는 1875년 4월 28일자의 프랑스어판 발문에서 다음과 같이 기술하고 있다.

"따라서 이 프랑스어판이 어떠한 문헌상의 결점을 갖고 있다 하더라도, 그것 나름대로 원본과는 독립된 학문상의 가치를 지니고 있으며, 바로 그러한 이유로 독일어에 능통한 독자라 할지라도 반드시 이를 참조할 가치가 있다."[173]

『자본론』 제2권과 제3권의 저술

1867년 초 마르크스는 1865년 말에 써놓았던 초고의 잔여분에 마지막 손질을 가하기 시작했는데, 이것이 『자본론』 제2권과 3권을 이루게 된다. 마르크스는 이따금 불가피하게 작업을 중단하기는 했지만 세상을 떠날

---

172) Ibid.
173) Karl Marx, *Capital*, Vol. Ⅰ, 22쪽.

때까지 이 작업을 계속했다.

마르크스는 우선 여러 나라의 농업관계와 자본주의 경제의 새로운 현상들을 심도 있게 분석했다. 마르크스는 1868년 7월 4일 독일과 미국 사회주의 노동계급 운동의 지도자인 지크프리트 마이어(Siegfried Mayer)에게 보낸 편지에서 종종 미국 신문을 보내달라고 부탁하고 있다.

"미국에서의 토지소유나 농업관계 등과 관련된 반(反)부르주아적 성향의 자료들을 모아 보내줄 수만 있다면 내게 무척 쓸모 있을 겁니다."[174]

마르크스는 지대문제를 두고 헨리 찰스 케리(Henry Charles Carey)와 벌인 논쟁 때문에 이러한 자료들이 무척 필요했다. 1868년 10월 7일 다니엘손에게 보내는 편지에서 마르크스는 "프랑스, 미국, 영국에서 작년(1866)에 시작된 공식 연구가 완성되거나 출판될 때까지"[175] 『자본론』 제2권의 출판을 준비하기가 어렵다고 말하고 있다. 마르크스는 특히 러시아 관계 자료들이 중요하다는 것을 깨달았다. 그래서 마르크스는 1871년에 제2권의 전체 초고를 근본적으로 수정해야 한다는 결론에 도달했다.

1860년 말과 1870년대 초에 마르크스는 『자본론』을 가능한 한 빨리 마무리 짓기 위해 최선을 다했으나, 다른 중요한 과제들 때문에 지장을 받았다. 마르크스는 1871년 11월 9일 다니엘손에게 보내는 편지에서, 지난 몇 달 동안 너무 바빴기 때문에 이론 연구를 재개할 수조차 없을 지경이었다고 불만을 토로하고 있다. 1872년 5월 28일자 편지에서 마르크스는 그에게 "과로 때문에 이론 연구가 더욱 어려워져 9월 이후로는 **상업적 관심사**(commercial concern)에서는 **손을 뗄** 참입니다. 지금 이 순간 상업적 관심사가 나의 어깨를 짓누르고 있는데, 당신도 아시다시피 그것은 전 세계로 가지를 뻗고 있습니다."[176] 보안상 이유로 그는 '제1인터내셔널' 총평의회를 '상업적 관심사'로 표현하고 있다. 마르크스는 일찍이 '인터내셔널'에 관계되는 일상적인 일에서 손을 뗄 것임을 거듭 표명한 바 있었다. 마르크스

---

174) Ibid., 563쪽.
175) Ibid.
176) 마르크스·레닌주의연구소 중앙당 문서보관소.

는 1871년 11월 24일 벨기에 노동운동 지도자인 세자르 드 페페(Cesar De Paepe)에게 다음과 같이 쓰고 있다.

"저번에 런던에서 말했듯이, 나는 가끔 총회에서 손을 뗄 기회가 과연 찾아올 수 있을지 의심을 품어왔습니다. 이 단체가 성장함에 따라 더 많은 시간을 투자해야 하겠지만, 그럼에도 『자본론』은 조만간 완성될 것입니다."[177]

『자본론』의 저술 작업과 '제1인터내셔널'에 대한 지도는 전혀 별개의 활동 영역이어서, 마르크스가 이 두 가지 모두에 혼신을 다했다는 사실은 무척 놀라운 일이다. 병에 걸려 있고, 젊지도 않은 데다가, 극심한 궁핍에 시달리면서 일상적인 잡다한 일들까지 늘 걱정해야 했던 사람이 두 가지 일을 동시에 할 수 있었다는 것이 믿기지 않을 정도이다. 위대한 목적이 기적을 빚어낼 수 있는 위대한 정열을 낳은 것이다.

1869년 말 마르크스는 러시아어를 배우기 시작했다. 언어에 깊은 관심이 있었을 뿐 아니라, 플레로프스키(N. Flerovsky)의 『러시아 노동계급의 상태 *The Condition of the Working Class in Russia*』 덕분에 러시아의 사회사상에 깊은 관심을 갖게 되었기 때문이다. 그는 『러시아 노동계급의 상태』를 상트페테르부르크에서 입수하여 한 번 읽고서는 깊은 감명을 받았다. 마르크스는 러시아 경제에 관한 저작과 원본 자료들, 그중에서도 특히 토지소유에 따른 관계들에 관한 연구가 절대적으로 필요하다고 생각했다.

마르크스는 문법에 통달한 후에 사전을 참조하면서 러시아 저작들을 읽기 시작했다. 그가 처음으로 읽은 것은 알렉산드르 게르첸(Aleksandr Ivanovich Gertsen)의 「감옥과 망명 *Prisons and Exiles*」(『나의 전력과 사상』의 일부)의 사본이었다. 엥겔스가 그보다 먼저 그 책을 읽으면서 여백에 적어두었던 번역문과 러시아어 어원이 큰 도움이 되었기 때문에, 마르크스는 오래지 않아 플레로프스키의 저서를 읽을 수 있었다. 1870년 2월 10일 엥겔스에게 보낸 편지에서 마르크스는 자랑스러운 어조로 이미 150여 쪽을 읽었

---

177) Marx, Engels, *Werke*, Bd. 33, 338쪽.

노라고 썼다.

마르크스는 책의 여백에 모르는 단어의 뜻을 풀이해 놓았는데, 뒤로 갈수록 점차 유창하게 읽을 수 있게 되자 그만큼 여백의 글자도 줄어들었다. 그는 또 책의 요지에 관해 짤막한 논평을 달았는데 그중에는 비판적인 것도 있었다. 마르크스는 러시아에 자본주의 체제가 존재하고, 촌락공동체(mir)가 해체되고 있으며, 상품생산이 발전하고 있음을 보여주는 그 책의 자료들과 내용을 높이 평가했다. 하지만 플레로프스키가 공동체적인 생활방식을 이상화하고 프루동의 견해와 유사한 '계급조화'에 환상을 품고 있는 것을 간과하지는 않았다. 그는 자본가와 노동자의 관계가 '고용인과 피고용인' 관계가 아닌 '동료' 내지는 '형제' 관계로 이해되는 상황을 꿈꾸고 있던 플레로프스키의 발상에 **"해묵은 환상이여!"**[178]라는 탄식으로 답했다.

풍부한 사실이 수록되어 있는 플레로프스키의 책은 공식적인 자료의 낙관주의와 주관주의적 개념에 의해 왜곡된 다른 자료에서는 부분적으로밖에 얻지 못했을 것들을 마르크스에게 제공해주었다. 마르크스는 라파르그에게 이렇게 썼다.

"플레로프스키의 저작을 읽고 나면, 러시아에서 가공할 사회혁명(물론 현재 러시아의 발전 단계에 조응하는 저급한 형태의)이 불가피하게 도래할 것이며, 또 멀지 않았다는 것을 확신하게 될 것이네. 이것은 좋은 소식이지. 러시아와 영국은 지금 상황에서 유럽 체제의 양대 지주이네."[179]

그 후 1870년 전반기에 마르크스는 존 스튜어트 밀(John Stuart Mill)의 「정치경제학 저작 제1권에 대한 부록과 주해」가 담긴 체르니솁스키 저작집의 제네바판 제3권을 읽은 것으로 보인다. 그해 여름 마르크스는 제네바에 제4권을 주문했는데, 러시아의 위대한 사회주의자이자 민주주의자였던 플레로프스키의 저작을 높이 평가했기 때문이었다.

---

178) *Marx-Engels Arcives*, Moscow-Leningrad, Book Ⅳ, 1929, 376쪽.

179) *Marx to Paul and Laura Lafargue*, March 3, 1870(마르크스·레닌주의연구소 중앙당 문서보관소).

이듬해 마르크스는 러시아어를 공부하기 위해 쏟았던 노력의 첫 결실을 종합할 수 있었다. 그는 마이어에게 다음과 같이 썼다.

"고전 독일어나 로망스어와는 전혀 다른 언어를 배우고자 했던 노력에 값할 만한 성과가 있었습니다. 러시아에서 일어나고 있는 지식인 운동은 심연(深淵)에서 동요가 일고 있음을 증명해주는 것입니다. 정신은 항상 보이지 않는 끈에 의해 인간의 육체와 연결되어 있습니다."[180]

러시아어를 통달한 마르크스는 농업관계와 러시아 사회·정치적 발전에 관한 공식출판물과 논문들을 체계적으로 연구하기 시작했다. 엥겔스의 말을 빌리면, 마르크스는 "전혀 새롭고 전문적인 연구에 몰두"[181]한 것이다. 10년 이상 러시아 책을 담은 소포상자가 상트페테르부르크와 런던 사이를 오갔다. 마르크스의 동료들(이들 중에는 다니엘손도 있다)이 그에게 여러 가지 책을 보내주면, 마르크스는 이를 읽은 후 다시 돌려보낸 것이다.

마르크스가 논평을 덧붙여 「조세위원회 의사록Transactions of the Tax Commission」, 「농업실태위원회 보고서Reports of the Commission on the State of Agriculture」, 「지방농업국 보고서 요약A Summary of Reports by Gubernia Offices on Peasant Affairs」, 「유럽 러시아의 토지와 거주지에 관한 통계자료Statistical Data on Landed Property and Populated Localities in European Russia」 등을 비롯해서 여러 러시아 저자의 책들을 인용한 것은 마르크스가 매우 폭넓은 관심과 지식을 갖고 있음을 보여주는 것이다. 그것은 또한 각국의 선진 프롤레타리아 사이에서 『자본론』 제1권이 모범적인 저작으로 평가받은 후에도, 그리고 후속 초고가 이미 완성된 후에도 마르크스가 얼마나 많은 정력과 노력을 이 『자본론』에 쏟았는가를 보여준다.

그는 항상 하나의 지역이나 국가에 관한 통계를 다른 지역이나 국가에 관한 통계로써 보완하려고 노력했다.

1870년 1월 24일 그는 페페에게 다음과 같이 썼다.

---

180) Marx, Engels, *Werke*, Bd. 33, 173쪽.
181) Karl Marx, *Capital*, Vol. III, Moscow, 1966, 7쪽.

"『자본론』제2권의 토지소유 부분을 다루기 위해서는 벨기에의 토지소유와 농업구조를 좀 더 자세히 살펴보는 것이 유용하리라고 생각하고 있습니다. 본인이 참조할 만한 **주요 저작들의 목록**을 보내주시면 감사하겠습니다."

페페는 그것을 즉시 보내주었다.

1876년 3월 마르크스는 조르게(Friedrich Adolf Sorge)에게 뉴욕에서 미국 도서의 목록을 구할 수 있는지 여부를 묻고, 가격이 얼마가 되든 1873년 이래 출판된 미국의 농업과 토지소유·신용·재정과 화폐 관계를 다룬 책들 중 쓸 만한 것이 있으면 구해달라고 부탁했다. 그는 그에 덧붙여, 영국 신문만으로는 미국에서 발생한 현재의 추문(대규모 철도건설과 관련된 상업적 투기가 명백한)과 관련된 사실들을 제대로 파악할 수 없다고 말하면서, 혹시 날짜가 지난 미국 신문을 가지고 있는지 물었다.

풍부한 사실을 기초로 마르크스는 농학과 농화학, 식물생리학을 부단히 연구했다. 이들 과학의 최신의 성과는 그로 하여금 비과학적인 '수확체감의 법칙'을 보다 심도 있고 명확하게 비판할 수 있도록 해주었다.

1875년 5월에서 8월까지 그는 잉여가치율과 이윤율 사이에 차이가 있다는 것을 증명하는 복잡한 계산에 몰두했는데, 그 계산은 후에 『자본론』 제3권 제1편 제3장(「이윤율과 잉여가치율의 관계」)의 골간을 이루게 된다. 또한 1876년 2월 중순에 마르크스는 짧지만 이론적으로 매우 중요한 글을 「차액지대와 토지 속에서 실현되는 자본에 대한 단순이자로서의 지대 *Differential Rent and Rent as Mere Interest on Capital Incorporated in the Soil*」라는 제목으로 집필했는데, 이 글은 훗날 엥겔스에 의해 『자본론』 제3권 출판본 제44장에 수록되었다.

1870년 11월부터 1878년 7월에 걸쳐 마르크스는 『자본론』 제2권 제1장 「화폐자본의 순환」의 출판 준비에 몰두했다. 이어 1880년에는 제3분책 제3편 「이윤율 저하경향 법칙 *The Law of the Tendency of the Rate of Profit to Fall*」을 새로이 집필했으며, 제2권과 제3권의 나머지 부분도 저술했다.

그러나 마르크스는 1870년대 후반과 1880년대 초반에 걸쳐 최후 저작의 준비 속도를 의도적으로 늦추었는데, 그는 이 '유예'의 이유를 몇몇 편지에서 밝히고 있다. 다니엘손에게 보낸 1879년 3월 10일자 편지에서 그는 다음과 같이 쓰고 있다.

"**첫째**, 나는 하여튼 영국의 산업 위기가 절정에 달하기 전에 제2권을 출간할 것입니다. 지금의 현상은 전례 없이 독특하여 많은 점에서 과거와는 다릅니다. …… 따라서 사태가 무르익기까지 그 추세를 주의 깊게 관찰해야 합니다. 그래야만 비로소 당신은 그것들을 '생산적으로'(이론적으로) '소비'할 수 있게 될 것입니다. …… **둘째**, 러시아뿐만 아니라 **미국**에서 입수한 자료 때문에 책의 출간을 미루고 연구를 계속할 수 있는 '핑계'를 찾게 되어 기쁩니다. **셋째**, 의사는 나에게 1874년과 그 이후 몇 년 동안의 사태로 되돌아가고 싶지 않다면 '작업량'을 대폭 축소하라고 경고했습니다. 1874년 이후 몇 년 동안 나는 머리가 어지러워 몇 시간밖에는 연구에 매달릴 수가 없었습니다."[182]

운명하기 얼마 전에 마르크스는 딸 엘레아노르(Eleanor)에게 『자본론』 원고를 엥겔스에게 넘겨주라고 당부했다. 마르크스는 엥겔스가 이 원고를 기초로 '무언가 이루어내리라고'[183] 기대했다.

마르크스의 친우이자 판권 관리자였던 엥겔스는 『자본론』의 나머지 원고를 즉시 출간하는 것이 권리이자 의무로(비록 이 일이 자신의 연구를 방해하는 측면이 있긴 했지만) 간주했다. 그는 마르크스의 『자본론』 제2권 원고를 독립된 두 부분으로 나누어 제2권과 제3권으로 구분했다. 엥겔스는 고인이 된 친구에 대한 존경심에 가까운 겸허와 애정을 가지고 이 작업을 '오직 저자의 의도에 따라' 수행하려고 노력했으며, 자신의 작업을 가능한 한 '이용 가능한 각양각색의 내용 중에서 하나의 텍스트를 정선해내는'[184] 일에 한정시켰다. 실제로 엥겔스가 한 일이(특히 제3분책에 대해서) 중요한

---

182) 마르크스·레닌주의연구소 중앙당 문서보관소.

183) Karl Marx, *Capital*, Vol. II, 5쪽.

184) Ibid.

의미를 갖기 때문에 그의 편집으로 출간된『자본론』제2권과 제3권은, 레닌이 지적했듯이 공동 저술로 간주되어야 마땅하다.

엥겔스는 제3권을 완성하기 위해 거의 10년을 매달렸다. 엥겔스는 몇몇 장에 주석을 달고 단편적인 원문을 연결시키기 위해 많은 문장을 보완했으며, 원저자의 주석을 토대로 새로운 원고를 써서 제4장을 만들고, 제5편 전체를 세 번이나 수정하는 한편, 제3권(「가치법칙과 이윤율Law of Value and Rate of Propit」과 「주식거래The Stock Exchange」)에 부치는 서문과 부록을 집필했다.

제2분책을 완성하는 작업은 많은 노력을 요구하지는 않았지만, 역시 힘들고 복잡하기는 매한가지였다. 인쇄를 위해 준비한 마르크스의 원고마저도 그대로 출판할 수가 없었다. 그것들 역시 초고 작성 이후에 이루어진 마르크스의 연구 결과와 각종 공식에 따라 수정할 필요가 있었기 때문이다. 1865년부터 1870년에 걸쳐 쓴 4편의 초고뿐만 아니라 1877년에 쓴 4편의 초고도 서로 연관을 갖는 하나의 전체로 재구성해야 했기 때문에, 엥겔스는 이 작업을 끝내는 데만도 2년 넘게 소비했다.

제2권은 1885년에 출간되었고, 제3권은 1894년에 출간되었다. 제2권의 서문에서 엥겔스는, 마르크스가 제2분책과 제3분책을 부인인 예니에게 헌정하려 했다는 것을 밝혔다.

엥겔스는 또한 저작의 역사비판 부분(「잉여가치학설사」)을『자본론』제4권이자 마지막 권으로 출간하려 했으나, 이 계획은 끝내 결실을 맺지 못했다.

자본주의적 생산의 과정

마르크스의『자본론』은 필생의 역작이며 과학적 공산주의의 기본적 교리이다. 마르크스가 말했듯이, 이 책의 서두(독일어판 초판의 제1장과 그에 상응하는 후속판 제1편)에서 그는『정치경제학 비판』의 제1부(1부뿐이지만) 주제를 요약했다.

역시 마르크스는 부르주아적 부(富)의 기본단위인 상품부터 분석을 시작한다. 상품분석은 보다 복잡하고 고도 형태의 자본주의적 생산을 분석하는 데 필수적이다. 2000년 이상 인류는 언뜻 보기에 간단한 것처럼 보이는 가치형태, 즉 상품을 이해하려고 애써왔다. 이것은 매우 어려운 과제임이 판명되었으나 마르크스가 이를 극적으로 해결했다. 특수 상품인 화폐를 포함하여 가치형태를 심도 있게 분석한 것은 마르크스의 위대한 공헌이었다. 가치형태에 관한 분석은 자본의 분석을 위한 토대를 닦아놓았다.

『자본론』 제1권의 본문은 자본주의 체제의 지배적인 생산관계, 즉 자본에 의한 임노동의 착취를 분석하고 있다.

상품생산이 발전함에 따라 화폐는 자본으로 전화되며, 단순 상품경제는 임노동의 착취에 기초한 자본주의 상품경제로 전화된다.

마르크스는 자본주의적 착취의 비밀을 간파하고 진실로 과학적인 잉여가치론을 주장했는데, 엥겔스는 이것이 청천벽력과 같이 나타났다고 말했다. 고전파 부르주아 정치경제학자들은 잉여가치의 기원과 그것의 진정한 본질을 설명하지 못했다.

상품 자체가 사용가치(인간의 욕구를 충족시키는 속성)와 가치(생산물에 구현된 사회적 필요노동시간)의 통일이므로, 상품의 생산과정은 노동과정과 가치의 창출과정을 동시에 나타내주어야 한다. 이것이 바로 자본주의적 생산이기 때문에 가치의 생산은 동시에 자본가가 생산의 목표로 삼고 있는 초과잉여의 창출을 함축하고 있다.

"그의 목적은 사용가치뿐만 아니라 상품을 생산하는 것이며, 또한 사용가치와 함께 가치를 생산하는 것이기도 하고, 가치뿐만 아니라 동시에 잉여가치를 생산하는 것이다."185)

마르크스는 노동자가 판매하고 자본가가 구매하는 상품은 부르주아 경제학자들이 생각하듯이 노동 그 자체가 아니라, '노동력' 또는 노동의 능력이라는 사실을 밝혀냈다. 이 발견은 자본주의적 착취구조를 이해하는 열쇠로서, 리카도학파가 해결하지 못했던 문제 중 하나를 해결해주었다. 그

---

185) Karl Marx, *Capital*, Vol. Ⅰ, 186쪽.

들이 이해하지 못한 문제는 '노동과 자본 간의 교환'과 '노동에 의한 상품가치의 결정' 사이에 존재하는 연관성을 밝히는 것이었다.

여느 다른 상품과 마찬가지로 노동력 또한 사용가치와 가치를 지니고 있다. 노동력의 사용가치는 가치를 창출하는 능력, 그것은 노동력 자체가 지닌 가치 이상의 가치를 창출하는 능력이다. 노동력의 가치는 노동자와 그 가족의 유지에 필요한 생계수단의 가치이다. 노동력의 가치는 이 특수한 상품(노동력)을 생산·재생산하는 데 필요한 노동시간에 의해 결정된다. 화폐로 환산된 노동력의 가치는 임금으로 표현되는데, 임금은 구체적인 경제상황, 한 나라의 전통적 생활양식, 노동자계급의 조직과 역량, 그리고 또 다른 요인에 의존한다. 임금은 노동력의 가치에 근사치를 유지하면서 오르내리고 또 그 형태도 다양하다. 임금은 단지 노동의 가격처럼 보인다. 가치가 전화된 형태이자 노동력 가격으로서 임금은 노동의 가격처럼 나타나며, 따라서 착취의 과정을 은폐한다. 마치 노동자가 노동을 파는 것처럼 보이고 노동 전체가 충분히 대가를 받는 것처럼 보이지만, 실제로 임금은 임노동에 의해 창출된 총생산가치보다 항상 낮다. 노동자는 노동일의 일부(필요노동시간)를 노동력의 재생산에 필요한 생계비에 상당하는 가치의 생산에 투여한다. 그 나머지 노동일(잉여노동시간)은 그 노동력의 가치를 넘어서는 부가가치나 잉여가치를 생산한다.

부르주아 정치경제학자들은 자본이 전적으로 축적된 노동임을, 즉 생산수단임을 천명하고, 자본을 인간사회 유지에 항상적으로 필요한 조건으로 간주했다. 마르크스는 이러한 견해를 논박하면서 생산수단은 일정한 조건, 즉 생산수단이 자본가에 의해 소유됨으로써 임노동을 착취하는 데 사용될 경우에만 비로소 자본이 된다는 것을 증명했다. 따라서 자본은 역사적 구조에 의해 규정되는 일종의 사회적 관계이다.

자본주의적 착취를 과학적으로 설명하는 데 가장 중요한 것은 상품가치가 형성되는 데 생산수단과 살아 있는 노동(living-labour)이 수행하는 역할을 분석하는 것이다. 고전파 부르주아 정치경제학자들은 자본을 단지 고정자본과 유동자본으로 분류했다. 마르크스는 이러한 분류를 거부하지는 않았지만, '잉여가치 생산에서 자본의 역할'이라는 관점에서 더욱 중요한 분류를 해냈으니, 이것이 바로 불변자본과 가변자본이다. 생산수단은 어떠한 가치도 창출하지 못하며, 살아 있는 노동만이 새로운 가치를 낳는 원천이다. 생산과정에서 살아 있는 노동은 생산수단의 가치를 새로운 생산물로 이전시킨다. 생산수단의 소모란 바로 이것을 가리킨다.

마르크스는 자본을 가변자본과 불변자본으로 나눔으로써 임노동의 착취를 깊이 있게 분석할 수 있었다. 그리고 투하 자본 전체가 아니라 가변자본에 대한 잉여가치의 비율로써 착취의 정도를 양적으로 표현할 수 있었다. 마르크스는 이것을 잉여가치율 또는 착취율로 명명했다. 자본주의가 발전함에 따라 착취율은 증가하는 경향이 있으므로 프롤레타리아와 부르주아지의 갈등이 동시에 심화·성장하게 된다.

『자본론』 제1권에서 마르크스는 자본가들이 잉여가치율을 높이기 위해 사용하는 수단을 분석하고 있다. 그것은 다음의 두 가지이다. 첫째, 필요노동시간이 일정할 때 노동일을 연장함으로써 잉여노동시간을 증가시킨다(절대적 잉여가치). 둘째, 노동일이 일정할 때 노동강도와 노동생산성을 증대시킴으로써 필요노동시간과 잉여노동시간의 관계(비율)를 자신에게 유리하도록 변화시킨다(상대적 잉여가치). 전자는 주로 수공업과 상대적으로 조잡한 노동조직에 기초한 자본제 생산 초기 단계의 주요한 특징이며, 후자는 좀 더 높은 자본주의적 생산 단계에서 나타나는 특징이다. 이 단계에서는 생산기술과 조직적 조건이 성숙되고 고양된 노동계급의 투쟁을 통해 노동일은 어느 정도 단축된다. 마르크스는 노동시간을 단축하기 위해 투쟁하는 노동계급을 묘사하는 데 사실적인 자료들을 풍부하게 인용했다.

그러나 자본은 잉여가치를 절대적으로 증대시키기 위해 사실상 노동일을 늘리고, 노동자를 강제하여 시간당 노동량을 늘리려는 목적에서 노동을 강화하려고 한다. 이러한 자본의 탐욕스러운 욕망은 '살아 있는 기계'의 물리적 잠재력과 이들의 불만에 대한 두려움에 의해서만 제약받는다.

마르크스는 몇 장(章)에 걸쳐, 주로 선진 자본주의 국가 영국(아직 발전되지 않은 나라들의 미래상을 제시하고 있는)에 대한 사실적 자료에 기초하여, 상대적 잉여가치를 증가시키기 위해 사용된 수단들에 관한 뛰어난 역사 평론을 썼다. 여기에는 자본주의 자체의 발달과정에서 나타난 세 단계, 즉 단순협업, 매뉴팩처, 대규모 산업이 묘사되어 있다. 특히 그는 자본주의에서 기계 사용의 역사와 조건, 그 영향에 관해 매우 자세하게 연구했다. 수많은 기계와 기술 발명이 결코 노동자의 일을 덜어주지 못한다는 사실은 오로지 모든 최신의 기계적 노동수단이 도입된 목적에 의해서만 설명될 수 있다. 그 목적은 상품가격을 인하하고 필요노동시간을 줄이면서 초과노동시간을 늘리는 데, 즉 '고상한 게으름뱅이들'을 위해 잉여가치를 증대시키는 데 있다.

분업과 자본주의적 기계 도입으로 노동생산성이 증가하면 노동조건은 일반적으로 악화된다. 자본주의 국가에서는 기계로 인해 실업이 증대하고 산업재해가 빈발하는 데다가, 노동이 강화되고 단조롭고 지루하게 되며, 자본의 횡포가 날로 증가해 작업장에 군대식 규율이 도입된다.

매뉴팩처에서는 작업의 속도와 질이 직접적으로 작업자와 그의 기술, 경험, 성실도 등에 의해 좌우된다. 하지만 기계제 공장에서 작업속도는 우선 기계와 일정한 기술적 과정에 의존한다. 그래서 마르크스는 기계를 사용하여 생산하는 단계야말로 노동이 실질적으로 자본에 종속되는 단계라고 말한다. 자본주의는 기계와 기계제 산업에서 비로소 적합한 물질적·기술적 기초를 획득하게 된다.

자본주의적 착취의 본질과 잉여가치 생산의 발달을 고찰함으로써 마르크스는 자본주의적 축적의 문제, 즉 잉여가치의 자본으로의 전화에 대해 철저히 분석했다.

계속적으로 반복되는 전 생산과정은 본질적으로 재생산의 과정이다. 자본주의적 생산과정에서 노동자는 투하된 자본을 생산물의 가치 속에서 재생산하고 그것을 초과하는 잉여가치를 창출한다. 만일 그 잉여가치가 자본가에 의해 모두 소비된다면 그 과정은 단순재생산, 즉 항상 동일한 생산과정의 반복에 그치게 될 것이다. 그러나 확대재생산을 수행하고 자본을 축적하는 것은 자본주의의 고유한 본질이다.

노동자는 노동을 통해 자본가가 개인적인 소비를 위해 필요로 하는 것보다 훨씬 많은 잉여가치를 창출하며, 그중 일부는 자본으로 전화되어 생산의 규모를 확장하는 데 투자된다. 결과적으로 노동자는 자본가의 개인적인 소비수단뿐만 아니라, 착취의 영역을 확대하기 위한 수단까지도 창조한다.

자본축적 또는 자본주의적 확대재생산은 자본의 유기적 구성도를 높이는데, 마르크스에 따르면 자본의 유기적 구성도는 불변자본과 가변자본의 관계, 즉 생산수단의 가치와 임금 총합의 관계를 의미한다. 향상된 기계의 도입 및 생산기술의 발달과 더불어 불변자본은 가변자본보다 빠르게 증가하는 경향을 보이며, 그 결과 노동계급에 대한 착취가 강화되고 잉여가치율이 증대된다.

자본의 유기적 구성도의 고도화는 동시에 노동력 수요의 상대적인 감소를 초래하는데, 이는 노동력에 대한 수요가 총자본의 양에 의해 결정되는 것이 아니라, 오로지 상대적으로 감소된 가변자본 부분에 의해서 결정되기 때문이다.

맬서스(Thomas Robert Malthus) 인구론의 '영속적인' '자연' 법칙과는 달리, 마르크스는 자본주의에서 작용하는 실제적인 인구법칙, 잠정적이며 오로지 자본주의의 본질에 의해 규정되는 인구법칙을 정식화했다.

노동인구의 일부는 생산에서 소외되어 소위 상대적 과잉인구 또는 산업예비군을 형성한다. 실업은 일반적인 임금 수준에 압력을 가해 노동자들이 극도로 불안정한 물질조건과 미래에 대한 불확실성에 처하게 하며, 자본가들이 고용자의 노동을 손쉽게 착취할 수 있도록 해준다.

따라서 자본이 축적될 때, 부르주아 사회의 한쪽 끝에서는 막대한 부와

향락과 착취계급의 기생충 같은 생활과 낭비적인 소비가 증가하고, 다른 한쪽 끝에서는 지속적으로 증대되는 억압과 착취와 실업과 더불어 근로대중의 불안정한 생활이 만연해진다.

"사회적 부와 기능자본, 그리고 그것의 성장범위와 성장력이 증대될수록, 또한 프롤레타리아의 절대인구와 노동생산력이 증가할수록 산업예비군은 증가한다. 동일한 이유로 자본의 팽창력이 증대되고 노동력에 대한 지배력이 강화된다. 그리하여 산업예비군의 상대적인 인구는 부의 잠재력과 더불어 증가한다. 하지만 이러한 예비군이 고용노동자군에 비례하여 증가할수록 고정적인 과잉인구집단은 비대해지고, 이들의 빈곤은 고용노동자군이 노동과정에서 겪는 고통에 정비례하여 심화된다. …… **이것이 자본주의적 축적의 절대적인 일반법칙이다.**"[186]

마르크스가 발견하고 정식화한 자본주의적 축적의 절대적 잉여법칙은 임금노동과 자본의 적대적인 모순을 이해하는 데 이론적인 기초가 된다.

마르크스는, 자본의 원시적 축적이 스스로의 노동을 통해 점차 막대한 부를 축적한 진취적인 개인들의 근면과 검소의 결과라는, 부르주아 학자들에 의해 널리 유포된 관념을 연구를 통해 분쇄했다. 원시적 축적을 다룬 장(章)에서 마르크스는 이것이 직접생산자를 생산수단으로부터 철저히 분리시키는 과정에 다름 아니며, 이 분리과정은 또한 지배계급의 폭력적 개입에 의해 촉진되었음을 보여주었다. 마르크스는 소농과 중농이 어떻게 그들의 땅을 빼앗겼으며, 어떻게 마을에서 쫓거나 산업발전을 위한 값싼 노동력의 제공자가 되었는가를 상세하게 묘사했다. 부는 또한 식민지에서 잔인한 약탈과 살육에 의해 소수의 손에 집중되었다. 원시적 축적과정을 묘사하면서 마르크스는 이렇게 썼다.

"자본은 머리끝에서 발끝까지 구석구석 피와 오물로 흠뻑 젖어 나타났다."[187]

---

186) Karl Marx, *Capital*, Vol. I, 644쪽.
187) Karl Marx, *Capita*, Vol. I, 760쪽.

『자본론』제1권 제24장[188]의 마지막 부분은 전체 연구의 성과를 요약하고, 자본주의의 미래와 사회주의 혁명의 필연성에 관한 결론을 다루고 있다. 자본주의적 축적의 발전은 노동의 사회화가 확대됨을 의미하며, 이는 자본주의의 기본모순인 생산의 사회적 성격과 소유의 사적 성격의 모순을 끊임없이 악화시키는 경향을 띤다. 마르크스는 프롤레타리아트의 승리에 대한 굳건한 확신을 재삼 강조하면서, 자본주의적 축적의 역사적 경향성에 대한 분석을 끝맺고 있다.

"거대 자본가의 수가 감소함에 따라 …… 빈곤, 억압, 노예화, 하층화, 착취에 시달리는 집단은 증가한다. 하지만 이와 동시에 항상 수적으로 증가하고 있고, 자본주의적 생산과정 자체의 다양한 메커니즘에 의해 조직·통일되어 있으며, 규율에 잘 단련되어 있는 계급, 즉 노동계급의 반란도 늘어난다. 생산양식에서 비롯되어 생산양식과 함께 발전해온 자본의 독점은 오히려 생산양식을 질곡에 빠뜨린다. 생산수단의 집중과 노동의 사회화는 결국 자본주의적 외피와 양립할 수 없는 지점에 도달한다. 그리하여 이 외피는 산산이 찢겨나간다. 자본주의적 사적 소유의 종말을 알리는 조종이 울린다. 착취자가 착취당하는 것이다."[189]

자본의 유통과정

마르크스는 제2분책, 즉『자본론』제2권에서 계속하여 산업자본의 운동을 분석하고 있다. 하지만 그것은 제1권처럼 생산과정을 추적하는 대신, 유통부문에서 산업자본의 신진대사와 형태 변환에 집중되어 있다.

제1편에서 마르크스는 자본의 형태 변환과 그 순환을 화폐자본의 순환에서 출발하여 분석하고, 별도의 장(章)들에서 생산자본 및 상품자본의 회전을 분석하고 있다.

자본주의적 기업 활동은 일정 상품을 생산하기 위해 임금노동자와 피

---

188) 영어판 제32장.
189) Karl Marx, *Capital*, Vol. I , 163쪽.

고용자들이 생산수단(토지, 건물, 기계, 기구, 원료 등)을 사용하는 것을 의미한다. 생산수단도 임금노동자의 노동력도 그 어느 하나만으로는 자본이될 수 없다. 그것들은 오직 결합됨으로써만 자본이 되며, 전자는 자본가의재산이고 후자는 살기 위해 노동력을 자본가에게 팔지 않으면 안 된다는사실 때문에 이 결합이 가능하다.

이미 생산수단과 노동력으로 전화된 화폐자본, 즉 생산과정에서 자본의 이러한 두 가지 물질적 형태의 결합은 집합적 형태로 생산자본을 구성한다. 생산이 계속적으로 이루어진다면 자본은 항상 이러한 형태를 띠게될 것이다.

생산과정에 투하된 총자본은 조만간 상품으로 전화하여 상품자본의 형태를 띤다. 이러한 형태 속에서 자본은 역시 특수 순환, 상품자본의 순환을 거친다. 이 시점에 이르면 자본가는 생산된 상품을 판매하는 문제에 직면한다. 상품의 판매는 자본가가 투자한 모든 자본가치를 회수하고, 이에더해 임노동자에 의해 생산된 잉여가치를 실현할 수 있도록 해주어야 한다. 상품판매의 특수성과 그 조건에 대한 설명은『자본론』제2권에서 마르크스가 분석의 주요 측면 중 하나로 삼았다.

마르크스 이전에는 어느 누구도 자본 순환의 모든 형태와 그것들의 상호연관을 이토록 정밀하게 고찰해본 적이 없었다. 자본을 생산과 유통의통일체로, 시공 속에서 자본가치의 연속적인 운동으로, 어떤 것으로부터다른 어떤 것으로, 하나의 크기에서 다른 크기로 점차 커져가는 그러한 것으로 제시한 사람은 마르크스가 처음이다. 이 점이 매우 중요한 의미를 지니는 것은, 마르크스가 말했듯이 자본이란 "정지되어 있는 것이 아닌 운동하는 것으로 바라볼 때만 비로소 이해가 가능하기"[190] 때문이다.

자본의 세 가지 주요 형태(화폐자본, 생산자본, 상품자본)의 순환에 관한마르크스의 분석에서 또 하나 두드러진 특징은, 각 형태가 개별적으로 다루어지든 함께 다루어지든 모두가 자본운동에서 모순이 심화되어가는 것

---

190) Karl Marx, *Capital*, Vol. II, 108쪽.

을 보여주고 있다는 점이다.

연속적인 운동은 사회적 총자본의 특징이다. 하지만 이러한 운동에서는 가치와 상품가격상의 일반적인 또는 부분적인 위기와 혁명이 끊임없이 돌발한다. 어떤 자본가는 화폐자본을 주체하지 못할 정도로 갖고 있고, 다른 자본가들은 그것이 부족하여 파산한다. 또 어떤 자본가는 생산에 열을 올려 이를 확장하는 반면, 다른 이들은 기계에 녹이 슬도록 놀리기도 한다. 시장을 찾지 못한 상품더미들은 썩어서 가치를 잃어버리고, 근로대중이 욕구를 충족하지 못해 고통받고 있을 바로 그때 간단히 폐기되기도 한다. 어떤 노동자는 과도한 작업으로 피로에 찌들어 있는가 하면, 다른 노동자들은 실업의 고통으로 괴로워한다. 마르크스는 이러한 현상들이 결코 우연이 아니며, 자본의 운동 바로 그것의 필연적이고 자연적인 현상이라는 사실을 보여주었다.

자본이 순환하는 데는 일정한 기간이 소요된다. 기간의 길고 짧음을 막론하고 그것은 객관적인 두 부분, 즉 생산기간과 유통기간으로 나누어진다.

마르크스는 제2편에서 자본의 회전에 관해 자세하게 분석하고 있다. 자본가에게 자본의 회전기간은 투하자본의 회수 및 그 이상의 가치증식을 달성하기까지 그 자본이 운동하는 기간이다. 어떠한 경우든 개별자본의 회전기간은 유통기간과 생산기간의 합과 같다. 회전기간의 길고 짧음은 투하자본의 크기, 연간 잉여가치량, 자본주의적 생산과 유통의 전 경로에 의해 영향을 받는다.

생산과정에서 불변자본 각 부분의 가치는 각기 다른 방식으로 상품에 이전된다. 원료는 완전히 소비되어 심지어 산업폐기물까지 포함하여 그것의 총가치가 생산된 상품으로 이전된다. 이와는 달리 원료를 가공하는데 사용된 기계의 가치는 단지 그것의 마모 부분만이 생산된 상품에 이전된다. 일단 상품이 판매되면 자본가는 원료의 총가치를 완전히 회수하며, 기계의 경우는 생산과정에서 소모된 가치 부분만 회수한다. 이것이 자본가치의 순환과 유통의 관점에서 불변자본의 총액을 고정자본과 유동자본으로 나누어야 하는 이유이다.

마르크스는 생산수단이 고정자본이 되는가 아니면 유동자본이 되는가 하는 것은 생산수단의 가치가 상품으로 이전될 때 점진적으로 이전되는가 아니면 즉각적으로 이전되는가, 일부만 이전되는가 아니면 전면적으로 이전되는가에 전적으로 달려 있음을 입증한 최초의 인물이었다.

자본가가 노동력을 구매하는 데 소비한 가변자본은 회전방식에서 볼 때 불변자본 중 유동자본을 이루는 부분의 그것과 결코 다르지 않다. 따라서 유동자본은 두 부분으로 이루어지는데, 그 두 부분은 가치 및 잉여가치의 생산에서 전적으로 상이한 역할을 담당하지만, 자본의 회전과정에서는 단지 하나로 보일 뿐이다. 이것은 자본주의적 생산의 착취적 본질을 은폐하고, 상품이 팔리는 유통 부분에서 잉여가치가 발생하는 것 같은 환상을 만들어낸다. 부르주아 경제학자들은 자본주의적 제도를 옹호하기 위해 이러한 환상을 이용한다.

전체로서의 자본의 회전과 유동자본 및 고정자본의 회전에 대한 분석을 통해, 마르크스는 회전이 자본주의적 생산의 여러 분야 및 영역에서 담당하는 역할과, 고정자본과 유동자본으로의 분화가 자본의 물질적 생산 및 자본가와 노동자의 지위에 미치는 영향에 대해 과학적인 설명을 가했다.

여러 가지 이유로 일시적으로나 또는 완전히 중단될 수 있는 개별적인 생산과는 달리 사회적 총생산은 항상 지속적이다. 자본의 재생산 조건에 대한 분석은 제2권의 가장 중요한 이론적 문제이다.

마르크스 이전에 사회적 재생산을 규정하는 법칙을 분석하려 한 최초의 경제학자는 중농학파의 프랑수아 케네(François Quesnay)였다. 그의 『경제표Tableau économique』는 일정한 가치를 나타내는 연간 생산물이 어떻게 단순재생산, 즉 동일한 규모의 재생산을 가능하게끔 분배되는가를 보여준다. 하지만 케네는 농업만을 생산적인 범주로 고려했으며, 단지 농업노동만이 가치와 잉여가치를 창출한다고 생각했다. 케네와 그의 학파는 발달된 공업생산과 모든 사회적 노동의 광범위한 분업에 기초하고 있는 자본주의적 재생산을 분석하지 못했다.

마르크스는 상품과 사회적 총생산물의 가치구조를 규명함으로써 단순재생산에 대한 분석을 시작한다. 사회의 연간 생산물인 상품의 총체는 그 본래적인 형태상 크게 두 부분으로 나뉜다. 첫 번째 부분은 생산적인 소비에 사용되어야 할, 또는 적어도 그럴 가능성이 있는 생산수단이고, 두 번째는 노동계급과 자본가계급의 개인적인 소비에 사용되는 소비재부문이다. 따라서 사회적 총생산은 두 개의 커다란 부분, 즉 생산수단 생산부문과 소비수단 생산부문으로 나뉜다. 이러한 구분은 매우 중요한 방법론적 의의를 지니며, 비단 자본주의적 생산·재생산뿐만 아니라 모든 사회적 생산·재생산에도 적용된다.

이 두 부분 속에서, 소비된 불변자본의 가치는 각기 연간 생산물의 가치로 이전된다.

1년이라는 기간 동안 노동력은 새로운 가치를 생산하여 이것을 소비된 불변자본의 가치에 부가시킨다. 노동력을 구매하는 데 사용된 가변자본의 가치는 단순히 연간 생산물의 가치 속에서 재생산되는 것이 아니라, 여기에 잉여가치를 덧붙여 증식시킨다. 연간 생산물 가치 속에 임노동자가 창출해낸 새로운 가치의 총규모는 자본의 연간 회전수와 자본주의적 착취의 정도에 의존한다.

결과적으로 사회적 생산의 두 부문 각각에서 연간 총생산물 가치는 소비된 불변자본(c; constant capital), 가변자본(v; variable capital), 잉여가치(s; surplus value)로 구성되며, 마르크스에 따르면 이 c+v+s가 바로 연간 총생산물의 가치이다.

마르크스의 위대한 과학적 업적은 사회적 생산의 두 부문 내, 그리고 이둘 상호간 교환의 조건과 비중을 분명히 했다는 데 있다. 그는 교환의 도식을 작성했으며, 사회적 생산물의 실현, 결과적으로는 계속적인 재생산을 위해 필요한 사회적 생산의 두 부문 각각의 가치와 물질적 내용에 포함된 생산물의 각 구성 요소들을 상대적 크기로 제시했다. 이 양 생산부문, 즉 노동자와 자본가의 개인적인 소비를 위한 생산부문과 생산적 자본의 여러 요소들을 만들어내는 데 쓰이는 생산부문 모두가 사회적 생산과정에서 어떻게 충족되는가를 구명한 최초의 인물이 바로 마르크스였다.

마르크스는 계속적인 재생산에 필요한 이상적인 균형 상태를 설정했지만, 이와 함께 자본주의에서는 이러한 균형 상태가 실현될 수 없으며, 여러 가지 불균형, 즉 전반적인 과잉생산공황, 화폐공황이 불가피하게 나타날 수밖에 없음을 입증했다. 자본주의적 재생산 메커니즘은 끊임없이 발생하는 불균형과 주기적인 파동에 불가피하게 직면한다. 자본주의 경제의 내적 균형은 우연적이고 무정부적인 발전과정 속에서 끊임없이 소멸해가는 요소로서만 존재한다.

사회적 재생산 법칙에 대한 마르크스의 연구는 노동계급의 실천적·혁명적 선전활동에 아주 중요한 의미를 지니며, 자본주의 경제를 옹호하기 위해 '지속적인 발전'이나 '조화로운 발전'을 외치는 온갖 이론들과 자본주의적 '자동적인 붕괴'나 '자살'을 예견하는 프티부르주아 이론에 대항하여, 마르크스의 추종자들이 전개하고 있는 투쟁에도 심대한 영향을 끼쳤다. 레닌은 사회적 자본의 재생산에 관한 이러한 마르크스 이론의 결론에 전적으로 의거해서, 러시아의 근로대중이 헐벗고 굶주릴 운명에 처해 있을 당시 자본주의하의 국내시장 형성 상황을 아주 생생하고도 선명하게 묘사할 수 있었다. 레닌은 또한 사회주의와 공산주의 사회를 건설하는 데 마르크스의 사회적 재생산 이론이 갖는 중요성을 재삼 강조했다. 생산수단의 생산이 개인소비재의 생산보다 앞서서 발전하는 것은 확대재생산의 필수조건이자 법칙이다.

자본주의적 생산의 총 과정

『자본론』제3권은 자본주의적 생산양식 전반에 관한 이론적 분석을 완성하고 있다. 여기서 마르크스는 자본주의적 생산과정을 생산과 유통의 통일로서 고찰한다. 전사회적으로 볼 때 다양한 분야의 자본가계급의 특수한 이해는 역시 다양하게 표현된다. 공업·운송·농업·무역·은행 사이에는 임노동자로부터 갈취한 잉여가치를 좀 더 많이 차지하기 위한, 말하자면 '양지 쪽(place in th sun)'을 차지하기 위한 끊임없는 투쟁이 존재한다. 이렇듯 특수 이해들이 미로처럼 사방으로 얽혀 있는 속에서, 그리고 생산수단 소유계급을 분열시키는 내적 모순의 와중에서 일정한 방향을 밝혀내는 일은 여간 어려운 일이 아니며, 거대 자본가 그룹과 그 특수한 지위를 다른 자본가 집단 및 노동계급과 관련시켜 밝혀내는 것도 그리 쉬운 일이 아니다. 마르크스 이전의 부르주아 정치경제학자들은 아무도 이러한 작업을 해낼 수 없었다.

마르크스는 제3권에서 『자본론』 제1권과 제2권을 토대로 어떻게 해서 자본의 구체적인 형태와 유형이 자본주의 사회의 표면에 나타나 가시적으로 활동하고 끊임없이 출현하는지를 보여주었다. 이것은 자본과 자본가들의 여러 유형 및 형태, 생산과 유통의 광대한 영역, 따라서 그 모든 것의 복합체인 자본주의적 생산양식의 역할과 발전 전망 사이에 존재하는 연관성을 명료하게 드러냈다.

"따라서 이 책에서 개진한 것처럼, 자본의 여러 형태들은 상호간에 영향을 미치고 상호경쟁하면서 스스로 생산의 집행자라는 점을 일상적으로 의식하는 가운데, 자본이 사회의 표면에서 나타나는 바로 그 형태에 점점 접근해간다."[191]

마르크스는 상품가치가 어떻게 시장가격으로 전화되는가, '노동자에 의해 창출된 총 잉여가치가 어떻게 자본가의 이윤으로 전화되는가', 어떻게 그 이윤이 여러 자본가에게 일정한 비율로 분배되는가, 이러한 분배의 결과로 나타난 상이한 이윤(불변자본과 가변자본의 합계에 대한 잉여가치량의 비율)은 어떻게 서로 다른 자본 투자 영역에서 특정 자본가의 일정 자본에 대한 일반적인 평균이윤율로 전화되는가를 보여주면서 시작하고 있다.

----

191) Karl Marx, *Capital*, Vol. Ⅲ, 25쪽.

마르크스 이전의 경제학자들은 가치법칙이 동일한 평균이윤율을 생산하는 데 어떻게 작용하고 있는지 이해하지 못했다. 이러한 가치법칙의 작용으로부터 동일한 가치의 두 자본이 동수의 노동자와 피고용자를 사용하여 동일한 방법으로 그들의 노동력을 착취하고 동일한 임금을 지불할 때는 (다른 조건이 동일할 경우) 각 자본의 소유주에게 동일한 이윤이 돌아간다는 결론이 필연적으로 도출된다. 하지만 이들 자본이 다른 수의 노동자와 피고용자를 다른 정도로 착취한다면(한쪽은 심하게 한쪽은 덜하게) 그들은 동일한 가치법칙에 따라 동일한 이윤을 창출·전유할 수 없다.

그러나 우리 눈앞에 전개되는 자본주의적 현실은 이와 크게 다르다. 사실상 동일한 양의 자본은 그들이 살아 있는 노동을 얼마나 착취했느냐에 관계없이 동일한 이윤을 얻는다. 이는 상품가치와 상품의 판매가격이 살아 있는 노동력이나 상품에 실현된 사회적 필요노동 그 어느 것에 의해서도 결정되지 않는 양상을 낳아 이를 계속 유지시킨다. 따라서 이런 모습을 액면 그대로 받아들이면 노동가치론은 틀린 것이다. 그리고 실제로 가치법칙은 이미 끊임없이 붕괴되고 있는 실정이다.

노동가치론의 기초에 대한 마르크스의 연구는 상이한 유기적 구성도를 가진 동일한 양의 자본들이 동일한 이윤을 창출하도록 밑받침해주는 메커니즘에 관해서도 명쾌하게 설명해주고 있다.

개별 자본가나 개별 자본가 그룹은 전 사회적으로 창출된 총 잉여가치(또는 이윤)에 상응하는 몫이 각 기업과 각 생산 분야에, 투자된 총자본 비율에 따라 확실히 할당받기를 원한다. 마르크스는 자본의 유기적 구성도가 사회적 총자본의 유기적 구성도와 동일한 생산 분야의 경우, 상품가격은 그들의 실제 가치와 일치한다는 것을 수학적으로 입증했다. 그렇지만 다른 모든 분야에서는 상품가격이 그들의 가치와 다르기 마련이다. 불변자본(고정자본과 유동자본)의 비율이 상대적으로 큰 몇몇 분야에서는 상품가격이 가치보다 높을 것이다. 자본의 유기적 구성도가 사회적 평균치보다 낮은 분야들에서는 상품가격이 가치보다 낮을 것이다. 이러한 모든 가격들의 총합은 화폐로 환산된 사회적 생산물의 총가치이다. 하지만 가격은 말 그대로 가치에 의해서가 아니라 그것의 변형된 형태인 생산가격에 의해 결정되는데, 이 생산가격은 생산비용에 평균이윤을 더한 가격이다.

『자본론』 제3권은 자본주의적 경쟁의 내부 메커니즘을 자세히 다루고 있으며, 가치가 생산가격으로 전화되는 근거를 밝히고 있다. 생산가격은 상품의 시장가격을 결정하는 척도로서 가격의 부침을 표시해주는 기준이 된다.

또한 여러 학파의 부르주아 경제학자들은 자본주의가 진전됨에 따라 일반이윤율이 저하하는 경향을 띠는 이유를 설명해내지 못했다.

마르크스는 이윤율은 단지 잉여가치율이 변환된 형태에 불과하다는 것을 입증했다. 전 사회적 규모로 볼 때 연간 이윤량은 연간 잉여가치량과 일치한다. 그러나 일반적인 연간 이윤율은 항상 연간 잉여가치율보다 낮다. 모든 다른 조건이 동일하다면 생산에 사용되고 소비된 불변자본이 많을수록, 반면에 사용된 가변자본이 적을수록 이윤율은 잉여가치율보다 낮을 것이다. 이것이 바로 사회적 총자본의 유기적 구성도가 끊임없이 높아지는 자본주의에 고유한 경향, 즉 일반적인 이윤율의 지속적인 저하를 야기하는 이유이다.

그러나 동시에 몇 가지 요인들이 이윤율의 저하를 저지하는 데 가장 중요한 요인으로 1) 노동 착취의 강화를 들 수 있으며, 이 밖에 2) 불변자본 요소의 저렴화, 3) 완전실업 및 잠재적 실업, 4) 저렴한 노동력의 착취를 위해 식민지로 자본을 수출하고 외국무역이 확대·발전하는 것 등도 이윤율의 저하를 막는 데 기여한다. 이 때문에 이윤율 저하 법칙은 단지 경향성으로만 존재한다.

제3권은 상업 신용대부, 화폐유통, 농업 등에서 자본이 취하는 특수한 유형과 형태에 대해 상세히 다루고 있다. 여기에서는 제1권과 제2권에서 제시되어 있는 산업자본가의 모습에 덧붙여, 상인·은행업자·대농·지주 등의 모습을 생생하게 읽을 수 있다. 노동계급의 부대와 여러 다양한 집단은 이들의 반대편에 서 있다. 마르크스는 또한 사회적 총 잉여가치를 자본 그 자체의 특수한 형태에 상응하는 특수한 형태와 부분들로 나누어 분석했다.

제2권에서 마르크스가 제시했던 것처럼, 자본의 일부는 항상 유통의 영역에서 상품이나 화폐 형태로 잔존한다. 산업자본의 발달과 함께 자본의 상업적인 활동(상품의 판매와 구매를 포함하는 거래의 양)이 점차 성장하고, 그에 따라 대량적인 상품의 판매와 구매, 즉 상품 형태로서 자본의 유통에 사용되는 비용이 늘어난다. 상업자본은 이윤을 생산하지는 않지만, 유통 비용을 절감하고 산업자본을 위해 필요하고도 유용한 역할을 하기 때문에 산업자본이 얻는 이윤을 나눠 갖기를 요구한다. 평균이윤은 각각의 자본량에 따라 산업자본가와 상업자본가가 나눠 갖고, 이로 인해 두 가지 형태의 이윤, 즉 산업이윤과 상업이윤이 발생한다.

상품을 외상거래하고 상호 돈을 대부해줌으로써 산업자본가와 상업자본가는 채권자와 채무자로 행동한다. 자본주의가 발전함에 따라 자본가 계급 내에서 경영 규모와 자금 거래의 규모가 점차 커지면, 그 결과로 자본주의의 신용제도와 은행제도가 분리·발달한다. 그리하여 구태의연한 화폐 축장(蓄藏)이나 소(小) 고리대금업자를 대신하여 근대적인 은행가가 출현한다.

자본주의 발달과 함께, 계약에 얽매이지 않는 과잉 화폐자본이 범람하는 특수한 시장이 생성된다. 신용대부 및 은행제도를 통한 화폐자본의 집중과 집적은 산업과 상업에서 자본의 집중·집적과정을 격화시켜, 은행가가 활동적인 자본가나 채무자의 사업을 통제할 수 있게 만들며, 기회가 닿으면 기업의 일부나 전체를 소유하게 된다. 화폐자본의 유통과 축적은 대규모 주식회사를 출현시키고, 채권과 주식 및 다른 '유가증권'을 거래하는 주식시장의 발전을 가져와, 자본가들이 증권거래소를 서로 속고 속이는 투기적인 거래 중심지로 변모시킨다. 그리하여 국가기구가 부패의 길로 치닫게 되고, 주식시장은 거대 은행과 산업자본의 이해에 종속되고 만다.

제3권은 초과이윤이 지대로 변형되는 상황을 분석하고 있다. 여기서는 자본주의 사회의 잉여가치와 이윤의 구체적 형태에 대한 이전까지의 분석을 논리적으로 완결시키고 있다. 마르크스주의 지대론은 자본주의적 농업의 특수한 발전을 보여주는데, 이는 농촌 프롤레타리아와 농민이 처한 조건을 생생히 묘사해주고, 산업 프롤레타리아트가 자본주의 철폐 투쟁에서 농민의 동맹세력임을 밝혀주었다.

토지는 그 자체가 지닌 모든 천연적인 부와 더불어 인간 노동의 보편적인 대상이다. 모든 사회적 생산은 토지 위에서 발전하고 또 그 위에 존재한다. 어떠한 노동 생산물이든 인간의 욕망을 충족시키기 위해 인간이 가공한 자연물에 불과하다. 마르크스는 주로 자본주의적 농업을 분석 대상으로 삼았는데, 토지·광물자원·수자원·산림 등을 직접 이용하는 모든 다른 생산 분야를 분석하면서 자연자원에 대한 자본주의의 야만적인 수탈을 비난했다. 자본주의의 출현과 발전은 토지의 사적 소유를 철폐하는 대신 그것을 변화시킬 뿐이다. 독점적인 토지소유는 자본주의적 생산양식을 위한 역사적 전제이자 영구적인 기초이다. 잉여가치의 특수 형태인 자본주의적 지대는 이러한 독점의 경제적 표현이다.

마르크스는 지대를 차액지대와 절대지대로 구분한다.

차액지대는 더욱 유리한 생산조건에서 농업 경영으로 얻는 평균이윤 이상의 초과이윤이다. 농업자본가의 초과이윤은 경제활동 대상으로서의 그들의 토지 독점과 깊은 관련이 있다. 같은 분야에 있는 이들 자본가들의 경쟁은 이들의 상품에 대해 우등지나 중간지가 아닌 열등지의 생산가격에 의해 결정되는 시장가격을 형성한다. 이는 더욱 생산적인 경작지에서 초과이윤의 획득을 가능하게 해주는데, 이것이 차액지대를 구성한다.

마르크스는 자본주의 아래서 절대지대가 형성될 수 있는 가능성을 증명한 최초의 인물이었다. 절대지대는 사회가 명목상의 소유권자에 불과한 토지소유자에게 지불해야만 하는 세금이다. 토지귀족과 토지소유자는 어떤 형태로든 농업생산에 종사하지도, 또 그것을 관리하지도 않으면서 소유하고 있는 토지의 이권을 쥐고 있는 일종의 임대자이다. 농업부문에서는 자본의 유기적 구성도가 낮고 노동생산성이 낮기 때문에, 그 생산물의 가격과 가치는 평균적으로 공산품의 가치나 가격보다 높다. 이와 동시에 독점적인 사적 토지소유는 농업생산물의 가격이 경쟁을 통해 사회적 생산가격의 일정 수준으로 하락하는 것을 막는다. 바로 농업생산물의 가치와 다른 상품의 생산가격 사이의 차액이 절대지대이다.

절대지대의 존재는 자본주의적 생산을 위한 필수적인 조건이 아니다. 이와는 반대로, 그것은 잉여가치 부분과 자본을 기생적인 계급(토지귀족)의 손에 넣어줌으로써 자본주의적 생산의 발전을 가로막는다. 따라서 토지국유화의 요구는 본질적으로 부르주아지에게 이익이 된다. 만약 이들이 사적 토지소유에 대한 도전을 삼간다면, 그것은 오로지 사적 소유에 대한 이러한 공격이 모든 생산수단에 대해서 사적 소유 원칙을 철폐하려는 연속적인 봉기를 유발한다는 우려 때문일 것이다.

부르주아 경제학자들은 토지소유자가 획득하는 불로소득의 본질을 설명할 수 없었다. 심지어 이들 중에 가장 뛰어난 스미스와 리카도마저도 결국 지대의 운동을 자연법칙의 기능으로 환원시켜버림으로써 자본주의를 변호하는 길을 열어준 셈이 되었다. 수확체감의 법칙은 리카도의 잘못된 지대론에 의해 씨를 뿌리고 가장 널리 알려진 교의 중 하나이다. 마르크스의 지대론은 부르주아 변호론자들이 서 있던 기반을 깡그리 무너뜨려버렸다.

『자본론』 제3권은 또한 자본주의 아래서 농민 중 일부는 헐벗고 그 외 다른 사람들은 부유해지는 하나의 지속적인 과정이 존재하며, 소농과 중농의 과장된 '안정'은 단지 부르주아지의 상상 속에서나 존재하는 허구에 불과하다는 것을 보여준다. 왜냐하면 대다수의 경작자들이 죽음과도 같은 고역에 시달려야 하며, 피폐와 궁핍에서 벗어나지 못하고 있기 때문이다. 대다수 농촌 인구의 물질적 조건은 공장 임노동자의 그것과 본질적으로 차이가 없다. 그리고 이들이 구제될 수 있는 유일한 길은 자본주의에 대한 단호한 공격을 위해 산업노동자와 손잡는 것이다.

제3권의 말미에서 마르크스는 부르주아적 생산 및 분배형태가 일정한 성숙단계에 도달하면, 새롭고 좀 더 고차원적인 형태로 대체된다고 말하고 있다. "생산 및 분배양식의 이러한 역사적인 교체는 물질적 생산의 발전과 그것의 사회적 형태 사이의 …… 모순"[192]에 기초하고 있다. 자본주의적 총 과정에 대한 마르크스의 분석은 사회주의 혁명의 필연성에 대한 새롭고 보다 정교해진 증거를 제시했다.

『잉여가치학설사』

마르크스는 『자본론』의 잉여가치론 부분을 완성할 시간적 여유가 없었기 때문에 1861~63년 초고의 잉여가치학설사에 대해서는 두 번 다시 언급한 적이 없다.

마르크스의 『학설사』는 자본주의 사회구성체의 법칙에 대한 부르주아 경제학자들의 해석을 역사적으로 연구한 것으로, 부르주아 사회 자체의 전개와 내부 모순의 발전을 반영하고 있는 부르주아 정치경제학의 전개 과정에 관한 역사적 연구이다.

마르크스로서는 자본주의의 제반 법칙을 완전히 이해하기 위해서 토대가 상부구조에 어떻게 영향을 미치는지, 그리고 자본주의적 현실이 이데올로기 영역, 특히 경제학의 영역에 어떻게 반영되는지 명확히 할 필요가 있었다. 정치경제학사에 관한 마르크스의 비판적 분석은 『자본론』 세 권의 이론적 접근을 위한 논리적 초석이었다.

동시에 자본주의하의 경제적 관계의 본질에 대한 좀 더 심오한 통찰력을 갖추는 데 이 분석은 필수적이었다. 마르크스는 훗날 "나는 『자본론』을, 일반에게 소개된 것과는 정반대로 제3부 역사연구 부분부터 시작했다."[193]라고 썼다. 여기서 마르크스는 "특정 주제의 이론을 완성하기 위해

---

192) Karl Marx, *Capital*, Vol. III, 884쪽.
193) Karl Marx, *Werke*, Bd. 34, 307쪽.

서는 그 역사를 알아야 한다."라고 말했던 헤겔의 예를 따른 것이다.

『잉여가치학설사』 관련 작업에 착수할 당시만 하더라도 마르크스는 역사비판 자료를 이 저작의 여러 부분에 나누어 삽입할 생각이었으나, 1861~63년 초고를 집필할 때 이 계획을 포기하고 역사연구 부분만 따로 묶어 별책으로 내기로 했다.

엥겔스에 따르면, 이 『잉여가치학설사』는 "정치경제학의 핵심 부분에 대한 정교한 비판사(史)"[194]이다. 마르크스는 잉여가치의 범주가 다른 부르주아 경제학자나 정치경제학파를 평가하는 데 결정적인 중요성을 지닌다고 보았다.

『잉여가치학설사』 제1부는 주로 스미스와 같이 어떤 형태로든 가치법칙의 기초인 자본과 노동의 교환 문제와 관련해서 잉여가치이론의 발전에 기여한 경제학자들을 다루고 있다. 제2부는 평균이윤과 생산가격, 지대에 공황이 관련되는 문제를 리카도 이론을 중심으로 다루고 있고, 제3부는 리카도 이후의 부르주아 정치경제학을 고찰하고 있다.

제1부는 자연스럽게 중농학파에 대한 고찰로 시작된다. 그 이유는 마르크스가 이들을 **"자본과 자본주의 생산양식에 대한** 최초의 체계적인(윌리엄 페티[William Petty] 등과 같이 단순한 우연에 기초하지 않은) **해석자"[195]**로 높게 평가했기 때문이다. 그들은 가치법칙의 기초인 자본과 노동의 교환 문제를 해결하는 데 단초를 제공했고, 잉여가치의 기원에 관한 문제를 교환의 영역에서 생산의 영역으로 옮긴 최초의 인물들이었다.

스미스는 잉여가치이론을 체계화하는 데 중농주의자들보다 훨씬 앞서 나간 인물이었다. 그에 따르면, 가치는 노동이 산출하는 사용가치의 종류와는 상관없이 어떤 사회적 노동으로도 창출된다. 이것이 바로 잉여가치가 중농주의 학자들이 주장했듯이, 지대만의 형태를 취하는 것이 아니라 이윤과 이자의 형태까지 취하고 있다고 주장한 이유이다. 하지만 스미스

---

194) Karl Marx, *Capital*, Vol. II, 2쪽.
195) Marx, Engels, *Werke*, Bd. 34, 39쪽.

가 잉여가치를 일반적 범주로, 또 노동자의 불불노동(不拂勞動)의 산물로 간주하기는 했으나(마르크스는 스미스가 "잉여가치의 진정한 원천을 인지했다."[196]라고 말했다), 그는 그것을 이윤과 혼동했다. 그것은 그가 노동력의 범주를 하나의 상품으로 고찰하지 않았고, 결국 자본과 임노동의 교환 문제에 대한 과학적 해결에 성공하지 못했다는 것을 의미한다. 스미스는 자신의 명예를 걸고, 자본주의 생산양식 아래서는 노동과 자본의 교환에서 가치법칙이 사실상 전혀 반대되는 양상을 띤다는 사실을 확립하고자 했다. 하지만 노동력의 범주가 상품이라는 사실을 이해하지 못했기 때문에 이 문제를 해결하지 못했다.

노동과 자본의 교환 문제와 밀접하게 연관되어 있는 것은 자본주의 사회에서 생산적 노동과 비생산적 노동의 문제이다. 자본주의 아래서 생산적 노동의 기준 문제를 둘러싸고 몇몇 부르주아 정치경제학파들(중상주의자들, 중농주의자들 그리고 애덤 스미스)이 보여준 접근방식은 잉여가치의 원천 및 자본과 노동의 교환에 관한 그들의 견해에 따라 다르다.

『잉여가치학설사』는 자본주의 사회에서 본, 그리고 자본주의적 의미에서 본 생산적 노동은 바로 잉여가치를 생산하는 노동이라는 견해를 완전히 구체화했다.

마르크스는 자본론 전체에 걸쳐 자신의 잉여가치론을 전개하고 있다. 그는 잉여가치의 가장 순수한 형태에서 출발하여 이를 기초로 (3권에서는) 자본주의 사회에서 잉여가치가 취하고 있는 변종들을 고찰한다. 마르크스는 다른 경제학자들의 저작 속에서 발견한 잉여가치의 변종들을 기초로 그것들 속에 숨어 있는 잉여가치론의 요소들을 드러내고 있다. 그리하여 리카도를 분석할 때도 마르크스는 지대이론과 생산가격론부터 고찰한다. 리카도는 잉여가치가 단지 이윤과 지대의 형태만을 띤다고 보았기 때문이다. 마르크스의 지대이론, 특히 그의 절대지대론이 리카도를 고찰하고 있는『잉여가치학설사』제2부에 집중적으로 서술되어 있는 것은 바로

---

196) Karl Marx, *Theories of Surplus-Value*, Part Ⅰ, Moscow, 1969, 80쪽.

이 때문이다. 이처럼 마르크스의 지대이론은 가치와 생산가격이 같은 것이라고 추정한 스미스와 리카도의 주장이 오류임을 증명했다.

『잉여가치학설사』는 『자본론』 제3권의 지대 분석에 필수불가결한 이론이다. 마르크스는 농업과 관련된 두 가지 형태의 독점(사적 토지소유자의 독점과 농업자본가의 독점)을 고찰하고, 이러한 맥락에서 자본주의에서 토지국유화는 농업의 자본주의적 발전을 제약하는 족쇄로부터 해방시키기 위한 부르주아적 수단이라고 설명했다. 그는 계속해서 농업생산물 가격은 절대지대나 차액지대를 포함하는 한, 필연적으로 독점가격일 수밖에 없다는 것을 보여주고 있다. 마르크스는 농업의 여러 분야 내부에서, 그리고 그들 사이에서 일어나는 경쟁에 지대한 관심을 기울였는데, 이러한 경쟁은 이들 독점의 토대를 부분적으로 또는 완전히 무너뜨리는 경향이었다.

『잉여가치학설사』의 상당 부분은 경제공황의 원인과 잠재적 위기가 현실화되는 조건을 다루는 데 할애되고 있다.

공황의 추상적 가능성은 생산물의 단순상품 교환형태 그 자체에, 그리고 지불수단으로서 화폐의 기능 안에 잠재되어 있다. 하지만 그것이 현실화되기 위해서는 발전된 자본주의적 생산형태의 모순이 발현되어야 한다. 부르주아적 부는 사용가치의 집적을 의미하지 않으며, 사용가치 또한 부르주아적 생산양식 내에서 지배적인 가치형태도 아니다. 오히려 부르주아적 부는 교환가치의 집적물이며, 교환가치야말로 부르주아적 생산양식에서 지배적인 가치형태이다. 마르크스는 "부르주아적 생산이 **생산자**, 즉 노동자를 위한 부를 생산하는 것이 아니며, 생산자를 위한 필수품과 사치품의 생산이나 풍요의 생산과는 거리가 멀다."[197]는 것을 재삼 강조한다. 생산력이 발전함에 따라 사용가치와 가치 사이의, 상품과 화폐 사이의, 구매와 판매 사이의, 생산과 소비 사이의, 자본과 임노동 사이의 모순이 증대한다. 부르주아적 생산은 그 자체에 분배의 특수한 한계를 내포하고 있으나, 자본주의적 토대 위에서 이루어지는 생산은 마치 아무런 내적

---

197) Karl Marx, *Theories of Surplus-Value*, Part. III, Moscow, 1971, 55쪽.

제임스 밀(1773~1836). 스코틀랜드 출신
으로 잉글랜드에서 활동한 계몽주의자, 공
리주의 철학자, 정치학자, 경제학자이다. 동
인도회사 간부를 지냈으며, 존 스튜어트 밀
의 아버지이다.

한계도 없는 듯이 발전하는 경향이 있다. 이러한 모순 속에 그것의 일시적이고도 폭력적인 해결책의 한 형태인 '공황의 가장 근원적인 원인'[198]이 존재한다.

『학설사』의 1부와 2부는 주로 부르주아 정치경제학의 발전 초기부터 그 정점인 리카도의 이론까지 분석하고 있고, 3부는 부르주아 경제학이 프롤레타리아와 부르주아지의 첨예한 계급투쟁에 직면하여 어떻게 통속화되었는지를 보여주고 있다.

마르크스는 리카도학파의 붕괴에 관해 언급하면서, 우선 리카도 이론을 형식논리적 개념으로 상술하려고 노력한 제임스 밀(James Mill)의 견해를 분석하고 있다. 리카도 이론에 내재된 모순이 자본주의 사회의 실제적 모순을 반영하는 것이었으나, 밀은 현실 자체를 다루지 않고 리카도 이론에 나타난 표현만을 다루었다. 밀은 리카도 이론의 모순을 제거하기 위해 순전히 형식적인 어구상의 논증에만 의지할 수밖에 없었다.

『잉여가치학설사』의 마지막 부(部)는 속류 정치경제학의 계급성과 인식론적 근원을 해명하고, 고전파 정치경제학과 속류 정치경제학의 본질적인 차이를 강조하면서, 속류 사회주의의 견해들을 날카롭게 비판하고 있다. 전체와 그 다양한 표현 형태를 혼동하지 않고, 그것들의 "내적 연관을 구명하려고 했던"[199] 고전파 부르주아 정치경제학과는 달리, 속류 경제학자들은 자본주의적 현실의 피상적인 현상들을 통상적으로 재생산하고 있을 뿐이다. 속류 정치경제학의 특징은 고전파 경제학을 먹고 자라지만, 그 자체로서는 아무것도 창조하지 못한다는 점이다. 그것은 계급투쟁이 첨예화됨에 따라 발전하는 대신에 후퇴를 거듭하고 점차 변증론으로 타락

198) Ibid., 84쪽.
199) Ibid., 500쪽.

한다. 리카도 이후 몇몇 부르주아 경제학자들이 자본주의적 생산양식에 대해 어느 정도 이해하고, 이 가운데 특히 사회주의적 성향을 지닌 리카도 추종자들이 부르주아 사회를 공개적으로 비판하고 산업 프롤레타리아의 편을 들었다는 것은 사실이다. 하지만 그들은 자신의 부르주아적 기반을 뛰어넘을 수 없었다.

『잉여가치학설사』는 부르주아 경제사상의 여러 체계와 다양한 학파에 접근하는 데 대단히 과학적이고 객관적이며 당파성을 견지하고 있는 훌륭한 표본이다. 오늘날 부르주아 정치경제학이 마르크스가 논파한 사멸된 도그마에 종종 활력을 불어넣으려는 상황을 고려할 때, 부르주아 경제학 이론에 대한 그의 비판은 결코 지나간 역사의 한 페이지가 아니라, 그것들이 본질적으로 부르주아 변증론의 낡은 체계의 현대판에 불과하다는 것을 폭로하는 예리한 무기이다.

『자본론』에서 공산주의 문제

마르크스는 『자본론』에서 자본주의 생산양식을 살아 움직이는 하나의 전체로서, 역사적으로 규정되고 결과적으로 조만간 다른 체제, 즉 공산주의 체제에 의해 대체될 운명에 처해 있는 사회 발전의 역사적 이행 단계로서 고찰하고 있다. 자본주의를 날카롭게 비판하고 환상적 미래를 제시한 공상적 사회주의자들과는 달리, 마르크스는 자본주의 발전의 가장 근원적인 경향을 분석함으로써 부화된 공산주의를 제시했다. 마르크스는 사회의 미래상을 자세히 묘사하지도 않았고, 또 할 수도 없었다. 하지만 그의 공산주의 사상은 이 사회구성체의 몇 가지 기본적인 특성들을 엿보게 해준다. 그리고 그의 사상은 자본주의에서 사회주의로 이행하는 것이 관심의 초점으로 부각되고 있는 우리 시대에 와서 대단히 관심을 끌고 있다.

자본주의의 기본 모순(생산의 사회적 성격과 소유의 사적 성격)과 그 불가피한 표현인 사회적 생산의 무정부성, 격심한 경쟁, 주기적인 경제공황, 그리고 인류의 공익이 아닌 파괴적 목적을 위한 과학·기술의 사용 등에 의해 자본주의적 생산관계의 틀 안에서 생산력의 발전은 한계가 있다.

자본주의 아래에서 발전하는 생산력은 그것의 사회적 외피, 즉 자본주의적 생산관계와 모순된다. 자본주의적 생산양식의 발전 자체는 그것의 불가피한 붕괴를 위한 물질적 전제를 마련한다. 그러나 공산주의로의 이행은 저절로 이루어지지 않는다. 그것은 자본가의 계급지배에 대한 혁명적 행동과 혁명적 전복을 요구하며, 노동계급에 의한 정치권력의 탈취를 요구한다. 마르크스가 그의 경제학 이론에서 도출해낸 가장 중요한 결론 중 하나는, 사회주의 프롤레타리아 혁명을 통해 자본주의 생산양식을 공산주의 생산양식으로 대체해야 한다는 것이었다. 마르크스와 엥겔스는 적절한 조건만 주어진다면, 혁명이 "전적으로 평화적이고 합법적인 방식"으로 수행될 가능성이 있다고 보았다. 마르크스가 명시했듯이, 그는 "'노예제도 옹호 폭동'을 거치지 않고 영국의 지배계급이 평화적이고 합법적인 혁명에 굴복하리라."[200]고 기대하지는 않았지만, 영국에서는 실제로 평화적이고 합법적인 혁명의 가능성이 존재했었다.

사회주의 혁명은 기본적인 생산수단의 사회적 소유를 확립하고 그에 의해 생산자와 생산조건의 통일을 회복함으로써, 노동대중의 소외를 없앤다는 것이 마르크스의 생각이었다. 생산은 철저하게 조직화되고 계획될 것이다. 공산주의 사회의 기본적인 원리와 주요 목적은 모든 개인의 자유롭고 완전한 발전을 위해 봉사하는 것이다. 그것은 "사회의 의식적인 재조직"[201]을 의미한다.

『자본론』 제1권에서 마르크스는 분배가 아직 노동의 양에 따라 이루어지는 단계의 공산주의 사회를 묘사하고 있다.

"이제 변화의 도정을 통해, 생산수단을 공유하여 공동 작업을 수행하는 자유로운 개인들의 공동체, 모든 각 개인들의 노동력이 의식적으로 공동체의 집단 노동력으로 동원되는 공동체를 상상해보자. …… 이 공동체

---

200) Karl Marx, *Capital*, Vol. Ⅰ, 6쪽.
201) Ibid., 592쪽 ; Vol. Ⅲ, 88쪽.

의 총 생산물은 하나의 사회적 생산물이다. 일부는 새로운 생산수단으로 쓰여 여전히 사회적인 것으로 잔존한다. 하지만 나머지는 공동체 성원들에 의해 생활수단으로 소비된다. 따라서 이 부분은 그들에게 분배하는 것이 필요하다. 분배양식은 공동체의 생산조직과 이 생산자들이 쟁취한 역사 발전 수준에 따라 변화할 것이다. 예상컨대 개별적 생산자들의 생활수단에 대한 몫은 오로지 상품생산에 발맞춘다는 의미에서 주로 노동시간에 의해 결정될 것이다. 이 경우 노동시간은 이중적인 역할을 한다. 명확한 사회적 계획에 따른 노동시간의 할당은 해야 할 여러 종류의 작업과 공동체의 다양한 요구 사이에서 적절한 비율을 유지한다. 다른 한편으로 그것은 각 개인에 의해 수행된 공동노동 부분의 척도로서, 개인적 소비에 충당될 전체 생산물의 개별적인 몫의 척도로서 기능한다. 이 경우 개별 생산자들의 사회적 관계는 그들의 노동과 생산물, 이 양자와 관련하여 아주 단순 명료하며, 생산뿐 아니라 분배와 관련해서도 마찬가지이다."[202]

사회의 사회주의적 변혁은 자본주의 경제법칙의 자동운동이 객관적인 경제법칙에 기초한 합리적인 경제 행위와 의식적인 사회적 통제, 그리고 사회 전반의 이익을 위한 사회적 생산의 목적의식적인 조작에 이르는 것이라는 사실을 함축하고 있다.

생산의 각 분야에 대한 사회적 노동의 의식적·합리적 분배는 공산주의 사회의 가장 중요한 기능이자 특성일 것이다.

"생산이 실제적이고도 계획적인 사회적 통제 아래 진행되는 곳에서만, 특정 재화를 생산하는 데 드는 사회적 노동시간의 총량과, 이 재화에 의해 충족될 사회적 요구의 총합 사이에 하나의 관계가 확립된다."[203]

이러한 관계 확립은 사회적 요구와 사회적 노동의 지출을 계량하는 고도의 기준을 내포하고 있다.

공산주의 사회에서 노동은 '보편적'으로 될 것이고, 그 결과 노동일은 줄

---

202) Ibid., Vol. Ⅰ, 78~79쪽.
203) Ibid., Vol. Ⅲ, 187쪽.

어들고 여가시간은 늘어날 것이다. 노동시간은 지속적으로 증가하는 모든 사회성원의 요구를 완전히 충족시키기 위한 확대재생산의 필요에 따라서만 조정될 것이다.

공산주의 아래서 잉여노동(표준적인 개인의 필요 이상의 노동)은 생산적인 노동의 필수적인 구성 부분으로서 나타날 것이다. 잉여노동이 공산주의 사회의 노동자들에게 필요노동만큼이나 불가결해질 것이기 때문에, 필요노동과 잉여노동의 구별은 어느 정도는 의례적인 것으로 될 것이다. 마르크스는 공산주의하에서 '축적·비축기금'[204]을 형성하는 이런 노동을 필요노동의 범주에 포함시켰다.

필요노동이 그 한계를 뛰어넘어 확대되지 않을 수 없는 다른 이유는, 노동자의 생활조건이 이전보다 더욱 풍부해지고 이들의 요구가 엄청나게 증가될 것이라는 데 있다.

마르크스는 공산주의하의 재생산이 갖는 주요 특성을 고찰하고, 자본주의적 확대재생산을 지배하고 있는 법칙(이것은 생산의 사회적 형태가 아니라 노동과정의 물적 조건에 뿌리를 두고 있다)은 대체로 공산주의 생산양식에 그대로 적용될 것이라고 결론지었다.

사회적 생산의 두 부문(생산수단 생산부문, 소비수단 생산부문)으로 구분하는 것은 여전할 것이며, 부문 내부 및 부문 사이의 기본적인 관계 또한 그대로 남을 것이다. 사회적 생산의 한 부문(생산수단 생산부문) 내의 자본의 운동을 고찰하면서, 마르크스는 "생산이 비록 자본주의적이 아닌 사회주의화된 형태로 진행되더라도"[205] 이 운동은 마찬가지로 일어날 것이라고 강조했다. 기초기금을 물품으로 대체시킬 수밖에 없으므로 물질적인 비축이나, 마르크스가 특수하고 상대적인 과잉생산이라고 불렀던 것이 필요하다. 공산주의 사회에서 "이와 같은 과잉생산은 그 자체의 재생산에 필요한 물질적 수단을 사회가 통제하는 것이라고 할 수 있다." 왜냐하면

---

204) Ibid., Vol. Ⅰ, 530쪽.
205) Karl Marx, *Capital*, Vol. Ⅱ, 428쪽.

그것은 다른 모든 것을 떠나, 자연력이나 우연한 사고에 의한 생산력의 돌발적인 파괴를 보상할 수 있는 가능성을 마련해주기 때문이다. 마르크스는 또한 사회적 생산의 중요한 측면으로서 장기적인 자본 투자에 관심을 기울이고, 이런 의미에서 공산주의 사회에서는 곧바로 효과를 낳지는 않지만 절대적으로 필요하고 각 생산 분야에서 손해를 보지 않고 투자할 수 있는 적정 수준의 노동과 생산수단 및 생활수단을 '미리 계산할' 필요가 있다고 보고 있다.

공산주의는 물질 생산에 투여되는 노동의 성질 자체를 변화시킬 것이다. 거기에는 인간의 개성을 불구로 만드는 자본주의적 분업의 희생자, '자기 통합성을 상실한 노동자(partial worker)' 대신에 완전하게 발전된 인간이 존재할 것이다. 생산자들의 공동관리 아래에 노동 자체는 합리적이고도 진실로 자유로운 모습을 띨 것이다. 여전히 물질적 생산에서 노동의 본령은 '필연의 영역(realm of necessity)'에 남아 있을 것이다. 자유의 영역은 필요노동의 한계 밖에서 그것에 기초해서만 나타날 것이다.

"사실상 자유의 영역은 필연과 현실적 고려에 따르는 노동이 사라지는 시점에서만 시작된다. 그리하여 본질상 그것은 현실의 물질적 생산 영역 너머에 자리 잡는다. 미개인이 그들의 욕구를 충족시키고 생활을 유지하고 재생산하기 위해 자연과 싸워야만 했던 것처럼, 문명인도 모든 사회구성체와 모든 가능한 생산양식 아래서 그래야만 한다. 인간의 발전과 더불어 이 물리적 '필연의 영역'은 욕망의 결과로서 확장되지만, 동시에 이 욕망을 충족시키는 생산력도 더불어 증가한다. 이 영역에서 자유는 오로지 사회화된 인간, 공동생활자들에게만 존재한다. 이들은 자연과의 교류를 합리적으로 조절하며, 맹목적인 자연력에 의해 지배당하듯이 생산에 지배당하는 것이 아니라 거꾸로 자신들의 공동 관리를 통해 생산한다. 이들은 인간 본성에 가장 유리하고 유용한 조건 아래서 최소한의 에너지를 소비함으로써 이를 성취한다. 하지만 그것은 여전히 '필연의 영역'에 머물러 있을 뿐이다. 그 자체가 목적인 인간 능력의 발전, 즉 진정한 자유의 영역은 그 너머에서 시작된다. 이때 그것은 오로지 이 '필연의 영역'을 기초로 해서만 만개한다. 노동일의 단축은 그것의 기본적인 전제이다."

노동일의 단축은 생산성의 증가를 의미한다. 물질적 가치를 생산하는 노동생산성의 증대는 여가시간을 확대시킬 것이고, 이것은 그 자체만으로 모든 행위의 성격에 실제적인 영향을 미칠 것이다. 여가는 개인이 자신의 주요 전문직과 반드시 일치하지는 않는 영역에 이성적 활동으로 소비하는 시간이다. 여가는 궁극적으로 공동생산자들의 발전 수준과 진정한 부의 척도가 될 것이다.

『자본론』은 미래 세계의 가족관계와 자녀 교육에 관해서도 가치 있는 사상을 담고 있다. 마르크스는 이 세계, 즉 공산주의 아래서 "일정한 나이에 달하는 모든 아이들을 대상으로 생산의 능률을 높이기 위한 수단의 하나로서뿐만 아니라, 완전히 발전된 인간을 길러내기 위한 유일한 방법으로서 생산적인 노동을 지적 훈련 및 신체단련과 결합시키는 교육"이 실현될 것이라고 말했다. 마르크스는 "이론과 실천의 양면에 걸친 기술교육"[206]이 미래의 학교 교육에서 적절한 위치를 부여받을 것이라고 확신했다. 그는 "근대산업이 실제로 생산과정 속에서 여성과 청소년 그리고 (성별 구분 없이) 아이들에게 가정적 테두리를 떠나 중요한 비중을 할당함으로써 보다 고도의 형태를 갖춘 가족 및 양성(兩性) 관계를 구축하기 위한 새로운 경제적 기초를 창출한다."[207]라고 덧붙였다. 자본주의 아래서는 노동자 가족들이 사회적 생산의 영역으로 내몰리는 상황이 곧 "타락과 노예화의 유해한 원천"이었지만, 공산주의 사회에서는 이러한 사회적 생산과의 연관이 '필연적으로 인간 발전'[208]의 원천이 된다.

그리하여 자본주의의 제반 법칙을 다루고 있는 『자본론』에서 마르크스는 공산주의 체제의 몇 가지 본질적인 특성을 기술하고, 그 체제가 갖는 일련의 법칙들을 심도 있고 예리하게 체계화했다.

------

206) Ibid., Vol. I , 484, 488쪽.
207) Ibid., 489~90쪽.
208) Ibid., 490쪽.

『자본론』의 방법론과 과학에 대한 일반적인 중요성

마르크스의 위대한 저작인『자본론』은 궁극적인 하나의 시험, 곧 시간의 시험에 합력해온 셈이다. 그의 주요 과학적인 결론들은 그의 삶에서 비롯된 것이었다. 마르크스가『자본론』에서 채택한 유력한 과학적 방법론, 즉 그것의 논리, 다시 말해 마르크스가 자신의 방대한 저작의 '**구성** 및 통일성'에 관해 언급했을 때[209] 염두에 두고 있던 것은 오랜 기간의 역사적 평가를 통해 더욱 강력한 빛을 발하게 되었다.

마르크스는 경제이론에 관해 처음 통일적으로 설명하려고 구상했던 1857년과 1858년에 경험적인 소재들을 다루기 위한 방법론의 문제에 직면해 있었다.『1857~58년 경제학 초고』서설에서 그는 경제학 방법론이 갖는 기본 원리를 체계화하고 있으며, 58년 초 엥겔스에게 보낸 편지에서, 언젠가 변증법에 관한 별도의 저작을 집필하고 싶다고 말했다.

"이러한 저작을 쓸 시간이 다시 생긴다면, 나는 기꺼이 헤겔이 발견하긴 했지만 동시에 신비화시켜버린 방법론상의 합리적인 요소를 인쇄용 전지 2~3장 정도의 분량으로 다루어 일반 사람들도 쉽게 접할 수 있도록 만들겠네."[210]

『자본론』제1권이 출간된 이후 마르크스는 요제프 디츠겐(Joseph Dietzgen)에 보낸 편지에서 다시 한 번 자신의 의도를 말하고 있다.

"경제적인 부담을 덜게 되면 나는 '변증법'을 집필할 것이오."[211]

결국 그는 방법론, 즉 특수과학으로서의 변증법적 논리학에 관한 별도의 저작을 집필할 시간이 없었다. 하지만 그는『자본론』의 논리를 남겼다. 레닌이 다음과 같이 말했을 때, 그는 바로 이 점을 염두에 두었던 것이다.

"마르크스가 후세 사람들에게 비록 논리학(Logic)을 남기지 않았다 하더라도 적어도『자본론』의 논리를 남긴 것만은 분명하다. ……『자본론』에서 그는 단일한 과학적인 논리, 곧 변증법과 유물론적 인식론을 적용했던바,

---

209) Marx, Engels, *Werke*, Bd. 31, 183쪽.
210) Marx, Engels, *Werke*, Bd. 29, 260쪽.
211) Ibid., Bd. 32, 547쪽.

…… 이는 헤겔로부터 모든 가치 있는 것을 취해 이를 더욱 발전시킨 것이었다."212)

이것도 마르크스의 주저에 담겨 있는 일반적인 방법론적 원리의 보편적인 중요성에 대한 매우 깊이 있는 평가 중의 하나이다.

『자본론』의 방법론은 마르크스가 1840년대에 비로소 체계화하기 시작한 변증법적 유물론과 유물사관의 모든 주요 명제들을 구체화하고 있다. 『자본론』제2권 2판(1873년 1월 24일)의 후기에서 마르크스는 다음과 같이 쓰고 있다.

"나의 변증법적 방법론은 헤겔의 그것과 다를 뿐만 아니라 오히려 정면으로 대립한다. 헤겔에게는 …… 그가 '이념'의 이름 아래 독립적인 주체로까지 변형시켜버린 사유 과정이 바로 현실세계의 창조주이며, 현실세계의 '이념'의 외적인 현상 형태에 지나지 않는다. 그러나 나에게 관념이란 거꾸로, 인간의 정신에 반영된 그리고 사고의 형태로 변형된 물질세계 이상의 그 어떤 것도 아니다."213)

헤겔은 보편적인 운동 형태에 관한 포괄적인 해석을 제시하고 있는데, 이것이 마르크스로 하여금 스스로를 위대한 철학자의 제자라고 천명하게끔 만든 이유 중 하나이다. 그러나 헤겔의 변증법은 이념의 자기발전, 그것의 본질적인 자기소외, 정신의 발전에서 이념의 자기인식 따위를 분석 대상으로 삼고 있기 때문에 신비화되었다. 마르크스는 헤겔의 사고방식이 지닌 기본적인 결함을 지적하고, 헤겔의 변증법을 살아 있는 현실적 관계들의 군건한 물질적 기초 위에 올바로 세워놓았다. 『자본론』제1권의 출간 직후 마르크스는 다음과 같이 강조했다.

"나의 탐구 방법은 헤겔과는 **매우 다르다**. 나는 유물론자이고 헤겔은 관념론자이기 때문이다. 헤겔의 변증법은 모든 변증법의 기본형이기는 하지만, 그것은 그 신비적인 형태가 벗겨진 **연후**에야 가능할 뿐이다. 그리

---

212) V. I. Lenin, *Collected Works*, Vol. 38, 318쪽.
213) Karl Marx, *Capital*, Vol. Ⅰ, 19쪽.

166

고 바로 이 점이야말로 나의 방법과 헤겔의 그것을 엄밀하게 구별 짓는 것이다."[214]

그러나 『자본론』의 방법론이 변증법의 어떠한 일반적인 범주들을 구체적인 경험적 소재에 단순히 적용시킨 것은 아니다. 『자본론』의 논리는 구체적인 연구과제와 관련해서 이를 구명하는 정치경제학의 방법론이다. 마르크스는 과학적 인식을 위한 보편적 방법론으로서의 변증법적 유물론에 입각하여, 부르주아 체제의 모순적 실체를 해부하는 매우 풍부하고도 다양한 일련의 구체적인 방법론들을 발견해냈다.

『자본론』은 육안으로 볼 수도, 또는 보지 못할 수도 있는 자본주의 경제체제의 현상들을 정확히 반영하고 있는 과학적인 범주들의 발전된 통일적 체계이다. 동시에 『자본론』의 논리 법칙과 방법론적인 원리는 다른 사회구성체를 연구하는 데에도 적용될 수 있는 것이다. 실제로 그것은 정치경제학의 틀을 넘어선 것이라는 점에서 더욱 폭넓은 중요성을 지니고 있다. 레닌은 『철학노트 *Philosophical Notebook*』에서 다음과 같이 쓰고 있다.

"마르크스가 말하는 부르주아 사회의 변증법은 변증법의 특수한 사례에 지나지 않는다."[215]

마르크스가 『자본론』에서 사용하고 발전시켰던 탐구 방법은 기본적으로 정치경제학 특유의 방법론이었다. 그러나 특수과학의 방법론이라 하더라도, 그것은 일정한 과학의 논리적 장치의 특성들에 대한 표현일 뿐 아니라 이른바 현실을 해석해낼 수 있는 주요 형식 중 하나로서, 과학과 같은 이론적 사고 그 자체의 일반적인 특성까지도 표현하고 있다. 『자본론』은 주제를 특수 영역으로 환원시킨다든가, 생생하고 복잡한 주제의 다양성을 유지한 채 특수성을 하나의 구체적 총체로 종합해내는, 말하자면 특정 주제를 분석하는 모든 과학에 대해 하나의 원형을 제시하고 있다.

하나의 전체로서 자본주의와 자본주의 경제의 개별 범주에 대한 **역사**

---

214) Marx, Engels, *Werke*, Bd. 32, 538쪽.
215) V. I. Lenin, *Collected Works*, Vol. 38, 361쪽.

적 접근방법은 자본주의 생산양식에 대한 변증법적 연구방법의 주요 표현 중 하나이다. 마르크스는 이 생산양식과 구성 요소들을 출현 당시부터 발전과 불가피한 붕괴라는 부단한 운동 과정 속에 있는 것으로서 보고 있다. 고전파 부르주아 정치경제학자들과는 달리, 마르크스는 자본주의를 불변의 영속적인 존재가 아니라 역사적인 존재라고 주장했다. 『자본론』 제1권의 서문에서 그는 부르주아 사회가 '견고한 결정체'가 아니라 끊임없이 변화를 거듭하고 있는 하나의 유기체에 불과하다고 강조했다. 그는 후기에서도 이와 비슷한 생각을 피력하고 있다.

『자본론』에서 그는 상품을 비롯한 부르주아 사회의 모든 범주들을 분석할 때 줄곧 역사적인 접근법을 취하고 있다. 정치경제학사에서 처음으로 그는 가치형태의 기원과 발전, 화폐형태의 발생, 화폐에서 자본으로의 전화 등을 설명했으며, 가치법칙과 그것이 단순상품생산 속에서, 또 자본주의 아래서 담당하고 있는 다양한 역할의 특수한 역사성을 밝혀냈다.

그것이 초보적인 것이든 아니면 좀 더 복합적인 것이든 부르주아 사회의 범주들에 역사성을 부여함으로써, 마르크스는 자본주의 생산양식이 사회적 생산의 영속적·자연적 형태가 될 수 없다는 사실을 밝혀놓았다. 또 이 생산양식은 역사적으로 잠시 머무를 뿐이며, 따라서 그것의 법칙성은 어떤 의미에서도 자연법칙과는 전혀 동일하지 않다는 증거도 보여주었다.

마르크스는 변증법에 의거해서 자본주의 생산양식을 분석하는 가운데, 발전이론의 법칙과 범주들의 전 영역을 철저히 응용하고 있다. 여기에서 법칙이란 양에서 질로의 전화, 대립물의 통일과 투쟁, 부정의 부정 등을 뜻하며, 범주는 질과 양, 본질과 현상, 내용과 형식, 내포와 외연, 원인과 결과, 필연과 우연, 가능성과 현실성, 개인적인 것과 사회적인 것, 특수성과 보편성, 추상성과 구체성, 역사적인 것과 논리적인 것 등을 가리킨다. 다시 말해서 자본주의 생산양식의 객관적인 변증법을 보여줄 임무가 있었으며, 이와 아울러 그는 주제에 적합한 탐구방법, 즉 인식의 논리와 이론으로서의 변증법을 밝혀내야 했다.

마르크스는 헤겔로부터 물려받은 인식수단에 의거해서 헤겔이 완성하고 발전시킨 변증법의 모든 법칙과 범주들을 유물론적으로 재구성해냈다. 마르크스는 변증법적 방법에 의해 비로소 유용하게 된 모든 수단들에 정통해 있었기 때문에 구체적인 경제 자료들에 대해 일정한 태도를 취할 수 있었다. 부르주아 사회구성체를 분석하는 데 사적 유물론을 적용함으로써 이러한 개념을 과학적 토대를 갖춘 이론으로 변화시키는 과정을 완수했듯이, 자본주의 생산양식의 분석에 대한 변증법적 유물론의 적용은 이 연구방법의 보편성에 대한 결정적인 과학적 구체화라 할 수 있다. 변증법적 방법이 없었다면 자본주의 연구는 애당초 불가능했을 것이다. 엥겔스가 말했듯이, 변증법은 매우 복잡한 현상을 분석하는 데 사용되는 유일한 분석 도구이기 때문이다.

상품(그의 연구의 기본 요소)을 고찰할 때, 마르크스는 질적인 측면(사용가치)과 양적인 측면(가치)을 분명히 구별하고 있다. 그는 질과 양의 관점에서 화폐와 자본 그리고 다른 모든 범주들을 다루고 있는데, 그것들의 발전과 상호 전화는 양에서 질로의 전화 법칙, 그리고 그 역전의 법칙에 따른다. 이것이야말로 변증법의 제반 법칙에 대한 지식을 현실적 경제 과정의 이해를 위한 열쇠로 보는 이유이다. 양에서 질로의 전화 법칙이 작용하고 있음을 보여주는 단적인 예는 화폐가 자본으로, 따라서 단순상품생산자가 자본가로 전화하는 것이다. 마르크스는 이러한 가치가 자본으로 기능하기 위해서는, 그리고 생산자가 자본가로 되기 위해서는 일정한 최소한의 가치(화폐)가 한 생산자의 손에 집중되어야 한다는 것을 보여주었다. 그는 다음과 같이 요약하고 있다.

"단순한 양적 변화가 일정한 수준을 넘어서면 질적인 변화를 일으킨다는 법칙, 즉 헤겔이 (그의 『논리학』에서) 발견한 법칙이 자연과학에서와 마찬가지로 여기에서도 정당하다는 사실이 밝혀진다."[216]

---

216) Karl Marx, *Capital*, Vol. Ⅰ, 309쪽.

1867년 6월 22일자로 엥겔스에게 보내는 편지에서, 마르크스는 이 사실에 특별한 관심을 기울이고 있다. 엥겔스는 훗날 헤겔의 관념론적 변증법과 마르크스의 유물론적 변증법의 근본적인 차이를 강조하는 데 이 예를 거론하고 있다. 그는 다음과 같이 적고 있다.

"변증법에 대한 헤겔의 왜곡은 그것이 '사고의 자기발전'이어야 하며, 따라서 사물의 변증법은 그것의 반영에 불과할 따름이라는 가정에 근거하고 있는바, 기실 우리들 머릿속의 변증법이란 자연계와 인간 사회에서 발생하는, 그리고 변증법적인 형식을 따를 수밖에 없는 현실의 발전을 반영하고 있음에 불과하다.

예를 들어 마르크스가 상품에서 자본으로의 발전에 관해 얘기한 것과 헤겔이 존재에서 본질로의 발전에 관해 얘기한 것을 비교해보라. 그것은 매우 좋은 대비가 될 것이다. 전자는 현실에서 진행되는 구체적인 발전이고, 후자는 예를 들면 양에서 질로의 전화 또는 그 역전과 같이 때때로 대단히 중요한 의미를 지니는 여러 이행들과 매우 뛰어난 사고들이 한 개념에서 다른 개념으로 명백히 자기발전하고 있는 것으로 각색되어 있는 추상적인 구조물이다."217)

마르크스의 모든 경제학 사상은 자본주의 생산양식과 부르주아 사회의 모순적 실체에 대한 분석으로 일관되어 있다. 현실의 모든 현상은 내적 모순에 의해 규정된다. 그러므로 발전하고 있는 현실을 이해하고, 철저하게 역사적인 방법으로 접근하는 유일한 길은 이러한 모순들을 분석하는 것이다.

자본주의를 분석하는 데, 마르크스는 상품의 모순에서 출발하여 점차적으로 자본주의 사회구성체의 적대적 모순(사멸할 운명에 처해 있는)을 고찰함과 아울러, 자본주의에서 공산주의로 이행하는 것만이 부르주아 사회의 사회적 적대성을 해결하는 길이라는 점을 밝히고 있다. 이 분석은 예외 없이 노동·상품·화폐·자본 등과 같은 모든 경제학 범주에 이중성이

---
217) Marx, Engels, *Werke*, Bd. 38, 204쪽.

존재한다는 것을 입증하고 있다.

마르크스는 하나의 전체를 두 개의 적대적 부분으로 나누는 이분법을 구사했으며, 모순 그 자체의 발전과정, 이른바 동일성에서 차별성으로의 이행, 대립물로의 전화, 모순의 해결 등을 추적했다. 그는 내적 모순과 외적 모순을 구별하고, 운동이란 모순이 현실화되는 양식이며, 모순의 발전이 한 현상의 다른 현상으로의 질적인 전화를 가져온다는 것을 보여주었던 것이다.

모순에 대한 그의 논리적 일관성을 지닌 변증법적 분석 방법은 『정치경제학 비판』에서 이미 분명한 형태로 드러났다. 이 저작의 서평에서 엥겔스는 그 본질에 관해 고전적인 정의를 내리고 있다.

"이 방법은 최초의 가장 단순한 관계 …… 최초로 발견하는 경제적 관계를 출발점으로 삼는다. 우리는 이 관계를 분석한다. 그 자체로서 하나의 **관계**를 이룬다는 것은 그것이 곧 **상호 관계하는** 두 측면을 갖고 있음을 의미한다. 이 양 측면은 그들이 상호작용하는 방식을 독자적으로 보여준다. 결국 해결을 요구하는 모순들이 나타날 것이다. 그러나 이에 관해 우리가 단지 머릿속에서만 일어나는 추상적인 사고 과정이 아닌 현실 과정을 생각하듯이, 이러한 모순 역시 현실 속에서 발전하며 해결될 것이다. 우리가 이러한 해결의 성격을 추적하면, 그것은 우리가 지금 발전시켜야 하는 두 개의 적대적 측면들 사이에 새로운 관계를 설정함으로써 얻어진다는 것을 알 수 있다."[218]

『자본론』의 이론적 부분도 역시 마르크스가 일상적으로 그러하듯 특수한 방법에 따라 구성되었다.

마르크스는 대립물의 통일과 투쟁의 법칙을 일관되게 적용함으로써, 그리고 이 법칙을 표현하는 현상의 두 측면 사이의 불가분한 관계(**통일**과 **투쟁** 사이의 불가분한 관계)에 지속적으로 주의를 기울임으로써 모순의 '매개(mediation)'와 화해(reconciliation)라는 헤겔의 개념을 비판하고 있다. 이것

---

218) Marx and Engels, *Selected Works*, Vol. I, 514쪽.

은 예를 들어 상호 관련된 요소들의 통일과 투쟁이 동시에 나타나는 자본주의적 경제공황 속에서 극명하게 표현된다.

마르크스는 자본주의 생산양식의 발전이 갖는 일반적인 경향을 추적하면서, 그것이 변증법의 부정의 부정 법칙에 종속된다고 말하고 있다. 그 법칙은 한편으로는 그 이전의 사회구성체와, 그리고 다른 한편으로는 그 이후의 공산주의 사회구성체와 자본주의 생산양식이 맺고 있는 관계에서 드러난다고 설명하고 있다.

'착취자에 대한 착취'의 역사적 필연성에 관한 마르크스의 명쾌한 결론의 근저에는 이 법칙이 자본주의 시대 전체에 작용하고 있다는 발견이 깔려 있다. 자본주의는 생산수단에 대한 노동자의 사적 소유에 바탕을 둔 소상품생산으로부터 발전하기 시작한다. 자본주의 생산양식, 따라서 자본주의적인 사적 소유는 "유산자의 노동에 기초한 개별적인 사적 소유의 첫 번째 부정이었다. 그러나 자본주의적 생산은 확고한 자연법칙에 따라 스스로의 부정을 낳는다. 그것이 부정의 부정이다. 이것은 생산자를 위한 사적 소유의 재구축이 아니라 자본주의 시대의 유산, 즉 협업과 생산수단 및 토지의 공유에 기초한 개인적 소유를 가져다줄 것이다."[219] 자본주의 아래서는 노동과 소유의 원초적 통일이 붕괴점에 도달할 수밖에 없다. 하지만 생산의 발전 속에 내재된 변증법은 이를 필연적으로 사회주의를 통해 창출되는 더욱 높은 수준의 통일로 인도할 것이다.

마르크스가 자본주의에서 공산주의로 이행의 필연성을 이러한 부정과 부정 법칙으로부터 연역해내지 않았다는 것은 두말할 나위도 없다. 그 필연성은 자본주의 생산양식의 운동을 지배하는 법칙에 관한 구체적인 분석으로부터 도출된다. 하지만 그가 현실적인 분석을 통해서 이러한 결론에 도달하자, 자본주의의 출현·발전·붕괴가 이 부정의 부정 법칙을 따른다고 말할 수 있게 되었다. 그리고 부분적으로는 이렇게 진술함으로써 전체 과정 속에 숨어 있는 일반적인 논리(미래 사회의 특수한 모습을 포함해서)

---

219) Karl Marx, *Capital*, Vol. 1, 763쪽.

를 좀 더 깊이 이해할 수 있었다. 바로 여기에 이 법칙에 관한 마르크스의 유물론적인 견해와 헤겔의 관념론적인 견해가 갖는 본질적인 차이가 존재한다.

부정의 부정 법칙의 작용은 자본주의의 다른 많은 경제발전과정에서도 드러난다. 부정의 부정을 나타내는 명확한 예는 자본의 일반적인 운동 정식, 곧 M-C-M(Money-Commodity–Money)으로 표현된다. 이 법칙은 또한 농업과 공업의 원초적 통일이 붕괴함으로써 더욱 높은 수준의 새로운 종합으로 진행해가는 생산의 발전과정에서도 드러난다.

"자본주의적 생산은 초기의 농업과 매뉴팩처를 통일시키고 있던 낡은 관계들을 완전히 해체시켜버린다. 그러나 이와 아울러 미래의 좀 더 높은 수준의 종합을 위한 물적 조건을 창출한다."[220]

마르크스는 변증법의 세 가지 기본법칙과 그것들에 직접적으로 관련된 여러 범주 외에도 다른 모든 변증법의 범주들을 자본주의 분석에 철저히 동원하고 있다.

형식과 내용의 범주에 대한 유물 변증법적 견해로부터 모든 경제현상의 물질적 내용과 사회적 형식을 구별하는 중요한 방법이 추출된다. 그 현상들은 각 경제적 범주의 역사적인 성격과 통시적으로(일정한 역사 발전 단계에서만이 아니라) 나타나는 전형적인 요소들을 추출해낼 수 있게 해준다. 마르크스는 경제공황의 발전을 분석함으로써 가능성과 현실성의 범주를 체계화하고, 가능성이 현실성으로 전화하는 복잡한 과정을 추적했다.

마르크스가 자신의 개념과 범주의 체계를 정식화하는 가운데 부딪쳤던 기본적인 문제는 연구의 출발점, 즉 복잡한 경제관계의 사슬을 풀고 완벽한 논리와 역사적 진실성을 지닌 이론적 개념으로 자본주의 사회구성체를 재구성하는 데 도움이 될 만한 분석의 단초를 선택하는 것이었다.

『자본론』에서는 이 출발점이 바로 가장 간단하고 구체적인 경제 요소, 곧 상품이었다.

---

220) Ibid., 505쪽.

그러나 상품이 자본주의 생산양식의 기초이자 전제인 것만은 아니다. 그것은 자본주의 생산양식의 산물이기도 하며, 그 자체로서 "개별 상품은 자본과 그것에 의해 창출된 잉여가치의 일부를 표현하기도 한다."[221] 상품은 자본주의 생산양식의 모든 구성 요소와 모순 속에 잠재해 있다. 레닌은 『철학노트』에서 마르크스의 자본 분석에 관해 다음과 같이 묘사하고 있다.

"마르크스는 『자본론』에서 처음으로 가장 단순하고, 가장 통상적이고 기본적인, 가장 평범하고 일상적인 부르주아 (상품) 사회의 **관계**, 즉 우리가 수없이 마주치는 상품교환 관계를 분석하고 있다. 이 가장 단순한 현상 (부르주아 사회의 '세포')을 분석함으로써 근대사회의 **모든** 모순들(또는 모든 모순의 근원)을 밝히고 있다."[222]

전체적으로 볼 때 마르크스가 『자본론』에서 사용한 과학적 연구 수단은 직관에서 추상적인 사고로, 단순한 것에서 복잡한 것으로, 추상적인 것에서 구체적인 것으로 상향해가는 방식을 통해 일관성을 엿볼 수 있는 하나의 명백한 체계를 구성하고 있다.

추상적인 것에서 구체적인 것으로의 이러한 상향은 『자본론』 전체의 논리적 구성과 연구 결과에 대한 해석에 구체적으로 표현되어 있다. 마르크스는 제1권에서, 유통의 영역으로부터 추출된 자본의 생산을 관찰하고 있다. 제2권에서는 생산을 생산자본의 순환 과정 내에 있는 하나의 요소로만 간주하면서 자본의 유통을 분석하고 있다. 그리고 3권에서는 "**자본의 전반적인 운동에서 파생된 구체적인 형태들,**"[223] 즉 자본주의 사회의 표면에 나타나는 형태에 근접한 형태를 묘사함으로써 구체적인 용어로 자본주의의 총 과정을 고찰하고 있다. 또한 『잉여가치학설사』에서 마르크스는 자본주의의 이론적 개념사를 별도로 상세히 고찰하고 있다.

자본주의적 관계와 그것의 독특한 표현양식의 발전 속에 내재된 법칙

---

221) Karl Marx, *Theories of Suplus-Value*, Part Ⅲ, 113쪽.

222) V. I. Lenin, *Collected Works*, Vol. 38, 360~61쪽.

223) Karl Marx, *Capital*, Vol. Ⅲ, 25쪽.

을 고찰하는 경우에, 마르크스는 일관되게 이중성의 문제를 다루고 있다. 한편으로 그는 자본주의 사회의 표면에서 일어나는 과정을 가장 중요하긴 하지만 분석의 첫 단계일 뿐인 그것들의 본질로 환원시킨다. 이것이 분석의 첫 단계인 이유는 다음 단계에서는 일반적인 자본주의의 생산 법칙이 유통의 영역에서 어떻게 변화되며, 이것이 본질과 상충되는 변종(變種)을 드러내면서 어떤 방식으로 본질을 은폐하고 심지어는 왜곡하기까지 하는지를 보여주려고 했기 때문이다.

마르크스의 이 독특한 방법은 그가 본질과 현상 및 변종의 범주들을 유물 변증법적으로 이해하고, 무엇보다도 이들이 상호 연관이 있기는 하지만 동일하지는 않다는 사실을 통찰함으로써 비로소 가능했다.

"사물의 변종과 본질이 직접적으로 일치한다면, 모든 과학은 존재 자체가 불필요하게 될 것이다."[224]

마르크스가 보여준 추상적인 것에서 구체적인 것으로의, 본질에서 현상으로의 상향은 본질과 그것을 표현하는 법칙에 대한 인식과정이며, 특수 영역들을 지배하는 많은 법칙 속에서 좀 더 일반적인 법칙을 구체화하는 과정이다. 그리하여 가치법칙, 즉 상품생산의 일반법칙은 수요와 공급의 법칙, 통화의 법칙 등으로 구체화되었다. 마르크스는 잉여가치율과 그 양(量), 이유·지대·이자의 운동을 규정하는 법칙들, 그 밖의 다른 법칙을 통해 절대적 및 상대적 잉여가치의 형태로 잉여가치법칙을 설명했다. 이 방법을 통해 경제적 관계들의 복잡한 연쇄고리들은 하나의 법칙 체계로 제시된다. 질적 분석의 가장 중요한 특징이었던 경제법칙의 구체화에 의거해서 마르크스는 각각의 양과 범주들의 양적 관계를 제시할 수 있었다.

자본주의 경제법칙의 독특한 작용양식에 대한 마르크스의 발견은 일반법칙과 그 현상의 외적 형태 사이에 존재하는 모순을 분석하는 데 본질적인 중요성을 지니고 있었다. 요컨대 "자본주의 아래서 일반법칙은 매우 복잡하고 유사한 방식으로 단지 지배적인 경향으로서만, 그리고 끊임없

---

224) Ibid., 817쪽.

는 여러 변동의 결코 확인할 수 없는 평균으로서만 작용한다."[225]라는 것이다. 어떤 법칙의 절대적인 실현, 즉 개개의 구체적인 경우에서 그것의 실현은 "반동적인 상황에 따라 교란·저지당하며 약화된다."[226] 마르크스는 일반법칙의 특수한 작용을 이해하고 있었고, 반동적인 상황이 여러 구체적인 경우에 따라 일반법칙의 작용을 조절하는 정도와 반동적 상황 그 자체를 분석했기 때문에, 부르주아 경제학의 가장 뛰어난 석학들이 헛되이 씨름만 하고 있던 여러 문제들을 해결할 수 있었을 뿐만 아니라, 사회구조를 분석해낼 수 있는 유용한 수단들까지 창조할 수 있었다. 이 수단들을 통해 마르크스는 생산과정 내에서 개인들의 행위와 이 행위 틀 속에서 일반법칙의 실현 사이의 연관에 대해 깊은 통찰력을 얻게 되었다.

마르크스는 모름지기 과학이라면 현상을 본질로, 즉 우연적인 형태를 규칙성으로 '환원시키는' 과정과, 본질로부터 현상을, 즉 일반법칙으로부터 구체적인 형태를 '추론하는' 역 과정을 통일적으로 고찰해야 한다고 주장했다. 『자본론』 제1권에서 그는 다음과 같이 말하고 있다.

"실제로 삶의 실제적 관계들로부터 이 관계들에 상응하는 천상적(天上的, celestialised) 형태들을 발견해내기보다는, 거꾸로 종교가 낳은 모호한 창조물들의 지상적 정수를 분석을 통해 찾아내는 일이 훨씬 더 쉽다. 전자의 방법만이 유일하게 유물론적이며 따라서 유일하게 과학적이다."[227]

『자본론』에서 마르크스는 자신이 『1857~58년 경제학 초고』 서설에서 뚜렷이 밝힌 하나의 문제, 곧 과학적인 방법의 주요 문제 가운데 하나인 논리적인 것과 역사적인 것의 관계 확립 문제를 해결했다.

그가 말한 요지는 다음과 같다.

"자본주의에 대한 과학적·논리적 분석(명백한 체계에 따라 배열되면서 하나의 경제학 범주체계를 창출한)과, 이러한 범주들로 표현된 경제적 형태들의 기원 및 발전의 역사 과정 사이의 관계는 어떠한 것인가? 바꾸어 말하

---

225) Ibid., 161쪽.
226) Ibid., 235쪽.
227) Ibid., Vol. I, 372~3쪽.

면, 어떤 과정을 분석하는 데 쓰이는 방법은 그 과정을 올바로 이해하고 현재적 조건을 이론적 용어로 표현하기 위해 과정의 역사 속에서 나타난 자질구레한 변동 과정을 그대로 답습해야만 하는 것인가? 마르크스는 모든 시대마다 낡은 생산관계의 모든 요소를 변형시키고 이를 종속시키는 지배적인 생산관계 체계가 존재한다고 주장했다. 따라서 어떤 경제적 범주들에 관한 일련의 해석이(특히 자본주의를 분석할 때) 자본주의 이전 시대에 그 범주들에게 결정적 역할을 위한 기반을 제공했던 질서를 반영해서는 안 되는 이유가 여기에 있으며, 반면에 그 범주들이 현대 부르주아 사회에서 서로 맺고 있는 관계들에 의해 규정받는 해석만이 오로지 타당한 것도 그 때문이다. 그러므로 예를 들어 상업자본과 금융자본이 산업자본보다 역사적으로 더 먼저 출현했고 산업자본의 형성에 상당한 역할을 했다고 하더라도, 그것들은 산업자본이 분석되고서야 비로소 분석될 수 있다. 발전된 자본주의 아래서 그것들은 이제 종속적인 요소, 즉 산업자본의 분리된 형태에 지나지 않기 때문이다."

이와 아울러 논리적인 분석 방법은 결코 현상들 사이의 임의적인 관계 및 연관의 설정을 의미하지는 않는다. 그것은 오히려 추상적이고도 이론적으로 일관된 형태로 역사적 과정을 반영하는 것이며, 올바른 반영, 그것도 실제의 역사적 과정이 산출하는 법칙에 상응하는 올바른 반영이다.

『자본론』은 부르주아 정치경제학의 결론뿐 아니라 그것의 방법론적 원리들(부르주아 경제학이 자본주의를 초지일관 과학적으로 분석할 수 없었던 원인이 된)까지도 심오하게 비판한 표본이라 할 만하다. 마르크스는 변증법적 유물론의 방법을 확립하는 가운데 부르주아 경제학자들이 갖고 있던 방법론상의 편협한 경험주의·형이상학적 성격, 때때로 절충주의·피상성 등을 보여주는 많은 실례를 들고 있다. 자본주의 옹호자로 기능하는 그들의 경향성은 이들의 사회적인 기반 외에도 인식론적 기반에서 연유하는데, 그것은 부르주아적 사고방식 자체에 결함이 있기 때문이다.

비역사적인 접근은 부르주아 정치경제학의 형이상학적인 성격과 그것의 변증법에 대한 적대적 태도의 극명한 표현이다. 『자본론』 제1권의 후기에서, 마르크스는 모든 부르주아 경제학자들이 거의 예외 없이 보여주고 있는 이러한 방법론적 취약성과 그 본질 및 계급성을 폭로했다. 그는 다음과 같이 쓰고 있다.

"정치경제학(political economy)이 그러한 지평에 머무르는 한, 즉 자본주의 제도를 진화하는 과도기의 역사적 국면으로 간주하지 않고 사회적 생산의 절대적이고도 궁극적인 형태로 간주하는 한계에 머무르는 한, 정치경제학은 계급투쟁이 아직 잠재적이거나 또는 고립되고 돌발적인 현상으로서 진행되는 동안에만 과학으로 기능할 수 있을 뿐이다."[228]

그리하여 프롤레타리아트 계급투쟁이 발전함에 따라 부르주아 정치경제학에 맞서는 진정으로 과학적인 프롤레타리아 정치경제학의 출현을 위한 객관적인 전제가 마련된다. 그러므로 이 신흥계급의 이론가인 카를 마르크스에 의해 프롤레타리아 정치경제학이 출현했던 것도 결코 우연이 아니다.

부르주아 경제학자들이 경제현상을 파악할 때 현상의 변증법적 본질을 사상하거나 왜곡시키는 데서도 알 수 있듯이, 이들의 사고방식은 마르크스의 그것과는 전적으로 상반된다. 마르크스는 부르주아 사회에 적대적인 모순이 존재한다는 사실을 부정하는 부르주아 경제학자들의 체제 옹호론적 개념들을 체계적으로 비판하고 있다. 그는 제임스 밀의 방법이 잘못되어 있음을 다음과 같이 지적하고 있다.

"경제적 관계 안에는 모순과 대립이 내재되어 있고 그 대립물의 통일 또한 내포되어 있음에도 불구하고, 그는 모순의 **통일**이라는 측면만을 강조하면서 **모순** 자체는 부정하고 있다. 그는 대립물의 통일을 대립물의 직접적 동일성으로 바꿔놓았다."[229]

마르크스는 경제현상의 질적인 측면에 대한 부정, 내용과 형식 그리고

---

228) Karl Marx, *Capital*, Vol. I, 14쪽.
229) Karl Marx, *Theories of Surplus-Value*, Part III, 88쪽.

본질과 현상의 변증법에 대한 몰이해, 본질과 현상을 혼동하는 경향, 경제법칙 사이의 연관성에 대한 무지, 구체적인 조건하에서 일반법칙들의 모순적 작용에 대한 몰이해 등이야말로 부르주아 정치경제학의 가장 특징적인 결함이라고 보았다.

고전파 부르주아 경제학자들도 일반법칙과 그것이 표현되는 구체적인 형식 사이의 모순을 해결하려고 했으나, 그들은 매개항을 찾으려 하지 않고 구체적인 것을 직접 추상적인 것에 적용하려고 했다. 하지만 이러한 작업이 실패로 돌아가자 그 법칙을 부정함으로써 해결할 수 없는 모순에 빠지게 되었다. 그것은 바로 가치법칙과 등량의 자본에 대한 동등 이윤의 법칙 사이의 모순으로 나타났다. 오직 마르크스만이 가치와 생산가격의 변증법을 제시함으로써 이 모순을 해결할 수 있었다.

『자본론』은 방법론적으로 볼 때 마르크스의 이론이 부르주아 정치경제학에 비해 훨씬 우월하다는 것을 명백히 입증했다. 그러나 마르크스는 부르주아 정치경제학의 발전을 타도해야 마땅할 잘못된 개념의 계승이라고만 여기지는 않았다. 프롤레타리아 정치경제학이 출현할 수 있게 된 데에는 바로 이 부르주아 정치경제학에 대한 비판적 분석이 바탕으로 작용했다. 마르크스는 선배들이 물려준 유산을 거부하지 않고 이를 비판적으로 적용하여 방대한 일련의 사실들을 새롭게 재조명했다. 그는 다음과 같이 말하고 있다.

"서로 상충되는 도그마들을 그들의 내밀한 배경이 되는 여러 대립적 사실들과 실제적 모순으로 대체시켜 놓을 때, 비로소 정치경제학은 실증과학으로 변모될 수 있다."[230]

『자본론』은 당파성으로 일관되어 있지만, 결론을 미리 단정하거나 경험적인 소재들을 미리 짜인 도식에 꿰맞추는 주관주의적 시도를 철저히 배제하고 있다. 『자본론』의 당파성은 과학적인 객관성과 동의어이며 그것의 최고 형태이다. 마르크스의 방법은 자본주의 생산양식의 각 단계에 내

---

230) Marx, Engels, *Werke*, Bd. 32. s.181.

재하는 모순들에 대한 완전무결한 분석으로 특징지을 수 있다. 그는 자본주의적 관계의 발전이 이 모순들을 제거하지는 않지만, 모순들의 운동 형태를 창출하여 모순을 새로운 차원으로 이전시키고, 이들을 더욱 심화시켜 혁명적 방법으로 해결하는 데 필요한 조건을 준비한다고 말했다. 『자본론』에서 마르크스가 내린 결론은 자본주의적 생산은 필연적으로 붕괴되어 공산주의로 대치될 수밖에 없다는 것이었다. 공산주의는 마르크스가 자본주의 발전의 경향과 법칙에 대해 과학적인 분석을 가하는 과정에서 유기적으로 발견해낸 더욱 높은 사회구조 형태이다.

『자본론』은 인간의 지성이 낳은 위대한 업적이다. 그것은 이미 오래전부터 무너지기 시작한 신념, 즉 자본주의는 영원불멸할 것이라는 신념을 이론적으로 무너뜨리는 결과를 낳았다. 결과적으로 그것은 국제 노동계급에게 임금노예 착취제도에 대항하는 투쟁의 목적을 명확히 제시해주었을 뿐만 아니라, 그 앞길에 승리의 확신을 가져다주었다. 『자본론』은 단순한 경제학 저작 이상의 것이다. 『자본론』은 마르크스주의의 다른 구성 요소(마르크스주의 철학과 과학적 공산주의)를 발전시키는 데 지대한 공헌을 했다.

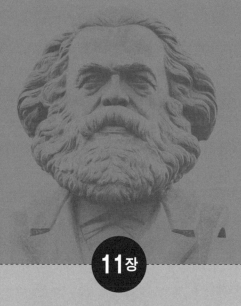

제1인터내셔널의
창설자와 지도자

★

마르크스는 이 기구의 핵심이었다.
— V. I. 레닌 —

성 마틴 홀의 국제회의

1864년 9월 28일 런던의 성(聖) 마틴 홀에서 영국과 프랑스의 노동자들과 망명 프롤레타리아 민주운동 조직 회원들이 참석한 대규모 회의가 열렸다. 성 마틴 홀은 노동운동가와 민주운동가들의 회의가 자주 열리는 곳이었다. 이 조그만 홀이 이번에는 사상 최초의 국제 프롤레타리아 대중조직인 '국제노동자협회(International Working Men's Association)', 약칭 '인터내셔널'이 창설되는 현장을 지켜보게 되었다.

'인터내셔널'은 환호와 박수갈채 속에서 결성되었다. 그리고 이 회의에서 선출된 위원회(Committee)는 규약(Rules) 초안을 작성해 1865년 브뤼셀에서 열리기로 되어 있는 국제노동자대회에 제출하여 승인을 받도록 하는 권한을 위임받았다.

성 마틴 홀에 참석했던 엥겔스는 그 뒤 이렇게 썼다.

"이 회의에서 무슨 일이 벌어지고 무엇이 창설될지 분명히 아는 사람은 단 한 명밖에 없었다. 그는 바로 이미 1848년에 전 세계를 향해 '만국의 프롤레타리아여, 단결하라.'[231]고 외친 사람이었다."

이 새로운 조직에 대해 마르크스가 세운 계획은 회의에 참석한 다른 사

---

231) Marx, Engels, *Werke*, Bd. 22, 341쪽.

'국제노동자협회' 창설 회의에 참석한 마르크스(의자에 앉은 이)와 엥겔스(문건을 들고 서 있는 이).

람들의 계획과는 달랐다. 예를 들어 런던의 노동운동 지도자들은 단지 임금을 조절하고 노동시간을 단축하며 파업투쟁을 조정할 국제적인 노동조합협회의 설립을 원했다. 파리에서 파견된 대표들은 이 협회가 계급 간의 '조화'를 확립하고 협동조합을 장려하기 위한 국제적 규모의 무이자 차관을 공여하는 데 도움이 되어주기를 바랐다. 독일 노동자를 대표해 대회 인사를 하고, 회의 전날 밤 연설 내용에 관해 마르크스와 협의한 에카리우스만이 계급의식을 지닌 프롤레타리아 혁명가다운 발언을 했다. 그는 '국제노동자협회'를 기존의 착취제도에 대한 투쟁수단으로 간주했다.

마르크스는 이번에야말로 가슴속 깊이 간직해온 희망을 실현시킬 기회를 포착했다. 엥겔스의 표현을 빌리면 그의 희망이란 "사회주의 운동의 국제적 성격을 노동자계급 자신과 부르주아 계급 및 정부 모두에게 생생히 과시함으로써 프롤레타리아 계급을 고무·강화시키고, 적들의 가슴속에는 공포를 심어줄 국제적인 프롤레타리아 협회를 창설하자는 것이었다."[232]

'국제노동자협회'는 각국 노동자들이 국제적 단결을 이루고자 하는 자발적인 요구에 따라 설립되었다. 그리고 이 기구는 마르크스와 엥겔스가

---

232) Marx, Engels, *Selected Works*, Vol. 3, 82쪽.

발휘한 지도력에 힘입어 프롤레타리아 계급의 혁명적 해방투쟁사에서 탁월한 역할을 수행했다.

창립선언문과 임시규약

강령에 관한 최초의 문서를 마르크스가 작성했다는 사실은 '인터내셔널'의 장래에 지극히 중요한 의미를 지니는 것이었다. 1864년 9월 28일 마르크스는 위원회(이는 그 후 중앙평의회[Central Council]로 알려졌다가 다시 총평의회[General Council]로 바뀌어 이 명칭이 그대로 굳어졌다) 위원으로 선출되었다. 그러나 자신이 임시규약과 강령 초안(대회에서 승인을 받아야 할)을 기초할 소위원회 위원으로 임명되었다는 사실을 안 것은 시간이 좀 지난 뒤였다. 그즈음 위원회는 이미 오언주의자 존 웨스턴(John Weston)이 작성한 장황하기 짝이 없는 원칙선언문 초안과 마치니의 추종자 루이기 볼프(Luigi Wolff)가 규약 초안 심의를 마친 상태였다. 그리고 젊은 프랑스인 빅토르 르 뤼베(Victor Le Lubez)가 이 두 문서를 종합하는 임무를 부여받고 있었다. 에카리우스는 1864년 10월 12일자 서한을 통해 마르크스에게 이같은 사실을 알려주면서, 마르크스가 이 작업에 개입하여 "최초로 탄생하

'인터내셔널' 총평의회 1864년 9월 28일자 회보.

는 유럽 노동자 조직을 그의 **의미심장하고 간결한** 문장"[233]으로 깊은 인상을 심어줄 것을 촉구했다.

그러나 마르크스가 기초소위 회의에 처음으로 참석한 것은 10월 18일, 뤼베가 작성한 초안이 심의되고 있던 때였다. 마르크스는 11월 4일 엥겔스에게 보낸 편지에서 당시의 소감을 이렇게 썼다.

"나는 회의에 처음 참석해 저 선량한 뤼베가 원칙선언문이랍시고 쓴 지독하게 장황스럽고

---

233) 마르크스·레닌주의연구소 중앙당 문서보관소.

문장도 엉망이며 전체적으로 미숙하기 짝이 없는 전문(前文)을 읽어 내려가는 것을 듣고 참으로 큰 충격을 받았네. 그 전문에는 도처에 마치니의 사상이 숨어 있었고, 지극히 모호한 프랑스 사회주의의 사상적 단편들이 겹겹이 둘러싸고 있었다네."[234)

토론 과정에서 마르크스는 이 선언문에 대해 약간 신중한 비판을 가했다. 기나긴 토론 끝에 뤼베의 초안은 마침내 기초소위원회 최종심의에 회부되었다.

'국제노동자협회'로 하여금 자신들의 강령을 채택케 하려는 마치니와 그 측근 추종자들의 노력은, 노동계급 운동의 등장을 정치적 목적에 이용하고자 하는 공화제 민주주의적 성향을 지닌 부르주아적 회원들의 일반적인 경향을 반영하는 것이었다. 총평의회에는 이탈리아 망명 인사들이 다수 참여하고 있었다. 마치니는 총평의회의 영국인 회원들에게도 권위자로 여겨지고 있었다. 이러한 사정으로 마르크스의 입장은 매우 난처해졌다. 마르크스는 비록 노동계급의 대의에 헌신적인 혁명가로서 신임을 받고 있었지만, 총평의회에서는 에카리우스를 제외하고는 아무런 지지자도 없었기 때문이다.

10월 20일 마르크스의 집에서 열린 기초소위원회 회의에는 영국 노동운동가 윌리엄 크리머(William Cremer)와 뤼베, 이탈리아인 주세페 폰타나(Giuseppe Fontana)가 참석했다. 마르크스의 제안에 따라 이들 참석자는 규약의 토론에 들어갔다. 하지만 그들은 새벽 1시가 될 때까지 40개 조항 가운데 겨우 1개 조항만을 승인하는 데 그쳤다. 이 바람에 크리머는 다른 위원들의 찬성을 얻어, 강령 초안에 대한 총평의회의 승인을 11월 1일로 연기할 것과, 그에 앞서 10월 27일 기초소위에서 예비심의를 가질 것을 제안했다. 이는 마르크스 역시 내심 바랐던 바였다. 마르크스는 이 자리에서 10월 27일까지 2개 문서를 최종적으로 완성하라는 요청을 받았다.

마르크스는 규약을 근본적으로 뜯어고쳤다. 그는 전문 전체를 다시 쓰

---

234) Marx, Engels, *Werke*, Bd. 31, 14쪽.

고 조직의 원칙도 다시 작성했다. 그는 마치니가 작성한 초안에 제시되었던 자질구레한 규정들은 모조리 삭제해버렸다. 이렇게 해서 원래의 초안에서 살아남은 부분은 사실상 조직의 명칭과 1865년 브뤼셀에서 총회를 소집한다는 사항밖에 없었다. 여기에 덧붙여 마르크스는 당초 위임받지도 않은 창립선언문까지 작성했다.

마르크스의 제안은 기초소위에서 채택되었다. 11월 1일 총평의회는 그가 작성한 문서를 만장일치로 승인했다. 이는 새로 탄생한 조직에 부르주아 민주주의적 강령을 부과하려던 시도가 무산되고 말았음을 의미했다. 이로써 이 조직의 프롤레타리아적 성격은 발족 초기부터 보장받게 되었다.

'인터내셔널'의 초기 문서에서 마르크스는 프롤레타리아 해방투쟁의 목적과 전술을 가장 일반적인 용어로 정식화했다. 이들 목적과 전술이 노동계급 운동의 다양한 경향에 수용될 수 있도록 하기 위해서였다. 이 새로운 조직은 영국 노조 운동가들이나 프랑스와 벨기에의 프루동주의자 및 독일 라살레파에 대해서도 문호를 개방한다는 강령을 통해서 대중조직으로 확립될 수 있었다. 마르크스는 이 복잡한 임무를 탁월하게 수행해냈다. 엥겔스에게 보낸 편지에서 마르크스는 이렇게 말했다.

"우리의 견해가 노동계급 운동의 현 수준에서 수용될 수 있는 형태로 표현되게끔 내용을 정리하는 작업은 매우 어려웠다네. …… 어느 정도 세월이 지나야만 새로이 각성된 운동이 지금의 이 연설의 대담성을 받아들일 것이네."235)

마르크스는 이 창립선언문에 대해 "내용은 강력하되 형식은 달콤하다."236)라고 평했다. 그는 '인터내셔널' 회원들 사이의 공동보조와 경험의 교류가 축적되면 노동자들도 결국은 과학적 공산주의의 제반 원칙에 기초한 유일한 이론적 강령을 인정할 것이라고 예측했다. 창립선언문과 임시규약의 채택은 이와 같은 원칙의 잇단 승리를 위한 가장 중요한 선결조

---

235) Ibid., 16쪽.

236) "Strong in substance, sweet in form"(ibid.).

건이었다.

임시규약의 전문은 마르크스가 작성한 문서들 중에 특별한 위치를 차지하고 있었다. 이것이 프롤레타리아 운동 강령의 기초적인 문제들을 정식화해 놓았기 때문이다. 그 첫 번째 문장은 이렇게 시작된다.

"모든 노동계급의 해방은 노동계급 자체에 의해 쟁취되어야만 한다……"[237]

프롤레타리아 계급의 목표는 모든 계급지배를 종속시키는 것이다. 지배계급에 대한 노동계급의 정치투쟁은 생산수단 소유자들에 대한 노동계급의 경제적 예속에 기초하고 있는 자본주의 체제의 억압으로부터 근로인민을 해방시키는 수단이다. 계급노선에 입각한 단결과 프롤레타리아 국제주의는 노동계급 운동의 성패를 좌우하는 원칙이다.

엥겔스는 창립선언문을 이 강령에 대한 '필요불가결한 해설'이라고 믿었다. 창립선언문은 1848년부터 1864년에 걸친 노동계급의 역사를 개관하는 데서 시작된다. 마르크스는 강력한 고발의 힘을 지닌 문장으로 유례없는 산업발전을 이룩한 '자유무역의 천년왕국' 기간 동안 유럽 프롤레타리아가 감수해야 했던 악화일로의 참상을 묘사했다. 그는 이렇게 썼다.

"아무리 기계가 향상되어도, 아무리 과학을 생산에 응용해도, 아무리 통신시설이 발달하더라도, 아무리 많은 식민지를 새로이 건설한다 해도, 아무리 많은 사람이 이민을 간다 해도, 아무리 넓은 시장을 개척한다 해도, 아무리 자유무역을 확대해도, 그리고 이 모든 것을 다 합친다 해도 근로대중의 참상은 해소되지 않을 것이다. …… 지금과 같은 그릇된 기초 위에서는 노동의 생산력 향상을 위한 어떠한 새로운 발전도 모두 사회적 모순을 심화시키고, 사회적 적대감만 첨예화시키는 경향을 지닐 수밖에 없다."[238]

마르크스는 이 기간 중에 노동계급 운동이 쟁취한 성과, 즉 하루 10시간

---

237) *The General Council of the First International*, 1864~1866, 288쪽.
238) Ibid., 282쪽.

노동제와 협동조합운동의 성장 등을 지적했다. 노동시간의 법적 제한은 국가는 경제관계에 간섭해서는 안 된다는 자유주의적 부르주아의 교의를 부정한 것이었으며, 협동조합 운동의 성공은 자본가들 없이도 노동자들 스스로 충분히 생산할 능력을 지니고 있음을 입증해주었다. 그러나 자본주의 사회라는 틀 속에서는 협동적인 노동도 실질적으로 노동계급의 조건을 개선시킬 수 없다. 협동조합이 근로인민의 해방수단으로 기여하려면 그것이 전국적인 차원으로 발전하고 또 국가적인 수단에 의해 보장받아야 했다. 하지만 이는 '언제나 정치적 특권을 자신의 경제적 독점을 방어하고 관철시키는 데 이용'하는 '토지와 자본의 권력자들'의 방해를 받고 있었다. 마르크스는 다음과 같은 결론을 제시했다.

"그러므로 정치권력의 쟁취는 노동계급의 위대한 임무가 되었다."

노동자들은 이를 성공적으로 수행할 한 요소, 즉 (노동자의) 수효(數爻)를 갖고 있었다. 하지만 그는 "수효란 지식에 의해 결합되고 지도받을 때에 비로소 의미를 획득한다."[239]라고 말했다.

창립선언문은 노동계급의 국제적 연대의 필요성을 강조했다.

"과거의 경험은 서로 다른 국가의 노동자들 사이에 마땅히 존재해야 되고, 또 그들이 벌이는 모든 해방투쟁에서 서로 굳건히 버틸 수 있도록 용기를 불어넣어줄 형제적 유대를 무시할 경우, 그들의 지리멸렬한 노력은 그에 대한 대가도 어이없이 붕괴되는 징벌을 받을 것이라는 점을 똑똑히 보여주고 있다."[240]

마르크스는 노동자들에게 "범죄적 음모를 추구하고, 민족적 편견을 이용하며, 약탈적 전쟁을 벌여 인민의 피와 재산을 낭비하는 지배계급의 대외정책"[241]에 맞서 투쟁할 것을 촉구했다. 그는 노동계급은 모든 국제문제에 대해 프롤레타리아 국제주의의 제반 원칙에 기초한 독자적인 계급적 입장에 서서 이 같은 지배계급의 대외정책에 대항해야 한다고 역설했다.

----

239) Ibid., 286쪽.
240) Ibid.
241) Ibid., 287쪽.

창립선언문은 이미 16년 전에 마르크스와 엥겔스가 제창하여 이제 새로운 힘을 얻어 울려 퍼지고 있는 "만국의 프롤레타리아여, 단결하라!"는 슬로건으로 끝을 맺고 있다.

'국제노동자협회'는 임시정관에 따라 처음부터 민주주의적 원칙과 중앙 집중주의 원칙에 입각해 수립되었다. 총평의회의 모든 간부(총서기, 재무 담당서기, 각국의 연락담당서기 등)들은 선거로 선출되었다. 또한 중앙 집중주의 원칙은 대회, 총평의회, 각국의 연합평의회 등 '협회'의 모든 기구에 대한 명확한 권력 분담으로 구체화되었다.

국제 프롤레타리아 기구의 우두머리

'협회' 활동을 결정지은 것은 주로 중앙 집행기구였다. 따라서 마르크스가 머지않아 총평의회에서 지도적 역할을 수행하게 되었다는 사실은 엄청난 중요성을 지니는 것이었다. 마르크스는 '인터내셔널'을 프롤레타리아 계급의 조직으로 전환시키고, 총평의회를 전투적이고도 권위 있는 기구로 발전시키기 위해 확고부동한 자세를 견지해나갔다. 따라서 그는 처음부터 이 협회의 프롤레타리아적 핵심을 공고히 하는 데 주력했다. '공산주의자동맹'의 고참 회원이었던 레스너, 로흐너, 펜더, 카우프(Kaub) 등이 총평의회 위원으로 선임되었다. 마르크스는 악기 제조공으로 6월 봉기에 참가했던 외젠 뒤퐁(Eugène Dupont; 1865년 봄 프랑스 담당 연락서기가 됨), 시계 제조공이며 스위스 담당 연락서기인 헤르만 융(Hermann Jung) 등으로부터 이해와 지지를 받았다. 1865년 봄이 되면서 총평의회는 유럽 프롤레타리아 운동의 각종 분견대들을 전적으로 대표하는 기구로 발돋움했다. 평의회 위원들은 소호(Soho)지구(런던시 남부 지역 – 옮긴이) 그리이크가 18번지에 있는 조그만 방에서 매주 화요일 정기모임을 가졌다.

강령문서를 기초하기 위해 선임되었던 소위원회(또는 상임위원회)는 좀 더 좁은 의미의 집행기구로서 활동을 계속했다. 여기서는 주로 총평의회 회의에 필요한 자료를 준비하거나 비상 또는 일상 업무에 관한 결정을 내

현재의 모데나 빌라스가 1번지. 1900년에 개축했다.

렸다. 마르크스는 대개 매주 토요일에 열리는 소위원회의 정기적인 주례회의에 빠짐없이 참석했다. 때로 이 회의는 메이트랜드 파크(Maitland Park)의 모데나 빌라스(Modena Villas)가 1번지에 있는 마르크스의 서재에서 열리기도 했다. 마르크스 일가가 이곳에 이사한 것은 1864년 5월이며, 여기에 그는 11년 동안이나 살았다. 얼마 지나지 않아 총평의회의 거의 모든 위원들과 '인터내셔널' 업무로 런던을 방문하는 외국 노동자들이 마르크스의 집에 들르는 일이 관례화되다시피 되었다. 이 때문에 그의 집은 점점 프롤레타리아 운동의 야전사령부로 굳어졌다.

'인터내셔널'이 성공을 거둘 수 있었던 것은 주로 당면과제를 명확히 규정하고 시의적절한 슬로건을 고안해내는 마르크스의 노련한 솜씨 덕분이었다. 이 때문에 총평의회는 각국의 지부로부터 매우 광범위한 지지를 확보할 수 있었다. 그의 노련한 솜씨는 사회 발전의 일반법칙에 대한 심원한 이해에서뿐만 아니라 노동자들이 벌이는 갖가지 투쟁의 구체적인 형태, 그들의 이념적 수준 및 국제 프롤레타리아 각국 분견대의 특수성에 대한 해박한 지식에서 우러나온 것이었다.

마르크스는 전략·전술의 일반화 작업에 필요한 모든 사실들을 노동계급 및 사회주의 언론, '인터내셔널'의 각국 지부회의 및 총회에 관한 각종 보고, 노동계급 지도자들 및 총평의회 위원들과의 끊임없는 접촉, 각국 지부에서 총평의회에 발송한 수많은 편지, 독일·프랑스·스위스·벨기에·미국 등에 있는 동지들과의 개인적인 연락 등을 통해 수집했다. 그는 전 세계에 걸친 노동계급 운동과 긴밀한 접촉을 유지했으며, 특히 노동자들이 참다운 계급적 본능에 자극받아 그가 이론적 연구를 토대로 도달한 결론과 거의 일치되는 요구들을 제시할 때는 커다란 기쁨을 느꼈다.

마르크스는 늘 대중들의 목소리를 존중하면서 그에 귀 기울였지만 소극적인 태도에 대해서는 한 치의 양보도 허락하지 않았다. 그가 이 국제기구를 위해 체계화했던 노선은 전반적인 상황에 대한 냉철한 분석에 기반을 두고 있었으며, 우선 프롤레타리아트의 계급운동을 강화하기 위한 의도에서 이루어진 것이었다. 마르크스는 노동자들의 특수한 지엽적 요구들을 보다 일반적인 계급적 과업에 대한 이해의 수준으로까지 끌어올리기 위해 끊임없이 프롤레타리아 운동을 고양시키려 애썼다.

'협회' 내 모든 국제 프롤레타리아는 어느 노동계급 분견대가 일정한 진전을 이룩하면 이를 토대로 한 단계 높은 수준으로 전진할 태세를 갖추고 있었다. 국제 프롤레타리아 운동의 장래를 늘 염두에 두고 있던 마르크스는 실천적 투쟁 속에서 획득한 모든 중요한 성과들을 '인터내셔널'의 강령 문서에 구체화시키는 노력을 게을리하지 않았다. 이런 의미에서 '인터내셔널'의 역사적 전개과정은 국제 프롤레타리아의 전투적 강령의 부단한 정식화 과정이며, 강령 속에서 마르크스주의 제반 원칙을 점차 확고히 주장해나가는 과정이었다고 할 수 있다. 이 같은 과정 속에는 또한 '인터내셔널' 내부에서 벌어진 경향들 사이의 투쟁이라는 의미도 깔려 있었다. 즉 유럽과 미국의 노동계급이 유토피아적·종파주의적 견해를 극복해나가는 과정을 반영하고 있었던 것이다.

1871년 마르크스는 지난 6년간의 활동을 회고하면서 '인터내셔널'의 역사는 "노동계급의 현실적인 운동에 역행하여 '인터내셔널' 내부에서 자기주장만을 고집하려는 온갖 종파와 아마추어적 실험에 맞서 싸운 **총평의회의 지속적인 투쟁**과정이었다."[242]라고 썼다.

갖가지 종파들이 제시한 도그마와 만병통치적 처방 등은 일부 프롤레타리아 종파의 실천적 경험과 각국의 특수한 조건을 어느 정도 반영한 것이었다. 그러나 이 한정된 경험을 절대적인 것으로 간주하려는 경향 때문에 여기서 도출된 개념들은 주관적이고 비과학적이었다. 그리고 이들이

---

242) Marx and Engels, *Selected Correspondence*, 269쪽.

절충주의식으로 결합되어 우연적이고 상호모순적인 명제들이 제시되고 있었다. 이들 분파는 계급운동과의 어떤 공통점을 통해서가 아니라 일반적인 운동과 뚜렷이 구별되는 특수한 암호로써 자신의 존재를 정당화시키려는 경향이 있었다.[243]

당시의 프티부르주아적 사회주의(벨기에·이탈리아·스페인 등의 프루동주의와 각종 무정부주의)는 각 경향에 내재된 여러 가지 특징에도 불구하고 한 가지 공통점을 갖고 있었다. 즉 이들은 모두 자본주의적 착취에 대한 노동인민의 저항뿐만 아니라 자본주의 발전의 집중화 경향에 대한 소생산자들의 저항을 주장하며, 자본주의 발전을 중지시키고 그 진전을 역전시켜야 한다고 역설했다.

한편 자유주의적 조합주의자들은 이와는 다른 입장을 취하고 있었다. 그들은 대규모 자본주의적 생산의 진보적 성격을 인정했다. 하지만 그들 중 대부분은 자본주의를 우상화시킴으로써, 그리고 자본주의가 확고한 기초 위에 서 있다고 믿음으로써, 그리하여 노동계급 운동의 과제로서 부르주아 제도를 약간 수정하고 '개선'하는 일 이외에는 아무것도 제시하지 않음으로써 부르주아 사회의 옹호론자들인 통속적인 경제전문가들의 주장을 따르고 있었다. 자유주의적 조합주의자들은 이미 정체가 드러난 개량주의자들이었다.

마르크스는 노동계급 운동 내부에 개량주의적이고 종파적인 경향이 존재하는 상황을, 부르주아 이데올로기가 일부 프롤레타리아 종파에 영향을 미친 결과이자 이들 종파의 후진성을 나타내는 것으로 파악했다. 그리고 이 같은 단계는 계급투쟁이 발전됨에 따라 필연적으로 극복될 것으로 확신했다. 그렇다고 그가 이 같은 과정을 수수방관할 뿐 아무런 행동도 할 필요가 없다고 믿었던 것은 결코 아니었다. 그는 국제적인 프롤레타리아 조직의 지도부가 수행할 임무는 계급의식을 가장 능동적으로 진작시키고, 치밀한 교육사업과 노동계급의 독자적 활동에 대한 맹렬한 지원 등을 포함해

---

243) Marx, Engels, *Werke*, Bd. 32, 569쪽.

다양한 형태의 이데올로기적 영향력을 이용하는 일이라고 주장했다.

"각국의 노동운동을 단결시키고 다양한 형태의 비프롤레타리아적, 전(前)마르크스적 사회주의(마치니·프루동·바쿠닌[Mikhail Aleksandrovich Bakunin], 영국의 자유주의적 조합주의, 독일 라살레주의자들의 우익 편향 등)를 공동의 행동 속에 끌어넣고 이들 모든 종파와 학파들의 이론과 투쟁하는 과정에서, 마르크스는 각국 노동계급의 프롤레타리아적 투쟁을 위한 통일적인 전술을 창안해냈다."[244]

대중 속으로 가는 길

총평의회는 '인터내셔널'을 초기 단계에서부터 대중조직으로 구성하기 위해 각국의 노동자들과 접촉할 수 있는 아주 다양한 방법을 모색해야만 했다. 1864년 여름에 전개된 파업운동은 노동계급 가운데 가장 적극적인 인자(因子)들을 양성하는 데 큰 도움을 주었다. 마르크스가 우선적으로 주목한 것도 바야흐로 역사에서 모습을 드러내기 시작한 프롤레타리아 군대의 훌륭한 예비군이 될 바로 이들이었다. 마르크스의 발의에 따라 총평의회는 일련의 파업에 대한 정신적·물질적 지원책을 마련했다. 총평의회의 임무에는 파업 노동자들을 대체하기 위해 해외에서 노동자들을 모집하려는 고용주들의 명단을 폭로하는 작업도 포함되었다. 마르크스는 이 작업을 통해 서로 다른 각국의 노동자들이 공동의 이해관계를 인식하고 계급적 연대감을 강화할 수 있을 것으로 생각했다.

1865년 4월 25일에 열린 총평의회 회의에서 마르크스는, 라이프치히의 식자공 500명이 파업을 감행했다고 보고하면서, 총평의회에 지원을 요청하는 내용을 담은 베를린 식자공노조가 발송한 편지를 낭독했다. 편지에는 다음과 같은 구절이 있었다.

"…… 모든 노동자들의 운동과 모든 파업은 국제적인 의의를 지니고 있습니다. 왜냐하면 각국의 현지에서 직접적으로 고용된 노동자들은 그들

---

244) V. I. Lenin, *Collected Works*, Vol. 21, 49쪽.

11장 제1인터내셔널의 창설자와 지도자 193

이 속한 계급 전체를 위해 투쟁하고 있기 때문입니다."[245]

총평의회는 영국 식자공노조에 지원을 요청하기로 결정했다. 그리고 노조 방문단에는 마르크스도 포함되어 있었다. 이것은 총평의회가 그리고 전체적으로는 '협회'가 파업에 대한 국제적 상호원조를 끊임없이 실천에 옮기게 되는 신호탄이 되었다.

'인터내셔널'이 파업에 대한 올바른 입장을 정립하기까지는 얼마간의 시간이 필요했다. 프랑스와 스위스 및 벨기에의 프루동주의자들은 독일의 라살레주의자들과 마찬가지로 파업을 거부하는 종파주의적 입장을 취하고 있었다. 영국 노동계급 운동은 파업을 일으킨 경험이 풍부했지만 총평의회의 영국인 위원들마저도 파업을 긍정적인 관점에서 파악하지 못했다. 가장 적극적인 파업 반대자는 로버트 오언(Robert Owen)의 공상적 제도를 신봉하는 목수 존 웨스턴이었다. 그는 되풀이해서 자신의 견해를 『뉴 비하이브』를 통해 밝혔다. 총평의회의 여러 회의를 통해 노동자들이 노동조건의 개선을 요구하는 것은 무익하며, 프롤레타리아의 경제투쟁을 지도하는 노조는 실제로 이 같은 투쟁에 기여하기는커녕 해악만 끼치고 있다고 주장했다. 임금 인상은 결국 소비재 가격의 전반적인 상승을 가져오기 때문이라는 것이었다.

계급투쟁을 수행하는 데 올바른 전술을 수립하기 위한 마르크스의 경제학적 연구가 지닌 위대한 의의는 바로 이 같은 견해를 반박하는 운동을 벌이는 과정에서 여실히 입증되었다. 이 경우 마르크스가 새로이 확립한 경제학적 교의에 기초한 논의는 상품가격이 임금 수준에 의해 결정된다는 그릇된 이론을 타파하는 데 큰 힘이 되었다. 이 이론은 노동계급의 투쟁정신을 약화시키는 경향을 지니고 있었으며, 노동계급이 운명에 굴복해야 할 필요성을 암시하고 있었다. 이와 반대로 마르크스는 '인터내셔널'에 대해 '파업이라는 전염병'[246]에 걸린 노동자들을 최대한으로 지원할 것

---

245) *The Bee-Hive Newspaper*, No. 185, April 29, 1865.
246) Marx, Engels, *Werke*, Bd. 31, 122쪽.

을 촉구했다.

1865년 6월 20일과 27일 두 차례에 걸친 총평의회 회의에서 마르크스는 웨스턴의 견해에 대해 비판적 분석을 가하는 동시에, 가치·가격·임금 이론에 관한 과학적 원칙을 제시하는 특별보고를 했다. 1898년『임금, 가격, 이윤』이라는 제목으로 처음 출판된 이래 광범위하게 알려진 이 보고의 핵심 부분은『자본론』제1권의 요지에 대한 기초적이고도 평이한 해설이기도 했다.

마르크스는 간단명료한 용어로 이윤의 원천을 자본의 소유자들이 무상으로 점유하는 잉여가치를 통해 설명했다. 노동자의 임금과 자본가의 이윤이 새로이 창조된 생산물의 가치를 구성하는 요소임이 입증되었다. 임금과 이윤의 비율은 이 가치의 범위 내에서 바뀔 수 있다. 임금은 이윤의 형태를 취하는 잉여가치를 희생시킴으로써 증가될 수 있으며, 마찬가지로 그 역도 성립된다. 이 비율은 또한 프롤레타리아 계급투쟁의 영향을 받아 결정되기도 한다. 비록 평균임금 수준을 체감시키는 자본주의적 생산의 일반적 경향에도 불구하고, 노동자들은 임금 인상을 쟁취할 수 있다. 각국의 일반적인 생활조건 또한 노동계급 투쟁에서 매우 중요하다. 노동계급은 웨스턴과 비슷한 관념을 지닌 자들처럼 일상적인 경제투쟁의 잠재력을 과소평가해도 안 되지만, 그렇다고 영국의 조합주의자들처럼 잠재력을 과대평가해서도 안 된다. 부르주아 사회가 안고 있는 모든 사회적 문제의 근본적인 해결책은 오직 임금노동 체계 전체를 소멸시키는 데 있다. 그러므로 노동조합은 노동자들의 권리와 생활수준을 침해하는 자본에 대한 저항의 중심으로서뿐만 아니라, 노동자들을 자본주의에 맞서 단호한 투쟁을 벌이도록 훈련시키는 학교로서도 중요하다.

마르크스의 보고는 대성공을 거두었다. 총평의회는 이후의 실천적 활동에서 이 보고서가 제시한 이론적·전술적 명제들을 지침으로 삼게 되었다.

'국제노동자협회'를 더욱 강화시키기 위해서는 '전국헌장협회'가 해체된 이래 영국 프롤레타리아의 유일한 대중조직인 영국의 노동조합들을 협회

속에 끌어들이는 일이 불가피했다. 지난 20여 년간 영국의 노동계급 운동을 관찰해온 마르크스는 조지 오저(George Odger), 윌리엄 크레머, 그 밖의 개량주의적 조합주의자들의 이념적 수준에 대해 아무런 환상도 품고 있지 않았다. 하지만 그는 이들 배후에는 수천 명의 평회원들이 있다는 것을 의식했다. 그래서 그는 한편으로 이들 개량주의적 조합주의자들의 자유주의 부르주아적 견해와 부단히 투쟁하면서도, 다른 한편으로는 이들과 실무적인 접촉을 지속했다.

1864년 11월 22일 마르크스는 영국 노동자협회들과 노동조합들에게 '인터내셔널'의 단체위원으로 가입할 것을 촉구하도록 총평의회에 권유했다. 그 결과 런던과 외곽 지역의 조직들은 총평의회에 각각 한 명씩의 대표를 파견할 권리를 갖게 되었다. 노동자 대중과 좀 더 긴밀하게 연결된 이들 신규 평의회 위원들은 노동조합주의자들의 개량주의에 맞서 투쟁을 벌이는 마르크스에게 지지를 보냈다.

'협회'의 사상을 전파시키기 위해 총평의회 위원들을 각종 노동자 집회에 파견하는 관례를 최초로 정착시킨 사람도 다름 아닌 마르크스였으며, 이 관례는 '인터내셔널'이 활동을 중단할 때까지 지속되었다. 그 같은 대표단을 임명하고 그들로부터 보고를 청취하는 일은 머지않아 총평의회의 주요 업무가 되었다. 마르크스 또한 파견단의 일원으로 자주 참여했다. 총평의회의 영국인 위원 가운데 한 사람이며 한때 총평의회 서기까지 지낸 로버트 쇼(Robert Shaw)는 유능한 선전가이자 조직가로서 두각을 나타냈다. 1870년 마르크스는 폐결핵으로 요절한 이 영국 노동계급의 대표에 관해 이렇게 썼다.

"영국의 전국노동조합(Trades Unions)이 우리 쪽에 가담한 데는 무엇보다 그의 부단한 노력이 큰 힘으로 작용했다."[247]

마르크스는 노동조합을 직접적인 정치투쟁에 끌어들이는 일에 큰 중요성을 부여했다. 그래서 그는 1865년 1월에 부르주아적 급진주의자들이

---

247) *The General Council of the First International*, 1868~1870, 408쪽.

이미 착수한 광범위한 선거제도 개혁운동에 총평의회가 참여해야 한다는 크레머의 제안을 지지했다. 마르크스는 부르주아 급진주의자들과 공동행동을 취하는 데 기초가 될 단서들을 정식화했다. 그는 일반적인 민주운동에 대한 노동자들의 참여가 영국 프롤레타리아의 독자적인 정당 결성의 기초를 다져주고, 나아가 유럽 대륙의 혁명적 노동계급 운동과 민주운동에 심대한 영향을 미치리라고 기대했다. 1865년 5월 1일 마르크스는 엥겔스에게 다음과 같이 썼다.

"만약 우리가 영국 노동계급의 정치운동을 재충전하는 데 성공한다면, 우리 '협회'는 쓸데없는 논란 없이 다른 어떤 방법으로 이루어내는 것보다도 훨씬 큰일을 유럽 노동계급을 위해 해낼 수 있을 것이네."[248]

1865년 3월 총평의회의 발의와 마르크스가 작성한 계획에 따라 창설된 '개혁연맹(The Reform League)'은 영국의 정치생활에 상당한 영향을 미쳤다. 이 '연맹'에는 수천 명의 노동자들이 가담했으며, '연맹'이 벌인 민주적 선거제도 개혁운동은 광범위한 지지를 확보했다. 하지만 노동계급을 대표해 지도부에 참여했던 조합주의자들이 결정적인 순간에 부르주아적 급진주의자들을 지지함으로써 '연맹'이 총평의회 노선을 채택하는 것을 방해했다.

마르크스는 외교정책의 현안들을 이용해 영국 노동자들에게 프롤레타리아 국제주의 정신을 교육시키려고 노력했다. 1864년 11월 29일 그는 총평의회를 대표하여, 미국 대통령에 재선된 에이브러햄 링컨에게 보낼 편지를 작성했다. 마르크스는 미국의 진보세력이 수행하고 있는 노예제 폐지 투쟁에 대한 국제 프롤레타리아 계급의 태도를 표명할 수 있는 매우 적절한 기회를 포착한 것이다.

마르크스는 '국제노동자협회'가 창설되기 이전인 1864년에 이미 프루동의 프티부르주아적 개량주의의 강력한 영향 아래 있던 한 프랑스 노동자단체가 과감하게 '입법의회' 선거에 독자적인 노동자 후보를 지명했던 사실을 높이 평가했다. 이 단체의 대표들인 앙리 톨랭(Henri Tolain), 프리부르

---

248) Marx and Engels, *Selected Correspondence*, 174쪽.

(E. Fribourg), 샤를 리무쟁(Charles Limousin) 등은 '협회'의 프랑스 담당 연락원으로 임명되었다. 마르크스는 그들의 파리 주소 등을 수첩에 적고, 독일인 망명가였던 동료 빅토르 실리(Victor Schily)를 통해 창립선언문과 임시규약 사본을 그들에게 보냈다.

그즈음 최초로 설립된 '인터내셔널' 파리지부가 파리 그라비에(Gravillier) 가 44번지 후미진 골목에 있는 조판공 프리부르의 매우 허술한 작업장에서 가동했다. 파리지부는 런던본부에서 임명한 세 명의 연락원으로 구성된 평의회에 의해 운영되었다. 이 평의회는 이미 임시규약의 프랑스 번역판을 발행한 바 있었다. 하지만 그들은 규약 첫 번째 문단에 있는, 모든 계급적 지배의 종식을 프롤레타리아 해방투쟁의 궁극적 목표로 삼는다는 구절을 생략해버렸으며, 세 번째 문단의 "따라서 노동계급의 경제적 해방은 모든 정치운동의 하나의 수단으로서 마땅히 여기에 종속되어야 할 위대한 목표이다."라는 문장에서 '하나의 수단'이라는 말을 생략해버렸다.

마르크스는 재빨리 이 같은 부정확성을 지적했다. 이 같은 부정확함은 무엇보다도 정치투쟁의 중요성을 제대로 이해하지 못한 프루동주의자들의 오류를 그대로 반영하는 것으로, 이 핵심적인 문서를 프루동주의적 정신으로 왜곡시키는 것이나 다름없었다. 총평의회가 이에 관한 해명을 요구하자, 파리지부 평의회는 제2제정의 경찰제도에서 비롯되는 여러 가지 어려움을 고려해야 했기 때문이라고 답변했다.

임시규약의 프랑스어판에 흐르는 정치적 경향은 한때 '국제노동자협회'를 창설하자는 구상을 지지하고 또 이 '협회'를 장악하려 했던 일단의 부르주아 공화주의자들에 의해서도 인지되었다. 임시규약의 왜곡 번역은 이들 공화주의자들에게 톨랭이 보나파르트적 제정에 대한 정치적 투쟁을 고의적으로 포기했다는 비난을 퍼부을 구실을 제공했다. 이 같은 캠페인은 런던의 부르주아 민주주의적 망명가들로부터는 지지를 받았다.

파리지부 지도자들은 총평의회에 도움을 요청했다. 총평의회는 이제 처음으로 현지 조직 내부문제에 관한 중재역을 맡아야 했다. 총평의회는 이 분쟁을 성공적으로 해결하기 위해 마르크스의 고귀한 원칙과 조직 경험을 총동원했다. 이렇게 해서 협회의 국제적·계급적 성격을 위태롭게 만들 소지가 있던 부르주아 분자들의 공격은 좌절되고 말았다. 마르크스는 사태 수습을 목적으로 파리에 특파되었던 실리와 뒤퐁을 통해 파리지부에 1865년 4월 26일 지부회원 총회를 개최한 뒤 지도부를 재구성하라고 명했다. 그 결과 파리지부 평의회를 도와줄 위원회에 노동계 대표들이 포함되었으며, 이 중에는 장차 파리 코뮌에서 활약하게 될 청동제품 제조공 제피랭 카멜리나(Zephyrin Camelinat)와 이미 프랑스 노동운동의 탁월한 조직가로 명성을 떨치고 있던 제본공 루이 외젠 바를랭(Louis Eugène Varlin)도 끼어 있었다.

한편 '협회'의 벨기에 대표에는 벨기에 민주운동가인 레옹 퐁텐(Leon Fontaine)이 임명되었다. 하지만 그는 프롤레타리아 서클과는 아무런 연계도 없었기 때문에 총평의회와 벨기에 노동자들 사이의 접촉을 상당히 지연시키고 말았다. 이 같은 사실은 마르크스가 벨기에 담당 임시 연락서기로 임명된 1865년 봄에야 발견되었다. 다른 곳과 마찬가지로 '인터내셔널' 벨기에지부도 초기 단계에는 국제적인 프롤레타리아 조직을 장악하려는 온갖 부르주아적 시도에 직면했다. 그러나 이 같은 시도들은 마르크스에 의해 모조리 무산되고 말았다. 그는 처음부터 사회주의자 세자르 드 페페가 이끄는 벨기에 노동자 대표들과 직접 연락을 취하기 시작했다.

독일 담당 연락서기가 되다

마르크스는 독일 노동자들을 '인터내셔널'에 가입시키기 위해 부지런히 움직였다. 그러나 초기 단계에서 그는 많은 어려움에 부딪혔다. 그것은 부분적으로 독일 노동자 단체가 외국의 조직에 가입하는 것을 금지하는 법률 때문이기도 했고, '전독일노동자협회'의 라살레파 지도부가 취한 종파적 입장 때문이기도 했다. 마르크스는 이 지도부에 필요한 변혁만 이뤄지면 '전독일노동자협회'가 재구성되고 라살레적 도그마의 해로운 영향으로부터는 벗어날 수 있으리라고 믿었다. 그렇기 때문에 그는 '전독일노동자협회'를 '인터내셔널'에 가입시키려고 애썼다. 그는 총평의회에서 이 문제를 여러 차례 토론했고, 그 결과를 빌헬름 리프크네히트와 카를 지벨(Carl Siebel), 그리고 독일에 있는 그의 지지자들에게도 알려줬다.

'인터내셔널'의 이념을 독일에 보급시키기 위해 마르크스와 엥겔스는 라살레의 후계자로서 프랑크푸르트의 변호사인 침례교도 요한 밥티스트 폰 슈바이처(Johann Baptist von Schweitzer)와 1864년 12월 15일 베를린에서 창간한『사회민주주의자Der Social-Demokrat』라는 신문에 그들의 논설을 기고하기로 합의했다. 마르크스는 이 신문의 창간사에 이렇다 할 라살레주의적 구호가 없다는 사실을 매우 고무적인 요인으로 간주했다. 또한 리프크네히트가 편집진에 끼어 있다는 사실은 이 신문이 올바른 노선에 따라 운영되리라는 것을 시사하고 있었다.

마르크스는 우선『사회민주주의자』에 인터내셔널 창립선언문 독일어판을 보냈고, 그것은 1864년 12월 31일자 2면과 3면에 보도되었다. 1865년 1월 3일 그는 이 중대한 사건을 흡족한 심정으로 총평의회에 보고했다.

1865년 1월 프루동이 사망하자, 마르크스는 슈바이처의 끈질긴 요구에 따라「프루동에 관하여On Proudhon」라는 논설을 썼다.

이 논설은 프루동에 관한 명논평으로서 그의 사상과 활동의 특징적인 면모들을 지적하고, 그의 장점과 단점에 대해 과학적이고 객관적인 견해를 밝힌 것이었다. 그것은 또 온갖 형태의 개량주의와 종파주의를 싸잡아 공격한 탁월한 예이기도 했다. 마르크스는 이 글에서 프루동이 다른 프티부르주아적 사회주의의 대변자들, 특히 이름은 지목하지 않았지만 라살레와 공통으로 갖고 있는 특징을 강조했다. 변증법적 방법론을 활용하는 능력의 결여, 정치적 제반 학문에 대한 무지, 역사적 범주들을 형이상학적 범주로 대체한 점 등, 이 모든 방법론적 결함이야말로 프루동과 라살레의 공통점이었다. 마르크스가 지적했듯이, 허영심으로 자신을 탕진하고 선풍적 성공을 갈망하는 자들 가운데서 발견되는 협잡꾼적인 학문 경향은 그 당연한 결과로 정치에서도 갈팡질팡하고 무원칙한 태도를 낳았다. 마르크스가 이 기사에서 프루동이 보나파르트적 체제와 타협한 것을 신랄히 비판한 것은 라살레가 프로이센의 지배계층과 야합한 작태에 대한 통렬한 공격이기도 했다. 이처럼 마르크스는 라살레파 신문을 통해 라살레를 가차 없이 성토해버렸다.

마르크스가 프루동에 관한 기사를 쓰고 있을 당시 그는 이미 리프크네히트로부터 라살레가 죽기 직전 비스마르크와 체결한 협정 내용을 알았다. 동시에 이 협정이야말로 슈바이처의 행동을 해명해주는 열쇠이기도 했다. 슈바이처는 라살레와 비스마르크 사이의 비밀교섭 과정을 빠짐없이 알고 있었을 뿐만 아니라, 그 자신 프로이센 당국과 밀접하게 연결되어 있음이 분명했다. 이는 마르크스가 독일 노동자 측이 비스마르크와 야합하고 있음을 시사하는 어떠한 행동도 절대로 해서는 안 된다고 촉구했을 때, 슈바이처는 마르크스에게 이 신문이 놓여 있는 어려운 처지와 이 신문이 자립해야 할 필요성을 배려해주기를 요청하면서도, 한편으로는 프로이센의 정책을 찬양하는 「비스마르크 재상The Bismarck Ministry」이라는 제목의 특정 기획기사를 계속 게재했던 사실로도 알 수 있다.

1865년 초 프로이센 의회는 진보주의자들의 주장에 따라 산업발전에 장애가 되고 있던 '산업헌장'(1845년 제정)의 수정 법률안을 심의하고 있었다. 당시 베를린 노동자들은 헌장 가운데 결사 및 파업 금지 조항의 우선적 폐지를 주장하는 운동을 벌이고 있었다. 마르크스와 엥겔스는 이 운동에 커다란 중요성을 부여했다. 하지만 그들의 충고에도 불구하고, 슈바이처는 이 운동의 중요성을 무시하고 생산조합들에 대한 국가의 지원을 요구하는 캠페인만을 집중적으로 보도했다. 1865년 2월 13일자로 슈바이처에게 보낸 편지에서, 마르크스는 다시 한 번 그의 개량주의적 '만병통치술'을 신랄히 비판했다. 그는 이렇게 썼다.

"프로이센 정부에 의한 '사회주의적' 개입정책에 관한 라살레의 불행한 환상이 여지없이 깨질 것임은 의심의 여지가 없습니다. …… 그러나 노동자 측의 명예가 요구하는 바는 그 같은 환상의 천박성이 경험에 의해 입증되기 전에 그 환상을 거부해야만 한다는 것입니다. 노동계급은 혁명적이거나 혹은 아무것도 아니거나 둘 중의 하나일 뿐입니다."[249]

1865년 2월 23일 「'사회민주주의자' 편집진에 대한 성명」을 통해 마르크스와 엥겔스는 이 신문과의 협력을 거부할 것임을 밝혔다. 그들은 이 신문과의 결별이 근본적인 정치적 견해차 때문이라고 주장했다. 마르크스와 엥겔스는 "적어도 진보당에 대해서와 마찬가지로 비스마르크 및 봉건 절대주의자 등에 대해서도 똑같이 대담한 언어를 사용할 것"을 요구했으나 편집인들은 '프로이센 왕정의 사회주의' 정신에 입각한 행동을 계속했다는 것이다.[250]

진보적인 독일 노동자들 가운데서는 이 성명에 대한 강력한 반응이 나타났다. 그리고 '베를린 식자공노동조합'을 비롯한 일부 진보적인 노동단체들은 이 성명을 지지했다. 리프크네히트와 다수의 기고가들이 마르크스와 엥겔스처럼 라살레파 언론기관과 관계를 끊었다.

그러나 라살레파의 정치적 입장에 대한 전면적인 비판 역시 필요했다. 1865년 1월 맨체스터를 방문한 마르크스는 엥겔스에게 『사회민주주의자』에 실을 비스마르크의 「군대개편법」에 관한 기사를 작성하도록 요청했다. 엥겔스는 이에 따라 그해 2월 기사를 작성했는데, 신문기사라기에는 너무 긴 평론이 되고 말았다. 그래서 슈바이처와의 결별도 임박했던 터라 「프로이센의 군사문제와 독일노동당The Military Question in Prussia and German Workers' Party」이라는 제목을 붙인 팸플릿으로 출판했다. 이 글은 독일 내 계급세력 등의 동맹관계에 관한 날카로운 분석을 담고 있으며, 독자적인 노동당을 창건할 필요성을 주장했고, 프로이센에서 입헌투쟁이 절정에 이를 경우 노동당을 창건할 필요성과 노동당이 채택할 제반 전술의 윤곽을 제시하고 있었다. 라살레주의자들과는 대조적으로 엥겔스는 부르주아적

----

249) Marx, Engels, *Werke*, Bd. 31, 446쪽.
250) Marx and Engels, *Selected Correspondence*, 166쪽.

진보당의 자기모순과 비겁함을 가차 없이 비판할 필요성뿐만 아니라, 군사 관료적 왕정체제에 대한 철저한 투쟁과 비스마르크의 사회적 선동술책을 폭로해야 할 필요성도 역설했다. 마르크스는 엥겔스의 팸플릿에 만족감을 표시했고, 독일과 영국에서 발행되는 각종 독일어 신문을 위해 짤막한 해설을 수차례 썼다.

『사회민주주의자』 신문과의 결별은 마르크스가 당분간은 '전독일노동자협회'를 '인터내셔널'에 가입시키려는 노력을 포기해야 함을 의미했다. 하지만 그는 '인터내셔널'과 독일 노동계급 운동을 강력히 연결시킬 다른 방법을 모색하기 위한 노력을 계속했다. 1865년 초, 그는 독일의 상황을 감안한 끝에 독일 노동자들이 '인터내셔널'에 개별적으로 가입하는 방법을 제안했다. 그렇게 하면 형식적으로는 독일의 실정법을 준수하면서 '인터내셔널'에 가입할 수 있었다. 이 전술은 곧 정당성이 입증되었고, 독일 프롤레타리아와 '인터내셔널'의 연대를 공고히 하는 데 도움이 되었다. 그래도 이 전술이 괄목할 만한 성과를 낳기까지는 다소 시간이 필요했다.

폴란드 문제

마르크스는 '국제노동자협회' 창립 이후 몇 달 동안 폴란드 문제에 관한 국제주의적 입장을 구체화하는 데 큰 관심을 보였다. 이 문제는 당시 민주주의자들과 프롤레타리아에게 여러 국제적 문제들 중에서 가장 우선시되었다. 그는 폴란드 민족해방운동에 여전히 커다란 의미를 부여하고 있었다. 그의 입장에서 볼 때 폴란드 민족해방운동은 모든 노동계급이 온갖 수단을 동원해서라도 반드시 지원해야 할 혁명세력이었다. 하지만 그는 1863년 런던에서 설립된 '폴란드 독립을 위한 영국국민연맹(British National League for the Independence of Poland)'의 부르주아 급진주의 지도자들과는 달리, 이 현안에 대해 프롤레타리아 조직이 독자적인 입장을 취해야 한다고 믿었다. 그런데 '연맹'의 멤버들 중에는 '인터내셔널' 총평의회에 참여하고 있는 자들(피터 폭스[Peter Fox], 윌리엄 델[William Dell], 로버트 하트웰[Robert

Hartwell])도 끼어 있었다. 마르크스는 1864년 12월에 이듬해 1월 폴란드 인민에게 보낼 메시지에 대한 논의와 관련해서 작성된 보고서들을 전달해야 했다. 그 보고서들은 노동계급 운동에 참여한 바 있던 급진 저널리스트 피터 폭스가 기초하였다. 그는 폴란드의 민족주권 회복을 열렬히 주창하고 있었다. 하지만 다른 영국 급진주의자들과 마찬가지로 친불파(親佛派) 인사였던 그는 역대 프랑스 정부들이 폴란드에 우호적인 대외정책을 추구해왔음을 입증해 보이려 애쓰는 측에 끼어 있었다.

마르크스는 이러한 발상을 반박하려는 목적으로 그가 1863년에 발췌한 폴란드 역사 관련 자료들을 포함한 방대한 사실들을 제시했다. 그는 우선 상임위원회 위원들에게 그리고 나중에는 총평의회 석상에서 "루이 14세로부터 나폴레옹 3세에 이르기까지 프랑스가 끊임없이 폴란드에 저질렀던 역사적으로 반박할 수 없는 생생한 배신행위들"[251]을 폭로했다. 그는 폴란드의 진정한 동지는 유럽의 지배집단이 아니라 바로 노동자들이라고 못 박았다.

마르크스는 해마다 1863년 폴란드 봉기 기념식을 준비하는 데도 적극 참여했다. 1865년 3월 1일에 개최된 한 집회에서는 '인터내셔널'을 대표해서 제안된 한 결의문이 만장일치로 채택되었다. 그 결의문은 "완전 독립된 폴란드야말로 민주주의 유럽을 위해 필수불가결한 조건"[252]이라는 점을 명시하고 있었다. 이 결의문을 발의했던 에카리우스는 폴란드의 주권 회복과 독일의 민주적 통일에 주요 장애요인으로 작용하고 있는 프로이센 왕정을 타도해야 할 필요성을 역설했다.

영국 부르주아 언론은 이 집회에 관한 기사를 게재하기는 했지만 '인터내셔널'의 참여 사실에 대해서는 단 한마디도 언급하지 않았다. 그러나 이것은 오히려 마르크스에게 적절한 '정정기사'를 발표할 기회를 제공했다. 그는 스위스의 독일어 신문 『흰 독수리 Der Weisse Adler』에 게재한 이 '정정기

---

251) Marx, Engels, *Werke*, Bd. 31, 39쪽.
252) Ibid., Bd. 16, 96쪽.

사'를 통해 폴란드 문제에 대한 '인터내셔널'의 입장을 독일 노동자들에게 알리고자 했다. 그는 이 기사에서 에카리우스의 연설이 갖는 의미를 강조하고, 이로써 프로이센 정부에 대한 그리고 라살레주의자들과 비스마르크의 야합에 대한 '인터내셔널'의 적대적 태도를 공공연히 드러냈다.

잘트봄멜에서 보낸 망중한

'인터내셔널'을 지도하고 방대한 이론적 연구에 몰두하는 일은 마르크스에게 진정 초인적인 노력을 요구했다. 그는 수많은 크고 작은 조직적 문제들과 씨름해야 했다. 예컨대 노동계급 지도자들과의 회합 및 편지 왕래, 집회 참석, 결의문이나 연설문 초안 작성, 동료들에 대한 조언 등이 항시 그를 에워싸고 있었다. 1865년 봄에 그는 엥겔스에게 다음과 같은 편지를 보냈다.

"저술 작업은 일단 제쳐두고서라도 '국제협회'만으로도 나는 무척 많은 시간을 빼앗기고 있네. 사실상 그곳에서 지도자 역을 맡아야 하기 때문이지. 사실 그것은 얼마나 큰 시간낭비인가! …… 빌어먹을 이 프랑스인들을 예로 들어보세. 2월 28일 톨랭과 프리부르가 파리에서 이곳으로 왔다네. 중앙평의회 회합이 있었지. 그들은 거기에서 여러 사항을 설명하고 오밤중까지 뤼베와 토론했지. 그리고 나는 볼레테의 선술집에서 있었던 집회에 참석해서 200여 장에 이르는 종이쪽지에 서명을 해야 했네(이제 이 우둔하기 짝이 없는 방식을 버리고 우리의 서명을 동판으로 인쇄하기로 했지만, 어쨌든 나머지 1,000장에 대해서만큼은 이전 방식대로 서명해야 할 형편이네)."

3월 1일, 폴란드 봉기 기념집회.

3월 4일, 새벽 1시까지 **프랑스 문제 관련 소위원회 회의**.

3월 6일, 새벽 1시까지 같은 문제 관련 **소위원회 회의**.

3월 7일, 자정까지 **중앙평의회 회의**.[253]

---

253) Marx, Engels, *Werke*, Bd. 31, 100~1쪽.

과로한 데다가 고질병까지 도진 마르크스는 잠시 일을 놓고 전지 요양을 떠나기로 작정했다. 그는 1865년 3월 19일에서 4월 8일까지 3주 동안 잘트봄멜에서 네덜란드인 친척들과 시간을 보냈다. 그들의 오래된 집은 마르크스에게 평온과 안락을 가져다주었다. 하지만 거기에서조차도 그의 정신은 끊임없이 당시의 정치적 현안들에 촉각을 곤두세우고 있었다. 장사를 하는 그의 삼촌 리온 필립스는 폭넓은 식견과 민주적 성향을 지닌 사람이었다. 두 사람은 미국 내전의 결과나 독일 통일에 대한 전망 혹은 폴란드나 이탈리아 문제 등에 대해 흉금을 터놓고 얘기를 나누었다. 나이 든 필립스는 노동계급 운동에 대해서 회의적인 견해를 갖고 있었지만, 결코 그의 조카를 무책임한 사람으로 보지는 않았다. 그는 자기보다 젊은 이 사람이 방대한 영역의 매우 중요한 문제들과 씨름하고 있음을 깨달았다.

　3주간의 휴식은 마르크스에게 매우 좋은 결과를 가져다주었다. 잘트봄멜에서 보낸 휴식기간은 사촌 나네트가 있어서 한층 더 기쁜 나날이 되었다. 일찍이 마르크스와 매우 편안하면서도 우호적인 친분을 나누었던 나네트를 두고 마르크스는 총평의회의 '네덜란드 담당 서기'라고 농을 던지곤 했다.

　그의 생애 중 이 짧은 '태평세월' 동안 마르크스는 매우 흥미 있는 추억을 남겼다. 그는 1865년 4월 1일 나름대로 어떤 의미를 지니고 있는 설문지에 답하는 형식으로 「고백」이라는 것을 남겼는데, 그는 이전에도 몇 번인가 딸들이 작성한 설문지에 답한 적이 있었다. 잘트봄멜에서 남긴 응답지 외에도 그는 두 개의 다른 설문 응답지를 남겼는데, 이 모두 거의 비슷한 답변으로 이루어져 있다. 이 응답지는 진지한가 하면 약간 유머가 섞여 있기도 한데, 그의 성실성과 인간적 온정을 여실히 드러내주고 있다. 여기에 이 설문지의 일부를 인용해보기로 하자.

　당신이 높이 사는 미덕 …… 순박함
　당신의 주된 특징 …… 목표의 단일성

당신이 가장 혐오하는 악덕 …… 노예근성

당신이 가장 용서할 만한 악덕 …… 쉽게 믿는 것

행복에 대한 당신의 견해 …… 투쟁하는 것

불행에 대한 당신의 견해 …… 굴종

좋아하는 영웅 …… 스파르타쿠스, 케플러

좋아하는 격언 …… 인간에 관한 것이라면 모두 나와 관계가 있다(Nihil humani a me alienum puto). [254]

그러나 그의 부재중에 『자본론』 출판 계약서가 함부르크에서 런던으로 배달되었고, 게다가 '인터내셔널'에는 긴급한 업무들이 산적해 있었다. 다시 고된 작업으로 되돌아와야 할 시간이 온 것이다.

1865년 런던 회의에서

'인터내셔널'의 임시규약은 노동자 총회를 1865년 벨기에에서 소집하기로 규정하고 있었으나 마르크스는 아직 시기상조라고 믿었다. 현지 지부들은 아직 조직상으로나 이념적으로 확고한 기반을 구축하지 못한 상태였기 때문이다. 1865년 6월 24일 마르크스는 엥겔스에게 "사태는 아직 성숙되어 있지 않다."라고 썼다. 엥겔스 역시 같은 생각이었다. [255]

한편 프랑스와 스위스의 '인터내셔널' 회원들은 대회를 예정대로 개최할 것을 촉구하고 있었다. 파리지부 지도자들은 대회를 예정대로 여는 것이 프루동주의를 '인터내셔널'의 공식적인 교의로 채택되도록 하는 데 도움이 될 것으로 기대했다. 7월 7일 이들은 총평의회에 선수를 쳐 독자적인 대회 의제를 제안하는 편지를 보냈다.

이 무렵 마르크스는 총평의회 위원들을 대상으로, 이미 대회 준비를 위해 주요 지부 대표자들의 예비회의를 런던에서 소집하는 것이 바람직하

254) *Reminiscences of Marx and Engels*, 266쪽.

255) Marx, Engels, *Werke*, Bd. 31, 126, 138쪽.

'독일사회민주당' 창립자 중 한 사람인 빌헬름 리프크네히트(1826~1900).

다는 점을 설득한 상태였다. 이렇게 해서 1865년 7월 25일 개최된 총평의회 예비회의는 마르크스가 작성한 대회 의제를 승인했다. 이 의제에는 파리지부 사람들이 제안한 사항들도 포함되어 있었지만, 그것들은 마르크스에 의해 '인터내셔널'이 직면하고 있는 실천적 과제에 걸맞은 형태로 재구성되었다.

마르크스는 이 예비회의에 독일 노동자 대표들, 그중에서도 특히 리프크네히트가 참석해주기를 간절히 바랐다. 하지만 리프크네히트는 직접 참석하지 못했고, 그 대신 독일 노동계급 운동의 근황에 대한 상세한 보고서를 제출했다. 마르크스는 하나의 신조로서 지도자들을 미화시키는 것을 늘 반대해왔고, 라살레주의자들의 그 같은 작태를 비판한 적이 있었다. 그는 리프크네히트가 독일 노동계급의 해방투쟁을 진전시키는 데 자신의 역할을 지나치게 강조하고 있음을 느꼈다. 이에 마르크스는 1865년 11월 21일 리프크네히트에게 이런 편지를 써 보냈다.

"자네가 제출한 보고서에 대해 말하자면, 나는 그것을 회의에 제출할 수 없다네. 그 보고서에는 내가 지나치게 개인적으로 소개되고 있기 때문이라네."[256]

회의는 9월 25일부터 29일까지 열렸다. 오전 대회는 롱 에이커(Long Acre)에 있는 프리메이슨 암스(Freemason Arms)에서 열렸는데, 대륙에서 건너온 대표들과 상임위원회 위원들이 참석했다. 오후 대회는 스트랜드(Strand)가 아델피 테라스(Adelphi Terrace)에 있는 어떤 집에서 열렸는데, 오전 대회보다 훨씬 더 축제 분위기를 자아냈고 일반에게도 공개되었다. 오후 대회에는 각 지부 대표들은 물론 다른 방문객들도 참석했다. 마르크스는 모든 회의에 빠짐없이 참석해 대표들과 인사를 나누고 그들 대부분과

---

256) 마르크스·레닌주의연구소 중앙당 문서보관소.

208

오랜 기간 대화를 나누었다. 1865년 9월 28일에는 '인터내셔널' 창립 1주년을 기념하는 야회가 성 마틴 홀에서 열려 대표들의 가족도 참석한 다과회를 끝으로 막을 내렸다. 바를랭과 리무쟁이 마르크스의 두 딸 라우라, 예니와 춤을 추는 사이에 마르크스는 톨랭과 프리부르에게 프루동과 자신의 차이점을 설명하고 있었다. 그리고 10월 1일에는 요한 필리프 베커 (Johann Philipp Becker)와 융, 페페를 비롯한 몇몇 대표들이 마르크스의 집에서 오찬을 함께했다.

런던 회의는 '인터내셔널'을 구축하기 위한 마르크스의 중요한 활동무대였을 뿐만 아니라, 총평의회의 지도적 역할과 총평의회에서 그의 권위를 공고히 하고, 가장 활동적인 총평의회 위원들인 에카리우스·레스너·뒤퐁·융, 바를랭·페페·베커 등 대륙 대표들과의 접촉을 긴밀히 하는 데 큰 도움이 되었다. 마르크스가 파리지부의 제안을 대회 의제 초안 작성에 활용할 때 써먹었던 방식은 정당성을 인정받았다. 대회에서 이 초안은 마르크스와 프리부르에 의해 공동 발의되어 일정한 토론을 거친 뒤 일반의 승인을 받았다.

대회는 어떤 노동자든 대회 참석이 허용되어야 한다는 파리지부 측 요구를 거부하고, 대표제 원칙의 엄격한 준수를 강력히 지지했다. 다시 말해 대회는 정식 발족되어 회비를 납부한 지부들에 의해 참석 권한이 부여된 대표들만이 대회에 참석할 수 있다고 결정했다.

대회에서 있었던 폴란드 문제 토론 과정에서 총평의회의 위원들 대부분, 그중에서도 특히 독일과 영국 위원들이 폴란드 독립투쟁에 대한 노동계급의 지원을 추구하는 마르크스의 노선에 동조하고 있음이 드러났다. 하지만 프랑스 대표단의 거의 대부분은 폴란드 문제를 의제로 상정하기를 거부했다. 그들은 프루동의 견해에 뜻을 같이하면서, 이 의제가 '정치적인' 문제라고 주장했다. 말하자면 정치적인 문제는 '경제적인' 노동자대회의 프로그램으로 적절치 못하다는 것이 그들의 주장이었다. 프티부르주아 민주주의자들은 총평의회가 '민족성 원칙'을 주장하면서 보나파르트주의자들을 본뜨고 있다고 비판했다.

민족문제에 대한 프루동주의자들의 허무주의적 태도는 부분적으로 나폴레옹 3세가 그 문제를 선동술책에 이용한 사실에서 비롯되었다고 여긴 마르크스는 엥겔스에게 언론을 통해 폴란드 문제를 해명하도록 촉구했다. 이에 엥겔스는 「노동계급은 폴란드에 대해 무엇을 해야 하는가?」라는 연재평론을 집필했다. 이 평론은 보나파르트주의적 '민족성 원칙'과 국민의 자결권에 대한 프롤레타리아적 인식은 정반대되는 것임을 역설하고 있다.

이후 마르크스와 엥겔스는 '인터내셔널' 활동을 하면서 기회 있을 때마다 폴란드 문제에 대한 국제주의적 입장을 옹호했다. 1867년 1월 22일 마르크스는 런던의 캠브리지 홀에서 개최된 한 집회에서 매우 인상 깊은 연설을 했다. 이 집회는 총평의회가 1863년 폴란드 봉기를 기념하기 위해 폴란드 혁명 망명가들과 공동으로 주최한 것이었다.

'인터내셔널' 독일지부의 설립 _ 프로이센·오스트리아 전쟁과 독일 노동계급

마르크스와 엥겔스가 지칠 줄 모르고 펼친 '인터내셔널'의 원칙에 대한 선전활동은 1865년 겨울이 되면서 독일 노동계급 운동에서 일정한 결실을 맺기 시작했다. 우선 '공산주의자동맹'의 전통을 간직하면서 라살레파 지도부에 반대하는 '전독일노동자협회' 회원들이 중심이 된 비합법적인 '인터내셔널' 지부가 독일의 여러 도시에 설립되었다. 이들 지부는 흔히 소비자 또는 생산자협동조합, 교육단체, 공제회, 그 밖에 당국이 허용한 조직의 위장간판 아래 운영되었다. 이들 지부의 회원 수는 그리 많지 않았으나 '인터내셔널'의 이념을 독일에 보급하고 독일 노동계급을 국제 프롤레타리아와의 공동행동에 참여시키는 데 큰 힘이 되었다.

한편 1863년 자유주의자들에 의해 설립된 '독일노동자교육협회동맹(Union of the German Workers' Educational Societies)' 내부의 혁명적 역량은, 이 동맹이 점차 자유주의자의 후견과 슐체델리치의 협동조합주의적 사상

독일의 사회주의 사상가로 '독일사회민주당'의 지도자 아우구스트 페르디난트 베벨(1840~1913). 여성운동에도 관심이 컸던 그는 1879년에 『여성론』을 출간해 여성해방운동에 커다란 영향을 주었다.

의 영향에서 벗어나 '인터내셔널'에 점점 밀착해짐에 따라 더욱 강화되어 갔다. 이들 가운데 혁명적 프롤레타리아 성향을 가장 탁월하게 드러낸 사람은 젊은 선반공 아우구스트 페르디난트 베벨(August Ferdinand Bebel)이었으며, 그의 지도 아래 29개 노동자 단체가 1865년 7월 작센(Sachsen)주에서 연합했다. 베벨은 '동맹'의 평의회 위원이었고 동맹의 발전에 적극적인 영향력을 행사했다.

마르크스의 제자 리프크네히트와 베벨의 확고한 결속은 독일 노동계급 운동의 발전에 중요한 역할을 수행했다. 1865년 4월 베를린에서 추방된 이후 독일 전국을 떠돌아다닌 리프크네히트는 마침내 라이프치히에 정착했다. 1865년 8월 리프크네히트는 베벨을 만나 그가 마르크스주의를 정확히 이해하도록 도와줬다. 두 사람은 나이차가 컸음에도 불구하고(리프크네히트는 당시 38세였고, 베벨은 26세였다) 그 후 수년간을 함께 일했다. 한쪽은 1848년 혁명의 주역이며, 다른 한쪽은 이미 조직가이자 프롤레타리아적 연설가로 명성을 떨치고 있던 젊은 노동자로서, 이들 모두 독일 노동자들이 참다운 프롤레타리아 정당을 건설해야 할 과업에 직면하고 있음을 명확히 깨닫고 있었다.

1866년 여름, 마르크스와 엥겔스의 관심은 전쟁의 벼랑으로 내닫고 있던 독일에 집중되었다. 그들은 독일 노동계급 운동의 혁명가 집단이 임박한 갈등의 시련을 꿋꿋이 견뎌낼 수 있도록 도와주려고 애썼다. 비스마르크는 독일 내 패권을 둘러싼 프로이센과 오스트리아의 오랜 반목을 '철혈전쟁'으로 해결할 준비를 서두르고 있었다. 광범위한 대중 사이에 팽배해 있던 반(反)프로이센 감정과 전쟁에 대한 공포감은 노동계급의 혁명인자들로 하여금 행동에 나서도록 부추겼다. 따라서 비스마르크로서는 이 전쟁을 방어전으로 가장하는 것이 중요했으므로 오스트리아의 공격을 유도하기 위해 온갖 도발공작에 열중하고 있었다.

마르크스와 엥겔스 그리고 이들과 연대하고 있던 독일 프롤레타리아 지도자들은 혁명적 방법에 의한 독일 통일이야말로 이 같은 위기의 해결책이라고 보았다. 1866년 봄 '독일노동자교육협회동맹'이 주도하는 대중운동이 독일 전국을 휩쓸었다. 라이프치히에서 열린 한 집회에서 베벨은 임박한 부르주아 민주주의 혁명에서 지도적 세력이 될 프롤레타리아 계급의 전투적 요구를 정식화하는 결의문을 채택할 것을 제안했다. 통일독일민주공화국을 수립하자는 요구는 '인터내셔널' 독일지부 제네바위원회의 지지도 받았다. 제네바위원회는 1866년 1월 독일지부의 지도적 회원인 요한 필리프 베커에 의해 창설되었다.

6월 중순 프로이센과 오스트리아 사이에 전쟁이 터졌다. 마르크스와 엥겔스는 오스트리아군이 신속한 진공을 전개할 것으로 기대하면서, 프로이센 군대의 패배는 민주주의 혁명을 촉발시키리라는 희망을 품고 있었다. 그러나 사태는 전혀 엉뚱하게 전개되었다. 비스마르크의 군부개혁으로 강력해진 프로이센군이 쾨니히그레츠(Königgrätz) 북서쪽의 사도바 마을에서 오스트리아군을 궤멸시킨 것이다.

프로이센의 승리는 엄청난 결과를 가져왔다. 독일연방은 해체되었고, 오스트리아는 독일의 민족통일을 결정짓는 과정에서 발언권을 박탈당하고 말았다. 프로이센은 수많은 독일의 소공국들을 병합해 북독일연합을 수립하여 프로이센 왕정의 지배 아래 둠으로써 사실상 독일 전역을 장악하게 되었다. 프로이센의 군사적 승리는 또한 프로이센 내부의 입헌분쟁도 종식시켰다. 자유주의적 부르주아 계급은 국수주의에 사로잡혀 비스마르크에게 완전히 무릎을 꿇고 말았다.

이렇게 해서 독일은 '위로부터(from above)'라는 최악의 방식으로 통일되고 있었다. 프로이센의 군국주의자들과 융커들은 독일에서 점점 더 큰 영향력을 행사했다. 보나파르트 체제하의 프랑스에 이어 새로운 군사적 도박의 온상이 유럽의 심장부에 자리 잡게 된 것이다.

한편 이로써 독일의 정치적 분할에서 비롯되었던 독일 노동계급 운동의 수많은 장애가 제거된 것 또한 분명한 사실이었다. 마르크스는 이렇게 썼다.

"노동자들은 부르주아 계급을 집중화시키는 모든 경향으로부터 자연스럽게 득을 보는 입장에 있다."[257]

그러나 비스마르크를 무조건 지지한 슈바이처나 그 밖의 라살레주의적 지도자들과는 대조적으로, 마르크스와 엥겔스는 북독일연합의 결성이 강해진 적에 맞서 좀 더 장기적이고도 치열한 혁명투쟁의 기초를 마련하는 것에 불과한 것으로 보았다. 엥겔스는 독일 노동자들과 그 지도자들은 이제 주어진 모든 기회를 최대한으로 이용해서 독일 프롤레타리아 계급의 '전국적' 조직과 통일을 구축하고[258] 나아가 독자적인 정당을 건설할 절박한 과제에 당면하고 있다고 주장했다.

국제 프롤레타리아 경제강령

'인터내셔널'이 각국에서 성장함에 따라 마르크스의 활동 영역 역시 여기에 바쳐야 할 시간과 함께 늘어났다. 한편 마르크스는 다시 한 번 '인터내셔널'을 프티부르주아적 민주주의 운동 조직으로 탈바꿈시키려는 온갖 시도에 부딪혔다. 이는 '인터내셔널' 최초의 강령문서가 결정되는 과정에서 벌어졌던 시도들과 비슷한 것이었다.

---

257) Marx, Engels, *Werke*, Bd. 31, 243쪽.
258) Ibid., 241쪽.

'인터내셔널'의 혁명적 프롤레타리아파에 반대하는 자들은 1865년 가을 런던에 설립된 프랑스지부에 잠입해 있었다. 그들은 피에르 베지니에(Pierre Vésinier)라는 프랑스 인쇄업자의 지도를 받고 있었다. 그런데 베지니에는 마치니를 추종하는 망명 세력과 밀접한 관계를 맺고 있던 인물로 일찍이 신문지상을 통해 총평의회를 공격한 적도 있었다. 그 프랑스지부는 '국제노동자협회'의 새로운 규약 초안을 공개했는데, 이에 따르면 총평의회를 폐지하고 순수하게 실무적인 비서국으로 이를 대치한다는 것이었다. 이는 '인터내셔널'에서 마르크스가 수행하고 있던 지도적 역할을 박탈하려는 폭넓은 음모들 가운데 한 요소에 불과했다. 1866년 3월 6일 이들 프티부르주아적 민주주의자 집단은 마르크스와 그의 가장 가까운 동지들이 불참한 가운데 총평의회에서 '낡은 마치니주의'로 되돌아갈 것과 마치니와 볼프의 공로에 감사하는 내용의 결의안을 통과시키고 말았다.

3월 10일 총평의회 연락 비서들인 뒤퐁·융·롱게(Charles Longuet)·라파르그·보브친스키(Bobczynski) 등이 마르크스의 집에서 상임위원회 정례회의차 회동해 대책을 숙의했다. 그 결과 총평의회의 다음 회의 때 이 결의안에 항의하는 것이 마르크스의 임무라는 데 합의했다. 3월 13일 마르크스는 만성적인 지병이 심각하게 재발한 상태임에도 총평의회에 참석해 '인터내셔널'의 원칙과 마치니의 그것과의 근본적인 차이점을 설명하는 연설을 했다. 그 결과 3월 6일 결의안은 폐기되고 말았다. 이 에피소드는 마르크스가 영국뿐 아니라 유럽 대륙 노동계급 운동의 가장 탁월한 대표자들로부터 지지를 받고 있음을 여실히 보여주었다.

한편 그의 만성적인 지병이 점점 더 악화되자 담당 의사들은 런던의 지독한 안개와, 그의 책상과, 노동자대회의 시끌벅적한 분위기에서 하루 빨리 벗어날 것을 강력히 주장했다. 엥겔스도 마르크스에게 가급적 빨리 런던을 떠나 휴식을 취할 것을 간곡하게 권유했다.

3월 15일 저녁 마르크스는 상쾌한 공기로 유명한 영국 동부 해안의 휴양지 마게이트(Margate)에 도착했다. 그때는 휴가철이 아니어서 비교적 한

산했다. 그는 민가에 숙소를 정했는데, 호텔이나 여관에 들었을 때 우연히 사람들을 만나 피곤한 대화를 나눌 가능성이 있어 이를 피하기 위해서였다. 그는 일찍 잠자리에 들었고 가급적이면 책 읽는 시간을 줄였다. 산책을 오래 하면서 마음을 "불교에서 인간적 기쁨의 최고 절정으로 간주하는 무아(無我)의 상태"[259]로 비우려고 노력했다.

근 한 달 동안 해변에서 보내면서 건강은 호전되었지만, 그는 '인터내셔널' 일이 늘 걱정이었다. 벌써 4월이었고, 5월 말에는 제네바에서 대회가 열릴 예정이었다. '인터내셔널'의 장래, 전략·전술, 총평의회의 구성 등이 규약을 채택하고 앞으로의 활동 방향을 결정할 이번 제1차 대회의 결과에 크게 좌우될 터였다.

그간 프랑스 회원들은 1년 전에도 그랬듯이 대회를 가능한 한 빨리 개최할 것을 주장하고 있었다. 한편 영국 회원들은 개혁운동에 몰두하고 있었고, 독일지부는 이제 막 결성 과정에 있었다. 마르크스는 파리의 프루동주의자들이 제네바 회의를 자기들 계획대로 주도하고, 또 일부 스위스 직인계급의 지지를 받지나 않을까 두려워했다. 그는 파리에 가서 현지 지도자들을 설득하여 대회 조기 소집 요구를 철회시킬 준비를 서둘렀다. 이를 눈치챈 엥겔스는 보나파르트적 정부 당국의 '협회'에 대한 적대적 태도를 감안할 때 그러한 여행은 위험천만하다면서 파리에 가지 말라고 극구 만류했다. 그러나 다행히도 이번 대회를 주최할 제네바지부 지도자들이 이미 대회 조직상의 준비 부족을 이유로 대회를 연기할 것을 총평의회에 요청한 터였다. 4월 10일 마르크스는 다시 총평의회 회의에 참석하기 시작했고, 대회를 1866년 9월 첫째 월요일에 개최하기로 결정한 5월 1일 회의에도 참석했다.

대회 준비는 1866년 여름에 시작되었다. 마르크스는 대회에 참석하지 않기로 했다. 4월 23일 마르크스는 엥겔스에게 이렇게 썼다.

"나는 여기에 남아서 대회가 성공적으로 개최될 수 있도록 최선을 다하

---

259) Marx to L. Marx, March 20, 1866(마르크스·레닌주의연구소 중앙당 문서보관소).

기로 했다네. 허나 대회에는 참석하지 않기로 했네."[260]

그 주된 이유는 아무리 짧은 기간이라도『자본론』의 출판 준비를 중단할 수 없다고 판단했기 때문이다. 1866년 8월 23일 그는 쿠겔만에게 이렇게 썼다.

"나는 지금 내가 하고 있는 일이 대회에서 내가 개인적으로 할 수 있는 어떤 일보다도 노동계급에게 중요하다고 생각합니다."[261]

더구나 그는 이미 자신의 전술이 옳다는 것을 여러 기회를 통해 확인한 바 있었다. 그는 총평의회의 다수로 하여금 현안 문제에 대한 공동입장을 취하게끔 조치해 놓았기 때문에, 이제는 그들 스스로 공식적인 조치를 취하도록 내버려두기로 한 것이다.

마르크스는 대회 조직 작업에도 매우 분주했다. 그는 제네바로 출발하는 뒤퐁과 융에게 마지막 지침을 내리는 한편, 베커에게 상세한 편지를 보내 3개국어에 능통한 융을 대회 의장으로 선출하도록 강력히 추천했다.

여러 가지 문제에 대해 마르크스가 직접 작성한 특별지령은 런던 대표들이 다가오는 프티부르주아 대표들과의 논쟁에 대비해 이념적 무장을 갖추도록 하는 데 도움이 되었다. 이 문서는 대회에서 총평의회 보고 형식으로 조목조목 낭독되었으며, 이 중 대부분이 대회 결의문 속에 채택되었다.

「지령」을 작성하면서 마르크스가 가장 먼저 배려한 것은 '인터내셔널'에 가입한 노동자들이 함께 행동하도록 고무하는 일이었다. 그래서 그는 대회의 의제 가운데 하나였던 노자(勞資) 간 투쟁에 있어 제반 활동을 국제적으로 결속시키는 문제는 본질적으로 다양한 노동계급 분견대의 제반 활동을 통일시키는 것을 목적으로 하는 '국제협회'의 모든 활동을 포괄한다는 것을 강조했다. 마르크스는 '협회'가 성공적으로 수행한 '특수한 기능', 즉 파업 운동에 대한 지원과 파업 파괴에 대한 저항에 대해 언급했다.

----

260) Marx, Engels, *Werke*, Bd. 31, 210쪽.

261) *Letters to Dr. Kugelmann* by Kar Marx, Moscow-Leningrad, 1934, 37~38쪽.

"서로 다른 국가들의 노동자들로 하여금 다 같이 해방군의 형제와 동지로 **느낄** 뿐만 아니라 실제 그렇게 **행동**하도록 만드는 것이 '협회'의 위대한 목표 중 하나입니다."[262]

　마르크스는 또한 노동계급의 조건에 대한 통계조사를 실시할 것을 공식적으로 제안했다. 그의 조사 계획은 사회적 통계를 수집하는 데 이용되는 방법의 훌륭한 전형이었다. 그것은 각국의 임금과 보수 수준뿐만 아니라, 생산의 성격이나 각종 범주의 노동자들의 노동 및 생활조건과 같은 다른 많은 측면도 조사 대상으로 삼고 있었다. 그리고 조사 작업은 노동자 스스로 수행해야만 한다는 것이었다(부르주아들이 조작하는 것을 막기 위해). 이 같은 통계조사는 노동자들이 자본주의 경제에서 자신의 지위를 설정하고 국제적 연대를 굳건히 하는 데 도움이 되었다. 노동통계에 관한 조항은 곧 일반규약(General Rule)에 포함되었고, 프랑스·독일·영국의 많은 지부들은 이를 실천에 옮기기 시작했다.

　총평의회의 승인을 얻어 마르크스는 「지령」에 하루 8시간 노동제의 요구를 포함시켰다. 그해 8월 볼티모어(Baltimore)에서 열린 '미국노동자대회'는 8시간 노동제를 지지하고 나섰다. 이 요구를 '인터내셔널'의 강령에 삽입함으로써 8시간 노동제는 전 세계 노동계급의 일반적인 강령으로 발전했다.

　노동조합에 대한 항목은 「지령」의 핵심 부분이었다. 진정한 의미의 노동조합은 당시 막 형성과정에 있었다. 그리고 공제회라든가 교육단체, 성가대나 스포츠클럽 등과 같은 광범한 형태의 노동자 단체가 영국에서처럼 자본주의적 착취에 대한 프롤레타리아의 경제적 투쟁을 기초로 등장했다. 하지만 명백한 계급적 성격을 띤 노동조합을 제대로 구분하는 사람은 매우 드문 실정이었다. 그래서 이 문제는 분명히 해둘 필요가 있었고, 마르크스가 「지령」에서 '노동조합, 그 과거와 현재와 미래'라는 제목을 붙인 항목에서 말하고자 했던 것도 바로 이것이었다.

　「지령」을 작성하면서 마르크스는 영국 노동조합의 긍정적인 경험을 반

---

262) *The General Council of the First International*, 1864~1866, 341쪽.

영했을 뿐 아니라, 노동조합의 임무를 사소한 양보나 받아내는 싸움에 국한시키고 '일반적인 사회·정치운동'에 대해 지나치게 초연한 태도를 취한 (편협한 실용주의와 같은) 개량주의적 지도자들의 노조관에도 비판을 가했다. 장래의 노동조합은 전반적으로 "노동계급을 노동계급의 완전한 해방이라는 폭넓은 관심으로 결속시키는 조직적 중심으로서 신중하게 행동하는 방법을 배워야만 한다."263) 노동조합은 이 같은 투쟁 속에 비조직노동자, 비숙련노동자, 최저임금노동자 및 농업노동자 등 좀 더 평범한 대중들을 끌어들여야만 했다.

레닌은 이 같은 마르크스의 「지령」에 기초해 제네바 대회가 채택한 노동조합에 관한 결의문을 매우 높이 평가했다.

"대회에서 채택된 결의문은 경제투쟁의 중요성을 명확히 밝혔으며, 한편으로는 사회주의자와 노동자들이 경제투쟁의 중요성을 지나치게 과장하는 것에 대해 경고를 보내고(당시 영국 노동자들이 그러한 경향을 보였다), 다른 한편으로는 경제투쟁의 중요성을 과소평가하는 것에 대해서도 경고했다(프랑스와 독일에서, 특히 라살레주의자들이 그 같은 경향을 보였다)."264)

레닌은 마르크스의 노력에 힘입어 계급투쟁은 반드시 정치투쟁과 경제투쟁을 하나의 통일된 전체로 결합시켜야 한다는 확신이 국제 프롤레타리아 운동의 피와 살 속에 스며들었다고 강조했다.

제네바 대회를 준비하는 가운데 마르크스는 협동조합 단체에 관한 문제를 다시 거론했다. 이 문제는 다양한 프티부르주아적 협동조합이론, 즉 프루동의 상호부조론이라든가 협동조합에 대한 국가 지원이라는 라살레의 발상, 오언의 공상적 협동조합론 등이 노동자들 사이에서 인기를 얻고 있는 점을 고려할 때 중요한 사항이었다.

「지령」에서 마르크스는, 사회적 생산은 "사회의 조직화된 힘, 즉 국가권력이 자본가와 지주로부터 생산자에게로 이행되는" 결과로서만 비로소

---

263) *The General Council of the First International*, 1864~1866, 349쪽.
264) V. I. Lenin, *Collected Works*, Vol. 4, 176쪽.

"하나의 거대하고 조화 있는 자유·협동노동 체제"로 전환될 수 있다는 것을 다시 한 번 상기시켰다. 265) 하지만 프랑스와 독일의 수많은 협동조합 단체들이 이미 '인터내셔널'에 가입했다는 점과 노동자들이 이들 단체에 참여함으로써 유익한 조직적·경제적 능력을 획득하는 데 도움이 되고 있다는 점을 염두에 두고, 마르크스는 이들 노동자 협동조합이 '일상적인 중간계급의 주식회사'로 전락하는 것을 막기 위해 입안된 수많은 구체적인 권고사항들을 「지령」에 포함시켰다. 마르크스는 노동자들에게 "협동조합적 상점보다는 협동조합적 생산에 착수할 것"266)을 권고했다.

「지령」에서 청소년 노동에 관한 항목은 매우 중요한 의미를 띠고 있었다. 이 항목은 노동자들의 자라나는 세대를 현행 자본주의 체제의 파괴적인 육체적·정신적 영향으로부터 보호하는 데 최선을 다하도록 요구했기 때문이다. 그러나 부녀자들이나 어린이들이 가정에서 벗어나는 것을 허용하지 말아야 한다고 주장한 프루동주의자들과는 대조적으로, 마르크스는 어린이들과 소년들이 합리적인 범위 내에서 사회적 생산에 참여하는 것은 그들이 사회의 적극적인 구성원으로 성장하는 데 도움이 된다고 주장했다. 「지령」은 또한 정신적·육체적·기술적 훈련을 결합한 다기능 교육의 원칙을 구체화했다.

제네바 대회는 성공적이었다. 최초의 국제적인 노동자 회의였던 이번 대회는 총평의회가 제출한 강령문서를 채택했고, 지난 2년간의 총평의회 활동을 승인했으며, 현행 총평의회 위원들을 일괄 유임시켰다. 이 대회는 '인터내셔널'이 지난 2년 동안 유럽 노동계급의 지도적 인물들 사이에 뿌리를 깊숙이 내렸음을 보여줬다. 이와 같은 성공은 부르주아 언론과 정부들의 주목을 받았다. 그리하여 프랑스에서는 경찰당국이 이번 대회를 신호로 '인터내셔널' 회원들에게 협박을 가하기 시작했고, 이는 제2제정이 몰락할 때까지 계속되었다.

---

265) *The General Council of the First International*, 1864~1866, 346쪽.
266) Ibid.

영국 노동조합 지도자들과 불화 _ 아일랜드 문제

제네바 대회 이후 '인터내셔널'의 지위는 영국을 포함한 모든 나라에서 확고해졌다. 이는 어느 정도 1866~67년 경제공황의 영향 때문이기도 했는데, 이 공황은 노동자들에게 국제적인 프롤레타리아 조직에 지원을 요청하게끔 만들었다.

1866년 가을에 '인터내셔널'과 '런던노조평의회(LTC)'의 통합 가능성이 입에 오르내렸다. '런던노조평의회'는 수도 런던 시내의 모든 노동조합을 대표하는 조직으로 수천 명의 회원들이 가입하고 있었다. 조직된 프롤레타리아에 대한 '런던노조평의회'의 영향력은 런던 이외의 지역에까지 미치고 있었다. 마르크스는 이 협상에 적극적으로 참여했다. 그는 협상이 성공하면 영국 노동계급을 혁명화할 토대가 마련될 것으로 믿고 있었다. 1866년 10월 13일 마르크스는 쿠겔만에게 편지를 보내, '런던노조평의회'가 '국제협회'의 런던지부임을 천명하게 되는 날 "우리는 어떤 의미에서는 이곳 노동계급을 통제하게 될 것이고, 따라서 운동은 장족의 발전을 이룩할 것입니다."[267]라고 썼다.

'런던노조평의회'의 현장 분회들은 '인터내셔널'에 가입하는 것을 찬성했으나, 개량주의적 지도자들의 압력을 받아 '인터내셔널'과 협력은 계속하되 이 같은 관계를 조직 차원에서 공식화하는 것은 유보한다고 결정했다.

1867년 봄, 영국 노동자들 사이에 실업과 불만이 한창 고조될 무렵 보통선거권 쟁취를 위한 대중운동과 아일랜드인들의 보다 치열한 민족해방 투쟁이라는 새로운 물결이 일기 시작했다. 총평의회에 속한 마르크스의 동지들은 혁명적 폭발이 임박했다고 믿었다. 뒤퐁은 당시의 상황을 이렇게 묘사했다.

"각 지방의 20만이 넘는 사람들이 개혁가들을 도우려고 손에 무기를 들고 런던으로 총진군하라는 신호만을 손꼽아 기다리고 있다."[268]

---

267) *Letters to Dr. Kugelmann by Karl Marx*, Moscow-Leningrad, 1934, 43쪽.

268) *Procès de l'association internationale des travailleurs. Première et deuxieme. Commissions du Bureau de paris*, Paris, July, 1870, 106쪽.

그러나 대부분의 '개혁연맹(Reform League)' 지도자들, 특히 부르주아적 급진주의자들과 우익 노조 지도자들은 대중들 사이에서 치솟는 혁명적 열기에 공포를 느낀 나머지, 보통선거권을 노동계급의 상층부에만 허용하는 축소된 개혁 법안을 수락하고 말았다. 아일랜드인의 민족적 요구에 대한 '연맹'의 지지 거부 역시 좋지 않은 결과를 초래했으며, '연맹'에 대한 대중들의 지지를 약화시키고 말았다. 이런 일이 있은 직후 토리당 정부가 제안한 제2차 개혁 법안이 의회에서 통과되었다.

지배계급은 부분적으로만 양보하기 위한 수단으로 영국 노동자 대중운동의 분열을 획책했다. 동시에 그들은 아일랜드인의 독립투쟁을 무자비하게 탄압했다. 1867년 3월 봉기 가담자 가운데 169명이 재판에 회부되었고, 그중 절반이 중노동형을 선고받았다. 그 뒤에도 체포와 중형 선고가 계속되자 민주주의적 성향의 시민들은 더욱 거세게 분노했다. 이제 아일랜드 문제는 영국 최대의 정치적 쟁점이 되고 말았다.

아일랜드 해방운동은 '아일랜드 공화주의형제단(Irish Republican Brotherhood)'으로 알려진 '페니어회(Fenian society)'[269]라는 비밀결사에 의해 조직되었다. '페니어회'는 원래 아일랜드 농민의 이해를 반영했고, 회원들은 주로 도시 중산계급과 근로 지식인 출신이 많았다. 마르크스는 '페니어회' 회원들의 음모적 전술을 인정하지 않았고 분파적·부르주아 민족주의적 오류를 지적하기도 했으나, 그들의 혁명적 용기만은 높이 평가했다.

1867년 9월 일단의 아일랜드 혁명가들이 맨체스터에서 '페니어회' 지도자 2명을 구출하기 위해 죄수 호송차를 습격했는데 충돌 과정에서 경찰 1명이 살해되었다. 이때 현장에서 체포된 5명이 살인혐의로 기소되어 사형선고를 받을 처지에 놓였다. 총평의회는 영국과 아일랜드에서 시작된 피고인 구명운동에 적극적으로 참여했다.

마르크스는 총평의회에서 아일랜드 문제에 관해 광범위하게 토론하는

---

269) 19세기와 20세기 초반에 아일랜드 공화국(1919~1922)을 건국하기 위해서 결성된 페니언 형제단(Fenian Brotherhood; FB)과 '아일랜드 공화군(IRA)'의 전신인 '아일랜드 공화주의형제단(IRB)'을 포괄적으로 불렸던 용어이다 – 옮긴이.

죄수 호송차를 습격한 아일랜드 공화주의형제단원들.

것이 민족문제에 대한 단일한 프롤레타리아적 전술노선을 확립하고, 프롤레타리아 국제주의를 영국 노동자들에게 보급시키는 데 도움이 되리라고 믿었다. 토론회는 1867년 11월 19일 개최되었고, 영국과 아일랜드 언론대표들이 초청되었다. 11월 20일 특별회의(이때 맨체스터 재판소가 5명의 피고에게 사형을 선고했음이 알려졌다)에서 총평의회는 마르크스가 작성한 영국 내무상에게 보낼 각서를 채택했다. 이 각서에서 마르크스는 사형선고를 정치보복으로 규정하고 감형할 것을 요구했다.

개혁운동 및 '런던노조평의회'와의 협상에서 얻은 교훈과 아일랜드 문제에 대해 노조 지도자들이 보인 모호한 태도 등을 통해, 마르크스는 비록 영국 노동자 대중이 약간의 국제주의적 전통과 프롤레타리아 연대성을 지니고 있지만, 전체적으로는 개량주의적 이념에 사로잡혀 있다는 것을 명확히 깨달았다. 가까운 장래에 인민헌장운동의 열정이 부활되리라는 기대는 전혀 근거가 없었다. 반면 아일랜드 민족해방투쟁은 점점 힘차게 전개되어갔다. 이러한 맥락 속에서 마르크스는 아일랜드 민족해방과 영국 노동계급 운동의 관계에 대한 견해를 수정했다. 그는 종전에는 영국에서 프롤레타리아 혁명이 승리하면 그 성과로서 아일랜드의 해방이 이루어질 것이라고 가정했다. 그러나 현 상황에서는 아일랜드에 대한 영국 지배의 붕괴만이 영국 노동계급을 개량주의적 영향으로부터 벗어나게 하고, 자체 내의 부르주아적 성향을 지양할 혁명적 자극을 가할 수 있으리라는 확신이 점점 더 굳어져갔다.

마르크스는 11월 26일 토론에서 연설하기로 되어 있었다. 하지만 이보다 3일 전에 3명의 피고가 처형되었다. 이런 사정 때문에 마르크스는 아일랜드 독립투사들과의 연대는 영국 사람의 입으로 직접 제창하는 편이 낫겠다고 생각했다. 그래서 그는 피터 폭스에게 대신 연설할 것을 부탁했다.

이날 마르크스가 낭독하기로 했던 연설문이 오늘날까지 메모로 남아 있는데, 피압박 인민에게는 봉기할 권리가 있다는 말로 시작되고 있다. 그 점은 바로 11월 9일에 논의되었던 문제였다. 그러나 마르크스는 어떤 '인간성이나 권리'에 대한 감각에 호소하려 의도하지 않았다. 그리고 교육받지 못한 청중들이 대부분을 차지했을 텐데도 엄밀한 경제적 분석을 가하면서 아일랜드 역사를 개관하고, 1846년 이후 아일랜드의 식민지적 착취는 새로운 단계에 접어들었음을 지적했다. 이는 아일랜드 인민의 열렬한 지지자인 피터 폭스 같은 영국인조차도 이해하지 못한 점이었다. 그가 제시한 딱딱한 통계수치의 이면에는 아일랜드 전체 민족의 비극이 가로놓여 있었다. 즉 소작농들이 수세대에 걸쳐 경작해온 토지에서 집단적으로 쫓겨난 일, 영국인 지주들이 16~17세기에 장악한 토지가 목장으로 전환된 일, 아일랜드 농민 가운데 가장 생활력이 왕성한 계층의 집단 이민, 급속한 인구 감소(20년 동안 200만 명이 줄어들었다), 아일랜드 주민의 육체적 퇴화와 전대미문의 빈곤 확산 등이 바로 그것이다.

마르크스 말대로 새로운 체제는 '조용하고도 사무적인 폐지'[270] 바로 그것이었다. 따라서 아일랜드 인민의 독립투쟁이 그처럼 격렬하고 혁명적인 형태를 취했던 것도 놀라운 일이 아니었다. 아일랜드인에게는 독립의 쟁취야말로 파괴적인 식민통치가 가져올 온갖 결과를 막는 유일한 방법이자 사활이 걸린 문제였다.

프티부르주아적 혁명가인 '페니어회' 회원들은 토지에서 추방당하는 농민들의 자연발생적인 저항과 지주계급에 대한 투쟁을 표출하고 있었다. 이런 의미에서 페니어 운동은 사회주의적인 측면을 지니고 있었다. 그들은 반(反)성직자 운동을 부르짖는 공화주의자로 활동했다. 이 모든 점 때문에 그들은 프롤레타리아의 자연스런 동맹세력이었다.

그렇다면 영국 노동계급은 '페니어회' 회원에게 어떤 태도를 취해야 했던가? 마르크스의 답변은 지극히 분명했다. 아일랜드의 독립은 영국 노동

---

270) *The General Council of the First International*, 1866~1868, 257쪽.

자들에게 진정한 축복이 될 것이다. 아일랜드의 억압은 영국 내 지주계급의 지위를 강화시키는 데 이용되었다. 아일랜드 근로인민의 열악한 생활수준은 영국의 임금수준에 간접적인 영향을 미치고 있었다. 자본가계급이 선동하는 민족 간 분쟁은 영국 프롤레타리아를 분열시키고 그 힘을 약화시키는 경향을 내포하고 있었다. 이것이 바로 아일랜드의 독립이 "영국 민주당 당헌의 한 항목"[271]이 되어야 할 이유였다.

총평의회 위원들은 이 미발표 연설문의 내용을 들어 알고 있었다. 이는 마르크스가 늘 자신의 생각을 동료들과 툭 터놓고 나눠 갖고자 했기 때문이었다. 이러한 사실은 융과 레스너 그리고 뒤퐁이 서로 토론하는 과정에서 발언했던 내용을 통해 쉽사리 짐작할 수 있다. 3주일 뒤에 마르크스는 '독일노동자교육협회'의 12월 16일자 집회에서 100명이 넘는 규모의 청중을 상대로 아일랜드 문제에 관한 견해를 밝힐 기회를 갖게 되었다. 마르크스는 아일랜드가 겪어온 예속의 역사와 수세기에 걸쳐 영국이 자행한 압제의 역사를 언급하면서 연설을 시작했다. 마르크스의 보고를 필기하고 있던 에카리우스는 이 연설의 끄트머리에 다음과 같은 문장을 기록했다.

"아일랜드 문제는 …… 단순한 민족문제가 아니라 토지와 생존의 문제이다. '파멸이냐 혁명이냐', 바로 이것이 그들의 슬로건이다."[272]

'인터내셔널'의 사회주의 강령 작성 작업

마르크스는 '인터내셔널'을 지도하면서 항상 노동자들의 개별적 요구와 다양한 형태의 투쟁을 프롤레타리아 운동의 주요 목표인 자본주의의 타도 및 새로운 공산주의 사회의 건설과 연계시켰다. 그러나 1868년까지는 사회주의 강령의 핵심, 즉 소유관계의 문제가 '협회'의 어떠한 문서에서도 명시적으로 다뤄지지 않고 있었다. 생산수단과 소토지의 개인 소유를 소생산자의 독립 보장으로 여기는 노동계급 중 반(半)직인 인자들의 환상을

---

271) Ibid., 258쪽.
272) Karl Marx and Friedrich Engels, *Ireland and the Irish Question*, Moscow, 1971, 142쪽.

참작해야 할 필요성이 당분간은 존재했던 것이다. 그렇지만 마르크스는 '인터내셔널' 강령에서 사회주의 원칙을 공개적으로 선언할 길이 머지 않아 나타날 것으로 기대했다.

의사이기도 했던
세자르 드 페페(1841~90).

'인터내셔널' 회원 사이에 사회주의 사상이 얼마나 광범위하게 보급되었는지는 1867년 9월 로잔(Lausanne) 대회에서 예기치 않게 시작된 토지소유 문제를 둘러싼 토의를 통해 입증되었다. 이 토의는 페페가 제기했는데, 그는 토지를 공공재산으로 전환시키는 급진적인 방법만이 기존 경제체제의 모든 악을 소멸시킬 수 있다는 견해를 제시했다. 이에 대해 톨랭과 그 밖의 프루동주의자들은 토지의 사유제도를 옹호했고, 반면 레스너·에카리우스 등 런던 대표들과 제네바 대표 베커, 베를린 대표 라덴도르프(Ladendorf), 마인츠 대표이며 '공산주의자동맹' 회원이었던 슈툼프(Stumpf) 등은 페페의 견해를 지지했다.

에카리우스는 토론 준비를 이미 완벽하게 갖춰 놓은 터였다. 그는 1866~67년의 겨울 동안 『연방 The Commonwealth』지에 많은 평론을 쓴 적이 있었다. 이 평론들은 마르크스의 도움을 받아 집필되었는데, 속류 경제학자 존 스튜어트 밀의 견해를 비판하고 공동 토지분배를 통한 소농계급의 재확립 주장이 주된 내용이었다.

마르크스는 로잔 대회 준비 작업에는 별로 참여하지 못했다. 그는 1867년 4~5월에는 발행인에게 『자본론』 원고를 건네주고 그 후 인쇄교정을 보느라고 독일에 머물고 있었다. 로잔 대회 결과는 '인터내셔널' 회원들 사이에 세력의 양극화가 상당한 정도로 진전되어 있음을 입증해주었다. 결속된 사회주의적 인자들의 눈앞에, 파리의 프루동주의자들은 노동계급 운동에서 프티부르주아적 관념을 가장 호전적으로 대변하는 자들임이 드러났다. 이 단계에서 이들에 대한 주요 공격 방향을 규정하는 가운데 마르크스는 엥겔스에게 이렇게 썼다.

"브뤼셀에서 열릴 다음 대회에서 나는 개인적으로 이들 바보 같은 프루동주의자들과 대결할 작정이네."[273]

1867년 9월의『자본론』제1권 출판은 노동자들에게 사회주의 이념을 수월하게 보급하고, 프티부르주아적·유토피아적 관념을 극복하는 데 매우 효과적이었다.『자본론』의 연구를 조직화하고 그 내용을 해설하려는 선진적 노동자들의 광범위한 활동과 프롤레타리아 및 민주주의 언론 등에 게재된 서평, 이 모든 것들이 '인터내셔널'의 이념적 생명에 활기를 불어넣는 데 기여했다.『자본론』의 사상은 1868년 3월 독일 노동계급 기관지『민주주보Demokratisches Wochenblatt』에 실린 엥겔스의 서평을 통해 노동계급 독자들에게 가장 훌륭하게 전달되었다. 마르크스도 1867년과 68년에 '런던 독일노동자교육협회'에서『자본론』에 관한 강의를 했으며, 총평의회에서 연설할 때도『자본론』을 인용하곤 했다. 이 위대한 저작을 대중화하는 데 어떤 식으로든 기여한 사람들 중에는 베커, 조르게, 디츠겐, 쿠겔만, 라파르그, 실리, 레스너, 에카리우스가 있었다.『자본론』의 중요성이 각종 노동자 집회에서 역설되었고, 이 저작을 연구하기 위한 서클들이 설립되기도 했다. 심지어 리프크네히트는 북독일 의회 의사당을『자본론』사상의 보급에 이용했다.

'인터내셔널'에 가입한 프롤레타리아 대중 사이에『자본론』의 사상이 보급됨에 따라, 이들의 과학적 사회주의에 대한 이해는 깊어졌고 계급의식도 가속적으로 계발되었다. 이것이 없었다면 사회주의 원칙은 브뤼셀 대회나 그 후의 대회에서 승리를 거둘 수 없었을 것이다.『자본론』출판 1년 뒤 디츠겐은 마르크스에게 다음과 같이 썼다.

"그리 오랫동안 관찰한 바도 아니지만 당신의 사상은 엄청난 영향을 미치고 있습니다."[274]

1868년 초 마르크스는 그해 9월 6~13일에 열리기로 되어 있던 브뤼셀

---

273) Marx, Engels, *Werke*, Bd. 31, 342쪽.

274) *Dietzgen to Marx*, September 12/24, 1868(마르크스·레닌주의연구소 중앙당 문서보관소).

대회 준비에 상당한 관심을 기울이기 시작했다. 그는 총평의회 전 회원들에게 사회주의적 강령을 채택할 것과 사회주의의 문제에 관해 과학적 접근방법을 취하도록 설득하는 데 전력을 다했다. 그는 사회주의로의 이행에는 일정한 객관적인 경제적 선결조건이 요구된다고 지적했다. 1868년 7월 28일 자본주의 아래서 기계 사용의 결과들에 관한 연설에서 마르크스는, 자본주의적 공장제도의 온갖 부정적인 측면에도 불구하고 기계제 생산의 위대한 성과 중 하나는 '상호 연결되고 조직화된 노동'의 등장이며, 이는 새로운 사회체제로의 접근을 예고하는 것이라고 말했다. 1868년 8월 11일 총평의회 회의에서 마르크스가 제안한 결의문 초안에는 이렇게 적혀 있다.

"기계제의 발전은 진정한 사회적 생산체제에 의해 임금제도를 폐지시키는 데 필수적인 물질적 조건을 창출한다."[275]

마르크스는 이 회의에서 노동시간 단축을 지지할 때도 사회주의 체제의 물질적·기술적 기초에 관한 문제를, 그리고 사회주의 노선에 입각해 조직된 사회적 노동으로의 이행에 필요한 제반 조건에 관한 문제를 재차 거론했다.

에카리우스, 레스너, 뒤퐁 등의 편지를 통해 런던 토의의 메아리는 제네바, 파리, 브뤼셀 등으로 울려 퍼졌다. 이 토의는 공공소유제를 옹호하는 '인터내셔널' 회원들 사이에서조차 공공소유의 가장 적절한 형태에 관해 합의를 봐야 할 형편이었기에 더욱 중요한 의미를 지니고 있었다. 마르크스와 그의 동지들은 국가적 차원의 집단적 소유만이 가장 합리적이고 계획적인 생산조직을 위한 올바른 조건을 보장해준다는 점을 인식했다. 그러나 사회주의적 견해를 가지고 있다고 자처하는 사람들을 비롯한 많은 회원들은 이 생산수단을 고립적인 협동적 노동자·농민 단체들에게 이전시키거나, 도시와 농촌 지역의 자치체나 공동체에 이전시키는 것으로 '토지와 생산수단의 사회화'를 이해하고 있었다.

---

275) *The General Council of the First International*, 1866~1868, 240쪽.

마르크스는 처음엔 브뤼셀 대회에서 토지소유제에 관한 보고를 스스로 행할 계획이었으나 이내 생각을 고쳐 페페에게 이를 대신하도록 했다. 페페는 보고서를 준비하면서 런던본부에 충고와 각종 사실적 자료를 요청했다. 마르크스의 동료들은 당시 토지의 자치체 소유화를 지지하던 페페에게 영향력을 행사하려고 노력했다. 이와 관련해서 가장 두드러진 것은 뒤퐁이 1868년 5월 13일자로 페페에게 보낸 편지였다.

"나는 자치체가 전반적인 통합을 통해 사라지게 될 것으로 믿고 있습니다. 카를 마르크스는 경제적 집중화야말로 확립될 필요가 있는 것이라고 말했습니다. 나는 모든 생산 분야 간에 존재해야 할 조화가 다른 방식으로는 확립 불가능하다고 생각하기 때문에 그의 이러한 생각에 동의하는 쪽입니다."[276]

페페는 브뤼셀 대회 보고를 통해 자본주의의 발전은 공업과 농업에서 대규모 생산을 초래하는 경향이 있다고 지적하면서, 소생산은 역사적으로 몰락할 운명에 있으며, 대규모 경제가 일정한 이점을 제공한다는 결론을 내렸다. 하지만 그는 집단소유의 형태에 관한 문제에 대해서는 결론을 내리지 않았다. 그러한 행동의 배후에는 소규모의 사적 소유제를 옹호하는 세력과의 결정적인 싸움을 앞두고 각양각색의 집단적 소유제를 지지하는 여러 세력들을 규합하려는 의도가 깔려 있음이 분명했다. 그는 말했다.

"시간이 이 문제를 결정할 것이다."

그는 자신의 연설을 요약하면서 개인적인 견해를 밝혔는데, 이전에 지지했던 자치체 소유제를 반대한다는 것이었다.

프랑스 프루동주의자들의 저항에도 불구하고(톨랭이 다시금 페페의 최대 반대자였다) 브뤼셀 대회는 30대 3의 다수결로 "현대사회의 경제발전은 경작 가능 토지를 사회의 공동소유로 전화시킬 사회적 필요성을 창출할 것"[277]이라고 선언했다. 토지는 사회와 농업노동자, 이 양자의 이익을 동

---

276) 마르크스·레닌주의연구소 중앙당 문서보관소.

277) *The General Council of the First International*, 1868~1870, 296쪽.

시에 보장한다는 조건 아래 농업협동조합 단체들에게 경작권을 양도하도록 했다. 경작 가능 토지에 관한 결의는 이번 대회에서 거의 토론 없이 채택된 임야·채석장·탄광, 그 밖의 광산·철도·도로·운하·전신 등을 공공 소유로 전환시킨다는 일반적인 결의문 가운데 한 항목에 불과했다.

이는 '인터내셔널'에서 마르크스 노선이 거둔 중대한 승리였을 뿐만 아니라 국제 프롤레타리아를 사회주의 강령을 토대로 단결시키는 데 중요한 일보 전진이기도 했다.

전쟁과 평화의 문제

전쟁과 평화의 문제는 브뤼셀 대회의 중심적인 의제였다. 1860년대의 유럽에서 전쟁의 위험이 고조되고 있었음을 감안할 때, 이 문제는 끊임없이 '인터내셔널' 지도자들의 사태 전망의 시야에 놓여 있었고, '인터내셔널'의 잇단 대회와 총평의회·노동자회의 그리고 노동계급 언론 등에서 논의의 대상이 되고 있었다.

마르크스는 '인터내셔널' 회원들로 하여금 전쟁에 대한 프롤레타리아적 접근방법을 채택하도록 도와주기 위해 전심전력했다. 평화를 위해 부단히 노력해야 할 필요성을 명백히 깨닫고 항상 평화를 위해 노력할 태세를 갖추고 있는 것도 중요하지만, 갖가지 무력분쟁의 본질을 인식하고 그에 따른 올바른 전술적 입장을 취하는 것도 중요했다. 노동자들의 머릿속에 프티부르주아와 부르주아 계급의 평화주의적 환상에 대해 경계심을 심어줄 필요가 있었으며, 모든 전쟁을, 심지어 해방전쟁까지도 절대적인 악으로 보도록 하는 일방적인 평화주의적 태도를 극복하도록 그들을 도와야만 했다.

'인터내셔널'이 처음으로 군사문제에 관해 열띤 토의를 벌인 것은 1866년 프로이센·오스트리아 전쟁 기간 중이었다. 이 토의를 통해 총평의회의 대다수 회원들이 사회 발전의 변증법, 특히 그 당시 일어난 전쟁들의 발발 원인 중 하나였던 고립·분산적인 군소 국가들의 민족적 통일과 민족

샤를 롱게(1839~1903)와 결혼한 마르크스의 큰딸 예니 카롤리네(1844~83).

적 독립의 필요성을 제대로 인식하지 못하고 있다는 사실이 드러났다.

1866년 이래 총평의회의 가장 적극적인 회원이었던 언론인 샤를 롱게와 의학도 폴 라파르그가 취했던 태도는 매우 시사적이었다. 이들은 수많은 논쟁들에서 마르크스를 지지했고, 라파르그는 곧 마르크스의 충실한 제자가 되었다. 하지만 두 사람은 프루동의 사상적 영향에서 완전히 벗어나지 못하고 있었다. 토론과정에서 라파르그는 민족이란 '낡아빠진 편견'에 불과하므로 노동자들과 사회주의자들이 정치적 요구를 제시할 것이 아무것도 없다면서, 사회주의 혁명을 일으킬 조건이 이미 '성숙한' 국가에 모든 관심을 집중시켜야 한다고 주장했다. 1866년 6월 19일 총평의회 회의에서 마르크스는 민족문제에 대한 프루동주의자의 허무주의를 비판하면서 라파르그에게 "민족을 부정함으로써 그(프루동)는 무의식중에 모든 민족이 프랑스 민족이라는 모델 속에 흡수될 수 있다고 생각하는 듯 보인다."[278]라고 지적했다.

특히 대외정책 문제에 관해 마르크스는 상황을 냉철하게 평가할 것을 주장했다. 그러면서 '인터내셔널' 지도자들에게, 대중으로 하여금 준비되지 않은 행동을 하도록 충동질하는 목청만 높은 선언문을 발표하는 것을 삼갈 것과 혁명을 수입하라는 무모한 요구를 자제할 것을 촉구했다. 엥겔스에게 보낸 편지에서 마르크스는 "특히 우리 협회를 일방적인 노선 속에 끌어들이려는 일체의 시위는 저지되어야 한다."[279]라고 강조했다. 이는 실제로 1866년 7월 17일 마르크스도 주요 발언자로 참여한 토의에서 총평의회가 채택한 결의문의 핵심이기도 했다. 이 결의문은 전쟁의 책임이 전

---
278) Marx and Engels, *Selected Correspondence*, 179쪽.
279) Ibid.

적으로 각국 정부에 있다고 주장했다. 그리고 이 경우 국제 프롤레타리아가 취할 입장은 어느 편에도 가담하지 않는다는 것이었다. 노동자들에게 "단결을 통해 힘을 강화하고 이렇게 해서 축적된 힘을 그들의 사회적·경제적 해방을 실현하는 데 사용하라."[280]고 촉구함으로써, 총평의회의 결의문은 노동자들이 지배계급의 정책에 저항하는 유일한 현실적 수단으로서 자체의 계급적 조직을 공고히 하도록 고무했다.

1867년 여름 총평의회는 당시 설립 중이던 국제 평화주의자 조직 '평화·자유연맹(League of Peace and Freedom)'에 대해 '인터내셔널'이 어떤 태도를 취해야 할 것인가 하는 문제에 직면하고 있었다. 프랑스 민주주의자들이 주도권을 장악하고 있던 '연맹'의 조직위원회는 밀·위고(Victor Marie Hugo)·가리발디·바쿠닌과 같은 저명한 급진 민주주의적 지도자들의 지지를 받고 있었는데, 마르크스도 개인적으로 이 '연맹'의 제네바 창립대회에 참석해 달라는 초청장을 받았다.

마르크스는 노동자 대중을 일반적인 민주주의 운동으로부터 고립시키는 분파주의적 경향을 원칙적으로 반대했다. 이 운동에 참여하는 것이야말로 노동자들이 사회적 진보의 지도적 계급과 전위대로서 역할을 인식하는 데 도움이 되리라 믿었기 때문이다. 그러나 프롤레타리아와 부르주아 민주주의자들은 공통되면서도 서로 다른 계급적 목적을 아울러 지니고 있음을 분명히 인식해야만 했다. 부르주아 민주주의자들과의 공동행동이 결코 프롤레타리아의 독자적인 계급조직을 저해해서는 안 되었다.

이에 따라 1867년 8월 13일 마르크스는 총평의회에서 '연맹'의 창립대회에 '인터내셔널'이 공식적으로 참여하는 것을 단호히 반대했다. 그는 '인터내셔널'의 공식적 참여가 부르주아 평화주의자들의 권위를 강화시켜주고 자본주의 체제 아래서도 전쟁이 소멸될 수 있을 것이라는 환상을 확인해주는 데 들러리 서는 것이라고 믿었기 때문이다. 그는 말했다.

"자본과 노동의 관계를 변혁시키고자 하는 수레바퀴에 힘을 보태기

---

280) *The General Council of the First International*, 1864~1866, 213쪽.

를 거부하는 자들은 세계 평화를 위한 조건 자체를 무시하고 있는 것이다."[281]

그러나 '연맹'의 설립이 광범위한 인민대중과 부르주아 지식층을 지배하는 반전(反戰) 분위기를 반영하고 있다는 사실을 감안해, 마르크스는 총평의회가 '인터내셔널'의 회원들에게 개인 자격으로 이 대회에 참가하도록 권고하되, 이 문제에 대한 프롤레타리아적 노선을 확고히 대변할 것을 제안했다.

'평화·자유연맹'에 관해 마르크스가 제안한 전술은 브뤼셀 대회의 결정으로 확인되었다. 브뤼셀 대회의 결정은 부르주아적 평화주의의 기치 아래, 그리고 민족의 형제애라는 감상적·세계주의적 구호 아래 노동계급을 포함한 모든 반전세력의 단결을 꾀하려는 '연맹'의 요구를 거부했다. 브뤼셀 대회는 평화를 위한 투쟁에서 '인터내셔널'의 지도적 역할을 재확인하고, 결의문에서 '평화·자유연맹'은 "'국제노동자협회'가 온갖 노력을 기울이고 있는 현 상황에서 하등의 **존재 이유**도 없다."[282]라고 주장했다. 그리고 '연맹'의 회원들에게 각국의 '인터내셔널' 지부에 가입하도록 촉구했다. 다른 한편으로 '인터내셔널'은 다른 진보적 조직들과 협력할 채비를 갖추고 있다고 표명했다.

브뤼셀 대회에서 채택된 또 다른 중요한 결의는 유럽 전쟁이 발발할 경우 프롤레타리아가 취해야 할 태도에 관한 것이었다. 마르크스는 브뤼셀 대회에 참석한 에카리우스와 레스너에게 보낸 편지에서 이렇게 썼다.

"채택될 결의문은 노동계급이 아직 결정적인 역할을 수행할 만큼 충분히 조직되지는 않았으나 대회가 노동계급을 대표해 전쟁의 도발자들에게 항의하는 것이어야 합니다. 그리고 프랑스와 독일의 전쟁은 내란이며, 두 나라뿐 아니라 유럽 전체를 파멸로 몰아넣는다는 점을 분명히 해야 할 것입니다."[283]

---

281) *The General Council of the First International*, 1866~1868, 152쪽.
282) *The General Council of the First International*, 1868~1870, 297쪽.
283) Marx, Engels, *Werke*, Bd. 32, 558쪽.

브뤼셀 대회에서 채택한 결의사항은 대부분의 노동자들을 올바른 노선으로 지도했으며, 마르크스와 그의 추종세력의 사상을 그대로 반영했다. 착취체제는 모든 전쟁의 항상적인 원천이라는 사실로부터 논의를 전제한 브뤼셀 대회는, 모든 전쟁은 사회개혁을 통해서만 비로소 영원히 소멸될 수 있다는 것을 인정했다. 그러나 현 상황에서라도 인민들, 특히 각국의 노동자들이 이용할 수 있는 모든 현실적 수단을 동원해 각국 정부에 저항하고 각국 정부의 팽창정책을 폭로한다면 전쟁의 빈도수나 전쟁으로 인한 재앙의 규모도 현저히 줄어들 수 있었다.

결의문 가운데 이 부분은 '인터내셔널'이 지난 3년간 전쟁과 평화에 관해 토의한 결과들을 요약한 것이었다. 그러나 벨기에 대표들의 주장에 따라 결의문에는 전쟁이 발발할 경우 노동자들은 총파업에 돌입해야 할 것이라는 권고사항, 즉 모든 군사적 분쟁에 대한 구체적인 분석 대신에 노동자들을 미혹에 빠뜨리기만 할 선언적이고 비현실적인 슬로건을 내세우는 제안이 들어 있었다. 마르크스는 이 제안을 '불합리하기 짝이 없는 것'[284]이라고 말했다. 비록 이들 문서에는 아직 생경한 명제들이 일부 포함되기는 했지만, 그렇다고 이 같은 사실이 평화를 위한 투쟁에서 '인터내셔널'이 수행한 역사적이고 개척자적인 역할을 훼손하는 것은 결코 아니었다. 이 투쟁은 프롤레타리아가 건설하고자 하는 체제의 본질 자체에서 우러나오는 것이었으며, 그리하여 국제 노동계급 운동 강령의 한 항목으로 채택되었던 것이다.

최초의 마르크스주의 대중정당의 탄생

마르크스와 엥겔스는 그들이 내린 결론과 전술계획이 일치할 때마다 기쁨을 느꼈다. 이런 현상은 특히 독일 노동계급 운동에 관한 문제를 다룰 때 두드러지게 나타났다. 마르크스의 무거운 부담을 덜어주기 위해 엥겔스는 독일 지도자들과 연락하는 업무 중 일부를 떠맡았다. 때때로 그들

---

284) Ibid., 151쪽.

에게 보내는 엥겔스의 편지에는 총평의회 연락서기의 공식 서한으로서는 생각조차 하기 힘든 솔직한 조언과 소견이 담겨 있었다.

1867년 진취적인 독일 노동자들은 괄목할 만한 성과를 거두었다. 그들의 가장 훌륭한 동지인 리프크네히트와 베벨이 북독일 제국의회 의원에 당선되어 독일 노동계급에게 전국적인 연단을 제공했기 때문이다. 1867년 10월 17일 리프크네히트는 요란스럽게 떠들어대는 우파 의원들을 향해 이렇게 외쳤다.

"프로이센 전역에서 유일하게 발언의 자유가 존재하는 이곳에서 연설하는 지금 나는 당신들을 상대로 발언하고 있는 것이 아니다. …… 내 연설 대상은 밖에 있는 인민들이다."[285]

리프크네히트의 여러 연설과 비스마르크 체제 및 그것의 헌법적 위장, 즉 "절대주의의 치부를 가리는 무화과 이파리"에 대한 대담무쌍한 비판은 마르크스에게 큰 즐거움을 느끼게 했다. 10월 4일 엥겔스에게 보낸 편지에서 마르크스는 "리프크네히트의 첫 번째 의회 연설은 우리들의 자랑거리네."[286]라고 썼다. 그러나 마르크스는 리프크네히트가 비스마르크 정책의 옹호자로 활동하는 라살레주의자들을 공격하는 가운데, 때로 또 다른 극단에 치우치는 경향이 있음을 느꼈다. 즉 리프크네히트의 반(反)프로이센 감정은 그를 중부와 남부 독일 주(州) 출신의 프티부르주아적 민주주의자들에게 상당한 양보를 하는 방향으로 몰고 갔다. 마르크스의 부탁에 따라 엥겔스는 리프크네히트에게 편지를 보내, 프로이센인뿐만 아니라 프로이센의 반대자들인 오스트리아인과 연방주의자들, 그 밖의 모든 소공국 지지자들을 함께 공격하도록 충고했다.

독일 노동자들에 대한 '인터내셔널'의 영향력과 독일 노동자들의 국제적 단결에 대한 요구로 '전독일노동자연합' 지도부와 회원들 사이에 불만이 점점 고조되었다. 이 때문에 슈바이처는 마르크스와 다시 접촉하려고

---

285) *Die erste Internationale in Deutschland*, Berlin, 1964, 186쪽.
286) Marx, Engels, *Werke*, Bd. 31, 352쪽.

했다. 그래서 자신이 발행하는 『사회민주주의자』 신문에 『자본론』에 관한 기사를 싣는 한편, 앞으로 제국의회에서 토의할 독일의 제철과 철강제품에 대한 보호관세 문제에 관해 자문을 요청하는 편지를 런던본부에 보냈다. 슈바이처가 가장 발달한 공업지대인 베를린 출신 의원이었기 때문에 마르크스는 그의 편지에 회답하는 것이 필요하다고 느꼈다. 그는 독일의 제철 및 철강 산업은 보호관세 없이도 충분히 견딜 만큼 강하다고 믿고 있었으나, 노동자들의 상태를 포함한 이들 산업의 기업체들에 대한 의회감사를 요구하는 조건으로 좀 더 낮은 세율의 관세가 허용되어야 한다고 생각했다. 이것이 바로 슈바이처에게 보낸 편지 내용의 전부였다. 이 편지는 수신인이 『자본론』의 저자와 '친밀한 사이'임을 자랑할 구실을 주지 않기 위해 아주 실무적인 어조로 신중하게 썼다.

이어 슈바이처는 두 번째 조치로 함부르크에서 열릴 '전독일노동자협회' 대회(전체회의) 의제에 '인터내셔널'에 대해 취해야 할 입장에 관한 안건과 『자본론』 제1권에 관한 보고를 선정했다. 7월 6일 슈바이처가 이끄는 '전독일노동자협회' 집행부는 마르크스에게 명예회원으로서 대회에 참석해 달라는 공식 초청장을 보냈다. 명예회원으로 추대하는 근거로서 집행부는 "저작을 통해 노동자들의 대의에 자신을 바친 뛰어난 봉사"[287]를 들었다. 마르크스는 슈바이처에게 보낸 답신에서, 총평의회에 급한 일이 생겨 런던을 떠날 수 없다고 말하고, 대회 의제에 "모든 진지한 노동계급 운동의 출발점"[288]인 노동계급의 국제적 협력과 그 밖의 주요 문제를 포함시킨 것에 만족한다는 뜻을 표명했다. 이는 '전독일노동자협회' 지도자들이 여러 라살레주의적 교리들을 부정하고 있는 데 대한 치하를 간접적으로 표현한 것이었다.

'전독일노동자협회' 대회는 8월 22일부터 26일까지 열렸다. 브룬스비크의 인쇄업자 빌헬름 브라케(Wilhelm Bracke)는 『자본론』에 관한 보고를

---

287) *Die erste Internationale in Deutschland*, 742쪽.
288) Marx, Engels, *Werke*, Bd. 16, 316쪽.

했고 '인터내셔널'에 대한 입장에 관한 보고는 레온하르트 폰 본호르스트 (Leonhard von Bonhorst)와 카를 히르슈(Karl Hirsch)가 했다. 이들 세 사람은 슈바이처에 반대하는 지도자들에 속했다가 몇 달 후 '전독일노동자협회' 와 관계를 끊고 리프크네히트와 베벨의 강령을 채택했다. 당시까지만 해도 그들은 슈바이처를 고립시키고 '전독일노동자협회'를 새로운 노선으로 지도하겠다는 희망을 버리지 않고 있었다. 하지만 슈바이처는 반대파와 정통 라살레주의자들의 틈바구니에서 능란한 공작 솜씨를 발휘했다. 그는 라살레주의자들의 도움을 얻어 노동계급 운동의 국제적 성격에 관한 결의문을 통과시켰는데, 이는 일반적인 선언에 불과했다.

며칠 뒤인 1868년 9월 5일, 베벨이 지도하는 '독일노동자단체연맹 (League of German Workers' Societies)'이 뉘른베르크(Nürnberg)에서 대회를 열었다. 이는 프롤레타리아적 입장을 확고히 채택하고 있던 '연맹' 다수 회원과 자유주의적 부르주아 간의 결별을 확인하는 것이었다. '연맹'의 대표자들은 69대 46으로 '연맹'의 새로운 강령 속에 간략하게 요약된 '인터내셔널' 강령을 채택했다.

주요 문제에 관해 보고했던 로베르트 슈바이켈(Robert Schweichel)은 『자본론』을 인용하면서 이 강령의 요점을 설명하고 노동자들은 정치권력을 장악해야만, 그리고 '만국의 노동자들과 확고한 연대'[289]를 견지해야만 그들의 해방을 쟁취할 수 있다고 선언했다.

대회에서 토의를 통해 대표들이 '인터내셔널' 강령문서에 정통하다는 사실이 드러났다. 이는 주로 대회 직전에 출판된 베를린 사회주의자 빌헬름 아이히호프(Wilhelm Eichhoff)의 「국제노동자협회」라는 팸플릿 덕분이었다. 마르크스는 팸플릿 저자에게 갖가지 사실 자료와 원전을 제공했을 뿐만 아니라, 여러 페이지를 꼼꼼히 편집해주기도 했다. 아이히호프는 뉘른베르크 대회에 참석하여 '인터내셔널'의 원칙이 개가를 올린 사실을 런던에 보고한 최초의 인물이었다. 마르크스는 '연맹'과 '인터내셔널'의 제휴를

---

289) *Die erste Internationale in Deutschland*, 243쪽.

공식화시키려고 서둘렀다. 브뤼셀 대회 이후 9월 22일에 처음 열린 총평의회 회의는 '연맹'의 집행부를 '인터내셔널'의 집행위원회로 임명하고, 라이프치히의 리프크네히트와 베를린의 아이히호프에게 '인터내셔널'의 사상을 전파하고 지부를 설립할 권한을 공식적으로 부여했다.

The International Workingmen's Association

Wilhelm Eichhoff

기자 출신인 빌헬름 아이히호프 (1833~95)의 「국제노동자협회」 팸플릿.

이들 앞에는 노동자들 사이에 스며 있는 라살레주의적 영향을 극복하는 싸움이 기다리고 있었다. 그러나 노동자들을 작센의 프티부르주아적 '인민당(People's Party)'의 영향으로부터 보호하는 일도 필요했다. '인민당'은 리프크네히트와 베벨이 직접 참여한 가운데 1866년 8월 창건되었다. 당원 가운데는 노동자들이 많았으나 강령은 부르주아 민주주의적이었다. 리프크네히트는 또한 저널리스트로 활약하는 가운데 작센의 민주주의자들로부터 지지를 받았다. 그가 발행하는 주간지 『민주주보』는 '인민당 기관지'라는 토까지 달고 있었다. 그는 '인민당'에 대한 자신의 이념적·정치적 의존 때문에 행동의 자유에 제약을 느끼는 경우도 종종 있었다. 쿠겔만에게 보낸 편지에서 엥겔스는 독일 노동계급 운동의 상태를 다음과 같이 분석했다.

"라살레주의적 분파의 해체와 '인민당'의 치마끈으로부터 작센 지방과 남부 독일 노동자들을 분리시키는 일이야말로 진정한 독일 노동자당을 새로이 결성하기 위한 기본조건입니다."[290]

마르크스는 즉각 슈바이처의 책략을 날카롭게 비판했다. 1868년 9월 말 슈바이처는 노동조합을 설립하기 위해 베를린에서 대회를 소집했다. 그는 노동조합을 설립하는 과정에서 리프크네히트와 베벨의 영향을 봉쇄하려 했다. 이는 라살레주의적 조직에 노동자들의 지지를 몰아주기 위해

---

290) Marx and Engels, *Selected Correspondence*, 221쪽.

서였다. 하지만 라살레파 노동조합 대표들만 참석이 허용되었는데, 이는 슈바이처가 낡은 종파주의적 노선을 추구하고 있다는 명백한 증거였다.

10월 3일 슈바이처에게 보낸 편지에서 마르크스는 종파주의적 운동과 계급운동의 차이점에 관한 견해를 솔직히 털어놓았다. 그는 의장의 독재에 종속되는 엄격한 중앙집권적 노조를 결성하려는 슈바이처의 계획을 비판했다. 마르크스에 따르면, 이것이야말로 바로 라살레주의적 스타일이라는 것이었다. 그 같은 구조는 노동조합 운동의 본질에 위배될 뿐만 아니라 독일에서는 특히 바람직스럽지 못하다고 지적했다.

"노동자들의 삶이 어릴 때부터 관료기구에 의해 규제되고 있는 데다, 노동자 스스로 윗사람이 지정한 기관이나 정부당국을 맹목적으로 믿고 있는 독일에서 노동자는 다른 그 무엇보다도 **우선적으로 스스로 걸을 수 있는 방법을 배우지 않으면** 안 됩니다."[291]

마르크스는 노동계급 운동은 민주주의 없이는 발전할 수 없음을 강조했다.

독일의 출판업자
빌헬름 브라케(1842~80).

1869년 봄여름이 지나면서 라살레주의적 조직의 수많은 평회원 집단들이 반대파에 가담해 그들의 지도자인 빌헬름 브라케를 지지했다. 베벨과 리프크네히트의 주도로 뉘른베르크의 각종 교육단체의 다수파와 노동조합 대표, '인터내셔널' 독일지부 대표, 슈바이처와 결별한 '전독일노동자협회' 분회 대표들이 참석하는 전체회의가 그해 8월 아이제나흐(Eisenach)에서 열리기로 결정되었다.

리프크네히트는 마르크스와 엥겔스가 "직접 독일 노동자들에게 모습을 나타내야 한다."라고 주장했지만 마르크스는 아이제나흐에 참석할 의사가 없었다. 마르크스는 라살레주의적 교의와 조직원칙으로부터의 결별은

---

291) Marx and Engels, *Selected Correspondence*, 215쪽.

"노동자들의 자발적인 자유행동의 결과로서"[292] 이루어져야 한다고 믿고 있었다. 더구나 통합의 기초가 될 강령에 프티부르주아적 사상의 영향이 아직도 남아 있다는 점이 마르크스로서는 걱정이었다. 사실 1869년 8월 7일부터 9일까지 열린 아이제나흐 대회에서 채택된 강령은 속류(俗流) 민주주의적 관점에서 완전히 벗어나지 못했으며, 따라서 라살레적 교의의 잔재를 그대로 드러내고 있었다. 하지만 강령은 대체로 '인터내셔널' 강령문서에 기술된 원칙들을 기초로 하고 있었다. 그것은 기본적으로 마르크스적인 강령이 지엽적으로 등장한 대중적 노동자정당에 의해 채택된 최초의 경우였다. 아이제나흐 강령의 공표와 '사회민주노동당'의 건설은 과학적 공산주의 사상의 일대 승리를 기록한 동시에, 마르크스주의와 국제 노동자계급 운동사의 새로운 장(章)을 여는 것이었다.

다른 나라에서도 역시 노동계급은 전국적 규모로 연대하여 마르크스주의의 기치 아래 단결하려는 경향을 뚜렷이 보여주고 있었다. 이러한 상황은 노동자 단체를 전국적 조직으로 통일시키는 과제를 제시했던 '인터내셔널'의 규약을 통해 가속화되었다. 마르크스는 노동계급 운동 지도자들이 이러한 객관적 과정을 인식하고, 그것의 성공을 촉진시킬 수 있도록 혼신을 다했다.

바쿠닌주의와 투쟁을 시작하다

공동 소유에 관한 브뤼셀 결의는 '인터내셔널' 대다수 회원이 지난 4년간의 연대활동을 통해 프롤레타리아 투쟁의 목표, 즉 사회주의 사회 건설이라는 목표에 대한 공통된 견해를 이미 확립했음을 보여줬다. 마르크스는 이제 '인터내셔널' 회원들에게 이 목표를 성취할 방법에 관한 공통된 견해를 받아들이도록 해야 할 과제에 직면했다. 그러나 사회주의 혁명의 원동력이라든가 프롤레타리아 헤게모니, 프롤레타리아 독재 및 프롤레타리아 정당 등에 관한 문제를 둘러싸고 마르크스는 프티부르주아적 경향들,

---

292) Marx, Engels, *Werke*, Bd. 32, 332쪽.

특히 무정부주의를 대변하는 자들과 더욱 첨예하게 충돌했다.

노동자들 사이의 무정부주의적·개인주의적 태도는 아직도 대다수 국가의 일부 산업부문을 지배하고 있던 소생산에 의해 고무되고 있었다. 소생산이야말로 스위스, 스페인, 이탈리아 등의 '인터내셔널' 회원들 사이에 확산되고 있던 반항적인 무정부주의 또는 '수정된 프루동주의'의 온상이었다. 무정부주의(또는 수정된 프루동주의)는 러시아의 혁명적 나로드니키주의자이자 다재다능한 인물로서 1848~49년의 혁명투쟁에 가담한 바 있는 미하일 바쿠닌이라는 이름과 결합되어 있었다. 바쿠닌은 오스트리아와 차르의 감옥에 투옥되었으나 최근 시베리아 유배지에서 탈출했다. 그가 국제무대에 다시 등장하자 '인터내셔널'의 내부 투쟁은 격화되었다.

1864년 가을 마르크스는 레스너로부터 바쿠닌이 런던에 도착했다는 이야기를 듣고 그를 만나고 싶다는 뜻을 밝혔다. 두 사람은 1864년 11월 3일 자리를 함께했다. 그리고 그다음 날 마르크스는 엥겔스에게 이렇게 썼다.

"나는 그 사람을 전보다 훨씬 더 좋아하게 되었네. …… 전체적으로 볼 때 그는 지난 16년간 퇴보하지 않고 더욱 발전한 얼마 안 되는 인물들 중 한 사람이었소."[293]

바쿠닌은 이탈리아로 갈 예정이었고, 마르크스에게 마치니 집단과의 투쟁에서 신뢰할 만한 이탈리아 노동자들을 물색해 연결시켜주겠다고 약속했다. 마르크스는 11월 말 바쿠닌에게 창립선언문과 규약의 복사본을 몇 부 보내주었고 그의 지지에 신뢰를 보냈다. 1867년에는 『자본론』 제1권을 보내주기도 했다. 이 모든 점으로 볼 때 마르크스는 상당 기간 바쿠닌을 진심으로 좋아했고 그를 동맹자나 어쩌면 동지로까지 여겼던 것이 틀림없다.

한편 바쿠닌이 1865년부터 1867년까지 이탈리아에 체류한 기간은 그의 무정부주의적 견해가 결정적으로 무르익은 시기였다. 그의 무정부주의적 견해는 1861년 개혁 이후 러시아를 지배하던 경제적 후진성을 반영

---

293) Ibid., Bd. 31, 16쪽.

하는 것이었다. 그리고 이러한 견해는 노동자들이 갈수록 가난해지고 프롤레타리아 운동도 일반적인 민주화 물결에서 이탈되어가는 과정에 있던 이탈리아에서 활동하는 동안 새로운 자극을 받게 되었다. 바쿠닌은 주로 청년층 가운데 급진적 성향을 지닌 부르주아 지식층 속을 파고들었고 이 중에서 최초의 추종자들을 모아서 그가 만든 비밀조직 '사해동포단(International Brotherhood)'으로 규합했다.

'아나키즘의 아버지'로 불린 러시아 사상가 마하일 바쿠닌(1814~76).

　바쿠닌의 무정부주의(프티부르주아적 사회주의의 상표 격인)는 짓밟히고 억압받는 농민이나 프티부르주아지 등 인민대중의 절망을 대변했다. 이들은 부르주아적 정치지도자들에 대한 신뢰를 잃었을 뿐만 아니라 조직적인 계급투쟁을 벌일 독자적인 방법도 찾지 못하고 있던 사람들이었다. 사회적 불평등과 착취에 대한 그의 통렬한 비판과 사회주의에 대한 열렬한 옹호, 극단적 개인주의와 결합한 세계 혁명의 필요성 호소, '절대적' 자유와 자치의 요구, 모든 규율과 권위의 전면 부정 등은 바로 이 같은 사실에서 비롯된 것이었다. 바쿠닌은 마르크스의 저서를 많이 접하고 1869년 「공산당선언」을 러시아어로 번역하기도 했다. 하지만 그는 사회 발전에 관한 사적·유물론적 관점이라든가, 경제적 사회구성체의 계기적 전개를 규정하는 제반 법칙, 사회주의 혁명에서 프롤레타리아의 역할 등 마르크스의 부단한 노력으로 '인터내셔널'의 진보적 유럽 노동자들이 받아들였던 모든 개념들을 무시했다.

　바쿠닌이 싸워야 할 악(惡)으로 상정한 것은 자본이나 임금노동제도가 아니라 국가였다. 그는 국가를 불평등한 착취의 원천으로 보았다. 자본주의적 발전과 프롤레타리아 투쟁이라는 전체 과정을 통해 준비되는 사회주의 혁명과는 대조적으로, 바쿠닌은 자연발생적인 '사회적 숙청(social liquidation)' 또는 '민족적·영토적 여러 국가의 파괴'294)를 옹호했다. 그는 이 같은 '숙청'의 배후에 있는 원동력은 룸펜프롤레타리아와 보헤미안적 지식인과 같은 **영락한**(déclassé) 분자들에 의해 제공될 것이라고 선언했다. 그는 장래의 사회질서는 분리되어 있고 어떠한 의무적 연대로부터도 해방된 고립적이고 자치적인 공동체들의 집합이 될 것으로 보았다.

바쿠닌은 또한 어떠한 혁명세력의 대중조직도 반대하면서, 봉기는 인민들의 반항정신에 불을 지른 개인적 혁명가들의 노력으로 시작될 수 있다고 주장했다. 하지만 그는 이들 개인적 혁명가들의 노력을 조정할 소수의 혁명적 음모가들로 구성된 엄격한 비밀조직의 존재는 인정했다. 바쿠닌은 즉각적인 혁명적 행동을 촉구하면서 혁명으로 직접 이끌지 않는 모든 정치적 활동은 해로울 뿐이라고 선언했다. 이는 정치투쟁을 금지하는 프루동의 교의가 새로운 형태로 부활한 데 불과했다.

바쿠닌은 '국제노동자협회'와 같이 제 모습을 갖춘 국제적 조직을 자신의 무정부주의적 사상을 확산시킬 적절한 장(場)으로 간주하고 이를 손아귀에 넣겠다는 목표를 세웠다. 1867년 그는 여러 인물과 함께 '인터내셔널'과 '평화·자유연맹'을 합병시킬 것을 제안했다. 이 시도가 무참히 깨지자 1868년 가을 제네바에서 '국제사회민주동맹(International Alliance of Socialist Democracy)'을 설립하고 이를 '인터내셔널'에 가입시켜 달라고 평의회에 요청했다. 이 '동맹'의 혼란스럽기 짝이 없는 강령과 규약은 스스로를 '인터내셔널' 지부이자 그것의 이념적 지도자로 선언하면서도, '인터내셔널'의 대열에서 벗어나 자율적 실체로 계속 존재한다고 주장하고 있었다. 또 이 강령과 규약에는 종교의 폐지, 국가의 해체 등의 조항과 함께 얼마 안 가 바쿠닌주의에 대한 프롤레타리아 혁명가들의 투쟁의 초점이 되었던 두 가지 요구사항도 들어 있었다. 그것은 상속권의 폐지(바쿠닌주의자들은 이들 토지를 공동소유로 이전시키는 수단으로 간주했다)와 정치투쟁의 거부였다.

---

294) *La Premiere Internationale, Recueil de documents*, t. Ⅱ, Le congrès de Bâle, Geneva, 1962, 67쪽.

마르크스는 '인터내셔널'의 규약에 따라 회원 자격은 오직 지방이나 전국 조직에만 허용되며 국제적인 조직은 허용되지 않는 이유를 들어, 총평의회에 '동맹'의 가입을 거부하도록 제의했다.

1869년 2월 27일 '동맹'은 다시 총평의회에 서한을 보내 만약 총평의회가 '동맹'의 개별 지부들을 회원으로 가입시킨다면 국제적인 조직을 해체할 용의가 있음을 표명했다. 바쿠닌의 의도는 분명했다. 1869년 3월 5일 마르크스는 엥겔스에게 이렇게 썼다.

"바쿠닌은 만약 우리가 그의 '급진적 강령'을 승인하면 그것을 도처에서 떠벌림으로써 우리를 **다소라도**(tant soit peu) 손상시킬 수 있을 것으로 생각하네. 허나 우리가 그것을 반대하면 우리를 반동분자로 매도할 게 분명하네."[295]

'동맹'에 보낸 마르크스의 회답은 노동계급의 단결을 위한 투쟁에서 모범적인 원칙적 전술을 보여줬다. 회답의 내용은 이러했다.

'인터내셔널'은 '노동계급의 보호·발전 및 완전한 해방'을 목표로 하는 모든 노동자 단체들을 가입시키고 있으므로, 앞으로 회원이 되고자 하는 단체의 강령을 구체적으로 검토하는 것은 '인터내셔널'의 소관 업무가 아니다. '인터내셔널'은 오직 이들 강령이 일반규약에 위배되는 점을 내포하고 있는지 여부를 가려내는 의무만을 지닌다. 그런데 '동맹'의 강령이 '인터내셔널'의 총칙에 위배되고 있다는 사실은 '**모든 계급의** …… 정치적·경제적·사회적 **평등화**'를 요구하고 있다는 점에서 쉽게 알 수 있다. 이는 '**자본과 노동의 융화**'라는 부르주아적 구호와 하등 다를 바 없다. 이어서 마르크스는 이렇게 적고 있다.

"'국제노동자협회'의 위대한 목표는 논리적으로 불가능한 모든 계급의 평등화가 아니라 역사적으로 필연적인 그리고 기존의 체제를 대체할 '계급의 폐지'이다. 그리고 이것이야말로 프롤레타리아 운동의 진정한 비밀

---

295) Marx, Engels, *Werke*, Bd. 32, 273쪽.

이다."296)

따라서 '동맹'의 각 지부들은 국제적 조직을 해체하고 그들의 강령을 적절하게 수정만 한다면 일반규약에 따라 '인터내셔널'에 가입할 수 있다고 마르크스는 썼다.

마르크스가 총평의회를 대표해서 제시한 조건은 '동맹' 지도자들에 의해 수락되었다. 그러나 그 후의 사태가 입증하듯이 이 조건들은 결국 준수되지 않았다. 1868년 '동맹'이 형식적으로 해체됨에 따라 '동맹'의 제네바 지부는 '사회민주동맹' 중앙지부라는 간판 아래 '인터내셔널' 제네바지부로 가입되었다. 중앙지부에는 영향력 있는 바쿠닌주의자들이 있었으며, '인터내셔널' 내부에서 비밀조직으로 계속 유지한 '국제사회민주동맹'을 실질적으로 지도한 것도 바로 이들이었다.

당시 마르크스는 바쿠닌주의자들의 '사해동포단'이라는 음모적인 비밀조직이 존재하고 있다는 것을 알지 못했고, 또 '국제사회민주동맹'이 아직도 활약하고 있다는 사실을 전혀 모르고 있었다. 그렇지만 그는 바쿠닌의 파괴적인 책략을 꿰뚫어보고 있었으며, 스위스 바젤(Basel)에서 열릴 차기 '인터내셔널' 대회에서는 그와 심각한 충돌이 벌어질 것으로 예상되었다. 총평의회에서 행한 마르크스의 여러 연설은 그가 다가올 대회에 대비해서 대표들을 교육시키는 데 필요하다고 믿었던 노선들을 보여준다.

1869년 7월 6일 농업문제가 토론에 붙여졌을 때 마르크스는 지주들의 강탈행위에 반대되는 것으로서 농민들의 '자연적 권리'에 의거한 토지의 국유화라는 발상을 지지하려는 여러 기도들에 맞섰다. 프티부르주아 사회주의 교의에 전형적인 이러한 관념론적 개념과는 대조적으로 마르크스는 '인터내셔널'의 강령이 요구하고 있는 바를 사적 유물론의 관점에서 구체화했다. 그리고 총평의회 대표들을 바쿠닌과의 논쟁에 필요한 여러 논거들로 무장시켰다. 마르크스는 노동계급의 농업강령은 어떤 추상적인 '자연적 권리'가 아닌 사회 발전의 현실적 과정에 대한 고찰에 근거해야 한

----

296) *The General Council of the First International*, 1868~1870, 311쪽.

다고 주장했다. 이어 사회 발전은 농민을 단순히 명목상의 소유권자로 전락시키는 경향을 갖고 있으며, 따라서 농민이 가난과 파멸로부터 벗어날 수 있는 유일한 길은 공업과 농업 양자의 협동노동과 대규모 사회적 생산에 기반을 둔 사회주의적 사회변혁이라고 설파했다.

마르크스는 제네바 바쿠닌주의자들의 제안으로 바젤 대회의 의제에 포함된 농민문제와 상속권의 폐지 사이에 밀접한 관련이 있음을 파악했다. 1869년 7월 20일 총평의회 회의에서 마르크스는 상속권의 폐지가 사회혁명의 출발점이라는 바쿠닌주의자들의 주장에 비판적인 분석을 가했다. 그는 다른 모든 법적 제도와 마찬가지로 상속법도 사회질서의 원인이 아니라 결과라고 설명했다. 따라서 프롤레타리아의 임무는 무엇보다도 먼저 자본주의 사회의 경제적 기초를 이루는 생산수단의 사적 소유를 폐지하기 위해 노력하는 데 있지, 그것의 단순한 법적 상부구조를 폐지하는 데 있지 않다고 주장했다. 그는 말했다.

"만약 노동계급이 상속권을 폐지시킬 만큼 충분한 힘을 갖고 있다면, 그것은 상속권의 폐지보다 훨씬 간단하고 보다 효과적인 절차인 몰수를 감행하기에도 충분한 힘을 지니고 있다고 봐야 할 것이다."[297]

바쿠닌주의적 명제가 이론적으로 유지될 수 없음을 입증한 뒤 마르크스는 그것이 프롤레타리아 조직전술의 관점에 비춰볼 때 야기할지도 모를 위험성과 해악에 주의를 환기시켰다. '인터내셔널'이 농촌 지역에 대한 영향력을 확보해야 할 시점에서 바쿠닌은 농민들을 소외시킬 뿐이고 그들을 노동계급의 적의 품속에 밀어 넣을 뿐인 종파주의적 구호를 내걸고 있었다. 마르크스는 그 뒤 라파르그에게 다음과 같이 썼다.

"상속권의 폐지를 선언하는 것은 진지한 행동이 아니라 어리석은 협박으로 모든 농민들과 소중산계급 전체를 반동의 진영 속으로 내몰 것이네."[298]

---

297) *The General Council of the First International*, 1868~1870, 130쪽.
298) *Karl Marx to Paul Lafargue*, April 19, 1870(마르크스·레닌주의연구소 중앙당 문서보관소).

총평의회의 요청에 따라 마르크스는 자신의 연설 요지를 기록해 바젤 대회에서 낭독하게 했다. 상속권에 대한 총평의회의 보고를 준비하는 가운데 마르크스는 바쿠닌의 관념주의적 견해를 비판하는 데 역점을 두었다. 그리고 바쿠닌의 견해와는 달리 사적 유물론과 프롤레타리아 혁명이론의 원론적 개념들을 기술했다. 그것은 '인터내셔널' 문서 가운데 혁명적 사상을 유물론적 철학의 관점에서 공식화한 최초의 문서였다. 이 단계에서 마르크스가 '인터내셔널' 지도자들에게 프롤레타리아 혁명의 개념을 철학적으로 구체화시키는 방법을 소개하는 것이 유익하다고 판단했다는 것은 여러모로 시사하는 바가 크다. 그리고 이러한 필요성은 일찍이 그가 보다 일상적인 경제적 사실들에 근거해서 주장했던 바였다.

바젤 대회 _ 농민문제에 대한 '인터내셔널'의 전술

마르크스와 바쿠닌의 추종자들은 1869년 9월 6~11일에 열린 바젤 대회에서, 특히 국가에 관한 문제와 이에 관련된 정치투쟁 문제를 둘러싸고 노골적으로 충돌했다. 이 의제에 대한 토의에서 바쿠닌과 벨기에 대표 오이겐 힌스(Eugen Hins)는 노동자들의 의회활동 참여를 원칙적으로 반혁명적이라고 공격했다. 리프크네히트는 이 같은 견해에 단호히 반대했다. 대부분의 프랑스 대표들도 바쿠닌에 반대하고 나섰다. 레스너는 이러한 상황을 마르크스에게 알리면서 다음과 같이 썼다.

"어제 오후에 열띤 논쟁이 있었습니다. 그 과정에서 바쿠닌은 모든 정치활동에 대해 반감을 표시했습니다. 하지만 리프크네히트와 리팅하우젠(Rittinghausen) 등이 나서서 그에게 일격을 가했습니다. 집회가 끝난 이후까지도 그는 마치 성난 사자처럼 으르렁댔습니다. 프랑스 대표들도 대부분 바쿠닌의 입장에 반대하더군요."[299]

벨기에의 역사학 교수
오이겐 힌스(1839~1923).

---

299) *Friedrich Lessner to Karl Marx*, September 7, 1869(마르크스·레닌주의연구소 중앙당 문서보관소).

1869년 '인터내셔널' 바젤 대회 참석 기념사진.

마르크스의 동지들은 바쿠닌과 벌인 논쟁에서, 프롤레타리아는 국가권력을 쟁취하기 위해 투쟁해야 한다고 주장했다.

토지의 사적 소유제 폐지를 다시 한 번 지지한 바젤 대회는 '인터내셔널'의 사회주의적 강령을 재확인했다. 이 결정은 부르주아 언론에 엄청난 파장을 낳았지만 모든 '인터내셔널' 지부들에게는 커다란 만족감을 안겨주었다. 바젤 결의사항은 각국으로 확산해나가기 시작했다. 예컨대 영국에서는 총평의회가 참여한 가운데 '토지·노동연맹(Land and Labour League)'이 설립되었다. 이 '연맹'의 강령은 마르크스의 조언을 받아 에카리우스가 작성했다.

바젤 결의사항을 두고 독일 언론에서 벌어진 논쟁은 신생 '사회주의노동당'이 농민과 프티부르주아 계급의 '인민당'에 관련해 올바른 전술을 정식화하는 데 도움이 되었다. 이 과정에서 마르크스와 엥겔스는 리프크네히트와 그의 동지들이 농촌 지역에 대한 사회주의 선전의 중요성을 명확히 이해하지 못하고 있음을 알았다. 이에 따라 엥겔스는 그의 저서 『독일과 농민전쟁』 제2판에 특별서문을 쓰기로 했다. 그는 이 서문을 1870년 2월에 완성했고, 4월에는 당의 중앙기관지 『인민국가 Volksstaat』지에 별도로 게재되었다. 엥겔스는 이 서문에서 농촌 생산자가 인구의 상당 부분을 차지하는 독일과 같은 나라에 대해 바젤 결의사항이 지니는 중요성을 설명했다. 그는 자본주의 아래서 농민을 동질적인 대중으로 간주하는 것은 오류라고 경고했다. 그리고 농민이 여러 계층으로 구성되어 있음을 강조하면서, 농촌 지역의 노동대중과 확고한 연합을 구축하기 위해서는 개개 농민계층에 특별한 배려가 필요하다고 주장했다.

아일랜드 문제의 국제적 중요성

'인터내셔널' 내부의 마르크스파와 총평의회에 진출한 종파주의적·개량주의적 바쿠닌파 사이의 견해차는 민족문제, 특히 아일랜드 민족해방운동에 대한 '인터내셔널'의 전술문제로까지 확산되었다. 투옥된 '페니어회' 회원들의 사면을 요구하는 광범위한 운동이 1869년 여름 영국과 아일랜드에서 전개되었다. 10월 24일 런던 하이드 파크에서는 대대적인 항의시위와 집회가 열렸고, 마르크스도 여기에 참여했다. 총평의회에서 마르크스는 아일랜드 문제를 다시 토론에 붙이고 1) 아일랜드 문제에 대한 영국 정부의 태도, 2) 아일랜드인에 대한 영국 노동계급의 태도 등 두 가지 측면에 역점을 두었다.

1869년 11월 16일과 23일, 30일에 각각 벌인 아일랜드 문제에 관한 토론은 1867년에 같은 문제를 놓고 토의했던 때와는 전혀 다른 분위기에서 진행되었다. 이제 적대자는 모든 사람이 불만을 품었던 토리당 정권이 아니라, 보다 간교한 적인 자유주의자 글래드스턴(William Gladstone) 정권이었다. 글래드스턴은 노동조합과 야합하고 있었을 뿐만 아니라, 아일랜드에 대해서는 보복정책과 부분적인 개혁정책을 교묘히 구사하고 있었다. 첫 번째 사항에 관한 토론에 들어가기에 앞서 행한 장문의 연설에서, 마르크스는 글래드스턴의 위선을 폭로하고 그의 정책이 선거운동 기간 중에 제시한 겉만 번지르르한 공약과는 너무나도 모순된다는 것을 입증했다. 글래드스턴이 제시한 사면 조건은 '페니어회' 회원들의 전면적이고도 굴욕적인 항복을 요구하고 있었다.

마르크스가 제안한 결의문은 "글래드스턴 씨는 고의적으로 아일랜드 민족을 모욕했다."300)라고 주장했다. 조지 오저와 그 밖의 개량주의적 조합주의자들은 글래드스턴을 감싸려는 시도를 벌였으나, 그들이 거둔 성과는 겨우 최종적인 결의문에서 '고의적으로'라는 단어를 삭제시키는 데 그쳤다.

영국 노조신문 『비하이브The Beehive』는 총평의회의 성명서를 보도하기를 완강히 거부했으나, 스위스·벨기에·독일 등의 '인터내셔널' 언론들은 총평의회의 토의 내용과 마르크스의 연설을 상세히 보도했다. 1869년 11월 29일 마르크스는 쿠겔만에게 이렇게 써 보냈다.

"아일랜드 사면 문제와 관련해서 내가 제안했던 반(反)글래드스턴 결의문을 『인민국가』에서 읽었을 줄 믿네. 지난날 내가 파머스턴을 공격했듯이 이제 나는 글래드스턴을 공격했네. 그리고 이것은 이곳에서 엄청난 파장을 일으켰지. 현지 선동 망명가들은 안전거리를 유지한 채 대륙의 독재자들을 공격하고 싶지만, 이러한 공격행위는 독재자의 바로 그 면전에서 이루어질 때만 효과적이라는 것이 내 생각일세."301)

아일랜드에 대한 영국의 정책을 폭로하기 위해 마르크스는 브뤼셀지부의 페페에게 각종 자료를 보냈고, 페페는 이를 1870년 2월 27일과 3월 6일자 『국제L'Internationale』지에 보도했다. 마르크스의 딸 예니도 같은 목적으로 아버지의 도움을 받아 1870년 2월, 3월, 4월에 걸쳐 파리에서 발행되는 『라 마르세예즈La Marseillaise』에 8편의 기사를 기고했다. 총평의회가 아일랜드 독립운동을 지원하기 위해 취한 갖가지 조치는 '인터내셔널'에 대한 아일랜드 노동자들의 관심을 끌었으며, 나아가 아일랜드지부 결성을 위한 기초를 닦았다.

두 번째 항목, 즉 아일랜드 문제에 대한 영국 노동계급의 태도는 마르크스가 병으로 쓰러져 1870년 1월 이후 3개월간 총평의회에 참석할 수 없었기 때문에 토론에 붙여지지 못했다. 하지만 그는 바쿠닌주의자들의 공격

---

300) *The General Council of the First International*, 1868~1870, 183쪽.

301) Marx, Engels, *Werke*, Bd. 32, 637쪽.

에 대비해 총평의회가 작성한 비밀회담에서 이 문제에 대한 '인터내셔널'의 입장을 상세하게 구체화했다.

바젤 대회가 끝난 뒤 바쿠닌과 그의 지지자들은 마르크스와 총평의회에 공개적으로 선전포고를 했다. 그들은 1869년 11월과 12월 제네바에서 발행되는 『평등L'Égalité』지(이 신문의 편집부에는 바쿠닌주의자 폴 로뱅[Paul Robin]이 있었다)를 통해 반(反)총평의회 캠페인을 개시했다. 그들은 총평의회가 별도의 '영국연합평의회(Federal Council for England)' 설립을 거부함으로써 규약을 위반했다고 비난했다. 그리고 국제 노동계급 운동에 아일랜드 문제처럼 '아무 관계도 없는' 쟁점을 부과하는 것은 프롤레타리아의 국제적 이익을 손상시키기 때문에 규약에 위배된다는 것이었다.

총평의회는 1869년 12월 14일자 『평등』지에 실린 기사를 토의한 끝에 '로망스 스위스연합평의회'에 반박 회람을 발송하기로 결정했다. 이 반박문은 마르크스가 작성하여 1870년 1월 1일 총평의회 특별회의에서 채택했다. 반박문은 영국에 '연합평의회'를 설립하자는(다른 나라에서처럼) 제안이 여러 차례 총평의회에 접수되었지만, 그때마다 기존 상황에 비추어 시의적절하지 못하다는 판단으로 귀결되었다고 설명했다. 마르크스는 반박문에서 '영국연합평의회'를 설립할 경우, 그 지위는 총평의회와 '런던노조평의회'의 중간쯤이 될 것이므로 결코 어떤 권위도 가질 수 없을 것이며, 오히려 총평의회가 영국 노동계급에 직접적인 영향력을 행사하는 데 장애가 될 뿐이라고 썼다. 유럽에서 혁명적인 사태가 절정에 다다르려는 이때 자본의 세계적 중심지로서, 농민보다는 임금노동자들이 실질적으로 인구의 대다수를 차지하는 나라로서 영국이 갖는 특별한 위치를 고려할 필요가 있었다. 즉 이 같은 사실은 영국이 **프롤레타리아 혁명의 위대한 지렛대**로 전환되었다는 것을 의미하는 것이었다. 따라서 이 지렛대에 대한 통제력을 상실하는 것은 어리석은 짓이 아니라 죄악이라고 할 수 있었다.[302]

---

302) *The General Council of the First International*, 1868~1870, 402쪽.

당시 프롤레타리아의 국제적 투쟁전략이 영국 노동계급 운동에 부여한 특수한 역할은 아일랜드 인민의 해방투쟁이 지니는 국제적 중요성을 더해주었다. 마르크스는 아일랜드 문제가 지니는 이 같은 측면을 구체적으로 설명했다. 그는 피압박 인민의 해방투쟁은 전반적인 혁명과정의 한 요소로서 지극히 중요한 역할을 수행한다는 점을 강조했다. 아일랜드 민족 해방운동은 영국, 나아가서는 국제 프롤레타리아의 동맹세력이었다. 아일랜드 문제의 혁명적 해결은 또한 영국 노동계급을 해방시키는 데 선결조건이며, 영국 노동계급의 해방은 다른 나라의 프롤레타리아 혁명을 앞당길 것이다. 이것은 '인터내셔널'의 아일랜드 문제에 대한 슬로건이 "현재의 강요된 통일(아일랜드의 노예상태)을 가능하다면 **평등하고 자유로운 연방**으로, 그리고 필요하다면 **완전한 분리**로 탈바꿈시키자."[303]라는 것이 될 수밖에 없었던 이유이다.

이 회담은 '로망스 스위스연합평의회'가 산하 모든 지부들에 회담 내용을 알릴 것을 촉구하며 끝을 맺고 있다. 이 회담은 마르크스를 통해 독일에, 뒤퐁을 통해 프랑스에도 전달되었다. 1870년 3월 28일 마르크스는 이 회담을 서론과 결론 부분으로 보강해서 일종의 '비밀정보' 문서로 작성하여 아이제나흐 당 위원회 위원들을 수신인으로 해서 독일로 보냈다. 또한 마르크스는 여러 서신 중 가장 중요한 이 문서를 세부 요약해서 폴 라파르그와 '인터내셔널' 뉴욕지부 회원인 지크프리트 마이어와 아우구스트 포크트(August Vogt)에게 보냈다. 뉴욕지부는 상당수의 아일랜드 이주 노동자들을 포함해서 1869년 이후 그 모습을 갖추어나가고 있었다.

그러나 이 회담의 내용이 제네바에 도착하기 전 『평등』지는 편집진을 개편하여 바쿠닌 지지자들을 모두 배제했다. 베커는 바쿠닌주의자들의 교의와 책략을 완전히 이해하기 전에는 몇 가지 점에서 바쿠닌주의자들을 지지했으나, 이번 사건을 계기로 그들과 완전히 결별했다. 그리고 바쿠닌은 현지 노동자들에 대한 영향력을 완전히 상실했기 때문에 제네바를

---

303) Ibid., 405쪽.

떠나고 말았다. 이후부터는 스위스 쥐라 산악지대가 바쿠닌주의의 최후의 거점이 되었다.

총평의회 러시아 담당 연락서기로 활동

'인터내셔널'에서 활동하는 중에도 마르크스는 러시아 차르 체제의 대외정책을 예의 주시했다. 러시아 차르 체제는 크림전쟁 이후에도 여전히 여러 국제적 사건에 상당한 영향력을 발휘하고 있었다. 마르크스는 또한 개혁 이후의 러시아 생활상에 대해 좀 더 깊이 알아두어야 할 필요성을 느꼈다. 경제학자의 한 사람으로서 마르크스는 자본주의적 발전도상에 들어선 이 광대한 농업국가의 사회·경제적 제반 관계에 큰 관심을 보였다.

러시아 농촌을 연구하는 과정에서 마르크스는 당시 서방 언론들이 러시아의 위대한 혁명 작가 알렉산드르 게르첸의 이름과 연관시켰던 견해, 즉 러시아 촌락공동체의 배타적 성격에 관한 견해를 반증할 만한 일상생활의 여러 사실과 특징들에 관심을 집중했다. 마르크스는 게르첸이 자유주의적 성향을 지니고 있었고, 당시 독자적인 노동계급 운동에 반기를 들고 있던 서구 부르주아 민주주의자들과 친분이 두터웠을 뿐 아니라 바쿠닌과도 절친한 관계를 유지하고 있었기 때문에 그를 의심스런 눈초리로 바라보고 있었다. 마르크스는 게르첸이 생의 마감을 눈앞에 둔 1869년에 "자유주의가 아닌 '**인터내셔널**'에 눈을 돌렸다."[304]라는(레닌이 훗날 관찰했던 바대로) 사실을 깨닫지 못했다. 게르첸은 당시 국제적인 프롤레타리아 조직에 깊은 존경과 희망을 표했고, 그의 오랜 친구인 바쿠닌의 견해에 의심을 품었다. 게르첸은 바쿠닌이 자신을 '마르크스 측(Marxides)'과 불편한 관계에 있도록 부추겼다고 불만을 토로했다.

오랫동안 마르크스와 그 주변 사람들은 러시아의 혁명적 서클 내에서 게르첸적인 경향을 제외하고는 별다른 경향을 인식하지 못했다. 마르크스는 농민들의 소요와 1850년대 말에서 1860년대 초에 걸쳐 발생한 러시

---

304) V. I. Lenin, *Collected Works*, Vol. 18, 27쪽.

아 혁명운동의 발흥, 그리고 그에 대한 차르 정부의 탄압에 대해 그저 일반적인 지식을 갖고 있었을 뿐이었다. 1865년 '인터내셔널' 런던 대회에서 행한 연설을 통해 페페는 '토지와 자유'라는 슬로건을 내걸고 러시아에서 불붙기 시작한 투쟁에 대해 언급했다. 하지만 두 사람은 모두 1860년대 초반에 동일한 기치 아래 상트페테르부르크에서 설립된 비밀 혁명조직의 활동이라든가, 그 단체를 이끌고 거기에 참여한 인사들에 관해서 상세한 지식을 갖고 있지 않은 듯하다.

당시 마르크스는 체르니셉스키의 이름과, 그가 체포되어 공개재판을 받은 뒤 시베리아로 유배되었다는 사실조차 알지 못했던 것 같다. 게다가 그는 훗날 '인터내셔널'의 회원이 된 우틴(N. I. Utin) 및 탁월한 조직가이자 정치평론가였던 세르노솔로비예비치(Nikolai Serno-Solovyevich)를 비롯한 청년 망명가 집단과 게르첸 사이에, 1864년 겨울 이후부터 야기된 심각한 불화에 대해서도 들은 바(혹은 주목한 바) 없었다. 앞의 두 인물은 한때 '토지와 자유파'라는 조직에서 지도적 위치에 있었으며 체르니셉스키의 추종자였다. 그들은 게르첸과 그가 이끄는 집단과 일정한 관계를 맺고 있었으나 혁명적 투쟁 과업과 관련해서 그와 직접 대면한 적은 없었다. 세르노솔로비예비치는 제네바로 거처를 옮긴 뒤 현지 노동계급 운동에 적극 참여하는 한편, 1866년에는 러시아어로 「우리의 국내사*Our Domestic Affairs*」라는 팸플릿을 세간에 내놓기도 했다. 이 팸플릿은 러시아의 두 혁명 세대 간의 논쟁을 묘사한 것이었다.

1867년 9월 마르크스와 절친한 관계인 독일의 정치평론가 지기스문트 보르크하임(Sigismund Borkhiem)이 제네바에 잠시 머무르면서 한 평범한 동지를 통해 '러시아 공화주의자들과 사회주의자들'의 현실을 들었을 때 그것은 실로 의외의 일이라 할 만한 것이었다. 마르크스는 엥겔스에게 보르크하임이 "세르노를 발견했다."[305]라고 썼다. 런던에 돌아온 보르크하임은 마르크스에게 그 러시아 팸플릿에 관해 얘기했다. 그는 10월 14일 그

---

305) Marx, Engels, *Werke*, Bd. 32, 233쪽.

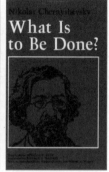

니콜라이 체르니솁스키(1828~89)와 『무엇을 할 것인가』 표지.

팸플릿 한 권을 맨체스터에 있는 엥겔스에게 보냈다. 그리고 바로 그날 그는 세르노솔로비예비치에게 편지를 보내 그 팸플릿을 독일어로 번역하고 싶다는 의사를 밝히는 가운데, 러시아 혁명가들과 그들의 저작에 관한 추가정보를 보내 달라고 요청했다. 그리고 이는 1867년 10월 18일자 세르노솔로비예비치의 회답을 통해 명백히 밝혀졌듯이, 니콜라이 체르니솁스키와 니콜라이 도브롤류보프(Nikolai Dobrolyubov)에 관한 정보를 의미했다. 마르크스와 그의 동료들이 러시아의 위대한 혁명적 민주주의자인 체르니솁스키에 관한 정보를 최초로 접했던 것은 바로 이 세르노솔로비예비치의 팸플릿과 보르크하임에게 보낸 편지를 통해서였던 것 같다. 11월 24일 보르크하임은 마르크스에게 이 팸플릿을 요약해서 보여주었으며, 아울러 『소프레멘니크Sovremennik』지에 대한 체르니솁스키의 기고 활동, 그의 독일 철학에 대한 지식, 그의 소설 『무엇을 할 것인가?What Is To Be Done?』, 그와 도브롤류보프의 저작 출판과 관련해서 러시아 청년이 보내온 새로운 정보들도 제공해주었다.

「우리의 국내사」 독일어 번역판은 1871년에야 비로소 빛을 보았다. 그러나 마르크스는 보르크하임의 설명과 요약문을 통해 그 내용을 익히 알고 있었다. 그는 그 팸플릿의 저자에 깊은 관심을 표명했으며, 1867년 12월에는 베커를 통해 그에게 『자본론』 제1권을 보내기도 했다. 1년 후 세르노솔로비예비치는 '인터내셔널'의 한 신문을 제네바에서 간행하기 위해 구성된 위원회에서 일했다. 그는 마르크스에게 편지를 보내 그 신문에 기고해줄 것을 부탁했다.

"저는 당신이 일생동안 견지해왔던 대의명분에 입각해서, 이 순간 당신의 호의적인 배려를 바라마지 않습니다."[306]

이에 대한 마르크스의 회신은 현재 남아 있지 않다. 하지만 그는 너무 바빴던 관계로 최선을 다해 도움을 아끼지 않겠다고 약속하면서도 기고가로서의 활동에는 적이 난색을 표명했던 것으로 알려져 있다. 세르노솔로비예비치는 마르크스가 직접 접촉한 러시아 청년 혁명가 세대를 대표하는 최초의 인물이었다. 그러나 그들의 관계는 세르노솔로비예비치가 중병을 앓은 끝에 사망함에 따라 곧 막을 내리고 말았다.

그 뒤 마르크스는 러시아 혁명운동 지도자들과 접촉을 확대했다. 그는 러시아 혁명운동의 발전에 대단한 의미를 부여하고 있었다. 그는 러시아어와 러시아의 혁명적 저작들, 특히 체르니셉스키와 플레로프스키 (Flerovsky)의 저작들을 연구함으로써 이러한 관계 확장에 도움을 받았다.

1860년대의 러시아 상황은 바야흐로 대중 노동계급 운동의 발전에 유리한 방향으로 막 전개되기 시작하는 단계에 있었다. 따라서 과학적 공산주의 사상도 아직은 광범위한 호소력을 갖지 못했다. 그러나 선진적 사회사상가들은 마르크스의 이론뿐 아니라 그의 실천적 활동과 '인터내셔널'에 대해서도 깊은 관심을 표명했다. 레닌은 "러시아 나로드니키 사회주의자들이 '유럽의 기관들' 중 가장 선진적이고 또 가장 중요한 것, '인터내셔널'을 러시아에 소개하려고 노력했던 것"[307]은 1860년대 후반의 일이었다고 말했다.

'인터내셔널' 러시아지부는 1870년 봄 제네바에서 설립되었다. 러시아지부는 당시 바쿠닌과 결별한 뒤 제네바에서 『인민의 목표Narodnoye Dyelo』

---

306) K. Marx, F. Engels and Revolutionary Russia(Russ. ed.), 161~62쪽.
307) V. I. Lenin, Collected Works, Vol. 1, 278쪽.

라는 신문을 간행하고 있던 혁명적 망명가들 중 체르니셉스키 추종자 집단으로 구성되었다. 지부 회원들 중에는 우틴 이외에도 폴란드 봉기 동안 백러시아(Byelorussia)에서 한 반란부대를 지휘했던 트루조프(A. D. Trusov), 훗날 파리 코뮌에 적극 참여하게 되는 탁월한 러시아 혁명가 엘리자베타 드미트리예바—토마노프스카야(Yelizaveta Dmitriyeva-Tomanovskaya), 역시 코뮌에 적극 참여하게 되는 안나 코르핀—크루코프스카야(Anna Korvin-Krukovskaya; 빅토르 자클라르[Jaclard] 부인), 그리고 바르테네프(V. I. Bartenev; 네토프[Netov]) 등이 있었다. 지부는 러시아인 망명가들의 지도적 서클들에 대해 상당한 영향력을 발휘하고 있었으며, 러시아 내 나로드니키 지하운동이나 다른 슬라브 국가의 혁명운동과도 연관을 맺고 있었다. 그리고 그 연락원 중에는 세르비아의 혁명가이자 사회주의자였던 스베토자르 마르코비치(Svetozar Markovich)도 끼어 있었다.

1870년 3월 12일 러시아지부 위원회는 마르크스에게 총평의회 러시아지부 대표로 활동해줄 것을 요청했다.

"오늘 러시아 민주 청년들은 당신이 이론적·실천적 선전활동에 투신하면서 러시아 민주주의의 대의에 기여한 바에 대해, 우리의 망명 형제들을 통해 깊은 감사를 드릴 기회를 갖게 되었습니다."308)

마르크스가 러시아 청년 혁명가들의 편지를 읽고 바람직하다고 느꼈던 것은, 그들이 슬라브주의적(Slavophile) 환상을 거부하고 러시아와 서유럽의 역사적 공동운명체임을 깨닫고 있었다는 점이었다. 게다가 그들이 바쿠닌 및 그의 조직들과 절연하고 있다는 점도 마르크스를 기쁘게 했다. 그는 위원회의 요청을 기꺼이 수락했다. 3월 24일자로 러시아지부에 보낸 회신에서, 마르크스는 폴란드의 압제 상황을 폴란드와 러시아 인민 양자의 정치·사회적 자유를 공히 저해하는 족쇄로 천명했던 지부의 강령에 내재된 국제주의적 사상에 찬동했다. 마르크스는 다음과 같이 편지를 끝맺었다.

----
308) K. Marx, F. Engels and Revolutionary Russia(Russ. ed), 169쪽.

"플레로프스키나 당신들의 스승인 체르니솁스키와 같은 인사들의 저작들은 러시아의 진정한 명예입니다. 그것들은 당신네 나라도 우리 시대의 운동에 동참하기 시작했음을 입증해주는 것입니다."[309]

러시아 담당 연락서기 자격으로 마르크스는 정기적으로 러시아 혁명가들과 편지를 교환하고, 그들에게 '인터내셔널' 내의 여러 소식들과 총평의회의 결정사항들을 알려주면서 필요한 문서들을 보내주는 등 끊임없는 협력을 아끼지 않았다. 그는 그들의 사고 발전에 영향을 미치고자 노력하면서, 그들이 과학적 공산주의 사상을 수용할 수 있도록 도와주었다. 그리고 이를 통해 촌락공동체를 자본주의 발전의 가장 명백한 장애요인으로 보는 그들의 나로드니키적 견해를 극복할 수 있도록 배려했다. 또 그들이 노동인민대중과 구별하지 않고 있는 산업 프롤레타리아트가 사회변혁의 과정에서 차지하는 지도적인 역할을 인식시키려고 노력했다.

러시아지부 회원들은 창립선언문과 일반규약을 포함해서 마르크스가 쓴 '인터내셔널' 주요 문서들을 러시아어로 번역·출판했다. 마르크스는 러시아지부와 접촉하면서 러시아 혁명운동에 참여하고 있는 인물들을 훨씬 포괄적으로 접할 수 있었다. 지부 회원들 중에서 마르크스와 남다른 관계를 유지한 사람들로 우틴과 옐리자베타 드미트리예바—토마노프스카야를 꼽을 수 있는데, 이들은 훗날 런던 방문 때 마르크스의 융숭한 대접을 받았다.

소규모지만 매우 활동적이었던 러시아지부를 한층 빛나게 해주었던 것은 격렬한 반(反)무정부주의 투쟁이 국제 노동계급 운동 내에서 촉발되고 있던 당시의 시점에서, 러시아지부가 결연히 반(反)바쿠닌적 입장을 취하면서 '인터내셔널'의 마르크스주의 혁명파를 지지하고 나선 점이었다. 러시아지부는 거의 처음부터 스위스에 거점을 두고 있던 바쿠닌주의에 대항해 적극적인 투쟁을 벌였다. 라쇼드퐁(La Chaux-de-Fonds)에서 개최된 '로망스 스위스연합'의 한 집회에서 우틴은 바쿠닌을 격렬히 비난했다. 이후

---

309) *The General Council of the First International*, 1868~1870, 411쪽.

이러한 분열의 결과로서 쥐라지부들(정치투쟁 반대라는 바쿠닌주의적 강령을 채택한)은 '로망스평의회'를 자처하는 또 다른 '연합평의회'를 구성하기에 이르렀다. 그리하여 양 평의회가 각기 런던에 동의를 구해왔다. 이에 총평의회는 6월 29일 라쇼드퐁에 있는 신설 바쿠닌주의적 평의회에 대해서는 그들 나름의 다른 명칭을 사용하도록 권유하는 한편, '로망스연합평의회'의 명칭과 그에 상응하는 기능은 제네바에 있는 구(舊)평의회에 귀속된다고 결정했다.

제2제정의 위기와 유럽 혁명의 전망

1860년대 말경 마르크스는 프랑스 노동계급 운동 내에서 발생하고 있는 변화를 만족스럽게 주시했다. 프랑스의 사회경제적 생활에서 '인터내셔널'의 역할은 점증하고 있었다. 1868년에 있었던 두 건의 재판과 제국경찰이 '인터내셔널'에 가했던 조직적인 보복조치들 때문에 '인터내셔널'은 반(反)바쿠닌주의 노동자들과 민주 인사들의 공감을 얻었다. 마르크스는 기회가 닿는 대로 프랑스 프롤레타리아트가 혁명적 투쟁 형태를 취하고 프루동주의적 견해를 버리도록 도왔다.

1868년 4월 2일 폴 라파르그와 결혼한 마르크스의 둘째딸 라우라가 같은 해 10월 남편과 함께 파리에 도착했다. 라파르그는 원래 의사 자격을 갖고 있는 사람이었다. 하지만 오래전부터 다른 일에 몰두해왔던 까닭에 개업을 서두르지 않았다. 그리고 그가 탁월한 정치평론가의 재능을 유감없이 발휘한 것은 바로 파리에서였다. 그는 프랑스에서 탁월한 마르크스주의 선전가로 활동하기 시작했다.

마르크스는 딸과 사위가 파리로 떠날 즈음 그들에게 '인터내셔널' 파리지부의 주소록을 건네주었다. 그들은 출발에 앞서 프랑스 노동계급 운동 앞에 가로놓인 중차대한 문제들 중 하나, 즉 운동의 통일 확립의 필요성에 관해 여러 차례 논의했음에 틀림없다. 사실 이 통일에 이르는 과정은 프랑스 내 두 주류인 프루동주의자들과 블랑키주의자들의 종파주의적 태도로 인해 방해를 받고 있었다. 따라서 그들의 과제는 개량주의적 환상과 음모적 전술을 극복하고, 반제국주의 투쟁과 프롤레타리아트 및 다른 노동인민들의 정치경제적 이권 수호를 위해 전 프롤레타리아 세력을 결집시키는 일이었다.

파리에 거주하고 있는 라파르그의 친구나 동지들 중에는 외젠 바를랭과 헝가리 사회주의자 레오 프랑켈(Leo Frankel), 전 총평의회 위원이었던 아메데 콩보(Amédée Combault)와 쥘 조안나(Jules Johannard) 등이 있었다. 그는 또한 블랑키와 친분이 두터웠던 인사들(에듬 트리동[Edme Tridon], 훗날 코뮌의 장군이 된 에밀 외드[Emile Eudes], 제르맹 카스[Germain Casse], 테오필 페레[Theophile Ferré] 등)과도 지속적인 접촉을 가졌다. 라파르그는 블랑키주의자들이 그들의 신문 『르네상스』를 발간할 준비에 착수했던 1869년 봄 편집부에 합류했고, 마르크스의 지원과 협력을 약속받았다.

그 무렵 라파르그는 블랑키와 자주 만나는 편이었는데, 블랑키는 자신의 전투조직을 점검하기 위해 브뤼셀에서 파리로 잠입해 들어오곤 했으며, 셰르슈 뒤 미디(Cherche du Midi)가에 있는 폴과 라우라의 집을 자주 방문하곤 했다. 1869년 5월 말 라파르그는 마르크스에게 이렇게 쓰고 있다.

"꼬마(Le Petit; 당 서클에서 불리는 블랑키의 별명)는 당신에 대해 각별한 애정과 존경심을 갖고 있습니다."[310]

블랑키는 발간계획 중인 신문에 게재할 독일의 사회·정치적 상황에 대한 평론들을 마르크스에게 청탁하자는 발상을 쌍수를 들어 환영했다. 하지만 신문의 발간은 그즈음에 이루어지지 못했다.

1869년 1월 마르크스의 첫 손자가 라파르그가(家)에서 태어났다. 7월 초 그는 라우라의 건강 상태가 걱정되어 그들을 방문했다. 그는 엥겔스에게 편지를 보내 다음과 같이 말했다.

"지난 화요일 저녁 파리에 도착해서 월요일(7월 12일)에 그곳을 떠나왔

---

310) 마르크스·레닌주의연구소 중앙당 문서보관소.

마르크스와 큰딸 예니 카롤리네.

네. 나의 이번 여행은 아주 비밀리에 이루어졌다네."[311]

그때는 프랑스에서 입법의회 선거가 막 끝날 무렵이었다. 선거 결과 제2제정 체제에 반기를 들던 세력이 괄목할 만하게 떠올랐다. 1869년 5월 바를랭과 그의 동료들은 「파리 노동자 집단의 선거강령」을 제시했다. 그것은 프랑스의 선진적 노동자들이 프루동주의적 도그마에서 훨씬 멀리 일탈해 버렸다는 점을 입증했다. 수도에서 행해진 선거는 소요(바리케이드가 세워진 경우도 있었다)와 체포 속에서 진행되었다. 마르크스가 파리에서 보고 들은 바는, 또 그가 라파르그의 설명과 편지, 뒤퐁의 프랑스지부와의 편지 교환, 그리고 언론을 통해 전해 들은 바는 제2제정의 위기가 심화되고 있음을 입증해주었다. 1870년 1월 마르크스는 유럽 혁명의 장래를 전망하는 가운데 "혁명의 **선제공격**은 십중팔구 프랑스에서 이루어질 가능성이 크다."[312]라고 썼다.

일간지 『라 마르세예즈』가 1869년 12월에 파리에서 창간되었다. 그 편집부는 사회주의적 성향의 노동자들과 '인터내셔널' 회원들, 블랑키주의자, 좌익 공화파들로 구성되었으며, 그들은 제2제정 반대투쟁에 서로 손을 잡고 나섰다. 마르크스와 엥겔스는 창간과 동시에 '인터내셔널'의 기관지 기능을 떠맡았던 이 신문을 예의 주시했다. 그러던 중 1870년 4월 '파리인터내셔널 지부연합(Paris Federation of the International's Sections)'이 결성되면서 프롤레타리아 사회주의 인자들의 단결에 큰 역할을 하게 되었다. 라파르그와 바를랭은 이 조직에서 큰 몫을 담당했다.

'인터내셔널' 주변에서 정치적으로 가장 활동적인 노동자들이 이런 식

---

311) Marx, Engels, *Werke*, Bd. 32, 337쪽.
312) *The General Council of the First International*, 1868~1870, 401쪽.

으로 연대함으로써 바쿠닌주의자들의 영향력은 프랑스 남부 지역으로 후퇴했다. 이러한 상황과 함께 대중들 사이에 혁명적 감정이 고조됨에 따라 '인터내셔널'의 몇몇 회원들은 총평의회가 파리로 옮겨 앉아야 한다는 주장을 펴기도 했다. 마르크스도 이러한 주장을 긍정적으로 고려했지만 실현되지는 못했다.

나폴레옹 3세는 불안한 입지를 강화하기 위해 5월 8일을 국민투표일로 선포했다. 그리고 선거일에 임박해서 프랑스 전역에서는 '인터내셔널' 지부 지도자들에 대한 체포사태가 발생했다. 그들에게는 황제 암살음모라는 날조된 혐의가 씌워졌다. 5월 3일에 마르크스는 영국과 프랑스에서 프랑스지부 회원 등에 대한 탄압에 항의하는 성명서를 채택할 것을 총평의회에 제안했다. 마르크스는 '인터내셔널'이 음모적 활동에 연루되어 있다는 터무니없는 혐의를 일고의 가치도 없는 것으로 치부하면서 다음과 같이 기술하고 있다.

"모든 국가에서 대다수를 차지하고 있고 모든 부를 생산하는 노동계급이, 그리고 착취계급조차도 자신들의 통치를 성공적으로 수행하기 위해 항상 그들의 이름을 내걸고 있는 바로 그 노동계급이 만에 하나 음모를 꾸민다면, 그들은 자신들의 영역 밖에는 그 어떠한 합법적 세력도 존재하지 않는다는 사실을 철저히 의식하는 가운데, 마치 태양이 암흑에 맞서 음모를 꾸미는 것처럼 공개적으로 음모를 꾸밀 것이다."[313]

이와 함께 마르크스는 총평의회가 이른바 런던의 프랑스 분파가 발표하고 있는 무모한 성명서들을 공개적으로 거부하는 입장을 표명해야 한다고 주장했다. 이 분파는 수십 명의 프티부르주아 민주주의 망명가들로 구성되어 있었으며, 1868년 이후 '인터내셔널'과 관계를 끊고 있었다. 이 분파의 지도자인 펠릭 피아(Felix Pyat)와 그의 추종자들에 의해 공표되었던 선언문들은 도발적이고 사이비 혁명적인 구호들과 개인적 테러 전술의 호소로 가득 차 있었다. 바로 이러한 점들이 파리 검찰당국에 의해 '인터

---

313) *The General Council of the First International*, 1868~1870, 232쪽.

내셔널' 회원들에 대한 혐의를 명백히 입증해주는 증거로 받아들여졌다. 그리하여 마르크스의 제안에 따라 '인터내셔널'이 피아 집단의 행위에 아무런 책임도 질 수 없다는 내용의 결의문이 1870년 5월 10일 총평의회에서 통과되었다.

그러나 이러한 탄압도 '인터내셔널' 파리 회원들의 기세를 꺾지는 못했다. 1870년 5월 18일자로 엥겔스에게 보내는 편지에서, 마르크스는 당국에 의해 각개격파된 기존의 '인터내셔널' 조직들과 위원회들을 대신해서 전국 각지에서 훨씬 많은 조직들이 새로 탄생하고 있음을 만족스럽게 바라보았다. 블랑키주의자들도 '인터내셔널' 지부들을 결성하기 시작했다. 프랑스 노동계급은 바야흐로 '인터내셔널'의 강령을 기반으로 통일을 향해 전진하고 있었다. 그러나 이렇듯 중차대한 과정이 실질적인 결과를 낳기 전에 아주 중대한 사건이 발생했다.

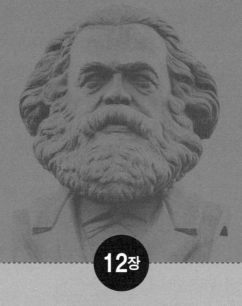

12장

파리 코뮌

노동자들의 파리는 코뮌과 더불어 새로운 사회의
영광스런 선구자로서 영원히 찬양받을 것이다.
— 카를 마르크스 —

역사적 신기원의 출발점 위에서

1870년과 1871년은 획기적인 사건들이 일어난 해였다. 프로이센·프랑스 전쟁이 두 나라의 지배집단에 의해 개시되었다. 프랑스의 군사적 패배는 이미 오래전부터 파산지경에 이른 제2제정의 몰락을 재촉했을 뿐만 아니라, 프랑스 내의 계급 간 적개심을 극단적으로 심화시켰다.

1871년 3월 18일 파리에서 프롤레타리아 혁명이 일어나 파리 코뮌(Paris Commune)이라는 형태로 사상 최초의 프롤레타리아 국가가 수립되었다. 그것은 자본주의 사회 발전의 절정이자, 부르주아 융성기와 진보적 부르주아 변혁기의 종식이자, 절대봉건제도의 붕괴였다. 그것은 "부르주아의 전면적인 지배와 쇠퇴의 시대가 개막되었음을 알리는, 그리고 부르주아의 진보적 성격이 반동적 내지 극우 반동적인 금융자본으로 이행하기 시작했음"[314]을 알리는 일대 사건이었다. 또한 노동계급 운동과 사회주의 사상의 발전상에 역사적 이정표를 세운 사건이기도 했다. 노동계급이 이룩해낸 사상 최초의 획기적 업적인 코뮌은 사회주의 혁명과 프롤레타리아 계급에 의한 권력 장악의 필연성이 노동계급 사상가들이 행한 이론적 분석의 결실 이상이라는 것을 뒷받침해주는 증거였다. 그것은 당대의 지

314) V. I. Lenin, *Collected Works*, Vol. 21, 146쪽.

상명제이자 실천적 필연이었으며, 역사 발전 그 자체가 당대의 질서 위에 부과한 결과물이었다.

코뮌의 교훈은 노동계급 운동의 절박한 과제가 무엇인지를 보여주었으며, 국제 프롤레타리아 강령 속에 기본적이고 일반적으로 받아들여질 수많은 과학적 공산주의의 원칙들을 제시하는 것이 불가결하다는 것도 보여주었다. 파리에서 벌어진 일련의 사태는 종파주의적이고 개량주의적인 프티부르주아적 사회주의 이론의 천박성을 여지없이 드러내주었으며, 과학적 공산주의의 위대한 자생력을 명백히 확인시켜주었다.

여러 민족의 노동자들은 비록 파리 코뮌에 깊이 공감했지만 그것이 주는 교훈을 즉시 파악하지는 못했다. 그것을 파악하는 데는 깊은 이론적 이해력이 요구되었기 때문이다. 오직 투쟁적 프롤레타리아트를 대변하는 위대한 사상가이자 이론가였던 한 인물만이 1870년과 1871년에 일어난 사태의 전모를 파악하고 그로부터 올바른 결론을 끄집어낼 수 있었다. 지난날 일련의 치열한 계급투쟁에서 그랬듯 이번에도 이 과제는 마르크스에게 떨어졌다. 이 일련의 사태들을 미래의 출발점으로서, 역사적으로 새로운 시대로의 돌입을 알리는 사건으로서 파악한 사람이 바로 마르크스였다. 코뮌을 다룬 최초의 역사가이며 기록자인 마르크스는 프랑스에서 일어난 프롤레타리아 혁명의 경험을 광범한 대중들이 손쉽게 이해할 수 있도록 정리했으며, 다음 세대의 프롤레타리아 전사들을 위해 그것을 낱낱이 기록해두었다.

그러나 마르크스의 업적은 여기서 그치지 않았다. 그는 대중적인 혁명투쟁에 직접 참여하여 혼란스런 사태의 흐름을 뚫고 국제 프롤레타리아 조직을 지도했다. 그는 이 조직이 자체의 혁명노선을 추구하도록 돕고, 프롤레타리아 국제주의로부터 한 치의 일탈도 없도록 힘을 썼다. 노동계급이 전쟁기간 중에 독자적인 행동을 취하도록 격려한 것도, 같은 기간 중에 '인터내셔널'의 일반적인 전술을 정식화한 것도, 그리고 교전국과 중립국의 프롤레타리아 세력을 도와 전술노선을 결정하도록 만든 것도 바로 마르크스였다.

파리 코뮌 기간 중에 일련의 사태에 직접 참여한 사람으로서 마르크스가 수행한 역할은 무엇보다도 코뮈나르(Communard; 코뮌에 참가한 민중)들과 직접 접촉하면서 그들에게 성실한 충고를 해준 사실에서 잘 드러난다. 마르크스는 엥겔스와 더불어 각국의 노동자들 사이에 코뮌을 지지하는 운동을 일으키고, 각 운동 사이를 조정하면서 거기에 올바른 방향성을 제시하느라 동분서주했다. 프롤레타리아 국가가 진압되자 마르크스는 베르사유 당국이 풀어놓은 자들의 무차별한 테러에 희생될 처지에 있던 코뮌의 난민들에 대한 지원책을 마련하기 위해 맹활약하기도 했다.

프로이센·프랑스 전쟁에 관한 첫 번째 선언

마르크스가 파리의 혁명적 상황에까지 이르게 된 역사적 과정에 대해 객관적 평가를 내린 것은 이 같은 사태가 한창 진행되던 와중이었다. 1870년에 발발한 프로이센·프랑스 전쟁은 일련의 사태를 연결시키는 주요 고리였다. 독일의 최종적인 통일은 보나파르트주의자들의 끊임없는 무력 위협과 라인강 서안에 대한 그들의 침입, 일부 독일 공국들의 분리주의적 경향에 대한 그들의 지원 때문에 방해를 받고 있었다. 동시에 공격적인 보나파르트 제국의 존재는 또한 언제라도 전쟁을 일으킬 온상으로서, 프로이센 융커와 호전적인 독일 부르주아 집단의 군국주의적 욕망을 부추기고 있었다. 이들 프로이센 융커들과 부르주아 계급은 독일의 국가 이익을 수호한다는 구실 아래 호엔촐레른 왕가의 전력을 남부 독일로까지 확대시키려는 계획을 실현시킬 기회만 엿보고 있었다. 비스마르크는 나폴레옹 3세와 그 일당들의 국수주의적 주장들을 국내의 반(反)프로이센 감정을 완화시키고 프랑스가 무력분쟁의 공격자 역할을 떠맡도록 유인하는 데 능수능란하게 이용했다. 이 같은 상황에서 객관적으로는 나폴레옹 3세의 독일 영토 분할을 저지할 목적으로 시작된 이 전쟁은 프랑스에 맞선 영토 확장 전쟁으로 번질 위험성을 안고 있었다.

마르크스는 선전포고가 있던 1870년 7월 19일 이미 이 모든 점들을 명확히 인식했다. 이날 총평의회에서는 전쟁에 관한 선언을 발표하는 문제가 제기되었다. 총평의회 회원들의 의견은 가지각색이었다. 어떤 이는 전쟁 일반을 비난하는가 하면, 어떤 이는 전쟁을 일으킨 프랑스와 독일의 지배집단을 비난하거나 노동자들이 아직 전쟁을 막을 정도로 강력하지 못함을 불평하기도 했다. 마르크스는 총평의회가 "전쟁 일반의 문제를 다룰 여력이 없으며 오직 특정 사례만을 다룰 수 있다."[315]라고 상기시켰다. 언제나 그렇듯 그는 일련의 사태에 대해 구체적인 역사적 접근방법을 택할 것을 주장했다. 국제 프롤레타리아를 위한 올바른 노선은 문제가 되고 있는 전쟁의 성격과 원인 및 예상되는 결과를 과학적 분석을 토대로 결정함으로써만 정식화할 수 있다는 것이었다. 총평의회는 마르크스에게 선언문 작성을 요청했고, 7월 26일에 열린 그다음 회의에서 총평의회는 마르크스가 작성하고 낭독한 선언문 초안을 만장일치로 승인했다. 이 중요한 문서는 리플릿 형태로 발표되었고 '인터내셔널'이 발행하는 수많은 정기 간행물에 게재되었으며 부르주아 언론에서도 이를 다루었다.

마르크스는 보나파르트 체제의 실체를 집중적으로 폭로하면서, 제2제정의 군사적 패배는 프랑스를 희생시키고 나아가 독일의 진정한 통일을 가로막는 주요 장애물 가운데 하나를 제거할 것이라고 지적했다. 이것이 바로 현 단계에서 독일이 이번 전쟁을 방어전으로 간주하는 이유라고 그는 주장했다. 그러면서 마르크스는 독일 인민의 민족적 이해관계와 프로이센의 왕조적 이해관계 사이의 차이점을 날카롭게 구분하고, 프로이센 군국주의자들에 의한 전쟁은 자칫 프랑스 인민을 적대시하는 전쟁으로 발전할 수도 있다고 독일 노동자들을 향해 경고했다. 그는 '인터내셔널'의 독일 회원들에게 경각심을 갖도록 촉구했다. 나아가 두 나라 정부가 노동자들을 형제 살육적인 전쟁 속으로 끌어넣으려 할 즈음, 독일·프랑스 노동자들과 교환한 평화와 선의의 메시지에 표명된 프롤레타리아 국제주의적

---

315) *The General Council of the First International*, 1870~1871, 31쪽.

감정을 환영했다.

"일찍이 지난날의 역사에서 찾아볼 수 없었던 이 위대한 사실은 보다 밝은 미래를 전망케 해줍니다."

마르크스는 이렇게 썼다.

"이는 경제적 참상과 정치적 광란으로 점철된 낡은 사회와는 대조적인 새로운 사회가 용솟음쳐 오르고 있음을 입증해주고 있습니다. 이 새로운 사회의 국제적인 규칙은 **평화**가 될 것입니다. 왜냐하면 각국을 통치하는 세력은 다 같은 계급, 즉 **노동자**일 것이기 때문입니다!"316)

독일 사회민주주의자들의 혁명전술 정식화 작업

전쟁은 노동자들, 특히 교전국의 노동자들에게는 심각한 시련임이 드러났다. 국제적 노동자 조직의 권위라든가 이 조직의 깃발에 아로새겨진 프롤레타리아 국제주의, 이후 노동계급 운동의 전개과정 등 수많은 문제가 그들이 어떠한 태도를 취하느냐, 즉 그들이 프롤레타리아 국제주의에 끝까지 충실하느냐 아니면 국수주의적 광란에 굴복하느냐에 따라 좌우될 터였다. 마르크스는 '인터내셔널'의 프랑스 회원들과 독일 사회민주주의자들이 전 전쟁기간을 통해 혁명적인 국제주의 노선을 따르도록 최선을 다했다. 그는 국제 노동계급 운동 가운데 가장 잘 조직된 분견대인 독일 프롤레타리아와 그 정당의 행동을 특히 중시했다.

마르크스는 리프크네히트와 베벨이 7월 21일 북독일 제국의회에서 실시된 전쟁채권(戰爭債券) 법안 표결에서 취한 태도를 전해 듣고 매우 흡족했다. 이 두 사람은 선언문을 발표하여, 채권법에 대한 찬성은 프로이센 정부에 대한 신임을 의미하며, 반대는 보나파르트의 범죄적 계획에 찬성하는 것으로 해석될 가능성이 있다고 주장하고 기권표를 던졌다. 마르크스는 이 선언을 용기 있는 행동이라고 평가하면서 이를 영어로 번역했다. 그것은 총평의회에서 낭독되었고 영국 언론에도 보도되었다.

---

316) Ibid., 328쪽.

전황이 바뀜에 따라 프롤레타리아의 전술적 과제도 부단히 구체화되고 최초 정세에 맞춰 수정되어야만 했다. 이 전쟁은 독일 인민들에게는 민족적 전쟁으로 간주되었으므로 보나파르트군에 대한 공격의 고삐를 늦출 이유가 없었다. 동시에 보나파르트군의 대패는 상황을 일변시켜 이 전쟁에 일정한 전기(轉機)를 마련해주었다. 대세는 프로이센의 지배자들 쪽으로 기울기 시작했고, 그들은 이미 알자스로렌(Alsace-Lorraine) 지방의 영유권을 주장하고 있었다. 8월 17일 마르크스는 엥겔스에게 보낸 편지에서 그 같은 전쟁 결과는 "유럽, 그중에서도 특히 독일에게 가장 큰 불행이 될 것"[317]이라고 썼다.

사회민주노동당 기관지『인민국가』를 이끌던 리프크네히트와 브룬스비크에 있던 사회민주당 노동위원회 사이에 심각한 견해차가 제기되었다. 리프크네히트는 초기 단계에서 전쟁의 방어적 성격을 충분히 고려하지 못했고 '브룬스비크 위원회'는 민족주의적 감정에 굴복하고 있었다. 마르크스의 조언을 다급히 요청하는 편지가 브룬스비크에서 날아들었다. 마르크스는 8월 초에 가족과 함께 램스게이트(Ramsgate)로 건너가 그 당시까지 머물고 있었다. 그는 엥겔스와의 편지 왕래만으로는 의견 교환이 충분치 못하다고 느껴 행동계획을 논의하기 위해 맨체스터로 갔다. 마르크스와 엥겔스가 작성한 회답 전문이 남아 있지는 않지만, 그 내용의 상당 부분이 9월 5일 '브룬스비크 위원회'의 선언문을 통해 전해지고 있다.

총평의회의 7월 선언에서 마르크스는 제2제정의 붕괴를 예언했으며, 8월 말경에 '브룬스비크 위원회'에 보낸 회답에서는 제2제정의 붕괴가 이제는 불가피하다고 주장했다. 전쟁의 성격이 변화할 것을 예측하면서 마르크스와 엥겔스는 독일 노동자들이 모든 수단을 동원해 프로이센의 군국주의자들과 독일 부르주아 계급의 영토 합병계획에 저항할 것을 촉구했다. 그들은 알자스로렌의 합병이 유럽의 장래에 가져올 치명적인 결과들을 상세히 설명하고, 그 같은 조건에서 타결될 강화조약은 약탈적이며 새

---

317) Marx, Engels, *Werke*, Bd. 33, 43쪽.

로운 전쟁의 불씨가 될 것이라고 예측했다. 그들은 독일 통일의 완성이라는 과제는 비록 "최초의 **통일**이 **프로이센의 병영** 속에서 이루어지긴 했으나" 이미 달성되었다고 말했다. 이제 프랑스와 명예로운 강화조약을 맺도록 압력을 행사하는 일이야말로 독일 노동자들의 과제라고 그들은 지적했다. 프랑스와의 명예로운 강화는 전혀 다른 전망, 즉 유럽 대륙 서쪽에서의 평화적인 발견 가능성과 프로이센이 독일이라는 국가 속에 해체될 가능성, 차르 체제에 대한 전쟁이 일어나 차르가 패배할 경우 러시아에서 사회주의 혁명이 일어날 가능성(러시아 혁명가들은 "그들의 혁명을 수행하는 데 이런 종류의 외부적 뒷받침을 반드시 필요로 한다."[318]) 등의 전망을 가져다 줄 것이다.

당시 진보적인 독일 노동자들과 그 지도자들은 국제 노동계급 운동에 대한 의무를 다했다. 독일 지배계급의 국수주의적 정책을 지시한 라살레파 지도자들과는 대조적으로, 아이제나흐파 지도자들은 전적으로 마르크스의 충고에 따라 그들의 모든 전술을 알자스로렌 합병 반대 투쟁과 전쟁 종식 투쟁, 그리고 9월 4일 수립된 프랑스 공화국과의 명예로운 강화조약 체결을 위한 투쟁에 집중시켰다. 지도자들은 서로의 견해차를 해소시켰으며, 모든 당원들을 프롤레타리아 국제주의의 기치 아래 결속시켰다. 아이제나흐파 사람들은 전시의 계엄하에 당 간행물들이 압수당하는 시련 속에서 대중집회나 언론을 통해 전쟁 지속과 알자스로렌 합병에 대한 저항을 계속해나갔다.

그러나 프로이센 당국은 당을 탄압하기 시작했고, 빌헬름 브라케가 이끄는 '브룬스비크 위원회'의 위원들은 모두 프로이센 감옥에 투옥되고 말았다. 전쟁의 지속을 위한 '전쟁채권 발행법안'에 기권표를 던진 바 있는 리프크네히트와 베벨 역시 당국의 이 같은 탄압에 맞서 제국의회에서 비난 연설을 했다는 이유로 1870년 9월 17일 회기가 끝나자 프로이센 감옥에 갇히고 말았다.

----
318) *The General Council of the First International*, 1870~1871, 332쪽.

마르크스는 비스마르크 체제의 폭력적인 조치와 불법성을 폭로하고 수많은 당원들을 격려하기 위해 전력을 다했다. 그는 '브룬스비크 위원회' 위원들의 체포와 관련된 수많은 자료들을 영국의 각 일간지에 배포했다. 그는 『데일리 뉴스』지 편집자에게 보내는 한 편지에서, 베벨과 리프크네히트에 대한 비스마르크 경찰당국의 행위와 의원으로서 그들의 면책특권이 침해된 사실을 비난했다. 마르크스는 그의 독일 동지들이 보여준 영웅적인 태도를 자랑스럽게 여기고, 각국의 '인터내셔널' 회원들에게 이들을 모범자로 치켜세웠다. 그리고 체포된 '사회민주노동당' 당원들과 그 가족을 돕기 위한 모금운동도 '인터내셔널' 내부에서 조직·전개했다.

제2제정의 붕괴와 프로이센·프랑스 전쟁에 관한 두 번째 선언

1870년 9월 5일 새벽 런던에서 수신된 샤를 롱게의 전보를 통해 마르크스는 그 전날 프랑스 공화국이 선포되었음을 알았다. 그러나 보나파르트 체제의 부패상을 낱낱이 꿰뚫어보고 프랑스의 프롤레타리아와 민주세력이 날이 갈수록 연대하는 상황을 지켜보고 있던 마르크스와 엥겔스에게 이 소식은 결코 놀라운 일이 아니었다. 그들은 이미 전쟁이 발발하기 전부터 임박한 무력충돌과는 관계없이 프랑스에서 혁명이 일어나리라고 예견했었다. 그들이 염려했던 것은 다만 프랑스에 프롤레타리아 정당이 결성되기 전에 혁명이 일어나지 않을까 하는 점이었다. 마르크스는 혁명이 따르게 될 가능한 노선들을 다각도로 고려하면서 "최초의 분출은 프랑스에서 일어날 것"[319]이라고 말했다. 그 대단원은 전쟁에 의해 촉진되었다. 9월 1일과 2일의 스당(Sedan) 대격전은 혁명적 폭발의 서곡이었다. 양일간의 격전을 통해 프랑스군의 한 부대가 항복하고 황제는 포로 신세가 되고 말았다.

제2제정의 붕괴는 프랑스에 민주주의 체제의 수립과 침략자에 대한 참다운 국민적 저항을 위한 길을 열어놓았다. 그러나 당시 프랑스 노동계급

---

319) Marx, Engels, *Werke*, Bd. 32, 443쪽.

의 가장 노련한 지도자들은 투옥당하거나 해외로 피신해 있었고 '인터내셔널' 회원들은 군에 동원되는 바람에 지부와의 연락이 두절된 상태였다. 이처럼 프롤레타리아 조직상의 취약점과 부르주아 동맹세력의 우유부단함 덕분에, 9월 4일 우익 공화주의자들과 왕정주의자들을 주축으로 한 임시정부가 수립되었다. 마르크스는 이들이 비스마르크와 비밀협상을 벌여 갓 태어난 공화국에 항복이라는 불명예를 뒤집어씌움으로써 왕정을 부활시킬 토대를 마련해나가고 있음을 간파했다.

제2제정의 붕괴와 더불어 전쟁은 새로운 국면으로 접어들었다. 이 같은 사태 발전에 따라 독일 사회민주주의자들이 추구한 노선을 재확인하고 '인터내셔널'을 중심으로 단결된 프롤레타리아트의 새로운 과제를 정식화할 필요가 있었다. 마르크스는 프로이센·프랑스 전쟁에 관한 두 번째 선언을 통해 이러한 임무를 실천에 옮겼으며, 이 선언문은 9월 9일 총평의회의 승인을 받았다. 마르크스는 프로이센 영토 합병론자들의 계획을 폭로하기 위해 알자스로렌 지방의 합병을 거드는 프로이센 군사전문가들의 주장을 분석·반박해야 했다. 이를 위해 그는 자신의 요청에 따라 엥겔스가 제시해온 여러 논거들을 동원했다.

이 선언에서 마르크스는 모든 국가의 프롤레타리아에게 프로이센 융커와 군국주의 세력이 추구하고 있는 프랑스의 영토분할 및 (알자스로렌) 지방의 장악과 영토정복 정책에 단호히 맞서 투쟁할 것을 촉구했다. 그는 보기 드문 통찰력으로 비스마르크의 침략정책이 초래할 필연적인 결과와, 그것이 앞으로 수십 년간에 걸쳐 규정하게 될 유럽 대륙 열강들 사이의 제휴관계를 간파했다. 그는 불가피한 보복의 시도들, 프랑스·러시아의 동맹 결성, 그리고 프랑스·러시아 동맹과 독일 및 그 잠재적인 동맹세력 사이의 충돌 등을 예측했다. 따라서 마르크스는 '인터내셔널' 각 지부는 노동자들에게 프로이센 침략자들의 계획에 맞서 단호한 행동을 취하도록 촉구해야 한다고 주장했다.

"만약 노동자들이 지금 자신의 임무를 포기하고 수동적인 자세에 머문다면, 현재의 가공스런 전쟁은 더욱 치명적인 국제적 불화를 예고하는 단순한 전조에 지나지 않을 것이며, 나아가 모든 나라에서 무력과 토지와 자본의 지배자들이 노동자계급에 대해 새로운 승리를 거두는 결과를 낳을 것이다."320)

마르크스는 프랑스 노동자들의 과제를 체계화하면서, 그들이 극도로 어려운 상황에 봉착해 있음을 솔직히 토로했다. 조국을 수호하는 것이 그들의 당면 의무라는 것은 분명했지만, 그들은 그 의무를 이행하는 가운데 부르주아의 국수주의적 슬로건이나 환상에 경계를 게을리해서는 안 되었다. 동시에 그는 정부가 스스로 진정한 국권 수호자임을 주장할 만한 합당한 근거를 갖고 있는 마당에 그 정부를 전복하려는 시도는 필히 실패하리라는 점을 경고했다. 노동자들은 자신들이 누리고 있는 공화제적 자유를 자신들의 계급조직의 강화에 십분 이용할 수 있으리라는 것이 마르크스의 생각이었다. 그리고 그 계급조직이야말로 "그들에게 프랑스의 쇄신과 우리의 공동 과업, 즉 노동해방을 위해 신선한 헤라클레스의 힘을 부여해 줄 것"321)이다.

이 선언문은 1870년 9월 11~13일에 런던에서 별도의 리플릿 형태로 발행되었다. 이 선언문에 서명한 총평의회 위원들 중에는 러시아 혁명가 게르만 로파틴도 있었다. 그는 그해에 런던에 도착하기 전 파리에서 '인터내셔널'에 참여했다. 9월 6일 마르크스와 오귀스트 세라예(Auguste Serraillier; 프랑스 노동자로서 총평의회 위원)는 로파틴의 총평의회 가입을 발의했으며 이 제안은 곧 승인되었다.

그러나 '인터내셔널'의 파리 회원들은 마르크스가 선언에서 경고한 위험성을 도외시했다. 그들이 9월 4일에 발표한 선언문은 부르주아 정치가들의 국수주의적 구호들을 되풀이하고 있었다. 9월 14일 마르크스는 페페에게 "이 선언문의 취지는 한결같이 불합리하기 짝이 없는 것이며 '인터내

---

320) *The General Council of the First International*, 1870~1871, 341쪽.
321) Ibid.

셔널'의 정신에 전적으로 위배되는 것"[322]이라고 썼다. 이는 오랫동안 지배집단의 투항주의적 계획을 간파하지 못했던 프랑스 프롤레타리아 지도자들의 이론적 후진성에서 비롯된 것이었다. 파리의 진보적 노동자들이 비로소 성숙한 계급의식을 획득하여 해로운 환상을 떨쳐버린 것은 사면초가 속에서 부르주아와 벌인 투쟁과정에서 겪어야 했던 가혹한 시련을 극복하면서였다.

프랑스 공화국의 승인 운동

제2선언문은 노동자들, 특히 영국 노동자들이 그들 정부당국에 프랑스 공화국을 공식 인정하도록 촉구해야 한다는 요구사항을 담고 있었다. 마르크스는 그러한 행동이 프로이센 합병론자들의 열망과 프랑스 왕당파들의 왕정복고에 대한 소망을 동시에 누그러뜨릴 것으로 믿었다. 1870년 9월 마르크스는 총평의회 영국 위원들과 그때까지 노동조합에 밀접한 접촉을 유지하고 있던 에카리우스의 도움을 받아 프랑스 공화국과의 연대를 위한 광범한 캠페인을 조직해내는 데 성공했다. 단기간에 20회가 넘는 집회와 대회가 런던에서 개최되었으며, 맨체스터·버밍엄·뉴캐슬 지역 노동자들도 이 운동에 참여했다. 마르크스는 영국 노동자들이 프랑스 공화국에 대한 정부의 외교적 승인을 유도하기 위해 그들의 전통적 수단, 즉 '외부로부터의 대대적인 압력'을 동원하도록 촉구했다.

한편 영국이 이에 대해 엄정 중립을 유지해야 한다고 촉구하고 있던 '평화협회(Peace Society)' 내 부르주아 평화주의자들의 저항을 물리칠 필요성도 함께 존재했다. 그리하여 마르크스를 포함한 일단의 '인터내셔널' 회원들이 9월 13일 '링컨 회관(Lincoln's Inn)'에서 열린 노동자들의 집회에 때맞춰 나타남으로써 중립을 주창했던 자들의 온갖 노력에도 불구하고 공화국의 승인과, 합병을 배제한 명예로운 평화를 요구하는 결의안이 통과될 수 있었다.

---

322) Marx, Engels, *Werke*, Bd. 33, 147쪽.

그리고 9월 27일 100여 개 노동자 단체를 대표하는 대규모 파견단이 수상 글래드스턴을 방문하면서 프랑스 공화국 승인 운동은 절정에 달했다. 이후 총평의회가 재차 모임을 갖게 된 자리에서 마르크스는, 임시정부가 프랑스 국민의회에 의해 승인되기를 기다릴 필요가 있다는 노동자들의 탄원에 대해 명백한 답변을 회피한 글래드스턴의 위선을 맹박했다.

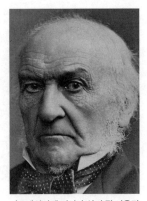

디즈레일리에 이어 수상이 된 자유당의 윌리엄 글래드스턴(1809~98).

운동이 최고조에 달했을 즈음 총평의회에서 마르크스 측의 입지가 한결 강화되었다. 1870년 9월 20일 엥겔스가 런던에 도착한 것이다. 그는 마르크스의 집에서 그리 멀지 않은 곳에 거처를 정했다. 엥겔스는 1869년 말 그에게 먹고살 만한 수입을 보장해준다는 조건부로 무역회사를 그만둘 수 있는 기회를 잡았다. 그는 지금까지 자신에겐 엄청난 짐이었던 사업 관계의 일에서 손을 떼는 데 대단한 열성을 보였다. 그래야만 학문적 탐구와 당 사업에 헌신할 시간적 여유를 가질 수 있기 때문이었다.

엥겔스의 런던 도착은 마르크스의 생활에 엄청난 변화를 가져다주었다. 그들은 이제 거의 매일같이 얼굴을 맞대다시피 했으며, 엥겔스는 '인터내셔널'과 관련해서 마르크스가 떠맡고 있던 여러 실천적 임무들을 상당 부분 기꺼이 인계받았다. 10월 4일 그는 만장일치로 총평의회 위원으로 선출되었다. 그리고 노동계급 운동에서 얻은 명성과 유럽 국가들의 언어를 능란하게 구사하는 능력이 참작되어, 엥겔스는 벨기에·이탈리아·스페인 담당 연락서기로 임명되었다. 그리하여 마르크스는 긴장감이 감도는 역사적 시련기에 가장 훌륭하고 믿을 만한 친구를 곁에 두고서 국제적인 프롤레타리아 조직을 이끌어나갈 수 있게 되었다.

프랑스 공화국 승인 운동에서 마르크스와 손잡은 무리들 중에는 계급투쟁을 부정하고 사회의 진보가 오로지 점진적 발전에 의해 이루어지고,

에드워드 스펜서 비즐리(1831~1915).

일차적으로 인간 지식의 발전에 내재해 있다고 본 오귀스트 콩트(Auguste Comte)의 실증주의적 철학, 사회학적 견해를 공공연히 표방하고 있던 영국 부르주아 급진주의자들도 포함되어 있었다. 그러나 마르크스는 이들 영국 콩트주의자들의 환상을 일소하는 일 또한 중요하다고 생각했다. 그들은 프랑스 임시정부를 이상화하는 경향이 있었으며, 그것을 '국가 수호 정부'로 간주했을 뿐 아니라, 프랑스 부르주아지를 진정한 애국자로 생각하고 있었다. 마르크스는 역사학 교수이자 저명한 실증주의자였던 에드워드 스펜서 비즐리(Edward Spencer Beesly)에게 다음과 같은 편지를 보냈다.

"저로서는 프랑스에서 입수한 모든 정보를 토대로 판단컨대 중간계급은 대체로 사회주의적 경향을 지닌 공화국의 승리보다는 차라리 프로이센에 정복당하는 것을 더 바람직스러운 현상으로 받아들이고 있다고 말할 수밖에 없군요."[323]

런던의 실증주의자들은 그들과 밀접한 접촉을 갖고 있던 개량주의적 노동조합 지도자들과 함께, 얼마 후 영국을 방문하기로 되어 있던 프랑스 외교상 쥘 파브르(Jules Favre)의 환영 리셉션을 준비하고 있었다. 이러한 움직임은 당시 프랑스 인민들이 정부 인사들의 반역행위를 깨닫기 시작했다는 점을 감안하면 어느 모로 보나 온당치 못한 것이었다. 따라서 마르크스는 1871년 1월 17일 총평의회에서 파브르의 정체, 특히 1848~49년 혁명기에 그가 보여준 부당한 행위를 폭로하는 연설을 했다.

또한 엥겔스는 런던의『폴몰 가제트Pall Mall Gazette』지에「전쟁에 관한 비망록Notes on the War」이라는 평론을 연재했는데, 이 평론은 '국가 수호 정부'가 전쟁 중 보여준 배신행위와 함께 부르주아지 전반의 투항적인 입장을

----

323) Marx and Engels, *Selected Correspondence*, 251쪽.

폭로하는 글이었다. 이 평론은 순수 군사적인 측면을 갖고 있었음에도 불구하고, 전쟁의 매 단계에서 '인터내셔널'이 취한 입장을 체계적으로 설명해주고 있었다.

3월 18일 혁명

1871년 3월 18일의 프롤레타리아 혁명은 마침내 파리 코뮌을 선포하기에 이르렀다. 파리 코뮌은 '인터내셔널'에 의해 크게 고양된 1860년대의 프랑스 및 국제 노동계급 운동의 전반적인 발전에서 파생된 것이었다. 레닌은 코뮌을 주도한 세력은 "제2제정 말년에 적극적인 사회주의 선전세례를 받고 그중 다수가 '직접 '인터내셔널'에 가입했던'[324] 파리 노동자들이었다."라고 말했다. 파리 코뮌은 "'인터내셔널'이 비록 그것을 낳는 데 손가락 하나 까딱하지 않았음에도 불구하고, 지적인 면에서 볼 때 '인터내셔널'의 자식인 것은 의심할 여지가 없다."[325]라고 한 엥겔스의 주장도 바로 이같은 맥락에서 해석되어야 한다. 그 시작단계서부터 여러 나라 노동자들은 코뮌의 대의와 '인터내셔널'의 대의를 동일시했으며, 따라서 그것의 수호를 위해 분연히 떨쳐 일어났다.

3월 18일 사태가 임박해서 프랑스 내 상황이 각 총평의회 회의에서 논의되었다. 3월 14일 마르크스는 '인터내셔널' 회의의 즉각 소집을 요구하는 바쿠닌주의자 폴 로뱅의 제안(회의는 1870년 9월에 마인츠에서 개최될 예정이었지만 물론 전쟁으로 인해 열리지 못했다)을 거부하면서, 지금 "파리는 매우 불안정한 상황에 놓여 있다."[326]라고 주장했다.

마르크스는 파리의 노동자들이 불리한 상황 아래서 섣부른 행동을 취하지 않을까 우려했다. 그러나 프롤레타리아 혁명이 터지자 그는 프롤레타리아 혁명가로서 모든 열성을 다해 이 혁명을 전면적으로 최대한 지원했다.

---

324) V. I. Lenin, *Collected Works*, Vol. 17, 140쪽.
325) Marx and Engels, *Selected Correspondence*, 288쪽.
326) *The General Council of the First International*, 1870~1871, 151쪽.

바리케이드를 치고 대치하는 코뮈나르들.

3월 18일 혁명 소식은 '인터내셔널'이 파리의 상황을 격화시키고 있다는 부르주아들의 중상에 대한 총평의회의 투쟁이 절정에 달하고 있을 즈음 런던에 전달되었다. 3월 21일의 정례회의에서 총평의회는 마르크스의 동의(動議)에 따라 각종 노동자 회의에 대표단을 파견해 파리 혁명의 본질을 설명해주고, 각국의 노동자들에게 "파리에서 일어난 운동에 공감의 뜻을 표명하도록"[327] 촉구하기로 결정했다. 마르크스와 엥겔스는 상황이 매우 복잡하다는 것을 충분히 인식했지만 혁명이 성공할 확률이 있다고 믿었다. 이 혁명에서 발생할 중대한 위험은 베르사유의 반혁명 세력과 프로이센 침략자들 사이에 있을지도 모를 비밀 흥정이었다.

3월 말까지만 해도 마르크스는 혁명운동이 전국적으로 확산될 것으로 계속 믿고 있었다. 봉기세력은 파리의 반혁명을 단호하게 진압하고 반동적인 국민의회와 티에르(Louis Adolphe Thiers) 정부의 아성인 베르사유로 진격함으로써, 승리를 공고히 하고 각 지방 혁명인자들의 지지를 확보할 수 있으리라고 믿었던 것이다.

반면 파리 봉기세력의 방어적인 전술은 수도를 점점 고립시키는 경향이 있었다. 마르크스는 국민방위대 중앙위원회가 범한 과오의 치명적인 결과들에 주목했다. 코뮌이 선출된 3월 26일까지 권력은 중앙위원회의 손에 있었다. 4월 6일 마르크스는 리프크네히트에게 이렇게 썼다.

---

327) Ibid., 162쪽.

"중앙위원회와 그 뒤의 코뮌은 저 사악한 미숙아 티에르에게 적대적인 세력을 결집시킬 시간을 주고 말았네. 첫째는 내전을 벌이려 하지 않은 그들의 어리석은 행동 때문이지. 이들은 티에르가 파리를 강제적으로 무장해제하려는 시도를 벌임으로써 이미 내전상태에 들어서 있었지만 이를 눈치채지 못했고, 프로이센과 전쟁을 계속할 것인지 아니면 강화를 할 것인지를 결정짓기 위해 소집된 국민회의가 사실상 공화국에 대해 즉각 선전포고를 한 것이나 다름없는데도 그들은 내전을 시작하려 하지 않았다네! 둘째로 그들은 권력을 찬탈했다는 인상을 주지 않으려고 코뮌 선거에 시간을 뺏기는 바람에 소중한 기회를 놓치고 말았다네. (그들은 즉각 베르사유로 진격했어야 했지…….) 또한 코뮌 산하의 각 기구조직 등등으로 더욱 많은 시간을 잃고 말았다오."[328]

4월 초 마르크스는 세력균형이라는 현실주의적 관점에서 볼 때 혁명이 성공할 확률이 점차 낮아지고 있다고 보았다. 하지만 바로 그 순간 그는 혁명적 과학자의 심오한 통찰력으로 파리 노동자들이 이룩한 업적이 지닌 역사적 위대성을 인식했다. 마르크스는 파리 코뮌이야말로 인민이 주도한 창조적 혁명의 전례 없는 표출이라는 것을 인식한 최초의 인물이었다. 그는 파리의 사태 속에서 당대 사회의 신구세력의 거대한 충돌(프롤레타리아의 비할 데 없이 영웅적인 행동을 낳은 충돌)을 발견했다. 파리에서 일어난 일련의 사태가 지닌 진정한 성격을 마르크스가 제대로 이해하고 있었다는 사실은 그가 쿠겔만에게 보낸 편지에서 명백히 드러났다.

4월 12일자의 첫 번째 편지는 파리 혁명에 대한 쿠겔만의 다소 강변 섞인 논평에 대한 회답이었다. 4월 5일 그는 마르크스에게 다음과 같이 써보냈다.

"얼빠진 프랑스인들에게서 생산양식의 변화를 기대한다는 것은 무리네. 일반적으로 이것은 한 국가가 혼자의 힘으로 이룩해낼 성질의 것이 아

---

328) Marx and Engels, *Selected Correspondence*, 262쪽.

니라네."[329)]

이에 대한 마르크스의 회답은 코뮌을 공통된 척도로 바라보고, 그 속에서 오로지 판단착오와 오류만을 발견하고 있는 한 사람에 대한 반박이었다.

4월 초 마르크스는 이미 상비군과 정치경찰의 폐지, 국가와 종교의 분리, 민주적 보통선거제의 도입, 공직자의 책무와 파면권 등 코뮌이 취한 최초의 조치에 관한 정보를 입수하고 있었다. 마르크스는 4월 12일 쿠겔만에게 보낸 편지에서, 코뮌 활동의 위대한 역사적 의미는 파리 코뮌이 유럽 대륙 국가 내에서 사회주의 혁명이 승리를 거두는 데 핵심적인 조건인 부르주아적 군사관료 국가기구의 해체를 사상 최초로 실천적으로 시도했다는 사실에 있다고 말했다. 마르크스는 코뮈나르들의 영웅적 행위와 헌신성을 높이 찬양하면서 이렇게 썼다.

"이들 파리 시민은 얼마나 유연성 있고 역사적 창의성이 풍부하며 희생정신이 뛰어난가! …… 현재 파리에서 일어나고 있는 일들은 그것이 비록 구사회의 늑대·돼지·비열한 똥개들에 의해 분쇄된다 하더라도 파리 6월 봉기 이래 우리 당의 가장 영광스런 행동이라네."[330)]

레닌은 이 편지가 영웅적인 파리 노동자들에 대한 '최상의 찬사'를 담고 있다고 말했다.[331)]

5일 후 쿠겔만의 의심을 풀어주기 위해 보낸 두 번째 편지에서 마르크스는 이렇게 말했다.

"만약 틀림없이 성공할 가능성이 있다는 조건 위에서만 투쟁이 벌어진다면 세계 역사는 참으로 손쉽게 창조될 것이네."[332)]

마르크스는 프로이센 점령군의 프랑스 주둔이 파리 노동자들에게 결정적으로 불리한 요인이라는 점과, 반동적인 정부가 비열하게도 봉기를 개

---

329) 마르크스·레닌주의연구소 중앙당 문서보관소.
330) Marx and Engels, *Selected Correspondence*, 263쪽.
331) V. I. Lenin, *Collected Works*, Vol. 12, 109쪽.
332) Marx and Engels, *Selected Correspondence*, 264쪽.

280

시할 것인지 아니면 싸우지 않고 항복할 것인지 양자택일의 기로로 노동자들을 몰아넣는 데 이를 이용하고 있다는 점을 강조했다. 그는 파리 노동자들이 후자를 선택할 경우 노동계급의 사기저하는 봉기에서 패배하는 경우보다 훨씬 더 큰 불행이 될 것이라고 말했다. 그리고 마르크스는 이렇게 덧붙였다.

"파리 투쟁과 덧붙여 자본가계급과 그 국가에 대한 노동계급의 투쟁은 새로운 국면에 접어들었다네. 당장의 결과가 어떻든 간에 전 세계적으로 중요한 의미를 지닌 새로운 출발점은 이미 확보된 것이지."333)

그리하여 마르크스는 4월 중순 무렵에 이미 파리 코뮌을 프롤레타리아 독재 확립을 위한 최초의 시도로 보았으며, 노동계급의 위대한 해방투쟁사에 새로운 장을 연 획기적 중요성을 지닌 사건으로 간주했다.

코뮈나르들과 접촉하다

마르크스는 모든 기회를 이용해 코뮈나르들과 접촉을 유지했으며, 그들이 올바른 정책을 결정하도록 도와주었다. 총평의회의 결정에 따라 오귀스트 세라예가 파리에 파견되었으며, 그가 보낸 편지는 마르크스에게 귀중한 정보를 제공해주었다. 그로부터 얼마 지나지 않아 베르사유와 프로이센 경찰이 파리 외곽을 봉쇄하는 바람에 파리시에서 몰래 빠져나와 교외에서 부쳐야만 했다. 좀더 안전한 방법은, 런던으로 여행가는 사람 편에 보내는 것이었으나 그렇게 하면 적잖이 지체되는 것이 흠이었다. 4월 초 보르도(Bordeaux)에서 파리까지 여행한 라파르그 편에 부친 편지들은 4월 20일이 지나서야 런던 총평의회에 전달될 수 있었다. 5월 초 마르크스는 러시아 나로드니키 운동가 표트르 라브로프(Pyotr Lavrov)를 통해 한 묶음의 편지를 전달받았다. 총평의회는 또한 융과 편지 왕래를 한 엘리자베타 드미트리예바를 통해서도 코뮈나르들과 접촉을 유지했다.

보안상의 이유로 마르크스는 그의 조언을 구두 또는 그가 신뢰하는 사

---

333) Ibid.

람을 통해 코뮌에 전달했다. 세라예 외에도 그는 프랑켈 및 바를랭과 접촉을 유지하면서 그들을 통해 코뮌이 파리의 반동세력에 대해 좀 더 단호한 행동을 취하도록 유도했으며, 베르사유로 진격해 들어가라고 끈질기게 충고했다. 비스마르크와 베르사유 반동세력 사이의 비밀거래를 우려한 마르크스는 코뮌나르들에게 프로이센 주둔군과 대치하고 있는 몽마르트르(Montmartre) 북부 방면의 방어를 강화하라고 충고했다. 그 후 그는 다소 비통한 어조로 다음과 같이 썼다.

"그들에게는 아직도 시간적 여유가 있었다. 나는 전부터 이쪽 방면의 방비를 튼튼히 하지 않으면 그들은 덫에 걸리고 말 것이라고 말해왔다."[334]

마르크스는 코뮌의 진정한 프롤레타리아 요원들에게 소부르주아적 지도자들의 음모를 조심하라고 경고했다. 1871년 5월 13일 마르크스는 프랑켈과 바를랭에게 이렇게 썼다.

"코뮌은 사소한 일과 개인적인 언쟁에 너무 많은 시간을 낭비하고 있는 듯하네. 거기에는 노동자들의 영향력 이외의 또 다른 손길이 뻗쳐 있을 가능성이 있지."[335]

'노동위원회'의 일원인 프랑켈은 지금까지 남아 있는 한 편지에서 말하고 있듯이 "사회적 관계를 급진적으로 변혁시킬"[336] 최선의 방법에 대해 마르크스의 조언을 구했다. 마르크스는 파리의 치명적인 고립상태를 타개하려는 희망에서 무엇보다 먼저 지방의 지원을 확보할 것을 코뮌에 충고했다. 파리의 고립은 사실상 코뮌나르들이 (사회주의 혁명에서 제기되는) 프롤레타리아의 동맹세력에 관한 문제에 직면하고 있음을 의미했다. 마르크스는 처음부터 프랑스 농민들을 프롤레타리아 혁명 진영으로 끌어들일 필요가 있다고 역설해왔다. 그러기 위해서는 소농들의 반사회주의적 편견을 불식시키고, 그들의 진정한 이익은 오직 노동계급의 승리에 의해

---

334) Marx and Engels, *Selected Correspondence*, 267쪽.

335) Ibid., 265쪽.

336) *The First International During the Paris Commune*, Russ. ed, Moscow, 1942, 175쪽.

『프랑스 혁명사』로 유명한 티에르(1797~1877)는 파리 코뮌을 강경
히 탄압(1871)하고 제3공화국 초대 대통령(1871~73)에 올라, 프로이
센·프랑스 전쟁 배상 문제와 독일군 철병 문제를 처리했으나 왕당파와
보수세력에 밀려 사직했다.

서만 보호될 수 있다는 것을 느끼도록 해야만 했다.

마르크스는 도시 프티부르주아 계급을 위해 코뮌이 취한 연체임대료의
탕감, 상업어음의 지불정지 및 그 이자의 탕감 등의 조치에 동의했다.

"임대료와 상업어음에 관한 포고령은 참으로 절묘한 조치였다."337)

그해 5월 초 마르크스는 코뮌의 군사적 상황이 점점 절박해지고 있음을
느꼈다.

혁명의 도시 파리가 함락되기 열흘 전 마르크스는 코뮌의 지도자들에
게 비스마르크와 프랑스 임시정부 외상 파브르 간에 체결된 코뮌에 대한
비밀협정의 상세한 내용을 알려주었다. 그리고 그들의 적이 5월 26일이나
그 전후를 기해 가할 결정적인 공격에 대비해야 한다고 경고했다. 그는 이
렇게 썼다.

"당신들이 영국이나 그 밖에 파리 이외의 지역에서 하고자 하는 모든 것
을 지금 즉각 실천하지 않으면 안 됩니다."338)

마르크스는 코뮌의 패배를 예견하면서, 프랑스 은행의 돈을 몰수하고
베르사유 정부 요인들의 치부를 드러낼 문서들을 은닉하는 방법 등으로
코뮌이 티에르에 영향력을 행사해 어느 정도 양보를 얻어낼 수 있을지도

----

337) *The General Council of the First International*, 1870~1871, 181쪽.

338) Marx and Engels, *Selected Correspondence*, 265쪽.

모른다고 믿었던 것이다.

코뮌과의 연대운동

티에르 정부는 코뮌을 프랑스의 지방 및 국제 프롤레타리아로부터 고립시키기 위해 안간힘을 다했다. 그의 정책은 마르크스의 말을 빌리면 "**거짓말의 울타리**로 지방을 억누르고 파리를 지지하는 전국적 봉기를 막자는"[339] 것이었다. 각국의 관영 언론과 우익 언론은 베르사유의 반동세력을 좇아 코뮈나르들에 관한 기괴하기 짝이 없는 갖가지 유언비어들을 유포하는 데 열중했다. 4월 6일 마르크스는 리프크네히트에게 이렇게 썼다.

"자네는 파리에서 일어나고 있는 사건들에 관해 신문에 보도된 것을 한 마디라도 믿어서는 안 되네. 그것들은 모두 거짓투성이고 속임수이지. 비열한 부르주아 신문의 매춘부들이 그 비열성을 이번처럼 화려하게 과시한 적이 없을 거야."[340]

이 같은 상황에서 프랑스와 다른 나라 노동자들에게 파리 혁명의 진상을 알려주고 코뮌에 대한 부르주아들의 중상을 폭로하는 일은 더할 수 없이 중요한 일이었다. 이를 위해 총평의회는 '인터내셔널'이 지난 6년간 건설한 모든 조직망과 현장 지부와의 모든 연락망, 모든 지부가 발행하는 정기간행물과 그 지도자들을 총동원했다. 마르크스는 프랑켈에게 다음과 같이 알렸다.

"이 장엄한 파리 혁명의 진정한 성격은 대륙과 미국지부에 보낸 각 지역 담당 연락서기들의 편지를 통해 노동자들에게 전달되었다오."[341]

마르크스는 많은 나라에서 광범위한 코뮌 지지운동을 발족시키는 데 성공했다. 코뮌 지지운동은 특히 독일에서 활발히 벌어져 독일 프롤레타리아 대표들에 대한 마르크스의 영향력이 막강함을 입증해주었다. 5월 25일자로 의회(Reichstag)에서 행한 베벨의 연설은 국제적 연대의 강력한 표

---

339) *Marx-Engels Archives*, Vol. III(VII), Moscow, 1934, 294쪽.

340) Marx and Engels, *Selected Correspondence*, 262쪽.

341) Marx to Frankel, April 26, 1871(마르크스·레닌주의연구소 중앙당 문서보관소).

현이었다. 베벨은 융커와 부르주아지의 아성 속에서 우익 의원들의 고함과 야유를 들으며, 유럽 프롤레타리아트는 코뮌을 대의명분으로 여기고 코뮌의 완전한 승리를 위해 투쟁할 것이라고 분명히 말했다.

그러나 영국에서는 지지 시위를 조직하는 데 온갖 어려움에 부딪혔다. 영국의 대중들은 파리 코뮌 지지 시위를 벌이려 했으나, 우익 노조 운동가들의 은밀한 지원을 받은 우익 민주공화제 운동 지도자들에 의해 좌절되고 말았다. 이와 동시에 영국에서의 코뮌 지지 운동은 '인터내셔널'을 대표한다고 자처하는 런던 거주 프랑스 프티부르주아 망명가들이 발표한, 목청만 높고 사이비 혁명적인 파리 코뮌 지지 성명들 때문에 피해를 당하기도 했다. 총평의회는 파리 혁명이 '인터내셔널'에 의해 런던에서 '조종'되고 있다는, 부르주아 언론의 귀에 거슬리는 주장을 고려해 무척 신경을 써야만 했다.

이러한 모든 장애에도 불구하고 마르크스는 진보적인 노동자들과 좌익 공화파들의 동조에 힘입어 영국 노동자들과 각종 진보적인 단체들을 연대운동에 끌어넣을 수 있었다. 마르크스는 또한 그의 개인적인 연줄을 통해 부르주아 언론과 노조 언론 등에 코뮌에 대한 객관적인 보도와 코뮌을 옹호하는 기사를 게재하도록 하는 데도 성공했다. 노동자들의 집회와 공화파 클럽 등에서 연설이 행해지고 코뮌 지지 결의안이 채택되었다.

대단원이 점점 가까워짐에 따라 영국 노동계급이 코뮌을 지원해야 한다는 문제는 더할 나위 없이 중요해졌다. 병마에 시달린 마르크스는 그동안 총평의회의 수많은 회의에 참석하지 못했었다. 하지만 5월 23일 총평의회 회의에서 이 문제에 관한 토의에 앞서 장문의 연설을 했다. 그는 코뮌의 종말이 임박했음을 숨기지 않았으나, 이것은 프롤레타리아에게 일시적인 패배에 불과하다고 주장했다.

"코뮌이 제시한 모든 원칙은 영원하며 파괴될 수 없는 것입니다. 이들 원칙은 노동계급이 해방될 때까지 거듭거듭 확인될 것입니다."[342]

---

342) *The General Council of the First International*, 1870~1871, 200쪽.

토의과정에서 마르크스는 총평의회 영국 위원들에게 공중집회를 열고, 대표들을 영국 정부에 파견해 베르사이유 반동세력의 유혈 테러 통치에 대해 조치를 취하도록 요구할 것을 제안했다.

코뮌나르들은 범죄자로서 베르사유 정부에 인도되어야 한다고 선언한 5월 26일자 파브르 외상의 회람이 공표됨에 따라 코뮌의 난민들에게 영국의 망명처를 확보해주는 문제는 매우 중요해졌다. 이에 따라 5월 31일 하이 홀본(High Holborn)에서는 각종 민주운동 및 공화제 운동 조직 대표들이 참가한 가운데 총평의회가 제시한 전제조건에 기초해 코뮌 난민들에게 망명을 허용하라는 노동자 집회가 열렸다.

글래드스턴은 노동자들의 분위기와 영국의 민주주의적 전통을 고려하지 않을 수 없는 실정이었기에, 코뮌나르들의 송환 문제에 관한 프랑스 정부의 사전 조회에 대한 회답에서 모든 개별 사건은 영국에 재판소를 설치해 처리해야 한다고 주장했다. 이 같은 결정은 물론 코뮌 난민들의 신변을 다소나마 보장해주는 것이었다.

마르크스는 6월 초순부터 영국에 도착하기 시작한 코뮌 난민들과 그 가족들을 뒷바라지하기 위해 열성적으로 일해야 했다. 이들에게 거처할 집과 직장을 마련해주고, 그들을 정착시키는 데 필요한 옷가지라든가 가재도구 등을 구입할 자금을 모금하는 데는 상당한 노력이 필요했다. 마르크스는 이 모든 것은 '인터내셔널'의 의무라고 여겼고, 아무리 사소한 궂은일이라도 결코 짜증을 내는 법이 없었다. 총평의회는 오랫동안 코뮌 난민들을 위한 원조위원회 역할도 겸해서 수행했다. 마르크스 가족들도 모금활동에 적극적으로 참여했다.

마르크스는 런던에 도착한 남녀 코뮌나르들에게 용기를 불어넣어 주려고 애썼고, 그들이 제대로 보살핌을 받도록 신경을 썼다. 파리에서 위대한 혁명투쟁에 참가했던 사람들은 언제나 마르크스의 집에서 따뜻한 대접을 받았다. 폴란드 혁명가이며 파리 코뮌의 영웅인 발레리 브로블레프스키(Walery Wróblewski)는 당시의 어려운 시기에 마르크스와 엥겔스가 베푼 따뜻한 배려를 감사하는 마음으로 회고하면서, 1878년 10월 9일 제네바에서 엥겔스에게 이렇게 썼다.

"런던에 망명해 있는 동안 당신과 마르크스의 집은 유일하고 진정한 형제애로 넘쳐흐르는 안식처를 제공해주었고, 나에게 우정과 친절을 베풀어주었습니다."[343]

베르사유 경찰을 피해 파리에서 은신하고 있던 코뮈나르들을 구출하기 위한 고도의 비밀공작은 각별한 주의를 필요로 했고, 수많은 위험을 안고 있었다. 마르크스는 여러 차례에 걸쳐 그들에게 영국과 독일 여권을 제공해주었는데, 이것이 그들의 해외 탈출에 큰 도움이 되었다.

마르크스는 파리 코뮌과 관련해서 가장 중요한 과제는 코뮌의 교훈에 대해 이론적 분석을 가하는 일이라고 느꼈다. 이는 프롤레타리아 대중의 코뮌에 대한 자연발생적인 동정심을 코뮌의 대의를 계승하고 그것을 끝까지 추구하겠다는 의식적인 요구로 전환시키는 데 도움이 될 터였다. 그는 코뮌의 진상을 널리 알림으로써 부르주아 언론을 통해 매춘부 같은 문필가들이 유포하고 있던 온갖 중상모략을 분쇄하고, 종파주의자들에 의해 코뮌 활동이 왜곡되고 있는 상황을 바로잡으려고 했다. 이와 더불어 베르사유의 교수형 집행자들인 티에르와 파브르 등 반혁명 집단의 정체를 폭로하는 작업도 대량학살에서 살아남은 코뮈나르들의 장래 활동을 확인하는 데 매우 중요한 과제였다. 이 모든 것이 병마에 시달리던 마르크스로 하여금 코뮌에 관한 총평의회의 선언문 작성에 집착하도록 만들었다. 특히 총평의회가 1871년 4월 18일 그러한 선언문을 발표하기로 최종 결정하고, 그 작성자를 마르크스로 정한 이후에는 더욱 그러했다.

코뮌 활동에 대한 분석, 총평의회 선언문 작성

마르크스는 철두철미한 자세로 선언문 작성에 착수했다. 이 방대한 회심의 역작에 필요한 증거자료는 각종 신문에서 발췌한 내용을 담은 비망록

---

343) J. W. Borejsza, *W kręgu wielkich wygnańców (1848~1895)*, Warszawa, 1963, 278쪽.

에 들어 있었는데, 이는 어떤 새로운 역사적 상황 전개 속에서도 초기에 본질을 식별해내는 그의 재능을 그대로 보여준 본보기이다. 신문의 온갖 거짓과 횡설수설의 표층 밑에서 그는 순수한 사실과 숫자와 일부 정치지도자들의 주장 등을 발굴해 모든 형태의 사건을 재구성하고, 이들의 전개과정을 추적하며, 그것의 사회적·정치적 원인들을 밝혀냈다. 발췌문 가운데는 부르주아 신문에서 인용한 것 이외에도 마르크스가 파리로부터 받아본 코뮌의 각종 정기간행물에서 참조한 것도 많이 포함되어 있었다. 그는 코뮌이 취한 정치적·사회적 조치들을 차근차근 기록해나갔고, 최초의 노동계급 정부인 코뮌의 실체를 보여주었다. 그다음에는 코뮈나르들과 베르사유 반동세력 사이의 투쟁에 관한 보고들을 발췌문에 포함시켰다.

마르크스는 4월 하반기부터 사실자료를 수집하면서 선언문의 첫 번째 초고를 쓰기 시작했다. 5월 초 최종적인 원고를 작성하기에 앞서 두 번째 초고를 쓰기 시작했다.

이 두 편의 초고는 수많은 중요 사항들을 보다 상세히 기술하고 있는데, 이는 마르크스 스스로 이들 논점을 명확히 인식하기 위해 노력했음을 시사한다. 이 같은 인식을 토대로 그는 코뮌이 등장하게 된 역사적 상황을 기술했고, 최초의 프롤레타리아 정부가 취한 제반 사회·경제적 조치들과 중간계급에 대한 정책들을 분석했으며, 코뮌의 과오를 비판했고, 또한 프롤레타리아 독재의 과제와 형태에 관한 이론적 일반화를 시도했다.

마르크스는 자본주의에서 사회주의로 이행하는 과도기에 관한 그의 이론적 기초(fundamentals)를 정식화하는 과정에서 과도기 단계의 프롤레타리아 경제정책에 대해 깊은 관심을 표명했다. 노동자의 권력 장악은 계급투쟁을 종식시키는 것이 아니라 "계급투쟁이 그것을 통해 가장 이상적이고 인간적인 방법으로 서로 다른 단계를 거쳐 전개될 수 있도록 합리적인 매개물을 제공할 뿐이다."[344] 마르크스는 계급 없는 사회를 건설하는 시기에는 프롤레타리아 국가의 경제활동이 점점 더 큰 중요성을 지닌다고

---

344) Marx and Engels, *On the Paris Commune*, Moscow, 1971, 156쪽.

강조했다. 그에 따르면, 프롤레타리아 국가의
과제는 경제조직 전체를 새로운 원칙 위에 재
건하고, 경제발전의 우연적·무정부적 성격을
일소하며, 제반 사회적 생산양식에 대한 '균형
있는 국내외적 조정'345)을 확립하는 일이었다.

5월 하반기에 들어 마르크스는 선언문의 최
종원고 작성에 들어갔고, 제목을 『프랑스의 내
전The Civil War in France』이라고 붙였다. 5월 23일
그는 총평의회에서 선언문의 요점 가운데 일부

『프랑스의 내전』(1871) 독일어판

를 보고했고, 5월 30일에는 전문을 낭독했으며 총평의회는 이를 만장일치
로 승인했다.

『프랑스의 내전』

마르크스가 작성한 프랑스의 내전에 관한 총평의회의 선언문은 마르크
스주의의 가장 기초적인 강령문서 중 하나이자 고전적인 저서의 하나로,
탁월한 명확성과 과학적 정밀성을 토대로 프롤레타리아 독재를 확립하기
위한 최초의 시도로서, 그리고 미래에 수립될 사회주의 국가의 원형(原形)
으로서 파리 코뮌이 지닌 획기적인 의의를 지적하고 있다. 레닌은 코뮌에
관한 마르크스의 평가를, 한 혁명가의 '심오하고 명료하고 탁월하고 영향
력 있는'346) 평가라고 썼다. 이 선언문은 열렬한 혁명가적 문체로 기술되
었다. 마르크스는 '인터내셔널' 초창기에 과학적 공산주의 사상을 제시할
때 여러 가지 전술적 이유를 고려해 좀 더 온건한 형식의 해설방법을 채택
해야 할 필요성을 느끼고 있었다. 그러나 '인터내셔널' 발족 이후 프롤레타
리아의 이념적 성장과 '인터내셔널' 내부의 급격한 변화에 따라 이 같은 온
건한 문체를 버릴 수가 있었다. 그는 이제 「공산당선언」과 같은 문체를 다

---

345) Ibid., 157쪽.
346) V. I. Lenin, *Collected Works*, Vol. 21, 49쪽.

시 구사할 수 있었고, 또 실제 그러한 문체를 구사했다.

　마르크스는 코뮌의 위대한 역사적 행동은 구(舊)상비군과 경찰 및 행정·사법기구 등 부르주아 국가의 관료기구를 해체할 것이라고 강조했다. 그는 쿠겔만에게 보낸 편지에서, 코뮌은『루이 보나파르트의 브뤼메르 18일』에서 내린 결론, 즉 프롤레타리아 해방을 위해서는 부르주아 국가의 통치기구를 해체하는 것이 가장 중요한 조건이라는 결론을 실천적이고 가시적으로 확인시켜주었다고 말했다. 마르크스는 파리 코뮌의 전체적인 경험에서 도출된 혁명이론 중 핵심적인 이 같은 교의(tenet)에 특별한 중요성을 부여했다. 마르크스는『프랑스의 내전』에서는 물론이고 그 바로 직후에 엥겔스와 함께 쓴 1872년 독일어판「공산당선언」서문에서도 이 교의를 명확히 정식화했다.

　『프랑스의 내전』은 부르주아 국가 자체를 사회주의적 목적에 이용할 수 있다는 개량주의적 환상을 일소해버렸으며, 부르주아 국가는 그것이 어떠한 형태를 취하든, 예컨대 왕정이든 보나파르트적 체제든 의회주의 공화국이든 여전히 착취적 성격에서 벗어날 수 없다는 것을 지적했다.

　마르크스는 부르주아 국가에 대한 노동계급의 태도를 고찰하는 데 그가 항상 견지하는 변증법적이고 구체적인 역사적 접근방법을 구사했으며, 어떠한 명제를 절대적인 것으로 상정하는 교조적인 방법을 거부했다. 그는 부르주아 의회주의를 비판하고 부르주아 민주주의의 한계를 강조하면서도, 결코 민주주의적인 모든 자유와 의회제도를 노동계급과 그 밖에 근로인민의 이익을 위해 이용하는 것마저 거부하지는 않았다. 부르주아 국가의 파괴는 보통선거와 같은 전통적인 민주주의 제도를 보존시킬 가능성까지 배제하는 것은 아니었다. 이런 제도들은 진정한 민중의 의사에 따라 훌륭하게 개조될 수 있기 때문이었다. 그는 "낡은 정권의 순전히 억압적인 기구는 마땅히 제거되어야 한다. 그것의 합법적인 기능은 사회 그 자체의 우위성을 찬탈한 정권으로부터 쟁취해서 사회의 책임 있는 대리

기구에게 되돌려주어야 할 것이다."[347]라고 썼다.

또 하나의 특징적인 점은 마르크스가 낡은 국가기구의 강제적 해체라는 이 사상을 주로 유럽 대륙의 역사로부터 발췌한 사실자료를 토대로 뒷받침했다는 점이다. 그는 당시 유럽 대륙을 지배하던 역사적 조건 아래서 국가기구의 강제적 해체는 모든 나라는 아니더라도 대부분의 국가에서 필수적인 과제라고 믿었다. 쿠겔만에게 보낸 1871년 4월 12일자 편지에서, 마르크스는 마음속에 품고 있는 것은 유럽 대륙의 프롤레타리아 혁명임을 분명히 밝혔다. 동시에 마르크스는 영국과 같이 군사 관료적 기구가 아직도 뚜렷한 형태로 자리 잡지 않은 나라에서는 노동계급이 무장봉기가 아닌 평화적 방법으로 권력을 장악할 수 있고, 국가 체제를 혁명적 노선에 따라 개조할 수 있을 것이라 믿었다.

혁명적 과학자로서 마르크스가 이룩한 가장 위대한 업적 가운데 하나는, 그가 코뮌 속에서 앞으로 부르주아 계급의 파괴된 국가기구를 대체할 프롤레타리아 국가와 프롤레타리아 권력 형태를 식별해낸 점이었다. 그는 코뮌이야말로 "마침내 노동자의 경제적 해방을 실현시키기 위해 발견된 정치 형태"[348]라고 말했다. 그러나 마르크스는 이 같은 일반적 결론에 만족하지 않고 파리 코뮌과 같은 국가 형태의 특징적인 면을 낱낱이 지적했다. 그는 프롤레타리아 혁명이 낡은 부르주아 국가의 해체와 새로운 국가 건설을 함께 수행해낸다는 사실이 이 혁명의 창조적 성격을 입증하는 것이라고 강조했다. 이런 의미에서 코뮌은 모든 형태의 국가를 총체적으로 해체하고 청산해야 한다는 바쿠닌파의 사회주의 혁명 사상이 불합리했음을 폭로하고 말았다. 코뮌은 프롤레타리아 독재를 부정하는 무정부주의자들의 태도를 실천적으로 거부한 것이었다.

마르크스의 주장에 따르면 코뮌은 근로인민의 이익을 진정으로 표출하고 대변했을 뿐만 아니라, 그것의 모든 실천사항을 착취당하는 다수 인민

---

347) Marx and Engels, *Selected Works*, Vol. 2, 221쪽.

348) Marx and Engels, *Selected Works*, Vol. 2, 223쪽.

들에게 의존한 사상 최초의 국가였다. 바로 이 국가의 프롤레타리아적 성격으로부터 모든 권력기구와 공직자들의 선거제도, 파면제도, 인민에 대한 책임성, 무장군(국민방위대), 새로운 행정, 사법제도 및 공안제도의 결성과 조직을 뒷받침하는 참다운 민주주의적 제반 원칙 등 수미일관 민주적 성격이 우러나온 것이라고 그는 지적했다. 코뮌은 모든 분야에서 관료주의적 정신을 소탕하고, 관료들을 인민 위에 군림케 하는 모든 특권들을 폐지시키고자 했다.

이와 동시에 마르크스는 프롤레타리아 권력은 완전히 중앙집중화되고 확고히 해야 한다고 주장했다. 프롤레타리아 권력은 부르주아에 대한 계급투쟁에서 프롤레타리아의 무기로 봉사해야 하고 '노예 소유자들의 반란'을 진압해야 하기 때문이라는 것이다. 코뮌나르들이 경험 부족 때문에 범한 과오들 가운데 하나는, 이 무기를 베르사유 반동세력들을 겨냥해 좀 더 과감하게 사용하지 않은 점이었다. 그러나 부르주아 국가에 의해 동원된 관료주의적 경찰의 중앙집중화 방식과는 대조적으로 파리 코뮌형의 프롤레타리아 국가는 집중화를 진정한 민주주의적 방식으로 수행했다.

승리를 거둔 프롤레타리아가 완전히 중앙집중화된 권력을 장악해야 하는 것은 사회적 관계를 변혁시키는 데 프롤레타리아가 수행해야 할 위대한 과업 때문이기도 하다. 겨우 72일 동안 존속했던 파리 코뮌은 이 과업을 수행하기 위한 시간과 기회를 갖지 못했다. 하지만 파리 코뮌이 도입하고자 했던 제반 사회적 조치(파리에서 탈출한 자본가 계급이 소유하고 있던 모든 작업장과 공장을 노동자 단체로 이관시킨 일 등)는 앞으로 프롤레타리아 국가가 사회적 생산수단을 변혁시킬 목적으로 추진하게 될 경제정책, 즉 토지와 자본을 '자유롭고 협동적인 노동수단'으로 변혁시킬 경제정책의 노선을 시사하는 최초의 조치로서 마르크스에 의해 높이 평가받았다. 마르크스는 경제적·사회적 개혁을 도입하는 과정에서 무모한 접근방법을 시도해서는 안 된다고 경고했다. 그는 이들 개혁은 단번에 실현될 수 없으며, 파리 코뮌이나 그 밖의 어떤 프롤레타리아 정권도 그 같은 기적을 이룩해내리라고 기대할 수 없다고 했다. 이는 전 과도기에 걸쳐 수행해야 할 과제로서 이 과정에서 객관적인 환경과 더불어 인민도 스스로 변화해야만 했다. 이러한 맥락에서 마르크스는 프롤레타리아 국가의 문화 및 교육 사업은 교육을 '모든 사람에게 접근할 수 있는 것'[349]으로 만들어 인민대중이 세계의 과학과 문화의 여러 성과물들을 풍요롭게 흡수할 수 있도록 해주는 데 매우 중요하다고 믿었다.

마르크스는 코뮌의 경험을 동원해서 노동하는 농민과 도시 프티부르주아(노동자의 자연스러운 동맹세력)의 이익에 대한 진정한 대변자이자 참다운 국민 이익의 전사로서 프롤레타리아가 수행하는 역할을 밝혀냈다. 코뮌은 프롤레타리아 혁명의 국제주의적 본질을 분명히 보여주었으며, 부르주아의 국수주의와 민족주의에 대해 비타협적인 입장을 취했다. 이 최초의 노동자 국가는 그의 과제를 근로인민의 국제적 해방운동의 대의와 일치시켰다. 여러 나라 출신 혁명가들이 코뮈나르 대열에 참여해 함께 투쟁했다. 코뮌의 모든 활동은 프롤레타리아 혁명의 민주주의적 과제와 사회주의적 과제의 통일, 그리고 그것의 민족적 목표와 국제적 목표의 통일을 명백히 입증해주었다.

그러나 코뮌이 남긴 가장 중요한 교훈의 하나는 긍정적인 경험보다는 부정적인 경험에서 도출되었다. 코뮌이 패배한 주된 원인은 노동자의 권력이 그 정점에서 온갖 시련을 겪은 노련한 지도자, 즉 과제를 명확히 인식하고 있는 프롤레타리아 정당을 갖지 못했다는 점이었다. 엥겔스가 훗날 『프랑스의 내전』에 관한 해설에서 지적했듯이, 프티부르주아적 신자코뱅파는 말할 것도 없고 코뮌에 가장 큰 영향력을 행사했던 블랑키파도, 좌익 프루동파도 그런 역할을 수행할 수 없었다.

혁명의 전개과정과 대중의 계급적 본능이 혁명적 대의에 충실한 코뮈나르들이 올바른 행동양식을 모색하도록 이끌고, 때로 그것을 발견했던 것은 사실이다. 그러나 이것은 그들이 아직 극복하지 못했던 프티부르주

---

349) Ibid., 220쪽.

아적 교의와 모순되는 것이었다. 이처럼 자연발생적이고 암중모색적이며 때로는 원래 신념과 모순되는 지도력은 수미일관된 혁명적 정책을 제시하지도 못했고, 치명적인 과오를 막을 수도 없었다. 더구나 다양한 세력들 간의 불화는 코뮌 자체의 활동까지도 혼란에 빠뜨리는 경우가 많았다. 프롤레타리아에게는 사회 발전법칙에 관한 지식을 갖춘 조직적이고 전투적인 전위가 절실했다. 이것은 마르크스가 이미 오래전에 내린 결론이었으며, 이를 파리 프롤레타리아 혁명의 경험이 명백히 확인해주었던 것이다. 혁명적인 정당 없이 노동계급은 쟁취한 권력을 유지할 수 없었으며, 사회변혁을 수행할 수도 없었다. 『프랑스의 내전』의 모든 내용은 바로 이 핵심적인 요점에 수렴되고 있었다.

프롤레타리아 정치평론가의 정열을 간직한 채 결코 코뮌을 이상화하지도, 그 실책을 얼버무리지도 않았던 마르크스는 파리 코뮈나르들의 위대한 활약상을 완벽히 묘사해 보여주었다. 그는 파리의 평범한 노동자들이 보여준 진정한 휴머니즘에 경탄해마지 않았다. 그들은 전쟁의 폐허 속에서, 그리고 넉 달 간의 봉쇄 상황 이후 새로운 사회건설을 위한 영웅적 출발선을 그었다. 마르크스는 그들이 영웅적 사명을 겸손과 성실과 진정한 헌신을 통해 이룩한 것에 가슴 벅찼다. 마르크스의 불후의 명작 속에 나오는 주인공은 "자신의 역사적 선구성에 열광하며 찬란히 빛나는 …… 노동하고 생각하고 싸우다 피 흘리는 파리"이다. 그것은 부르주아 세계의 위선과 계급 이기주의 및 야수적 야만성과 명백히 대조되는 것이었다. 그의 작품에서 부르주아 세계는 코뮈나르들에 대한 사형집행인, 즉 베르사유 정부 지도자들로 의인화되었으며, 이들 '질서의 경찰견들'350)은 모든 인간적 면모를 상실한 존재였다.

'인터내셔널'의 혁명적 프롤레타리아파는 『프랑스의 내전』을 그들의 강령문서로 간주하고 이를 배포하기 위해 최선을 다했다. 최초의 영문판 1,000부가 6월 13일 출판되었고, 6월 말에는 2판 2,000부가, 8월에는 3판

---

350) Marx and Engels, *Selected Works*, Vol. 2, 229, 236쪽.

이 출판되었다. 곧이어 독일어, 프랑스어, 플랑드르어, 네덜란드어, 덴마크어, 스페인어, 이탈리아어, 러시아어, 세르보-크로아티아어 및 그 밖의 수많은 언어로 이를 발간하는 조치가 취해졌다. 마르크스의 저서 가운데 이 책만큼 최단 시일에 광범위하게 보급된 것도 없었다. 곧 예상했던 결과가 나타났다. 전 세계가 이 책을 놓고 토론을 벌인 것이다. 영국의 부르주아 언론들은 이를 묵살하는 작전을 폈으나, 이 노작(勞作)의 생명력을 말살할 수는 없었다. 6월 중순이 되자 부르주아 신문들도 적대적인 해설과 더불어 마르크스의 저서를 요약한 기사를 싣거나 '인터내셔널'에 대한 편향적인 공격을 담은 논설을 싣기 시작했다. 『더 타임스』지는 두 편의 기사를 실었는데, 마르크스의 한 친구는 이 기사와 관련해서 그에게 이렇게 썼다.

"영국 속물들의 분노에 비춰 판단하건대 전 세계의 속물들이 당신의 『프랑스의 내전』에 대해 격노하고 있는 게 분명합니다."[351]

마르크스와 엥겔스는 부르주아 언론이 재개한 도전에 응수했다. 그들은 항의문을 썼는데, 대부분 총평의회 명의로 작성된 것이었다. 그들은 영국 부르주아 신문들이 편집인에게 보낸 편지를 꼬박꼬박 보도하는 전통을 이용할 생각이었다. 그러나 이러한 전통도 프롤레타리아 옹호자들에게는 해당되지 않는 듯했다. 이 중 두세 건의 성명서만이 『더 타임스』와 『더 데일리 뉴스』 및 기타 신문에 게재되었을 뿐이었다. 나머지는 각국 '인터내셔널' 간행물에 실렸고, 그중 원고 형태로 보관되다가 훗날 간행되기도 했다.

코뮌과 '인터내셔널'에 대한 악의적인 반대운동이 절정에 달하자, 평소 그가 작성했음을 명시한 어떠한 총평의회 문서도 공개하지 못하게 했던 마르크스도 이번에는 코뮌을 옹호한 '인터내셔널'의 활동에 대해 개인적으로 책임을 떠맡았다. 6월 26일 『데일리 뉴스』지에 보낸 편지에서 그는 자신이 바로 『프랑스의 내전』의 필자라고 선언하고, 티에르와 파브르 및 그들의 추종자와 관련해 인용한 사실의 진실성을 증언하기 위해 법정에

---

351) *The First International During the Paris Commune*, Russ. ed, 259쪽.

나설 용의가 있다고 선언했다.

『프랑스의 내전』에 '인터내셔널'의 혁명강령을 명확하게 기술한 것이 동요하는 분자들, 특히 대부분의 개량주의자들을 '인터내셔널'에서 탈퇴하도록 하는 결과를 가져왔다. 이렇게 해서 1871년 6월 총평의회는 영국의 우익 노조 지도자 오저 및 러크래프트(Lucraft)와 공식적으로 결별해야만 했다. 이들은 부르주아 신문을 통해 『프랑스의 내전』을 공격함으로써, 코뮌 기간 중 베르사유 진영으로 이탈한 우익 프루동주의자 톨랭의 배신적 행동을 답습했다. 또한 무정부주의적 종파주의자들과의 대립도 격화되었다.

이와 동시에 총평의회가 공개적으로 공산주의적 입장을 천명한 이 공식적인 문서의 광범위한 유포[352]는 모든 진정한 프롤레타리아 세력들을 '인터내셔널' 안으로 결집시키는 데 큰 도움이 되었다. 진보적 프롤레타리아들에 의한 마르크스적 견해의 채택은 한층 가속화되었다. 그리고 '인터내셔널'의 혁명적 기치 아래 프롤레타리아 대중의 단결은 더욱 공고해졌다.

---

352) Marx, Engels, *Werke*, Bd. 33, 668쪽.

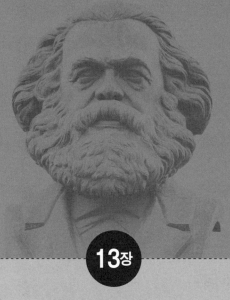

13장

인터내셔널의
이념적 원칙의
순수성을 위한 투쟁

★

'인터내셔널'이 없는 무어의 삶이란 다이아몬드 없는 반지였을 것이다.
— 프리드리히 엥겔스 —

런던 회의의 예비공작

『프랑스의 내전』의 출판은 노동자계급에게 파리 코뮌의 교훈을 인식시키는 첫 번째 조치에 불과했다. '인터내셔널'의 앞길에는 사회주의 혁명과 프롤레타리아 국가 및 각국에 노동계급의 혁명적 정당을 건설할 필요성 등을(그러한 교훈에 의해 입증되고 더욱 풍부해질) '인터내셔널'의 강령으로 공식 채택하기 위한 험난한 투쟁과 설득작업이 산적해 있었다.

한편 코뮌주의자들에 대한 야만적 탄압은 바야흐로 '인터내셔널'에 대한 전 세계적인 반혁명 운동으로 발전하고 있었다. 이 반혁명 운동은 점차 노동계급 운동의 탄압을 겨냥한 유럽 각국 정부의 연합행동의 형태를 띠기 시작했다. 독일, 오스트리아·헝가리 제국, 스페인, 이탈리아, 벨기에, 덴마크, 제정 러시아 정부들은 베르사유 정부의 경찰활동에 가담하고 있었다. 영국과 스위스 같은 '자유' 국가들에서조차 반동세력은 코뮌주의자들과 '인터내셔널' 회원들에 대한 탄압을 역설했다.

'인터내셔널'에 대한 중상모략 캠페인은 전대미문의 규모로 전개되었다. 1872년의 헤이그 대회에서 전달한 한 보고문에서 마르크스는 다음과 같이 기술하고 있다.

"이러한 비방전(誹謗戰)은 진정 국제적인 규모로 확산되었다는 의미에서 볼 때, 그리고 지배계급의 견해가 전혀 드러나지 않은 채 진행되었다는 측면에서 볼 때 역사상 그 유례를 찾아볼 수 없는 것입니다."[353]

그리고 이 캠페인의 특징은 점차 마르크스 개인에게 공격이 집중되고 있었다는 점이었다.

『프랑스의 내전』출판과 더불어 마르크스는 '인터내셔널'의 지도자로서 널리 알려졌다. 노동자들과 진보적 집단들 사이에서 그의 인기가 높아지자 프롤레타리아 운동의 적들은"인터내셔널'의 최고 두목(이는 적대적인 언론들이 마르크스에게 붙인 딱지였다)에게 맹렬한 공격을 퍼부었다. 부르주아 언론들은 그를 중상모략함으로써 이 운동을 불신하도록 하는 낡은 수법에 의존했다. 종전과 마찬가지로 마르크스는 자신에 대한 인신공격에 반격을 삼갔지만, '인터내셔널'에 해를 끼칠 염려가 있을 때는 공식적으로 그 부당함을 폭로했다.

새로운 프롤레타리아 계층이 노동계급 운동에 유입되면서 상황은 한층 복잡해졌다. '인터내셔널' 지부는 당시 후진국에 속하던 포르투갈, 이탈리아, 덴마크, 네덜란드, 라틴아메리카 등에서 새로이 설립되거나 확장되었다. 이들 중 대다수의 회원들은 아직도 온갖 프티부르주아적 사회주의 경향, 특히 바쿠닌과 무정부주의의 영향 아래 있었다. 동시에 코뮌의 작열하는 불꽃에 놀란 개량주의자들은 '인터내셔널'의 혁명적 제반 원칙에 대해 공격 수위를 한층 더 높였다.

이 모든 상황들은 프롤레타리아 운동의 이념적·정치적 과제를 더욱 선명히 하고, 조직형태를 개선시킬 필요성을 가중시켰다. 하지만 가까운 장래에 이들 문제를 권위 있게 다룰 대회를 소집하기란 거의 불가능했다. 그래서 1865년의 선례를 염두에 두고 있던 마르크스와 엥겔스는 1871년 7월 23일 '협회' 대표들의 비공식 회의를 런던에서 소집할 것을 총평의회에 제안했다.

대회 준비의 모든 짐이 마르크스와 엥겔스에게 떠넘겨졌다. 그들은 파

---

353) *The General Council of the First International*, 1871~1872, 461쪽.

리 코뮌 이후 제반 정세가 요구하는 바에 따라 '인터내셔널' 정치 강령의 기초가 될 각종 결의문 초안을 작성하고 총평의회의 대다수가 이 결의안을 지지하도록 공작을 벌여야 했다.

8월 15일 마르크스는 총평의회에 이번 회의를 "전적으로 조직과 정책 문제에 국한시킬 것"[354]을 제안했다. 이날 회의에서 총평의회는 또한 상임위원회(소위원회)에 결의문을 기초하도록 지시했다. 이는 마르크스의 짐을 훨씬 가볍게 해주었다. 상임위원회에서 그의 지지자들이 다수를 차지하고 있었기 때문이다. 마르크스와 엥겔스는 '인터내셔널'의 현지 조직들에게 회의 소집 사실을 통보했다. 이와 함께 마르크스는 러시아 담당 연락서기 자격으로 우틴에게 특별서한을 보내 이번 회의가 '스위스 로망스 협회(Swiss Romance Federation)' 내에서 발생한 바쿠닌주의자들과의 갈등 문제도 다룰 것임을 알렸다.

8월 하반기에 마르크스는 너무나 과로한 나머지 휴식을 취해야 했다. 그는 브라이턴(Brighton)에서 15일간 휴가를 보냈는데, 거기서도 거의 매일 엥겔스에게 '인터내셔널' 업무와 관련해서 편지를 보냈다.

9월 초 런던으로 돌아온 그는 모든 정력을 회의 준비에 쏟았다. 9월 5일 총평의회에서 그는 총평의회 위원들이 모든 문제에 관한 발언권을 갖고 회의에 참석할 것을 제안했다. 부득이 회의에 참석치 못하는 나라는 담당 연락서기가 대표의 권한을 대행할 수 있도록 했다. 9월 9일과 11일 소위원회는 마르크스의 집에서 결의문 초안에 대한 사전 검토를 했다. 9월 12일과 16일 총평의회는 결의문 초안을 토론 끝에 승인했다. 그 결과 회의 의제가 확정되었다.

9월 중순부터 대표들이 속속 런던에 도착하기 시작했다. 마르크스와 엥겔스는 그들을 만나 각종 편의를 제공해주었다. 마르크스의 집은 오랫동안 런던에 도착한 프롤레타리아 혁명가들의 회합 장소로 이용되었다. 그들은 항상 마르크스의 가족들로부터 최대의 환영과 최상의 환대를 받았

----
354) *The General council of the First International*, 1870~1871, 259쪽.

다. 무정부주의적 성향을 지니고 있던 스페인 대표 안셀모 로렌소(Anselmo Lorenzo)는 30년이 지난 뒤, 마르크스가 런던 회의 전날 저녁 그에게 베푼 진심 어린 환대를 회고록을 통해 다음과 같이 회상했다.

"잠시 후 우리는 어떤 집 앞에 멈춰 섰다. 근엄하고 덕망 있어 보이는 한 노인이 문간에 모습을 드러냈다. 나는 조심스럽게 경의를 표하며 그에게 다가가 '인터내셔널' 스페인 연합대표라고 나를 소개했다. 그는 나를 껴안더니 이마에 입을 맞추고는 정감 어린 스페인어로 나를 집 안으로 안내했다. 그가 바로 카를 마르크스였다. 가족들은 이미 잠자리에 든 뒤였다. 그는 몸소 나에게 구미가 당기는 음식을 정성스럽게 날라다 주었다. 그런 뒤 우리는 차를 마시며 오랜 시간을 혁명 사상과 선전, 조직 문제들에 관해 담소했다. 마르크스는 우리가 스페인에서 이룩한 성과에 아주 만족스러워했다."

그리고 그들은 스페인 문학에 관해 소견을 나누기 시작했다. 이 스페인 사람은 마르크스가 페드로 칼데론 데라바르카(Pedro Calderón de la Barca), 로페 드베가(Lope de Vega), 티르소 데몰리나(Tirso de Molina)의 작품을 평할 때 보여준 깊이와 재능에 놀라움을 금치 못했다. 그들은 자정이 넘도록 이야기꽃을 피웠다. 로렌소는 그곳에서 하룻밤을 묵었다. 날이 밝자 마르크스는 미리 마련해둔 방으로 그를 안내했다.[355]

'인터내셔널' 역사의 이정표

'인터내셔널' 런던 회의는 1871년 토트넘 코트 로드(Tottenham Court Road)의 '직인클럽(Artisans' Club)'에서 열렸다. 마르크스는 독일 대표로, 엥겔스는 이탈리아 대표 자격으로 참석했다.

마르크스는 개회사를 통해 이 회의의 주요 과제를 "현 상황의 모든 요구를 충족시킬 새로운 조직을 발족시키는 것"[356]이라고 규정했다. 따라서

---

355) *Reminiscences of Marx and Engels*, 289~90쪽.
356) Marx, Engels, *Werke*, Bd. 17, 648쪽.

프랑스 정치가인 에두아르 바양(1840~1915).

그는 이번 회의에서 무정부주의자 및 노조 관념론자들과의 투쟁에서 핵심이 되는 프롤레타리아 정당에 관한 문제에 초점을 맞추었다. 자연스럽게 이 문제에 대한 주요 결의사항인 '노동계급의 정치활동'에 대해 열띤 토론이 벌어졌다. 블랑키파 에두아르 바양(Edouard Vaillant)이 9월 20일에 제안한 첫 번째 결의안 초안은, 노동자들의 대의를 쟁취하기 위해서는 "경제 분야 못지않게 정치 분야에서도 그들의 힘을 결집시켜야 한다."357)라고 주장했다. 바양의 초안은 모호한 표현에도 불구하고 무정부주의 대표들의 극심한 빈발을 불러일으켰다.

이들은 '인터내셔널' 대신 정치에 초연한 국제적인 노조연합이 설립되어야 한다는 로렌소의 제안을 지지했다. 프랑스 노동자로서 코뮌에 참여한 적이 있는 피에르 들라이예(Pierre Delahaye)도 비슷한 구상을 제시했다. 그는 국제적인 노조연합이 장래의 사회질서('장래의 코뮌')의 원형으로 간주되어야 한다고 주장했다. 또한 장래의 사회질서는 권력분산과 자치의 원칙에 기초해야 한다고 주장했다. 그는 '인터내셔널' 지부의 활동이 선전에 국한되어야 한다고 믿고 있었다. 이 두 결의문 초안은 본질적으로 무정부주의적 생디칼리슴을 반영하고 있었다.

마르크스는 바양의 초안을 옹호하면서 무정부주의자들이 제안한 조직형태는 이미 노조의 형태로 존재하고 있는 것과 비슷하다고 지적했다. 무정부주의자들의 접근방법과도 대조적으로 마르크스는 코뮌의 경험에 의거해서 노동계급이 프롤레타리아 혁명을 최고 형태로 삼는 정치투쟁을 실천해야 할 필요가 있다고 역설했다. 이 혁명의 성공, 즉 정치권력의 쟁취는 프롤레타리아가 정당으로 조직되지 않는 한 상상할 수조차 없다고

---

357) *La Premiére Internationale, Recueil de document*, t. II, 192쪽.

302

주장했다. 노조는 노동계급의 정치 교육자이자 지도자로 활동할 프롤레타리아 정당을 대신할 수 없다는 것이다.

마르크스는 프롤레타리아 조직에서 노조가 지니는 중요성을 인정했으나, 한편으로는 노조의 활동이 다소 편협하고 제한되어 있음을 지적했다. 그는 또한 당시 영국 노조가 지닌 특정한 결함을 지적하면서, 이들 노조는 영국의 소수 노동귀족을 대표할 뿐 저임금 노동대중에게는 등을 돌리고 있다고 지적했다.

노동계급의 정치투쟁에 동원될 혁명전술과 형태 및 방법론에 관해 언급하면서 마르크스는 이렇게 말했다.

"우리는 각국 정부에 말해야 합니다. 우리는 너희들이 프롤레타리아를 적대시하는 무장세력임을 알고 있다. 우리는 가능한 한 너희들에게 평화적으로 대항하겠지만 필요하다면 언제라도 무기를 사용할 것이라고."[358]

엥겔스 역시 바양의 제안을 지지하는 연설을 했다. 그의 연설은 정치활동을 삼가야 한다는 무정부주의자들의 구호와 '노동계급의 정치'를 부르주아의 이익에 프롤레타리아의 이익을 결부시키는 것으로 해석하는 노동조합주의자들의 입장 모두를 겨냥한 것이었다. 엥겔스는 이렇게 말했다.

"노동자의 정당은 결코 부르주아 정당의 꼬리표가 되어서는 안 됩니다. 그것은 독립적이어야 하며 독자적인 목표와 정책을 수립해야 합니다."[359]

회의에 참석한 대표들은 마르크스와 엥겔스가 개진한 주장에 깊은 감명을 받았다. 그들의 주장은 논리적으로 흠잡을 데가 없을뿐더러 혁명투쟁의 실천적 경험에 기초하고 있었다. 대부분의 대표들이 '노동계급의 정치활동'을 지지하는 결의안에 찬성표를 던졌으며, 총평의회(실질적으로는 마르크스와 엥겔스)에 최종 문안을 작성하도록 위임했다. 두 사람은 회의에서 토의한 내용을 고려하면서 당초의 초안을 근본적으로 수정했다. 그 최종 결의문의 일부 구절을 인용하면 다음과 같다.

----

358) Marx, Engels, *Werke*, Bd. 17, 652쪽.
359) Marx and Engels, *Selected Works*, Vol. 2, 245쪽.

"…… 프롤레타리아는 유산계급에 의해 결성된 모든 구식 정당과는 뚜렷이 구분되고 또 그들에 반대하는 정당으로 스스로를 조직하지 않는 한, 이와 같은 유산계급의 집단적 권력에 하나의 계급으로서 대항할 수 없다."360)

그 밖의 런던 회의 결의문도 '인터내셔널'에 프롤레타리아 정당 정신을 주입하는 문제와 그것의 전술적·조직적 원칙을 개발하는 문제에 관심을 표명했다. 즉 노동계급과 농민계급의 동맹, 노조 간 연대를 포함한 국제적 유대 증진, '인터내셔널' 내부의 음모적·분파적 집단의 배제 등에 관한 사항이 들어 있었는데, 상당수가 마르크스가 제안한 것이었다. 그리하여 마르크스와 다른 대표들의 제안에 따라, 런던 회의는 지금까지 각 대회에서 제안한 수정조항은 포함시키고 쓸모없는 조항은 삭제해서 총평의회에 새로운 규약의 발간 권한을 위임했다. 마르크스와 엥겔스의 노력에 힘입어 1871년 말 「일반규약General Rules」 개정판의 영어 및 프랑스어판이 발간되었고, 모든 수정조항이 문서로 구체화되어 부록에 실렸다. 그리고 새로운 「규약」의 발행은 모든 회원에게 「규약」 한 부씩을 지니도록(상당수의 나라에서 이 「규약」은 기부금 납입 사실까지도 기록해서 담고 있어 일종의 회원증으로 사용되었다) 요구하는 회의의 결의문과 함께 '인터내셔널'의 이데올로기적 통일과 전사들의 훈련을 강화하는 데 큰 도움이 되었다.

총평의회 지지자들과 스위스의 바쿠닌파 사이의 갈등은 회의 의제 중 대단히 중요한 항목으로 거론되었다. 위원회의 회합은 통상 회의가 끝난 뒤 마르크스의 집에서 이루어졌다. 마르크스는 바쿠닌파의 활동에 관해 그 어떤 대표보다도 완벽한 정보를 갖고 있었으며, '인터내셔널' 스위스지부 회원인 우틴·페렛(Perret)·베커 등을 통해 1870년 4월의 라쇼드퐁 회의에서 '로망스연합' 내부에 야기된 분열상에 대해서도 익히 알고 있었다. 그는 바쿠닌파의 파괴활동이 스위스 국경을 넘어서 스페인과 이탈리아로 확산되고 있다는 것을 알고 있었다. 그는 로파틴과 다른 러시아 동료들을

---

360) *The General Council of the First International*, 1870~1871, 445쪽.

통해 바쿠닌이 혁명음모가 세르게이 네차예프(Sergey Nechaev)와 접촉하고 있다는 정보를 입수했다. 그리고 네차예프의 방식(테러, 도발, 협잡)이 혁명 투쟁에 참여하고 있는 사람들에게 적용될 때 나타나는 해악을 익히 헤아리고 있었다. 그러나 마르크스나 동료들 그 누구도 '인터내셔널' 내부에 비밀 바쿠닌파 조직이 암약하고 있다는 사실을 모르고 있었으며, 이러한 분열공작의 규모에 관해서도 자세히 알지 못했다.

이 모든 상황들이 마르크스가 기초한 결의문들의 방향을 결정했다. 이 결의문들은 '로망스'라는 명칭이 옛 '연합평의회'에 여전히 귀속되어 있으며, 이로써 '로망스연합'의 지도부를 접수하려는 바쿠닌파의 기도를 무산시킨 총평의회의 결정을 재확인했다.

마르크스는 런던 회의의 결과에 만족했다. 물론 이러한 성과는 쉽사리 이루어진 것이 아니었다. 그가 회의 기간 중 행한 발언의 횟수는 무려 97번에 달했다. 마르크스는 10월 23일 램스게이트에 있는 아내에게 쓴 편지에서 이렇게 말했다.

"회의는 오늘 마침내 막을 내렸소. 무척 힘든 일이었소. 오전과 오후 회의, 위원회 회의, 증인 청문회, 작성해야 할 보고서 등이 나를 에워싸고 있었소. 하지만 이번 회의는 앞서 열린 모든 대회를 합친 것보다도 더 많은 성과를 거두었다오."[361]

9월 25일 런던에서는 '인터내셔널' 창립 7주년 기념대회가 열렸다. 이 대회에는 각국 대표들과 총평의회 위원들, 코뮌 관련 도피자들이 참석했다. 마르크스는 연설을 통해 코뮌의 역사적 교훈과 회의 결의사항의 의미를 역설했다. 모든 계급지배를 종식시키기 위해 정권을 장악하려 했던 노동자들 최초의 시도로서 코뮌이 갖는 획기적인 역할을 강조하면서 마르크스는 다음과 같이 말했다.

"그러한 변화가 초래되기 전에 먼저 프롤레타리아 독재가 필요했다. 그리고 그 첫 번째 조건은 프롤레타리아 군대였다. 노동계급은 전장에서 자

---

361) Marx, Engels, *Werke*, Bd. 33, 286쪽.

신을 해방시킬 권리를 쟁취해야만 했다. '인터내셔널'의 임무는 다가올 전투에 대비해 노동세력들을 조직하고 규합하는 일이다."[362]

런던 회의 결의안 승인투쟁

마르크스는 런던 회의 결의안이 무정부주의자들과 개량주의자들의 저항을 받으리라는 것을 충분히 인식하고 있었다. 따라서 이들 결의안이 지닌 의미를 설명하고 총평의회와 현지 조직으로부터 완전한 승인을 획득하는 일이 그만큼 더 중요해졌다.

마르크스는 악화되는 건강에도 불구하고 이 과제에 몰두했다. 여기서 그는 엥겔스의 도움을 많이 받았다. 사실 당시 총평의회의 주요 문서와 결정 및 실천방안은 이 두 사람에 의한 공동 노력의 산물이었다.

마르크스는 또한 딸들의 도움도 많이 받았다. 라우라와 그녀의 남편 폴 라파르그는 프랑스와 스페인에서 과학적 공산주의 사상을 확산시키는 데 전력을 다하고 있었고, 예니와 엘레아노르는 마르크스의 편지 교환 작업에 도움을 주고 있었다.

예전에도 그랬던 것처럼 마르크스와 엥겔스는 여러 국가 내 노동계급 운동에 적극 참여하고 있는 사람을 신뢰했다. 그중에는 독일의 리프크네히트와 베벨, 스위스의 베커, 총평의회 위원인 세라예·뒤퐁·레스너·로흐너 등 그들의 오랜 동료들도 있었지만 전혀 새로운 인물도 끼어 있었다.

런던 회의 이후 몇 개월간 마르크스와 엥겔스는 결의안과 「일반규약」 및 「집행규약」 개정판의 인쇄 준비를 하고 그것을 각국에 발송하는 일에 많은 시간을 쏟았다. 각국의 노동계급 지도자들에게 보낸 편지에서 '인터내셔널' 지부들이 이 런던 회의 결의안을 승인하는 것이 얼마나 중요한 의미를 지니는가를 설명했다. 일부 지부연합은 이 문서들을 토론하기 위해 특별회의를 소집하기도 했다. 이들 문서는 독일의 각 지부와 스위스의 '로망스연합', 스페인의 '연합평의회', 영국의 각 지부 및 미국과 벨기에의 '인

---

362) *The World*, October 15, 1871.

터내셔널' 지부 등의 승인을 얻었다.

런던 회의 결과는 또한 독일 '사회민주노동당'으로부터, 특히 1872년 1월 6일과 7일 양일간에 걸쳐 켐니츠(Chemnitz)에서 개최된 작센 지구당 대회를 통해 승인받았다. 그리고 이 사실을 마르크스는 1월 23일 총평의회에 알렸다. 런던 회의에 의해 '사회민주노동당'이 취한 태도는 이 당이 '인터내셔널' 지도자들이 확립한 노선을 충실히 따를 결의가 되어 있음을 재확인해주는 것이었다. 반동세력이 공세를 더하고 종파주의자와 개량주의자들이 활동을 강화하는 등 복잡한 상황에서, '사회민주노동당'은 마르크스와 엥겔스가 '인터내셔널' 내부에서 이념적 순결성과 과학적 공산주의 원칙을 지키기 위해 벌이고 있던 투쟁의 주요한 지지 세력이 되었다.

바쿠닌파에 대한 강력한 투쟁

1871년 11월 말 마르크스는 바쿠닌파 신문『사회혁명La Révolution Sociale』을 통해, 11월 12일 스위스의 소도시 송비예(Sonvillier)에서 열린 바쿠닌파 스위스지부 대회에 관한 소식을 접했다. 이 대회는 런던 회의 결의안이 '인터내셔널'의 원칙에 위배된다고 선언하고, 각 지부의 '완전한 자치'와 정치투쟁 참여 거부를 주장하면서, '모든 권위'를 소멸시키기 위한 우선적인 조치로서 총평의회의 해체를 요구했다. 이 대회는 또한 바쿠닌파 스위스지부에 의한 '쥐라연합(Jura Federation)' 결성을 발표했다.

송비예의 소식을 들은 즉시 마르크스와 엥겔스는 총평의회 명의로 바쿠닌파의 파괴적·분열적 활동을 폭넓게 폭로하는 반박 회람을 작성하기 시작했다. 동시에 '인터내셔널' 지도자들은 바쿠닌주의자들에 대항할 수 있는 세력들을 규합하기 위한 조치들을 취했다. 각국의 '인터내셔널' 대표들에게 보낸 편지에서, 마르크스와 엥겔스는 무정부주의의 교의와 전술에 대해 포괄적인 비판을 가하고, '모든 권위'를 부정하고 노동계급의 정치투쟁 참여를 반대하는 그들의 독단을 폭로했다. 그들은 '인터내셔널'의 성공적인 활동을 위해서는 전체 조직에 대해 권위와 책임을 함께 지닌 중앙 집행기구가 필요하다고 역설하면서, 그 역할과 중요성을 상세히 설명했다.

마르크스와 엥겔스는 바쿠닌주의자들의 아성으로 알려진 이탈리아와 스페인의 프롤레타리아 대중을 대표하는 인물들과 직접 접촉했다. '인터내셔널' 지도자들의 도움을 받아 이들 국가에서는 '인터내셔널' 지지자집단이 형성되어, 반(反)프롤레타리아 이념을 극복하고 바쿠닌주의에 대한 투쟁을 치열하게 벌였다. 마르크스와 엥겔스 편에 섰던 사람들 중에는 이탈리아의 유수한 『대중La Plebe』지의 발행인 엔리코 비그나미(Enrico Bignami)가 있었고, 이탈리아와 훗날 벨기에에서 바쿠닌주의 반대투쟁에 앞장섰던 사람으로는 독일 사회주의자 테오도어 쿠노(Theodor Cuno)를 꼽을 수 있다.

마르크스는 폴과 라우라가 스페인에 머물고 있는 기회를 이용해 스페인지부의 창설자이자 지도자인 호세 메사(Jose Mesa), 프란시스코 모라(Francisco Mora), 파블로 이글레시아스(Pablo Iglesias) 등과 긴밀한 접촉을 가졌다.

마르크스 추종자들에 의해 수행된 바쿠닌주의 영향력 배제 투쟁은 결국 1872년 여름 총평의회의 스페인 거점인 '신마드리드연합'의 창설로 이루어졌다. 마르크스와 엥겔스는 라파르그와 스페인 친구들을 통해 '포르투갈연합'과의 접촉망도 확보했다. '포르투갈연합'을 이끌고 있던 인물은 조제 노브레-프란사(José Nobre-França)였는데, 그는 포르투갈 노동자들에게 「공산당선언」을 비롯한 각종 과학적 공산주의 관련 저작들을 처음으로 소개한 바 있었다.

반(反)바쿠닌주의 회담을 작성하는 작업도 진척을 보였다. 1872년 3월 5일 마르크스는 총평의회에 「인터내셔널의 가공적(架空的) 균열Fictitious Splits in the International」이라는 제목을 붙인 팸플릿의 요점을 보고했다. 이 팸플릿은 마르크스와 엥겔스가 프랑스어로 쓴 것이다. 총평의회는 이를 만장일치로 승인하고 소위원회에 이의 출판을 위임했다.

이 팸플릿은 프롤레타리아 정당의 원칙을 옹호하고 극좌적 구호의 탄막(彈幕) 뒤에서 암약하는 무정부적 종파주의의 정체를 폭로한 모범적 사례였다. 그것은 종파적 경향의 본질과 역사적인 기원을 폭로하고, 무정부주의자들의 교리가 유지되기 어렵다는 것과 그 실천적 행동이 결함투성이라는 것을 입증했다.

실천적 행동에 결함이 있다는 지적은 반박할 수 없는 역사적 사실과 문서에 의해 뒷받침된 것으로서 매우 중요한 의미를 지녔다. 대부분의 '인터내셔널' 회원들이 바쿠닌주의자들의 온갖 음모와 총평의회에 맞서는 데 동원한 종파주의적이고 표리부동한 방법들을 깨닫지 못하고 있었기 때문이다. 또한 종파주의자들의 진정한 목표가 '인터내셔널'의 지도부를 장악하는 데 있음을 아무도 몰랐다. 마르크스와 엥겔스가 바쿠닌주의자들의 '연맹'과 총평의회 사이에 있었던 그간의 모든 관계를 공개하여, 총평의회에 대한 바쿠닌주의자들의 중상모략적 공격과 런던 회의 결의안에 대한 반대운동의 저의를 폭로한 것도 바로 이 때문이었다. 마르크스와 엥겔스는 송비에 회담의 모든 요점을 상세히 검토하면서 그것이 중상모략적이고 종파적임을 지적했다.

마르크스와 엥겔스는 바쿠닌주의자들의 모든 활동은 호전적인 종파주의에 의해 고취되고 있으며, 만국의 프롤레타리아의 진실하고 전투적인 조직으로서 자본가들과 지주들 그리고 그들의 계급지배에 대한 공동투쟁을 위해 단결한 '인터내셔널'을 그들의 종파로 대체시키려고 한다고 폭로했다.

그들은 점성학과 연금술이 학문의 유아적 단계에서 나타나는 특징이라면, 사회주의적 종파주의는 노동계급 운동의 초기 유아적 단계에서 나타나는 독특한 특징이라고 지적했다. 이들 종파는 처음에는 사회주의에 대한 노동자들의 관심을 일깨우는 긍정적 역할을 떠맡았다. 하지만 노동계급 운동이 유아적 단계를 벗어나면서 그에 대한 장해물로 전락하고 말았다. 바쿠닌주의자들은 종파주의를 부활시키려고 시도하는 과정에서 노동계급 운동의 과거 단계를 지지하고 나섰으며, 따라서 그 운동을 퇴보시키고 있었다.

마르크스와 엥겔스는 바쿠닌주의자들의 강령을 분석하면서, 그 강령은 "허황된 관념의 집합에 불과하며 부르주아 얼간이들을 놀라게 하거나 보나파르트파와 그 밖의 검찰관들에게 '인터내셔널' 회원들을 탄압하는 데 쓰일 증거만을 대줄 뿐"[363]이라고 지적했다. 그들은 무정부주의가 노동계급 운동과 노동계급의 진정한 혁명적 이론에 적대적임을 입증했다. 무정부주의자들은 어떤 국가든 그것을 파괴하는 일부터 시작할 것을 제안함으로써, 프롤레타리아 해방투쟁의 모든 기본적인 과제, 즉 국가권력을 장악한 뒤 그것을 국가가 궁극적으로 소멸될 무계급 사회를 건설하는 데 이용하는 과제를 '허상의 세계'로 끌어들였다고 비판했다. 그들의 활동 가운데 가장 해로운 점은 프롤레타리아의 대열에 무정부성 대를 주입하려는 시도이다. 이는 마치 강력한 정치적 무기를 휘두르는 착취자들에 맞서 싸우고 있는 프롤레타리아를 무장해제하는 것이나 다름없는 행동이다.

팸플릿을 작성할 때 마르크스는 '인터내셔널'의 단결 유지 및 바쿠닌주의자들의 패배와 고립을 중심 과제로 삼았다. 그는 무정부주의자들의 행동이 반동세력에게 이용당하고 있다는 사실을 고려했다. 이들 반동세력은 '인터내셔널' 내부의 균열과 위기를 성급히 선언했다. 그러나 팸플릿의 제목 자체가 부르주아 언론에서 유포되고 있던 그 같은 보도들을 부정하고 있었다. 마르크스와 엥겔스는 한 줌도 안 되는 분열주의자들을 제외하면 '인터내셔널'은 모든 탄압에 맞서 단결되어 있으며, 이와 같은 '인터내셔널'의 강고한 단결은 프롤레타리아의 힘과 성공을 담보하는 것이라고 강조했다. 국제 노동계급 운동의 적들에게 또다시 모함당할 구실을 주지 않기 위해 팸플릿은 '인터내셔널' 회원들에게만 배포될 비밀회담 형태로 발행되었다.

그러나 1872년 5월 제네바에서 팸플릿이 출판되었을 때 바쿠닌주의자들에 대한 투쟁은 이미 새로운 단계에 접어들고 있었다. 1872년 4월 말경

---

363) *The General Council of the First International*, 1871~1872, 389쪽.

마르크스와 엥겔스는 바쿠닌주의자들이 명시적으로 해체시켰던 '사회민주주의연맹'이 그동안 비밀단체로 계속 존속해왔다는 정보를 라파르그로부터 입수했다. 이는 자연히 바쿠닌파와의 싸움을 새로운 맥락 속으로 밀어 넣었다. '인터내셔널' 내부에 독자적인 규약과 강령을 가진 국제적인 바쿠닌파 비밀조직이 존재한다는 것은, 지금까지 각종 공식적인 주장을 통해 '인터내셔널'의 이데올로기적 단결을 파괴하려고 했던 바쿠닌주의자들이 실제로는 '인터내셔널'의 분열을 추구해왔음을 의미했다. 그러므로 이제는 그들에 대한 이데올로기적 투쟁의 전개 차원을 넘어 이 이질적인 조직을 '인터내셔널'에서 제거하기 위해 조직상의 조치를 취해야만 했다.

개량주의와 투쟁하다

파리 코뮌 이후 영국의 자유주의적 노동조합주의는 '인터내셔널' 내부에서 과학적 공산주의에 맞서는 주요 이데올로기적 반대세력이 되었다. 노조 운동가들의 이데올로기는 총평의회에서, 겉으로는 런던 회의의 결의를 수확하는 체하면서도 실제로는 자유당 노동정책의 관점에서 해석하는 개량주의자들을 대변했다. 개량주의자들은 영국의 노동자 정당을 자유당과 협력하고 그들의 도움을 받아 '노동 지도자들'이 의회에 진출하는 발판으로 삼는 정당쯤으로 간주했다.

마르크스는 영국 노동계급 운동 내부에서 우파로 이탈하는 현상이 발생하고 있음을 깨닫고 있었다. 따라서 영국의 개량주의자들이 '인터내셔널'의 원칙을 왜곡하지 못하도록 막고, 영국에서 독립적인 노동자 정당을 조직하기 위한 이데올로기적 기초를 닦는 일이 중요한 과제로 떠올랐다. 마르크스는 런던 회의 결의에 따라 조직된 독립적인 '영국연합평의회'(이전에는 이 조직의 기능을 총평의회가 수행해왔다)가 1871년 이후의 상황에서 이 과제의 해결을 촉진시켜줄 것으로 기대했다. 이 '연합평의회'의 도움을 받아 '인터내셔널'이 노조에 가입했거나 가입하지 않은 영국 프롤레타리아 대중을 동원할 수 있을 것으로 생각했던 것이다.

그러나 '영국연합평의회'의 대다수 회원들은 부르주아 급진파와 연계되어 있음이 드러났다. '평의회'의 주도권은 한때 총평의회에서 마르크스를 지지했던 존 헤일스(John Hales)라는 사람이 장악하고 있었다. 하지만 기회주의적 경향에 굴복한 그는 심지어 '인터내셔널 영국연합'의 지도부를 총평의회와 대립케 하려고 했다. 헤일스는 '영국평의회'에서 다수파를 확보하기 위해 연계를 맺고 있던 준(準)노동계급과 준급진파 대표들을 끌어들였다.

1872년 1월 16일의 총평의회 회의에서 마르크스는 '연합평의회'로부터 프티부르주아 조직에 속해 있는, 특히 '공화주의총동맹(Universal Republican League)'에 속해 있는 모든 회원들을 제명시키는 데 성공했다. '영국연합평의회'의 규약을 일부 개정해 프티부르주아직 분자들이 집행기구에 침투하는 것을 어느 정도 막을 수 있게 된 것이다. 이 과정에서 마르크스는 레스너와 뒤퐁, 과거 인민헌장운동에 참가했던 밀너(Milner)·머리(Murray)·분(Boon) 등 혁명세력을 규합하는 데 성공하여, 이들의 도움으로 헤일스와 그 지지자들에 대한 투쟁을 벌일 수 있었다.

부르주아 민족주의적 경향을 드러낸 기회주의적 노동조합주의자들의 이데올로기와 투쟁하는 데 중요했던 것은 1872년 봄 총평의회에서 벌어진 아일랜드 문제에 대한 논쟁이었다. 이 논쟁은 헤일스를 비롯해 '영국연합평의회'와 총평의회의 영국인 회원들이 당시 설립 중이던 아일랜드지부에 대해 국수주의적인 태도를 취하는 바람에 촉발되었다. 헤일스는 독자적인 아일랜드지부 설립에 반대했다.

마르크스와 엥겔스는 이 같은 태도가 '인터내셔널'의 국제주의 원칙에서 벗어났다고 비판하고, 영국 노동계급의 핵심 과제는 아일랜드 민족해방운동을 지원하는 일이라고 재삼 강조했다.

마르크스는 모든 기회를 이용해 개량주의적 이념을 공격했다. 1872년 3월 3일 '영국연합'에 속해 있는 맨체스터 외국인 지부 회장 뒤퐁은 엥겔스에게 농업문제에 관한 토론을 주재하는 일을 도와주도록 요청했다. 마르크스는 이 요청에 응해 3월과 4월에 걸쳐 「토지국유화」라는 제목의 평론을 써서 이를 뒤퐁에게 보냈다. 뒤퐁은 5월 8일 이것을 그의 지부에 보고했다. 6월 15일 이 평론은 '영국연합평의회' 기관지 『더 인터내셔널 헤럴드』에 게재되었다.

영국 개량주의자들과는 대조적으로(그들은 국유화 요구를 부르주아 민주주의적인 조치에 불과하다고 주장했다) 마르크스는 이 논문에서 국유화 문제를 프롤레타리아 혁명의 과제와 사회주의적 사회개조라는 맥락에서 고찰했다. 그는 노동계급이 부르주아 국가의 소유가 된 토지를 "소규모 단위로 분할해서 개인이나 노동자 단체에 임대해주는"364) 식의 국유화를 궁극적인 목표로 간주해서는 안 된다고 말했다. 그러한 형태의 국유화는 농민 개개인 간의 경쟁을 격화시켜, 결국 소생산자들을 희생시키는 대가로 대규모 생산자만을 배불리는 결과를 가져올 것이다. 노동계급 운동의 진정한 '인도주의적 목표'는 토지와 그 밖의 모든 생산수단을 공동소유, 즉 '전 국민'의 소유로 전화시키는 것이다. 이것이야말로 '노동과 자본의 관계를 완전히 변혁시키고' 농업을 포함한 모든 생산부문을 집산적인 사회주의 노동의 이점을 널리 활용하는 합리적이고 효율적인 노선에 따라 조직할 유일한 기초이다.

"**생산수단의 국유화**는 합리적 공동 계획에 따라 사회적 업무를 수행하는 자유롭고 평등한 생산자 단체로 구성된 사회를 건설하기 위한 국가적 기초가 될 것이다."365)

그러나 이것은 노동자들이 부르주아지로부터 권력을 쟁취한 후에 전개되는 철저한 사회혁명에 의해서만 비로소 성취될 수 있다고 마르크스는 강조했다.

마르크스 추종세력과 기회주의적 노동조합주의자들 사이의 불화는, 미국의 '인터내셔널' 조직을 자신의 목적에 이용하려는 부르주아 개량주의

---

364) Marx and Engels, *Selected Works*, Vol. 2, 290쪽.
365) Ibid.

자들의 시도를 둘러싸고 미국의 각 지부 내에서 벌어지고 있던 분규와 관련해서 더욱 심화되었다. 미국의 일부 급진주의적 지도자들은 뉴욕과 그 밖의 지역에 부르주아 회원들을 가입시킨 지부를 설립하여 미국 내 모든 '인터내셔널' 조직의 주도권을 요구했고, 그 연합기구의 권력에 도전했으며, '인터내셔널'의 강령을 부르주아적 요구로 대체하려고 했다. 그리하여 이 같은 개량주의적 경향에 대항한 참다운 프롤레타리아 세력의 투쟁은 극도로 첨예화되었다.

조르게와 프리드리히 볼테(Friedrich Bolte), 그 밖의 미국 내 '인터내셔널' 지도자들에게 보낸 편지에서, 마르크스는 어떠한 대가를 치르더라도 부르주아 급진주의자들이 미국의 노동운동에서 주도권을 장악하지 못하도록 막기 위한 주요 행동노선을 제시했나. 또 종파주의를 극복하고 '인터내셔널'에 토착 미국 노동자들, 그중에서도 특히 조직노동자들을 끌어들여야 할 필요성도 역설했다. 마르크스가 제시한 과제는 미국에 독자적인 프롤레타리아 정당을 설립하기 위한 근본적인 투쟁의 필요성을 표명한 것이었다.

마르크스는 미국에서 사태가 어떻게 발전하는지 면밀히 주시했다. 그 결과는 미국의 신문, 팸플릿, 그 밖의 인쇄물들에서 발췌한 내용을 담고 있는 방대한 노트로 지금까지 남아 있다. 마르크스는 1872년 3월 5일과 12일 총평의회에 미국 내 분열 상태를 보고하고, 미국지부의 프롤레타리아적 구성을 강화시키기 위한 특별조치를 취할 것을 제안했다.

총평의회는 마르크스의 제안에 따라 부르주아적 영향력의 중심인 뉴욕 제12지부를 '인터내셔널'에서 추방했다. '인터내셔널'을 '엉터리 개량주의자들과 중산계급의 돌팔이들과 정상배들'의 침투로부터 보호하기 위해, 총평의회는 '인터내셔널'의 모든 지부는 회원 가운데 최소한 3분의 2를 임금노동자로 구성해야 한다는 결의안을 통과시켰다.[366] 이와 함께 총평의회는 프롤레타리아 지부들로 구성된 '임시연합평의회'를 미국 내 '인터내

---

366) *The General Council of the First International*, 1871~1872, 412쪽.

에카리우스(1818~89)는 독일 출신으로 영국에서 재단사로 일하면서 마르크스와 친분을 맺었다.

서널'의 유일한 행정지구로 지명했다.

미국지부의 분열을 둘러싸고 토론을 벌이는 가운데 일부 총평의회 회원들이 노동계급의 정치활동에 관한 런던 회의 결의에 대해 개량주의적이고 기회주의적인 해석을 가하고 있음이 드러났다. 이러한 경향은 부르주아 개량주의자들과의 단결을 역설한 헤일스와 에카리우스의 연설에서 극명하게 드러났다. 마르크스와 에카리우스 사이에 분열이 싹트기 시작했고, 두 사람의 오랜 우정도 에카리우스의 행동에 대한 마르크스의 신랄한 비판을 막지 못했다. 1872년 5월 3일 그는 에카리우스에게 다음과 같은 편지를 보냈다.

"당신은 스스로 큰 실책을 범했을 때 다른 모든 사람들처럼 진실을 듣는 대신 칭찬을 들을 수도 있다고 상상하는 듯하오."[367]

에카리우스는 과학적 공산주의의 핵심적 교의와 런던 회의 결의의 진정한 의미를 이해하지 못하고 영국의 개량주의자 진영으로 넘어갔으며, 마르크스와 그의 혁명노선에 대한 반대자임을 스스로 공언했다.

코뮌 망명자들과 접촉하다

총평의회 내부에서 분쟁이 격화되고 영국 회원들 사이에 기회주의적 경향이 도를 더해가는 사태에 직면한 마르크스는 신입회원 모집을 통해 총평의회의 혁명파를 강화하고자 했다. 그리고 그의 고려대상에는 코뮌의 망명자들도 포함되었다. 마르크스는 이 난민들을 도우려 애쓰는 과정에서 프롤레타리아적 성향의 프랑스 이주민들과 밀접한 접촉을 갖게 되었다. 그리하여 파리 코뮌을 통해 단련된 사람들(블랑키주의자나 프루동주의자를 막론하고) 중 상당수가 해묵은 공상적 견해를 점차 극복하고 과학

---

367) Marx, Engels, *Werke*, Bd. 33, 453쪽.

적 공산주의 원리들을 받아들이게 되었다.

독자적인 노동계급 정당의 창설을 지지했던 블랑키주의자들은 마르크스의 사회주의 혁명 사상을 가장 쉽게 받아들일 수 있는 축에 들었다. 그들은 개인적으로 마르크스와 접촉하면서, 그리고 『철학의 빈곤』과 『자본론』등의 저작을 통해 심대한 영향을 받았다.

'인터내셔널'의 옛 회원들을 포함해서 코뮌 망명자들 중 매우 탁월한 인물들이 마르크스 주위에 모여들었다. 이들 중 헝가리 혁명가 레오 프랑켈, 프랑스 사회주의자 샤를 롱게, 폴란드 민족해방 투사이자 코뮌의 장군이었던 발레리 브로블레프스키, 그 밖에 탁월한 코뮌 멤버들의 상당수가 총평의회 위원으로 임명되었다.

마르크스는 이들 망명자들에 대해 영향력을 발휘하기 위한 활동의 일환으로 1872년 초에 그들이 설립한 '사회연구서클(Social Studies Circle)'에 참여했다. 이 서클은 코뮌에 관한 각종 보고서와 코뮌이 수반했던 이론적·역사적 제반 문제들을 논의했다. 이를 통해 마르크스는 『프랑스의 내전』이 담고 있는 사상을 전파할 기회를 갖게 되었다. 그리하여 대부분의 서클 회원들은 이 저작이 파리 혁명에 대해 내린 진실로 과학적인 평가들을 수용하기에 이르렀다.

3월 12일 총평의회는 마르크스를 파리 코뮌 1주년 기념집회의 연사로 지정했다. 이 집회는 총평의회와 '사회연구서클'이 공동 주관했다. 3월 18일 세인트 조지 홀(St. Georges Hall) 근처에는 5,000여 군중들이 운집했다. 하지만 당국은 이 집회를 금지했다. 그러자 이곳에 출석한 사람들은 150명의 대표를 선출하여 '사회연구서클'의 비좁은 사무실에서 그들만의 집회를 열도록 했다. 이 집회는 마르크스가 기초한 결의문을 채택했다. 이들 중 한 사람은 3월 18일이야말로 "인류를 계급지배로부터 영원히 해방시킬 위대한 사회주의 혁명의 여명"[368]이라고 큰 소리로 외쳤다.

---

368) *The General Council of the First International*, 1871~1872, 414쪽.

헤이그 대회 준비

5월 28일 마르크스는 총평의회에서 차기 '인터내셔널' 대회 준비에 착수할 것을 제안했다. 노동계급 운동에 대한 온갖 탄압과 날로 기승을 부리는 바쿠닌파의 전복활동 등으로 극도로 복잡한 상황이 조성되고 있었다. 런던 회의에서 천명된 '인터내셔널'의 정치 강령도 개량주의자들의 공격을 받고 있었다. 마르크스의 말대로 "이 시기는 가장 위험한 시기였다."[369]

본격적인 준비가 6월부터 시작되었다. 마르크스는 이번 대회가 과학적 공산주의의 제반 원칙을 확립하는 데 결정적인 역할을 하리라는 것을 깨닫고 있었다. 그는 조르게에게 이렇게 썼다.

"이번 대회에 '인터내셔널'의 사활이 걸려 있습니다."[370]

그러나 대회 개최지를 정하기가 무척 어려웠다. 마르크스는 개최 장소로 헤이그를 제안했다. 네덜란드 정부는 노동계급 운동을 내놓고 공격하지도 않았거니와, 네덜란드에는 영국의 개량주의자들은 물론이고 바쿠닌파도 강력한 연대세력을 갖지 못하고 있었기 때문이다.

대회 의제의 주요 내용은 총평의회에서 결정되었다. 각 지부에 보낸 회람을 통해 총평의회는 "현 상황에서 가장 중요한 문제로서 「일반규약」과 「집행규약」의 개정이 헤이그 대회에서 논의될 것"[371]이라고 말했다. 그러나 「일반규약」이 무정부주의적 용어로 개정되기를 바랐던 바쿠닌주의자들과 그 추종세력과는 대조적으로, 마르크스와 엥겔스는 「일반규약」에 런던 회의의 주요 결정사항을 포함시키려고 했다. 마르크스의 지도에 따라 총평의회는 「일반규약」의 항목을 조목조목 검토했다. 마르크스가 수정을 가한 「일반규약」 사본이 현존하는데, 그 수정 내용은 모두 프롤레타리아 정당의 정신적 기초가 될 원칙들을 강화하는 데 목표를 두고 있다. 그는 이 「일반규약」을 미래에 결성될 프롤레타리아 정당의 강령을 정식화하는 데 기초가 되도록 수정하려고 했던 것이다.

---

369) Ibid., 206쪽.

370) Marx, Engels, *Werke*, Bd. 33, 491쪽.

371) *The General Council of the First International*, 1871~1872, 419쪽.

7월 23일 총평의회는 노동계급의 정치활동에 관한 런던 회의 결의사항을 「일반규약」에 삽입하자는 제안을 채택했다. 마르크스는 이 제안에 대한 지지 발언을 하면서, 이는 무정부주의자와 개량주의자들을 겨냥한 것임을 지적했다. 그는 이렇게 말했다.

"우리에겐 두 집단의 적대적 계급이 있습니다. 하나는 정치 불개입주의자들(abstentionists)로서, 그들은 다른 어떤 세력보다도 더 신랄하게 런던 결의를 공격했습니다. 두 번째는 영국과 미국의 노동계급으로서, 이들은 중간계급이 노동자들을 자기들의 정치적 목적에 이용하도록 해주었습니다. 우리는 이 같은 행위를 폭로함으로써 다시는 그런 일이 없도록 해야 할 것입니다."[372]

바쿠닌파의 비밀조직인 '연맹'에 관한 사실자료를 수집하는 일도 또 다른 핵심 과제였다. '연맹'을 이질적이고 적대적 조직으로서 '인터내셔널'에서 추방해야 한다는 제안에 무게를 더하기 위해서라도, 이 조직의 전복활동에 관한 정보를 문서로 뒷받침할 필요가 있었다.

대회 준비를 하는 동안 마르크스와 엥겔스는 독일, 스페인, 이탈리아, 스위스, 미국의 '인터내셔널' 지도자들과 광범위한 연락을 취하면서 필요한 문서를 요구하고 대회에 대표단을 파견할 것을 촉구했다. 그들은 이번 대회에서 불가피하게 바쿠닌파와 결정적인 충돌이 벌어질 것으로 보면서, 바쿠닌파가 이번 대회에 그들의 대표단을 대거 참가시킬 것이 분명하다고 말했다.

마르크스는 독일 대표단의 참가에 특별한 중요성을 부여했다. 그는 1871년 사태 이후 유럽 대륙 노동계급 운동의 중심이 독일로 이동했음을 깨닫고 있었기 때문이다. 마르크스는 엥겔스와 더불어 모든 수단과 방법을 동원해 혁명적인 '독일사회민주당'이 이론적으로나 조직적으로 강화되도록 지원해왔다.

마르크스는 당시 독자적인 프롤레타리아 정당으로서는 유일한 존재였

---

372) *The General Council of the First International*, 1871~1872, 263쪽.

던 '독일사회민주당'이 대회활동에 참여하는 것이 무엇보다 중요하다고 확신했다. 그의 영향 아래 '독일사회민주당'은 당 지도자인 리프크네히트와 베벨이 투옥된 상태인 데다가 독자적인 당 대회를 준비 중이었음에도 불구하고 고위급 대표단을 파견했다. 그는 이 같은 결심을 측근들에게 알렸다. 이처럼 마르크스는 헤이그 대회에서 혁명적 원칙들이 확실히 승리하게끔 만전을 기한 다음 총평의회 위원 선거에 재출마하지 않기로 했다. 건강이 계속 악화되고 있던 데다 총평의회에서 광범위한 조직활동으로 그의 이론적 연구활동이 지장을 받고 있었기 때문이었다.

8월 20일 아침 마르크스는 미국 대표 자격으로 런던에 도착한 프리드리히 조르게의 방문을 받았다. 이후 회의 폐막 때까지 친밀한 교제를 통해 마르크스와 이 탁월한 조직가이자 선전활동가의 우정은 한층 돈독해졌다. 조르게는 혁명투쟁의 백전노장으로서 보기 드문 책임감의 소유자였으며, 자신의 행위에 대해 대단히 엄격한 기준을 설정하고 있는 인물이었다.

헤이그 대회

9월 1일 마르크스와 부인 예니, 엥겔스와 조르게, 그리고 영국 대표들이 헤이그에 도착했다. 마르크스는 뉴욕의 제1독일지부와 라이프치히지부의 대표권을 위임받고 있었다. 그런데 헤이그에서 마르크스는 포르토 마우리치오(Porto Maurizio)에 있는 이탈리아 노동자 단체로부터 마르크스를 그들의 대표로 선출했다는 내용의 편지를 받았다.

바로 그날 각국 대표들은 예비 대회를 가졌는데 그곳에서 마르크스는 많은 동료들과 재회의 기쁨을 나눴다. 포르투갈에 있던 폴과 라우라가 도착해 있었으며, 스위스에서는 베커가 대표로 참석했다. 독일 대표로는 쿠겔만을 비롯해 노동자이자 철학자인 디츠겐, 『인민국가』의 편집자인 아돌프 헤프너(Adolf Hepner)가 파견되었다. 그 밖에 쿠노, 롱게, 브로블레프스키, 프랑켈 등도 대표로 참석했다.

유럽의 반동세력은 '인터내셔널'의 가장 대표적인 집회인 대회가 헤이그에 소집된 것에 경악했다. 이 대회에는 15개 국가에서 65명의 대표자들이 참석했다. 부르주아 언론의 특파원들과 함께 각국의 스파이들도 대회에 몰려들었다. 마르크스는 '인터내셔널'의 지도자로서 이 대회의 중심인물이었다. 따라서 경찰이 그와 엥겔스에게 가장 큰 관심을 보인 것도 놀라운 일은 아니었다. 하지만 그가 대회에 참석하자 대부분의 대표들과 '인터내셔널'에 공감하는 현지 노동자 및 민주주의자들은 크게 고무되었다. 대회에 참석한 맬트먼 배리(Maltman Barry)라는 대표는 카를 마르크스가 "모든 이들의 입에서 거론될 정도로 각별한 관심을 끌고 있었다."[373]라고 썼다.

대회는 롬바르트가 109번지에 있는 자그마한 슈라이퍼(Schraifer) 카페에서 열렸다. 대회는 헤이그 노동대중의 엄청난 관심을 불러일으켰다. 환호성과 함께 「마르세에즈」를 부르며 대표들에게 인사를 건네려는 군중들이 대회 기간 내내 운집해 있었다. 그러나 도로를 따라 군인이 배치되어 있었기 때문에 조직적인 시위는 불가능했다.

대회는 마르크스가 주도했다. 그는 의제에 오른 모든 주요 항목에 대해 발언했고, 회의가 끝난 뒤에는 동지들을 만나 대책을 논의했다.

대표자 예비회의에서 의제에 관한 토의가 벌어졌는데, 마르크스의 제안에 따라 대표자 자격심사부터 토의하기로 결정했다. 9월 2일 대회 첫날 회의에서 마르크스는 자격심사위원회에 선임되었다. 마르크스가 예상했던 대로 총평의회의 보고를 둘러싸고 사흘 동안 열띤 토론이 벌어졌다. 9월 3일 바쿠닌파가 라파르그(마르크스의 사위로 포르투갈지부 대표로 참석했다 – 옮긴이)의 자격 여부를 문제 삼자 마르크스는 라파르그를 옹호하는 한편으로, '인터내셔널' 내부에 바쿠닌파의 비밀스런 국제조직이 존재한다는 것은 '인터내셔널' 원칙과 양립할 수 없다고 선언했다. 그는 대표들에게 가장 일반적인 용어로 비밀조직 '연맹'의 존재에 관해 설명하고 이를 '인터내셔널'에서 추방할 것을 제의했다.

---

373) M. Barry, "Report of the Fifth Annual General Congress of the International Working Men's Association, held at Hague, Holland, September 2~9, 1872", London [1873], 6쪽.

마르크스는 또한 영국 노동계급 운동의 '공인 지도자'가 아니라는 이유로 영국 개량주의자들이 이의를 제기한 맬트먼 배리의 자격에 대해서도 그를 옹호하는 발언을 했다. 그는 개량주의자들의 도전에 응수하면서, 영국 노동계급의 공식적인 지도자들은 "정도의 차이는 있으나 매번 부르주아 계급과 그 정부에 스스로를 팔아넘겼다."[374]라고 주장했다. '영국연합평의회'의 개량주의파는 마르크스의 주장에 날카롭게 반응했다. 레닌은 이렇게 썼다.

"1872년 '영국연합평의회'는 영국 지도자들이 부르주아에게 매수당했다는 발언을 문제 삼아 마르크스에 대한 불신임 결의안을 통과시켰다. 물론 마르크스는 특정 지도자들이 배신자라는 의미로 이 같은 발언을 한 것이 아니었다. 그것은 터무니없는 말이다. 그는 부르주아 편을 드는 특정 노동자 집단을 두고 말했던 것이다. 부르주아들은 이 같은 노동자 집단을 직간접으로 지원했다. 이것이 부르주아가 노동자들을 매수하는 방법이었다."[375]

토의과정에서 채택된 각종 결의사항과 총평의회 활동에 대한 승인은, 대다수의 대표들이 총평의회의 활동과 '인터내셔널'에 적대적인 분자들에 맞선 총평의회의 투쟁을 지지하고 있음을 의미했다. 토의는 또한 대회의 세력판도를 그대로 드러냈다. 총평의회 반대파가 소수임이 드러난 것이다. 바쿠닌파 지도자들(스위스 무정부주의자 자메 기욤[James Guillaume]과 그 추종자들)을 지지하는 대표들은 16명에 불과했다.

9월 5일 아침 최초의 대중집회에서 마르크스는 독일어로 작성한 「국제노동자협회 제5회 연차대회 총평의회 보고서」를 낭독했다. 이 보고서는 대회에 참가한 대표들에 의해 영어, 프랑스어, 네덜란드어 등으로 번역됐으며 대회의 승인을 받았다. 마르크스는 '인터내셔널'이 전 세계 반동세력의 방해를 받고 있는 실태를 묘사하고 '인터내셔널'의 업적과 날로 증대되

---

374) *The First International. Minutes of the Hague Congress of 1872*, Madison, 1958, 186쪽.
375) V. I. Lenin, *Collected Works*, Vol. 30, 512쪽.

는 영향력에 대해 일반적인 평가를 내렸다. 그는 보안과 경찰 탄압을 염두에 두고 있었기 때문에 이들 사항에 관한 어떤 구체적인 자료들을 제시할 수 없었다.

그의 보고서는 노동자들의 투쟁을 위한 조직의 중요성을 강조했다. 그는 이렇게 썼다.

"'인터내셔널' 없는 노동계급과 '인터내셔널'을 가진 노동계급 간의 차이는 1848년의 시점을 회고하면 분명해진다. 당시의 노동계급은 1848년 봉기를 노동계급 전위에 의해 수행된 활동으로 인식하는 데 수년이라는 세월을 보내야 했다. 그러나 파리 코뮌은 즉각적으로 프롤레타리아 계급 전체로부터 갈채를 받았다."[376]

일반규칙 개정 문제를 둘러싸고도 날카로운 충돌이 빌어졌다. 대부분의 대표들은 총평의회를 해체하고 '인터내셔널'을 완전히 분권화하자는 무정부주의자들의 구상을 거부했다. 왜냐하면 이는 실질적으로 노동계급 운동을 해체하자는 것과 마찬가지였기 때문이다. 마르크스는 평의회의 권한 강화를 옹호하고 대담한 연설을 했다. 하지만 그는 평의회의 권위가 전체 '인터내셔널'의 동의와 지지에 기초하고 있음을 고려해 '협회'에 대한 평의회의 책임을 특별히 강조했다. 그의 연설은 노조 지도자들이 주장하는 무오류성(infallibility)과 독재적 방법을 겨냥한 것이었다. 당시 많은 노조 지도자들은 그 어떤 권위도 부인하는 무정부주의자들의 입장과는 정반대로, 누구에게도 해명할 책임이 없다는 식의 태도로 조직을 전횡적으로 운영하고 있었다. 라파르그, 아돌프 헤프너, 조르게 및 그 밖의 마르크스 동료들은 민주주의와 중앙 집중주의를 결합한 '인터내셔널'의 조직원칙을 옹호하는 발언을 했다. 헤프너는 바쿠닌파의 주장을 반박하면서 이렇게 말했다.

"이들 권위를 반대하는 자들은 전면적인 무정부 상태를 조성하려고 합니다. 다시 말해서 그들은 효율적이고 투쟁적인 '인터내셔널'을 속물들의

---
376) *The General Council of the First International*. 1871~1872, 462쪽.

허수아비 정당으로 전락시키려 하고 있는 것입니다."[377]

9월 6일 대회는 총평의회가 기초한 「일반규약」 및 「집행규약」 개정안 등을 포함해서 수많은 결의안을 채택했다. 수정된 「일반규약」 제6조는 총평의회에 지부뿐만 아니라 현지 '연합평의회'도 차기 대회 때까지 '협회'에서 축출할 수 있는 권한을 부여했다. 그러나 이 비상조치는 반드시 전 '인터내셔널'의 승인을 받아야 한다는 단서가 붙어 있었다. 또 절대 다수결로 노동계급의 정치활동에 관한 런던 회의 결의사항을 「일반규약」에 삽입하자는 제안도 승인했다. 그 문안의 일부는 이러했다.

"노동계급을 정당으로 조직하는 일은 사회혁명의 승리와 그 궁극적인 목적인 계급철폐를 보장하기 위해 필수불가결하다. …… 따라서 정치권력의 쟁취는 노동계급의 위대한 임무이다."[378]

한 특별결의안은 총평의회에 대중적인 국제노동조합 조직의 결성에 착수할 권한을 부여했으며, 이 정당형태의 기구가 '인터내셔널'처럼 노동계급의 대중적인 노동조합 연합체들을 창설하는 경우 지도적인 역할을 수행해야 할 것이라고 강조했다. 마침내 이 결의안은 프롤레타리아 정당과 노동조합의 올바른 관계에 관한 원칙들을 제시하기 위한 기초를 닦아놓았다.

마지막 날인 9월 7일 대회는 비밀조직 '연맹'에 관한 문제를 검토했다. 마르크스의 제안에 따라 이 문제를 다룰 특별조사위원회가 9월 5일 구성된 적이 있었다. 마르크스와 엥겔스는 그들이 수집한 방대한 자료를 대회에 제출했다. 이들 자료는 '협회'의 정신과 원칙에 위배되는 독자적인 강령과 규약을 갖춘 바쿠닌파의 비밀조직이 '인터내셔널' 내부에 실재하며 그에 대한 전복활동을 벌여왔음을 입증했다.

러시아어, 프랑스어, 스페인어, 이탈리아어로 된 이들 문서는 양이 방대할 뿐만 아니라 위원회에게 주어진 시간이 제한되어 있었기 때문에 이들 자료를 상세히 검토하거나 대조하기란 불가능했다. 엥겔스가 총평의회

---

377) *The First International*, Russ. ed., Moscow, 1965, Part 2, 194쪽.
378) *The General Council of the First International.* 1870~1871, 444~445쪽.

명의로 제출한 보고서는 단지 이들 모든 문서를 요약하기 위한 최초의 시도에 불과했다. 더구나 조사위원회 위원들은 바쿠닌파의 위증(僞證)으로 상당히 오도되고 있었다. 스페인 바쿠닌주의자들은 그 조직이 단지 스페인에서만 활동하다가 이후 해체되었다고 주장한 반면에, 기욤과 그의 동료들은 비밀 '연맹'이란 것이 애초에 존재하지조차 않았다고 밝혔다.

이 모든 사정은 자연히 '조사위원회'가 9월 7일 대회에 제출한 보고서에 영향을 미쳤다. 그러나 이 보고서는 비밀조직 '연맹'의 존재는 원칙적으로 '인터내셔널'의 규약에 위배되며, 그 강령은 '협회' 강령과 근본적으로 일치하지 않는다는 결론을 내렸다. '조사위원회'의 제안에 따라 대회는 바쿠닌과 기욤을 '인터내셔널'에서 추방할 것과 '연맹'에 관련된 문서를 공개하기로 결의했다.

이 같은 결정을 내리기 전날인 9월 6일 엥겔스는 마르크스, 세라예, 뒤퐁, 브로블레프스키와 그 밖의 총평의회 위원들을 대표해 총평의회 본부를 뉴욕으로 옮길 것을 제안했다. 마르크스와 엥겔스가 이렇게 제안한 것은 유럽 대륙이 총평의회가 활동하기에는 불리한 정세에 처했기 때문이다. 런던에 계속 머물 경우 영국의 개량주의자와 블랑키파가 총평의회의 다수파가 될 위험성이 있었다. 블랑키파 대표들의 저항에도 불구하고 마침내 대회는 총평의회 위원들의 재선출과 총평의회 본부의 뉴욕 이전에 관한 결의안을 통과시켰다.

헤이그 대회는 국제 노동계급 운동의 발전에서 각별한 의미를 지니고 있었다. 이 대회에서 채택한 일련의 결의안은 마르크스주의의 이론적·조직적 원칙이 종파주의와 개량주의적 교의에 대해 승리를 거두었음을 의미했다. 또한 무정부적 이념에 대한 치명적인 주요 결의사항을 삽입한 것도 중요한 의미를 지니고 있었다. 그리하여 각국에 독자적인 정당을 결성하고, 그 정당들을 민주집중제의 원칙에 따라 조직적으로 구성하기 위한 새로운 기초가 확립되었다.

대회 이후, 암스테르담 집회

1872년 9월 8일 헤이그 대회에 참석한 대표 대부분은 현지 '인터내셔널' 지부의 초청에 따라 암스테르담에서 재집결했다. 그리하여 그곳의 한 소강당에서 대회 폐막을 기념하는 모임이 있었다. 마르크스는 거기서 주요 연사였다. 그의 연설은 역사적 상황과 노동계급 운동의 과제에 대한 깊은 이해를 담고 있었다. 마르크스는 헤이그 대회에서 막 채택된 결의사항들의 요점을 설명하면서, 이 대회는 "노동계급이 사회적 영역뿐 아니라 정치적 영역에서도 구(舊)사회, 즉 바야흐로 붕괴의 길을 걷고 있는 사회에 맞서 투쟁할 필요가 있음을 천명했으며, 아울러 노동자들이 언젠가는 새로운 노선에 따라 노동을 조직하기 위한 정치적 패권을 장악하리라는 점을 명백히 했다."[379]라고 지적했다.

마르크스는 또한 프롤레타리아 운동 전술의 과학적 기초를 제공했다. 이들 전술을 시기와 조건에 관계없이 동등하게 적용되는 고정된 양식에 짜 맞추려는 종파주의자들의 독단적인 시도나 개량주의자들의 접근방식을 거부한 마르크스는, 각국에서 상이한 노선에 따라(평화적 또는 비평화적으로) 고조되고 있는 프롤레타리아 혁명의 가능성과 관련해서 1850년대에 그가 처음 제시했던 명제를 다듬고 구체화했다. 그는 프롤레타리아 독재를 확립하고 일반적 원칙에 따라 사회주의적 변혁을 위한 투쟁의 전술 형태와 방식을 정할 때는 구체적인 역사적 상황과 각국의 특수한 조건들을 고려해야 한다고 역설했다.

"우리는 각국의 제도와 관습 및 전통을 참작해야 한다는 점을 알고 있습니다. 우리는 미국이나 영국과 같은 나라가 존재하고 있음을 부인하지 않습니다. 그리고 그 제도를 면밀히 고찰해보면 혹시 여기에 네덜란드가 추가될지도 모릅니다. 그곳에서는 노동대중들이 자신들의 목표를 평화적인 방법으로 달성할 가능성이 있습니다."

그러나 당시의 지배적인 역사적 조건들에 비춰볼 때 혁명 과정이 평화

---

379) Marx and Engels, *Selected Works*, Vol. 2, 292쪽.

적으로 진행될 가능성은 매우 희박했다. 따라서 "대부분의 대륙 국가에서 우리 혁명의 지렛대는 무력입니다. 그리고 우리가 노동의 지배를 실현하기 위해 언젠가는 사용해야 할 것도 역시 무력입니다."[380]

마르크스는 오해의 소지를 없애기 위해, 뉴욕으로 본부가 이전됨으로써 총평의회의 위원 구성이 변화한다 해도 그를 포함한 현 위원들이 더 이상 '인터내셔널'의 사무에 관여하지 않는 것은 아니라는 점을 청중들에게 명백히 밝혔다. 그는 다음과 같이 천명했다.

"본인은 결코 '인터내셔널'에서 손을 떼지 않을 것입니다. 과거와 마찬가지로 내 여생은 언젠가는 (여러분들이 확신하고 있을지 모르지만) 프롤레타리아트의 전 세계적인 개선을 가져올 사회적 사상의 승리에 바칠 것입니다."[381]

집회가 끝난 뒤 마르크스와 대회 대표 일행은 문화와 박물관이 곳곳에 산재해 있는 암스테르담을 관광했다. 이튿날 마르크스와 엥겔스는 헤이그 근처의 해변 휴양지인 스헤베닝언(Scheveningen)의 한 작은 레스토랑에서 대회 폐막을 축하하는 만찬을 가졌다. 여기에는 마르크스의 가족들과 롱게, 쿠노 그리고 몇몇 대표들이 참석했다. 부드럽고 즐거운 분위기에서 이루어진 이 만찬에서 마르크스는 런던과는 다른 방향으로 귀로에 오를 대표들에게 작별인사를 했다.

9월 중순경 런던으로 돌아온 마르크스는 헤이그 대회에서 구성된 대회 결의문 출판위원회 활동에 착수했다. 이번에도 그는 대회 결의사항에 대한 부르주아 및 무정부주의적 언론들의 왜곡된 해석에 대응해야 하는 과제에 부딪혔다. 그는 『해적 Le Corsaire』, 『데일리 뉴스』, 『인민국가』 등을 통해 그들의 중상적인 날조 사실들을 반박했으며, 특히 '연맹' 지도자들이 원칙문제가 아닌 개인적 경쟁으로 인해 '인터내셔널'에서 제명되었다는 항간의 소문을 터무니없는 것으로 못 박았다.

---

380) Ibid., 293쪽.
381) Ibid., 294쪽.

'인터내셔널' 최후의 해

마르크스는 새로 구성된 총평의회가 가동되기 시작하자 곧 그 일을 도와주었다. 그의 주장에 따라 조르게가 평의회에 참여했고, 평의회는 다시 그를 총서기로 선출했다. 총평의회가 유럽의 현지 조직들과 접촉을 유지·확립하는 어려운 과제를 좀 더 수월하게 수행할 수 있도록, 마르크스는 총평의회에 각국의 전직 연락서기들 가운데서 유럽 지역 담당 감독관을 임명할 것을 제안했다. 말할 나위도 없이 마르크스와 엥겔스의 활동은 그러한 감독관의 기능을 훨씬 뛰어넘는 것이었다. 그들은 뉴욕 및 유럽 '인터내셔널' 지부들과의 연결고리 역할을 수행하면서 다른 감독관들을 지도하기도 했다. 그들은 계속해서 '인터내셔널' 업무 가운데 상당 부분을 조정했고 일반적인 노선을 공식화했다. 그리고 반대세력과의 투쟁에서 '인터내셔널'의 원칙을 옹호했으며 광범위한 연관 업무를 수행했다. 조르게는 총평의회가 취한 주요 결정사항에 대해서는 반드시 마르크스의 자문을 구했다.

한편 '인터내셔널' 내부 상황은 점점 더 복잡해졌고 내부의 경향들 사이의 투쟁도 점점 첨예화되어갔다. 총평의회 본부의 뉴욕 이전 문제는 프랑스 블랑키파 망명자들의 거센 항의를 불러일으켰다. 1872년 말 그들은 「인터내셔널과 혁명_The International and the Revolution_」이라는 팸플릿을 발간하여, 총평의회 이전을 지지한 사람들은 "혁명으로부터 도망쳤다."라고 주장했다. 이 팸플릿은 모순을 안고 있었다. 그것은 한편으로는 프롤레타리아 정당 설립에 관한 입장 등 과학적 공산주의가 블랑키파에게 미친 영향을 반영하는가 하면, 다른 한편으로 모험주의적·음모적·주의주의(主意主義)적 전술을 찬양함으로써, 혁명적 행동에는 일정한 객관적 조건이 필요하며 충동적 행동을 현 상황에서 치명적이라는 점을 제대로 이해하지 못하고 있음을 드러냈기 때문이다. 이는 사실상 블랑키파가 총평의회를 장악할 것이라는 마르크스와 엥겔스의 예견이 전적으로 옳았음을 입증해주었으며, 총평의회를 뉴욕으로 이전하기로 한 헤이그 대회의 결정을 정당화해주었다.

그러나 '인터내셔널'에 최대의 위협을 가한 것은 바쿠닌파였다. 헤이그 대회 당시와 그 직후에 마르크스는 바쿠닌파가 영국 개량주의자들과 접촉하면서 '인터내셔널' 혁명파에 대항할 파벌을 형성 중에 있다는 정보를 입수했다. 그는 곧이어 1872년 9월 15일부터 16일까지 스위스 생티미에 (Saint-Imier)에서 무정부주의자들이 주최한 국제대회에 관한 소식을 들었다. 이 대회에서 무정부주의자들은 헤이그 대회에서 채택한 모든 결의안과 새로 발족한 총평의회의 권한을 거부하고 무정부주의적 원칙을 선언했으며, 과학적 공산주의에 적대적인 모든 세력의 연합을 제창했다. 스페인과 벨기에의 무정부주의자들과 '영국연합평의회'의 개량주의자 집단은 생디미에 대회를 소집한 바쿠닌파의 '쥐라연합평의회'를 따랐다. 이들은 1872년 12월과 1873년 1월에 걸쳐 지방대회를 개최하고 역시 헤이그 대회 결의사항을 통째로 부정하고 나선 것이다. '인터내셔널'의 분열은 이제 기정사실이 되고 말았다.

마르크스와 엥겔스는 한동안 '좌파' 분열주의자들과 조직상의 결별이 불가피하다고 생각해왔으며, 현 상황에서 중요한 일은 이들이 '인터내셔널' 깃발을 사용하지 못하도록 막는 일이었다. 이것이 바로 바쿠닌파가 노리고 있던 바였다. 그들은 '인터내셔널'의 혁명파로 자처했고, 총평의회와 마르크스 지지 세력을 유럽 노동계급 운동으로부터 고립시키려고 애썼다. 종파주의 분자들과의 관계를 더 이상 지속한다는 것은 '인터내셔널' 자체뿐만 아니라, 그것이 지금까지 이룩한 업적까지도 파괴하는 것을 의미했다. 따라서 바쿠닌파와의 조직적 결별과 그들의 비밀조직 '연맹'의 정체를 남김없이 폭로하는 일이 우선 과제로 떠올랐다.

마르크스와 엥겔스는 집행규약의 유보조항(차기 대회까지)은 헤이그 대회의 모든 결의사항과 '인터내셔널'의 규약을 전적으로 무시한 지부와 연합평의회에 대해서는 해당되지 않는다는 결론에 도달했다. 1873년 2월 12일 마르크스는 총평의회 위원 프리드리히 볼테에게 보낸 편지에서 이 견해를 다음과 같이 설명했다.

"어떠한 개인이나 단체도 **'인터내셔널'에서 탈퇴할 권리**가 있다. 이들이 탈퇴할 경우에 총평의회가 할 일은 단지 이 **탈퇴**를 공식적으로 확인하는 데 그치며, 이에 대해 결코 **유보**조항을 적용시키지 못한다. 어떤 단체(지부 또는 연합평의회)가 총평의회의 권한에 도전하거나 일반규약 또는 집행규약의 어느 조항을 위반했을 경우에만 적용될 수 있다. 하지만 규약에는 조직을 통째로 거부하는 단체들에게 적용할 아무런 조항이 없다. 그와 같은 단순한 근거에서 규약을 해석할 때 그런 단체는 더 이상 '인터내셔널'에 속하지 않는다는 **자연스러운** 결론이 나온다."382)

마르크스의 편지는 중대한 실천적 의미를 지닌 것이었다. 거기에는 당조직에 대한 그의 깊은 사상이 담겨 있을 뿐 아니라, 조직 성원과 현지 지부는 고급 단위조직의 결정사항과 규약을 충실히 준수할 의무가 있다는 원칙을 재확인하고 있었기 때문이다. 그의 편지는 5월 30일 뉴욕 총평의회가 채택한 중요한 결의사항의 기초가 되었다. 총평의회는 헤이그 전체대회의 결의사항을 거부한 분파(break-away)대회에 참석했거나, 이 대회를 승인한 모든 전국적·지역적 연합평의회와 지부 및 개인은 **"스스로를 '국제노동자협회'로부터 이탈시켰으며, 나아가 그 회원이기를 포기했다."**383) 라고 결의했다.

이는 '인터내셔널'로부터 이단적 노선을 채택한 바쿠닌파와 개량주의자들을 사실상 추방하는 것을 의미했다. 이는 또한 국제프롤레타리아 조직에 어울리지 않는 세력과 조직적으로 결별하기 위해 마르크스와 엥겔스가 채택한 노선이 승리했음을 의미했다. 이 노선에 따라 '인터내셔널'은 지금까지 정식화해온 이데올로기적 기치와 강령 그리고 프롤레타리아 정당의 조직적인 원칙이 오염되지 않도록 할 수 있었다.

한편 바쿠닌파의 비밀 전복활동을 남김없이 폭로하는 일도 필요했다.

---

382) Marx, Engels, *Werke*, Bd. 33, 565쪽.

383) Ibid., Bd. 18, 693쪽.

헤이그 대회의 결의에 따라 마르크스와 엥겔스가 수집한 바쿠닌파의 비밀조직 '연맹'에 관한 모든 문서는 공개하기로 되어 있었다. 그런데 '연맹' 관련 사실들을 조사하기로 한 위원회가 이 일을 떠맡을 수 없었기에 이 일도 마르크스와 엥겔스가 떠맡았으며, 이들은 이용 가능한 자료를 토대로 별도의 팸플릿을 발행하기로 했다.

1873년 8월 「사회민주연맹과 국제노동자협회 _Alliance of Socialist Democracy and the International Working Men's Association_」라는 제목의 팸플릿이 출판되었다. 팸플릿 저자들은 바쿠닌파의 음모가 "하나뿐이지만 놀라운 효력을 지닌 수단, 즉 치밀한 선전"[384]에 의해서만 분쇄될 수 있다는 것을 알고 있었다. 마르크스와 엥겔스는 이 방법을 탁월하게 구사했다. 그들의 팸플릿은 바쿠닌파의 비밀조직 '연맹'의 존재에 대한 문서상의 증거를 제시했을 뿐만 아니라, 이 조직의 불건전한 파괴적 활동과 '인터내셔널'에 그들의 무정부주의적 교의를 정착시키고 '인터내셔널'을 장악하기 위해 짜놓은 거미줄 같은 음모를 낱낱이 폭로했다.

바쿠닌주의와의 투쟁에 상당한 관련이 있는 마르크스의 또 다른 계획은 체르니솁스키의 전기를 집필하는 것이었다. 그는 1873년 4월 이와 관련된 자료들을 다니엘손으로부터 입수했다. 마르크스는 바쿠닌의 권위가 차르 체제 반대투쟁 과정에서 그가 떠맡았던 혁명적 역할로부터 생겨났다는 점을 인식하고, 팸플릿 집필을 통해 또 다른 러시아 혁명투사이자 사상가인 체르니솁스키와 바쿠닌의 차이점을 대비시켜 보려고 했다. 체르니솁스키는 훨씬 더 일관성 있는 입장을 유지하고 있었으며, 그의 유물론적·사회주의적 견해들은 바쿠닌의 관념론적 개념과는 비교도 안 될 정도로 훌륭한 것이었다. 게다가 그는 러시아 및 다른 지역의 혁명적 청년들에게 매우 포괄적인 영향력을 행사하고 있었으며, 그들을 노동계급 운동에 좀 더 접근할 수 있도록 해주었다. 그리고 이 부분은 바쿠닌에게서는 찾아

---

384) _L'alliance de la démocratie Socialiste et L'association internationale des travailleurs_, Londres-Hambourg, 1873, 4쪽.

볼 수조차 없는 점이었다.

그러나 마르크스는 건강이 악화되어 이 계획을 실천에 옮길 수 없었다. 그리고 이 사실은 그가 '연맹'을 겨냥한 팸플릿 준비에 비교적 소극적이었던 점을 설명해주는 것이기도 하다. 그리하여 이 팸플릿은 주로 엥겔스와 라파르그가 집필했다. 그리고 그 자신은 단지 결론 부분만을 썼다. 하지만 그는 다른 두 사람과 함께 팸플릿의 계획과 기본 사상을 체계화했다.

'연맹'의 강령에 대한 분석은 그것이 기본적으로 '인터내셔널'의 혁명적 원칙들에 위배된다는 사실을 보여주었다. 마르크스와 엥겔스는 바쿠닌주의자들의 이데올로기 무기고가 갖는 유치한 감상적 성격을 폭로했다. 즉 그들의 이데올로기 무기고에는 '병영(barrack-room) 공산주의' 정신에 근거하는 미래 사회에 대한 프티부르주아적 평등주의 사상, 혁명운동을 타락시키는 반란과 전면적 파괴에 대한 요구, 과격한 혁명구호의 남발, 견해를 달리하는 사람들에 대한 광적인 증오, 그들이 가장 혁명적인 세력이라고 주장하는 영락한(déclassé) 인자들에 대한 의존 등이 쌓여 있었다. 마르크스와 엥겔스는 프롤레타리아 당의 원칙을 수호하고 온갖 형태의 소부르주아적 분파주의에 일격을 가하는 한편, 당파적 행위가 노동계급 운동에 미치는 해악을 지적했다.

모든 유럽 국가에서 반동이 날뛰고 '인터내셔널'은 분열되는 등 극도로 복잡해진 상황에서, 마르크스와 엥겔스는 헤이그 대회에서 채택된 결의사항에 따라 1873년 9월 스위스에서 개최될 다음 대회의 준비에 들어갔다. 그러나 8월 상반기가 되자 마르크스와 엥겔스가 우려했던 대로 이번 대회는 도저히 대표성을 띤 대회가 될 수 없다는 사실이 분명해졌다. 부르주아 정부의 야만적인 탄압과 박해, 많은 국가에서 나타난 노동계급 운동의 일시적인 침체 등으로 극도로 불리한 정세가 조성되고 있었다.

마르크스와 엥겔스는 다가오는 제네바 대회에 참여할 것인지의 여부를 놓고 논의한 끝에 불참하기로 결정했다.

1873년 9월 8일 '국제노동자협회' 제6차 대회가 제네바에서 개막되었다. 그리고 마르크스와 엥겔스의 예상대로 주로 스위스 대표들이 이 대회에 참석했다. 다른 나라에서 참석한 대표는 단 두 명이었다. 베커가 이끄는 대회 다수파는, 무정부주의자들과 타협하려는 성향을 보이면서 총평의회 본부를 제네바로 이전시키자고 주장하는 대표들과 맞서 힘겨운 투쟁을 벌이지 않으면 안 되었다. 총평의회를 제네바로 옮긴다는 것은 바쿠닌과 종파주의자들의 장악 위협에 총평의회를 그대로 노출시키는 것과 마찬가지였다. 베커와 그 지지자들이 애쓴 덕분에 대회는 동요하는 대표들의 저항을 극복하고 헤이그 대회에서 통과된 결의사항을 재확인했다. 결국 '인터내셔널'의 마지막 대회는 혁명적 프롤레타리아 원칙에 끝까지 충실했던 것이다.

'국제노동자협회'의 해체

제네바 대회를 준비하는 가운데 마르크스는 '인터내셔널'이 그 역사적 사명을 완수했으며 1871년 이후의 사태 발전에 따라 노동계급 운동의 조직형태도 변화되어야 한다는 것을 확신했다. 이제 중심적인 과제는 프롤레타리아 세력을 각국의 틀 속으로 단결시켜 '인터내셔널' 강령을 기초로 일국적인 사회주의 노동자 당을 건설하는 일이었다. 여러 국가에서 경찰의 탄압으로 인해 이제 하나의 합법적인 대중조직으로 활동하는 것이 사실상 불가능해진 국제 프롤레타리아 연합체는 기존의 낡은 형식으로는 프롤레타리아 투쟁의 변화하는 요구에 더 이상 대응하기 힘들었다. 1873년 9월 27일 마르크스는 조르게에게 이렇게 썼다.

"유럽의 상황을 고찰하건대 '인터내셔널'의 공식적인 조직은 당분간 뒷전으로 물러서는 것이 대단히 유익합니다."[385]

마르크스는 프롤레타리아 투쟁의 조직 형태에 대해 결코 교조적이지 않았으며, 각 시기마다 노동계급 운동 그 자체의 발전으로부터 불가피하게 변화에 대한 필요성이 제기된다고 믿었다. 그는 '인터내셔널' 활동의 종

---

385) Marx and Engels, *Selected Correspondence*, 286쪽.

식이 결코 각국의 진보적 프롤레타리아 사이의 형제적인 국제적 유대가 약화됨을 의미하는 것이 아니라고 강조했다. '국제노동자협회'에 의해 도입된 노동계급 운동의 국제적 단결 원칙에는 전혀 변함이 없으며, 다만 이같은 단결이 표현되는 형식만이 변화한다는 것이었다. 1875년에 그는 이렇게 썼다.

"노동계급의 국제적인 활동은 결코 '국제노동자협회'의 존재에 의존하지 않는다. '인터내셔널'은 다만 이 같은 활동을 뒷받침할 중앙기구를 창출하고자 하는 최초의 시도에 불과했다. 이 시도는 자체의 추진력 때문에 지속적인 성공을 거두었으나 파리 코뮌 붕괴 이후부터 그 **최초의 역사적 형식** 속에서는 더 이상 실현될 수 없었다."[386]

마르크스와 엥겔스는 장래에 사회주의 운동이 발전함에 따라 또 다른 프롤레타리아 국제협회가 구축될 수도 있다고 생각했다. 그러한 협회는 처음부터 과학적 공산주의 이론을 기초로 하고 각국의 사회주의 정당에 의존하기를 희망했다.

'인터내셔널' 해체의 최종적 결정은 1876년 7월 15일 필라델피아 (Philadelphia) 회의에서 이루어졌지만 '인터내셔널'이 사실상 역사의 무대를 떠난 것은 1873년 말이었고, 이때부터 그 조직활동도 거의 모든 곳에서 정지되고 말았다. 이로써 마르크스의 가장 화려한 활동의 한 페이지도 끝이 났다. 엥겔스는 당시를 회고하면서 '인터내셔널'은 "실로 그 설립자가 그밖의 다른 아무런 일도 하지 않았더라도 두고두고 자랑할 만한 업적이었다."[387]라고 썼다.

지난 9년간 마르크스는 과학적 연구도 제쳐둔 채 건강까지 해쳐가면서 프롤레타리아 계급 최초의 대중적인 국제조직을 지도하는 데 모든 것들을 쏟아부었다. 이 조직의 활동이 거둔 성과는 실로 엄청난 것이었다. '인터내셔널' 덕분에 프롤레타리아의 혁명투쟁은 가장 중요한 단계 중 하나

---

386) Marx and Engels, *Selected Works*, Vol. 3, 22쪽.
387) Ibid., 163쪽.

를 통과했으며, 이제 새롭고 좀 더 높은 단계에 도달했다.

'인터내셔널'의 지도 아래 유럽과 미국의 수십만 노동자들이 프롤레타리아 국제주의의 기치 아래 모여들었으며, 자신들을 단결된 노동자 군대의 전사로 인식하게 되었다. 사상 처음으로 노동계급 운동은 강력한 사회 변혁의 요인으로서 국제무대에 등장했다. 마르크스가 '인터내셔널'을 지도한 결과, 과학적 공산주의 사상은 광범위한 근로인민 대중에게 보급되었다. 마르크스 이전의 온갖 형태의 프티부르주아적 사회주의는 패배했거나 후퇴하기 시작했고, 독일에는 마르크스주의적 프롤레타리아 정당이 건설되었으며, 그 밖의 나라에서도 비슷한 정당의 결성을 위한 선결조건들이 창출되었다.

'인터내셔널'의 지도 아래 노동계급은 이익을 위한 투쟁을 통해 엄청난 경험을 쌓았다. '인터내셔널'의 전반적인 활동으로 준비되었던 파리 코뮌의 등장과 코뮌의 교훈에 대한 마르크스의 이론적 일반화 작업은 이후의 프롤레타리아 운동에 각별한 중요성을 지니고 있었다. 마르크스의 직접적인 영향 아래 탁월한 프롤레타리아 혁명가·조직가·선전·선동가 집단이 '인터내셔널'의 대열 속에서 등장했으며, 그의 사상은 당시 후진국이었던 동부 유럽을 포함한 세계 곳곳으로 전파되었다.

마르크스가 지도한 '인터내셔널'은 "사회주의 건설을 위한 프롤레타리아 국제투쟁의 기초를 닦았다."[388] 국제 노동계급 공산주의 운동에 대한 '인터내셔널'의 공헌은 자본의 횡포에 맞서 사회 발전과 공산주의 건설을 위해 싸울 다음 세대의 철저한 투사들에게 바쳐짐으로써 역사에 길이 기억될 것이다.

"그것은 노동자들의 해방투쟁사에 영원히 잊히지 않고 기억될 것이다."[389]

---

388) V. I. Lenin, *Collected Works*, Vol. 29, 307쪽.
389) Ibid., 240쪽.

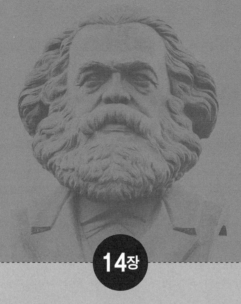

14장

노동계급 운동의 이론과
전술의 확대·발전

★

카를 마르크스는 학문과 사회생활 양면에서 동시에 지도자 역할을 한 몇 안 되는 인물들 중 한 사람이었다. 그에게서는 학문과 사회생활이 아주 긴밀하게 통일되어 있었기 때문에 학자와 사회주의 투사라는 양면을 동시에 고려해야만 그를 이해할 수 있다.

— 폴 라파르그 —

1871년 파리 코뮌 이후의 시기는 자본주의 국가들의 경제적·정치적
생활에 실질적 변화가 발생한 것이 특징이다. 1870년대 초의 공업 호
황은 1873년이 되자 전례 없이 장기적인 경제 위기 국면으로 접어들면서
특히 독일과 미국을 강타했다. 공업 및 상업 위기와 때를 같이해 장기적인
농업 위기도 시작되었다. 마르크스는 그러한 조짐이 나타나기 시작할 무
렵부터 이 위기의 심각성을 예측하고 있었다. 1873년 1월 그는 독일어판
『자본론』제1권 재판 후기에서 이렇게 썼다.

"아직은 예비단계에 있지만 위기가 또다시 다가오고 있다. 이 위기는
그 범위가 세계적이고 작용력 또한 강해서, 새로이 건설된 신성 프로이센·
독일 제국(holy Prussia-German emipire)의 벼락부자들에게도 변증법이 무엇
인지를 깨우쳐줄 것이다."390)

세계 경제에서 각국의 역할이 바뀌기 시작했다. 영국은 상업과 공업 독
점의 절정에 이르고 있었다. 미국과 독일은 경제발전이 훨씬 더 급속히 진
행될 조짐을 보이고 있었다. 독점 이전의 자본주의가 서서히 독점자본주
의로 성숙해가고 있음이 분명해졌으며, 이 과정은 19세기 말을 전후해서

---

390) Marx and Engels, *Selected Works*, Vol. 2, 99쪽.

완성되었다. 1870년대만 해도 카르텔은 아직 '일시적인 현상'[391]에 지나지 않았지만 주식 자본은 점차 그 기반을 구축하기 시작했다.

정치적으로 볼 때 1870년대는 그 후의 80~90년대와 마찬가지로 상대적으로 평화로운 시기였으며 대규모 혁명의 폭풍도 없었다. 이 시기를 레닌은 다음과 같이 기술했다.

"서유럽은 부르주아 혁명을 완료했으나 동유럽은 아직 그런 단계에는 이르지 못했다."[392]

유럽에서 반동적인 부르주아와 대지주계급의 권력은 어느 정도 안정된 상태에 있었다. 그러한 안정의 기반은 영국의 경우 보수적인 부르주아 공화국이었다. 이와 함께 1871년 1월 독일 제국에 설립된 반동적 왕정도 유럽의 안정에 일정한 기여를 하고 있었다. 마르크스는 이를 두고 "의회주의적 형식으로 윤색되어 있고 봉건적 요소가 뒤섞여 있으나, 이미 부르주아지의 영향을 받은 경찰·군사 독재체제에 불과하다."[393]라고 말했다.

1870년대 말 유럽에서는 유일하게 러시아에서만 혁명적 상황이 조성되기 시작했고, 발칸 지역에서 터키 지배에 대한 민족해방투쟁이 계속되고 있었다.

마르크스가 예견했던 대로 프로이센·프랑스 전쟁은 새로운 국제적 분쟁의 씨앗을 뿌렸다. 독일 제국의 지배계급이 추구한 공격적인 국수주의 정책과 프랑스의 호전적인 부르주아 집단의 보복적 야망 때문에 1873년, 1875년, 1877년에는 전쟁이 금시라도 터질 것처럼 보였다. 이때는 아프리카를 주요 무대로 한 식민지 확장이 격화되고 있었다.

이러한 상황에서 노동계급은 세력을 결집해 새로운 혁명투쟁을 준비해야 할 과제에 직면했다. 또 일부 국가에서는 프롤레타리아 정당의 설립 문제가 순조롭게 진행되고 있었다. 레닌은 이렇게 썼다.

"'인터내셔널'은 맡은 바 역사적 임무를 다했고, 이제 전 세계 모든 국가

---

391) V. I. Lenin, *Collected Works*, Vol. 22, 202쪽.

392) Ibid., Vol. 18, 583쪽.

393) Marx and Engels, *Selected Works*, Vol. 3, 27쪽.

에서 노동운동의 확대·발전을 위한 길을 열었다. 말하자면 당시는 운동의 **범위**가 확대된 시기였다. 그리하여 각 민족 국가에서 **대중** 사회주의 노동계급 정당이 형성되었다."[394]

그러나 사회주의 정당의 결성은 반동의 격화와 노동계급 정치활동의 일시적인 침체 및 종파주의적 경향들 때문에 지체되고 있었다. 종파주의적 경향은 이미 붕괴되었지만 완전히 소멸된 것은 아니었다. 특히 개량주의적 이념은 아직까지도 영국과 미국 등에 잔존해 있었다. 마르크스주의의 광범위한 확산에도 부정적인 측면이 없지 않았다. 마르크스의 사상이 피상적으로 채택되는 사례가 잦았기 때문에 기회주의자들 사이에서는 동요현상까지 나타났던 것이다.

그럼에도 노동계급 운동은 꾸준히 전진하고 있었다. '인터내셔널'의 활동을 통해 마르크스주의는 수많은 나라에 확고히 자리를 잡아갔으며, 프롤레타리아 정당 결성에 결정적인 영향을 미치고 있었다.

마르크스주의에 기초한 프롤레타리아 인자들의 결속과 유대 강화는 이 시기에 마르크스와 엥겔스가 수행한 이론적·실천적 활동과 혁명이론의 부단한 선전, 그리고 각국 노동계급 지도자들에 대한 변함없는 지원 등에 힘입어 더욱 촉진되었다.

1870년대 중반

'인터내셔널'을 지도하는 조직 업무의 중압에서 벗어난 마르크스는 이제 대부분의 시간을 학문 연구에 쏟았다. 그가 해야 할 최우선적인 과제는 『자본론』을 완성하는 것이었다.

평소와 마찬가지로 그는 열성적이고 빈틈없는 집중력을 갖고 일했다. 그는 휴식을 취할 때에도 일을 했다. 산책을 하면서도 동행인들에게 그의 사상에 관해 이야기하거나 골몰하고 있는 갖가지 문제에 대해 이야기하곤 했다. 그는 거의 매일 엥겔스와 만났는데, 둘이서 산책을 하거나 서재

---

394) V. I. Lenin, *Collected Works*, Vol. 21, 49쪽.

에 마주앉아 있을 때는 학문적인 문제와 정치
적인 문제를 가장 집중적으로 토론했다. 때때
로 두 사람의 대화는 미리 준비한 학문적 토
의로 발전하곤 했다.

마르크스의 건강은 과로 때문에 다시 악화
되기 시작했다. 1873년 봄에 그는 심한 두통
과 불면증에 시달렸다. 그는 자신과 같은 기
질의 인간으로서는 가끔 끔찍스러운 상태인
불구가 될 위험에 직면했다. 그 후 그는 조르
게에게 이렇게 썼다.

체코 서부의 온천도시 카를스바트에
있는 마르크스 동상

"**불구**는 짐승이기를 거부하는 사람에게는 사실상 사형선고나 마찬가지
라네."395)

그의 주치의는 그에게 하루 4시간 이상 일하지 말 것과 가급적이면 자
주 런던 이외의 장소로 휴가를 떠나라고 엄격히 지시했다. 엥겔스는 마르
크스가 의사의 지시를 지키도록 도와주었으며, 마르크스의 '일상적인 노
동'396)을 대신 떠맡기도 했다.

그리하여 1873년 가을에는 해러게이트(Harrogate)에서, 1874년 봄에는
해안 휴양도시 램스게이트에서 휴양했으나 건강은 그다지 호전되지 않
았다. 더구나 1874년 여름에는 만성 간질환이 극도로 악화되었다. 의사
의 권유에 따라 마르크스는 1874년 8월 중순 딸 엘레아노르(투시)를 데리
고 체코의 카를스바트(Karlsbad; 카를로비바리[Karlovy Vary]의 독일어 이름)로
떠나 8월 19일부터 9월 21일까지 머물렀다. 이곳은 온천 휴양지로 이름나
있었다. 그는 게르마니아 호텔에 머무는 동안 쓸데없는 주의를 끌지 않기
위해 찰스 마르크스(Charles Marx)라는 가명을 사용했다.

카를스바트 온천의 효험을 보고 나자 (1875년 8월 15일부터 9월 11일까지,

---

395) Marx, Engels, *Werke*, Bd. 33, 634쪽.
396) Ibid., 594쪽.

1876년 8월 15일부터 9월 15일까지) 그의 건강 상태는 전반적으로 호전되었다(이번에도 엘레아노르가 함께 갔다).

1874년 9월 그는 기분이 매우 좋아져 돌아오는 길에 드레스덴, 라이프치히, 베를린, 함부르크에 들러 빌헬름 리프크네히트, 아우구스트 가이프(August Geib), 테오도어 요르크(Theodor Yorck) 등 '독일사회민주당' 지도자들과 출판업자 오토 마이스너를 만났다. 1875년 프라하에 살고 있던 쿠겔만의 친척 막스 오펜하임(Max Oppenheim)의 초청을 받고, 마르크스는 '후스(Hus)의 반란이 일어난 도시'³⁹⁷⁾를 방문했다. 그리고 엘레아노르를 데리고 빙엔(Bingen)과 크로이츠나흐로 여행했다. 그곳에서 그는 딸에게 33년 전 그와 예니가 신혼 몇 개월을 보낸 장소를 보여주었다. 런던으로 돌아오기 전에 그는 리에주(Liège)로 가서 '인터내셔널' 러시아지부 지도자였던 우틴을 만났다.

카를스바트에서 요양한 것은 의학적 관점에서는 매우 유익했지만, 마르크스로서는 온천장에서 사람들을 만나는 것이 그리 유쾌하지 못했다. 그는 "남녀를 막론하고 함부르크·브레멘·하노버 등지에서 온 속물들의 형태에 분노를 참지 못했고, 그들로부터 벗어날 수 없는 자신의 처지에 또한 분개했다."³⁹⁸⁾ 그는 처음 카를스바트에서 머무르는 동안 가끔 만났던 쿠겔만에게 실망을 금치 못했다. 쿠겔만은 처음부터 마르크스에게 정치에서 손을 떼고 학문에만 전념하라 충고하는 바람에 그를 귀찮게 만들었다. 마르크스는 또한 쿠겔만이 그의 아내와 딸에게 거만스럽게 대하는 태도에 분개했다. 어느 날 그는 더 이상 참지 못하고 쿠겔만에게 자신의 생각을 털어놓았다. 그들의 사이는 틀어졌고, 마르크스가 카를스바트를 떠나기 직전까지도 서로 화해하지 않았다. 오랫동안 유지해왔던 친밀한 관계는 결국 회복되지 못했다. 마르크스는 오랜 친구의 협량한 마음과 이기심을 절대로 용서하지 않았다.

---

397) Ibid., 646쪽. 얀 후스(John Hus; 1372?~1415)는 체코의 종교개혁가 - 옮긴이.
398) Ibid., 117쪽.

그러나 마르크스는 카를스바트에서 흥미를 끄는 몇 사람을 만나게 되었다. 그들 중에는 의사·예술가·학자 등도 있었는데, 일반인들 사이에서 그들의 넓은 도량과 학식이 눈에 띄었다. 1875년 가을 마르크스는 전에도 런던에서 만난 적이 있는 러시아 민족지학자(民族誌學者) 코발레프스키(Maksim Maksimovich Kovalevsky; 그는 망명 중이었다)를 친구로 사귀었다. 그들은 자주 시골로 먼 길을 산책 나가곤 했다.

마르크스는 곧 카를스바트에서 현지 당국의 감시를 받게 되었다. 그들은 마르크스가 '붉은 박사'라는 이름으로 오랫동안 관리들과 부르주아 사회에 가슴속 깊이 공포를 심어주었기 때문에 그를 증오했고, 그의 이름과 모든 종류의 혁명적 활동(이탈리아에서 일어난 소규모 무정부주의적 폭동들을 포함해서)을 연결 지었다. '독일사회민주당' 관계자인 빌헬름 블로스(Wilhelm Blos)는 한 목격자에게 웃지 못할 사례를 들기도 했다. 막스 카를(Max Karl)이라는 독일인이 1873년 밀라노(Milano)에 도착하자 현지 경찰이 초긴장 상태에 들어갔다는 것인데, 외국인 명부에 그의 이름이 카를 막스(Karl Max)로 잘못 기재되는 바람에 일어난 해프닝이었다고 한다. 결국 그 사람이 머물던 집은 포위되어 그곳에 있던 사람들이 모두 조사를 받았고, 그는 경찰서로 끌려가 자신의 성(姓)이 그들이 찾는 사람과는 다르다는 사실을 입증하느라 곤욕을 치렀다고 한다.

마르크스는 거의 20년 동안 민주적인 영국에서 살았지만, 그곳에서조차 그는 관료사회의 적대감에 부딪혀야 했다. 영국 시민권을 신청했으나 반려된 적이 있었으며, 1874년 8월 처음 카를스바트로 여행하기 전날 내무상 로버트 로(Robert Lowe)에게 비자 발급을 신청했을 때는 '프로이센 왕에게 불충스런 행동'을 해왔다는 이유로 거절당하고 말았다.

그러니만큼 마르크스가 합스부르크가의 영토에서 더욱 냉랭한 대우를 받으리라는 것은 충분히 예상하고도 남을 일이었다. 처음에는 그의 정체가 알려지지 않았으나, 1874년 8월 30일 마침내 현지 신문 『분출*Der Sprudel*』(마르크스 표현대로라면 잡담이나 늘어놓는 신문인)이 "인터내셔널' 지도자'의

도착 사실을 보도하고 말았다. 그리고 카를스바트를 두 번째 방문했을 때
는 경찰당국을 초긴장상태로 몰아넣었다. 1875년 9월 1일 카를스바트 경
찰서장은 프라하에 있는 그의 상관에게 '민주사회당의 거물 지도자'가 온
천 지역을 방문 중이라는 보고서를 올렸다. 보헤미아 총독도 빈의 내무상
에게 그에 상응하는 보고서를 보냈다. 하지만 마르크스가 정부당국에게
공개적인 탄압의 구실을 줄 만한 행동을 하지 않았기 때문에, 그들은 그저
"비밀리에 엄중 감시하라."는 명령을 내리는 데 만족해야 했다.

1877년 8월 마르크스는 아내 예니와 딸 엘레아노르를 데리고 노이에나
르(Neuenahr)로 휴가를 떠났다. 그곳은 프로이센 라인주에 있는 그리 널
리 알려지지 않은 온천 휴양지였는데, 그곳의 광천수는 카를스바트 것보
다 효과가 적었다. 그는 카를스바트의 온천수는 병이 위독해질 경우를 대
비해서 아껴두고 있노라고 썼다. 그러면서 그는 "사람이란 자신의 **신체**에
대해서도 용의주도해야 한다."[399]라고 덧붙였다.

마르크스는 그 후 병에 매우 효험이 있던 카를스바트 온천욕을 할 기회
를 얻지 못했다. '독일사회민주당' 당원들에 대한 경찰의 탄압이 독일에 이
어 오스트리아·헝가리에서 시작되고, 비스마르크의 반사회주의법(Anti-
Socialist Law)이 제정됨으로써 중부 유럽으로 여행하는 것이 불가능해졌기
때문이다.

여러 해 동안 마르크스의 육체적 힘을 갉아먹은 지병도 지칠 줄 모르는
탐구자의 정신과 투사의 기백으로 무장한 그의 정신력만은 건드리지 못
했다. 1870년대 하반기에 건강이 약간 호전되자 그는 새로운 열성으로 학
문 연구에 몰두했다. 당시 그를 만난 사람들은 한결같이 그의 명석하고 깊
은 판단력과 폭넓은 학문적 지식과 관심, 그리고 국제정세와 여러 나라 정
세에 대한 뛰어난 이해력에 놀라움을 금치 못했다. 1878년 12월 그와 회
견한 『시카고 트리뷴*Chicago Tribune*』지의 한 특파원은 "지난 20년간 **미국에
서 일어난** 가장 중요한 **문제들을 그가 소상히 알고 있는 것**을 보고 충격을

---

399) Marx, Engels, *Werke*, Bd. 34, 59쪽.

받았다."[400]라고 썼다. 또 다른 미국 언론인이자 사회주의자인 존 스윈턴 (John Swinton)은 1880년 가을 램스게이트에서 마르크스와 회견한 뒤 받은 인상을 다음과 같이 썼다.

"그와 나눈 대화는 나에게 소크라테스를 연상케 했다. 그의 말은 그토록 거침없고 창의적이고 날카롭고 성실할 수가 없었다. 그의 대화는 때로 냉소적인가 하면 유머가 번득이고 장난스런 흥겨움도 배어 있었다. 그는 유럽 여러 나라의 정치세력과 민중운동에 관해 말했다. 러시아 정신의 거대한 흐름, 독일 정신의 움직임, 프랑스의 행동, 영국의 완고성 등을 지적했다. 그는 러시아에 대해서는 희망적으로, 독일에 대해서는 철학적으로, 프랑스에 대해서는 유쾌하게, 영국에 대해서는 음울하게 이야기했다. 영국 의회의 자유당 사람들이 시간을 낭비하고 있는 '원자론적 개혁(atomistic reforms)'에 대해서는 경멸하는 어조로 언급했다."[401]

메이트랜드 파크가 41번지에 있는 그의 집을 방문한 많은 사람들이 전하는 바와 같이, 그는 여전히 문학과 예술의 위대한 애호가였다. 엘레아노르의 친구 마리안 코민(Marian Comyn)의 말에 따르면, 마르크스가 글을 쓰는 책상 위에는 수많은 시인과 산문작가의 저서들(에드워드 불워 리턴[Edward Bulwer Lytton]의 소설을 포함해서)이 놓여 있었다고 한다. 『시카고 트리뷴』지 특파원은 마르크스의 서가에서 가지각색의 언어로 쓰인 엄청난 과학책과 나란히 셰익스피어, 디킨스, 새커리, 몰리에르(Molière), 라신(Jean Racine), 볼테르(Voltaire), 괴테 그리고 그 밖의 다른 작가들 작품이 꽂혀 있는 것을 보았다고 보도했다. 그의 가

마르크스는 메이트랜드 파크가 41번지에서 15년 간 살았다.

---

400) *The Chicago Tribune*, January 5, 1879, 7쪽.

401) J. Swinton, *Current Views and Notes of Forty Days in France and England*, New York, 1880, 42쪽.

족은 늘 문학에 관한 주제나 영국 빅토리아 시대의 작가들, 브론테 자매 그리고 여러 나라의 최근 작품 등에 관해 토론을 벌였다. 마르크스는 또한 카를스바트에서 음악연주회를 자주 감상했고 합창회를 무척 좋아했다. 그는 화가 오토 크닐레(Otto Knille)와 미술에 관해 오랫동안 대화를 나누기도 했다.

런던에서 마르크스는 종종 연극을 구경하러 다녔는데, 특히 셰익스피어의 작품을 좋아했다. 1880년과 81년에는 일단의 아마추어들이 셰익스피어의 희곡 낭독회를 그의 집에서 열었는데, 그들은 우스개로 스스로를 '말채나무 클럽(Dogberry Club)'이라고 불렀다. 마르크스는 또한 여전히 체스를 좋아했다. 그를 가장 자주 상대하는 사람은 이제 투시였다.

아버지의 발자취를 좇아

마르크스의 장성한 딸들은 그에게는 사랑스럽고 또 스스로 사랑받는 자식이자 전우였다. 1860년대 말경에 이미 예니와 라우라는 노동계급의 대의를 위해 싸우는 활동적인 투사가 되어 있었고, 1870년대 들어서자 엘레아노르도 언니들의 뒤를 따랐다. 마르크스는 딸들을 어떤 형태로든 자신의 학문적 활동과 당 활동에 끌어들였다. 그는 딸들에 대해 긍지를 느낄 만한 합당한 근거를 갖고 있었으며, 그녀들이 스스로 선택한 길을 결코 벗어나지 않을 것이라는 확신도 갖고 있었다.

세 딸들은 어린 나이에 이미 가계에 보탬을 주고자 애썼다. 예니는 1869년에 가정교사로 일하기 시작했고, 1873년에 열여덟 살이었던 엘레아노르도 브라이튼에 있는 한 학교의 교사로 취직했다. 그러나 엘레아노르의 이러한 의욕은 건강상의 이유로 중도에 꺾이고 말았다.

세 딸은 한결같이 폭넓은 세계관을 지니고 있었으며, 독서광인 데다가 여러 언어에 능통했고 작문 실력도 뛰어났다. 예니는 사회과학이나 노동계급 및 혁명운동사 이외에도 자연과학에 심취해 있었으며 다윈의 이론에 정통했다. 라우라는 일급 번역가로서 「공산당선언」을 비롯한 마르크스

뒷줄에 마르크스(왼쪽)와 엥겔스, 앞줄 왼쪽부터 라우라·엘레
아노르·예니(1864년, 런던). 이 사진은 마르크스의 외손자이자
샤를 롱게의 아들인 에드가 롱게가 1948년 모스크바에 있는 마
르크스·레닌주의연구소에 기증한 것이다.

주의 저작들을 프랑스어로 번역했으며 베랑제(Pierre Jean de Béranger)의 단
가, 샤미소(Adelbert von Chamisso)·외젠 포티에(Eugène Pottier)의 시가, 그 밖
의 시인 및 작가들의 수많은 작품 등을 영어로 번역해낸 재간꾼이었다. 엘
레아노르는 영문학 및 외국 문학을 광범위하게 탐독했으며, 예술적 재능
이 뛰어나 셰익스피어 비평에 손대기도 했고, 무대 위에서 직접 연기를 하
기도 했다. 엘레아노르는 훗날에도 집필 활동을 계속했으며, 연극에도 대
단한 관심을 보였다. 그러면서도 노동계급 운동과 관련해서는 항상 제1착
이었다.

어린 시절부터 세 소녀는 해방운동에 온 마음으로 공감했다. 예니가 좋
아했던 영웅은 고대 로마의 저명한 인민의 보호자 그라쿠스(Gracchus) 형
제였으며, 라우라는 혁명 시인 셸리(Percy Bysshe Shelley)를 아꼈고, 엘레아
노르는 가리발디를 추앙했다. 그들의 낭만적인 혁명적 정념의 불꽃은 그
들이 점차 장성해가면서 피압박자 해방이라는 대의에 헌신하고자 하는
의식적인 충동으로 발전했다. 이들은 모두 국제주의자의 소양을 갖추고
있었기 때문에 어떤 나라에서 혁명적 사태가 발발했다는 소식을 접할 때
마다 기쁨을 감추지 못했다. 예니는 1863~64년 폴란드 봉기의 투사들과
뜻을 같이한다는 표시로 반란군의 십자가(그녀가 언젠가 받은 바 있는)를 몸
에 지니고 다녔다. 그러다가 '페니어회' 회원들에 대한 영국 정부의 사형집

행이 있은 이후부터는 그것을 녹색 리본 위에 걸치고 다니기 시작했는데, 녹색 리본은 다름 아닌 아일랜드 독립투사들의 민족적 상징이었다. 세 소녀는 '인터내셔널' 지도자들과 파리 코뮌의 영웅들 중에서 많은 친구를 사귀었다. 그녀들은 차르 독재체제에 맞서 싸우고 있던 러시아 혁명가들의 사심 없는 투쟁에 따뜻한 지지를 보냈으며, 로파틴·라브로프·엘리자베타 드미트리예바·하르트만(L. N. Hartmann), 그리고 나중에는 스테프니야크-크라프친스키(Stepnyak-Kravchinsky)도 그녀들의 친구가 되었다.

1868년 라우라는 폴 라파르그와 결혼하여 혁명투쟁에서 그의 진정한 조력자가 되었으며, 폴을 필요로 하는 곳에는 항상 함께 있었다. 라우라는 폴이 '인터내셔널' 보르도지부 총책으로서 파리의 코뮌나르들을 지원했다는 혐의를 받아 티에르의 경찰을 피해 스페인으로 도피했을 때, 어린 자식을 데리고 폴의 뒤를 따랐다. 라우라는 스페인과 포르투갈에서 '인터내셔널' 이념을 확산시키기 위해 폴을 도왔으며, 그와 함께 헤이그 대회에 참석했다.

'인터내셔널' 활동에 적극 참여한 예니는 자신의 혁명적 신념을 엄격히 시험해볼 기회를 만났다. 1871년 여름 그녀가 체포될 당시 예니는 엘레아노르와 함께 프랑스 남부의 휴양도시 바네르드뤼숑(Bagneres-de-Luchon)에서 요양 중이었다. 그녀는 체포 후 오트가론(Haute-Garonne)현 경찰국장 케라트리(Kératry)의 엄중한 문초를 받았는데, 케라트리의 조사는 스페인으로 도피한 라파르그에 관한 정보를 캐기 위한 것이었다. 그러나 그의 유도심문과 위협은 예니의 침착하고 냉정한 태도로 좌절되고 말았다. 그는 마르크스 집안 여성들의 기개에 혀를 내두르며 분개하지 않을 수 없었다. 런던으로 돌아온 예니는 언론을 통해 티에르 공화국 수괴들의 실체를 폭로했다.

헤이그 대회가 막을 내린 뒤 1872년 가을 무렵 마르크스 가족은 런던에 다시 모여 살게 되었다. 폴과 라우라도 마르크스의 집에서 그리 멀지 않은 곳에 있는 햄프스테드(Hampstead)에 정착했다. 1872년 10월 예니는 '인터내셔널'의 탁월한 지도자 샤를 롱게와 결혼했다. 라우라와 마찬가지로 예니도 정치망명가의 아내로서 험준한 생활을 꾸려나가야 했다. 롱게는 옥스퍼드에서 안정된 직장을 구하고자 했지만 뜻을 이루지 못하고 런던으로 되돌아올 수밖에 없었다. 이후 그가 프랑스 교사로서 자리를 잡은 것은 1874년 말경의 일이었다. 라파르그의 운명에도 수많은 시련이 닥쳤다. 가난과 힘겹게 싸우는 와중에도 카를과 예니는 딸들이 그들과 뜻을 같이하는 남성들을 만나 결혼한 것에 행복을 느꼈다. 예니 카롤리네가 약혼하자 어머니는 리프크네히트에게 이렇게 썼다.

"젊은 한 쌍의 남녀가 견해와 신념을 같이한다는 것은 그들 미래의 행복에 대한 보장입니다."[402]

그리고 이러한 예견은 특히 라파르그 가족에게 정확히 들어맞았다.

1880년 사면이 된 롱게는 프랑스로 귀국했고, 곧이어 라파르그도 그 뒤를 따랐다. 그러나 예니와 라우라는 몸이 불편했던 부모를 보살피기 위해 런던에 남았다. 예니는『정의*La Justice*』지에 실릴 샤를 롱게의 평론들을 위한 기초 자료들을 보내주었다. 예니의 서신은 '프랑스노동당(French Workers' Party)'과 그 강령 채택을 둘러싸고 프랑스 노동계급 운동 내부에서 일고 있던 내분에 대한 날카로운 반응을 담고 있었다. 샤를에 대한 거룩한 사랑에도 불구하고 예니는 결정적 순간에 그가 내비친 이데올로기적 동요를 냉철히 비판하면서, 마르크스주의 강령을 거부하고 부르주아 급진주의자들과 자주 접촉하고 있는 샤를의 행태에 적이 실망을 금치 못한다는 심경을 솔직히 털어놓았다. 한편 프랑스로 돌아온 라우라는 '노동당'의 열성 당원이 되었다.

셋 중 막내인 엘레아노르 역시 젊은 시절부터 사회주의 사상을 확산시키는 일에 몸담았다. 1874년 그녀는 프랑스 망명 신문『적과 흑*Rouge et Noire*』에 '독일사회민주당' 관련 인사들의 연설을 번역해서 게재했다. 또한 영국에서 적극적인 사회 활동을 벌였으며, 아일랜드 민족해방운동을 지

---

402) Marx, Engels, *Werke*, Bd. 33, 703쪽.

원하기 위한 조직에도 참여했다. 1873년 마르크스 가족은 다윈주의자이자 자연과학 박사인 에드워드 에이블링(Edward Aveling)과 친분을 맺게 되었고, 엘레아노르는 아버지가 사망한 뒤인 1884년 그와 결혼했다. 이 두 사람은 1880년대에 영국 및 국제 노동계급 운동에서 두각을 나타내기 시작했다.

마르크스는 때때로 딸들의 운명에 떨어지는 갖가지 불행을 가슴 아파했다. 1874년 8월 그는 쿠겔만에게 다음과 같이 써 보냈다.

"나는 이 점에 관한 한 다른 문제를 대할 때보다 자제력이 잃게 됩니다. 가족들의 고통은 항상 내 가슴을 무겁게 짓누릅니다."[403]

그중에서도 마르크스의 마음을 찢어질 듯 아프게 한 것은 라파르그의 세 아이들과 예니의 첫째 아이의 죽음이었다. 1874년 8월 14일 그는 예니에게 이렇게 편지를 써 보냈다.

"그 녀석 생각만 하면 가슴이 갈기갈기 찢기는 듯하구나. 그렇듯 귀엽고 사랑스럽던 꼬마 녀석을 어찌 잊을 수 있을까! 하지만 내 딸아, 이 아비를 위해서라도 용기를 잃지 말거라."[404]

마르크스는 딸들만큼이나 손자들도 사랑했다. 예니는 죽은 아이 말고

샤를 롱게의 아들 장 롱게
(1876~1938).

도 네 아들 장(Jean; 1876), 앙리(Henri; 1878), 에드가(Edgar; 1879), 마르셀(Marcel; 1881)과 딸 예니(1882)를 두었다. 그리고 손자들과 함께 뛰놀고 게임을 하는 것은 마르크스에겐 더없는 즐거움이었다. 그 당시 마르크스가 사랑했던 아이들 중 하나인 에드가 롱게는 훗날 다음과 같이 회상했다.

"아이들과 뛰놀고 있는 그분은 마냥 어린애 같았다. 위엄 따위는 아예 염두에조차 없

403) Ibid., 637쪽.
404) Ibid., 640쪽.

는 듯했다."[405]

할아버지는 손자들을 항상 동등한 인격체로 대했다.

마르크스는 예니에게 보낸 편지에서 말했듯이 "할아버지의 의무를 다한다는 것"이 그에게는 단순히 아이들을 즐겁게 해주거나 멋진 선물을 주는 따위의 일 이상의 것을 의미했다. 그는 무엇보다도 그들의 발전과 교육에 관심을 갖고, 그들에게 책을 읽히고 예부터 전해 내려오는 위대한 문학과 고전들이 담고 있는 사상들을 제시해주는 것이야말로 할아버지로서 책임을 다하는 일이라고 생각했다. 그는 가정에 항상 성실과 상호 존중과 우정이 넘쳐흐르도록 배려했다. 그리고 아무리 그들이 천덕꾸러기라 할지라도, 마르크스는 침범할 수 없는 권위였다.

사회주의 혁명이론에 대한 무정부주의자와의 논쟁

이 시기에 마르크스의 이론적 활동은 주로 『자본론』에 집중되었다. 그러나 노동계급 운동이 성장하고 반(反)마르크스주의적 경향들과 투쟁할 필요성이 대두되면서, 그는 수시로 혁명이론의 다른 측면들을 다루거나 과학적 공산주의의 이론적·실천적 명제를 더욱 발전시키고 구체화하지 않을 수 없었다. 이에 그는 이탈리아의 사회주의 신문을 통해 무정부주의자들과 적극적으로 논쟁을 벌였고, 무정부주의의 방법과 견해에 대해 전반적인 비판적 분석을 가하기도 했다.

1872년 1월 마르크스는 이탈리아의 『공화국 연감Almanacco Rebublicano』에 「정치 문제에 대한 무관심Indifference in Political Matters」이라는 제목의 논문을 기고했다. 이 『연감』은 계속 발행이 미뤄지다가 1873년 말에야 비로소 빛을 보게 되었다. 여기에는 마르크스의 글 이외에도 엥겔스의 「권위에 대해On Authority」라는 평론이 실렸다.

마르크스는 이 논문에서 정치활동에 대한 노동계급의 불개입과 민주화 운동 불참, 독자적 정당 결성 등 무정부주의적 교의의 유해성을 지적했다.

----
405) *Reminiscences of Marx and Engels*, 264쪽.

그는 무정부주의자들이야말로 '사회적 숙청'이니 하는 사이비 혁명구호를 전면에 내세운 채, 뒤로는 이 같은 교의를 부단히 견지함으로써 프롤레타리아를 비활동적으로 만들고, 그들의 사기를 떨어뜨려 필연적으로 임금 노예제를 영속화시킬 것이라고 비판했다.

"그리하여 노동계급은 이 유명한 사회적 숙청을 기대하면서, 잘 사육된 양떼처럼 정부를 평화롭게 내버려두고 경찰을 두려워하며 법률을 존중하고 묵묵히 대포 밥이 되어버린다."[406]

이 논문에서 마르크스가 강조하고자 했던 것은, 프롤레타리아 국가는 사회의 사회주의적 변혁에서 필수불가결한 도구라는 점이었다. 무정부주의자들은 부르주아 독재를 혁명적인 프롤레타리아 독재로 대체하는 것은 "가공스러운 범죄이며 모든 원칙에 위배된다."라고 주장했다. 이에 대해 마르크스는 역사적 맥락에서 프롤레타리아 국가는 과도적인 것이라고 강조했으며, 레닌은 다음과 같이 논평했다.

"마르크스는 자신의 대(對) 무정부주의 투쟁의 진정한 의미가 왜곡되지 않도록 하기 위해 프롤레타리아트가 필요로 하는 국가의 '혁명적·과도적 형태'를 명백히 강조했다."[407]

마르크스는 1873년 제네바에서 출판된 바쿠닌의 저서『국가의 성격과 무정부Statehood and Anarchy』을 비판적으로 검토하면서, 사회주의 혁명을 지배하는 법칙들에 대한 이론을 체계화하고 내용을 더욱 심화시켰다. 바쿠닌의 추종세력은 이 책을 무정부주의 운동의 '복음서'처럼 떠받들고 있었다. 따라서 마르크스는 '인터내셔널' 내부의 이념적 주적(主敵) 가운데 하나인 바쿠닌의 이 저서를 묵과할 수 없었다. 1874년에서 75년 초에 걸쳐 그는 이 책의 내용을 요약하여 논평을 덧붙인 「바쿠닌의 '국가의 성격과 무정부' 개요Konspekt von Bakunins Buch 'Staatlichkeit und Anarchie'」[408]라는 글을 썼다. 이 책은 1926년 소련에서 처음 출판되었는데, 바쿠닌의 역사관과 사회관

---

406) Marx, Engels, *Werke*, Bd. 18, 300쪽.

407) V. I. Lenin, *Collected Works*, Vol. 25, 436쪽.

408) "Comments on Bakunin's Book, *Statehood and Anarchy*".

을 비판적으로 분석한 동시에, 프롤레타리아 혁명이론의 주요 측면에 대한 마르크스의 사상을 구체적으로 설명한 것이다.

마르크스는 바쿠닌이 지닌 세계관의 주요 특징을 주의주의(主意主義, voluntarism)로 보면서, 그가 혁명을 위한 객관적인 사회·경제적 전제조건들을 보지 못하고 **영락한** 계급 집단들을 지향하고 있다고 지적했다. 또한 바쿠닌이 동유럽의 '농업과 목축업에 종사하는' 인민들을 사회주의 건설 채비가 가장 완벽한 부류로 보고, 서유럽 인민들은 문명에 의해 타락한 존재로 보면서, 이들을 대비시키는 우를 범했다고 비판했다. 마르크스는 "그 사회혁명의 기초를 이루는 것은 경제적 조건들이 아니라 바로 **의지**이다."[409]라고 썼다.

마르크스는 이 무정부주의 지도자가 국가의 폐지를 떠드는 배경에는 선진국과 후진국의 경제적·문화적 수준을 '평준화'시키는 것에 기초한 미래의 '무정부주의 사회'에 대한 아주 원시적인 관념이 자리 잡고 있다고 지적했다. 그리고 이 같은 관념들은 생산력 발전이 수행하는 역할, 노동계급의 역사적 사명, 사회변혁 수단으로서 노동자계급의 정치권력 및 프롤레타리아 정당의 중요성을 무시하고 바쿠닌의 입장을 그대로 반영한다는 것이다. 마르크스는 바쿠닌이 "아무런 사회혁명 사상도 갖고 있지 못하며, 단지 그것의 정치적 표현들만을 알고 있을 뿐"[410]이라고 지적했다.

마르크스는 프롤레타리아 국가의 실체에 관한 심오한 사상으로 바쿠닌의 견해를 반박했다. 노동계급이 권력을 장악하면, 그 계급의 적들이 벌이는 저항을 억누르고 낡은 사회조직을 파괴할 필요성에 직면한다. 낡은 사회조직을 '새로운 사회' 조직으로 대체시키는 일은 노동계급 국가 앞에 제시되는 주요 과제이다. 마르크스는 이 국가를 자본주의에서 공산주의로 이행하는 과도기에서 사회적 재건의 주요한 도구로, 객관적·사회적 과정에 적극적인 영향력을 행사하고 촉진시키는 주요한 힘으로 간주했다.

---

409) Marx and Engels, *Selected Works*, Vol. 2, 412쪽.
410) Ibid.

마르크스는 또한 앞서 쓴 그의 저서들에서보다도 훨씬 더 명료하게 프롤레타리아 독재가 지닌 역사적으로 과도기적인 성격에 관한 문제와 국가 자체의 소멸을 위한 사회적 기초에 관한 문제를 정식화했다.

"다른 모든 계급, 그중에서도 특히 자본가계급이 여전히 존재하는 한, 그리고 프롤레타리아가 그에 맞서 투쟁하고 있는 한 (프롤레타리아트가 정권을 장악하게 되더라도 그의 적과 낡은 사회조직은 아직 소멸되지 않고 있기 때문에) 프롤레타리아트는 **강제적인** 방법, 결국 정부의 조치를 이용해야 한다. 프롤레타리아트가 여전히 계급 그 자체로 존재하고, 계급투쟁과 계급의 존재가 그 기초를 두고 있는 경제적 조건이 아직 소멸되지 않아 이를 강제적으로 제거하고 변혁해야만 할 상황이라면, 그 변혁과정은 강제적으로 가속화될 것이다."411)

마르크스는 철저한 사회변혁은 국가의 소멸을 위한 선결조건을 창출하는 것이라고 주장하고 "계급지배가 소멸될 때, 현재 세계적으로 통용되는 정치적 의미의 국가는 존재하지 않을 것이다."412)라고 지적했다.

마르크스는 또한 프롤레타리아트가 일단 권력을 장악한 뒤 농민문제에 관해 채택해야 할 정책에 대해서도 중요한 결론에 도달했다. 그는 단지 농민대중의 이익을 위해 효과적인 조치를 취함으로써 프롤레타리아를 국가 편으로 끌어들여야 할 필요성을 지적하려고 노동계급과 농민의 동맹에 관한 명제를 정식화한 것은 아니었다. 그는 사회의 사회주의적 변혁에 근로농민을 끌어들이는 문제와 사적 토지소유에서 사회적 소유로, 소규모 개인 영농에서 대규모의 집산적 영농으로 전화시키는 방법에 관한 매우 유익한 구상들을 이에 접합시켰다. 그는 인위적으로 이 과정을 가속화시키려는 어떠한 강제적·폭력적 조치도 허용되어서는 안 되며, 농민 스스로 '경제적 방법'을 통해 이 과정에 참여하도록 해야 한다고 강조했다. "예를 들어 농민의 상속권이나 소유의 철폐를 선언함으로써 그들의 반발을

---

411) Marx, Engels, *Werke*, Bd. 18, 630쪽.

412) Ibid., 634쪽.

불러일으키는 것"413)은 용납할 수 없는 일이라고 말했다.

농민에 관한 정책은 융통성이 있어야 하며, 각국의 농촌 인구의 특수한 사회적 구성과 전통과 관습 등을 고려해야 한다. 자본주의적 소작농이 자영농민을 모조리 추방하고 실제 경작자가 실질적인 의미에서 프롤레타리아가 된 나라에서는 사회주의적 소유로 전환하는 것이 좀 더 신속히 이루어질 수 있을 것이다. 하지만 소생산적 자영농민이 지배적인 곳에서 이 같은 조치를 너무 성급하게 추진하면 모든 것들을 망치고, 바쿠닌주의자들이 제안한 조치(이는 실질적으로 토지를 더욱 세분화시키려는 구상이다) 못지않은 부작용을 낳을 것이다.

노동계급 운동의 이념적 지도

'인터내셔널'이 활동을 중지한 이후에도, 마르크스는 사회주의자들에 대한 이념적 지도자이자 교사의 역할을 계속 떠맡았다. 마르크스와 엥겔스는 어떤 공식적인 직함 없이 노동계급 운동에 대해 지도적인 역할을 수행했다. 노동계급과 사회주의자 단체의 마르크스에 대한 존경심은 그들이 프롤레타리아 혁명투쟁의 다양한 국면에 과학적으로 접근해야 할 필요성을 인식함에 따라 점점 더 깊어졌다. 선도적 노동자들은 개량주의 이데올로기의 산물인 편협한 이론적·실천적 접근방식을 벗어던졌다. 그들은 이탈리아 사회주의자 그노치 비아니(Gnocchi Viani)가 1877년 3월 29일자 편지에서 엥겔스에게 말했듯이, "노동계급의 대의란 어떤 종교적(ecclesiastical) 독단이 아니라 과학적 이론이다."414)라는 점을 점차 명백히 깨닫게 되었다. 사회주의에 과학적 기반을 제공한 인물의 이름이 과학적 사회주의 세계관의 신선한 선풍과 더불어 한층 더 권위를 얻게 된 배경에는 바로 이러한 사실들이 자리 잡고 있었다. 미국의 한 언론인이 1878년에 마르크스에게 말했듯이, 그의 적들조차도 마르크스를 '사회주의의 핵

---

413) Marx and Engels, *Selected Works*, Vol. 2, 411쪽.
414) 마르크스·레닌주의연구소 중앙당 문서보관소.

심'[415])으로 보고 있었다.

엥겔스는 그를 다음과 같이 평가했다.

"마르크스는 자신의 이론적·실천적 업적을 통해 전 세계 노동계급 운동의 탁월한 지도자들이 그를 전적으로 신뢰할 만큼 확고한 지위를 얻었다. **위기상황**에 접할 때마다 그들은 마르크스에게 자문을 구했고, 또 그때마다 그의 조언이 더 바랄 나위 없는 것임을 깨달았다. …… 운동을 위해 지극히 중요한 의미를 지니고 있는 마르크스의 독보적인 영향력은 바로 이 점에 근거를 두고 있다."[416])

마르크스는 종종 런던을 방문하는 사회주의자들과 만나 대화를 나누었다. 당시 그를 방문한 사람들 가운데는 스페인의 호세 메사, '인터내셔널' 덴마크지부를 설립했던 덴마크 사회주의자 루이 피오(Louis Pio), 러시아 혁명가 표트르 라브로프 등이 있었다. 그는 프롤레타리아 운동에서 시행착오를 거듭한 노련한 지도자들뿐만 아니라 이제 막 혁명투쟁의 길로 접어든 사람들로부터도 자문을 요청받았다.

마르크스와 엥겔스가 정기적으로 연락한 사람들 가운데는 '독일사회민주당'의 베벨, 리프크네히트, 브라케, 헤프너, 가이프, 아이히호프, 디츠겐, 블로스 등이 있었다. 마르크스는 또한 프랑스 사회주의자 쥐스트 베르누이예(Just Vernouillet)와도 연락을 유지했다. 1877년 초에는 프랑스 사회주의 청년학생의 대변인 가브리엘 드비유(Gabriel Deville)와 친밀한 관계를 맺었다. 주로 파리에 있었던 '독일사회민주당'의 카를 히르슈는 마르크스와 그의 딸 엘레아노르에게 부지런히 편지를 보냈다.

마르크스는 베커와 '인터내셔널' 스위스지부 회원인 페렛(Perret), 벨기에 회원인 글라세 드 빌레브로르트(Glaser de Willebrord), 덴마크의 피오에게서도 편지를 받았다. 1875년 런던에서 빈으로, 거기서 다시 부다페스트(Budapest)로 건너간 레오 프랑켈은 마르크스에게 오스트리아·헝가리 제

---

415) *The Chicago Tribune*, January 5, 1879.

416) Marx and Engels, *Selected Correspondence*, 345쪽.

국에서 벌이고 있는 활동을 상세히 보고했다. 이 밖에 활동 상황을 마르크스에게 계속 보고한 사람들로는 러시아의 로파틴과 폴란드의 브로블레프스키, 이탈리아의 비그나미가 있었다. 그리고 미국의 절친한 친구 조르게를 비롯한 클링스, 쿠노, 볼테, 미국에 이민 간 아일랜드인 패트릭 맥도넬(Patrick MacDonnel)과 외젠 뒤퐁 등과도 연락하고 있었다.

마르크스는 모든 수단과 방법을 다해 노동계급 지도자들이 과학적 공산주의 사상을 퍼뜨리는 데 도움을 주었고, 『자본론』과 「공산당선언」을 비롯한 여러 저서의 신판(新版) 출간과 번역에 관련된 문제를 처리했다. 마르크스는 자신의 활동을 위해서는 대중적 지원이 절실하다는 사실을 깨달았다. 그는 인민들을 위해 경제이론을 대중적으로 제시하는 것이 중요하다는 사실을 익히 깨닫고 있었다. 하지만 그는 『자본론』의 역자들에 대해서 그랬듯이, 이론보급자들(Popuarisers)에 대해서도 매우 엄격한 태도를 취했다. 그는 '독일사회민주당'의 요한 모스트(Johann Most; 훗날 무정부주의자로 전락함)가 1873년에 켐니츠에서 출판한 「자본과 노동」이라는 팸플릿을 통해 『자본론』 1권을 요약한 것에 전혀 만족할 수 없었다. 그러나 어떤 다른 대중적 설명수단도 채택 불가능하다고 판단한 마르크스는 리프크네히트의 요청을 받아들여 1875년 8월 그 팸플릿의 제2판 수정 작업에 동의했다. 이는 그 팸플릿을 전면적으로 수정하자는 작업이 아니었다. 그럼에도 마르크스는 전혀 엉뚱한 실수가 발견되는 즉시 이를 삭제하고 수많은 사항을 수정하고 추가했다. 이런 식으로 보정을 거친 팸플릿이 출판된 것은 1876년이었다.

마르크스는 노동자들을 교육시키면서 혁명적인 전통의 정신을 살리고, 프롤레타리아 계급이 지금까지 수행한 투쟁 경험에 신뢰를 갖는 일이 매우 중요하다고 믿었다. 그리하여 '인터내셔널'의 역사가 올바로 기술되도록 특히 신경을 썼다. 그는 부르주아적·개량주의적·무정부주의적 필자들이 쓴 '인터내셔널'에 관한 저서들을 신랄하게 비판했다. 그는 프루동주의자 프리부르가 쓴 책을 "전적으로 신뢰할 수 없다."[417]라고 평했다.

그는 특히 고의적인 왜곡에 매우 격노했다. 1878년 그는 진보적인 영국 신문을 통해 자유주의 노동조합주의자이며 총평의회 전 위원인 조지 하월(George Howell)을 격렬히 비난했다. 하월은 『19세기The Nineteenth Century』 라는 잡지에 '인터내셔널'에 대해 전적으로 편향된 논설을 게재했었다. 그런데 하월의 날조는 그가 무지했기 때문이 아니라, 진정한 혁명적 프롤레타리아 운동에 대한 적대적인 태도에서 비롯된 것이었다. 마르크스는 혁명파를 비방하고 프롤레타리아의 국제적 단결이라는 개념이 비효과적이라고 주장하려는 모든 시도는 "판에 박히고 도덕이 해이된 돈 많은 영국 사람들에게나 스스럼없는 사고방식과 행동양식을 그저 흉내 내는"[418] 것이 몸에 밴, 그리고 영국 부르주아지에 의해 이미 타락의 늪에 빠져버린 '노동 지도자'의 견해와 일치하는 것이라고 지적했다.

마르크스는 '인터내셔널'의 정확한 역사를 기술할 만한 사람이 나타나 주기를 학수고대했다. 그로서는 이 작업에 투여할 만한 시간적 여유가 없었던 것이다. 그래서 그는 이 작업의 중요한 근거자료들이 될 '인터내셔널'의 각종 문서들을 자기 방식대로 보존하고자 애썼다.

마르크스는 파리 코뮌의 참다운 역사를 쓰는 것도 중요하다고 생각했다. 그는 전 코뮌나르인 프로스페르 올리비에 리사가레이(Prosper-Olivier Lissangaray)가 쓴 코뮌에 관한 저서를 매우 신뢰할 만한 기록으로 여겼다. 그리고 저자도 초판과 후속판 출판 과정에서 마르크스의 논평들을 일부 참조했다. 그는 브라케와 그 밖의 '독일사회민주당' 당원에게 "우리 당과 독일이 모든 독자들에게 매우 중요한 이 책"[419]을 출판하도록 권고했다. 그는 다른 사람들과 함께 이 책의 번역자를 물색했으며, 1878년 독일어판의 번역을 직접 검토했다.

이 무렵에도 마르크스는 각국의 노동계급과 사회주의자들을 프롤레타

---

417) Marx, Engels, *Werke*, Bd. 34, 147쪽.
418) "The Secular Chronicle and Record of Freethought Progress", Vol. X, No. 5, August 4, 1878, 51쪽.
419) Marx, Engels, *Werke*, Bd. 34, 203쪽.

리아 국제주의의 정신으로 무장시키는 데 많은 관심을 기울였다. '인터내셔널'이 붕괴되었다느니 국제 노동계급 운동이 해체되었다느니 하고 떠드는 부르주아나 개량주의적 관념론자들과는 달리, 마르크스는 '인터내셔널'은 하나의 특정한 조직으로서 기능을 중지했을 뿐, 각 국가와 국제적 영역에서 노동자계급 운동의 연대는 끊임없이 강화·통일되어가고 있다고 늘 강조했다. 이 같은 상황이 도래할 수 있었던 것은 노동대중 스스로 "적극적으로 끊임없이 상호 접촉하면서 사상을 교류하고 서로에게 헌신하며 공통의 열망으로 힘을 키워나간"[420] 덕분이었다.

마르크스는 각국의 사회주의자들이 자유를 위한 피압박 인민들의 투쟁을 지속적이고 헌신적으로 지원해온 '인터내셔널'의 전통을 채택·계승하도록 촉구했다. 그는 1863~64년 폴란드 봉기 12주년을 기념하기 위해 1875년 1월 23일 런던에서 개최된 한 국제대회에 참석했다. 이 대회의 연사로는 마르크스, 엥겔스, 프랑켈, 리사가레이, 라브로프 등이 초청받았다. 특히 마르크스의 연설은 그곳의 청중들을 사로잡았다. 그는 폴란드 인민들(세계주의적[Cosmopolitan] 혁명군)에게 깊은 경의를 표하면서, 오늘날 그의 자식들이 국제 해방운동에서 맡고 있는 뛰어난 역할은 모두 그들로부터 연유한 것이라고 강조하는 한편, 그들이 파리 코뮌에 참여한 것도 찬사받아 마땅한 행위였다고 말했다. 노동계급이 폴란드 해방에 지지를 표명했던 것은 그들이 원칙상 민족 압제에 반대해왔고, 그러한 압제는 사회적 속박에서 해방되고자 싸우는 노동인민의 투쟁을 지연시킬 뿐 아니라 사회 발전 역시 지체시키기 때문이었다. 폴란드가 해방되는 날 세 전제군주 체제(러시아, 프로이센, 오스트리아·헝가리 제국)는 결정적 타격을 입을 것이고 유럽 전역에서 사회해방운동이 불길처럼 타오를 터였다.

마르크스는 각국의 사회주의자들이 서로 긴밀한 접촉을 유지하는 것이 매우 중요하다고 생각했다. 하지만 그는 새로운 국제협회를 설립할 사회주의자 대회의 소집을 요구하지 않았다. 새로운 국제조직을 설립하는 것

---

420) "The Secular Chronicle and Record of Freethought Progress", Vol. X, No. 5, August 4, 1978, 51쪽.

은 당분간 시기상조이며 비현실적임을 알고 있었기 때문이다. 그는 또한 새로운 '인터내셔널'을 건설한다는 구상 자체가 온갖 공작을 통해 독자적인 국제조직을 되살리려는 무정부주의자들의 음모와, 국제적인 협회 설립에서 주도권을 장악하려는 개량주의자들의 행동으로 더럽혀질 것을 염려했다. 이 모든 것들은 정작 그 필요성이 제기되었을 때 조직의 설립을 더 어렵게 만들 우려가 있었다.

따라서 마르크스는 1877년 9월 9일부터 15일까지 벨기에 서북부 도시 겐트(Gent)에서 열린 국제 사회주의자 대회의 성과에 만족했다. 이 대회는 무정부주의 지도자들, 그중에서도 특히 크로폿킨(Pyotr Alekseevich Kropotkin)과 기욤이 국제사회주의운동에 바쿠닌주의적 원칙을 부과하려는 기도를 분쇄했기 때문이다. 대회는 그들의 저항을 물리치고 노동자들이 정치에 참여하여 프롤레타리아 정당을 설립할 필요가 있다는 내용의 결의안을 채택했다. 이제 이전의 무정부주의들을 지지했던 사람들조차도 그들과의 관계를 청산하려 할 터였다. 마르크스는 1877년 9월 27일 조르게에게 보낸 편지에서(벨기에 사회주의자들처럼) 언급했던 대로 겐트 대회는 "'기욤주식회사'가 그들의 전(前) 동맹세력들로부터 완전히 버림받았다는 사실 하나만으로도 나름의 의의가 있다." 그리고 "플랑드르 노동자들은 위대한 기욤을 몰매로 다스리고 싶은 충동을 간신히 참았다."[421]

마르크스는 노동계급 운동이 장차 성공하리라는 것을 확신하고는 있었지만, 이 운동을 결코 이상화하거나 이 운동이 각국에서 직면하고 있는 갖가지 난관을 간과하지도 않았다. 그는 프랑스 노동자들이 아직도 버리지 않고 있는 프루동주의와 또 다른 유토피아적 환상, 그리고 그들이 극복해야 할 이론적 후진성에 대해 신랄한 비판을 가했다. 동시에 그는 프랑스에서 노동자 신디케이트가 설립되고 있는 것을 긍정적인 발전으로 보았다. 1874년 8월 4일 조르게에게 보낸 편지에서 마르크스는, 이들 신디케이트 설립 운동은 아직 부르주아 공화주의자와 협동조합주의자들의 영향을 받

---

421) Marx, Engels, *Werke*, Bd. 34, 295~96쪽.

고 있는 노동계급 운동의 과제에 대해 지나치게 편협한 견해를 취하고 있음에도 불구하고, 이들의 대두는 프랑스 프롤레타리아의 조직적 성장을 입증해주는 것이라고 평가했다. 이 생디칼리스트 운동은 대중적인 프롤레타리아 정당을 설립하기 위한 프랑스 내의 투쟁에 어느 정도 밝은 전망을 안겨주었다. 또한 프랑스에서는 '인터내셔널'의 혁명적 전통이 사회주의자 단체와 신디케이트 내부의 좌익 단체들에 의해 계속 계승되고 있었다. 노동계급 운동의 핵심 분자들 사이에 마르크스주의를 향한 강력한 인력이 존재함은 분명한 사실이었다.

마르크스는 무정부주의 분자들이 이탈리아와 스위스, 그리고 어떤 면에서는 벨기에에서도 노동계급 운동을 궁지에 몰아넣었다고 지적했다. 하지만 그는 이것이 잠정적인 현상이며 무정부주의 활동의 실천적 불모성 때문에 노동자들 사이에 무정부주의의 '초(超)사회주의'[422]에 대한 환멸이 확산될 것으로 믿었다. 그는 1877년 3월 엥겔스에게 보낸 편지에서 '북부이탈리아연합(the Upper Italian Federation)'이 '이탈리아의 바쿠닌파 집단과 실질적인 연합'[423]을 거부하는 성명을 발표한 데 만족감을 표명했다. 이와 비슷한 과정은 스페인과 벨기에에서도 진행되고 있었다.

마르크스는 영국의 노동계급 운동이 어느 정도 침체된 것은 개량주의의 영향력 증대에서 비롯되었다고 말했다. 그에 따르면, 개량주의의 주요 세력은 '자유당'의 정치적 하층민(ragtag and bobtail)이라 할 수 있는 노조 지지자들인데, 그들은 의회 선거에서 지원을 얻기 위해 부르주아에 투항한 자들이라는 것이다. 따라서 산업노동자들이 독자적인 계급정책을 채택하려면 우선 "현 노조 지도자들을 제거"[424]해야만 했다.

마르크스는 미국 노동계급 운동의 발전을 저해하는 요인으로 노동계급의 유동적이고 다국적인 구성, 토착 노동자와 이민 노동자의 분쟁 등 객관적인 원인 외에도 노동자계급의 상당 부분이 '직업 정치인'에 의존하고 있

---

422) Marx, Engels, *Werke*, Bd. 33, 635쪽.
423) Ibid., Bd. 34, 34쪽.
424) *Letters to Dr. Kugelmann by Karl Marx*, Moscow-Leningrad, 1934, 135쪽.

는 점이라고 꼽았다. 또한 노동조직 내부에는 대중의 지지를 얻기 위한 투쟁을 방해하는 종파주의 분자들도 상당히 존재했다. 그러나 날로 깊어지는 계급 간 대립은 프롤레타리아 운동의 발전을 촉진하는 강력한 요인이었다. 1877년의 대대적인 철도파업은 계급투쟁의 섬광으로서 "남북전쟁 이후 대두된 자본연합의 과두지배에 저항한 최초의 봉기였다." 마르크스는 미국 내 파업운동의 고양은 "진지한 노동계급 정당 결성을 위한 출발점"[425]이 될 수 있을 것이라고 강조했다.

마르크스는 1874년 4월 5일과 6일 양일간 오스트리아·헝가리 제국에 '사회민주노동당'을 설립하기 위해 개최된 노이되르플(Neudörfl) 창립대회를 노동자들의 위대한 개가로 간주했다. 그리고 그는 특히 이 대회에 체코 프롤레타리아 대표가 참가한 것을 기뻐했다. 이는 슬라브 노동자들도 "게르만 노동자들과 함께 행동하기"[426] 시작했음을 시사하는 것이었기 때문이다. 그는 사회민주주의자들 앞에 놓인 가장 중요한 과제는 합스부르크 제국 영토 내에 있는 노동계급들이 국제적 단결을 더욱 굳건히 하는 것이라고 보았다. 합스부르크 제국의 지배계급은 그들의 정책 기반을 민족 간 분쟁을 부채질하는 데 두고 있었기 때문이다.

마르크스는 독일의 노동계급 운동의 발전을 특히 만족스러워했다. 독일의 아이제나흐파(사회민주노동당)는 국제사회주의운동에서 가장 강력하고 가장 치밀한 조직을 갖춘 전국적 분견대였다. 프로이센·프랑스 전쟁 기간 중에 견지한 국제주의적 입장과 파리 코뮌에 대한 결연한 옹호 입장을 천명했기 때문에, 이 정당은 각국의 노동자들 사이에서 존경을 받고 있었으며, 일반적으로 국제 프롤레타리아 계급의 전위로 인정받고 있었다. 레닌은 1871년부터 "근 반세기 동안 독일 노동계급은 전 세계 사회주의 조직의 모범이었다."[427]라고 지적했다.

---

425) Marx, Engels, *Werke*, Bd. 34, 59쪽.

426) K. Marx and F. Engels, *Letters to Americans 1848~1895*, A Selection, N. Y. International Publishers, 1953, 113쪽.

427) V. I. Lenin, *Collected Works*, Vol. 27, 484쪽.

'독일사회민주당'의 스승

마르크스와 엥겔스는 '독일사회민주당'의 국제적 역할에 우선적인 중요성을 부여했다. 그들은 특별히 그 지도자들에게 높은 수준의 요구를 했고, 그들이 혁명노선을 준수하도록 면밀히 감시했으며, 어떠한 일탈도 용납하지 않았다. 그들은 '독일사회민주당'을 이념적으로 성숙한 대중정당으로 전환시키기 위해 지칠 줄 모르고 일했다. 마르크스는 '독일사회민주당'이 비스마르크 체제와 경찰의 테러 및 군국주의에 맞서 투쟁하는 데 모든 지원을 아끼지 않았다. 그는 아이제나흐파들이 어려운 조건 속에서 활동하면서 탄압받고 있다는 것을 잘 알고 있었다. 1872년 3월에는 당 지도자 베벨과 리프크네히트와 헤프너가 라이프치히 재판소에서 각각 징역 2년을 선고받기도 했다. 그러나 경찰의 탄압은 오히려 사회민주당원들이 대중들에게 더 큰 신뢰를 얻도록 보탬이 되었을 뿐이다. 마르크스는 "독일에서는 비스마르크가 우리를 위해 일하고 있다."[428]라고 썼다.

마르크스는 독일 노동자당의 조직활동과 노조 내의 활동, 당 간행물 발간 노력 등을 치하했다. 이 당은 1874년 의회 선거에서 6석을 차지하는 상당한 성과를 올려 리프크네히트와 베벨 등이 의회에 진출했다. 아이제나흐파들이 비스마르크의 정책을 폭로하고 혁명적 사회주의 이념을 전파하기 위해 의회 연단을 교묘히 이용한 데 대해, 런던 측에서는 전폭적인 지지를 표명했다.

마르크스는 엥겔스가 그 무렵 아이제나흐파 지도자들에게 큰 도움을 준 데 대해 아주 만족스러워했다. 『인민국가』에 게재된 엥겔스의 정치평론들, 그의 논문 「주택문제The Housing Question」(독일 프루동주의자 뮐베르거[Mülberger]를 겨냥한 저작), 「활동 중인 바쿠닌주의자들The Bakuninists at Work」과 「망명자 문학Emigrant Literature」 등의 표제가 붙은 연재 평론들, 『독일의 농민전쟁』 제3판 서문 등은 두 사람의 공통된 견해를 보여주었다.

그 당시 마르크스는 당 기관지에 엥겔스만큼 정력적으로 기고하지 못

---

428) Marx, Engels, *Werke*, Bd. 18, 570쪽.

1852년 쾰른에서 열린 프로이센 공산주의자 재판.

했다. 하지만 그는 이전 저작들의 재판에 붙이는 서문이나 후기 등에 당이 당면한 절박한 문제 등을 제시함으로써 그것들에 대한 독일 동료들의 관심을 끌려고 했다. 독일을 억누르고 있던 경찰의 탄압적 분위기에 비추어볼 때, 자신의 저작 「쾰른 공산주의자 재판의 폭로Revelations about the Cologne Communist Trial」를 우선 1874년 10월과 11월에 『인민국가』를 통해 재출간하고, 1875년 초에 별책의 팸플릿으로 간행하는 것이 적절하다고 여겼다. 그리고 그는 별책에 대한 후기를 집필하고, 이를 통해 1852년의 프로이센 공산주의자 재판에 즈음해서 나타난 상황들이 비스마르크의 독일에서도 그대로 답습되고 있음을 지적했다. 그것은 다름 아닌 정치경찰이 '고삐 풀린 망아지처럼 날뛰고 있는'[429] 상황을 지적한 것이었다. 마르크스는 비스마르크와 그의 추종자들이 '노동자 정당을 쓸어 없애려고' 애쓰는 것은 어리석은 짓이며, 반동세력이 제아무리 애를 써도 사회주의 혁명의 출현을 막을 수는 없다고 말했다.

"사회는 그것이 노동이라는 태양을 중심으로 회전하기 시작할 때까지는 평형을 찾지 못할 것이다."[430]

마르크스는 독일 노동계급 운동이 이룩한 성과를 진심으로 기뻐하면서도 그것의 부정적인 측면을 결코 묵과하지 않았다. 아이제나흐파의 강령

---

429) Ibid.
430) Ibid.

은 아직도 라살레적 견해의 잔재를 지니고 있었다. 아이제나흐파에 가입한 전(前) 라살레주의자들은 아직도 라살레의 인격과 사상에 대한 그들의 존경심을 말끔히 벗어던지지 못하고 있었던 것이다. 모든 '사회민주당' 지도자들이 독일 노동자들의 마음속에 남아 있는 라살레주의의 잔재를 극복하기 위한 투쟁의 중요성을 깨달은 것은 아니었다. 이 때문에 마르크스와 엥겔스는 1873년 베벨과 리프크네히트에게 이 문제를 제기했다. 이에 대한 답장에서 베벨은 "라살레 숭배는 발본색원해야만 한다."[431]라고 시인하면서, 마르크스가 라살레의 저서들을 비판해주도록 제안했다. 그는 엥겔스에게 이렇게 썼다.

"경제적 분야에서 마르크스의 학문적 권위는 타의 추종을 불허하므로 그 같은 저서의 효과는 엄청난 것입니다."[432]

당 지도자들은 이론적 훈련이 부적절했기 때문에, 사회주의자로 자처하고 각양각색의 프티부르주아적 저술가들이 쓴 글의 속악(俗惡)하고 반동적인 성격을 제대로 분간하지 못했고, 때로는 그러한 글들이 당 기관지에 버젓이 게재되는 경우도 있었다. 1874년 8월 4일 마르크스는 조르게에게 이렇게 썼다.

"당신은 『인민국가』가 간혹 생경한 속물적 환상들을 게재해왔다는 점에 주목해야 하네. 이러한 잡동사니들은 교사나 의사, 학생들의 머릿속에서 나온 것이지. 그래서 엥겔스가 리프크네히트를 질책하면서 그에게 필요할 듯한 사항들을 제시해주었던 걸세."[433]

독일 노동계급 운동의 내부 분열을 극복하려는 시도는 당의 이념적 원칙의 순수성을 견지하는 문제에 주의를 집중시켰다. 부르주아와 융커계급에 대항하는 노동계급의 힘은 두 개의 경쟁적인 정치조직, 즉 '사회민주노동당'과 라살레파의 '전독일노동자협회'의 존재 때문에 낭비되고 있었다. 독일의 통일 방식에 대한 두 라이벌 간의 주요한 정치적 견해차는 1871년 독

---

431) August Bebel, *Aus Meinem Leben*, 2. Teil, Berlin, 1953, 258쪽.

432) Ibid., 258~59쪽.

433) Marx, Engels, *Werke*, Bd. 33, 636쪽.

일 제국의 등장과 더불어 실질적인 의미를 잃고 말았다. 따라서 두 조직의 평회원들 사이에서는 통합 요구가 날이 갈수록 높아지고 있었다.

마르크스와 엥겔스는 이 분열이 독일 노동계급 운동에 끼치는 해악을 분명히 인식하고 있었다. 하지만 그들은 기회 있을 때마다 진정한 통합은 오직 일관된 이념적 기초 위에서만 이루어질 수 있다고 주장했다. 이 말은 과학적 공산주의의 원칙들을 인정해야 한다는 것을 의미했다. 그들은 퇴영적인 라살레적 교의의 폐기야말로 통일의 필요조건이라고 믿었다. 그러나 이는 시간이 걸리는 문제이기 때문에, 마르크스와 엥겔스는 그들의 독일 동지들에게 조직의 통일을 서두르지 말고 행동 통일을 향한 실질적인 단계를 밟도록 충고했다. 그들은 이념적·정치적 준비도 없이 이루어지는 아이제나흐파와 라살레파 '협회' 간의 통합은, 당내의 기회주의적 요소들을 강화시키고 당의 이념적 수준을 저하시켜 이로움보다는 해로움이 더 클 것이라고 우려했다. 그들은 '사회민주노동당'의 전면적인 강화와 대중과의 유대 확대가 통일의 왕도라고 주장했다. 이렇게 하면 라살레파도 어쩔 수 없이 필요한 조건을 받아들일 것이기 때문이었다.

'독일민주당' 지도자들은 처음에는 이 같은 권고를 충실히 따랐다. 1874년 7월의 코부르크(Coburg) 당 대회는 주로 리프크네히트의 노력에 힘입어 즉각 통일하자는 일부의 요구에도 불구하고, 한편으로는 라살레파 조직과 실무적인 협조를 유지하되, 한편으로는 라살레적 교의와 당의 강령 및 정관의 무분별한 혼합에 기초한 통합을 경계하는 노선을 승인했다. 당 대회는 이 노선을 다음과 같이 정식화했다.

"단결은 하되 통합은 하지 않는다."

그러나 리프크네히트는 이 노선을 끝까지 견지하지 못했다. 라살레파와 협상을 벌이는 과정에서 그는 통합의 이점이 어떤 양보를 해도 결국 보상받을 것이라고 보고, 무조건 통합을 성립시킨다는 방침을 추진하기 시작했다. 1875년 2월 리프크네히트와 에두아르트 베른슈타인(Eduard Bernstein), 그 밖의 지도자들은 강령의 핵심적인 사항에 대해 라살레파와 타협하기로 합의했다.

통일강령 초안은 1875년 3월 7일 당 기관지에 게재되었다. 마르크스와 엥겔스는 이를 읽자마자 아이제나흐파가 당에 심각한 결과를 초래할 중대한 과오를 범했음을 깨달았다. 이 초안은 기회주의적 경향에 대한 투항을 의미했으며, 그 자체로서도 완전하지 못했던 1869년의 아이제나흐파 강령에 비해서도 일보 후퇴하고 있었다. 엥겔스는 이후 약간의 수정을 거쳐 최종 확정된 강령에 대해 기술하면서, 이 강령은 "1) 어떠한 조건으로도 받아들일 수 없는 라살레주의적 표어와 강령……, 2) '인민당(People' Party)'의 정신과 양식(style)으로 정식화된 일련의 통속적인 민주주의적 요구사항, 3) 겉으로는 번지르르한 수많은 공산주의적 명제(대부분 「공산당선언」에서 차용한 것이지만, 말을 슬쩍슬쩍 바꿔놓았기 때문에 자세히 들여다보면 흉악하기 짝이 없는 엉터리임이 드러난다) 등"[434]으로 구성되어 있는 절충주의적 짜깁기였다. 마르크스와 엥겔스는 아이제나흐파 지도자들에게 그들의 과오를 바로잡도록 설득하려고 노력했다.

1875년 3월 18~28일까지 베벨에게 보낸 편지에서 엥겔스는, 강령 초안, 그중에서도 특히 '임금철칙'과 '생산자협회에 대한 국가 지원'에 관한 라살레파의 교의가 포함된 부분을 비판했다. 이것은 속류 국가관으로서 노동자 당의 국제적 의무들을 무시한 것이었다. 그는 리프크네히트와 그 밖의 지도자들이 통일의 대가로 노동계급 운동의 기본적인 이익을 희생시키려는 태도를 가차 없이 비난했다. 그는 그릇된 조건에 기초한 통일은 안정적으로 유지될 수 없으며, 당의 단결을 보장하지 못한다고 경고했다. 그 같은 통일은 필연적으로 모순과 이탈을 야기하고, 당을 타락시키려는 자들의 장난에 말려들 뿐이라는 것이었다.

당원들 사이에서도 강령 초안에 대해 상당한 불만이 터져 나왔다. 브라케는 마르크스에게 보낸 편지들에서 강령 초안은 더 이상 수정을 허용하지 않기 때문에 토론의 기초로서도 적합하지 않다고 밝혔다. 1875년 5월

---

434) Marx, Engels, *Werke*, Bd. 34, 155~56쪽.

10일자 편지에서 그는 이렇게 썼다.

"이 곤경에서 벗어날 유일한 방법은 탈당밖에 없습니다."[435]

라살레파와 협상이 진행 중일 때 베벨은 감옥에 있었으며, 1875년 4월 1일에야 겨우 석방되었다. 그 역시 강령 초안에 불만을 드러냈다. 그러나 브라케와 베벨은 당 지도부의 다수에 대항할 만큼 결의가 확고한 것은 아니었다.

5월 초에 마르크스는 강령 초안에 대한 비평을 쓰기 시작했다. 비평문이 완성되자 그는 이것을 1875년 5월 5일자로 작성된 편지와 함께 브라케에게 우송했고, 브라케는 이를 다시 가이프·아우어·베벨·리프크네히트 등에게 전달했다. 이 비평은 그 뒤 「고타강령 비판Critique of the Gotha Programme」으로 알려졌다. 마르크스의 편지에는 노동계급 운동의 내부 분열을 어떻게 극복할 것인지에 대한 귀중한 구상이 담겨 있었다. 그는 통일은 노동계급에게 매우 유익하지만 그것이 이념적 원칙을 양보하는 대가로 확보되어서는 안 된다고 썼다.

"실질적인 운동의 한 걸음 한 걸음은 한 보따리의 강령보다도 오히려 더 중요하다. 따라서 만약 (시기적 조건 등이 이를 허용치 않음으로써) 아이제나흐파 강령을 뛰어넘는 강령의 타결이 불가능했다면, 귀당은 마땅히 공동의 적에 맞서 싸울 행동에 관한 협정만을 타결했어야 했다. 그러나 원칙에 관한 강령을 작성해버림으로써 (상당 기간의 공동 행동을 통해 이를 충분히 준비할 때까지 기다리지 않고) 세상 사람들이 당신네 당의 운동 수준을 가늠할 지표를 세워주고 말았다."[436]

마르크스는 그의 편지에서 이념적인 사안에 대한 타협은 용납할 수 없다는 핵심적인 생각을 강조했다. 하지만 전술적인 타협이나 일시적인 정치적 양보는 가능하며 권장할 만하다고 덧붙였다. 레닌이 강조했듯이, 마르크스는 "원칙의 정식화에 적용될 절충주의를 신랄하게 비판"했다.

---

435) Karl Marx, Friedrich Engels, *Briefwechsel mit Wilhelm Bracke (1869~1880)*, Berlin, 1963, 72쪽.

436) Marx and Engels, *Selected Correspondence*, 297쪽.

"당신들이 반드시 단결해야겠다고 생각하거든, 운동의 실천적 목적을 충족시킬 협정을 성립시키되 원칙에 관해서는 어떤 흥정이나 이론적인 '양보'도 하지 말라고 마르크스는 당 지도자들에게 말했다."[437]

그러나 마르크스와 엥겔스가 말한 경고는 1875년 5월 22일부터 27일까지 고타에서 개최된 통합대회를 조직한 사람들에게 별다른 영향력을 미치지 못했다. 고타 대회에서는 '독일 통일사회주의노동당(United Socialist Workers' Party of Germany)'의 설립이 공표되었다. 강령 초안에 가한 마르크스와 엥겔스의 비판 가운데 사소한 사항만이 고려되었을 뿐, 초안은 실질적인 수정 없이 대회의 승인을 받았다. 노동계급 운동이 지닌 국제적 성격과 그에 따라 독일의 노동자 정당에 부과되는 국제적 임무 등 중요한 추가사항은 단지 1개 조항 속에 삽입되었을 뿐이었다. 고타강령은 전체적으로 과학적 강령과 프롤레타리아 운동의 전술적 원칙들의 포기로 특징지을 수 있다. 마르크스와 엥겔스는 당초 자신들이 이 문서와 무관함을 공개적으로 밝힐 생각이었다. 하지만 그런 행동이 동지와 적들로부터 이상하게 해석될지도 모른다는 사실을 고려해 포기하기로 생각을 바꾸었다. 1875년 10월 11일 엥겔스는 브라케에게 다음과 같은 편지를 보냈다.

"노동자, 부르주아, 프티부르주아들은 그것을 읽으면서 그 속에 마땅히 있어야 할 것이 없다고 받아들이고 있다. 이러한 점 때문에 우리는 강령에 관해 아무런 언급도 할 수 없었다."[438]

마르크스와 엥겔스는 반면에 독일 노동계급 운동의 내부 분열이 치유되었다는 긍정적인 면도 고려했다.

'독일사회민주당' 지도자들은 결국 「고타강령 비판」의 이론적 중요성을 이해하지 못했다. 그리고 이 편지들이 엥겔스의 노력에 힘입어 출판된 것은 마르크스 사후인 1891년으로, 이때는 이미 강령의 수정이 검토되고 있었다.

----

437) V. I. Lenin, *Collected Works*, Vol. 5, 369쪽.

438) Marx, Engels, *Werke*, Bd. 34, 156쪽.

「고타강령 비판」

「고타강령 비판」은 과학적 공산주의의 가장 중요한 강령문서이다. 여기서 마르크스는 그의 탁월한 과학적 예측력을 다시 한 번 과시했으며, 미래의 사회 발전의 일반노선뿐만 아니라, 사회 발전이 경과하게 될 여러 가지 구체적인 과정까지도 통찰하고 있다. 그는 유토피아적 사회주의를 철저히 분석하고, 자본주의로부터 사회주의로의 이행 기간과 프롤레타리아 국가의 역할 및 발전, 공산주의 사회의 두 단계 등에 대한 견해를 정식화하고 있다.

마르크스의 이 저작은 그 뒤 노동계급이 사회주의 혁명을 눈앞에 두고 사회변혁의 실천적 과제에 직면했을 때 비로소 그 온전한 의미가 드러났다. 러시아 사회주의 10월 혁명의 전야인 1917년 8월 레닌은 다음과 같이 썼다.

"라살레주의의 비판을 내포한 이 탁월한 저서의 논쟁적인 부분은 이 저서의 긍정적인 부분을, 즉 공산주의 발전과 국가 소멸 사이의 관계에 대한 분석을 가림으로써 그것이 빛을 못 보게 해왔다."[439]

마르크스는 고타강령의 오류들에 대해 일반적인 비판을 가했는데, 이는 어떤 의미에서는 부르주아적 사회주의 이론과의 논쟁을 요약한 것이기도 했다. 무엇보다도 그는 이들 프티부르주아적 사회주의 이론이 한결같이 범하고 있는 방법론적 오류, 즉 사회적 생산의 결정적 역할에 대한 몰이해와 현존 체제의 비판과 미래 사회에 관한 계획의 기초를 물질적 가치의 분배에 두어야 한다는 주장 등의 오류를 폭로했다. 마르크스는 이렇게 썼다.

"속류 사회주의 그리고 이로부터 파생한 민주주의의 한 지류는 부르주아 경제학자들로부터 분배를 생산양식과는 독립된 것으로 파악·취급하는 태도를 물려받았으며, 이 때문에 사회주의가 주로 분배에 의해 좌우되

---

439) V. I. Lenin, *Collected Works*, Vol. 25, 457쪽.

368

는 것으로서 제시하고 있다."[440]

마르크스는 라살레주의가 기회주의적인 프티부르주아적 경향임을 상세히 기술했는데, 라살레의 교의에 대한 그의 공격은 대체로 라살레적 교의를 이념적 원천으로 삼고 있는 독일 사회민주주의의 기회주의적 경향을 겨냥한 것이었다.

마르크스는 라살레의 유명한 '임금철칙' 경제는 지지하기 어려우며 반동적이라고 지적했다. 이 법칙은 노동자들이 그들의 노동조건 개선을 확보하는 것이 근본적으로 불가능하다고 선언하고, 자본주의 사회의 계급적 대립을 '영구불변의 인구법칙'(라살레는 맬서스와 마찬가지로 인구의 증가는 필연적으로 임금수준을 저하시킨다고 주장했다)으로 설명하려는 속된 시도였다. 이 명제는 자본가들에 의한 노동자 착취의 본질을 은폐하고 노동자들을 무장해제시켰으며, 나아가 노동자들에게 자본가의 압제에 맞서 조직적인 저항을 하거나 노조를 설립하고 파업을 일으킨다고 해서 그들에게는 하등 이익이 없다는 그릇된 결론을 제시했다. 마르크스는 고타강령이 범한 또 다른 중대한 오류는 생산자 협동조합단에 대한 현존 국가의 지원을 요구하는 라살레적 입장을 내건 것이라고 말했다. 이 요구는 사회주의를 실현하기 위한 평화적 수단으로 제시된 것이다.

마르크스는 노동계급과 관련해서 그 밖의 다른 모든 계급은 '오직 한 덩어리의 반동적 대중'을 형성한다고 주장한 라살레의 견해를 단호히 비판했다. 이는 노동계급과 농민의 동맹을 부정하는 견해였다. 마르크스의 견해에 따르면, 고타강령에 대지주에 대한 투쟁과 관련해서 단 한마디의 언급도 없었다는 사실도 이 같은 라살레적 사고방식에 의해 설명될 수 있다는 것이었다. 이는 노동자, 융커계급, 프로이센 제정이 부르주아 계급에 맞서 동맹해야 한다는 라살레의 지극히 그릇된 견해와 일치하기 때문이었다. 마르크스는 특히 강령 초안에도 그 흔적을 남긴 라살레파의 편협한 민족주의를 유해한 것으로 낙인찍었다. 강령 초안에는 노동계급 운동의

---

440) Marx and Engels, *Selected Works*, Vol. 3, 20쪽.

국제적 성격에 대해서는 일언반구도 없었기 때문이다. 이 오류는 강령 최종안에서 부분적으로 수정되었을 뿐이었다.

그러나 마르크스의 눈으로 볼 때, 이 강령이 범한 최대의 오류는 프롤레타리아 국제주의 원칙을 무시한 점이었다. 프롤레타리아는 우선적으로 국내에서 하나의 계급으로서 스스로를 조직해야 하며, "자신의 국가가 프롤레타리아 투쟁의 직접적인 장(場)이라는 사실을 강령이 인정했다 하더라도, 그것이 프롤레타리아 해방의 주요 조건 중의 하나인 국제적인 프롤레타리아 연대, 즉 각국 노동계급의 통일과 단결을 무시한 점까지 정당화해주는 것은 결코 아니었다."[441]

마르크스는 노동계급이 해방되기 위해 취해야 할 방법과 국가의 역할 문제에 대한 강령의 왜곡에 주로 비판의 초점을 맞추었다.

그는 적대적 계급으로 분열된 사회의 인민국가 개념과 국가의 초계급적 성격에 대한 개념 자체를 가장 맹렬하게 거부했다. '국가의 자유로운 기초'에 관한 강령의 속류 민주주의적·유토피아적 기술과 온전한 정치적 요구(강령은 민주공화제에 대한 요구조차 포함하지 않았다)는 독일 제국이나 그 밖의 어떤 근대 부르주아 국가도 진정으로 자유롭고 대중적인 국가로 변모될 수 있으며, 민주적인 변혁과 심지어는 사회주의적 변혁을 위한 도구로도 이용될 수 있다는 환상을 심어주었다. 마르크스는 이 같은 매우 통속적이고 비과학적인 국가관의 원천이 무엇인지 너무나 분명히 알고 있었다. 그는 고타강령이 "국가에 대한 라살레적 분파의 노예적 신앙 또는 그보다 나을 것이 없는 기적에 대한 민주주의적 신앙에 의해 철두철미하게 오염되었으며, 그렇지 않으면 기적에 대한 이 두 종류의 신앙(둘 다 사회주의와는 거리가 먼)이 서로 타협한 결과"[442]라고 썼다.

마르크스는 부르주아 국가는 그 본질 자체 때문에 프롤레타리아에 적대적이라고 지적하고, 프롤레타리아 국가에 대한 이론적 명제를 구체화

---

441) Marx and Engels, *Selected Works*, Vol. 3, 21쪽.
442) Ibid., 28쪽.

했다. 그는 다시 한 번 노동계급 국가를 건설해야 할 필요성과 노동계급 국가가 자본주의로부터 계급적 대립에서 해방된 새로운 사회체제로 이행하기 위해 수행해야 할 광범위한 혁명적 사회변혁을 결부시켜 이 명제를 설명했다. 더구나 프롤레타리아는 이 거대한 변혁 작업의 국가적 지도력을 행사해야 할 것이다. 과도기의 국가는 "오로지 **혁명적인 프롤레타리아 독재**일 수밖에 없기 때문이다."[443)

'고타강령'을 비판하고 있는 마르크스.

레닌은 마르크스의 이 명제는 국가와 사회혁명에 대한 그의 모든 혁명이론을 요약한 것이라고 말했다.[444) 레닌은 이 개념에 대해 논평하면서, 프롤레타리아 독재가 결코 저항하는 착취계급에 대해 혁명적 강제력을 사용하는 것으로 격하되어서는 안 된다고 강조했다. 그는 프롤레타리아 독재는 무엇보다도 착취자가 없는 사회 건설의 기초를 닦기 위한 다양한 조직적·경제적 활동, 낡은 사회의 타성적인 힘·관습·윤리의 점진적인 극복, 프티부르주아 대중과 노동계급 자체를 사회주의 정신으로 재교육시키는 일 등에 행사된다고 말했다.

"바로 이런 이유에서 마르크스는 프롤레타리아 독재가 시행되는 전 기간을 자본주의에서 사회주의로 이행하는 과도기라고 말했다."[445)

마르크스가 미래의 공산주의 사회이론을 정식화한 것은 혁명이론상에 대단히 중요한 공헌이었다. 그는 이 속에서 지금까지 그가 내린 모든 학문적 결론들을 일반화하고, 나아가 그의 발전이론을 "**다가오는** 자본주의 붕괴와 **미래**의 공산주의 **미래**의 발전과정에"[446) 적용하는 가운데 얻은 새로

443) Ibid., 26쪽.
444) V. I. Lenin, *Collected Works*, Vol. 28, 233쪽.
445) Ibid., Vol. 29, 388쪽.
446) Ibid., Vol. 25, 458쪽.

운 결론들로 이를 보완했기 때문이다. 레닌은 공산주의의 실체와 그것의 사회·경제적 원칙들을 규정하는 데 마르크스가 취한 엄격한 과학적 접근 방법에 주목했다.

"마르크스에게는 유토피아를 꾸며내려고 하거나 알 수 없는 것에 대해 한가로이 수수께끼 놀이를 즐기려 한 흔적이 전혀 없다. 마르크스는 마치 자연과학자가 어떤 새로운 생물학적 변종이 이러저러한 과정을 거쳐 발생해서 이러저러한 일정한 방향으로 변화해간다는 것을 알고서, 그것의 발전과정에 관한 문제를 다루는 태도와 똑같은 자세로 공산주의에 관한 문제를 다루었다."[447]

공산주의의 온갖 문제에 대한 마르크스의 견해가 지니는 가장 중요한 측면은, 그가 공산주의(생산수단과 도구의 사회적 소유에 기반을 두는 고도로 발전된 형태의 사회체계)를 생성과 성장이 일정한 객관적 법칙의 지배를 받는 하나의 발전하는 사회구성체로 파악했다는 사실이다. 마르크스는 한마디로 즉석 공산주의란 있을 수 없다는 것, 공산주의는 법령 따위에 의해 도입될 수 없다는 사실을 보여주고자 했다. 공산주의 사회는 철저한 혁명적 변혁의 소산이며, 그러한 변혁은 일정한 조건과 상당한 시간을 요구한다. 공산주의 사회 그 자체도 두 단계를 거치지 않으면 안 된다. 하위 단계는 사회질서가 확립되는 단계로서 "일반적으로 사회주의로 불리지만, 마르크스의 용어를 빌리면 공산주의의 제1단계이다."[448] 그다음 상위단계는 글자 그대로 진정한 의미에서 공산주의 단계이다. 자본주의에서 공산주의 제1단계로, 그리고 거기서 다시 제2단계인 상위단계로의 이행은 생산과 생산관계, 물질적 부의 분배, 정치·사상·윤리 영역 등 전 분야를 포괄하는 거대한 변혁과정으로서 점진적으로 진행되어야 한다. 그러나 마르크스는 부르주아 사회에서 공산주의의 하위단계로 이행하는 기간 중에 초래되는 변혁과 상위단계로 이행하는 기간 중에 수행되는 변혁의 차이

---

447) Ibid.
448) Ibid., 465쪽.

점을 분명히 구분했다.

첫 번째 단계의 사회는 "자본주의 사회로부터 **태어나는** 사회이다. 따라서 이 사회는 경제적·윤리적·지적인 모든 면에서 아직도 낡은 사회의 반점이 찍혀 있다."[449] 그다음 단계에서 공산주의 사회는 "독자적인 기초 위에서"[450] 좀 더 고도의 단계로 발전한다. 따라서 이 단계의 과제는 이들 기초를 다방면으로 발전·향상시키고, 물질적 생산과 문화의 성장을 보장하는 일이며, 이것은 궁극적으로 자본주의의 '모반'을 소멸시키고 공산주의의 원칙들을 모든 생활영역에 적용하는 것을 가능하게 해줄 것이다.

마르크스는 두 단계의 공산주의 사회가 각기 지니고 있는 주요 특징들을 보여주었다. 첫 번째 단계에서는 생산수단의 사적 소유와 착취가 소멸될 것이나, 사회성원이 모두 동일한 물질적 수준을 향유하지는 못할 것이다. 각자의 노력에 따라 분배한다는 것이 일하는 사람의 요구를 충족시키고, 그들에게 물질적 부를 분배하는 원칙이 될 것이다. 그러나 인간의 천부적인 재능이나 노동 능력 등이 서로 다르고 그 밖의 다른 차이점(예컨대 가족에서의 지위 등)도 여전히 존재하기 때문에, 사회적 필요노동의 투입량에 상응해서 생산물을 수취하는 '평등한 권리'가 이 같은 조건 아래서는 참다운 평등을 보장하지 못할 것이다. 이 같은 분배의 현실적 불평등(마르크스가 '부르주아 법칙의 협소한 지평선[the narrow horizon bourgeois law]'이라는 말로 표현한)은 오로지 강력한 생산력 발전을 통해서만 극복될 수 있다. 생산력 발전은 풍부한 물질적·정신적 가치를 생산함으로써 새롭고 더욱 완전한 분배체제에 도달하기 위한 기반을 제공해줄 것이다.

마르크스는 사회주의 사회에서 모든 성원은 '감소되지 않은 노동 결과물', 즉 '노동의 전 생산물'을 분배받게 될 것이라는 라살레파를 포함한 프티부르주아적 사회주의자들의 통속적인 견해를 비판했다. 마르크스는 이 같은 라살레의 명제를 고타강령에 삽입한 것은 전적인 오류라고 말하고,

---

449) Marx and Engels, *Selected Works*, Vol. 3, 17쪽.
450) Ibid.

공산주의 사회에서조차 총체적인 사회적 생산물을 전적으로 개인적 소비에만 돌릴 수 없다고 지적했다. 우선 이 생산물은 생산과정에서 마모된 생산수단을 보충하고 확대재생산을 보장할 자금 조성에 할당되어야 한다. 또한 자연재해 같은 우발적인 사고와 보험 등에 사용할 비축자금도 조성해야 한다. 그러나 소비 몫으로 정해진 생산물일지라도 행정관리비와 장애자 구제비, 사회성원의 집단적 요구(교육, 공중보건 등)를 충족시킬 비용 등을 공제한 뒤에야 비로소 그것은 개인들에게 분배될 수 있다. 행정에 할당하는 몫은 새로운 사회의 발전과 더불어 점차 줄어들고, 사회적 소비 몫으로 정해진 생산물은 꾸준히 증가할 것이다.

마르크스는 인간의 물질적 생활수준과 그들의 노동조건 및 사고방식의 근본적 변화는 공산주의 사회의 상위단계에서 일어날 것이라고 예측했다. 노동은 가장 우선적인 인간적 요구가 될 것이며, 창조적 기쁨의 원천이 될 것이다. 왕성한 생산력과 전반적인 풍요는 사회구성원들의 다양한 물질적·정신적 요구의 완전 충족을 실현시켜줄 것이다. 이렇게 볼 때 마르크스는 결코 금욕의 원칙과 일반적인 제한, 각 개인과 그들 요구의 평준화에 기초한 공산주의 사회를 그리지 않았음이 분명하다. 공산주의 사회에서 인간은 풍요로운 삶을 영위하고 물질적 근심으로부터 영원히 해방될 것이다. 사회의 모든 성원은 전인적인 발전을 위한 기회를 갖게 될 것이다.

"공산주의 사회의 상위단계에서는 개인의 노동 분업에 대한 노예적 종속, 정신노동과 육체노동의 대립 현상이 사라지게 될 것이며, 노동은 단순한 생활수단만이 아니라 삶의 최우선적 요구가 될 것이다. 또한 생산력은 개인의 전면적 발전과 더불어 증대될 것이고, 모든 협동적 부의 원천들이 더욱 풍요롭게 넘쳐흐를 것이다. 그리고 바로 이 시점에 이르러서야 비로소 부르주아 법칙의 협소한 지평선이 완전히 사라질 것이다. 그리하여 사회는 그 깃발 위에 '능력에 따라 일하고 필요에 따라 분배한다.'는 문구를 아로새길 수 있을 것이다."[451]

마르크스는 또한 프롤레타리아 국가가 공산주의 사회로 이행하는 과정에서 거치게 될 진화과정도 다루었다. 그는 프롤레타리아 독재를 과도기의 국가형태로 보았으며, 과도기의 기간은 자본주의 사회를 공산주의 사회로 혁명적으로 변형시키는 데 요구되는 시간에 따라 결정될 것이라고 보았다. 그는 그다음 시기의 국가에서 벌어질 상황에 대해서는 매우 일반적인 용어로 기술했다. 그는 '공산주의 사회의 미래의 국가체제'에 관해 쓰면서, 이 국가체제와 프롤레타리아 독재를 구별했다. 이와 함께 그는 공산주의 체제의 확립과 더불어 국가는 '변형'될 것이지만, 국가의 일부 사회적 기능은 '현행 국가 기능과 유사하게' 존속될 것이라고 덧붙였다.[452]

이와 같은 기술들로 미뤄볼 때, 마르크스는 미래 공산주의 사회에서의 국가의 소멸을 새로운 사회체제가 승리한 바로 다음 날 모든 형태의 국가가 사라진다는 식으로 보지 않았음이 분명하다. 그는 이 문제에 대해 과학적으로 접근할 것을 주장했으나, 그 자신은 이 문제에 대한 해답을 내리는 데 이용할 사실자료를 갖고 있지 못했다. 그렇다 하더라도 마르크스는 이 시점에서 이미 그 과정을, 낡은 국가체제가 변화하는 사회적 조건과 사회적 요구에 상응해서 새로운 형태의 사회적 관리체제로 점차 변형되어가는 과정으로 인식했다.

미래의 공산주의 사회 및 그것의 두 단계에 관한 마르크스의 뛰어난 과학적 예측은 과학적 공산주의 이론의 발전에 매우 귀중한 공헌을 했다.

『반(反)뒤링론』 집필에 대한 협조

고타강령이 라살레파에 대해 용납할 수 없는 양보를 함으로써 '독일사회노동당' 내에서는 비(非)프롤레타리아적·프티부르주아적 이데올로기와 관련해서 동요하는 분위기가 조성되었다. 1877년 10월 마르크스는 조르

---

451) Marx and Engels, *Selected Works*, Vol. 3, 19쪽.
452) Ibid., 26쪽.

게에게 보내는 편지에서 "라살레파와의 타협은 결국 다른 동요인자들과 타협하는 데까지 확산되었다."[453]라고 말했다.

당원들 가운데서도 특히 공무원, 관리직 노동자, 작가와 학생, 그 밖에 부르주아 지식인 계층 사이에서 다양한 프티부르주아적 유토피아 사상과 당시 유행하던 부르주아 철학 및 경제학 이론에 점점 심취하는 경향이 두드러졌고, 이들 이론을 마르크스주의와 절충적으로 결합하거나 마르크스주의를 아예 이러한 이론으로 대체시키자는 요구들도 심심찮게 등장했다. 이 모든 움직임에 대해 마르크스와 엥겔스는 같이 우려했다.

이러한 이데올로기적 동요의 한 예로서, 당시 독일의 속류 철학자이자 경제학자였던 오이겐 뒤링이 제시한 견해를 학벌 높은 당 상층부의 상당수가 받아들이는 사태가 야기되었다. 베를린 대학의 조교수였던 뒤링은 1869년 이후 사실상 서점가를 휩쓸었던 수많은 저작들과 강의를 통해 자신을 '보편 과학'의 건축가로 자처했다. 그는 오만스럽게도 종래의 모든 철학·정치경제학·사회주의 이론은 타당성이 없다고 선언하면서, 자신의 견해야말로 인간 지식의 절정이라고 떠벌렸다. 마르크스주의에 대한 그의 공격은 터무니없고 악의적이었다. 『자본론』 제1권에 대해 그가 1867년 말에 발표한 서평(그는 이 서평에서 온갖 실수들을 저자 탓으로 돌리고자 했다)까지는 제법 점잖은 어조였으나 그 뒤에 발표한 『정치경제학과 사회주의의 비판적 역사A Critical History of Political Economy and Socialism』(1871), 『정치와 사회경제 강의A Course of Political and Social Economy』(1873), 『엄밀한 과학적 견해로서의 철학과 생명의 기원에 관한 강의A Course of Philosophy As a Strict Scientific Outlook and Origin of Life』(1875)는 마르크스적 교의의 모든 부문에 대해 전면적인 공격을 가하고 있었다. 뒤링은 마르크스주의 대신 원시적인 기계론적 유물론과 관념론적·진화론적 사회관 등, 부르주아 실증주의 사회학자들과 프티부르주아적 사회주의자들의 사상들을 절충적으로 혼합한 교의를 제시했다.

---

453) Marx and Engels, *Selected Correspondence*, 309쪽.

과학적 공산주의가 노동계급 운동에 깊숙이 뿌리를 박고 있던 때에 사회적 유토피아를 부활시키려고 했던 이 같은 시도는 대단히 퇴보적인 현상이었다. 마르크스는 뒤링식 유토피아적 사회주의는 "근원적으로 터무니없고 진부하며 반동적"[454]일 뿐이라고 말했다. 한편 독일 사회민주주의자들 가운데 뒤링의 추종세력은 뒤링주의를 독일 노동계급 운동의 공식적인 교리로 받아들이려고 노력했다. 베벨은 베른슈타인의 열광적인 논평에 오도된 나머지 1874년 3월 『인민국가』지에 뒤링에 대해 호의적인 논평기사를 싣기까지 했다. 리프크네히트는 엥겔스에게 뒤링이 비록 엉터리 사상가이긴 하지만 "매우 정직하고 단호히 우리 편을 드는 사람"[455]이라며 그를 안심시키려고 했다.

그러나 마르크스와 엥겔스의 영향을 받은 당 지도자들은 곧 뒤링주의를 노동계급 운동의 이론적·이데올로기적 원칙에 위협을 가하는 한 경향으로서 저지해야 할 필요성을 깨닫게 되었다. 1874년 8월 블로스는 엥겔스에게 "뒤링에 대한 당신의 견해는 전적으로 옳았습니다."라고 인정했다. 리프크네히트도 당내에 뒤링의 사상이 확산되는 것은 중대한 사태임을 시인했다. 브라케와 디츠겐도 마르크스와 엥겔스에게 편지를 보내 뒤링의 사상을 공개적으로 비판할 필요가 있음을 주장했다.

『반(反)뒤링론』 집필 당시의 엥겔스.

마르크스와 엥겔스는 처음에는 일반적으로 말해 평범한 사회주의자에 불과한 뒤링과의 논쟁에 끼어들 필요성을 느끼지 않았다. 그러나 독일 사회민주주의자들 사이에 특히 라살레파와 통합 이후 뒤링의 사상이 광범위하게 확산되고 있다는 사실

454) Ibid., 310쪽.

455) Wilhelm Liebknecht, *Briefwechsel mit Karl Marx und Friedrich Engels*, The Hague, 1963, 190쪽.

을 감안하여 공식적인 반대 입장을 취하는 문제를 재고하게 되었다. 당내에는 이 '보편적 체계 수립가'에 맞서 싸울 만큼 튼튼한 이론적 기초를 지닌 사람이 없었다. 더구나 리프크네히트가 뒤링 추종자들의 압력에 못 이겨 뒤링의 저서 요약문을 『인민국가』에 게재하는 반면에, 엥겔스에게는 뒤링의 사상을 비판하는 논설을 보내줄 것을 촉구하는 등 동요하는 태도를 보였다.

이 모든 사정 때문에 엥겔스는 뒤링을 공격하기로 결심했다. 그리하여 1877년 1월 3일부터 1878년 7월 7일까지 '독일사회주의노동당'의 새 기관지 『전진Vorwärts』(1876년 10월 창간)에 비판적인 논설을 장기 연재했다. 이 논설의 일부는 팸플릿으로 발행되었고, 1878년에는 이들 논설을 묶어 『과학·철학·정치경제학·사회주의에서의 오이겐 뒤링 씨의 혁명Herr Eugen Dühring's Revolution in Science, Philosophy-Political Economy, Socialism』 또는 줄여서 『반(反)뒤링론Anti-Dühring』이라는 단행본으로 출판되었다.

엥겔스는 날카로운 기지와 발랄한 논쟁적 열의, 지극히 노련한 이념적 투사의 수완을 발휘해서 뒤링의 참신한 견해라는 것이 실상은 진부하고 빈약하기 짝이 없는 사이비 견해임을 여지없이 폭로했다. 그는 이들 속류적인 견해들이 그가 절대로 의심할 여지가 없다고 주장하는 바들, 그리고 모든 이전의 지식들에 대해 그가 갖고 있는 오만하기 짝이 없는 허무주의적 태도에 명백히 모순된다는 점을 지적했다. 그는 또한 이 기회를 이용해 마르크스 이론을 구성하는 3대 부분의 기본적인 내용을 자세히 해설했다. 레닌은 『반뒤링론』이 "철학·자연과학·사회과학 영역에서 매우 중요한 문제들을 분석했다."[456]라고 말했다. 엥겔스의 이 백과사전식 저서는 마르크스주의 사상이 이룩한 성과를 대중적인 용어로 설명했으며, 나아가 마르크스주의의 발전에 대한 엥겔스의 독창적 기여, 특히 자연과학·역사·군사학의 자료를 철학적으로 일반화하는 데 그가 행한 창조적 기여를 반영하는 것이었다.

---

456) V. I. Lenin, *Collected Works*, Vol. 2, 25쪽.

오이겐 뒤링과 『반뒤링론』 독일어 초판.

마르크스는 이 탁월한 저서를 펴내는 데 최선을 다해 도와주었다. 1876
년 5월 25일에 이미 마르크스는 엥겔스에게 "뒤링에 대한 가차 없는 비판
을 통해서만 '이들 신사들의 생각에 맞서 싸울' 수 있으리라는 것이 내 견
해이네."[457]라고 썼다.

마르크스는 엥겔스의 집필계획을 소상하게 보고받으면서 그에게 갖가
지 충고를 해주었다. 마르크스는 오이겐 뒤링의 저서들을 다시 읽으면서
목록을 작성했다. 그는 1877년 8월 8일 엥겔스에게 보낸 편지에서, 이 저
서들 중에서 어느 것이 뒤링의 사회사상사 왜곡 부분을 비판하는 데 가장
중요한지 일러주었다. 또한 엥겔스가 다른 자료들을 입수할 수 있도록 도
와주었다.

마르크스는 또한 「정치경제학」이라는 제목이 붙은 제2부의 일부를 직
접 집필하여 경제학설사에 대한 뒤링의 견해를 비판적으로 분석했다.
1877년 3월 초에 그는 이 관련 자료와 함께 케네의『경제표』를 분석한 글
등을 엥겔스에게 보냈다. 마르크스가 쓴 이 글들은 제2부 제10장(「비판적
역사에서」라는 제목이 붙어 있음)에 포함되었다. 엥겔스는 친구에게 이렇게
썼다.

"「비판적 역사에서」에 관한 자네의 모든 작업에 참으로 감사하오. 더욱
이 그것은 이 영역에서 그놈을 절단 내기 위해 내가 필요로 했던 것 이상

---
457) Marx, Engels, *Werke*, Bd. 34, 14쪽.

의 것이라오."458)

마르크스가 집필한 장(章)은 과학적 공산주의의 중요성과 그 이념적 선구자들의 업적을 격하시키려는 뒤링의 시도를 좌절시킨다는 저서 전체의 일반적인 계획과 정확히 일치했다. 뒤링과는 대조적으로 마르크스는 페티에서 부아기유베르(Pierre Le Pesant Boisguillebert)를 거쳐 리카도에 이르는 정치경제학의 고전학파 대표자들이 이룩한 경제사상에 대한 기여를 과학적으로 평가했다. 마르크스는 뒤링이 고전적 사상가들을 깔보면서도 그 자신은 이들 사상가를 추종하는 보잘것없는 속류 학자(독일의 리스트, 미국의 케리 등)들의 이론을 표절하고 있다고 지적했다. 동시에 마르크스는 부르주아 경제학의 여러 가지 한계를 지적했다. 나아가 마르크스주의 정치경제학을 왜곡하려는 뒤링의 시도가 이질적인 프티부르주아적, 부르주아적 교의와 전적으로 일치함을 입증함으로써 그 허구성을 폭로했다.

『반뒤링론』의 출판은 독일 사회민주주의의 이념적 성장과 다른 나라에서의 마르크스주의의 보급을 촉진시켰다. 이 책은 또한 노동계급 독자들이 비(非)프롤레타리아적 흐름의 영향을 극복하고 마르크스주의 철학과 정치경제학, 과학적 사회주의의 여러 원칙들을 학습하는 데 큰 도움이 되었다.

---

458) Ibid., 37쪽.

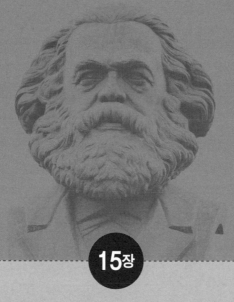

15장

프롤레타리아 당의 수립과
강화를 위한 투쟁
– 마르크스와 혁명적 러시아

★

마르크스가 과학자로서, 노동계급의 투사로서 창조했던 것은 쇠로 된 기념비나 격렬한 언변을 필요로 하는 것이 아니었다. 마르크스의 행위가 말하고 있는 것은 청동이나 석조 기념비가 아니라, 마르크스가 외친 불멸의 투쟁구호 "만국의 노동자여, 단결하라!"를 추종하는 전 세계 모든 지역의 수많은 노동자 대열이다.

— F. A. 조르게 —

최후 수년간의 이론적 연구

마르크스는 건강이 악화되었음에도 불구하고, 최후 수년 동안에도 진정 헌신적인 노력으로 연구에 전념했다. 말년에도 그는 젊었을 때와 마찬가지로 과학에 대한 열정과 새로운 책을 향한 억누를 수 없는 열망을 버리지 않았으며, 그러한 책들을 주(註)와 밑줄로 가득 채웠고, 그의 표현대로 말하자면 그것들을 '자신의 포로'로 만들었다.

마르크스의 과학적 관심은 이 시기에도 역시 그의 중심과제였던 『자본론』과 더불어 계속 확장되고 있었다. 그는 미완성 부분을 작업하면서, 자본주의의 새로운 정치·경제학적 현상들을 연구하려고 했고, 동시에 사회과학 및 자연과학 관련 영역에서 밝혀진 최근의 성과들을 참고하려고 애썼다.

이미 마르크스는 스스로 『자본론』 제2권과 제3권에서 가장 중요한 문제들의 이론적 내용을 분류해놓고 있었지만, 학자로서 그의 양심은 끝이 없었다. 마르크스가 집필했던 초고를 단지 열거해보기만 해도, "그가 자신의 경제적 발견들을 출판하기 전에 최상의 완성을 위해 그것들을 정교화하는 데 쏟았던 엄격한 자기비판"[459]을 알 수 있을 것이라고 엥겔스는 말했

---

459) Karl Marx, *Capital*, Vol. Ⅱ, 2쪽.

다. 마르크스가 자본의 사회적 재생산에 관한 구상을 발전시키고 다듬었을 때가 바로 이 시기였다. 그는 상업, 재정, 은행, 농업 관계에 관한 최근의 저작들을 철저히 연구했다.

마르크스는 『자본론』 제1권의 문제들을 분석하면서 산업자본주의의 고전적 국가인 영국에 관심을 집중했으나, 제2권과 제3권에 대한 새로운 연구를 해나가면서 점차 러시아와 미국의 경제적 발전에 관심을 가졌다.

1881년에 집필한 '나의 서가에 꽂혀 있는 러시아어 책'이란 제목이 붙은 마르크스의 목록을 보면 거의 20여 개의 표제가 보이지만, 이것도 역시 그가 연구 작업에 활용했던 모든 자료를 담고 있지는 않다. 마르크스의 러시아 도서관을 마련하기 위해 책을 수집하는 데 도움을 주었던 사람들 중에는 다니엘손, 라브로프, 지버(N. I. Sieber), 카우프만(I. I. Kaufmann), 카블루코프(N. A. Kablukov), 민나 고르부노바(Minna Gorbunova), 베라 자술리치(Vera Zasulich) 등이 있었다. 그가 연구했던 자료 중에는 젬스트보(Zemstvo)[460] 통계들과 1861년 이후 러시아에서 출판된 논문들을 비롯한 다양한 문서와 통계물들이 있었다. 마르크스는 또한 러시아 역사가나 학자들이 쓴 통사·정치경제학·사회학 관련 저작들을 읽었으며, 그중에서도 러시아의 혁명적 민주주의자들의 학문적·정치평론적 저술들, 특히 체르니솁스키의 저작들을 탐독했다.

마르크스는 특히 러시아의 농업 관계에 커다란 주의를 기울였으며, 이 분야에 대한 그의 연구열은 인쇄용 전지 40장이 넘는 4권의 노트와 여러 권의 「조세위원회 의사록」으로도 짐작할 수 있다. 그는 『군사통계잡지Military Statistical Review』와 여러 전문 출판물들에서 많은 정보를 얻었다. 1882년 가을 무렵에는 러시아의 저명한 학자이자 나로드니키 정치평론가인 알렉산드르 니콜라예비치 엥겔하르트(Alexander Nikolayevich Engelhardt)의 저작 『농촌으로부터』를 수많은 노트에 정리하면서 읽었다. 이러한 연

---

460) 제정 러시아에서, 1864년 지방제도 개혁에 따라 설치되어 1917년까지 존속한 지방자치기관 — 옮긴이.

구가 그의 이론경제학적 문제의 형성과 결합되어 있었다는 것은 그가 엥겔하르트의 다른 저작들을 연구하면서 기록했던 다음의 노트, 즉「러시아의 상황, 노동, 부르주아지의 형성, 자본, 지대(일례로서 러시아)*Situation in Russia, Labour, formation of the bourgeoisie, capital, rent*」[461]를 보아도 분명할 것이다. 후에 엥겔스는『자본론』제3권 서문에서 다음과 같이 말했다.

"러시아에서의 지주와 농업 생산자들의 착취, 이 양자 모두 그 형태가 다양하기 때문에 이 나라는 산업 임노동자와 관련하여 제1분책에서 영국이 했던 역할을 지대를 다루는 부분에서 하고 있다. 그는 불행히도 이 계획을 완수할 기회를 갖지 못했다."[462]

마르크스는 또한 미국에 있는 조르게와 하니를 비롯하여 다른 동료들이 보내준 연방과 주 기관들이 통계자료나 공문서들에서 미국 경제와 사회구조에 관한 상당량의 자료를 확보했으며, 미국과 영국의 정기간행물에서 논문들을 확보했다. 결과적으로 그는 산업의 급격한 발전, 서부 이주, 농장들의 상태, 노동조건, 노동이민 등에 관한 중요한 정보를 모으게 되었다. 그는 발췌문에서, 대규모 주식회사의 형성과 코르넬리우스 밴더빌트(Cornelius Vanderbilt), 제이 굴드(Jay Gould), 존 데이비슨 록펠러(John Davison Rockefeller) 같은 금융·산업 거두들의 출현에 주목하고 있다. 그는 1878년 말 주식회사에 의한 공공토지의 수탈에 관한 개요에서, 수많은 백만장자들이 부동산에 투기함으로써 축재하고 있다는 사실을 지적했다. 그는 한 예로 서부에서 수천 개의 소자작농장주들에 대한 지배를 확립함으로써 그들의 '주인이자 왕'이 되었던 '철도왕' 제임스 프레더릭 조이

'미시간 중앙철도' 회장 제임스 프레더릭 조이(1810~96).

461) 마르크스·레닌주의연구소 중앙당 문서보관소.
462) Karl Marx, *Capital*, Vol. Ⅲ, 7쪽.

(James Frederick Joy)를 들었다. [463]

마르크스는 또한 서유럽의 경제상황, 1873년 공황과 농업공황의 결과들에 관심을 가졌다. 1877년 봄에 그는 보수 부르주아 경제학자였던 루돌프 마이어(Rudolph Meyer)의 책『정상배들과 독일의 부정부패*Political Jobbers and Corruption in Germany*』를 발췌하여, 최근 독일의 경제적 발전에 대한 견해를 다음과 같이 요약했다.

"산업생산과 대규모 상업이 점차 은행과 대자본가에 종속되어가고 있다."[464]

「프랑스의 분할적 토지소유에 관한 발췌노트*Notes and Extracts on the Distribution of Landed Property in France*」에서는 프랑스 농민의 광범한 황폐화에 관심을 드러냈다.

마르크스는 경제사상의 새로운 발전에 관해 다루면서, 부르주아 정치경제학이 연속적으로 점차 각종 형태로 속류화되고 있다는 견해를 굳히게 되었다. 이것은 사회주의에 대한 대중의 광범한 관심을 인식하고 사회주의 깃발 속에서 자본주의 옹호론을 제기하려고 애쓰던 부르주아 경제학자들, 이른바 '강단사회주의자(Katheder-Socialist)'의 저작들에 잘 반영되고 있었다. 1877년에 마르크스는 이런 경향의 지도적 대변자였던 알베르트 셰플레(Albert Schäffle)의 팸플릿 「사회주의의 본질*The Quintessence of Socialism*」에서 묘사된 미래 사회가 "사람 좋은 프티부르주아의 이상주의적 왕국"[465]에 불과하다고 말했다.

1879년 중반과 1880년 사이에 마르크스는 독일인 교수였던 아돌프 바그너(Adolph Wagner)의 『정치경제학 입문*Manual of Political Economy*』 제1권을 비판하는 상세한 논평을 썼다. 이 책을 한 예로 들면서, 그는 전체 강단사회주의적 경향과 바그너의 선배이자 융커부르주아 경제학자이며 '국가사회주의' 이론가였던 요한 카를 로트베르투스(Johann Karl Rodbertus)가 지닌

---

463) 마르크스·레닌주의연구소 중앙당 문서보관소.
464) Ibid.
465) Marx, Engels, *Werke*, Bd. 34, 243쪽.

독일의 경제학자 아돌프 바그너
(1835~1917).

결함들을 샅샅이 폭로했다. 마르크스는 무엇보다도 바그너와 다른 '사회 합법적 개념'의 설교자들이 국민경제의 기본 문제에 대해 속류 관념론적 접근을 시도하고 있고, 경제 법칙의 분석을 경제현상 서술로 격하시키려고 애쓰며, 이러한 현상들을 합법적·윤리적 표준의 진화를 반영하는 것으로 표현하는 데 갖은 힘을 다 쓰고 있다고 강조했다. 이에 대해 마르크스는 교환의 기원과 발전에 관한 바그너의 견해를 언급하면서 다음과 같은 반어적인 비평을 가했다.

"이 반세몽주의사(vir obscurus)는 만물을 선도시기고 있나. 그에 따르면 법칙이 먼저이고 그 뒤에야 비로소 교환이 나타난다."[466]

바그너와 그의 유식한 동료들은 정향진화론적 접근을 취함으로써 혁명의 역할을 부정하고, 현존 자본주의 체제를 불변의 것으로 표현하며, 사회 문제의 해결을 허다한 악습의 일소, 세제개혁, 노동자를 위한 사회보장 등으로 축소시키고 있다.

로트베르투스와 마찬가지로 바그너와 그 밖의 강단사회주의자들은 부르주아 국가가 특수한 사회적 사명을 갖고 있다고 주장했다. 마르크스는 바그너의 국가에 대한 숭배가 그를 비스마르크의 경찰·관료적 제국을 비굴하리만큼 칭송하도록 만들었으며, 융커 지주들의 존속을 정당화하도록 만들었다고 주장했다. 마르크스는 바그너와 그의 동료들이 "아직도 한 발을 낡은 똥구덩이 속에 담그고 있다."[467]라고 말했으며, 그들을 모욕적으로 현존 국가의 '시종들(serfs)'이라고 불렀다.

마르크스는 바그너가 정치경제학의 주요 범주들에 관해 저속한 관점을 가지고 있다는 것을 보여줬다. '독일 교수들의 전통적' 정신의 틀 속에서

---

466) Ibid., Bd. 19, 377쪽.
467) Marx, Engels, *Werke*, Bd. 19, 371쪽.

그는 사용가치와 가치를 혼동했으며, 이윤을 옹호하여 그것을 가치의 '구성'요소로 표현했다. 마르크스는 또한 바그너와 같은 부르주아 옹호론자들이 마르크스의 경제학 교의를 '비판'하거나, 온갖 터무니없는 것들과 그가 주장하지도 않은 견해들을 그에게 전가시키면서 비난하는 데 사용했던 부정직한 방법들에 대해서도 논평을 가했다.

이 시기에 마르크스가 정치경제학을 정교화하는 작업은 자연과학에 대한 연구와 밀접히 결합되어 있었다. 지대 문제를 고찰할 때, 마르크스는 최근 농학의 발전에 대해 정통해야 한다고 느꼈으며, 이것은 그에게 화학·농화학·생물학·지질학 및 그 밖의 과학 등 관련 분야를 깊이 파고들도록 만들었다. 1875년 그는 엥겔하르트의 『농화학원론Chemical Principles of Agriculture』을 요약했고, 1878년에는 제임스 존스턴(James Johnston)의 『농화학·지질학 입문Catechism of Agricultural Chemistry and Geology』을 다시 읽었다.

마르크스는 유기화학에 대한 지식을 넓히는 데도 힘써, 헨리 로스코(Henry Roscoe)와 카를 쇼를레머(Carl Schorlemmer) 공저의 화학 교과서와 율리우스 마이어(Julius Meyer)의 최신 화학이론에 관한 책 등을 숙독했다. 또 지질학과 광물학 책들(영국의 지질학자 조셉 주크스[Joseph Jukes]와 그랜트 앨런[Grant Allen]의 저작들을 비롯한)과 식물·동물·인간생리학에 관한 책들(마티아스 슐라이덴[Matthias Schleiden], 요하네스 랑케[Johannes Ranke], 그 밖의 저작들)에서도 수없이 발췌했다. 이밖에도 화학과 생물학을 결합시키는 방법을 개발하려는 시도들, 그중에서도 특히 독일의 과학자 모리츠 트라우베(Moritz Traube)의 세포합성 실험에 지대한 관심을 갖고 있었다.

1880년대 초에 마르크스는 1881년 9월 파리에서 열린 국제전기회의(International Electrical Congress)의 덕택으로 프랑스 전기기사였던 에두아르 오스피탈리에(Edouard Hospitalier)의 저작을 읽었다. 1882년 11월 2일 그는 엥겔스에게 프랑스인 마르셀 드프레즈(Marcel Deprez)의 발명으로 전개될 엄청난 전망에 관해 편지를 썼는데, 그 사람은 1882년 뮌헨 전기기술박람회에 장거리 전기송신선을 출품했다.

마르크스는 기술과 생산의 발전을 촉진하고 인류에게 직접 생활조건을 개선시키는 데 도움을 주는 유용한 과학적 발견들을 따뜻하게 환영했다. 엥겔스는 다음과 같이 썼다.

"이론과학에서 어떤 새로운 발견을 맞이할 때마다 그것의 실제적 응용 전망이 아직 보이지 않는데도 불구하고 그의 기쁨이 얼마나 컸는지 모른다. 그는 그 발견이 산업과 역사 발전 일반에 직접적인 혁명적 변화를 내포하고 있었을 때는 또 다른 기쁨을 느꼈다."[468]

이 시기에는 고등수학이 마르크스의 연구에서 특별한 위치를 차지하고 있었다. 수학에 대한 그의 관심은 자주 복잡한 계산을 요하는 경제학 연구에서 샘솟은 것이었다. 그가 여러 시기에 걸쳐 수집해왔던, 특히 1858년 이래 줄곧 모아왔던 준비 자료들을 담고 있는 노트에서 우리는 수학시, 상업부기, 해석기하학, 대수학에 대한 그의 연구를 보여주는 많은 기록들을 엿볼 수 있다. 일찍부터 마르크스에게는 고등수학을 비롯한 수학문제 풀이에 여가 시간을 보내는 습관이 몸에 배어 있었다.

처음에 그는 응용이나 보조적 목적을 위해 수학을 연구하기 시작했지만, 곧 이런 지식 분야에 독보적 연구로까지 나아갔다. 이것은 마르크스가 일차적으로 중요성을 부여했던 철학, 변증법적 논리학, 수학 사이에는 많은 관계가 있다는 사실에 주로 기인했다. 그의 수학 탐구는 자연과학이 제공한 자료들을 유물 변증법적으로 일반화시킨『자연변증법』에 대한 엥겔스의 작업이 명확해진 시점과 보조를 같이 하고 있었다. 따라서 1880년대 초에 쓴 초고(「도함수의 개념에 관하여On the Concept of Derived Function」와 「미분에 관하여On the Differential」)에는 '장군에게'(엥겔스의 별명)라든지 '프레드에게'라고 서명되어 있다.

마르크스는 데카르트(René Descartes), 라이프니츠(Gottfried Leibniz), 뉴턴(Isaac Newton), 오일러(Leonhard Euler), 콜린 매클로린(Colin Maclaurin)과 같은 고전적 수학자들과 수학적 분석이나 고등대수에 관한 수많은 대학교

---

468) Marx, Engels, *Selected Works*, Vol. 3, 163쪽.

과서들을 연구했다. 이러한 자료들에 기초하여 그는 위에서 말한 미분 계산에 관한 두 편의 초고를 포함한 일련의 저작들과 그것들에 대한 예비설명 및 부연설명, 미분 계산의 역사에 관한 논문 초안, 테일러(Brook Taylor)와 매클로린의 정리, 라그랑주(Joseph Louis Lagrange)의 도함수이론 분석을 포함한 초고 등을 남겼다. 마르크스는 이러한 초고들을 하나의 통일된 저작으로 묶어내고자 했지만, 수학 초고에 마지막 손질을 가하지 못했다.

이런 작업들 속에서 마르크스는 미분 계산의 기본 개념 및 방법과 기초대수 사이의 변증법적 관련을 밝히고자 애썼다. 수학사를 다루면서 마르크스는 뉴턴, 라이프니츠, 오일러, 달랑베르(Jean Le Rond d'Alembert), 라그랑주 등이 미분 계산을 발전시키는 데 기여했던 역할을 설명했다. 그는 과학적 사고가 좀 더 높고 좀 더 진정한 변증법적 단계로 발전한다면 현상의 본질에 대한 합당한 견해가 연구될 수 있으리라고 강조했다.

엥겔스는 마르크스의 극히 독창적인 최초의 수학 관련 작업들을 접하고 나서, 1881년 8월 18일자 편지에서 그의 친구에게 따뜻한 축하를 보냈다. 마르크스가 죽은 뒤 엥겔스는 그의 수학 저작들을 출판하려고 했지만 많은 다른 중요한 과제들 때문에 이루지 못했다.

마르크스의 「수학 초고Mathematical Manuscripts」는 상당히 색다른 과학적 관심의 또 다른 실례를 보여준다. 라파르그가 "그의 두뇌는 사고의 어느 영역으로든 진수할 준비를 한 채 김을 내뿜으면서 정박 중인 군함과도 같았다."[469]라고 말했던 것은 충분한 이유가 있었다. 수많은 책꽂이 틈에서 벌인 마르크스의 연구는 그가 헤아릴 수 없이 소중한 공헌을 했던 인간 지식이라는 바다에서 해도를 작성하는 선장의 함교(艦橋; 선장이 배를 지휘하는 곳 - 옮긴이)와도 같았다.

세계사 연구

마르크스의 세계사 연구는 그의 과학적 탐구 중에서도 특히 두드러진

---

469) *Reminiscences of Marx and Engels*, 77쪽.

것이며, 이 분야에 대한 관심은 매우 광범위했다. 그의 역사 연구는 때때로『자본론』제2권과 제3권의 문제들에 관한 작업과 긴밀한 관련을 맺고 있으며, 넓은 의미에서 정치경제학 이론을 형성하고, 또한 전(前) 자본주의적 사회구성체의 경제적 규정성을 추론해내기 위한 의도를 반영한 것이기도 하다. 하지만 가끔은『자본론』과 무관하게 전개되기도 했다. 마르크스에게 중요한 것은 총체적 역사 과정에 대한 유물론적 시각을 심화·발전시키기 위해 역사학의 최근 성과들을 이해하는 것이었다.

농업 관계와 지대의 성립을 고찰하면서, 마르크스는 여러 민족들을 두루 살펴보고 토지소유의 기원과 발전을 포괄적으로 연구했다. 1870년대에 이것은 사적 소유의 선행형태인 공동체적 토지소유(communal landownership)의 연구에서 그를 새로운 단계로 나아가게 했다. 그가 일찍부터 동유럽 국가들에 관해 수집해왔던 자료들은 촌락공동체(village commune)와 같은 폐쇄적 사회단위가 예외적 탄력성과 안정성을 갖고 있다는 사실을 보여줬다. 이것은 고대 민족들 사이에서는, 즉 마르크스가『정치경제학 비판』서문에서 아시아적 생산양식이라고 지적했던 유형의 생산관계 체계에서는 기본 단위였다. 그는 이런 유형의 생산관계가 동유럽 국가들에서는 중세까지 존속했었다고 믿었다. 고대와 중세의 동유럽 전제국가들의 존속은 그런 고립된 소우주의 수탈에 의존했다(마르

독일의 정치가, 사학자인
게오르크 마우러(1790~1872).

크스는 촌락공동체를 '국지화된 소우주[localised microcosm]'라고 불렀다).[470]

마르크스는 아시아뿐만 아니라 유럽과 아프리카 및 아메리카의 공동체적 토지소유의 역사를 깊이 연구함으로써, 공동체가 보편적인 사회 형태라는 확신을 굳히게 되었다. 그는 1860년대 말에 이미 읽었던 저명한 독일의 사학자 게오르크 마우러(Georg Maurer)의

---

470) Marx, Engels, *Selected Works*, Vol. 3, 157쪽.

저작들에서 이 주제에 관한 광범한 정보를 수집해놓았다. 1876년 마르크스는 마우러의 저작들을 상세히 요약했는데, 그중에는 「마르크 공동체의 역사 서설Introduction to the History of the Mark」, 「가계체계와 도시체계Household and Urban Systems」, 「독일 마르크 공동체의 역사A History of the Mark System in Germany」 등이 있다. 1881년에 그는 이런 책들을 다시 읽었다.

마르크스는 한센(Hannsen), 메인(Henry Sumner Maine), 그린(John Richard Green), 자치니(Jacini), 카르데나스(Cardenas)의 저작뿐만 아니라 독일·영국·이탈리아·스페인에서 출간된 책에서 공동체적 토지소유에 관한 많은 자료들을 입수했다. 특히 러시아인 친구 코발레프스키(Kovalevsky)의 책, 즉 1879년 출판 당시 그로부터 받았던 『공동체적 토지소유, 그 붕괴의 원인·과정·결과Communal Landownership, and the Causes, Course and Consequences of Disintegration』는 중요한 자료였다. 그것은 북미 인디언들과 스페인의 식민지였던 서인도제도의 토착인들 및 인도와 알제리 민족들에게 존재했던 공동체 체계를 설명해놓은 책이다. 그리고 1880년에 출간된 존 피어스(John Phears)의 『인도와 실론의 아리아족 촌락들The Aryan Villages in India and Ceylon』을 읽고서 인도의 공동체에 관한 이전의 지식을 보완했다. 일찍이 마르크스는 프랑스어로 특별 출판된 저명한 학자 발타자르 보기시치(Valtazar Bogišić)가 쓴 남부 노예들 사이에 존재하던 관습법에 관한 연구와 오그니예슬라프 우티에세노비치(Ognieslav Utiesenovic)의 남슬라브 가족공동체(Zadruga)에 관한 연구서도 읽었다.

러시아의 공동체 체계는 마르크스의 연구에서 두드러진 특색을 띤다. 프로이센 관료 아우구스트 폰 학스타우젠(August von Haxthausen)의 『러시아의 농촌체계On the Rural System in Russia』와 프랑스 부르주아 역사가 피에르 르루아볼리외(Pierre Leroy-Beaulieu)의 같은 주제의 책으로부터 그가 발췌한 것과는 별도로, 마르크스는 소콜롭스키(Sokolovsky), 바실치코프(Vasilchikov), 벨랴예프(Belyayev), 코셸료프(Koshelyov), 치체린(Chicherin), 게르예(Gerye) 등 러시아 학자들의 저작에 관한 방대한 양의 노트를 작성했다. 이 주제에 관한 그의 식견은 공동체적 토지소유의 역사에 관한 연구와 러시아 공동체의 역사적 진화에 관한 광범한 지식에 힘입은 바가 컸다. 그는 러시아의 혁명가 베라 자술리치에게 보내는 세 번의 편지 초안에 이런 견해를 피력했고, 1881년 3월 8일자 최종 번역문 편지(그것의 초안과 한 쌍이 되는 사본이 남아 있다)에서 그것을 간략하게 서술했다.

마르크스는 공동체를 가장 오랜 사회제도 중 하나로, 동족 관계와 생산수단의 공유에 의존하는 원시적 사회체계의 산물로 간주했다. 원시사회가 붕괴하자 공동체는 커다란 변혁을 겪었다. 그것은 하나의 종속적 제도에서 특정 지역의 제도로 진화했으며, 구성원들은 토지의 개별적 경작과 가옥 및 가축의 사적 소유로 이행해갔다. 그러나 토지의 공동체적 소유는 여전했으며, 개별 가족들 사이에 시기마다 재분배가 발생했다. 공동체 토지는 계속 집단적으로 이용되었다.

마르크스가 표현했듯이,[471] 이후 여러 민족들 사이에서 일어난 공동체의 진화는 '역사적 환경'의 차이에 따라 달라졌다. 두 가지 역사적 경향이 공동체 그 자체에 고유하게 존재했는데, 하나는 사적 소유 원리를 강화시키고 공동체 자체를 파괴하려는 경향이었다. 다른 하나는 집단적 원리를 보존하려는 경향인데, 이는 공동체가 봉건시대에도 이런저런 형태로 존속할 수 있도록 생활력 있는 유기체로 만들어주었다. 경제적으로 후진 국가에서는 공동체가 자본주의 시대에도 온존하고 있다.

마르크스는 특히 러시아에서 아직도 존재하는 농촌공동체의 미래가 비(非)자본주의적 발전의 전망에 달려 있다고 주장했다. 그는 선진 자본주의 국가에서 사회주의 혁명의 승리라는 필요조건이 충족된다면 앞서의 두 번째 경향이 원칙적으로 가능하다고 믿었다. 그런 경우 유리한 국내적 조건에다가 전제국가 및 반봉건적 착취에 의한 압제로부터 공동체의 해방이 주어진다면(러시아에서 그것은 인민혁명을 통해서만 성취될 수 있다) 살아남은 공동체 형태들은 사회주의 변혁의 출발점이 될 수도 있을 것이다. 그

---

471) Ibid., 156쪽.

러한 사회 발전의 길이 가능하다면 공동체는 자본주의에서 필연적 붕괴를 모면할 수 있으며, 부르주아 사회에 의해 이미 발생한 새로운 생산력에 기초하여 협동노동을 위한 한 형태로 재구축될 수 있을 것이고, 그렇게 되면 '수명을 연장할'[472] 수도 있을 것이다.

마르크스의 공동체적 토지소유의 역사에 관한 연구는 그에게 고대사회 자체의 특징을 분명히 해둘 필요성을 느끼게 해주었다. 사적 유물론의 원리들을 연구하던 1840년대에 마르크스와 엥겔스는 원시사회를 사적 소유나 국가 권력이 없는 무계급 체계로 정리했다. 그들은 원시 가족이 일부일처제가 아니었다고 믿었다. 고대의 민족들, 특히 아일랜드와 웨일스의 켈트인, 게르만족의 관습들의 여러 특징들을 발견함으로써 그들은 이런 견해에 확신을 가졌다. 이런 견해들은 사회의 최초 형태가 원시공산사회였다는 가정 아래서만 설명될 수 있다.

그러나 이러한 가정은 고고학, 고생물학, 민족지학(民族誌學, ethnography) 분야의 새로운 발견을 토대로 해서만 과학적 근거가 있는 이론으로 바뀔 수 있다. 1870년대에는 이론 분야에서 상당한 진전이 있었다. 고대 석기의 과학적 분류가 가능해졌으며, 현생인류의 선행인류인 네안데르탈인이 발견되었다. 과학적 인류기원론의 기초는 1871년에 출간된 찰스 다윈의 『인간의 혈통The Descent of Man』이 출간됨으로써 구축되었다. 다윈의 결론은 엥겔스의 논문 「원숭이에서 인간으로의 발전에서 노동의 역할The Rule of Labour in the Transformation of Age to Man」에서 창조적으로 계승되었다.

1877년 미국의 인류학자 루이스 헨리 모건(Lewis Henry Morgan)은 『고대사회Ancient Society』를 출판했다. 거기서 그는 고대 관습에 대한, 주로 북미 종족들의 관습에 대한 다년간의 연구·조사를 토대로 원시사회의 사회적 단위가 종족이었고, 고대의 혈연체계에서 나타나듯이 결혼 관계들이 군혼(群婚)이나 다양한 일부다처제(Polygamy) 형태를 띠었다는 것을 입증했다. 모건은 스위스 인류학자 요한 바흐오펜(Johann Bachofen)의 가설, 즉 원

---

472) Marx, Engels, *Werke*, Bd. 19, 405쪽.

루이스 헨리 모건(1818~81)과『고대사회』초판 표지.

시 종족에서 여성의 우월한 지위는 군혼에 의한 모계혈통에서 기인한다
는 가설을 확인했다. 그는 바흐오펜이『모권론*Das Mutterrecht*』(1861)에서 펼
친 모권제 이론을 고대사회의 종족 조직에 관한 이론의 맥락에서 설명하
고, 가부장제가 역사적으로 모권제 뒤에 나타났다는 것을 입증했다.

유럽의 공식 학계는 모건의 발견들을 사실상 무시하고 있었고 어느 정
도는 미국에서도 그러했다. 하지만 마르크스와 엥겔스는 이 책을 그들의
역사에 대한 유물론적 관점의 정확성을 입증해주고 새로운 구체적 증거
를 제공해준 탁월한 과학적 일대 사건으로 평가했다. 마르크스는 모건의
발견에 관한 특별한 저작을 집필할 결심을 하고 1880년 말에서 1881년 초
까지『고대사회』에 대한 상세한 요약을 집필했고, 원시시대 문화사에 관
한 유용한 문헌들을 철저히 연구했다.

그 요약은 마르크스가 모건의 결론에 대해 창조적으로 접근했고, 그것
을 자신의 전 자본주의적 사회구성체 연구에 비추어 설명하고자 했다는
것을 보여준다. 마르크스의 비평(「모건의 저서 '고대사회'의 발췌」를 말한다
- 옮긴이)은 그 후 엥겔스가『가족·사유재산 및 국가의 기원*Der Ursprung der
Familie, des Privateigenthums und des Staats*』(1884)에서 활용했는데, 그것은 자연발
생적 유물론자였던 모건의 책에 적힌 모든 것들에 대해 마르크스가 전적
으로 동의하지는 않았음을 보여준다. 마르크스는 사회제도의 진화를 올

바로 밝히기 위해 자료들을 새로이 모았다. 모건은 국가의 출현 이후 사적 소유의 출현을 고찰했지만, 마르크스는 다른 방식을 두루 살폈다. 그는 모건의 견해 중 원시시대에 인간이 이미 '**식량 생산에 대한 절대적 통제력**'을 갖고 있었다는 주장[473] 등을 약간 수정했으며, 가끔은 모건이 제시한 사실들에 기초하여 더욱 폭넓은 일반화를 시도하기도 했다. 또 가족의 진화가 혈연체계의 변화를 따른다는 모건의 견해를 비판하면서, 이것은

『가족·사유재산 및 국가의 기원』
독일어 초판 표지.

부차적·상부구조적 현상들이 일차적·토대적 현상들에 의존한다는 일반법칙의 표현이라는 점을 강조했다.

"이것은 정치적·종교적·법률적·철학적 체계 일반에 명백히 적용된다."[474]

마르크스는 많은 부르주아 학자들(조지 그로트[George Grote]와 테오도어 몸젠[Theodor Mommsen])의 왜곡된 견해 뒤편에 숨어 있는 이데올로기적 동기, 그리고 예를 들면 이런 관계들을 고대종교의 특수한 측면을 인용해 설명하거나 그것들을 신화로부터 도출하려는 관념론적 시도들을 모건보다 훨씬 깊숙이 파고들었다. 마르크스는 이것이 부르주아적 관점의 한계이며, 흔히 보수적 정치관에서 비롯되었다는 것을 강조했다. 호메로스 시대의 그리스군 사령관의 권력에 대한 현대화된 표현을 언급하면서 마르크스는 이렇게 썼다.

"유럽의 석학들 그들 대부분은 날 때부터 왕의 시종들인데, 바실레우스(basileus)[475]를 현대적 의미에서 군주로 표현한다. 양키 공화주의자 모건은

---

473) *Marx-Engels Archives*, Vol. IX, 4쪽.

474) Ibid., 21쪽.

475) 호메로스의 서사시에서는 왕이 세습되는 공동체의 지도자이지만, 귀족제로 이행한 상태에서는 왕 이외의 유력자도 이렇게 불렀다 ― 옮긴이.

이것에 반대한다."[476]

마르크스는 모건의 책보다는 유용한 사실들이 적기는 하지만 원시시대 역사에 관한 다른 저작들, 즉 메인·러벅(Sir John William Lubbock)·타일러(Edward Burnett Tyler) 등의 저작들도 살펴보았다.

그는 메인의 『초기제도사강의Lectures on the Early History of Institutions』에 관해 특히 많은 양의 비평을 달았으며, 가부장제적 가족이나 가족공동체가 최초의 사회형태이며 종족보다 먼저 나타났다는 부르주아 사회학자들의 그릇된 이론을 거부했다.

"그것은 정반대의 다른 방식이다."[477]

메인은 최초의 공동체적 소유가 존재했음을 동의했으나 그것을 부르주아적 개인주의의 입장에서 개인의 결합체로 보았다. 마르크스는 공동체적 생활방식과 대비하여 당대 부르주아 사회를 개인적 자유의 둥지로서 표현한 메인을 부르주아적 옹호론과 위선의 전형적 표본으로 간주했다. 그는 또한 국가권력을 독립적이고 영원불멸의 사회제도로 표현하려는 메인의 시도를 날카롭게 비판했다. 사회가 적대적 계급들로 쪼개지는 사회 발전 단계에서 국가가 출현하며, 명확한 계급적 이해관계를 지니는 기구로서 출현한다는 것이다.

"국가의 **출현**이 사회 발전의 일정 단계에서만 가능하듯이, 사회가 아직 도달하지 못한 단계를 획득하자마자 국가는 다시 소멸한다."[478]

마르크스는 존 러벅의 『문명의 기원과 인간의 원시적 상태The Origin of Civilization and the Primitive Condition of Man』를 읽으면서, 군혼과 모권제에 관한 러벅의 합리적 견해 및 초기 사회의 사회조직에 관한 극히 모호한 견해들을 면밀히 살펴보았다. 그의 결론은 다음과 같았다.

결국 존 러벅은 그것의 기초에 관해, 즉 씨족(gens)에 관해 아무것도 알

---

476) Marx, Engels, *Selected Works*, Vol. 3, 273쪽.
477) 마르크스·레닌주의연구소 중앙당 문서보관소.
478) Ibid.

지 못했다."[479]

마르크스의 선사시대 역사에 대한 연구는 사회 발전에 대한 이론에 깊이를 더해주었으며, 사적 유물론을 새로운 자료들로 보강하는 데 도움이 되었다. 마르크스는 또한 역사 연구의 다른 분야에서 자신의 견해에 확신을 갖게 되었다.

그는 해방운동의 역사와 피압박 민족들의 투쟁에 커다란 관심을 쏟았다. 그는 카를 뷔허(Karl Bücher)의 『노예노동자의 봉기들*Risings of Enslaved Workers*』(1874)을 활용하여 고대 로마의 초기 노예봉기에 대한 연대기를 작성했다. 러시아 역사가 코스토마로프(Nikolai Ivanovich Kostomarov)의 『스텐카 라진의 반란*Stenka Razin's Mutiny*』을 읽고 17세기 러시아 농민운동사에 관한 노트를 만들었다. 지노 카포니(Gino Capponi)의 『플로렌스 공화국사 *History of Florentine Republic*』를 요약하면서, 마르크스는 역사상 전(前) 산업프롤레타리아트의 최초의 혁명적 행동의 하나로서 1378년 모직노동자 폭동을 각별히 다루었다.

마르크스는 1789년 프랑스 혁명의 역사에 항상 관심을 쏟고 있었다. 1879년에 그는 러시아 역사가 카레예프(Nikolai Ivanovich Kareyev)의 『18세기 마지막 15년간의 프랑스 농민계급과 농민문제*The Peasantry and the Peasant Question in France in the Last Quarter of the 18th Century*』를 읽고 코발레프스키에게 보내는 편지에서 그 책을 매우 호의적으로 평하고 있다. 프랑스의 민주주의적 역사가 조르주 아브넬(Georges Avenel)의 『혁명 월요일*Revolutionary Mondays*』(1875)에 대한 방대한 노트들도 혁명기 프랑스의 사회·정치적 과정, 그 국제관계, 반혁명 음모였던 방데 폭동(the Vendée rising)에 대한 투쟁의 역사, 혁명진영 내부의 여러 경향들 사이의 투쟁, 혁명 수년 동안에 출현했던 민주혁명적·평등주의적·사회주의적 사상들에 지대한 관심이 있었음을 보여주고 있다.

아직 분할되지 않은 영토들을 수탈하기 위한 자본주의 국가들의 식민

---

479) Ibid.

지 경쟁은 마르크스로 하여금 더욱 많은 시간을 식민지 민족들의 역사와 해방운동에 쏟게 만들었다.

1880년과 1881년 동안에 그는 영국 최초의 식민지인 아일랜드의 농업 관계에 대한 연구를 재개했고, 그전에는 아일랜드 농민 상태를 다룬 윌리엄 칼턴(William Carleton)의 사실적인 기록들을 읽었다. 급진 정치평론가들의 저작들이나 기타 자료들은 인도 인민의 상태에도 그리 나은 변화가 일어나지는 않으리라는 사실을 시사해주었다. 인도 인민들에 대한 식민지적 약탈과 그 심각한 결과들(주민들의 가공할 만한 빈곤, '유럽에서는 전혀 상상할 수 없을' 정도의 반복되는 기근), 식민주의자들에 의한 엄청난 부의 수탈 등과 관련하여, 마르크스는 1881년 2월 19일자로 다니엘손에게 보낸 편지에서 "이것은 흡혈적 과정이다. 저주가 있을 지어다!"[480]라고 썼다.

마르크스는 인도 역사에 대해 새로운 시각을 취했다. 1879년부터 1881년까지 그는 수많은 책에서 취한 자료들에 기초하여 방대한『인도사 노트 Notes on Indian History』를 정리했다. 이 책은 이슬람의 정복과 무굴 제국의 성립에서부터 1859년 영국에 의한 민족해방 봉기의 진압에 이르기까지 수 세기를 포괄하고 있으며, 식민지적 압제에 대한 격렬한 항의로 점철되어 있다. 마르크스는 식민주의자들('영국의 금수들'[481])을 맹렬히 비난했고, 그들과 한통속이 되었던 매국적 인도 귀족들에게도 비난을 퍼부었다.

마르크스는 인도네시아에 대한 네덜란드와 영국의 식민통치사 및 19세기 중엽의 유럽인과 미국인의 일본 침투사, 그리고 중국에 관한 저작들을 연구했다.

1882년 가을 멀홀(Mulhall)의 「이집트 재정」(그해 10월『현대평론Contemporary Review』에 게재되었다)에 대한 발췌문에서, 마르크스는 식민정책의 새로운 양상, 즉 경제적 후진국들에 대한 수탈과 약탈 과정에서 점증하는 주식회사의 역할에 주목했다. 이집트 재정에 대한 지배의 확립과 이집트 재정의

---

480) Marx and Engels, *Selected Correspondence*, 337쪽.
481) *Marx, Notes on Indian History*, Moscow, 1960, 89쪽.

유럽 은행에 의한 예속화는 영국과 프랑스의 침략을 위한 길을 닦아놓았다. 마르크스는 1883년 1월 9일 딸 엘레아노르에게 보낸 편지에서, 영국의 이집트에 대한 식민지적 정복은 영토 확장 책동 중에서도 가장 비열한 행위였다고 썼다.

말년에 마르크스는 역사 지식을 요약하고 모든 국가의 역사 발전이 지닌 일반적인 양상을 공식적으로 재생해내려고 했다. 그는 계획의 일부만을, 즉 주로 유럽사에 대한 그리고 약간은 아시아·아프리카 인민[아랍·몽골·터키·호라즘]에 대한 계획을 실현했는데, 이 작업조차도 놀랄 만큼 풍부한 사실들을 담고 있었다. 1881년 말부터 1882년 말까지 그는 네 권의 두꺼운 노트를 세계사에 관한 기록들로 가득 채웠는데, 그것은 BC 1세기부터 17세기 중반에 이르기까지의 역사적 사건들을 포괄하고 있다. 엥겔스는 마르크스 사후에 그의 유고들을 분류하면서 이 저작에 『연대기 노트 Chronological Notes』라는 이름을 붙였다.

마르크스의 주요 자료는 슐로서(Friedrich Christoph Schlosser)의 『세계사』 아홉 권이었다. 이 기간 동안 그는 카를로 보타(Carlo Botta)의 『이탈리아 인민사History of Italian People』, 급진주의자인 윌리엄 코빗(William Cobbett)의 『영국 프로테스탄트 '종교개혁'의 역사A History of the Protestant 'Reformation' in England』, 데이비드 흄(David Hume)의 『영국 약사Short History of England』, 니콜로 마키아벨리(Niccoló Machiavelli)의 『플로렌스 역사History of Florence』, 카람진(Nikolai Mikhailovich Karamzin)의 『러시아사History of Russian State』, 콩트 드 세귀르(Conte de Ségur)의 『러시아와 표트르 대제의 역사History of Russia and of Peter the Great』를 참고하기도 했다. 마르크스는 발췌문뿐만 아니라 존 리처드 그린의 『영국인민사History of English People』를 요약하기도 했다. 마르크스는 여러 사건들과 인물들을 평가하면서 자신의 자료들에 크게 의존하였고, 그의 노트들은 그가 연구하고 있던 저작들로부터 사실들을 단순히 재현시킨 것이 아니라 다양한 역사적 사실(史實)들에 대한 견해를 곁들이기도 했다.

마르크스는 『연대기 노트』에서 정치적 사건들에 관심을 집중했으나, 이 따금 그것들의 사회적·계급적 뿌리까지 파고들었다. 그는 역사란 사실들의 우연적인 만화경이 아니라, 각국의 역사적 과정과 그것의 특수한 양상이 지닌 일반적 경향을 반영하는 사실들의 질서정연한 사슬이라고 보았다. 전체적으로 볼 때 이것은 봉건적 관계의 출현으로부터 봉건제의 붕괴와 절대군주제 및 초기 부르주아 혁명시대에 이르기까지의 봉건사회 역사에 대한 묘사이다.

마르크스는 『연대기 노트』에서 역사를 극적인 상황들이 가득 찬 살아 있는 과정으로 보았다. 역사 속에서 일반법칙은 결정적인 평형력으로서가 아니라 다양한 조건에서 다양하게 나타나는 수많은 우연적 사건들과 일탈현상들을 통해 길을 열어주는 힘으로 작용한다는 증거를 새로이 제시해주고 있다.

마르크스는 부르주아 역사가들이 그토록 자주 지배계급 정책의 정당성을 옹호하기 위해 사용한 위장된 공평성을 몹시 혐오했다. 그의 초고는 압제자와 침략자, 권력에 굶주린 봉건영주들, 왕관 쓴 폭군들, 자기 본위의 교황과 주교들, 교조적 광신자들과 반계몽주의자들에 대한 분노로 가득 차 있다. 그래서 마르크스는 동방의 여러 나라들을 약탈한 십자군을 **십자군 얼간이들**이라 불렀으며, 슬라브 영토에 대한 정복을 꾀했던 독일의 하인리히 사자공(Heinrich der Löwe)을 "딴 속셈을 가진 야만적인 난봉꾼"으로, 역시 발트 지역을 야만적으로 정복한 러시아의 리보니아 기사단(Livonian Order)[482]을 '깡패들' 또는 **똥개 같은 기사들**로, 15~16세기의 돈벌이만을 위한 용병들을 '국제적 해적 쓰레기'로 불렀다. [483] 마르크스의 날카로운 말들은 착취자에 대한 그의 태도를 반영했던 것이었으나, 그는 결코 역사를 과도하게 단순화하여 흑백논리로 표현하지는 않았다. 그는 여러 정치가들이 사용한 정책들의 모순적 특징들과 진보적 측면들을 관찰하는 데

----

482) '검의 형제기사단'이라고도 부른다. 13세기 후반 이들은 주민들을 강제로 개종시키기도 했다. 리보니아는 발트해의 동해안 지방이다 – 옮긴이.

483) *Marx-Engels Archives*, Vol. V, 197, 144, 344쪽. Vol. VII, 169쪽.

도 능숙했다. 그래서 "도시민과 농민들과 잘 어울렸으며 고귀한 귀족에 대해서만 잔인하고 불성실했던"[484] 프랑스 국왕 루이 6세의 정책을 다루면서, 마르크스는 민족국가의 성립기에 중앙집권화된 왕권의 진보적 역할을 발견했다. 그는 '위대한 마키아벨리적' 이반 3세에 대해서도 똑같은 접근방식을 취했다.

마르크스는 봉건 압제에 대한 인민적 저항에 공감을 느꼈다. 그의 발췌문들은 봉건 시기의 계급투쟁을 특징짓는 모든 사실들을 기록하고 있다. 그는 14세기에 시작하는 유럽 제국의 계급 갈등의 심화에 대해 이렇게 말했다.

"프랑스와 영국에서 …… **대(大)봉건영주들과 기사단 사이의 내전, 대봉건영주와 기사들에 대한 도시민의 봉기, 그리고 견딜 수 없는 압제 아래 신음하던 하층계급 인민들의 격분.**"[485]

마르크스는 이탈리아의 프라 돌치노(Fra Dolcino)가 주도한 봉기, 프랑스에서 일어난 자크리의 난, 와트 타일러(Wat Tyler)와 잭 케이드(Jack Cade)가 주도한 영국에서의 봉기들, 체코에서 일어난 얀 후스의 개혁운동, 1524~25년의 독일 농민전쟁, 1566~1609년의 네덜란드 부르주아 혁명 등을 상세히 다뤘다. 그는 농민운동의 취약점, 즉 그들의 이데올로기적 후진성과 정치적 단견을 간과하지는 않았지만, 그들의 패배에도 불구하고 농민봉기가 항상 봉건제에 가장 심대한 타격을 주었다는 사실을 줄기차게 강조했다.

마르크스는 국외 침략자에 대한 인민의 투쟁을 극히 진보적인 요소로 파악했다. 그의 발췌문들은 백년전쟁 시기에 영국의 침략에 맞서 인민의 저항을 결집시켰던 프랑스 농민 소녀 잔 다르크(Jeanne d'Arc)에 대해 찬탄해마지 않았다. 또 그는 1378년 보자(Vozha)강 전투와 1380년 **쿨리코보(Kulikovo) 평원**에서 모스크바 대공 드미트리 돈스코이(Dmitry Donskoy)가

---

484) Ibid., Vol. VI, 387쪽.
485) Ibid., 64쪽.

타타르족(몽골족)을 격퇴한 것의 중요성(타타르족의 속박에서 러시아 인민을 해방시킨 것)에 대해 각별히 언급하고 있다.[486]

전반적으로 볼 때『연대기 노트』는 세계사 문제에 관한 마르크스의 방대한 작업의 산물이라고 할 수 있다.

각국의 프롤레타리아 당 건설을 위한 투쟁

말년에 마르크스는 끊임없이 과학적 연구를 노동계급 운동의 실제적 지도와 결합시켰다.

"현존 자본주의 경제적 생산체제의 족쇄로부터 임노동자계급의 해방을 위한 투쟁은 그의 현실적 본령이었다. 그리고 그보다 적극적인 전사는 여태껏 존재한 적이 없었다."[487]

마르크스의 생애 말년에 유럽과 아메리카 대륙 각국에서 프롤레타리아 당을 건설하는 과업은 점차 노동계급 운동의 전면에 부각되었다. 1870년대 중반까지는 단지 두 개의 조직된 노동자계급 당(독일의 사회민주당과 오스트리아·헝가리 제국의 사회민주당)만이 역사무대에서 활약하고 있었으나, 후에 산업 국가들에도 당 조직의 형성이 가속화되었다.

1879년 10월 마르세유 노동자대회는 프랑스 노동당을 성립케 했는데, 그것은 국제 노동계급 운동의 탁월한 성과였다. 벨기에 사회당 또한 1879년에 출현했다. 인접한 네덜란드에서는 목사 경력을 지닌 페르디난트 도멜라 니우엔하위스(Ferdinand Domela Nieuwenhuis)가 1879년에 사회주의 신문『만인의 권리Recht voor Allen』를 간행하기 시작했다. 그에 앞서 1876년에는 '사회민주주의연합(Social Democratic Union)'이 덴마크에 출현했으며, 1881년에는 스웨덴에서 사회주의의 확산을 위한 위원회가 말뫼(Malmö)에 설립되었다. '인터내셔널'의 초기 지도자들은 이러한 조직 건설 과정에서 맹활약했다.

---

486) Ibid., Vol. VIII, 151쪽.
487) Marx, Engels, *Werke*, Bd. 19, 333, 334쪽.

호세 메사, 파블로 이글레시아스를 비롯한 스페인 사회주의자들은 1879년 마드리드에서 '스페인 사회주의노동당'을 건설했다. '인터내셔널' 포르투갈지부를 초기에 건설했던 사람들은 일찍이 1875년에 '포르투갈사회당'을 건설하려고 시도했다. 1877년 말에 '사회민주당'이 스위스에도 건설되었으나 매우 복잡한 구성원들 때문에 취약한 것으로 판명되었다.

이탈리아에서는 무정부주의자가 노동계급에 깊이 뿌리내리고 있었기 때문에 사회당을 형성하는 데 많은 어려움이 있었으나, 노동계급과 혁명적 인텔리겐치아의 지도적 분자들이 1876년에 설립한 '북부이탈리아연합(Upper Italian Federation)', 1881년 설립한 '로마냐 혁명사회주의당(Revolutionary-Socialist Party of Romagna)'으로 결집되어 무정부주의적 도그마를 극복했고, 정치투쟁에 참여하는 데 찬성표를 던졌다.

개별적 당을 건설하려는 경향은 역시 합스부르크 제국의 비오스트리아계 지역에서도 명백했다. 1878년에 '체코슬로바키아 사회민주당(Czechoslavonic Social-Democratic Party)'이 설립되었다. 레오 프랑켈의 활동 덕분에 '전국헝가리노동당(General Workers' Party of Hungary)'도 1880년에 형성되었다.

마르크스주의는 동유럽에서도 영향력을 확산해나갔다. 1878년에 폴란드 혁명운동의 지도자 루드비크 바린스키(Ludwik Warynski)는 「바르샤바 사회주의자 강령」을 기초했으며, 1882년에는 최초의 폴란드 사회주의 정당 '프롤레타리아트'가 출현하기도 했다.

이 시기에는 러시아 혁명운동이 나로드니키주의에서 마르크스주의로 점차 이행하는 것이 눈에 띄었다. 러시아 초기 노동자 결사체인 '남부러시아 노동자동맹'(1875)과 '북부러시아 노동자동맹'(1878)의 선구자들은 서유럽 노동계급 운동의 경험을 답습하려고 노력했다. 초기 노동자 조직들을 건설했던 자슬랍스키(Y. O. Zaslavsky), 옵노르스키(V. P. Obnorsky), 할투린(S. N. Khalturin)은 '인터내셔널'의 이념을 따랐고 마르크스의 저작들을 읽었다. 1880년대 초에는 러시아 최초의 마르크스주의 조직인 '노동해방단(Emancipation of Labour group)'을 결성하기 위한 선결조건이 마련되고 있었다.

사회주의 조직들은 아메리카 대륙에서도 출현하기 시작했다. 1876년 필라델피아 대회에 다양한 사회주의 그룹들이 '노동자당(Workingmen's Party)'을 건설하기 위해 참석했다. '인터내셔널'의 구성원들인 프랑스와 독일계 이주민들, 그중에서도 파리 코뮌에 가담했던 레이몽 빌마르(Raymond Vilmart)는 마르크스를 알고 있었고 라파르그의 친구이기도 했다. 그는 아르헨티나와 우루과이 및 칠레에 사회주의 이념을 보급시키는 데 큰 역할을 했다. 혁명 선전 단체인 '전위대(La Avangardia)'가 1879년 아르헨티나에서 결성되었으며, 1878년에는 멕시코에서 '사회당'이 건설되었다.

세계 만방에서 사회주의 정당과 조직들이 출현한 것은 마르크스와 엥겔스가 '인터내셔널'에서 활동하던 무렵 구상했던 진로의 정확성을 입증해주는 것이었다. 그러나 출현하는 정당들은 이데올로기와 조직을 튼튼하게 만들 필요가 있었다. 예전에 부르주아 민주주의자였던 지도자들은 일관성 있는 마르크스주의자들이 아니었다. 그래서 덴마크나 스웨덴에서는 고타강령의 라살레주의적 오류들을 되풀이하고 있었다. 지도부 내의 종파주의적 경향들은 가끔씩 대중과 강고한 연대의 형성을 가로막기도 했다.

앞으로 출현할 노동자 정당의 혁명적 교육과 훈련 앞에는 길고도 힘든 투쟁이 가로놓여 있었다. 국제 프롤레타리아 운동의 지도자로서 마르크스와 엥겔스는 만국의 사회주의자들을 도왔고, 그들의 활동이 국제적으로 협력이 되는지 확인하려고 끊임없이 노력했다. 마르크스가 죽기 직전에 엥겔스는 다음과 같이 말했다.

"우리는 **국제적** 사회주의 대표자로서 이러한 우리의 지위를 중요하게 생각하고 있다."[488]

각국에서 벌어지는 사회주의 활동의 특징들을 고려한 두 사람은 그것

---

488) Marx and Engels, *Selected Correspondence*, 358쪽.

을 사회주의를 위한 국제적 투쟁의 주류로 흘러들어가도록 하고, 노동계급의 국제적 연대를 발전·강화시키기 위해 엄청난 노력을 했다. 레닌은 '인터내셔널'의 해산과 더불어 "마르크스와 엥겔스의 구심체 역할은 중단되지 않았다. 오히려 노동계급 운동의 정신적 지도자로서의 중요성은 운동 그 자체가 부단히 성장하고 있었기 때문에 계속 유지되지 않을 수 없었으리라."[489]고 썼다.

마르크스는 사회주의자들에게 일관성 있는 혁명적 정책을 추구하고, 주어진 상황에 대해 냉철한 평가를 내리도록 주문했다. 그는 현실적인 혁명 사업을 호랑이 담배 피우는 식의 공상이나 추상적이고 근거 없는 논의와 추론으로 대체시키는 것에 결연히 반대했다. 그는 과학적 사회주의를 어떤 상황 속에서도 응용할 수 있는 비방(祕方)의 총합으로 여기는 발상에 대해 경고했다. 그리고 구체적·사회주의적 정책은 "물론 사람이 행동해야만 하는 주어진 역사적 조건에 전적으로 의존하고 있다."[490]라는 점을 재삼 강조했다.

마르크스는 사회주의 운동 지도자의 국제적 연대의 발전을 촉진시키기 위해 최선을 다하는 한편, 또 다른 국제 프롤레타리아 조직을 수립하는 것은, 즉 사회주의 정당들이 각국에서 스스로 두 발로 확고히 서기에는 아직 이르다고 판단했다.

그는 니우엔하위스에게 다음과 같이 썼다.

"새로운 국제적 노동자 단체를 위한 결정적 시점은 아직 다다르지 않았다는 것이 나의 확신이다."[491]

이것은 마르크스 생전에 마지막 국제 사회주의자 대회였던 1881년의 사회주

루터교 목사이자 네덜란드 최초의 사회주의자 페르디난트 도멜라 니우엔하위스(1846~1919).

489) V. I. Lenin, *Collected Works*, Vol. 2, 26쪽.
490) Marx and Engels, *Selected Correspondence*, 337쪽.
491) Ibid., 339쪽.

의자 대회에 파견된 대표자들에 의해 확연히 인식되었다. 그것은 10월 초순에 스위스의 취리히에서 개최되었으며, 러시아의 파벨 악셀로트를 비롯한 12개국 사회주의자들이 참석했다. 대회는 국제 사회주의 협회를 설립하는 의제를 상정하지조차 못했고, 토론과 결의에서 몇몇 주제들을 규명하는 데 미숙했다. 그렇지만 국제 노동계급 운동의 진정한 대표자들이 줄곧 과학적 사회주의에 대한 확고한 입장을 고수하고 있다는 것을 보여 주었다. 대회 이후 베커는 이것이 "어떤 사회주의적 독단, 즉 인류의 행복에 대한 무정부주의적·종파주의적 또는 그 밖의 창안자들과도 거리가 먼 국제적 당 대회였다."라고 엥겔스에게 썼다. [492]

마르크스는 전쟁의 위협과 지배계급의 침략적 대외정책에 대한 투쟁을 사회주의 정당들이 당면한 가장 중요한 국제적 과업으로 보았다. 1880년 9월 12일 다니엘손에게 보낸 편지에서 다음과 같이 썼다.

"나는 유럽에서 전면전이 없기를 바란다. 궁극적으로 그것은 사회적(내가 말하고자 하는 바는 **경제적**) 발전을 저해하지 않고 오히려 가속화시킬 것이다. 하지만 그것은 기간이 짧든 길든 불필요한 힘의 소모를 초래할 것이다."[493]

마르크스는 군국주의에 대한 항거가 가능한 한 모든 방법을 통해 발전해야만 하는 '인터내셔널'의 중요한 전통이라고 생각했다.

비스마르크의 「반(反)사회주의자법」에 대항하여, 기회주의 비판

1878년 독일의 지배계급 정책에 우익으로 선회하는 명백한 징조들이 나타났다. 그것은 우선 사회민주주의의 영향력 확장에 따른 불안, 보호주의적 관세, 식민지 정복 및 확장을 통한 대외시장의 확보를 노린 지주와 대(大)부르주아지 블록의 야심 때문이었다. 이런 목적을 달성하는 데 드는 비용을 치르고 지속적으로 증가하는 군비를 마련하려면 증세(增稅)가 불

---

492) 마르크스·레닌주의연구소 중앙당 문서보관소.

493) Marx, Engels, *Werke*, Bd. 34, 464쪽.

가피했는데, 비스마르크가 취했던 방식도 바로 그것이었다. 이전부터 그는 국수적 자유주의자들과 동맹을 염원해왔기에 이제 우익세력으로 돌아선 것이다. 그는 국수적 자유주의자들의 지지를 통해 전제적 군국주의 체제를 강화하고, 노동계급과 민주주의 운동을 탄압하여 자유주의 반대파에 위협을 가하려 했다.

정부는 '사회주의노동당'에 일격을 가하려고 만반의 준비를 갖추고 있었다. 비스마르크는 그 당을 새로운 경제·정치적 정책들에 대한 주된 장애물로 여겼다. 노동자 정당과의 싸움에서 지배집단들은 1878년 5월 11일 실업자이던 배관공 막스 회델(Max Hödel)이 황제 빌헬름 1세를 암살하려던 사건과, 같은 해 6월 2일 전 농업아카데미 학생이자 무정부주의자였던 카를 노빌링(Karl Nobiling)이 황제에게 중상을 입힌 사건을 이용했다. 사회민주주의자들은 이 사건들과 아무런 관련도 없었으나, 이런 테러리스트들의 행동에 대해 책임 추궁을 당했다.

1878년 10월 19일, '연방의회'의 다수 보수파는 사회민주주의자들의 유해하고 위험한 열망에 맞서 하나의 법안을 통과시켰다. 그것은 3년짜리 시한부 법안이었는데, 비스마르크는 이후에도 제멋대로 연장시켰다. 그 법은 모든 노동자의 결사와 사회주의 이념을 보급하기 위한 정기간행물과 선전활동을 금지했다. 당국은 여러 지방과 도시에서 '소규모 위수령(minor state of siege)'을 선포할 권한을 부여받았고, 그 아래서 경찰은 집회의 임의해산, 어떤 불온한 사람이든지 그들의 가족과 함께 임의동행할 수 있는 권한을 가졌다. 법안이 논의되는 동안 마르크스는 그것에 대해 다음과 같이 말했다.

"사회민주주의 운동으로부터 조그만 합법성의 테두리마저 박탈해버리려는 미증유의 법이 탄생하고 있는 중이다."[494]

다른 여러 나라에서도 비스마르크의 정책을 본받았다. 오스트리아·헝가리 제국에서는 사실상 '사회민주당'을 금지하는 조치들이 취해졌다.

494) Ibid., 77쪽.

1878년 9월 프랑스 정부는 파리에서 국제 노동자 대회를 개최하는 것을 금지시켰다. 1878년 말 교황 레오 3세는 사회주의자를 겨냥한 특별 회칙(回勅)을 공표했다.

이 어려운 시기에 마르크스와 엥겔스는 독일 노동자 정당을 위해 국제무대에서 부지런히 활약했다. 그 법안이 논의되고 있던 1878년 9월 16일 이래 마르크스는 브라케로부터 '연방의회'에서 논의된 내용을 줄곧 구두로 보고받았으며, 이를 폭로하는 기사를 『데일리 뉴스』지에 실으려고 했지만 완결하지는 못했던 듯하다. 아마도 그것이 영국 부르주아지 신문에 게재될 가능성이 적다고 판단했을 것이다. 그의 간략한 초안은 마르크스가 독일 반동에 대한 반격이 개시될 것이라고 믿었던 노선들을 보여주고 있다. 그는 사회민주주의자들을 무정부주의자들과 동일시하려는 반동적 시도를 폭로하고, 사회민주주의적 교의 그 자체가 사람들에게 과격성이나 테러리스트적 행동을 유발시킨다는 그릇된 주장을 반박하는 데 커다란 중요성을 부여했다. 그는 노동계급의 해방투쟁이 단순한 무장충돌이나 폭동을 의미하는 것은 아니라고 주장했다. 그것은 폭력혁명의 형태를 띠기 전에 필연적으로 평화적 발전의 단계를 거친다. 평화적 단계에서 비평화적 단계로의 이행은 혁명가들의 주관적 의도나 그들의 교의에 의존하는 것이 아니라, 무엇보다도 지배계급 자체의 행위에 의존한다.

"역사 발전은 어떤 주어진 사회에서 권력을 휘두르는 사람들이 그런 발전을 저지하기 위해 힘에 호소하지 않을 때만 '평화적'으로 이루어진다."[495]

사회민주주의자들이 무력을 사용한다고 비난하면서 정작 자기네들은 발전하는 노동계급 운동에 맞서 테러리즘에 호소했던 위선적인 행태를 마르크스는 낱낱이 보여주었다. 이 가혹하기 이를 데 없는 법은 "**평화적 단계**를 **거쳐가고** 있는 **발전**에 대한 권력 측의 **폭력적 대응**"[496]이었다.

마르크스는 1879년 1월 5일자 미국의 부르주아 신문 『시카고 트리뷴』과

---

495) *Marx-Engels Archives*, Vol. Ⅰ (Ⅵ), Moscow, 1932, 397쪽.
496) Ibid.

의 대담에서, 「특례법*the Exceptional Law*」과 그것을 도입한 이유 및 비스마르크 정부의 반혁명적 책동에 관해 대중적인 논평을 가했다. 그는 비스마르크 정책이 고사해가는 모습을 묘사하면서, 그것의 보나파르트적 본질과 정치·군사적 독재를 강화시키려는 충동을 폭로했다. 마르크스는 단언했다.

"비스마르크는 나폴레옹의 족적을 따를 것이다. 그는 통일을 빙자하여 전제를 강화함으로써 …… 시작했다. 있으나마나 한 헌법 아래, 그는 그의 군사적 책략이나 통일정책을 위해 인민이 더 이상 세금을 물 수 없을 때까지 과세했으며, 바야흐로 그는 헌법도 없이 그것을 수행하려고 혈안이 되어 있다. 자기가 택한 만큼 징수하기 위해 그는 사회주의라는 유령을 불러냈고, **폭동을 일으키도록** 자기의 권력으로 할 수 있는 모든 짓들을 다했다."[497]

마르크스는 그 독일인 재상이 프롤레타리아트의 확고부동성과 냉정성 때문에 도발적 책략을 완전히 실현시킬 수는 없었다고 지적했다. 또 혁명적 명성을 지닌 사람들을 노빌링과 같은 '비열한 인간'과 연합케 함으로써 그들의 얼굴에 먹칠하려는 시도들도 실패했다고 말했다.[498] 비스마르크의 전횡적 행위는 쿠데타에 해당하는 것이었는데, 그것은 실패하지 않을 수 없었다. 마르크스의 예견은 딱 들어맞았다. 마침내 12년 후인 1890년 「반사회주의자법」은 철폐되었고 독일 사회민주주의는 괄목할 만한 세력으로 성장했다.

마르크스는 여러 국가의 노동계급 지도자들에게 독일 사회민주주의자들과 연대를 표명할 것을 요구했다. 그는 「반사회주의자법」의 희생자들을 위한 모금에도 힘을 쏟았다.

마르크스는 독일 노동자들이 「반사회주의자법」에 대한 투쟁에서 꼭 필요한 확고부동함을 보여줄 것이라고 믿었으며, 독일 프롤레타리아트의 혁명적 전위도 그의 희망에 어긋나지 않게 행동했다. 당원 대중들은 경찰

---

497) *The Chicago Tribune*, January 5, 1879.

498) *The Times Literary Supplement*, July 15, 1949, 464쪽.

의 조치들에 맞서 투쟁을 계속하려는 보기 드문 자기결단과 냉정함을 가지고 대처했다. 그들의 계급적 본능은 새로운 형태의 혁명 사업을 착안해냈다. 분산된 당 조직 대신에 새로운 비합법적 조직이 점차 출현하기 시작했고, 지하 선전과 접선이 확립되었으며, 합법적 통로 또한 당의 활동을 위해 사용되었다.

그러나 대중들이 보여준 진정한 혁명적 본능과는 대조적으로, 「특례법」은 몇몇 당 지도자들 사이에서 혼란을 초래했다. 그것이 통과되기도 전에 당 집행부로 기능하고 있던 함부르크의 '중앙선거의원회(Central Electoral Committee)'는 베벨의 반대에도 불구하고, 해산을 선언하고 지방 당 조직들에게 이를 따르라고 종용했다. 이것은 궁극적으로 당을 해산으로 이끄는 길이었다. 공공연한 개량주의 분사들은 말할 것도 없고, 상당수 유동적인 사회민주주의 지도자들은 변화된 상황 때문에 혁명적 투쟁방식을 포기하지 않을 수 없었다. 소심한 겁쟁이라고 경멸받고 신념이 부족한 다른 기회주의자들과 함께 합법적 당을 유지하기 위해 혁명적 원칙들을 희생양으로 삼으려 했다. 그중에는 비스마르크 체제에 순응하는 새로운 당을 건설하고자 했던 빌헬름 블로스 같은 사람도 있었다. 그들은 비스마르크의 조치들, 특히 1881년에 정치적 선전 목적으로 공포된 노동자 보험법과 같은 조치를 지지하도록 촉구했다. 1879년 5월 17일 '사회민주당' 대표 막스 카이저(Max Kayser)는 의회그룹의 승인을 받아 대자본가와 지주들의 이익을 위한 보호관세를 도입하려는 정부 법안에 지지 발언을 했다. 마르크스는 카이저의 연설이 불명예스런 것이라고 지적했다.

당 대열 내에는 또 다른 위험성도 나타났다. 종파주의적 무정부주의자들이 독일과 오스트리아·헝가리 제국에서 적극적으로 활동했다. 이런 '좌익적' 일탈은 당내에 진출한 프티부르주아 분자들의 동요와 비프롤레타리아 이데올로기의 영향 덕분에 살쪄갔다. 따라서 종파주의적·무정부주의적 견해가 뒤링의 많은 지지자들, 특히 요한 모스트, 라살레주의자였던 빌헬름 하셀만(Wilhelm Hasselmann) 등에 의해 만연되고 있었던 것도 우연이 아니었다.

1878년 말에 모스트는 다른 사회주의자들과 함께 베를린에서 추방되었고, 미국으로 망명할 목적으로 런던으로 향했다. 하지만 그는 런던에 계속 머무르면서 '런던 독일노동자교육협회'의 요청으로 주간지 『자유Freiheit』의 편집을 맡았는데, 1879년 1월에 창간호를 선보였다. 처음에 그 신문은 우익 기회주의를 공격했으나 나중에는 극좌 무정부주의적 견해의 대변지로 변했다. 그것은 당의 모든 지도를 기회주의라고 비난했으며, 너무나 조잡한 환심 사기로 일관했다. 그의 동료 대부분은 선거 참여나 '연방의회' 연설 등의 합법적 당 활동을 반대했다. 그들은 당국과의 공개적 충돌이나 폭동 준비를 촉구했으며, 회델이나 노빌링이 실행했던 테러리스트적 행동이 진정한 혁명정신의 표현이라고 주장했다. 1879년 7월 1일 엥겔스는 분노하여 베커에게 다음과 같이 편지를 썼다.

"『자유』는 총과 칼을 든 혁명에 대해 지껄이기를 계속하고 있다."[499]

마르크스와 엥겔스는 모스트의 노선이 오류임을 명백히 밝히면서, 그것은 당을 타락시키고 대중으로부터 유리시키며 비스마르크 당국이 경찰 도발을 하도록 조장하고 있다고 말했다. 노동자들이 지도자에게 보낸 많은 편지에서, 그들은 종파주의적 무정부주의 경향에 대해 사회민주주의 지도자들이 벌이는 투쟁을 지지했고, 그 두 사람이 자신을 지지했다고 터무니없는 소문을 퍼뜨리고 다니는 모스트 그룹과 아무런 관계도 없음을 낱낱이 밝혔다.

이런 우와 '좌'로의 동요와는 대조적으로 베벨, 리프크네히트, 브라케 및 그 밖의 지도자들은 올바른 노선을 찾는 데 성공했다. 이 어려운 시기에 베벨은 조직적 재능과 투쟁정신을 완전히 발휘했다. 진정한 프롤레타리아 지도자였던 그는 대중에게 지침을 주는 것뿐만 아니라 그들로부터 배우고 그들의 주도권을 받아들이며 발전시키는 데 능력을 발휘했다. 그는 다른 사람들보다 훨씬 앞서, 집행부가 해산을 결정한 것은 틀렸으며, 지하

---

499) Marx, Engels, *Werke*, Bd. 34, 383쪽.

사업에 맞게 설계된 새로운 형태의 당 활동을 만들어낼 필요가 있다는 것을 인식했다. 아우구스트 베벨은 노동자 지도부와 협력하여 당 조직을 회복하는 데 많은 노력을 했다.

1878년 가을 그가 의장으로 있던 라이프치히 '후원회(Aid Committee)'는 당 지도부 기능을 띠었다. 독일 노동계급 운동의 새로운 시기를 맞아 베벨은 "스스로 진정한 당 지도자임을 보여줬다."[500]

베벨은 노동계급 운동의 중대한 요구들을 파악해냈지만, 기회주의가 새로운 상황에서 당에 미칠 수 있는 위험성은 즉각 인식하지 못했다. 기회주의의 영향력 아래서 리프크네히트는 이따금 혁명적 논조를 방기하곤 했는데, 그 실례가 1859년 3월 17일자 '연방의회'의 연설이었다. 여기서 그는 '사회민주당'이 개량 징딩으로서 「반사회주의자법」을 준수할 것이라고 말했다. 당 지도부가 우익 기회주의에 대해 취했던 우유부단한 태도는 외국에서 출판되는 당 기관지의 편집진 구성에 관한 토론에서도 엿볼 수 있었다.

베벨과 리프크네히트가 참여하고 있던 라이프치히 편집위원회와 별도로 신문이 발행될 예정이었던 취리히에도 관리·감독 위원회가 있어야만 했다. 위원회 구성원들은 개량주의자 카를 회흐베르크(Karl Höchberg), 오이겐 뒤링의 추종자였던 에두아르트 베른슈타인과 카를 슈람(Karl Schramm)이었다. 편집진의 이런 구조와 『미래Zukunft』지의 회흐베르크(마르크스는 회흐베르크가 편집자로 있던 베를린의 『미래』지를 날카롭게 비판하면서, 1877년에 그를 '돈을 주고 입당한' 부르주아[501]로 묘사했다)에 대한 의존 때문에 취리히 그룹이 신문에 대한 결정적 발언권을 갖게 된 것이다. 그래서 '허수아비'로 활동하기를 달가워하지 않던 히르슈는 편집자로 와 달라는 부탁을 거절했다.

마르크스와 엥겔스는 히르슈의 태도에 동감을 표했고, 그 신문에 기고

---

500) V. I. Lenin, *Collected Works*, Vol. 19, 299쪽.

501) Marx, Engels, Werke, Bd. 34, 303쪽.

해 달라는 저들의 제안을 거절했다. 1879년 8월 4일 엥겔스는 베벨에게 보내는 편지에서, 마르크스를 대신해서 '사회**박애주의자**' 회흐베르크의 손아귀에 있는 당 기관지와는 어떤 관계도 갖지 않겠다고 단호히 선언했다.[502]

처음에는 사회민주주의자 지도자들도 마르크스와 엥겔스가 왜 이런 태도를 취했는지 이해하지 못했으며, 그들이 회흐베르크에게 너무한다고 생각했다. 그러나 곧 두 사람이 옳았다는 확증이 나타났다. 1879년 9월 초 회흐베르크가 편집하는 『사회과학·사회정책 연보Jahrbuch für Sozialwissenschaft und Sozialpolitik』 창간호가 취리히에서 출간되었는데, 「독일 사회주의 운동의 회고」라는 평론을 싣고 있었다. 저자의 이름이 있어야 할 곳에 세 개의 별표가 그려져 있었다. 그 논문은 감독위원회의 유력한 멤버였던 회흐베르크, 베른슈타인 그리고 슈람이 기고했다는 것이 곧 밝혀졌다.

마르크스가 비꼬아서 불렀듯이 '세 개의 성좌'가 그려진 이 평론은 어떤 의미에서는 전체 우익분자들의 선언문이었다. 마르크스는 이렇게 평했다. "당에 대해 이보다 더 불명예스런 글은 아직까지 선보인 적이 없었다."[503]

그 평론은 사회민주주의자들의 과거 혁명활동 전체를 비난했고, 특히 파리 코뮌에 대한 지원을 비판했다. 작자들은 당이 '온건성을 발휘하지' 못했고, 그럼으로써 「반사회주의자법」을 자초했다고 비난했다. 논문은 전체적으로 혁명적 목표를 버리고 비열하게 비스마르크 정부에 굴복함으로써 과거의 혁명적 '죄과'를 뉘우치도록 요구하고 있었다. 그것은 또한 당의 부르주아지에 대한 투쟁을 비난했으며, 부르주아지를 당 대열로 끌어들이고, 노동자는 교육이 충분치 못하다는 점을 들어 지도부를 부르주아 지식인들로 채울 필요가 있다고 역설했다.

마르크스와 엥겔스는 극도로 분개했다. 그때 마르크스는 램스게이트에

---

502) Ibid., 386쪽.
503) Ibid., 413쪽.

서 휴양 중이었기 때문에 엥겔스가 런던에 막 도착했던 회흐베르크에게 자신들의 태도를 표명했다. 마르크스와 엥겔스는 당 지도자들에게 중앙 당 기관지 편집진의 구성을 당장 재고하도록 요구할 필요가 있었다. 두 사람은 보통 그들의 견해를 노동계급 지도자들에게 충고나 권유의 형식으로 알려왔지만, 이번 경우에는 바로 당의 계급적 기초가 위태롭다는 것을 감지했다. 1879년 9월 중순 엥겔스는 베벨과 리프크네히트, 브라케 및 그 밖의 '독일사회민주당' 지도자들에게 보내는 편지를 작성했다. 9월 17일 그는 그 당시 런던에 돌아와 있던 마르크스와 그 문제를 상의했고, 회람장 (마르크스는 그런 식으로 불렀다)의 마지막 본문을 끝낸 뒤 거기에 서명하여 발송했다. 그리고 당 기관지가 회흐베르크 일파를 위한 대변지로 변질된다면 그들은 "그것에 대해 공개적 반대를 선언해야 할 것이다."라고 당 지도자들에게 경고했다.[504]

회람장은 기회주의와 그것에 우유부단한 태도를 보인 인물들을 향한 가장 충격적인 공격들 중 하나였다. 그것은 겁 많은 프티부르주아 대변자들이 당에 전가시키려 애쓰고, 그럼으로써 프롤레타리아의 혁명적 성격을 위태롭게 만들려는 정책에 대한 호된 비난이었다. 거기에는 다음과 같은 글들이 들어 있었다.

"결연한 정치적 반대 대신에 막연한 중재, 정부와 부르주아지에 대한 투쟁 대신에 그들을 승복시키고 설득시키려는 시도, 위로부터의 학대에 대한 대담한 저항 대신에 벌 받아 마땅한 비겁한 굴종과 참회."[505]

회람장은 베벨과 그 밖의 독일 지도자들이 취리히 그룹 저작의 진면목을 알 수 있도록 하는 데 도움이 되었다. 1879년 10월 23일 취리히 신문의 평론을 언급하면서 베벨은 엥겔스에게 이렇게 썼다.

"나는 그것을 읽고 나서 당신이 분개하는 이유를 알았습니다."[506]

브라케는 기회주의자들이 "당의 기초를 허물어뜨리고 있고 그것의 존

---

504) Marx un Engels, *Selected Correspondence*, 327쪽.

505) Ibid., 325쪽.

506) A. Bebel, *Aus meinem Leben*, 3. Teil, Berlin, 1953, 59쪽.

414

재마저 위협"[507]하고 있다고 말했다. 당 지도자들은 회흐베르크와 그의 동료들을 중앙기관지 발행에 참여시키려던 계획을 포기했다. 당내 서클들의 불만을 의식했기 때문에 기회주의 경향의 대표자들은 잠정적으로 후퇴하지 않을 수 없었다.

베벨과 리프크네히트, 프리드리히 프리츠셰(Friedrich Fritzsche)를 편집위원으로 한 주간지 『사회민주주의자』 창간 준비호가 1879년 9월 28일 취리히에서 선보였다. 그러나 편집주간으로서 게오르크 폴마르(Georg Vollmar)를 선정한 것은 확실히 불만족스러운 것이었다. 그의 편집 방침 아래서 (1879년 9월부터 1880년 12월까지) 중앙당 기관지는 기회주의적 오류를 자주 범했다. 하지만 그 신문은 당의 지하 혁명활동을 조직하는 데 중요한 역할을 했다. 경찰의 핍박에도 불구하고 당 활동가들은 조직적으로 취리히에서 독일로 복사본들을 정기적으로 공급했다.

당의 지도적 서클들이 그들의 동요를 극복했다는 것은 1880년 8월 20일부터 23일까지 스위스의 비덴 성(Widen Castle)에서 개최된 제1차 지하당 대회를 보면 알 수 있다. 그것의 골자는 혁명적 노선으로부터의 일탈에 맞선 투쟁이었다. 무정부주의적 사고를 가지고 있던 분자들의 지도자였던 모스트와 하셀만은 당에서 추방되었다. 우익세력(회흐베르크, 카이저 등)과 온건파들의 저항에도 불구하고 강령은 다음과 같이 개정되었다. 당은 '모든 합법적 수단을 통해 목표를 완수하려고 노력할 것'이라는 구절에서 '합법적'이란 말이 삭제되었다. 이 대회 결정은 합법·비합법 투쟁형태 양자를 함께 사용하는 방향으로 이루어졌다.

마르크스와 엥겔스는 대회의 결과를 환영했다. 1880년 9월 말 리프크네히트가 런던에 도착하여 그들에게 상황을 알려주었다. 하지만 두 사람은 당의 분위기를 장밋빛으로 표현하는 리프크네히트의 경향에 혼란스러움을 느꼈고, 특히 폴마르가 편집하는 『사회민주주의자』의 문제점을 못 보는 것에 무척이나 놀랐다.

---

507) Karl Marx, Friedrich Engels, *Briefwechsel mit wilhelm Bracke(1869~1880)*, Berlin, 1963, 208쪽.

곧 베벨 역시 편집자의 교체 필요성을 깨달았다. 그는 1880년 12월 초 순경에 개인적으로 만나본 적도 없었던 마르크스와 엥겔스를 만나 이 문제를 상의하고, 그들과 더욱 긴밀한 접촉을 갖기 위해 런던으로 가기로 결심했다. 그는 비판의 충격 속에서도 보다 올바른 태도를 취하려는 '취리히 3총사' 중 한 사람, 즉 베른슈타인을 런던으로 초대했다. 베른슈타인은 순전히 엥겔스의 영향 아래서만 이런 입장을 채택했음이 그 후에 판명되었다. 그것은 엥겔스의 사후 그가 수정주의의 이데올로기적 대부가 되었던 점으로 미루어 짐작할 수 있다.

베벨과 베른슈타인이 12월 9일 런던에 도착했고, 엥겔스의 집에서 일주일가량 묵었다. 그들은 자주 마르크스를 방문했다. 베벨은 훗날 이렇게 썼디.

"우리는 우리들의 방문 결과에 완전히 만족하고 런던을 떠났다."[508]

마르크스는 엥겔스를 통해 그 신문을 도우려 애썼다. 그들은 편지를 통해 비스마르크의 사회적 선전, 즉 '바그너와 비스마르크의 국가사회주의'를 폭로하기 위해 사기업이나 국영기업을 막론하고 노동자들의 처지를 알리는 데 더욱 힘써야 한다고 충고했다.[509]

마르크스는 독일 사회당이 탄압에도 불구하고 대중들 속에서 영향력을 증대시켜가는 것을 보고 기꺼워했

1920년대 에두아르트 베른슈타인(1850~1932)과 카를 카우츠키(1854~1938).

다. 1881년 선거에서도 아직 제도권 정당이었던 1877년 당시의 의석과 똑같은 수인 12석을 '연방의회'에서 쉽게 확보할 수 있었다. 마르크스와 엥겔스는 당원 대중들이 발휘한 확고부동성과 용기에 대해 아낌없는 찬사를 보냈다. 그리고 그들은 독일

---

508) A. Bebel, *Aus meinem Leben*, 150쪽.
509) Marx, Engels, *Werke*, Bd. 35, 124쪽.

프롤레타리아트의 혁명적 지도자들, 그중에서도 특히 베벨의 활동을 높이 평가했다. 1882년 9월 부르주아 언론이 베벨의 죽음을 보도했을 때, 마르크스는 엥겔스에게 이렇게 썼다.

"우리 당에 얼마나 엄청나고 크나큰 불행인가! 그는 독일(어떤 이들은 '유럽'이라고 말하기도 한다) 노동계급에서 둘도 없는 인재였다."[510]

그러나 그 보도가 낭설이었음이 밝혀지자 마르크스와 엥겔스는 안도의 한숨을 쉬었다.

마르크스와 엥겔스는 전체적으로 볼 때 이 시기에 펼친 독일 사회민주주의자들의 활동에 전적으로 만족하지는 못했다. 그들은 많은 당원들이 여전히 기회주의적 전술에 호감을 갖고 있음을 알았다. 그들은 또한 당의 이론가이자 정치활동가로 자처했던 젊은 당원들을 우려의 눈길로 바라보았다. 그리하여 마르크스는 1881년 그를 방문했던 카를 카우츠키(Karl Kautsky; 오스트리아 저술가 민나 카우츠키[Minna Kautsky]의 아들)에게 좋지 않은 인상을 받았다. 1874년 사회주의 운동에 뛰어든 이래 그는 『사회민주주의자』에서 일하고 있었던 1880년 초 마르크스주의로 돌아서기 전까지, 실증주의와 맬서스주의에서 라살레주의와 무정부주의에 이르기까지 다양한 이데올로기적 편력을 갖고 있었다. 1881년 4월 11일 마르크스는 그의 큰딸에게 이렇게 편지를 썼다.

"곱상한 사람이 내 앞에 처음으로 섰을 때 내가 건넨 최초의 질문은 '너는 어머니를 닮았느냐?'였단다. 절대로 아니라고 그는 내게 핏대를 올렸는데, 사실 나는 내심 그의 어머니를 칭찬해주고 싶었단다. 예사롭고, 부족하며, 자만에 빠져 있는 그는 (26살밖에 안 되는 게) 만사를 다 아는 체하더구나. 어떤 의미에서는 근면한 사람이며, 통계학에 몰두하고 있으나 그것은 조그만 목적을 위해서일 뿐이었단다. 본질적으로 속류에 속하지만, 그래도 나머지를 보면 자신의 길을 걸어가는 존경할 만한 사람이다."[511]

---

510) Marx, Engels, *Werke*, Bd. 35, 95쪽.
511) Ibid., 178쪽

그들이 만난 지 몇 개월 뒤 엥겔스 역시 카우츠키를 생리적인 공론가이자 시비꾼으로 묘사했는데, 카우츠키는 "복잡한 문제를 단순화시키기보다 단순한 것들을 복잡하게 만드는"[512] 사람이라고 평했다.

엥겔스와 교제한 결과 카우츠키는 곧 저명한 마르크스주의 선전가이자 '제2인터내셔널'의 이론가가 되었으나, 마르크스가 젊은 카우츠키로부터 식별해낸 부정적 특질들은 수년 뒤에 스스로 느끼게 되었고, 훗날 그의 정치적 진화와 기회주의로 기우는 데 명백히 반영되었다.

안팎의 여러 문제들에 직면하여 항상 그것들을 쉽고도 빨리 극복할 수는 없었지만, 그럼에도 불구하고 독일 노동계급 운동은 굳건히 힘을 비축해나갔고, 점차 독일의 정치생활에 유력한 요소가 되었으며, 여러 나라 프롤레타리아 투쟁의 신선에 심대한 영향을 끼쳤다.

프랑스 노동자 정당 건설에 기여

전향적인 프랑스 프롤레타리아트 지도자들이 벌인 독자적인 혁명 정당의 건설 투쟁은 1870년대와 1880년대 사회주의 운동에서 중요한 요소였다. 마르크스와 엥겔스는 이 혁명적 과정을 상세히 관찰했으며, 가능한 모든 방법을 써서 그것을 도우려고 했다.

프랑스 경찰은 프랑스에 대한 마르크스의 개입을 막으려고 했고, 파리 시 당국은 마르크스가 1875년과 1876년에 히르슈에게 보낸 편지를 가로채 기록으로 가지고 있었다. 마르크스는 프랑스 노동자들 속에서 과학적 공산주의에 대한 선전을 조직하는 데 큰 관심을 갖고 있었다. 그는 프랑스에서 사회주의 분자들을 통일시킬 수 있는 세력들을 발견하려고 했고, 프랑스 프롤레타리아트의 계급의식을 각성시키는 데 결정적 영향을 미칠 세력들을 모색하고자 했다.

이러한 세력들은 실제로 존재했다. 1876년 가을에 쥘 게드(Jules Guesde; 마티외 쥘 바일[Mathieu Jules Basile]의 가명)가 추방 해제되어 프랑스로 돌아왔

---

512) Ibid., 220쪽.

다. 그는 신문에서 파리 코뮌을 동조했다는 죄목으로 부재중에 5년의 금고형을 선고받았다. 이후 스위스로 도피했고 바쿠닌주의자 편에 서서 '인터내셔널' 활동에 참여했다. 게드는 스위스와 이탈리아에 머무는 동안, 주로 체르니셉스키의 소설 『무엇을 할 것인가?』와 다른 작품들에 충격을 받고 무정부주의의 환상으로부터 벗어났다. 프랑스로 돌아오는 도중에 그는 학생 사회주의 서클 멤

프랑스의 사회주의자 쥘 게드
(1845~1922).

버들과 히르슈 및 그 밖의 마르크스주의자들을 만났는데, 당장 이전의 견해들을 포기하지는 못했지만 이 모든 것들이 그로 하여금 마르크스주의를 받아들이도록 해주었다.

가브리엘 드비유(Gabriel Deville), 에밀 마사르(Emile Massard), 샤브리(Chabry)와 더불어 쥘 게드는 프랑스에서 과학적 공산주의 이념의 확산에 새로운 단계를 열었다. 1877년 12월에 게드와 그의 동료들은 주간으로(그 뒤 일간으로)『평등 L'Égalité』을 창간하는 데 성공했다. 편집진은 "바야흐로 신세계, 구세계 할 것 없이 진지한 프롤레타리아트 사상가들이 채택하고 있는 집산주의학파"를 공개적으로 지지했다. 이제부터 프랑스에서 '집산주의'513)는 보통 마르크스주의를 의미했다. 신문이 취한 마르크스주의 노선은 폴 라파르그가 처음에는 적극적 기고자였다가 후에 편집자로 합류하면서 훨씬 더 분명해졌다. 1880년 11월 5일 마르크스는 조르게에게 이렇게 썼다.

"당신은 아마도『평등』이 (주로 게드가 우리에게 돌아선 덕분에, 한편으로

---

513) 집산주의(集産主義, collectivism)는 경제적 개인주의에 대한 반대 개념으로 개인의 자유방임을 부정하고, 사회 전체의 복지를 실현하기 위해 개인의 자유를 제한하는 사상 및 운동을 가리킨다. 좁은 의미의 집산주의는 생산수단의 사유를 인정하지 않고 사회적 소유로 하지만, 소비는 개인의 자유에 맡겨야 한다는 주장을 가리킨다. 생산수단의 사회적 소유를 목적으로 하는 점에서는 공산주의와 같은 입장이지만, 국가 권력이 개입되지 않은 협동조합에 기초를 두는 사회를 목표로 하는 점에서 공산주의와 구별된다 ― 옮긴이.

사위 라파르그 덕분에) 우리에게 진정한 의미의 표현으로서 최초의 '프랑스' 노동자 신문을 보여주고 있다는 사실에 주목했을 것입니다."[514]

『평등』이 노동자와 그 국제적 연대에 끼친 혁명적 영향력은 당국에 대한 경종의 원인이 되었으며, 편집진에 대한 경찰의 체포를 유발했다. 1878년 여름에 게드와 그의 수많은 동료들이 파리에서 국제 노동자 대회를 소집하려고 했다는 이유로 수감되었다.

마르크스는 게드의 석방을 위해 노력하는 와중에 그와 개인적으로 알게 되는 기회를 맞았다. 급진파 기관지『혁명 프랑스Révolution Française』는 게드와 프루동주의적 이념에 깊이 빠져 있던 롱게의 논쟁을 발표했다. 마르크스는 게드 편을 들었고, 1879년 1월 그에게 편지를 썼다. 그 원본은 남아 있지 않지만, 그해 봄 게드가 런던에 보낸 회답은 마르크스가 '독자적이고 전투적인 노동자 정당'의 건설을 프랑스 사회주의자 앞에 놓인 긴급한 과업으로 간주하고 있었음을 보여준다.[515] 그는 노동자들에게 과학적 공산주의를 확산시키고, 부르주아 급진파나 프티부르주아 사회주의자들의 영향력을 배제하며, 광범한 선전활동에 전념해야만 이 정당이 가능하다고 믿었다.

1879년 여름 게드와 라파르그(그는 1882년 봄까지 런던에 살았다)는 정기적인 편지 왕래를 했으며, 이것이야말로 그들의 우정의 출발이었다. 라파르그는 자주 게드의 편지를 마르크스와 엥겔스에게 보여주며 회답을 어떻게 쓸까 상의하곤 했다. 이것은 마르크스와 엥겔스가 프랑스 사회주의자들에게 프롤레타리아 정당을 건설할 수 있도록 도울 수 있는 또 다른 통로를 열어준 셈이었다. 라파르그가 게드에게 쓴 편지들은 마르크스가 장막 뒤에서 행한 작업의 반영이었으며, 노동계급 운동의 우수한 인자들에 대한 그의 사려 깊고 요령 있는 영향의 흔적이었다. 이 편지들은 그들에게 운동의 궁극적 목표를 되돌아보도록 촉구했으며, 동시에 노동계급의 일

---

514) Marx and Engels, *Selected Correspondence*, 332쪽.
515) *Le Combat Marxiste*, Mai 1935, No. 19, 20쪽.

상적 요구에 주의를 기울이고, 노동조합과 협동조합운동에 대한 생디칼리스트와 협동조합주의자들의 활동과 선도의 합리적 요소들을 보고 배우고 사용할 것을 촉구했다.

그들의 우정 어린 논의 속에서 마르크스와 엥겔스는 그의 관점이 프랑스의 구체적 상황에 관한 좀 더 나은 지식을 반영할 때마다 게드를 지지했는데, 라파르그가 오래전부터 프랑스의 상황으로부터 멀어져 있었기 때문이었다. 마르크스는 게드와 라파르그가 쓴 모든 것들을 읽어보기로 했다. 『평등』지의 기사들은 별도로 하고, 그는 1879년에 출간된 게드의 『집산주의와 혁명Collectivism and Révolution』을 읽었다. 게드가 틀리게 말한 부분, 예컨대 미래사회에서 노동자는 "그의 노동의 전 생산물"을 받을 것이라는 부분의 여백에 그는 의문부호를 달았다.[516] 하지만 전체적으로 그는 팸플릿을 긍정적 시각으로 받아들였다. 훗날 마르크스는 1880년 11월에 발표한 농업 문제에 관한 게드의 평론들을 발췌했다. 라파르그의 저작들 중에서도 그는 「프랑스에서의 토지재산운동The Movement of Landed Property in France」이라는 장문의 논문을 읽었다.

제3차 노동자 대회가 1879년 10월 20일부터 31일까지 마르세유에서 열렸다. 부르주아 협동조합주의자들이 지배적이었던 이전 두 대회(1876년 10월 파리 대회와 1878년 1~2월의 리옹 대회)와는 대조적으로 마르세유 대회에 참가한 대다수는 혁명적 사회주의자들을 따랐다. 개량주의자와 무정부주의자들의 저항에도 불구하고, 이 대회는 노동계급 운동의 목표로서 생산수단의 집단적 소유의 수립에 관한 결의안과 노동계급의 독자적 정당 건설에 관한 결의안을 채택했다. 대회의 지도자들은 게드(그는 병이 도져 불참했다)에게 당 강령 초안을 작성해주도록 요청했다. 마르크스는 프랑스 사회주의자들의 이 괄목할 만한 승리를 높이 평가했으며, "프랑스에서 진정한 노동자 정당의 최초 건설은 마르세유 대회에서 일정이 잡혔다."[517]라고 썼다.

---

516) 마르크스·레닌주의연구소 중앙당 문서보관소.
517) Marx, Engels, *Werke*, Bd. 35, 114쪽.

마르크스와 엥겔스는 프랑스 당의 지도자들이 통일된 강령을 작성하고, 정치·선거 작업을 준비하며, 그것의 이데올로기적 입장을 공고히 할 수 있도록 도왔다. 1880년 3월에 『평등』지는 「비스마르크 씨의 사회주의」(그것은 부르주아 국가가 중요한 사회적 개혁들을 수행할 수 있다는 몇몇 프랑스 사회주의자들의 믿음이 얼마나 환상적인가를 보여주고 있다)라는 제목이 붙은 엥겔스의 두 평론을 실었다. 한 달 동안 마르크스는 『평등』지에 『철학의 빈곤』의 발췌문을 발표하기에 앞서 그에 관한 기사를 기고했다. 그는 프루동과의 논쟁의 본질을 설명하고 유물론적 교의를 상술함으로써 관념론적·공상적 견해들과 투쟁할 필요성을 강조했다.

마르크스와 엥겔스는 1880년에 창간된 사회주의 월간지 『사회주의 평론Revue socialiste』에도 협력을 아끼지 않았다. 라파르그의 요청으로 엥겔스는 『반뒤링론』의 세 장을 「사회주의: 유토피아적 사회주의와 과학적 사회주의」라는 제목의 독립 논문으로 편집하여 1880년 그 잡지의 3~5월호에 발표했다. 같은 해 그것은 독립된 팸플릿으로 출판되었고, 1880년 5월 마르크스는 그것의 프랑스어판에 엥겔스의 약전(略傳)을 실었는데, 그는 거기에서 엥겔스를 "당대 사회주의의 가장 탁월한 대표자들 중 한 사람"[518]으로 일컬었다.

1880년 4월에 마르크스는 그 잡지에 독립된 부록으로 실렸던 『사회주의 평론』에 대한 설문서를 작성했다. 그 「노동자 설문서」는 부록만도 25,000부가 복사되어 널리 유포되었다. 이것은 노동계급의 상태에 대한 사회적 연구를 위해 작성된 포괄적 계획서였다. 그것의 네 개 항목들은 거의 100여 개의 질문을 담고 있었다. 하지만 그것은 설문서 이상의 것이었다. 그것은 노동자들에게 자본주의 체제의 착취적 본질에 대한 사고를 불어넣어주었다. 또 그것은 노동계급의 불가결한 경제적 요구, 즉 노동시간 단축, 고임금, 노동자의 통제가 가능한 효과적 보험, 남녀 동일임금, 아동노동의 금지, 청소년에 대한 노동일 단축, 노동조합의 완전한 합법성 보장

---

518) Frédéric Engels, "Socialisme utopique et socialisme scientifique", Paris, 1880, 5쪽.

등의 요구들을 정식화한 훌륭한 사회주의 선동 문건이었다. 전체적으로 그 문건은 노동자들에게 현 사회체제의 근본적 변혁의 필요성을 시사해 주었다.

신생 '노동당'은 다른 어떤 것보다도 강령을 필요로 했다. 게드는 완전히 작성하기에는 약간의 어려움을 느끼고 있었던 참에 라파르그의 권유로 마르크스에게 자문을 청했다. 1880년 5월 초 런던으로 건너간 그는 먼저 마르크스, 엥겔스, 라파르그를 만났다.

엥겔스의 집에서 마르크스와 게드, 라파르그, 엥겔스는 '프랑스 노동당'의 강령 초안을 논의했다. 그리하여 마르크스는 일반적인 이론적 전문(前文)을 구술했는데, 나머지는 라파르그가 참여한 가운데 게드가 사전에 초안을 작성했기 때문이었다. 그것은 최소강령(부르주아 민주주의 체제 아래서 필연적인 그리고 노동계급에 의한 권력 쟁취 과정에서 하나의 단계로 간주되는 정치적·경제적 요구들)을 담았다. 마르크스와 엥겔스는 그것의 정식화에 보다 정확성을 기하도록 도왔다. 마르크스는 최저임금의 합법적 확정에 관한 점을 제외하고는 아주 만족스럽게 최소강령을 기초했다. 실제로 그것은 어떤 임금 상승도 제한하고자 하는 기업주들에 의해 악용될 수도 있었기 때문이다. 그것은 "노동운동 그 자체로부터 자연발생적으로 제기되는 요구들"을 담고 있었다.[519] 또한 집회·언론·결사의 자유를 제한하는 법의 철폐, 성인에 대해 8시간 노동일, 청소년에 대해 6시간 노동일, 남녀 차별 없는 동일노동 동일임금의 도입, 국영기업·은행·철도·광산 등의 사유화 금지에 대한 요구들도 포함하고 있었다.

전문은 강령의 이론적 수준을 결정하는 중심축이었다. 마르크스는 프랑스 사회주의 문서의 상징이었던 과장되고 화려한 말투의 흔적을 없애고, 고도로 정교하고 대중적인 형식으로 프롤레타리아 해방투쟁이라는 공산주의적 목표를 서술했다. 마르크스는 자신의 노력의 결과에 관해 다음과 같이 썼다.

---

519) Marx and Engels, *Selected Correspondence*, 332쪽.

"그것은 프랑스 노동자들을 혼미한 문체에서 지상으로 끌어내리는 힘찬 발걸음이었다."[520]

마르크스는 노동계급의 역사적 사명, 자본주의 체제를 타파하고 생산수단의 사회적 소유를 확립하기 위한 결정적 수단으로서 그것의 혁명적 활동, 독자적 정당에 대한 프롤레타리아의 요구의 핵심 명제들을 단지 한 페이지로 정식화했다. 그것은 "생산자 계급의 해방이야말로 성이나 인종의 차별이 없는, 모든 인간의 해방이다."[521]라고 말했다. 엥겔스는 마르크스의 전문이 "대중들을 위해 몇 안 되는 간결한 말을 사용했지만 무척 설득력 있는 주장을 담은 걸작"[522]이었다고 말했다.

프랑스 노동계급 운동 최초의 마르크스주의적 강령이 1880년 10월 15일 르아브르(Le Havre)에서 열린 노동당 대회에서 채택되었다. 여기서 마르크스주의는 승리를 거두었으며, 프랑스 노동자들의 지도부에서 그것이 강한 영향력을 획득했음을 보여주는 것이었다. 그것은 또한 프랑스 사회주의의 다양한 경향에 대한 이정표였으며, 진정한 프롤레타리아 분자들이 개량주의자와 종파주의자들과 결별하는 데 도움이 되었다.

강령에 대한 투쟁이 르아브르 대회 이전에 시작되었다. 초안이 작성되자마자 그것은 부르주아 급진파, 롱게를 비롯하여 부르주아 급진파와 동맹한 프루동주의적 사고를 지닌 사회주의자들로부터 공격을 받았다. 무정부주의자들은 르아브르 대회에서 강령을 완강히 거부했고 블랑키주의자들도 부정적 입장을 취했다. '인터내셔널' 아래 그들은 유물론적 관점과 과학적 공산주의를 수용하는 방향으로 한 걸음 나아갔지만, 그들은 스승으로부터 물려받은 전술에 관한 주의주의적이고 음모적인 관념들을 극복할 수 없었고, 순진하게도 열정적이고 적극적인 혁명적 소수에게 열려 있는 끝없는 가능성이 즉시 공산주의 혁명을 가져올 수 있다고 믿었다. 1881년 그들은 '노동당'과 결별했으며, 그들만의 '중앙혁명위원회(Central

---

520) Ibid.

521) Marx, Engels, *Werke*, Bd. 19, 238쪽.

522) Marx and Engels, *Selected Correspondence*, 344쪽.

Revolutionary Committee)'를 결성했다.

그러나 그것은 무정부주의자들과 혁명적 마르크스주의 진영의 주요 적으로 입증되었던 폴 브루스(Paul Brousse)와 베누아 말롱(Benoît Malon)과 같은 바쿠닌주의자들의 '사회민주주의연맹' 멤버들이 주도하는 '노동당' 내의 기회주의자들 모임에 불과했다. 마르세유 대회 동안 브루스와 말롱은 집산주의에 찬성 발언을 했고, 마르크스의 교의에 대해서는 입에 발린 말만 했다. 그러나 말롱 자신의 견해는 마르크스 이론뿐만 아니라 '진정한 사회주의자'인 카를 그륀(Karl Grün)과 페르디난트 라살레, 신칸트주의적인 프리드리히 랑게(Friedrich Lange)의 교의에도 바탕을 둔 '완전무결한 사회주의'라고 설명했다. 브루스의 견해 또한 개량주의적·무정부주의적 시각들이 뒤범벅된 잡탕이었다. 브루스와 말롱은 강령에 규정되어 있는 혁명적 노선에 불만을 가진 당내 프티부르주아 분자들의 시각을 대변해주고 있었다.

르아브르 대회 이후 브루스와 말롱 및 그의 추종자들은 그들의 대변지로서 『프롤레타리아Le Prolétaire』라는 신문을 앞세워 '노동당'의 지도권에 대한 직접적 공격을 개시했다. 그들은 「르아브르 강령」, 특히 그 전문이 신생 '노동당'의 모든 실패, 특히 1881년 선거에서 패배한 원인이라고 단언했다. 브루스의 평론 「재차 사회주의 통합에 관해Once Again on Socialist Unity」(1881년 11월에 출간되었다)는 "단일한 교의의 편협한 지평"(마르크스주의를 의미함)을 포기하고, 다양한 교의의 지지자들에게 당의 문호를 개방하자고 제안하면서 개량주의적 정강을 떠벌렸다.

브루스는 사회주의의 궁극적 건설을 향한 당의 방침은 '모 아니면 도(all or nothing)' 식의 원리를 뒷받침하는 것과 같다고 말했다. 대조적으로 그는 당이 그 순간에 실행 가능한 요구에 그쳐야 하며, '가능성의 정치(politique des possibités)'를 추구해야 할 것이라고 주장했다. 새로운 기회주의 경향의 사람들을 일컫는 이른바 가능주의자들(Possibilists)은 평화적 점진주의나, 다양한 기업들의 지방조직 이전과 그런 토대 위에서 '공적 서비스' 체계의 확립을 의미하는 '지방자치 사회주의(municipal socialism)'라는 속류 공상적 이론에 경도되어 사회의 혁명적인 사회주의 변혁이라는 이념을 내팽개쳐 버렸다.

마르크스와 엥겔스는 즉시 가능주의의 프티부르주아적 본질을 인식했다. 엥겔스는 가능주의자들이 '노동당'을 타락시키고 있고, 그들 시각의 확산은 그것을 '가장 평범한 노동조합의 수준'으로 떨어뜨릴 위험이 있다고 말했다.[523]

마르크스와 엥겔스는 당연히 프랑스 사회주의자들이 가능주의자들과의 싸움에서 주도권을 잡을 것이라고 믿었고, 그래서 그들은 게드와 라파르그가 가끔씩 이데올로기의 적들의 손에 기선을 빼앗기는 것을 보고 비탄에 빠졌다. 혁명적 마르크스주의 진영의 지도자들은 가끔 자제심과 융통성을 잃곤 했으며, 때때로 몇몇 마르크스주의 명제들에 관해 교조적이고 너무 직선적인 관점을 취하기도 했다. 또한 혁명적 표현들에 대한 프랑스인의 전통적 격정도 작용했다. 엥겔스는 게드가 "당신은 '혁명'이란 말을 던져버려야 했다."는 파리 식의 미신 때문에 괴로워했다고 말했다.[524]

개량주의 이데올로기를 공격하는 과정에서 게드와 그의 추종자들은 자주 종파주의적 정신으로 개량을 위한 투쟁의 중요성까지 싸잡아 부정하곤 했다. 그들은 실제로 노동자들의 일상적인 요구들에 주의를 기울이지 않았다. 라파르그 또한 이론적으로 좀 더 성숙해 있었음에도 게드와 마찬가지로 종파주의적 오류를 되풀이했다. 혁명이론과 전술에 관한 프랑스 마르크스주의자들의 편협하고 교조적인 시각에 불만을 표하면서, 마르크스는 라파르그에게 신랄하게 말한 적이 있었다.

"분명한 것은 나 자신이 마르크스주의자가 아니라는 사실이네."[525]

마르크스는 프랑스 동료들의 실책을 비판했지만 그들의 일반적 노선에는 전적으로 지지를 표명했다. 그는 프랑스 노동계급 운동의 혁명적 경향

---

523) Marx, Engels, *Werke*, Bd. 35, 118쪽.
524) Ibid., 231쪽.
525) Ibid., 388쪽.

이 게드와 라파르그가 지도하는 '노동당'의 마르크스주의 진영에 의해 완전히 표출되고 있다고 믿었기 때문이다. 마르크스는 '노동당'의 장래가 게드파의 승리 여부에 달려 있다고 말했다.

그러는 한편 당내 분열은 극에 이르고 있었다. 1881년 10월 말 랭스(Reims) 대회에서 많은 가공(架工)의 지부에서 파견된 가능주의자 측 대표들은 다수를 차지하고 자치를 지지함으로써 당내 통합을 저해하는 결의안들을 통과시켰다. 이리하여 각 연합은 독자적인 강령을 가질 수 있는 권한이 주어졌다. '전국위원회(National Committee)'는 주로 가능주의자들로 구성되었고, 신문『프롤레타리아』는 당의 중앙기관지로 확립되었다. 대회 후 가능주의자들은 게드와 라파르그에 대한 중상과 비방을 나날이 더해 갔다.

이러한 긴박한 시기에 마르크스와 엥겔스는 가능한 모든 방법을 다해 프랑스 마르크스주의자들을 지원하려고 노력했다. 마르크스는 당시 건강이 악화되어 치료를 위해 알제리의 수도 알제(Alger)로 가는 도중에 게드의 요청에 따라 그와 드비유, 그들의 지지자였던 스페인인 메사를 만나보기 위해 파리에 잠깐 들렀다. 그리고 그해 겨울 알제에서 돌아오는 도중 파리 근교 발두아즈주에 있는 아르장퇴유(Argenteuil)에서 마르크스는 그때까지 프랑스에 있던 라파르그를 만나 많은 대화를 나눴다. 8월 2일 그는 파리에 있는 메사의 집에서 라파르그와 함께 게드와 드비유를 다시 만났다. 첨예한 상황에도 불구하고 이러한 모든 일들은 마르크스에게 "게드와 그의 당이 우위를 차지하고 있다."[526]는 인상을 심어주었다.

가을 무렵 기회주의자들과의 조직적 결별은 절체절명이 되었다. 1882년 9월 25일 생테티엔(Saint-Étienne) 노동당 대회가 열렸을 때, 게드가 지도하는 마르크스주의 대표자들은 가능주의자들의 기회주의적 정책에 항의하여 회의장을 박차고 나와 그들만의 로안(Roanne) 대회를 소집했다. 가능주의자들의 대회는 각 연합이 독자적인 강령을 가질 수 있도록 허용했던

---

526) Ibid., 84쪽.

르아브르 강령을 기각했다. 반면 마르크스주의자들은 그들의 대회에서 그 문서에서 공표되었던 원칙들에 충실할 것을 재확인했다. 그들은 당의 주된 정치적 목표가 노동계급에 의한 국가권력의 쟁취라고 언명한 특별 결의문도 채택했다.

마르크스와 엥겔스는 그 상황에서 노동당의 분열은 필연적이라고 믿었고, 생테티엔에서 발생했던 일이야말로 노동계급 운동 내에 존재하는 두 개의 다른 경향, 즉 혁명적·프롤레타리아적 경향과 프티부르주아 개량주의적 경향 때문에 발생한 내적·객관적 모순의 결과라고 보았다. 일반적으로 그들은 두 가지 경향 사이의 투쟁을 계급사회 내 프롤레타리아 정당의 발전을 지배하는 법칙의 발현으로 간주했다. 기회주의 분자들과 필연적인 결별의 형식은 구체적 조건들에 좌우되었다. 마르크스와 엥겔스는 프랑스에서 겪은 사건들은, 형식적 당의 유지가 당을 개량주의적 타락으로 이끌 위험이 있던 위기상황에서 결별은 노동계급 운동에 대해 해독이 아닌 은총이었다는 것(왜냐하면 그것이 노동자 정당의 진정한 통합, 즉 혁명적 토대 위에서 통합을 위한 선결조건을 창출해냈기 때문이다)을 입증해 보였다.

마르크스와 엥겔스는 맨 처음 가능주의자 지부들이 수적으로 증대했던 사실에 당황하지 않았다. 게드파의 유리한 점은 그들이 프롤레타리아 서클들, 특히 파리의 많은 산업노동자들을 비롯해 대규모 산업 중심지에서 지지를 받고 있었으나, 가능주의자들은 주로 경제적으로 후진 지역인 프랑스 남부와 서부, 수도에서는 소기업 노동자들 가운데서만 우세했다는 사실에 있었다. 프랑스의 마르크스주의자들은 첨예한 당내 투쟁의 시련을 견뎌냈고, 그들의 강령과 이데올로기적 기치를 높이 들었다. 마르크스는 장차 프랑스 노동계급 운동의 혁명적 원리들의 승리를 이것으로 보증할 수 있다고 보았다.

영국 사회주의 보급의 새로운 단계를 향하여
마르크스와 엥겔스는 영국 노동계급 운동의 개량주의적 경향이 증대하는 주된 이유가 무엇보다도 영국의 자본주의 산업이 세계시장을 지배하고 있기 때문이라고 믿었으며, 더 이상 그렇지 않을 때에야 비로소 급진적 변화가 발생할 것이라고 생각했다.

1870년대 말경 영국의 산업적 독점이 약화될 징조가 나타났다. 미국과 독일의 산업은 분명히 더 빠른 속도로 성장하고 있었다. 영국은 여전히 최초의 식민지 권력이자 국내에서 생산하는 상품뿐만 아니라 식민지 상품에 대해서도 주요 수출국이었던 반면, 점차 산업의 주도권을 상실해가고 있었다. 급기야 1873년부터 침체하기 시작한 경제는 그 뒤 어떤 상승 국면도 없이 곧바로 1878년과 1879년의 첨예한 공황으로 돌입해버렸다.

프롤레타리아트 대부분의 상태가 악화되었고, 이것은 대중의 분위기에 영향을 미쳤다. 오로지 숙련 노동자들만을 대상으로 했던 협소한 직업별 조합에 대해 각성하는 징조들도 나타났다. 노동자들과 급진적 지식인들 사이에 '자유당'에 대한 정치적 규제를 해제하라는 요구들이 쏟아져 나왔다. 아일랜드에서 폭등하는 민족적·농민적 운동은 이런 동요상태의 중요한 요인이었다. '인터내셔널'이 영국 노동계급 운동에 뿌린 혁명적 사회주의의 씨앗들이 최초의 싹을 틔울 수 있으리라 기대해도 좋을 만한 상황이 영국에 무르익고 있었다.

이 모든 기간에 걸쳐 마르크스와 엥겔스는 영국 노동계급을 활성화시킬 선진적 인자들에게 사회주의 이론을 받아들이도록 할 방법과 수단을 끊임없이 찾고 있었다. 1880년 가을 마르크스와 엥겔스는 스코틀랜드의 급진적인 노동조합주의자 그룹의 대변자이자 과학적 사회주의에 매료되어 있던 로버트 배너(Robert Banner)와 편지를 교환하기 시작했다. 9월 17일 배너는 에든버러(Edinburgh)에서 마르크스에게 이렇게 썼다.

"트위드강(the Tweed; 잉글랜드와 스코틀랜드 사이를 흐른다 – 옮긴이) 북쪽에서, 당신의 과거와 현재의 활동에 관해 매우 높이 평가하고 있는 당신의 보잘것없는 숭배자(배너를 말함 – 옮긴이) 주변에 사회민주주의라는 대의를 위해 많은 사람들이 모여 있다는 것은, 내가 생각하기에 당신에겐 그리

놀라운 일이 아닐 것입니다."[527]

우리는 마르크스가 11월 중순에 썼던 회답을 갖고 있지 않지만, 1880
년 12월에 배너가 마르크스와 엥겔스에게 보낸 편지들은 영국 노동계급
운동의 정세와, 그 운동을 자신들의 정치적 영향력에 종속시켰던 자유주
의자들의 정책이 지닌 본질을 설명해주고 있다. 그는 또한 자유주의적 노
동정책의 협소한 틀에서 벗어나기 위한 선결조건을 창출해준 경제·사회
적 변화에 주목하도록 배너에게 권유했다. 배너는 이에 동감하면서 "당신
이 말하고 있는 조용한 사회혁명이 우리 가운데 깊이 뿌리를 내려가고 있
다."[528]라고 썼다.

마르크스는 '국제노동자협회' 영국연합의 이전 지도자들이 속해 있던
급진적 클럽이나 단체들의 구성원들에게 '인터내셔널' 시기부터 잘 알려
져 있었으며, 가끔씩 사회주의에 관한 강의를 해달라는 초청도 받았다. 그
의 저작들도 1879년 런던 소호 지구에서 시작된 성인남자 선거권 캠페인
을 벌인 '연맹'의 지도자들에게는 잘 알려져 있었다.

마르크스와 엥겔스는 사회주의 이념을 보급시키려는 새로운 집단들에
게 모든 지원을 아끼지 않았으며, 가장 진보적인 부르주아 지식인들을 노
동계급 편으로 끌어들일 수 있도록 도왔다. 하지만 마르크스는 중도에서
포기했던 사람들과 사회주의적 관점을 반혁명적이고 속물적인 관점과 결
합시키거나 개인의 목적을 위해 사회주의 운동을 이용하려고 했던 사람
들에게는 무자비한 입장을 고수했다.

이것은 영국의 정치평론가이자 부유한 변호사이며 주식중개인이자
부르주아 급진주의자로서 토리당을 지지했던 헨리 메이어스 하인드먼
(Henry Mayers Hyndman)과의 관계에서도 잘 엿볼 수 있다. 1880년에 그는
토리당 후보로 의회에 출마했으나 낙선했다. 한편 그는 영국의 인도 식
민통치의 몇몇 측면들을 폭로하고 또한 아일랜드 민족운동에 대해 자유

---

527) Robert Banner to Karl Marx, September 17, 1880(마르크스·레닌주의연구소 중앙당 문서보관소).
528) Robert Banner to Karl Marx, December 6, 1880(마르크스·레닌주의연구소 중앙당 문서보관소).

당 정부가 취한 응징 조치들을 폭로함으로써 명성을 얻었다. 1880년 6월 히르슈가 마르크스에게 그를 소개했고, 두 사람은 여러 번 대화를 나눴다. 하인드먼의 사회주의에 대한 관심은 『자본론』 프랑스어판 제1권을 읽음으로써 고조되었지만, 그의 사회주의적 견해는 너무 피상적이었고 일관성이 없었다.

영국의 작가이자 정치가인
헨리 메이어스 하인드먼(1842~1921).

마르크스는 일관된 형태로 혁명적 교의를 채택할 필요성을 하인드먼에게 확신시키고자 열심히 노력했다. 하지만 그는 마르크스주의의 혁명적 결론들을 이해하지 못했고, 사회주의 혁명이 영국에서 평화적으로 발전할 수 있으리라는 마르크스의 명제를 왜곡되게 해석했다. 그는 이 개념을 '사회 재조직'과 '사회 재건설'과 같은 개념으로 대체시키려고 애썼고, 마르크스를 요한 카를 로트베르투스(Johann Karl Rodbertus)나 라살레와 동일시하면서 마르크스주의적 관점들을 '국가 사회주의' 이론과 결합시키려고 애썼다.

마르크스는 하인드먼을 노동계급 운동에 동조하는 민주주의자로 여겼고, 그래서 그의 사고의 진화에 영향을 주려고 노력했다. 하지만 그가 곧 주장하기 시작했던 것처럼, 결코 그를 영국 사회주의의 지도자로 인정하지는 않았다. 1881년 봄 그와 동료들은 노동자 클럽들과 민주주의적 급진 클럽들을 하나의 조직으로 통합시키기 위해 일을 벌여나갔고, 그 대열 속에 부르주아 민주주의 분자들과 사회주의 분자들을 함께 묶는 길을 모색했다.

마르크스는 하인드먼이 건설하고 있었던 조직(그것은 1881년 6월 8일 공식적으로 '민주주의 연합[Democratic Federation]'으로 출범했다)이 반(半)부르주아적이고 반(半)프롤레타리아적인 단체라는 것을 명확히 인식했다. 그러나 그는 지도자로서 하인드먼의 자질에 대해 어떤 환상도 품지 않았다. 그는 이렇게 말했다.

"이런 모든 중간계급 글쟁이들(전문가가 아니더라도)은 그들이 뜻밖의 횡재를 찾아낸 어떤 새로운 사상으로부터도 **즉각적으로** 돈이나 명성이나 정치적 자본을 얻고 싶어서 안달이 나 있다."[529]

창립대회 동안에 하인드먼은 참석자들에게 최근 제작한 팸플릿으로서 '민주주의연합' 강령에 대한 논평인 「만인을 위한 영국England For All」을 배포했다. 그 두 개의 장('노동'과 '자본')에서 그는 마르크스라는 이름도 언급하지 않은 채『자본론』제1권에서 발췌한 몇몇 글들을 부분적으로 재구성하거나 그대로 썼다. 다만 서문에서 자신의 사상의 원천에 관해 모호한 언급에 그치고 있었을 뿐이다.

"나는 한 위대한 사상가이자 독창적인 저술가에게 은혜를 입고 있다."

마르크스는 하인드먼의 팸플릿을 읽고 나서 그가 자신의 책을 표절했을 뿐만 아니라,『자본론』에서 빌려온 많은 개념들을 왜곡시켰다는 것을 발견했다. 이처럼 자본주의 체제의 착취적 성격에 관한 마르크스의 이론을 전달하면서, 하인드먼은 거기에 부르주아 민주주의에 대한 찬사와 국가 개입을 통한 사회문제의 해결이라는 라살레주의적 비책을 '첨가시켰던' 것이다. 마르크스는 작자가 대단한 민족적 오만을 가지고 영국인의 자칭 지적 우수성을 떠벌리고 있는 부분들에 밑줄을 긋고 감탄사를 기입했다. 그들은 다른 나라들을 무정부 상태와 파괴로 몰아넣었던 '사회주의라는 악마'에 의해 넋이 빠지는 것을 방치할 수 없는 사람들이었다. 하인드먼은 또한 나머지 인류에 대해 앵글로색슨족의 민주주의가 지니는 특별한 사회적 사명을 주장함으로써 배외주의를 드러냈고, 영어권 인민의 통합이야말로 사회 재건설을 위한 최상의 길이라고 시사했으며, 다른 나라들과의 무역에서 영국의 '무사무욕(無私無慾)'을 강조했다.[530]

마르크스는 사회주의의 진정한 선전이 이런 속류의 민주주의적이고 배

---

529) Marx and Engels, *Selected Correspondence*, 346쪽.
530) 마르크스 · 레닌주의연구소 중앙당 문서보관소.

외주의적인 시각과 양립할 수 없다고 믿었다. 『자본론』에 대한 어처구니 없는 취급방식을 정당화시키려는 하인드먼의 시도에 대응하여, 마르크스는 1881년 7월 2일 편지를 보냈다. 여기서 그는 부르주아 민주주의적 관념과 사회주의 이념을 뒤섞는 것을 반대한다고 응수했고, 영국인은 **사회주의에 대한** 생리적 **공포**나 사회주의 이론에 대한 불신, 특히 외국에서 창안된 그것에 대한 불신을 갖고 있다는 하인드먼과 그의 동료들의 견해에 동조하지 않는다고 덧붙였다. 마르크스는 이렇게 썼다.

"나는 '인터내셔널'과 인민헌장운동 시기에 영국이 그렇다는 것을 전혀 발견하지 못했다."[531]

마르크스는 혁명적 프롤레타리아 교의를 영국 노동계급이 이해할 것이라고 확신했다. 이것은 실제로 점차 확증되고 있었다. 영국 프롤레타리아나 민주주의자 서클 가운데에서는 마르크스 이론에 대한 관심이 점차 증대되고 있었다. 1881년 12월 재능 있는 평론가였던 어니스트 벨퍼트 백스(Ernest Belfort Bax)가 『현대사상*Modern Thought*』이라는 잡지에 마르크스와 그의 교의에 관한 평론을 실었다. 마르크스는 이 논문을 라브로프에게 보내면서 이렇게 썼다.

"당신에게 충격을 줄 만한, 그의 말에 대한 진지성과 진정한 확신의 소리가 있다."[532]

저명한 시인이자 예술가이며 정치평론가이던 윌리엄 모리스(William Morris)가 사회주의 이념의 보급에 참여했다. 마르크스주의 교의는 지도적 노동자들로부터 훨씬 더 많은 지지를 얻고 있었다.

'민주주의연합' 내에서도 심각한 변화가 일어나, 1883년 여름에 사회주의적 강령을 채

영국의 화가이자 공예가, 건축가, 시인, 정치가, 사회운동가이자 '미술공예운동'을 전개했던 윌리엄 모리스(1834~96).

---

531) Marx to Hyndman, July 2, 1881(마르크스·레닌주의연구소 중앙당 문서보관소).

532) Marx to Hyndman, January 23, 1882(마르크스·레닌주의연구소 중앙당 문서보관소).

택했고, 1884년에는 마르크스주의를 이론적 정강으로 택한 '사회민주주의연합'으로 변화·발전했다. 하지만 하인드먼과 그 밖의 몇몇 지도자들이 취했던 종파주의적·기회주의적 태도들은 오랫동안 올바른 혁명적 전술을 추구하는 데 커다란 장애가 되었다.

영국에서 혁명적 프롤레타리아 당을 수립하기 위한 토대를 구축하는 데는 많은 시간과 노력이 필요했다. 그러나 마르크스 생전에도 개량주의가 깊이 뿌리내리고 있던 이 나라에서 과학적 공산주의와 노동계급 운동을 결합시키려는 조치들은 서서히 자리를 잡아갔다.

미국 노동계급 운동에 대한 전망

마르크스는 미국에 가본 적이 없었지만 ㄱ 나라의 경제적·정치적 상황에 관해 아주 많은 것들을 알고 있었고, 그 나라의 발전 경향을 면밀하게 관찰했다.

1882년 그와 엥겔스는 미국에서 진행되는 '자본의 엄청난 집중'에 관해 썼다.[533] 마르크스는 "내전의 발발 이래 항상 가속화된 비율로 산업, 상업, 토지재산, 철도, 금융을 좌우하는 대기업들의 독점력과 해로운 영향력"[534]에 대해 관심을 기울였다. 그는 미국의 농업 관계를, 봉건유제의 속박에서 해방된 농업의 자유주의적 발전과 자유 기업의 토대 위에서 자본주의적 모순이 성장한 실례로 보았다.

미국의 번영의 뒷면에는 노동 강도의 증대를 통한 대규모 착취, 광범한 사회적 공황에 의해 초래된 광범한 사회적 질병, 전례 없는 대실업이 있었다. '아메리카 문명'은 천민 상태인 흑인을 포함하여 복잡한 인구 구성을 갖고 있었다. 미국 노동계급의 상층부만이 부를 누리고 있었고 그 나머지 (대부분), 특히 이민 노동자들은 권리의 결여와 사회적 고통이라는 면에서 볼 때 그 밖의 농촌 사람들과는 다르다지만 별반 다름이 없었다. 마르크스

---

533) Marx and Engels, *Selected Works*, Vol. 1, 100쪽.

534) Marx to N. F. Danielson, November 15, 1878(마르크스·레닌주의연구소 중앙당 문서보관소).

는 이렇게 썼다.

"반(反)노예전쟁이 흑인의 쇠사슬을 끊었다면, 다른 한편으로 백인 생산자들을 예속화시켰다는 이 부정할 수 없는 사실을 훌륭하신 양키 작가들이 소리 높여 주장하고 있다."[535]

민주주의적 외관에도 불구하고 미국 부르주아의 상태는 노동계급에게 매우 적대적이고, 그것은 대기업의 수중에 들어 있는 도구에 불과했다. 마르크스는 미국의 정치체제를 다음과 같이 묘사했다.

"도당과 파벌들이 입법부를 장악하고 있었고, 정치는 하나의 거래에 불과했다."[536]

마르크스는 미국 노동계급이 자본의 권력에 대한 저항을 격화시킬 것이라고 확신했다. 그는 그것이 특수하고 복잡한 길을 따라 발전해나가고 있다는 것을 알았다. 그것의 발전을 가속화시키는 요인들(프롤레타리아트의 성장하는 수적 세력과 집중, 강화되는 착취와 계급모순의 심화, 만성적 실업 등)과 나란히 그 밖의 요인들은 프롤레타리아 세력의 강화를 지연시키는 경향이 있었다. 1870년대에 노동자들, 특히 본토박이 노동자들은 아직도 서부에서 광대한 토지를 구입해 농민으로 독립할 수 있었다. 노동계급의 단결에 만만찮은 장애가 된 것은 노동계급의 복잡한 민족적 구성이었다. 수많은 이민들이 아일랜드·영국·독일·이탈리아를 떠나왔고, 1870년대에는 동유럽 여러 나라와 중국 등지에서도 미국으로 들어왔다. 이런 모순적 경향들의 충격 아래 미국 노동계급 운동은 극단에서 극단으로 동요했다. 이데올로기상으로도 그것은 아주 다양했다. 협소한 노동조합주의 이데올로기와 정치에 무관심한 태도들이 음모적 전통들과 나란히 존재했고, 마르크스주의는 다양한 프티부르주아 사회주의와 혼재해 있었다.

미국의 '인터내셔널' 활동의 중요한 결과는 1876년 여름 프리드리히 조르게, 오토 바이데마이어, 패트릭 맥도널이 주도하는 마르크스주의적 미

535) Ibid.
536) The Chicago Tribune, January 5, 1879.

국 '노동자당(Workingmen's Party)'의 창립이었다. 미국의 마르크스주의자들은 마르크스·엥겔스와 부단한 접촉을 갖고 있었다. 당 신문『노동자의 깃발The Labour Standard』편집인으로 임명된 맥도넬은 마르크스와 엥겔스에게 그 신문에 기고해 달라고 요청했다. 그는 마르크스에게 이렇게 썼다.

"『노동자의 깃발』에 새겨진 당신과 엥겔스 씨의 글 한 줄은 누구에게나 기쁘게 읽힐 것이며 우리에게 많은 도움을 줄 것입니다."[537]

1878년 3월에 그 신문은 「1877년 유럽의 노동자The Workingmen of Europe in 1877」라는 제목의 엥겔스의 연작 평론을 게재했다.

미국 '노동자당'에서 과학적 공산주의를 지지하는 사람들은 주로 독일 이민 출신이었던 라살레주의자들이었다. 마르크스는 그 밖의 종파주의·개량주의 분자들에 대한 완강한 투쟁을 전개해야만 했다. 위에서 언급된 마르크스에게 보낸 편지에서 맥도넬은 그와 조르게, 그 밖의 마르크스주의자들이 "책략가들과 광신자들, 얼간이들과 엄청난 싸움을 벌이고 있다."[538]라고 썼다. '북아메리카 사회주의노동당(Socialist Labour Party of North America)'으로 개칭했던 1877년 당 대회에서는 라살레주의자들이 지배적이었다. 조르게와 맥도넬, 그들의 지지자들은 라살레주의적 지도부가 당 강령을 바꿔 선거투쟁에 참여하기로 방침을 정했을 때 당을 떠나지 않을 수 없었다. 새로운 지도부가 취한 입장, 즉 본토박이 미국인들 속에서 활동하기 싫어하거나 영어를 공부하는 것조차 꺼려했던 방식들은 당을 편협한 종파주의 조직으로 전락케 했다.

마르크스주의를 신봉하는 사람들이 당내에서 힘을 발휘하면서부터 상황은 다소 나아졌다. 당원이 아니었던 마르크스주의자들도 함께 그것에 영향을 미치려 끊임없이 노력했다. 당의 신문들『뉴욕 인민신문New York Volkszeitung』과『사회주의자』(둘 다 1878년에 창간되었다)는 마르크스주의를 보급하기 시작했다. 1880년대 초 '인터내셔널'에서 마르크스와 함께 활약

---

537) MacDonnel to Marx, December 7, 1876(마르크스·레닌주의연구소 중앙당 문서보관소).
538) Ibid.

했던 독일인 사회민주주의자 아돌프 헤프너는 『뉴욕 인민신문』에서 일하면서 「노동자의 도서관Workers' Library」이라는 글을 연재했고 아울러 마르크스주의 팸플릿의 출간도 준비했다.

마르크스와 엥겔스는 미국 사회주의자들이 혁명적 이론과 전술에 대한 교조적 접근방식을 극복하고, 노동자 대중이 비록 사회주의 이념을 받아들일 만큼 성숙해 있지 않더라도 그들과 밀접한 접촉을 유지할 것을 권유하고자 애썼으며, 사회주의의 선전을 추상적 형태가 아니라 대중들에게 이해하기 쉬운 형태로, 또 대중의 구체적 이해관계와 그들이 일상 투쟁에 직접 참여하는 것을 옹호하는 행동과 결합시키면서 수행하도록 촉구했다. 레닌은 여러 나라의 사회주의자들에게 충고하거나 그들의 오류를 비판하는 경우에, 이 마르크스주의의 선구자들은 그 나라 사회주의 운동의 특색과 주요 결점들을 고려하면서 이런저런 노선을 강조했다는 사실을 지적했다. 그들이 독일 사회민주주의자들에게 무엇보다도 우익 기회주의의 위험성을 경고했던 반면, 미국과 영국 사회주의자들에게는 주로 그들의 편협한 종파주의적 시각, 마르크스주의를 도그마로 바꿔버리는 경향, 그리고 현실의 투쟁조건들을 고려하지 못하는 것 등을 지적했다. 레닌은 이렇게 썼다.

"마르크스와 엥겔스가 영국과 미국 사회주의에 대해 가장 신랄하게 비판했던 것은 바로 노동계급 운동으로부터 그것의 고립이었다."[539]

마르크스는 미국 프롤레타리아 당의 건설이 미국 프롤레타리아트의 대중투쟁과 불가결한 관계가 있다고 설명했다. 오로지 그런 투쟁의 연륜을 통해서만 사회주의자들은 그 당의 기초를 쌓을 희망을 가질 수 있을 것이다. 마르크스는 저급한 계급의식과 프롤레타리아 대중의 편협한 실용주의가 극복하기 힘든 장애물은 아니라고 주장했다. 프롤레타리아 투쟁에 참여하는 사람들은 단결에 대한 대중의 자연발생적 요구를 활용하고, 누구에게나 분명한 구체적·실천적 과업에 기초함으로써 비로소 통일될 수

---

539) V. I. Lenin, *Collected Works*, Vol. 12, 263쪽.

미국의 저술가, 정치가, 정치경제학자 헨리 조지(1839~97).
단일세라고도 불리는 토지가치세의 주창자였으며, '조지주
의'라고 불리는 경제학파의 형성에 영향을 끼쳤다.

있을 것이다. 이것은 노동자들이 사회주의 정신으로 무장하고 혁명적·사
회주의적 강령을 채택하도록 길을 열어줄 것이다.

　여러 급진적 이론들이 영향을 끼치는 이유들 중 하나는 사회주의적 선
전이 프롤레타리아 대중의 일상적 투쟁과 관련을 맺지 못했기 때문이었
다. 따라서 미국에서 상당히 대중적인 사상들 중에는 급진적 평론가이자
경제학자인 헨리 조지(Henry George)처럼 토지재산의 국유화가 사회개조
의 주요 수단이라고 주장하는 사상도 있었다. 이것은 투기꾼이나 철도회
사 등 토지수탈에 분개하고 있던 농부들과 아직도 농토로 돌아갈 희망을
버리지 않고 있던 노동자들에게 큰 호응을 얻었다. 1880년에 출판된 조지
의 책 『진보와 빈곤』은 미국과 영국, 아일랜드의 많은 사람들에게 사회주
의 저작으로 여겨졌다. 마르크스는 그 책(그 책 여백에 기록한 언급들이 전
해지고 있다)과 1881년 출판된 조지의 다른 책 『아일랜드 토지문제Irish Land
Question』를 읽었는데, 이 두 책에 관한 그의 언급들은 조지의 오류와 한계
를 보여주고 있다. 그는 조지가 이론적으로 전혀 필요한 것이 아니며 생산
수단의 자본주의적 독점의 한 유형에 불과한 토지의 사적 소유에 당시 사
회적 질병들의 원인이 있다고 주장한 것은 오류라고 강조했다. 『아일랜드
토지문제』의 여백에서, 마르크스는 노동자들의 소유의 박탈이 "토지재산
으로부터 기인하는 것이 아니라 자본주의 체제로부터 기인한다."[540]라고

---

540) 마르크스·레닌주의연구소 중앙당 문서보관소.

썼다. 조지와 이런 부류의 다른 경제학자들은 지대의 폐지, 아니 좀 더 정확히 말해서 모든 다른 조세 대신 토지세의 형태로 그것을 국가에 납부하는 것 자체가 임금노동과 잉여가치의 전유를 소멸시키지는 못한다는 것을 이해할 수 없었다.

단지 그것은 지대를 희생하여 자본주의적 이윤의 다른 부분들을 증대시킴으로써 오히려 자본주의를 강화시켜줄 뿐이다. 조지는 이론적 무능 때문에, 자신의 이론과는 달리 '유럽에서는 유례가 없을 정도로' 미국이 자본주의 체제를 확장시킨 것은 바로 미국의 토지 가격이 낮다는 것과 그것의 이용가치였다는 사실을 보지 못했다.[541]

마르크스는 1881년 6월 2일 조지를 숭배하던 미국의 사회주의자 존 스윈턴에게 보낸 편지와, 6월 20일 조르게에게 보낸 편지에서 결론을 맺고 있다. 그는 조지를 정치평론가로서 대접했으며, 「공산당선언」에서 지대 폐지가 사회주의적 사회변혁을 촉진시키는 프롤레타리아 국가의 과도기적 조치의 하나로서 정식화되었던 것을 상기시키면서, 지대 폐지 요구가 진보적이라는 사실을 부정하지는 않았다. 요점은 조지가 이런 급진적 요구(리카도학파의 영국 경제학자들이 최초로 제기했던)를 과도기적 조치로 보지 않고, 벨기에의 프티부르주아 사회주의자 장 콜린스(Jean Collins)처럼 그것을 사회적 질병에 대한 만병통치약으로 여겼다는 사실이다. 조지는 그런 사상을 떠벌리고 자신을 그 창안자로 광고함으로써 미국식으로 대중들에게 환상을 유포시켰으며, 그들의 혁명적 항거를 그릇된 길로 빠져들게 했고, 자본주의 체제의 지주(支柱)에 대한 투쟁을 혼란스럽게 만들었다. 마르크스는 조르게에게 이렇게 썼다.

"따라서 단지 사회주의적인 가면을 쓴 채 **자본주의 지배를 수호**하고 사실상 현재보다 **훨씬 광범한 토대 위에** 그것을 **재구축**하려는 시도가 그 전모이다."[542]

----

541) Ibid.

542) Marx and Engels, *Selected Correspondence*, 343쪽.

미국 노동계급 운동 발전의 특징, 그것이 마주치고 있는 장애와 위험, 종파주의를 극복하고 프롤레타리아트에게 용납될 수 없는 이데올로기를 거부할 필요성 등에 관한 마르크스의 견해는 점차 미국의 지도적 노동자들에게 영향을 미치기 시작했다.

1861년 이후 러시아의 발전에 관한 분석

생애 마지막 10년 동안 마르크스는 러시아에 특별한 주의를 쏟았다. 그 당시 러시아는 후진 농노체제에서 자본주의로 이행하는 고통스런 시기였다. 1861년 러시아는 유례없이 첨예한 계급모순과 혁명세력의 급속한 성장으로 특징지을 수 있는 시기로 접어들었다.

마르크스가 연구했던 주요 문제들은 1861년 농업개혁의 원인과 본질과 결과에 관한 것들이었다. 마르크스는 그가 축적한 자료들을 체계화하고 요약함으로써 1881년 말이나 1882년 초에 썼던 초고 「1861년 개혁과 러시아의 개혁 후 발전에 관한 논평Remarks on the 1861 Reform and Russia's Post-Reform Development」에 특별한 관심을 쏟았다. 마르크스는 개혁이 농민 사이에서 집중하는 불만과 성장하는 농민운동의 충격 속에서 직접 이루어졌다고 느꼈다. 그 같은 생각은 최초로 1858년 『뉴욕 데일리 트리뷴』에 실은 한 논문에서 시사했던 것이었다. 그의 결론은 이러했다.

"게릴라 전쟁이 농민과 지주 사이에서 일어나고 있다."[543]

러시아의 관제 언론뿐만 아니라 유럽의 자유주의 언론도 차르를 '해방자'로, 개혁을 '위대한 결단'으로 왜곡하기를 계속하고 있던 당시에, 마르크스는 그것의 농민에 대한 강탈행위를 파헤쳤다. 농노제를 철폐하지 않을 수 없자, 차르는 "처음부터 지주에게 가능한 한 많이(농민에게는 가능한 한 적게) 주려고 결심했다."[544]라고 말했다. 그는 개혁의 진정한 성격을 이렇게 인식했다.

---

543) Marx, Engels, *Werke*, Bd. 19, 414쪽.
544) Ibid., 408쪽.

"해방이란 단지 고귀하신 지주가 **농민**을 더 이상 팔거나 임의로 처리할 수 없다는 사실을 반증하고 있다. 이러한 **인격적 속박은 폐지되었다.** 그들은 **농민 개인에 대한 그들의 개인적 위력**을 잃었다. …… **농민**은 스스로가 **그의 이전 지주에게 경제적으로 종속되어 있음**을 깨달았다."545)

1861년 2월 19일의 법령은 '일시적인 머슴신분제(state of temporary indenture)'를 도입하여 오랫동안 농민에게 강제노동을 부과함으로써 반(半)농노제를 온존시켰다고 마르크스는 강조했다. 마르크스는 속량금(贖良金, redemption payment)이 농민을 합법적으로 강탈하는 것이나 마찬가지이며, 농노제 폐지의 대가로 지주에게 바치는 공물이라고 말했다.

마르크스는 개혁의 약탈적 본질이 지주에 대한 인민의 분노와 투쟁의 새로운 폭발을 초래했다고 말했다.

"1861년 2월 19일(3월 3일 공포)의 농노해방선언에 뒤따라 농민들 사이에는 일반적 불안과 동요가 발생했다. 그들은 그것을 날조되고 신뢰할 수 없는 문서이며 군국주의적 수법이라고 생각했다. 선언 이후 세 달에 걸쳐 농노에 대한 전반적인 채찍질이 가해졌다."546)

마르크스의 수많은 노트들은 개혁 이후 농촌의 상태와 혹심한 빈곤에 시달리던, 즉 건초나 명아주 풀을 밀가루에 섞어 반죽해 먹고 점점 잦아지는 흉년 때문에 굶어 죽던 수백만 농민들의 상태를 상세히 묘사하고 있다. 소농은 농노제 시절보다 훨씬 혹심하게 대지주에게 착취당했다. 고리대금업자와 부농들은 그들의 그물 속에 농민의 조그마한 땅뙈기까지 끌어넣기에 바빴다. 차르 전제는 또한 그것대로 국고를 위한 각종 세금으로 '해방된' 농민에게 감당할 수 없는 부담을 지웠다. 마르크스는 농민의 경제적 곤경이 정치적·합법적 권리들의 결여라는 문제와 뒤얽혀 있다고 강조했다.

동시에 마르크스의 개혁에 관한 논평과 그 밖의 초고들은 그가 개혁과

---

545) Ibid., 414쪽.
546) Marx, Engels, *Werke*, Bd. 19, 407쪽.

그 결과를 러시아 자본주의 형성의 여명으로 보았다는 것을 암시해준다. 그리고 1861년 이후 러시아의 발전이 새로운 산업시대의 단초들을 두드러지게 보여준다고 거듭 말하는 것을 볼 수 있다. 물론 마르크스와 엥겔스는 러시아 자본주의 체제의 기원을 훨씬 이전의 시기로 잡고 있었고, 마르크스는 그의 초고에 1861년 이전의 상품—자본 관계의 발전을 보여주는 자료들을 기록했다. 여기서 그는 1861년을 러시아 경제에 하나의 중요한 이정표이자 농노제 폐지의 결과이며, 그 나라의 사회·경제적 발전에서 질적으로 새로운 단계의 시작이라고 강조했다.

마르크스는 러시아의 진보적·경제적 발전을 저해하는 장애물들, 즉 지주제의 온존과 그 결과에 따른 옛 주인에 대한 농민의 종속에 관해 매우 잘 알고 있었다. 마르크스는 극히 복잡한 농노 유형과 개혁 이후의 러시아 농촌에서 발전하는 자본주의적 관계들을 러시아 경제발전의 특수한 양상이자, 러시아에서 특히 첨예한 계급대립을 발생시킨 러시아 사회생활의 특성이라고 보았다.

마르크스는 농노 소유 관계로 얽매여 있던 러시아 농업에서 자본주의의 여러 요소들을 보았고 정확히 평가해냈다. 그는 부역노동에서 임금노동 및 개량된 도구·농업기계의 사용을 수반하는 자본주의 체제로 약간의 지주 소유 토지가 교체되고 있음을 지적했다. 마르크스가 「조세위원회 의사록」과 그 밖의 자료들을 읽으면서 작성했던 노트는 그가 사탕무 설탕 공장·증류주 공장·종마(種馬) 농장과 같은 지주 기업들, 상업적 농업 지역의 출현과 자본주의 방식에 의한 가축농장에 특별한 주의를 쏟았음을 보여준다. 그는 농민 자체 내에서 증대하는 모순을 보여주는 사실들에도 특별한 관심을 표명했다. 그가 작성한 노트의 수십 쪽에는 농민의 재산상의 성층화, 지주의 토지를 사는 부농(Kulak), 임금노동의 채용, 농민에 대한 땅뙈기 임대, 대금(貸金) 사업 등에 관한 자료들이 들어 있다.

살티코프(Mikhail Yevgrafovich Saltykov; 필명 셰드린[Shchedrin])의 풍자적인 작품들을 읽으면서, 마르크스는 '사회의 새로운 지주'(자본가와 부농)의 출현을 묘사하는 모든 구절들에 주석을 달았다.

그는 또한 러시아 농촌에서 부농과 같은 새로운 집단의 형성에 관해 철저히 연구했으며, 그의 초고에는 농업노동자·빈농·러시아 농촌 프롤레타리아트의 다른 범주 등에 관한 풍부한 정보가 담겨 있다. 마르크스는 러시아 농촌 프롤레타리아트의 특수성, 즉 농업노동자와 농장 일꾼들은 통상 소유자에게 필요한 생계수단을 공급하지 못할 뿐만 아니라 그 자신이 미르(촌락공동체)에, 아니 더욱 정확히 말해 탐욕적 부농과 지방 지주에게 얽매일 수밖에 없을 정도의 할당지를 갖고 있다는 것, 다시 말해 스스로 노동력을 최악의 조건으로 팔아넘기지 않을 수 없다는 것을 잘 알고 있었다.

마르크스는 과거 서유럽에서처럼 러시아의 사회과정은 '농민', 다시 말해 광범위한 인민대중의 '착취'547), 즉 소생산자들의 토지를 강탈하고 그들을 파멸시키는 러시아적 형태로 이끌어가고 있다고 보았다. 마르크스는 러시아 농민의 성층화, 그 대부분의 프롤레타리아화, 러시아 내 노동시장의 창출은 또한 자본주의 생산양식의 수립을 위한 조건들을 창출해갔다는 것을 알고 있었다.

그는 러시아 산업의 성장, 즉 상트페테르부르크와 모스크바(Moskva), 블라디미르(Vladimir)와 다른 지방, 흑해와 아조프(Azov)해 연안, 폴란드와 러시아 제국의 다른 지역에 설립된 새로운 공장과 새로운 산업의 건설을 면밀히 관찰했다. 마르크스의 『군사통계개관』과 「조세위원회 의사록」에 관한 노트는 그가 러시아의 시장 관계와 외국 무역의 발전에도 관심을 가지고 있었음을 보여준다. 그는 러시아 항구의 성장, 중앙아시아·페르시아·중국과의 무역 증대에 관한 자료들을 수집했다. 그는 특히 러시아의 철도 건설과 그것이 가부장제적 관계의 붕괴와 상품·자본 관계의 발전에 미친 영향에 관해서도 연구했다.

마르크스는 사회·경제 관계의 분석으로부터 출발하여 러시아 전제국가의 계급적 성격과 반동적 역할을 밝혔고, 그것의 국내외적 정책을 기술

---

547) Ibid., 396쪽.

했다. 1861년 이후 약간의 정치체제 변동에도 불구하고(농민개혁 외에도 차르 정부는 약간의 사법적·행정적·군사적 개혁을 단행하지 않을 수 없었다) 국가의 체제는 여전히 전제적이었다. 차르 체제는 스스로를 봉건군주제로부터 부르주아 체제로 변혁시키기 위한 첫걸음을 내디뎠으나, 군대와 경찰에 의존하는 전제권력이라는 모든 기본 특징들을 지닌 채였다.

국가가 경제적으로 발전함에 따라 전제체제는 이런 발전의 필요조건과 부딪치는 더욱 큰 모순에 빠졌다. 마르크스는 차르 재정의 빈약성이 러시아의 현존 체제가 불안하다는 것을 보여주는 징후로 간주했다. 그것을 개선하려는 노력은 프랑스 절대주의가 재정적 위기로부터 벗어나려고 취했던 조치들을 상기시켜주었다. 그는 '러시아 재정의 연금술사들'도 똑같은 방식을 취했다고 비꼬면서 밀했다.[548] 차르 체제는 국내적 안정을 잃고 나서 더 이상 과거에 했던 것처럼 국제정세 속에서 확장정책을 성공시킬 희망을 가질 수 없었다. 이것은 1870년대 발칸반도의 위기와 1877~78년의 러시아·터키 전쟁 동안 겪었던 군사·외교적 곤경으로 미루어보아도 명백했다. 국내에서 성장하는 혁명운동은 러시아 차르 체제의 공격적인 대외정책을 허물어뜨리고 있었다. 1879년 9월 10일 마르크스는 이렇게 썼다.

"러시아 외교의 성공 비밀은 국내의 죽음 같은 정적에 있었다. 국내 운동의 출현과 더불어 그 마법은 깨졌다."[549]

마르크스는 관제 러시아와 혁명적 러시아 사이에 심화되어가는 모순을 아주 만족스럽게 지켜보았으며, 러시아의 지도적 혁명가들이 자국 내 상황을 평가하는 데 따뜻한 관심을 보냈다. 따라서 그는 러시아 사회사상과 그 자신이 러시아인의 생활 및 러시아 사회의 선도적 부문들의 변화하는 분위기를 반영하는 거울로 비유했던 혁명적 선전물들과 순수문학 작품들에 더욱 관심을 가졌다. 체르니솁스키('위대한 러시아 학자이자 비평가'[550])의 작품에 대한 전문가로서 마르크스는 그의 저작들, 특히 1861년 개혁의

548) Marx to P. Lavrov, October 21, 1876(마르크스·레닌주의연구소 중앙당 문서보관소).
549) Marx, Engels, *Werke*, Bd. 34, 108쪽.
550) Karl Marx, *Capital*, Vol. I, 15쪽.

준비 및 실행기의 러시아 사회·경제·관계를 분석한 저작들을 지칠 줄 모르는 관심을 가지고 연구를 계속했다. 1870년대 초에 마르크스는 다니엘손이 보내준 체르니셉스키의「주소 없는 편지Letters Without Address」초고 복사본을 읽었는데, 그것은 개혁에 대한 전면적 비판을 담고 있었다. 1881년에 그는 이 충격적인 선전적 저작을 다시 읽었다.

마르크스는 농노제와 전제에 맞서는 인민혁명을 위한 체르니셉스키의 강령을 높이 평가했다. 그리고 그 러시아 혁명가의 전투적 민주주의와 인민에 대한 성실성, 차르 체제와 농노제에 대한 증오에 찬사를 보냈다. 마르크스는 체르니셉스키와 도브롤류보프를 심오한 사상가나 재능 있는 작가일 뿐만 아니라, 러시아 혁명가들의 새로운 세대를 육성하고 인도했던 혁명 진영의 지도자들로 치켜세웠다. 체르니셉스키의「토지의 공동체적 소유에 반대하는 철학적 선입견의 비판Critique of Philosophical Preconceptions Against the Communal Ownership of Land」의 여백에 적힌 마르크스의 논평들은, 러시아가 자본주의를 건너뛰어 사회주의 체제로 이행하는 문제에 대해 위대한 혁명사상가가 제기한 사상에 그가 민감한 관심을 갖고 있었다는 증거라 할 수 있다.

당시 체르니셉스키는 러시아를 비자본주의적 길로 인도할 진정한 사회 세력들을 알 수 없었을 것이다. 마르크스는 러시아의 사회주의적 변혁을 위해 촌락공동체를 활용한다는 그의 견해가 유토피아적인 것이라고 인식했으나, 그의 진술 속에서 합리적인 요소들을 많이 발견했다('집산주의 정신과 동지적 결속'의 중요성, 농업기계·과학적 업적들 등의 공동체적 이용에 관해서). 마르크스는 러시아의 사회주의적 전망의 문제에 대한 체르니셉스키의 접근방식 자체가 굉장한 중요성을 갖고 있다고 믿었다.

체르니셉스키의 철학적·역사적·선전적 저작들, 소설 작품들은 마르크스 가족에게 잘 알려져 있었다. 1877년 5월에『프랑크푸르트 신문Frankfurter Zeitung』에 게재된 런던의 문학·연극계에 대한 평론에서, 예니 롱게는 러시아의 혁명적 저작들에 대한 영국 부르주아 언론의 거짓말들을 비판했고, 체르니솁스키를 '현대의 위대한 혁명적 작가'라고 불렀다. 그녀는 그의 소설 『무엇을 할 것인가?』와 잡지 『동시대인 *Sovremennik*』에 실린 그의 평론들에 대해 언급했다. 체르니솁스키는 거기에서 "러시아 정부에게 농노의 해방(당연히 여러 가지 방식으로 수행되었던)"을 요구했고, "정부가 그를 시베리아로 추방했을 때 사이비 자유주의의 '훌륭한' 대표자들이 안도의 한숨을 쉬었으리만큼 당시 상트페테르부르크 언론의 사이비 자유주의를 신랄하고 냉혹하게 응징했다."[551]

마르크스는 시인 네크라소프(Nikolai Alekseevich Nekrasov)와 위대한 풍자가 살티코프가 체르니솁스키와 도브롤류보프의 경향에 속한다는 것을 알고 있었다. 1873년 2월 그는 다니엘손이 보내준 살티코프의 풍자시 「상트페테르부르크에 사는 한 주교의 일기 *The Diary of a Provincial in St. Petersburg*」와 「타슈켄트의 신사들 *The Gentlemen of Tashkent*」을 읽었다. 그 뒤 마르크스는 그의 「외국에서 *Abroad*」와 「몽 레포의 은퇴 *The Retreat of Mon Repos*」도 읽었다. 1878년 드라고마노프(Mikhail Petrovich Dragomanov)의 팸플릿에 해놓은 표시, 즉 「러시아 정부의 우크라이나 문학 박해 *The Persecution of Ukrainian Literature by Russian Government*」는 그가 우크라이나의 위대한 시인이자 혁명가였던 타라스 셰프첸코(Taras Shevchenko)의 작품에도 주목하고 있었음을 엿볼 수 있다.[552]

일반적으로 마르크스는 러시아 문학과 문화에 지대한 관심을 보였다. 엥겔스와 더불어 그는 19세기 러시아의 시와 순문학이 지닌 아름다운 문장을 놓고 자주 토론하곤 했다. 라파르그는 마르크스가 알렉산드르 푸시킨, 니콜라이 고골(Nikolai Vasilievich Gogol), 살티코프의 작품들을 읽고 큰 기쁨을 느꼈다고 회상했다. 마르크스는 『정치경제학 비판』에서 인용했던 『예브게니 오네긴 *Evgeni Onegin*』 초판을 소중히 간직했고, 그의 사후에 엥겔스가 그들의 러시아 관계 자료를 모을 때 특히 귀중한 품목으로 간주되었

---

551) *Beiträge zur Geschichte der deutchen Arbeiterbewegung*, 1966, No. 6, 1045쪽.
552) 마르크스·레닌주의연구소 중앙당 문서보관소.

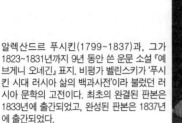

알렉산드르 푸시킨(1799~1837)과, 그가 1823~1831년까지 9년 동안 쓴 운문 소설 『예브게니 오네긴』 표지. 비평가 벨린스키가 '푸시킨 시대 러시아 삶의 백과사전'이라 불렀던 러시아 문학의 고전이다. 최초의 완결된 판본은 1833년에 출간되었고, 완성된 판본은 1837년에 출간되었다.

다. 프란치스카 쿠겔만은 그 밖의 러시아 작가들에 관한 마르크스의 견해를 다음과 같이 기록했다.

"그는 투르게네프(Ivan Sergeyevich Turgenev)가 슬라브적 감수성으로 러시아인의 영혼이 지닌 특성을 표현하고 있다고 말했다. 그가 생각하기로는 레르몬토프(Mikhail Yurievich Lermontov)의 자연 묘사는 투르게네프에 비해 뛰어나지도 동등하지도 않았다."[553]

마르크스의 가까운 친구들이 보낸 편지와 회상기를 살펴보면, 그의 가족들이 러시아 서정가곡과 글린카(Mikhail Ivanovich Glinka)의 오페라 피아노 편곡들을 비롯한 온갖 러시아 고전음악을 섭렵했음을 알 수 있다.

러시아 문학은 마르크스에게 커다란 기쁨을 안겨주었을 뿐만 아니라, 당시 사회적·역사적 상황의 반영이었으며, 러시아 사회생활에서 비롯된 아주 흥미롭고 구체적인 사실들의 재현이었던 것이다.

러시아 혁명에 대한 강렬한 기대

마르크스는 러시아의 사회·경제적 발전을 더욱 연구할수록, 러시아의 사회적·정치적 과정을 더욱 깊이 통찰할수록, 그 나라가 유럽 전체에 결정적 영향을 미칠 혁명적 대변동을 향해 나아가고 있다는 확신을 가졌다. 레닌은 이렇게 강조했다.

----
553) *Reminiscences of Marx and Engels*, Moscow, 278쪽.

"마르크스와 엥겔스는 당연히 러시아의 혁명과 그것의 위대한 세계적 의미에 대해 누구보다도 강력한 신념을 품고 있었다."[554]

1870년대 후반 마르크스는 러시아가 어떤 유럽 국가들보다도 혁명에 근접해 있다고 확고히 믿고 있었다. 그는 1877~78년 러시아·터키 전쟁으로 차르 정부가 곤경에 처함으로써 이 혁명의 추이가 가속화되길 바랐다. 그는 러시아 혁명의 전망이 밝은 것에 크게 고무되었다. 1877년 9월 27일 그는 조르게에게 이렇게 썼다.

"그때가 되면 훌륭한 싸움이 있을 것이다. 어머니이신 자연이 우리에게 특별히 악의적이지만 않다면, 우리는 곧 환호성을 지르며 살게 될 것이다."[555]

1870년대의 전환기 러시아에 두 번째 혁명적 상황이 다가온 시기에, 마르크스는 이제 막 싹트기 시작한 러시아 혁명의 본질적 쟁점 전체에 관해 분명히 인식하고 있었다. 그것이 필연적으로 엄청날 것이라는 확신은 객관적 선결조건에 대한 심오한 이해와 그 나라의 전진적 발전의 필요조건에 대한 과학적 해명에 기초한 것이다. 마르크스와 엥겔스는 러시아의 당면 혁명이 주로 전제·지주제·반봉건적 관계들의 철폐를 목표로 삼은 부르주아 민주주의적인 것이며, 주로 농민혁명이 될 것이라고 믿었다. 곧바로 사회주의로 나아갈 수 있다고 전망했던 나로드니키와 대조적으로, 마르크스는 분명히 러시아에 다가올 혁명은 사회주의적인 것이 아니라 민주주의적인 것일 수밖에 없다고 내다보았다. 토지 문제의 해결에 사활을 건 농민은 혁명을 극히 폭발적으로 만들 것이며, 그것에 대단한 깊이와 폭을 부여할 수밖에 없다.

러시아 부르주아지의 정치적 행위를 관찰하면서, 마르크스는 (부르주아지의 경제적 이해와 화해해야 했던) 전제와 부르주아지와의 끊임없는 정치적 타협 경향 및 그것의 우유부단함을 잘 알고 있었다. 마르크스는 러시아

---

554) V. I. Lenin, *Collected Works*, Vol. 12, 376쪽.

555) Marx and Engels, *Selected Correspondence*, 308쪽.

부르주아가 차리즘에 어떤 심각한 저항을 펼칠 수도 없고, 혁명적인 행동을 취할 수도 없다는 사실을 알고 있었다.

러시아에서 부르주아 민주주의 혁명의 우선 과제는 두 개의 불가분의 측면들로 구성되어 있는 정치적 혁명과 농민혁명을 통해 전제를 타도하는 것이라고 마르크스는 주장했다. 차리즘에 대한 심대한 타격은 장차 창조적·혁명적 행동을 취할 광범위한 부문의 인민들에게 경종을 울려줄 것이다. 마르크스는 러시아의 혁명운동이 위대한 대중 지도자들, 다시 말해 체르니솁스키와 도브롤류보프의 훌륭한 계승자들을 키워낼 것이라고 믿었다.

전제의 타도가 러시아 민족과 러시아 내 소수민족들의 진정한 발전을 위한 수문을 열게 되리라는 것이 바로 마르크스의 확신이었다. 서유럽에서 프롤레타리아 혁명이 성공할 경우에, 또한 그 덕분에 러시아는 자본주의적 발전 단계를 건너뛰면서, 또는 실질적으로 그것을 단축시키면서 사회주의로 나갈 수 있을 것이다. 그런 우발성을 허용하면서, 마르크스는 규모나 진보적 발전이라는 측면에서 다가올 러시아 혁명에 자주 비유했던 18세기 말 프랑스 부르주아 혁명기뿐만 아니라 1848년 혁명기와 비교해서도 총체적인 역사적 상황이 현저히 변화했다는 사실에서부터 출발했다. 서유럽의 프롤레타리아 운동은 새로운 수준으로 고양되었고, 승리를 거둘 경우 러시아 프롤레타리아 혁명의 과정과 역사적 결과에 영향을 미칠 수 있을 것이며, 또한 그렇게 되어야만 할 것이다.

러시아 노동계급은 아직 전체 인민의 투쟁을 지도할 수 있을 만큼 조직화된 세력으로 형성되지 못했다. 그래서 마르크스는 러시아 혁명의 성패가 서유럽 프롤레타리아트에, 즉 러시아에서 부르주아 민주주의 혁명의 승리와 사회적 재건을 보증하는 데 거의 공리(公理, axiom)라고까지 여겼던 서유럽 프롤레타리아트의 도움에 달려 있다고 믿었다. 그는 또한 러시아 혁명과 서유럽 노동계급의 성공적인 운동과의 공동보조와 상호 지원이야말로 러시아 혁명투쟁이 부르주아 혁명의 단계를 뛰어넘어 진전하고, 궁극적으로 그 나라에 사회주의를 가져올 보증이라고 주장했다.

이런 견해는 마르크스와 엥겔스가 파리 코뮌의 10주년 기념식을 위해 1881년 3월 21일 런던에서 열린 '슬라브인회(Slavonic Meeting)' 의장에게 보낸 전문에도 반영되어 있다. 그들은 러시아의 성장하는 혁명운동이 "아마 오래고도 격렬한 투쟁을 겪고 난 후에, 궁극적으로 그리고 확실히 러시아 코뮌의 수립으로 나아가야 한다."라고 말했다.

동시에 마르크스와 엥겔스는 유럽 혁명 과정의 구성 부분으로서 러시아의 민주주의 혁명이 그것에 예외적인 영향을 미칠 수밖에 없다고 재삼 강조했다. 러시아의 당면 혁명은 세계사에 일대 전환점이 될 것이다.

마르크스는 일단 인민혁명이 러시아에서 발발하여 차르 체제를 무너뜨린다면 유럽의 국제관계 체계 전체가 변하지 않을 수 없다고 믿었다. 혁명의 궁극적 결과는 "낡은 유럽의 현상(status quo) 전체를 종결지을" 것이다.556) '신선한 미풍'처럼 그것은 독일에 좋은 영향을 미쳐 그 나라의 정세를 '일거에' 변화시키고, 프로이센 융커와 군국주의자들의 몰락을 가져올 것이다. 바야흐로 러시아 혁명이 "프로이센에 조종(弔鐘)을 울릴" 것이다.557) 그는 또한 러시아 혁명이 폴란드의 해방을 초래할 것이고, 유럽의 다른 피압박 민족들을 혁명운동으로 끌어들일 것이며, 오스트리아·헝가리 제국과 그 밖의 나라들에 혁명적 변동을 야기할 것이라고 믿었다. 노동계급과 유럽 대륙을 가로지르는 혁명적 민주주의에 유리한 방향으로 세력균형의 근본적 변화가 일어날 것이다. 러시아에서 전제의 붕괴는 "만국의 노동자들이 그들의 공통 목표(노동의 보편적 해방)를 향한 큰 걸음으로서 환호하며 맞게 될 유럽 전체 상황의 변화"558)를 의미할 것이다.

러시아의 혁명을 열렬히 고대하면서 그리고 그것이 일찍 발발하기를 바라는 러시아 혁명가들에게 공감하면서, 마르크스와 엥겔스는 사실상 그 전망들을 과대평가했다. 그들은 일정에 대해서는 오류를 범했으나, 그

---

556) Marx, Engels, *Werke*, Bd. 34, 244쪽.

557) Ibid., 318쪽.

558) *The Labour Standard*, New York, March 31, 1878.

것의 객관적 선결조건의 분석과 그것의 깊이와 범위에 관한 기대라는 측면에서는 매우 옳았다.

러시아 혁명가들의 조언자이자 벗

1870년대 러시아는 차르 전제에 대한 혁명가들의 영웅적이고 서사시적인 투쟁의 현장이었다. 정부가 불안정한 상황에서 벗어날 방법을 찾아 동요했고 "채찍과 당근(the whip and the carrot)" 정책에 의지했으므로, 혁명이 '지배층의 위기'와 더불어 일반대중에서 끓어오르기 시작한 1879년에서 1881년까지는 충돌이 특히 첨예했다. 1870년대 전반기에 새로운 혁명적 서클들과 집단들이 생겨나 '인민 속으로(브나로드)' 운동이 전개되었고, 1876년에는 러시아 혁명가들이 전 러시아의 중앙집권적이고 엄격한 비밀조직(얼마 후에 '토지와 자유당[Land and Freedom]'이라고 명명된)을 설립하기에 이르렀다. 1879년 8월 전술상의 내부적 모순은 두 개의 집단으로 분리되는 결과를 가져왔다. 즉 차르 체제에 직접적인 공격을 가한 '인민의 의지당(People's Will)'과 '흑토재분배당(General Redistribution)'으로 나뉜 것이다. 1881년 3월 1일 알렉산드르 2세가 '인민의 의지당' 집행위원회에서 통과된 판결에 따라 처형되었다. 이 이후로 혁명운동(그것은 특히 격심한 보복에 시달렸고, 인민의 필수적인 지지를 받지 못했다)은 내리막길로 접어들었다. 러시아의 노동계급은 단지 이제 막 형성되고 있던 반면에 혁명은 차르와의 투쟁에서 힘을 소모해버렸고, 조직화되지 못한 채 흩어진 농민대중은 아직도 어디에서나 연대행동을 취할 필요성을 깨닫지 못한 상태였다. 자유주의적인 부르주아 분파는 무기력하게도 전제에 맞서 투쟁하는 사람들에게 어떤 지지도 보내기를 거부했다. 다시 한 번 러시아 대지에 반동의 시기가 도래했다. 나로드니키 운동은 스스로 혁명적 특색을 잃기 시작했고, 점차 자유주의적인 야당의 형태로 발전했다.

평민과 비귀족 출신의 인텔리겐치아가 주도한 1870년대의 혁명적 사건들은 러시아 혁명운동 중 부르주아·민주주의 시기의 일정 단계를 이루었던 해방투쟁의 차후 발전과 러시아 사회생활에 커다란 영향을 끼쳤다. 이 기간에 인민의 대의는 하층계급 출신의 진보적 지식인들에 의해 옹호되었다. 1870년대의 혁명적 나로드니키는 봉건적 잔재와 포악한 독재 정부로부터 벗어나려는 농민대중의 열망을 대변하고 있었다. 그들은 선배이자 스승이었던 게르첸·체르니솁스키·도브롤류보프로부터 인민의 혁명적 힘에 대한 신념, 차르 체제에 투쟁하는 혁명적 방법에 대한 선호, 사회주의적 이념을 유산으로 물려받았다.

마르크스는 즉흥적 사회주의 혁명에 대한 러시아 나로드니키의 희망이 환상적이라는 것을 잘 알고 있었다. 하지만 그는 엥겔스가 표현했듯이, 인민의 그릇된 생각에 대한 인민의 충실한 옹호자들에게 '해명을 요구'하는 것은 난호히 반대했다. 마르크스와 엥겔스는 그들의 미숙한 이데올로기가 동시대 러시아의 사회·정치적 발전 수준과 일치한다고 보았다. 또 그들 스스로가 직접적인 경험을 얻고, 나로드니키들이 예민한 관심을 표명했던 서유럽 노동계급 운동의 교훈을 배움으로써 오류를 극복해나갈 것이라고 믿었다. 마르크스와 엥겔스가 볼 때, 나로드니키의 이데올로기적 결점들은 그들의 객관적·혁명적 부르주아 민주주의적 성격을 또는 그들의 차르 체제에 대한 헌신적 투쟁을 빛바래게 하지는 않았다. 두 사람은 서구 프티부르주아 사회주의자들의 경향을 프롤레타리아 계급 조직의 발전에 장애물로 간주했다. 반면에 노동계급 운동이 단지 독자적인 첫걸음을 내딛고 있었고 부르주아 민주주의적 변화가 당시의 질서였던 러시아에서는 프티부르주아 나로드니키 운동이 아직 혁명적 잠재력을 잃지 않았다는 사실에 주목했다. 바로 이것이 마르크스와 엥겔스가 서유럽의 프롤레타리아 및 사회주의 정당의 동맹자로 여긴 혁명적 나로드니키를 지지했던 이유이다.

마르크스와 엥겔스가 특별히 평가하고 생각했던 것은 그들의 차르 체제에 대한 강력한 증오, 헌신과 혁명적 확고부동함, 국제주의적 성향, 유럽 프롤레타리아 혁명의 거대한 예비군인 러시아 농민의 투쟁을 고양시키기 위한 노력이었다.

　마르크스는 라브로프가 1873년부터 1876년까지 '토지와 자유당'과 '인민의 의지당' 지하 기관지였던(국외에서 발행한 잡지이자 신문)『전진Vperyod』에 기고한 글, 그들의 강령문서, 나로드니키 정치평론가의 글과 그들의 문학작품을 포함한 각종 나로드니키 간행물을 읽었다. 그의 오랜 러시아 친구들이자 편지를 주고받았던 라브로프, 로파틴, 다니엘손은 제쳐두고라도 이제 하르트만, 모로조프(N. A. Morozov), 베라 자술리치 등을 알게 되었다. 마르크스는 라브로프와 아주 가깝게 지냈고, 그는 변함없이 마르크스와 엥겔스에 대한 존경을 보여줬으며, 그들의 의견을 참작했고 충고를 소중히 여겼다. 그는 마르크스의 가정을 방문했고, 편지 교환도 계속했다. 그러나 마르크스와 엥겔스는 이 러시아 친구의 견해의 결점과 모순된 측면들을 명백히 알게 되었다.

　나로드니키 운동의 참여자인 하르트만과 모로조프 역시 1880년과 1881년에 마르크스를 방문했다. 그는 그들과 라브로프를 통해 '인민의 의지당' 집행위원회와 직접 접촉했다. 마르크스는 러시아의 혁명적 망명자에게 독일에 의지할 만한 집을 마련해주었고, 각국 동료들에게 러시아 혁명운동을 적극 지지하도록 요청했다. 그는 러시아 혁명가들의 다양한 요구, 그중에서도 특히 러시아 망명자들이 제기한 러시아 혁명운동에 대한 서유럽 여론의 지지를 얻기 위해 영문판 주간지『허무주의자The Nihilist』를 외국에서 발행하자는 제안에 기꺼이 응했다. 하지만 그 제안은 실현되지 않았다.

　마르크스는 러시아 혁명가들과 맺은 관계를 소중히 여겼고, 1880년 11월 6일(구력으로는 10월 25일)에 '인민의 의지당' 집행위원회로부터 받은 편지를 그의 친구들에게 보여주면서 자랑했다. 그 편지는 마르크스의 과학적 성취와 러시아 혁명에 대한 그의 관심에 심심한 경의를 표하고 있으며, 하르트만이 러시아에서 시작된 투쟁의 성격에 관해 서유럽 여론에 알릴 수 있도록 도움을 청했다. 나로드니키에 대한 동조의 표시로서 그는 일찍이 자필 서명된 사진 두 장을 집행위원회 구성원들에게 보냈다(이것은 곧 경찰의 손에 넘어갔다).

또한 러시아 혁명가들, 특히 마르크스의 이론과 활동에 예민한 관심을 보인 혁명적 나로드니키들 사이에 그에 대한 존경이 싹트고 있었다. 그들 중 많은 사람(특히 할투린[Khalturin], 알렉세예프[P. Alexeyev], 카르펜코[A. Karpenko]와 같은 프롤레타리아 출신들)이 과학적 공산주의에 관한 저작들을 탐독했다.

『자본론』은 젊은 러시아 혁명가들 사이에 널리 보급되었고, 그들이 연구 서클에서 나눈 대화와 팸플릿(예를 들면 스테프니야크-크라프친스키의 『현명한 여자 나우모브나의 전설Fairy-Tale of the Wise Woman Naumovna』과 바흐(A. N. Bakh)의 『굶주린 차르Hunger the Tsar』)에서 많이 인용되었다. '인민의 의지당' 집행위원회는 마르크스에게 『자본론』이 "모든 지식인을 위한 표준적 저작"559)이 되었다고 편지를 썼다. 러시아 혁명가들은 마르크스와 엥겔스의 다른 저작들에도 정통하고 있었다.

1881년 3월 경찰은 '인민의 의지당'의 지도자이자 유명한 혁명가·과학자·발명가인 키발치치(N. I. Kibalchich)를 체포했을 때, 그가 1875년부터 번역하기 시작했던 「공산당선언」 사본을 압수했다.

그러나 나로드니키는 예컨대 러시아의 사회 발전이 그 나름의 독자적 진로를 따라야 하고, 자본주의가 퇴보와 몰락을 의미한다는 관념론적 견해 때문에(이것은 체르니셉스키와 비교해볼 때 한 걸음 뒤진다), 그리고 농민 공동체와 가장 혁명적 계급인 농민 전체에 대한 관념론적 견해 때문에 마르크스주의 학설을 이해하기는 어려웠다. 나로드니키와 프티부르주아적 공상적 사회주의자들은 마르크스주의자의 정치경제학이야말로 단지 자본주의적인 서구에만 적용될 뿐 러시아에는 적용되지 않는다고 믿었다. 이것은 1882년에 마르크스가 읽었던 나로드니키 정치평론가 보론초프(V. P. Vorontsov)의 『러시아에서 자본주의의 미래The Future of Capitalism in Russia』에 적시된 견해였다.

----

559) 마르크스·레닌주의연구소 중앙당 문서보관소.

나로드니키는 마르크스의 이론을 피상적으로만 관찰했고, 때때로 그것을 프루동·바쿠닌·라살레·뒤링 등의 사상이나, '비판의식을 가진 개인(critically-minded individual)'의 역사에 결정적 역할을 했다고 주장하는 사람 중 하나인 라브로프의 주관론적·관념론적 견해에 기계적으로 결합시키려고 했다.

마르크스와 엥겔스는 올바른 전망과 전술에 대한 고통스런 탐구 속에서 러시아 혁명가들을 도울 만한 모든 방법을 찾으려 했다. 비록 바쿠닌의 사상 중 일부는 계속해서 나로드니키에게 영향을 미쳤지만, 바쿠닌과 네차예프의 사상에 그들이 가한 충격은 무정부주의자의 영향력을 극복하도록 해주었다. 1874년과 1875년에 마르크스의 충분한 지지를 받아, 저명한 나로드니키 이데올로그들인 라브로프와 트카초프(Tkachov)를 공격한 「망명자 문학*Imigrant Literature*」이라는 엥겔스의 논설은 나로드니키의 이데올로기적 오류를 밝힌 점에서 매우 중요하다. 엥겔스는 그들의 견해가 관념들의 우연적 혼합이라는 것을 보여주었고, 마르크스주의와 무정부주의를 화해시키려는 라브로프의 노력은 실패로 끝났음을 보여주었다. 그는 러시아 국가가 계급 위에서 있고, 러시아에서 혁명을 수행하는 것이 쉽고 음모적 방법이 옳다는 식의 트카초프의 그릇된 견해를 조목조목 밝혔다. 이렇듯 그릇된 관념론적 시각은 나로드니키 견해의 본질적인 특징이었다. 일반적으로 그들은 법률·정치적 제도와 다양한 사회계급의 이해관계에 대해 아주 모호한 생각을 가지고 있었다.

그 뒤 여러 차례에 걸쳐 마르크스는 나로드니키들에게 자신들의 그릇된 시각에 주의를 돌리도록 했다. 하지만 차르 체제에 대한 그들의 투쟁이 전진함에 따라, 그는 이러한 비판이 가장 우호적이고 섬세한 표현으로 행해져야 한다고 믿었다. 그들은 믿을 수 없을 정도로 확실히 다른 상황에서 싸우고 있었기 때문이다. 나로드니키 이데올로기의 공상적 원리를 공식적으로 비난하기에는 부적절한 시기였다. 당시에는 그들의 실질적인 혁명적 행동이 운동의 이론적인 측면보다 훨씬 더 중요했기 때문이다. 하지

만 마르크스는 러시아에서 혁명적 지식인들의 마음을 동요시키는 중대한
문제에 대해 의견을 피력하거나, 자신의 견해와 나로드니키 견해 사이의
차이를 보여줄 기회를 결코 놓치지 않았다. 또한 자신의 학설을 왜곡하려
는 어떤 시도에도 반응을 보였다.

이러한 비판적 진술의 필요성이 제기된 때는, 러시아 신문에 발표된
『자본론』과 마르크스주의에 관한 부르주아 정치평론가의 다음과 같은 논
평, 즉 저명한 나로드니키 사회학자이자 이후 자유주의적 나로드니키주
의 이데올로그가 된 미하일롭스키(Nikolai Konstantinovich Mikhailovski)가 민
주주의적 잡지『조국의 잡지Otechestvenniye Zapiski』에「추콥스키 씨에 의해 심
판받는 카를 마르크스Karl Marx on Trial by Mr. Y. Zhukovsky」라는 제목의 기사
를 발표한 1877년 말이다. 속류 정치경제학자 추콥스키가 마르크스에게
가한 악의에 찬 공격에 답하여, 미하일롭스키는 자유주의적인『베스트니
크 예프로피Vestnik Yevropy』지에 기사를 썼다. 미하일롭스키는 나로드니키
의 입장에서 '낙천가(樂天家)' 마르크스를 자유주의적 비평으로부터 변호
했다.

그는『자본론』이 저자의 '남다른' 논리력과 '방대한 지식'을 보여줬다는
것은 인정했으나, 마르크스의 이론이 "일관성 있고 완전무결하여 사람을
현혹시키기" 때문에 한꺼번에 그 "문을 열고 돌진하는" 것은 옳지 않다고
경고의 말을 덧붙였다.[560] 미하일롭스키는 선험적으로 러시아 자본주의
의 존재를 부정했기 때문에『자본론』의 결론은 러시아에 적용할 수 없다
고 주장했다. 모든 나로드니키와 마찬가지로 그는 농민공동체를 통해 사
회주의로 나아가는 배타적인 길을 바라고 있었다.

마르크스는 프랑스에서 미하일롭스키의 기사를 읽은 즉시『조국의 잡
지』의 편집자에게 편지를 보냈다. 거기에서 그는『자본론』에서 피력한 자
신의 이념을 속류화시키는 데 항의했고, 변증법적 유물론의 실제적 과정
을 연구하는 대신에, 여러 나라의 역사에 맞추기 위해 그것을 보편적인 방

---

560) *Otechestvenniye Zapiski*, 18877, No. 10, 322, 325쪽.

법과 일반적 도식으로 바꾸려는 시도에 대해 비난을 퍼부었다. 마르크스주의적 방법은 사회 발전을 지배하는 보편적 상황에도 불구하고 사회적 발전은 어느 지역에서나 필연적으로 일정한 유형을 따른다는 가정에서 출발한 것은 아니다. 따라서 마르크스는 서유럽 자본주의의 출현에 관한 미하일롭스키의 역사평론에 맞서, "모든 사람이 마주치는 역사적 상황이 어떻든 모든 사람이 밟을 수밖에 없는 일반적 경로에 관한 역사·철학 이론"으로 바뀐 「자본의 본원적 축적」에 관한 장에서 단호히 이의를 제기했다.[561]

마르크스는 만약 나로드니키가 러시아가 발전의 자본주의적 단계를 지나칠 수 있는지 없는지에 관한 문제에 정확히 해답을 찾기를 원했다면, 러시아에서 진행되고 있는 경제적·사회적 과정에 대해 엄격하고도 사실적인 관찰을 해야만 했다고 말했다. 그는 러시아가 '자본주의 국가로 되는 것'을 명백히 드러냈던 경향을 고려했는데, 나로드니키에게도 그렇게 하도록 조언했다. 그는 "러시아가 1861년 이래로 걸어왔던 길을 계속해서 추구한다면, 러시아는 역사가 인민에게 제공했던 가장 훌륭한 기회조차 잃게 될 것이고, 자본주의 체제의 온갖 치명적인 변화를 겪게 될 것이다."[562]라고 덧붙였다. 따라서 마르크스는 러시아의 사회·경제적 발전의 자본주의적 길을 현실적인 것으로 여겼던 것이다.

그는 나로드니키 사회학자들의 자본주의에 대한 속물적인 견해를 순전히 해악이라고 단호히 반대했고, 세계사의 맥락에서 사회주의를 위한 물질적 선결조건을 마련해주는 것이 바로 대규모의 자본주의적 생산이라는 점을 강조했다.

이 편지는 엥겔스가 마르크스 사후에 그의 논문들을 분류하면서 발견했다. 엥겔스는 베라 자술리치에게 사본을 보내고, 로파틴에게 다른 하나를 주었는데, 그는 그것을 러시아에 가지고 들어갔다. 그것은 러시아에서

---

561) Marx and Engels, *Selected Correspondence*, 313쪽.
562) Ibid.

출간(1886년 국외에서, 1888년 러시아에서)되기 전에 우선 초고 형태로 유포되었다. 베라 자술리치에게 보낸 편지에서, 엥겔스는 "마르크스의 이름만으로도 그의 회답이 실릴 신문을 위험에 빠뜨리기에 충분하기"[563] 때문에 편지를 부칠 수 없다고 말했다. 마르크스의 편지가 러시아에서 진보적인 사람들에게 준 감명은 글레프 우스펜스키(Gleb Uspensky)의 평론 「준엄한 책망*Bitter Rebuke*」에서 엿볼 수 있다.

"『자본론』과 동일한 방법으로 써내려간 몇 줄의 글에서, 카를 마르크스는 1861년부터 시작한 우리 경제생활의 전반적 과정을 완벽한 정확성과 동일성을 기하면서 조망했다."[564]

위에서 언급된 1881년 초 베라 자술리치에게 보낸 마르크스의 회답도 농민에 내한, 즉 촌락공동체와 러시아 사회 빌진의 길에 대한 나로드니키와 그의 근본적 차이를 증명하고 있다.

베라 자술리치는 『조국의 잡지』에 실린 보론초프의 평론, 즉 러시아에서는 자본주의에 적합한 조건이 없다고 주장한 평론에 관한 논쟁과 관련하여 마르크스에게 편지를 보냈다. 제네바에서 베라 자술리치, 크라프친스키, 스테파노비치(Stefanovich), 도이치(Deutsch) 그리고 그들의 폴란드인

러시아의 여성 사회주의자이자 혁명가인 베라 자술리치(1849~1919).

친구 디크슈타인(Diksztajn)과 바린스키 등이 이 평론에 대해 논의했는데, 그들의 의견은 여러 쟁점으로 나뉘었다. 도이치는 "우리는 그 문제에 대한 답을 구하기 위해 베라가 마르크스에게 편지를 쓸 것을 요청했다."[565]라고 회상하고, 그녀는 이 편지를 1881년 2월 16일에 썼음을 상기했다. 1880년 12월 마르크스는 '인민의 의지당' 집행위원회를 대표한 모로조프로부터 러시아 공동체에 관한 글을 써줄 것을 요청받

563) Ibid., 370쪽.

564) Gleb Uspensky, *Collected Works*, Moscow, 1957, Russ. ed., Vol. 9, 166쪽.

565) *Emancipation of Labour Group*, Collection No. 1, Moscow [1924], Russ. ed, 133쪽.

왔고, 그는 1881년 3월 8일에 베라 자술리치에 회답 편지를 보냈다.

그녀는 플레하노프(Georgy Valentinovich Plekhanov)에게 편지의 사본을 보낸 도이치를 비롯하여, 많은 친구들에게 이 편지를 돌렸다. 『조국의 잡지』 편집장에게 보낸 편지에서 그랬듯이, 마르크스는 이 편지에서 자본주의적 생산양식 기원에 관한 그의 이론이 보편적 도식으로 바뀐 것에 항의했다. 마르크스는 공동체에 관해서, 그것이 "러시아에서 사회 재생의 주요 동기"가 될 수 있지만 그런 역할을 하려면 "먼저 각 방면에서 그것을 몰아세우는 해로운 영향들을 제거해야 한다, 그 후 자연발생적 발전을 위한 정상적인 상태를 보장하는 것이 불가결할 것이다."라고 썼다. [566]

농민 공동체가 사회주의적 변화에 사용될 수 있는 상태를 강조함으로써, 마르크스는 나로드니키가 그것을 이상화하는 것에 단호한 입장을 보였다. 러시아 사회주의를 회복하는 근원이 되는 것은 공동체가 아니었다. 이런 낡은 제도를 쇄신하고 사회주의적 노선 위에서 그것을 변혁할 가능성을 창출할 수 있는 것은 러시아의 혁명과 선진 자본주의 국가에서 노동계급의 승리에 의한 지원이었다. 마르크스는 공동체를 재정적 압박의 도구로 변형시키기 쉬웠던 상황과 그것의 붕괴를 가져왔던 과정을 고찰하면서, 실질적 공동체에 대한 현실적 접근을 촉구했다. 회답의 초안에서 그는 이렇게 말했다. "재정을 강탈당해 고갈되면서 공동체는 상인 지주와 고리대금업자의 좋은 착취의 표적이 된다. 외부의 이런 압박은 공동체 내부에 이미 존재하는 이해관계의 대립을 악화시키고, 그것의 붕괴를 가속화시킨다."[567]

마르크스는 러시아에서 공동체의 존재는 러시아 농민이 특수한 사회적 사명을 갖고 있었다는 증거라는 견해를 거부하고, 공동체를 모든 민족들이 발전의 일정 단계에서 취하는 사회제도로 간주함으로써 진정으로 역사적 접근방식을 취했다.

---

566) Marx and Engels, *Selected Correspondence*, 340쪽.
567) Marx and Engels, *Selected Works*, Vol. 3, 159쪽.

나로드니키의 견해에 대한 그의 심오한 비판은 러시아 혁명운동의 가장 선진적인 분자들이 과학적 공산주의의 관점을 받아들이도록 하는 데 도움을 주었다. 그는 러시아 혁명가들의 이데올로기적 발전 과정상의 진보, 특히 무정부주의적 교의와 정치적 무관심의 점차적 방기, '인민의 의지당'에 의한 정치적 해방투쟁으로의 전환 등을 예의주시했다. 그가 중요하다고 믿었던 것은, 처음에는 '토지와 자유당'에 속했다가 후에는 '인민의 의지당'에 속했던 나로드니키들이 의식적이고 엄격한 훈련에 기초한 지하 중앙집권적 조직을 건설했던 사실이었다.

마르크스와 엥겔스는 '인민의 의지당'의 성립을 '놀랄 만한 자기희생의 정력과 역량'을 갖춘 혁명 정당의 출현으로 보았다.[568] 같은 해 마르크스는 나로드니키인 모로조프에게 차르 체제에 대한 러시아 혁명가들의 투쟁은 '전설적인 것'이었다고 말했다.[569] 그가 1880년 말에 받았던 「노동자의 강령, '인민의 의지당'의 구성원Programme of Workers, Members of the People's Will Party」(주로 A. I. 첼리야보프가 썼다)의 여백에 기록한 마르크스의 주해는, 그가 '인민의 의지당' 멤버들을 다른 나로드니키 경향들과 비슷하게 만들었던 환상들에 공감하지는 않았지만, 러시아 제국의 여러 민족들, 민주주의 혁명, 정치적·시민적 자유의 쟁취를 위한 자기결단과 같은 그들의 혁명적·민주적 요구들에 대해서는 크게 공감했었다는 사실을 보여준다.

마르크스와 엥겔스는 '인민의 의지당'이 1881년 3월 1일 이후 새로 등극한 차르의 정치적 개혁에 대한 요구를 긍정적으로 바라보았다.[570] 1883년 가을 로파틴과 나눈 담화에서 엥겔스는 마르크스가 이 문서, 특히 단호하지만 차분하고도 절도 있는 논조에 동의하고 있음을 확인해주었다.

'인민의 의지당' 구성원들은 주로 테러리스트적 방식으로 전제에 맞서 투쟁했다. 그것은 대부분 혁명가들과 그들에 동조하는 사람들에 대한 차르 당국의 무자비한 체포나 임의행동에 대응한 것이었다. 마르크스와 엥

---

568) Marx, Engels, *Werke*, Bd. 34, 449쪽.
569) *Reminiscences of Marx and Engels*, 303쪽.
570) 1881년 3월 1일 차르 알렉산드르 2세는 암살되었다.

겔스는 정치적 투쟁의 수단으로서 테러리즘이 지닌 개인적 행동의 원리에 부정적 시각을 갖고 있었다. 하지만 그것들은 예외적 상황에 한해서만 행해져야 한다고 믿었다. 그들은 러시아 혁명가들의 테러 행위들이 전제에 대한 인민의 불만을 촉발시키기를 바랐다. 동시에 마르크스는 테러리즘을 러시아 혁명가들 스스로가 일시적으로 의지할 수밖에 없는 것으로 간주하고 있다고 확신했다. 1881년 4월 11일 그는 '인민의 의지당' 집행위원회의 전술이 "폭군 살해를 '이론'이나 '만병통치약'이라고 설교하는 모스트와 그 밖의 울보들이 취하는 철없는 방식"과도 거리가 먼 외침이었다고 예니 롱게에게 썼다. 러시아 혁명가들은 "대조적으로 그들의 만병통치약(modus operandi)이 러시아에 특수적이며 역사적으로 필연적인 행동양식이라고 유럽 사람들이 믿게 하려고 애쓰지만, 그것은 키오스섬의 지진(the earthquake on Chios)[571]처럼 도덕적으로 해명되지 않는(찬성하든 반대하든) 것을 요구한다."[572]

강력한 차르 체제에 대한 '인민의 의지당' 멤버들의 소집단에 의한 용감한 투쟁은 마르크스와 엥겔스에게 '매우 동조적인 반향'을 불러일으켰다.[573]

마르크스가 알리소프(P. F. Alisov)의 팸플릿 「해방자 알렉산드르 2세 *Alexander II the Emancipator*」와 드라고마노프의 「러시아의 폭군 살해*Tyrannicide in Russia*」를 읽었고, 차르의 암살을 조직하고 가담했던 사람들의 공판을 깊은 감명을 받으며 지켜본 것도 이 시기였다. 그는 첼리야보프, 소피아 페로프스카야(Sophia Perovskaya), 키발치치가 법정에서 보여준 행위에 찬탄을 표했고, 그들을 진정한 영웅이자 혁명가들로 치켜세웠다.

"이들은 감상적인 모습을 찾을 수 없는 정직하고도 실천적이며 영웅적인, 철저하게 건실한 사람들이었다."[574]

---

571) 에게해 동쪽에 있는 섬. 온천이 많으며 1881년에 대지진이 일어났다 - 옮긴이.
572) Marx, Engels, *Werke*, Bd. 35, 179쪽.
573) V. I. Lenin, *Collected Works*, Vol. 2, 27쪽.
574) Marx, Engels, *Werke*, Bd. 35, 179쪽.

마르크스는 '흑토재분배당'이라 불리던 다른 나로드니키 조직에 대해 더욱 비판적인 관점을 취했다. 그들의 이념과 전술은 무정부주의적 경향을 띠고 정치로부터 도피라는 완고한 바쿠닌주의적 도그마를 드러냈다. 마르크스는 그들의 '장황한 교조주의'에 관해 썼고, 그들의 주된 오류가 '정치적·혁명적 행동'의 거부라고 생각했다. 사회주의적 변혁을 지향하는 하나의 단계로서 민주주의 혁명의 필요성을 인식하고 있던 '인민의 의지당'과는 대조적으로, '흑토재분배당'은 "러시아가 무정부주의적·공산주의적·무신론적 천년 왕국으로 들어가기 위해 재주넘기를 해야 한다."라고 말했다.

동시에 마르크스는 러시아 혁명가들이 내적 불화를 극복하고 공동의 적 차르 체제에 대한 투쟁 속에서 통일되도록 노력했다. 그래서 1880년 '인민의 의지당'과 '흑토재분배당'의 공동 사업으로 러시아 사회주의 혁명 총서를 외국에서 출판하는 데 참여해 달라는 모로조프의 청탁서를 받았을 때, 자신의 저작들을 출판사 마음대로 집어넣는 데 동의했고, 그들이 출판하기로 결정한 것에 대해서는 전부 새로운 서문을 써주기로 약속했던 것이다.

1882년 「공산당선언」의 새로운 러시아어판이 이 총서로 출판되었다. 마르크스와 엥겔스는 라브로프를 통해 그들이 그해 1월에 썼던 러시아어판 서문을 '흑토재분배당'의 지도자이자 「공산당선언」을 번역한 게오르기 플레하노프에게 보냈다. 거기서 그들은 러시아 혁명이 가까웠으며, 거대한 역사적 중요성을 지닐 것이라는 그들의 견해를 다시 정식화했다. 그들은 러시아의 비자본주의적 발전의 길을 위한 조건들을 설명했고, 러시아 혁명가들의 영웅적 행동들을 진심으로 받아들이면서 다음과 같이 썼다.

"러시아는 유럽에서 혁명적 행동의 전위를 형성하고 있다."[575]

또 하나의 중요한 사실은, 이것과 그 밖의 과학적 공산주의 저작들의 영향을 받아 「공산당선언」의 러시아어판을 제안했던 플레하노프가 마르크

---
575) Marx and Engels, *Selected Works*, Vol. 1, 100쪽.

스의 교의만이 러시아 혁명운동의 올바른 진로를 정해줄 지도원리임을 깨달았다는 것이다. 1883년 플레하노프와 그의 동료들은 '노동해방단'으로 알려진 최초의 러시아 마르크스주의 집단을 건설했고, 그것은 '러시아 사회민주당'의 수립을 위한 길을 닦아놓았다. 이 일대 사건(그것은 러시아의 해방투쟁에 새로운 전망을 열었다)에 관하여, 엥겔스는 베라 자술리치에게 이렇게 썼다.

"나는 솔직히 마르크스의 위대한 경제·역사 이론을 받아들여, 그들 선배들의 모든 무정부주의적이고 다소 슬라브주의적인 전통과 단호히 결별한 러시아 청년층 가운데 당이 있다는 것을 알고 자랑스러웠다. 그리고 마르크스도 조금 더 오래 살았더라면 이 사실을 자랑스러워했을 것이다."[576]

돌이킬 수 없는 손실들, 건강의 악화

1880년 여름에 간질환으로 고생하던 예니 마르크스의 건강이 급속도로 나빠지더니 10월 초에는 간암이라는 아주 좋지 않은 소식을 접하게 된다. 1881년 6월 6일 마르크스는 큰딸 예니에게 편지를 썼다.

"너는 어머니가 고통받고 있는 병에 치료방법이 없다는 것을 알고 있겠지. 실제로 그녀는 갈수록 쇠약해지고 있단다."[577]

1881년 6월 말 마르크스는 항구도시 이스트본(Eastbourne)에서 아내와 한 달 동안 보냈다. 7월에는 죽음에 대한 염려를 씻어주고 손자를 간절히 보고 싶어 하는 예니의 마음을 달래주기 위해 헬레네 데무트와 함께 아내를 데리고 프랑스를 향해 떠났다.

7월 26일 롱게 가족이 살고 있던 파리 근교의 아르장퇴유에 도착했다. 8월 중순에 엘레아노르가 사경을 헤맬 만큼 아프다는 소식을 접했다. 마르크스는 헬레네에게 아내를 맡기고 런던으로 떠났다. 막내딸은 깊은 흥

---

576) Marx, Engels, *Ausgewählte Briefe*, Berlin, 1953, 455, 456쪽.
577) 마르크스·레닌주의연구소 중앙당 문서보관소.

분상태에 빠져 있었고 육체적으로 기진맥진해 있었다. 그의 극진한 간호 덕분에 엘레아노르는 곧 회복하기 시작했다. 예니와 헬레네도 이내 런던으로 돌아왔다. 1881년 가을부터 예니는 완전히 병상에 눕기까지 침대에서 일어나는 횟수가 차츰 줄어갔다. 그 무렵 마르크스도 중병이 들었다. 10월에 늑막염으로 드러누운 그는 기관지염과 폐렴 등의 합병증이 나타났다. 상태는 매우 위독해서 의사들도 생명이 위험하다고 느끼고 있었다. 바로 옆방에서 죽어가고 있는 아내에 대한 염려로 그의 육체적 고통은 더욱 심해지고 있었다. 10월 말에 위기를 넘긴 마르크스는 예니의 침대 옆에 얼마쯤은 같이 있게 되었다. 엘레아노르는 다음과 같이 회상했다.

"나는 아버지가 마침내 어머니 방에 갈 수 있을 정도로 건강이 회복되던 날 아침을 결코 잊을 수가 없습니다. 그분들이 함께 있을 때는 인제나 젊은이들 같았습니다. 두 분 모두 죽음을 눈앞에 둔 노인들 같아 보이지 않았습니다."[578]

1881년 12월 2일 예니 마르크스는 세상을 떴다. 예니의 죽음은 마르크스에게 큰 충격을 주었고, 의사는 예니의 장례식이 있던 12월 5일에 허약해진 그에게 집에 있으라고 권유했다. 그는 친지나 당의 동지들과 친구들의 편지로 겨우 지탱할 수 있었다. 그는 조사(弔辭)의 표현들이 매우 진실하고 또한 의례적이 아닌 깊은 동정심을 표현한 것에 깊은 감동을 받았다. 그가 딸에게 보낸 편지에서, 아내와의 관계 속에서 만사가 "자연스럽고 진실되며, 꾸밈없고, 변함없이 소박한 것이었다."[579]라고 쓰고 있다.

여느 시련을 겪을 때와 마찬가지로 엥겔스는 마르크스 편에 서서 모든 장례 절차를 처리하는 것뿐만 아니라 노동자계급 운동에서 예니의 역할을 언론에 기고하는 것도 자신의 의무라고 생각했다. 『사회민주주의자』에 기고된 예니의 사망기사에서 그는 예니야말로 "프롤레타리아의 노숙한 호위병이자 혁명적 사회주의자"였다고 회고하면서 경의를 표했다. 또한 그녀의

---

578) *Reminiscences of Marx and Engels*, 127쪽.

579) Marx, Engels, *Werke*, Bd. 35, 250쪽.

묘역에서 행한 그의 조사 「평등Égalité」에서 다음과 같이 말하고 있다.

"우리는 그녀의 힘 있고 신중한, 힘 있으나 과장되지 않고, 신중하나 내세우지 않는 조언들을 그리워할 것입니다."[580]

마르크스와 엘레아노르는 1882년 1월의 첫 3주를 와이트(Wight)섬에 있는 벤트너(Ventnor)에서 지냈다. 바닷바람을 쐴 겸, 마르크스의 만성기관지염과 불면증을 악화시킨 기침을 가라앉히는 데 도움이 될까 하는 바람에서 그곳에 갔던 것이다. 실제로 마르크스는 다소간 나아졌고 다시 일할 수 있는 의욕을 보였다.

그는 런던으로 돌아온 즉시 과학적인 연구들을 다시 시작했으나 의사들은 변덕이 심한 런던의 봄을 피해 남쪽으로 떠나기를 권유했다. 의사들의 의견은 그가 알제로 가야 한다는 것이었다.

2월 중순 전에 마르크스는 프랑스의 아르장퇴유로 가서 롱게 가족들과 일주일을 보냈다. 마르세유에서 이틀을 지내고 알제를 향해 항해를 시작해 2월 20일에 도착했다. 도중에 그는 심한 감기에 걸렸으며, 기대했던 따뜻한 태양 대신에 비와 추운 기온과 심한 바람에 더욱 실망했다. 그는 큰딸에게 다음과 같이 썼다.

"지난 10년 동안 알제에서 이렇게 심한 겨울은 없었다."[581]

당연하게도 기후는 그의 기관지염을 더욱 악화시켰고, 설상가상으로 다시 늑막염까지 걸렸다. 하지만 그의 건강상태도, 어쩌다 맑은 날을 허락하는 지루하고도 짓궂은 날씨도 그에게 『아라비안나이트』를 연상시키는 그 땅의 아름다움을 즐기는 것을 막지 못했다. 그는 펜션 빅토리아(Pension Victoria)의 창가에 앉아 몇 시간씩 그림 같은 만(灣)과 항구의 경치, 바다에 이르는 언덕과 별장들, 우거진 수목에 감탄했다. 멀리 산봉우리마다 눈 쌓인 장엄한 산맥도 있었다. 그는 엥겔스에게 다음과 같이 썼다.

"이곳보다 더 매혹적인 파노라마는 그 어느 곳에서도 없을 것이네.

---

580) Ibid., Bd. 19, 294쪽.

581) Marx, Engels, *Werke*, Bd. 35, 289쪽.

······ 아프리카와 유럽을 멋지게 합쳐놓은 것 같네."[582]

산책을 나갈 만큼 회복되자, 그는 유명한 식물원에 찾아가 훌륭하고 아름다운 산책길과 종려나무 숲과 나무들과 목련에 감탄과 칭찬을 아끼지 않았다.

그러나 프랑스 식민지 알제리의 아름다움도 사회와 국가의 모순들에 대한 마르크스의 심오한 의식들을 흐리게 하지는 않았다. 그는 푸리에주의자였다가 알제리에 유배 중이었던 판사 페르메(Fermé)와 나눈 솔직한 대화에서, 그리고 관찰을 통해서 명확한 현지인들의 권리에 대한 속박과 식민지 정권의 폭압적인 속성을 거뜬히 그려낼 수 있었다.

4월 중순경에 늑막염에서는 완전히 회복되었으나 기관지염은 여전히 그를 괴롭혔고, 사막에서 불어오는 남풍이 모래 섞인 구름을 몰고 올 때는 심한 고통을 겪어야 했다. 의사들의 권유에 따라 마르크스는 더위가 시작되기 전에 알제리를 떠나 프랑스 리비에라(Riviera) 해안으로 떠났다. 5월 초 그는 몬테카를로(Monte Carlo)에 도착했다. 하지만 여기에서도 불행이 그를 덮쳤다. 그는 그 지방의 한 의사로부터 늑막염이 재발했다는 진단을 받았다. 그는 거의 한 달 동안 "한가한 귀족들과 협잡꾼이 무리지은 노름판"[583] 모나코 괴뢰공국에서 치료를 받지 않으면 안 되었다.

6월 3일 마르크스는 간 전문의의 권유에 따라 산간 휴양지에서 치료를 받기 위해 몬테카를로를 떠났지만, 그는 큰딸 예니와 손자들이 있는 아르장퇴유에서 시간을 보내기로 결심했다. 마르크스는 가족들과 이곳에서 지내면서, 6월 8일부터 8월 22일에 걸친 얼마간을 이웃 도시인 벨기에의 앙갱(Enghien)에서 유황 목욕과 맑은 공기를 마시며 치료를 받았다. 그리고 라우라와 함께 스위스의 레만(Leman)호 가장자리에 있는 브베(Vevey)에서 한 달간 머물렀다. 스위스를 떠나기 전 그는 제네바에서 오랜 친구 베커를 만났다. 두 사람은 서로 즐거운 시간을 보냈다.

---

582) Ibid., 45쪽.
583) Ibid., 68쪽.

9월 28일 마르크스는 아르장퇴유로 돌아와 의사들로부터 영국에 돌아가도 좋다는 허락을 얻었으나, 한 번에 2주나 3주 이상을 런던에 머물러서는 안 된다는 주의를 받았다. 마르크스는 거의 10월 한 달을 메이틀랜드 파크 로드에 있는 집에서 보내면서 원시사회의 역사와 러시아에서 농경민들의 관계, 그 밖의 문제들에 대한 과학적인 연구에 다시 몰입했다. 그러고 나서는 와이트섬으로 돌아가 과학적인 연구를 이어갔다.

1883년 1월 초에 그는 큰딸 예니가 와병 중임을 알게 되었다. 이 소식 때문에 마르크스는 신경질환에 걸렸고, 기침의 발작은 위험한 경련으로까지 번졌다. 1월 12일에 마르크스는 예니가 그 전날 죽었다는 비통한 소식을 엘레아노르로부터 전해 들었다. 이제 38살의 다섯 아이의 어머니인 큰딸의 죽음은 마르크스에게 좌절을 안겨주었다. 그는 쇠약한 몸을 이끌고 비통한 슬픔을 안은 채 런던으로 돌아왔다.

1883년 3월 14일

질병의 악화는 곧 닥쳐올 비극적 결과가 되었다. 마르크스의 기관지염은 더욱 악화되어 급기야 후두염으로까지 발전했다. 그 때문에 오랫동안 우유 외에는 음식을 먹을 수가 없었다. 2월에 의사는 폐렴이라는 진단을 내렸다. 마르크스는 눈에 띄게 쇠약해져갔고, 엘레아노르와 헬레네와 엥겔스는 마르크스의 생명을 구하기 위해 갖은 노력을 다했다. 그들의 노력에 적지 않은 효과를 얻어 마르크스의 건강은 3월 들어 조금씩 회복되는 기미를 보였다. 3월 9일 마르크스 집안의 친구인 의사 돈킨(Donkin)은 두 달 동안 투병을 계속할 수 있으면 치유될 희망이 있다고 고무적인 이야기를 해주었다.

그러나 상황은 그렇게 되지 않았다. 매일 그랬던 것처럼 마르크스를 문병하기 위해 병원에 들렀던 엥겔스는 3월 14일 오후 2시 30분에 모두가 울고 있는 소리를 들었다. 이날 아침 마르크스는 피를 토해 아주 위태로운 상태였다. 헬레네가 방에 올라갔을 때 마르크스는 의자에서 잠을 자고 있었다. 그녀는 엥겔스에게 올라가 보도록 했다. 다음 날 엥겔스는 조르게에게 다음과 같이 편지를 썼다.

"우리가 방에 올라갔을 때는 이미 깰 수 없는 잠을 자고 있었다. 맥박과 호흡은 멈추어 있었다. 그 2분 사이에 그는 평화롭고 고통 없이 돌아갔다."

"의료기술은 몇 년을 무력한 존재로서의 삶을, 갑자기가 아닌 서서히 죽어가는 식물인간으로서의 삶을(외과의사의 기술의 승리 덕분에) 보장할 수는 있었을 것이다. 그러나 우리의 마르크스는 결코 그런 것들을 견디지 못했을 것이다. 그는 아직 끝맺지 못한 일들을 끝맺고 싶은 욕망으로 안달했을 것이나 그렇게 할 수 없었던 까닭에, 그렇게 살게 하는 것은 그를 더욱 가혹하게 대하는 것이기에 편안히 잠들게 하는 편이 훨씬 나을 것이다."[584]

위대한 사상가이며 혁명가인 마르크스의 죽음에 대한 소식은 즉시 전 세계로 퍼져나갔고, 프롤레타리아들뿐만 아니라 유럽과 미국에서 발행하는 부르주아들의 정기간행물들에도 보도되었다. 적들도 동지들과 마찬가지로 그의 지적인 힘에 찬사를 보냈다. 러시아의 자유주의 잡지『유리디체스키 베스트니크Yuridichesky Vestnik』는 "마르크스야말로 뛰어난 인물이었고, …… 드문 과학적 재능의 소유자였다."라고 썼다. 3월 17일자 오스트리아 부르주아 신문『신(新)빈신문Neues Wiener Tagblatt』은 "카를 마르크스는 현대의 가장 중요하고도 뛰어난 사람으로 기록되어야 한다."라고 강조했다.

그러나 마르크스가 죽은 뒤에도 부르주아 언론은 그의 역할에 대해 아무런 객관적 평가를 내리지 않았으며, 격렬한 어투로 그의 수준 높은 면들을 깎아내렸고, 어떤 식으로든 모든 방면에서 그의 영향을 최소화하려 했으며, 파렴치하게도 그의 생을 왜곡했다. 언제나 마르크스를 증오했던 자본주의 대변자들은 마르크스의 사후 중상모략을 강화했고 그들의 동조자들에게까지 확산시켰다.

러시아 부르주아지는 차르 체제에 어떤 심각한 저항도 보여줄 능력이 없으며, 어떤 의미에서든 혁명적인 행동을 취할 능력이 없다는 것을 여실

----

584) Marx and Engels, *Selected Correspondence*, 360~361쪽.

히 보여주었다.

　노동자 서클과 사회주의적 서클에서는 마르크스의 죽음이 전적으로 다른 반향을 불러일으켰다. 전 세계의 노동계급 지도자들과 사회주의자들이 보낸 편지들이 런던에 도착했는데, 그 내용은 한결같이 노동계급과 피압박 인민의 스승이자 지도자에 대한 애정, 땀 흘려 일하는 인류가 그의 죽음으로 받은 커다란 손실에 대한 깊은 슬픔으로 점철되어 있었다. 이러한 감정은 각국 노동계급 신문의 사망기사와 추모연설 및 추모집회 조사에도 여실히 나타났다. 모든 사람들이 마르크스의 위대한 사상의 불멸성과 그가 일생을 두고 헌신했던 대의의 필연적인 승리에 대한 확고한 신념을 소리 높여 외쳤다.

　엥겔스에게 조전(弔電)을 보냈던 사람들 중에는 프롤레타리아 투쟁의 오랜 경험자들, 즉 미국에 살고 있던 옛 인민헌장운동가 하니·베커·조르게·로흐너 등이 있었다. 레스너는 엘레아노르 마르크스에게 이렇게 썼다.

　"그의 이름과 그의 교의는 인간이 지상에 존재하는 한 영원할 것이다. 그의 천재성은 태양처럼 만인에게 경의의 빛을 비출 것이다. 지상의 어떤 것도 이것을 막지는 못할 것이다."[585]

　독일에서는 아우구스트 베벨, 에르푸르트 사회민주주의 조직, 하노버의 사회민주주의자들이 전보를 보내왔다. 당 지도부는 장례식에 참석하도록 리프크네히트를 런던에 보냈다. '프랑스노동당'은 중앙연합 추모집회를 갖고 파리연합으로 하여금 전보를 치도록 했다. '스페인사회당'을 대표하여 호세 메사로부터, 벨기에 사회주의자를 대표하여 페페로부터, 네덜란드 사회주의자들을 대표하여 니우엔하위스로부터 전보가 도착했다. '슬라브사회주의자동맹'의 추모모임에서 통과된 결의안이 취리히로부터 도착했는데, 그것은 해방투쟁의 희생자들을 돕기 위해 '마르크스 기금'을 설립할 것을 제안하고 있었다.

　런던에서는 '민주주의연합'이 '위대한 사상가이자 천재이며 전 세계 노

<hr>

585) 마르크스·레닌주의연구소 중앙당 문서보관소.

동자들의 벗'을 추모하기 위한 모임을 열었다. 586) 이 밖에도 런던 '민주주의동맹' 매릴러본(Marylebone) 분국과 '가구제작자협회(Cabinet-Makers' Society)', 그 밖의 조직들도 추모모임을 열었다. 3월 19일 뉴욕의 미국 사회주의자들도 추모모임을 열었다. '인터내셔널'의 전 멤버였던 테어도어 쿠노는 엥겔스에게 그가 쓴 사망기사를 알렸다.

러시아의 혁명가들도 슬픔과 깊은 존경의 마음을 표했다. 러시아 사회주의자들을 대표하여 라브로프가 쓴 전문은 다음과 같이 말하고 있다.

"카를 마르크스의 죽음은 그의 사상을 이해하고 우리 시대에 끼친 그의 영향을 고맙게 여기는 모든 사람들의 마음에 슬픔을 불러일으켰다."587)

로파틴, 플레하노프, 소피아 바르디냐(Sophia Bardina)가 서명한 '러시아 망명사회주의자협회'의 전보는 세노바로부터 엥겔스에게 접수되어있다. 1883년 3월 28일 로파틴은 마르크스를 "친구로서 사랑했고 스승으로서 존경했으며 아버지로서 섬겼다."라고 엘레아노르에게 썼다. 588) 화환이 만들어졌고 모스크바에 있는 '페트로 농업아카데미', '상트페테르부르크 기술연구소', 오데사 대학의 학생들, 러시아 여자대학 학생들이 보낸 조의금이 여러 경로를 통해 엥겔스에게 전달되었다. 전향적인 러시아 지도자들은 마르크스 저작들의 간행과 광범한 보급을 위해 준비했다.

다니엘손은 엘레아노르에게 보내는 편지에서, 앞으로 마르크스의 저작 유산을 출판하기 위해 그가 가진 모든 자료와 편지들을 이용 가능하도록 준비해 놓겠다고 말했다. 1883년 3월 말부터 4월 초까지 열린 코펜하겐 '독일사회민주당' 대회에 보낸 인사말에서, 플레하노프·악셀로트·베라 자술리치는 "마르크스의 전 저작의 **보급판**"을 출판하기 위해 특별한 기금을 설립하기를 원한다고 표명했다. 589)

각국의 전향적 지식인들은 위대한 사상가이자 혁명가의 죽음에 심심한

---

586) Ibid.

587) Marx and Engels, *Werke*, Bd. 19, 337쪽.

588) K. Marx, *F. Engels and Revolutionary Russia*(Russ. ed.), 485쪽.

589) *Literary Legacy of G. V. Plekhanov*, Ⅷ, part 1, Moscow, 1940, 26쪽.

애도의 전문을 보내왔다. 부르주아 급진주의자 에드워드 스펜서 비즐리는 엘레아노르 마르크스에게 이렇게 썼다.

"그는 대단히 탁월한 사람이었습니다. 그의 견해에 동조하지는 않았지만, 그의 동기를 높이 평가하며 커다란 존경과 경의를 갖고 있었습니다."[590]

1883년 3월 18일 '베를린 농업아카데미' 학생들은 엥겔스에게 편지를 보내, 마르크스의 사상이 수 세대에 걸쳐 간직될 것이며 "19세기는 그를 좇아 이름 붙여질 것이다."라고 말했다.[591]

노동계급 지도자들은 사회주의를 과학으로 변혁하는 위대한 대의 속에서 마르크스가 쌓아놓은 엄청난 업적과 세계 프롤레타리아트의 지도자 역할에 대해 숙지할 것을 소리 높여 외쳤다. 드비유는 엥겔스에게 보낸 편지에서 마르크스가 "노동자의 해방, 인류의 해방을 위해 가장 많은 일을 한 사람이었다."[592]라고 말했다.

네덜란드 사회주의 잡지 『만인의 권리』에 1883년 3월 24일 게재한 사망 기사에서 니우엔하위스는 이렇게 썼다.

"그는 사회주의에 과학적 기초를 제공했던 사람이다."[593]

사회주의 언론과 노동계급 대변자들은 마르크스 교의의 국제주의적 성격을 강조했다. 그들이 말했듯이, 마르크스의 죽음은 세계의 노동인민과 진보를 열망하는 모든 사람들 그리고 세계의 과학과 문화에 대한 돌이킬 수 없는 손실이었다. 이러한 견해는 그가 다음과 같이 말했을 때 가장 잘 표현된다.

"인류는 한 우두머리, 그것도 우리 시대의 가장 위대한 우두머리를 잃었다."[594]

---

590) 마르크스·레닌주의연구소 중앙당 문서보관소.

591) Ibid.

592) 마르크스·레닌주의연구소 중앙당 문서보관소.

593) Beitrage zur Geschichte der deutchen Arbeiterbewegung, 1966, No. 4, 636쪽.

594) Marx and Engels, *Selected Correspondence*, 361쪽.

마르크스 묘지의 비문 상단에는 "만국의 노동자여, 단결하라!", 하단에는 포이어바흐에 관한 11테제 "지금까지 철학자들은 세계를 해석해왔지만, 중요한 것은 그것을 변혁시키는 일이다."라고 적혀 있다.

슬픔의 나날 속에서도 노동계급 지도자들은 마르크스의 대의가 그의 진정한 친구 엥겔스에게 이어져야 한다고 생각했다. 마르크스의 친구들과 제자들은 과학적 공산주의가 "뛰어나게 서로를 보충했던"[595] 이 두 탁월한 사상가의 공동작품이라는 것을 알고 있었다. 마르크스가 병석에 있는 동안 엥겔스는 점차로 노동계급 운동의 지도권을 이어받게 되었고, 엘레아노르와 더불어 마르크스의 유언에 따라 그의 저작권 집행자가 되었다.

마르크스는 1883년 3월 17일에 하이게이트(Highgate) 공동묘지에 있는, 관청과 교회에 의해 거부당한 사람들을 위해 마련되어 있는 구역에 묻혔다. 의식은 마르크스가 원했던 것처럼 조촐하게 치러졌다. 그는 호화로운 장례 행렬을 원하지 않았던 것이다.

의식에 참석했던 사람들 중에는 아직도 '프랑스노동당'을 대표하고 있던 그의 사위 폴 라파르그와 라우라 라파르그, 샤를 롱게, '공산주의자동

---

595) Becker to Engels, March 18, 1883(마르크스·레닌주의연구소 중앙당 문서보관소).

맹'에서 마르크스와 함께 일했던 사람들, 조사를 낭독했던 리프크네히트, 레스너, 로흐너 등이 있었다. 또 다른 참석자들을 살펴보면, 동물학자인 에드윈 레이 랭키스터(Edwin Ray Lankester)와 화학자 카를 쇼를레머가 있었다. 『사회민주주의자』 편집진과 '런던 독일노동자교육협회'가 보낸 화환이 놓였다. 롱게가 조문들을 낭독했다.

아내가 이미 옆에 누워 있는 마르크스의 묘지에서, 엥겔스는 마르크스의 훌륭한 과학적 발견들의 중요성과 과학자이자 혁명투사로서 지녔던 인물의 폭에 대해 인상 깊고도 마음으로부터 우러나는 조사를 낭독했다.

"절대주의 정부와 공화제 정부 할 것 없이 모두 그를 자신들의 영역에서 추방시켰다. 보수적인 부르주아든 초민주주의적인 부르주아든 그를 중상하고 비방하느라 혈안이 되어 있었다. 그는 이 모든 것들을 거미줄 걷어내듯 가볍게 털어버리고 무시해버렸으며, 극히 불가피한 경우에만 그것에 대응했다. 그리하여 그는 수백만의 혁명적 노동자들(시베리아의 광산으로부터 캘리포니아에 이르기까지 유럽과 미국의 전역에 걸쳐)에게 사랑받고, 존경받으며, 그들의 애도 속에서 숨을 거두었다. 나는 감히 말한다. 그는 반대자들도 많았지만, 거의 한 사람의 인간적인 적도 없었다는 것을!"

"그의 이름은 만세토록 잊히지 않을 것이며, 그의 저작 역시 그러하리라!"596)

---

596) Marx and Engels, *Selected Works*, Vol. 3, 163쪽.

카를 마르크스[1] _ 프리드리히 엥겔스

사회주의와 작금의 모든 노동운동을 처음으로 과학적 토대 위에 올려놓은 카를 마르크스는 1818년 트리어에서 태어났다. 그는 본과 베를린에서 맨 처음 법률을 연구했지만 이내 역사와 철학 연구에 몰두했으며, 1842년에는 철학 부교수로서 강단에 서려고 했다. 그때 프리드리히 빌헬름 3세 사망 후 발생한 정치운동 때문에 자신의 삶을 다른 길로 돌리고 말았다. 라인 지방 자유주의적 부르주아지의 우두머리 격인 캄프하우젠과 한제만 등은 마르크스의 도움을 받아 쾰른에서 『라인신문』[2]을 창간했다. 이 신문에 라인주 의회에서 진행된 토론을 비판하는 글을 게재함으로써 이목을 끈 마르크스는 1842년 가을 이 신문사에 초빙되어 최고책임자가 되었다. 『라인신문』은 물론 검열을 받으며 발행되었지만, 검열당국에서는 이 신문을 함부로 할 수가 없었다.[3]

---

1) 이 글은 프리드리히 엥겔스가 1877년 6월에 집필해서 1878년 『인민연감 Volks-kalender』에 발표한 것이다. 독자의 편의를 위해 원문의 후주는 각주로 처리했다. 번역 텍스트는 『마르크스·엥겔스 저작집』(*MEW*, Dietz Verlag Berlin, 1987, Bd. 19, S. 96~106쪽)이다 ─ 옮긴이.

2) 1842년 1월 1일부터 1843년 3월 31일까지 쾰른에서 발행된 일간지이다. 이 신문은 기본적으로 프로이센 절대주의를 반대하는 입장을 취한 라인 지방 부르주아지의 대표자들이 창간했다. 이 신문에는 일부 청년헤겔학파 인물들도 기고했다. 1842년 4월부터 카를 마르크스는 『라인신문』의 기고자가 되었으며, 같은 해 10월부터는 편집인의 한 사람이 되었다. 이 신문에는 프리드리히 엥겔스의 논문들도 게재되었다. 마르크스의 편집 아래 이 신문은 더욱 명확히 혁명적 민주주의의 성격을 띠게 되었다. 정부는 『라인신문』에 대해 특히 엄격한 검열을 실시했으며, 나중에는 폐간시켰다.

3) 『라인신문』의 최초 검열관은 경찰고문관 돌레샬(Dolleschall)이었다. 한때 『쾰른신문』에서 필라레테스(Philalethes; 후에 작센의 왕 요한)가 번역한 단테의 『신곡』의 광고를 "신에 관한 것을 가지고 희곡을 꾸며서는 안 된다."라는 이유로 삭제시킨 인물이 바로 이 사람이다 ─ 엥겔스.

『라인신문』은 필요한 논설을 거의 언제나 게재했다. 비교적 중요치 않은 기삿거리들은 검열관에게 미끼로 주어 삭제하게 했다. 그러면 검열관이 스스로 양보하거나, 그렇지 않으면 매일 신문을 낼 수 없다고 위협했기 때문에 신문사 측이 양보하지 않을 수 없었다.『라인신문』처럼 대담한 신문이 10개만 더 있었더라면, 또 그 발행인들이 조판 비용으로 몇백 탈러(taler)를 아끼지 않았더라면 독일에서는 1843년에 이미 검열이 불가능했을 것이다. 그러나 독일의 신문사 사주들은 소심하고 겁 많은 속물들이었기 때문에,『라인신문』은 외로운 투쟁을 전개해야만 했다.『라인신문』은 검열관들이 검열 나올 때마다 어찌할 도리 없게 만들었다. 마침내 이 신문은 제1차 검열 후에는 다시 지방장관의 검열을 받지 않으면 안 되었다. 그러나 이것도 별 효과가 없었다. 결국 1843년 초 정부는 이 신문을 아주 귀찮게 여겼기 때문에 아예 폐간시켜버렸다.

마르크스는 페르디난트 폰 베스트팔렌(후에 반동적 대신이 됨)의 누이동생과 결혼해서 파리로 이주했다. 거기서 아르놀트 루게와 더불어『독불연보』[4]를 발간했으며, 마르크스는 여기에『헤겔 법철학 비판』을 비롯해 각종 사회주의적 논문들을 기고했다. 또 그는 프리드리히 엥겔스와 더불어『신성가족, 브루노 바우어와 그 일파에 반대하여』라는 저작을, 즉 당시 독일의 철학적 관념론이 취하고 있던 마지막 형태 중 하나에 대한 풍자적 비판을 발표했다.

마르크스는 정치경제학과 프랑스 대혁명사를 연구하고 있었지만, 때때로 프로이센 정부를 공격할 시간적 여유를 가질 수 있었다. 프로이센 정부는 1845년 봄 기조 내각이 마르크스를 프랑스에서 추방하도록 함으로써 그에 복수했다. 알렉산더 폰 훔볼트(Alexander von Humboldt) 씨가 여기서

---

4) 파리에서 카를 마르크스와 아르놀트 루게의 편집 아래 독일어로 1844년 2월 합본호 한 권만 발행되었다. 이 잡지에는 마르크스의 저작「유대인 문제에 관하여」,「헤겔 법철학 비판 서설」과 엥겔스의 저작「국민경제학 비판 개요」,「영국의 상태, 토머스 칼라일의 '과거와 현재」도 실렸다. 이 노작들은 마르크스와 엥겔스가 마침내 유물론과 공산주의로 이행했다는 사실을 보여주었다. 이 잡지의 발간이 중단된 주된 원인은 마르크스와 부르주아 급진주의자 루게 사이의 원칙상의 견해차 때문이었다.

매개 역할을 한 것 같다.[5] 마르크스는 브뤼셀로 이주하여, 거기서 1847년에 프루동의 『빈곤의 철학』에 대한 비판서 『철학의 빈곤』을 프랑스어로 발표했다. 1848년에는 「자유무역에 관한 연설Discours sur le libre échange」을 발표했다. 이어 그는 브뤼셀에서 '독일노동자협회'를 창립함으로써 실천적 선동에 착수했다. 이미 수년 전부터 존속해오던 비밀단체 '공산주의자동맹'에 그와 그의 정치적 벗들이 1847년에 가입한 이후, 이러한 실천적 선동이야말로 그로서는 더욱 중요한 의미를 지니게 되었다. 조직 전체가 이제는 근본적으로 개편되었다. 예전에 이 단체는 다소 음모적이었지만 지금은 단순한 공산주의 선전단체로 변했으며, 이것이 여전히 비밀단체로 남았던 까닭은 부득이 그럴 수밖에 없었기 때문이다. 이것이 바로 '독일사회민주당' 최초의 조직이다.

이 '동맹'은 '독일노동자협회'가 있는 곳마다 있었다. 영국, 벨기에, 프랑스, 스위스에 있던 거의 모든 이 '협회'들과 독일의 여러 '협회'들의 지도부는 이 '동맹'의 구성원이었다. 당시 성장일로에 있던 독일의 노동운동에서이 '동맹'이 맡은 역할은 매우 중요했다. 그뿐만 아니라 우리 '동맹'은 전체노동운동의 국제적 성격을 강조했고, 또 실제로 그것을 구현한 최초의 단체였다. 구성원 중에는 영국인·벨기에인·헝가리인·폴란드인 등이 있었고, 특히 런던에서는 국제 노동자 회의를 개최하기도 했다.

'동맹'의 개편은 1847년에 소집된 두 대회에서 이루어졌다. 제2차 대회에서는 당 강령의 기본원리를 선언의 형식으로 작성해서 발표하기로 결정했는데, 그 선언의 작성은 마르크스와 엥겔스에게 위임되었다. 이렇게해서 「공산당선언」이 선보였는데, 그것은 1848년 2월 혁명이 일어나기 얼마 전에 처음 출판되었으며, 그 후 유럽의 거의 모든 언어로 번역되었다.

마르크스가 참여한 『브뤼셀·독일신문』은 모국 경찰제도의 독직을 무자비하게 폭로했기 때문에 프로이센 정부는 또다시 마르크스를 추방하려고

---

5) 프로이센 정부의 압력으로 프랑스 정부가 1845년 1월 16일자로 발표한 명령. 즉 마르크스와 『전진!』의 일련의 기고자들을 프랑스에서 추방하도록 한 명령을 말한다.

했지만 실패하고 말았다. 그러나 2월 혁명의 결과 브뤼셀에서도 인민운동이 일어나 변혁이 일어날 것처럼 보이자 벨기에 정부는 마르크스를 무조건 체포한 뒤 추방해버렸다. 그런데 프랑스 임시정부가 페르디낭 플로콩 (Ferdinand Flocon)을 통해 마르크스가 파리로 돌아올 것을 요청하자 마르크스는 이에 응했다.

그는 우선 파리에 살고 있는 독일인들의 망상에서 나온 모험적 계획, 즉 프랑스로 건너온 독일 노동자들로 무장단을 꾸려 독일에서 혁명을 일으킨 다음 공화국을 수립하려는 계획을 반대했다. 한편으로 독일은 혁명을 스스로 수행해야만 했으며, 다른 한편으로 임시정부의 라마르틴 (Lamartine) 일파는 벨기에와 바덴에서 그랬던 것처럼, 프랑스에서 편성된 모든 외국인 혁명부대를 전복되어야 할 바로 그 정부에 미리 팔아넘겼다.

3월 혁명 이후 마르크스는 쾰른으로 옮겨가 그곳에서 『신라인신문』(1848년 6월 1일부터 1849년 5월 19일까지 발행되었다)을 창간했다. 이 신문은 당시 민주주의 운동에서 유일하게 프롤레타리아의 입장을 대변했다. 이것은 이미 1848년 파리의 6월 폭동자들에 대한 무조건적 지지에서도 엿볼 수 있는데, 그래서 거의 모든 주주들이 이 신문에서 손을 뗐다. 『신라인신문』이 왕과 제국 섭정에서부터 헌병에 이르기까지 모든 신성한 것들을 공격하자(더구나 이 모든 일들은 당시 8,000명의 수비대가 주둔하고 있던 프로이센의 한 요새 도시에서 일어났다), '침보라소(Chimborazo)산[6]과 같은 불손한 짓'이라고 『십자가신문 *Kreuz-Zeitung*』[7]이 지적했지만 그것도 헛수고였다. 갑자기 반동화하기 시작한 라인의 자유주의적 속물들의 비분강개도 아무런 소용이 없었다.

1848년 가을 쾰른에 선포된 계엄 상태는 신문을 장기간 정간시켰어도 소용이 없었다. 프랑크푸르트의 제국사법성(Reichsjustizministerium)은 쾰른

---

6) 남아메리카에서 가장 높은 산봉우리 가운데 하나 — 옮긴이.

7) 1848년 7월에 베를린에서 창간된 일간 『신프로이센신문 *Neue Preussische Zeitung*』을 말한다. 그것은 궁중 간신배들과 프로이센 융커들의 기관지였다. 신문 제호에 수비대 휘장인 십자가(철십자가)를 표시했기 때문에 그렇게 불렸다.

의 검사에게 논설이 나올 때마다 고소할 것을 요구했으나 이것도 소용이 없었다. 신문은 관헌들의 눈앞에서 계속 태연자약하게 편집·발행되었으며, 신문의 보급과 그 명성은 정부와 부르주아지에 대한 공격이 가열되자 더욱 자자해졌다. 1848년 11월 프로이센에서 정변이 일어났을 때『신라인신문』은 매호마다 첫머리에 납세를 거부할 것과, 폭력에는 폭력으로 대항하도록 인민들에게 호소하기도 했다. 1849년 봄에 신문은 이 사건과 다른 논설 때문에 배심재판을 받았으나 무죄를 선고받았다.

마지막으로 드레스덴과 라인 지방의 1849년 5월 봉기가 진압되고, 또 상당한 병력을 집결·동원시킴으로써 바덴-팔츠 봉기에 대한 프로이센의 출정이 시작되었을 때, 정부는 폭력을 통해『신라인신문』을 탄압할 수 있을 만큼 스스로 매우 강력하다고 여겼다. 붉은 잉크로 인쇄된 폐간호는 5월 19일에 발행되었다.

마르크스는 다시 파리로 건너갔다. 하지만 1849년 6월 13일의 시위가 일어난 지 몇 주일 후 프랑스 정부는, 그가 주소를 브르타뉴(Bretagne)로 옮기거나 프랑스를 떠나거나 양자택일을 하도록 만들어 놓았다. 그는 후자를 택해 런던으로 이주했으며, 거기서 지금까지 살고 있다.

(1850년 함부르크에서) 평론잡지의 형태로『신라인신문』[8]의 발행을 계속하려는 시도는 반동이 더욱 격화되었기 때문에 얼마 후 포기하고 말았다. 프랑스에서 1851년 12월에 정변이 일어난 이후, 마르크스는『루이 보나파르트의 브뤼메르 18일』(뉴욕에서 1852년에 발행, 제2판은 전쟁 직전인 1869년 함부르크에서 발행)을 발표했다. 1853년에는「쾰른 공산주의자 재판의 폭

---

8) 『신라인신문, 정치경제평론Neue Rheinische Zeitung, Politisch-ökonomische Revue』. 마르크스와 엥겔스가 1849년 12월에 창간하여 1850년 11월까지 발행한 잡지이다. 이 잡지는 '공산주의자동맹'의 이론적·정치적 기관지였으며, 마르크스와 엥겔스가 1848~49년 혁명기에 쾰른에서 발행한『신라인신문』의 연속이었다. 1850년 3월부터 11월까지 모두 6호가 발간되었는데, 그중에 합본호(5~6호)가 마지막으로 간행되었다. 이 잡지는 런던에서 편집되어 함부르크에서 인쇄되었다. 표지에는 뉴욕으로 명시되어 있는데, 이는 마르크스와 엥겔스가 미국에 있는 독일 이주자들에게 이 잡지를 유포시키기 위한 것이었다. 기고문(논문, 국제 시평, 서평)의 대부분은 마르크스와 엥겔스가 집필했으며, 빌헬름 볼프·바이데마이어·에카리우스가 기고가로 활약했다. 마르크스주의 창시자들의 저작 가운데 이 잡지에 발표된 것은 마르크스의『프랑스의 계급투쟁』, 엥겔스의『독일 제국 헌법 운동』과『독일의 농민전쟁』, 그 외의 다수 저작들이었다. 독일에서 경찰의 압력과 재정난으로 잡지는 결국 폐간되고 말았다.

로」(처음에는 바젤에서 인쇄했고, 나중에는 보스턴에서, 최근에는 다시 라이프치히에서 인쇄)를 발표했다.

쾰른에서 '공산주의자동맹' 회원들에 대한 판결이 끝난 후 마르크스는 정치적 선동에서 물러나, 한편으로는 10년간 대영박물관 도서관에 있는 정치경제학 부문의 풍부한 문건들 연구에, 다른 한편으로는 『뉴욕 데일리 트리뷴』[9]에 기고하는 데 힘을 쏟았다. 이 신문은 미국의 내전 개시 전까지 그가 서명한 통신뿐만 아니라, 유럽 및 아시아 정세에 관한 많은 사설들도 게재했다. 영국 공문서의 상세한 연구를 바탕으로 파머스턴 경에 대한 그의 신랄한 공격조의 논설은 런던에서 다시 팸플릿으로 발행되었다.

다년간에 걸친 그의 정치경제학 연구의 첫 결실로서 『정치경제학 비판』 제1부(베를린, 둥커 판)가 1859년에 선보였다. 이 저작에는 화폐론을 포함한 마르크스의 가치론이 처음으로 체계적인 서술형식을 갖추고 나타났다. 이탈리아 전쟁 기간 동안, 마르크스는 런던에서 발행된 독일어 신문 『인민』[10]을 통해, 당시 자유주의적 색채로 분장하고 피압박 민족의 해방

---

9) 미국의 일간지로서 1841년에서 1924년까지 발행되었다. 저명한 미국의 기자이자 정치활동가인 호러스 그릴리가 창간한 이 신문은 50년대 중반까지 미국 휘그당 좌익의 기관지였으며, 다음에는 공화당 기관지가 되었다. 1840~50년대에 이 신문은 진보적 입장을 취했으며, 노예소유제를 반대했다. 상당히 중요한 미국 작가와 저널리스트들이 이 신문에서 일했는데, 편집부원 중 한 사람으로 40년대 말부터 공상적 사회주의 이념에 영향을 받은 찰스 다나도 있었다. 이 신문에 마르크스가 기고하기 시작한 것은 1851년 8월이었으며, 1862년 3월까지 10년 이상 계속되었다. 『뉴욕 데일리 트리뷴』지에 보내는 논설의 대부분은 마르크스의 요청에 따라 엥겔스가 썼다. 이 신문에 기고한 마르크스와 엥겔스의 논설은 노동운동, 유럽 국내외 정치경제 발전의 문제, 피억압 종속국의 민족해방운동 및 식민지 확장문제 등을 다루었다. 유럽에 다시 도래한 반동기에 마르크스와 엥겔스는 자본주의 사회의 병폐를 사실에 가깝게 고발하기 위해, 즉 이 사회에 내재한 화해할 수 없는 모순들을 폭로하고, 부르주아 민주주의의 한계성을 지적하기 위해 파급력이 크고 진보적인 이 신문을 이용했다. 마르크스의 기고는 1862년 3월 미국의 내전 초기에 중단되었다. 당시 편집부에서는 노예소유주와 타협하고 결탁한 패거리들이 늘어나 진보적 입장을 포기했기 때문에, 결국 마르크스와 『뉴욕 데일리 트리뷴』지의 관계는 단절되었다.

10) 1859년 3월 7일부터 8월 20일까지 런던에서 독일어로 간행된 주간지로 런던의 '독일노동자교육협회'의 기관지였다. 독일의 저널리스트들과 프티부르주아적 민주주의자 엘라드 비스캄프의 편집으로 창간되었다. 제2호부터 마르크스가 비공식적으로 참여하여 계속 충고와 도움을 주고 논문을 기고했으며, 재정적인 지원 활동도 펼쳤다. 1859년 6월 11일자 제6호에서는 공식적으로 마르크스·엥겔스·프라일리그라트·빌헬름 볼프·하이네가 이 신문에 참여하고 있음을 공표했다. 이때부터 마르크스는 이 신문의 실질적인 편집장이 되었으며, 이후 이 신문은 프롤레타리아 혁명가들의 기관지가 되었고, 7월 초부터는 마르크스가 전적으로 주도했다. 『인민』지에는 마르크스의 『정치경제학 비판』 서문이 실렸으며, 마르크스와 엥겔스의 다른 논문들도 다수 게재되었다(MEW. 제3권 참조). 재정상의 어려움으로 1829년 8월 25일 폐간되었다.

자인 양 행세하고 있던 보나파르트주의와, 중립이라는 가면을 쓰고 어부지리를 얻으려던 프로이센 정책에 대항해 투쟁을 전개했다. 여기서 그는 카를 포크트도 공격하지 않으면 안 되었다.

카를 포크트는 당시 나폴레옹 공작(플롱플롱[plon-plon]이라는 별명으로 불렸다)의 위임을 받고 루이 나폴레옹의 봉급을 받으면서 독일의 중립을 선동하고 동정까지 얻으려고 했었다. 포크트가 퍼붓는 가장 비열하고 허무맹랑한 중상모략에 마르크스는 「포크트 씨」라는 저작(런던, 1860)으로 답했다. 여기서는 포크트와 그 밖의 보나파르트주의자, 사이비 민주주의 도당들의 정체를 폭로하고, 내외의 증거들을 바탕으로 포크트가 12월 제국(Dezember kaisertum)에 매수되었다는 사실을 입증했다. 10년이 지난 뒤 그 사실이 밝혀졌다. 즉 1870년 튀일러궁에서 발견되어 9월 정부(Septemberregierung)에 의해 발표된 보나파르트의 고용자 명부에는 V라는 대문자 밑에 다음과 같이 기록되어 있었다.

"포크트, 1859년 8월 그에게 …… 1만 프랑을 건네다."[11]

1867년 함부르크에서 드디어 마르크스의 주저인 『자본론―정치경제학 비판』 제1권이 출판되었다.

이것은 그의 경제학적·사회주의적 견해의 기초, 현존 사회·자본주의적 생산양식 및 그 결과들에 대한 그의 비판의 주요 특징들을 서술한 것이다. 획기적인 저작의 제2판은 1872년에 선보였다. 현재 저자는 제2권의 완성에 힘을 쏟고 있다.

그동안 유럽 각국에서는 노동운동이 다시 세차게 일어났기 때문에 마르크스는 자신의 바람이 실현 가능하리라 여겼다. 그 바람이란 유럽과 아메리카에서 가장 선진적인 나라를 포괄하는 노동자 협회를 창설하여, 이것을 통해(프롤레타리아에게는 격려와 힘을 주고, 그 적에게는 공포를 주기 위해) 노동자는 물론이고, 부르주아지 및 정부에 대해서도 사회주의 운동의 국제적 성격을 구체적으로 보여주자는 것이었다. 때마침 또다시 러시아

----
11) 1871년에 공개된 「제국 가문의 문서와 통신 *papiers et Correspondance de la famille imperiale*」을 보라.

의 압박을 받게 된 폴란드인을 위해 1864년 9월 28일 런던의 성 마틴 홀에서 열린 인민군중 대회는 이 제안을 제출할 기회를 주었다. 그 제안은 열광적인 지지 속에서 채택되었다. '국제노동자협회'가 창설된 것이다. 런던에 본부를 둔 임시 총평의회가 대회에서 선출되었는데, 헤이그 대회까지 이 총평의회의 중심인물은 마르크스였다. '인터내셔널' 총평의회에서 발표한 문건은 1864년의 창립선언에서부터 1871년의 프랑스 내전에 관한 선언에 이르기까지 거의 대부분 마르크스가 기초한 것이다. '인터내셔널'에서 수행한 마르크스의 활동을 서술하는 것은 이 협회 자체의 역사(아직도 유럽 노동자들의 기억에 생생한)를 쓰는 것이나 다름없었다.

파리 코뮌의 붕괴는 '인터내셔널'을 존속시킬 수 없게 만들었다. '인터내셔널'은 실천적 활동을 효과적으로 수행할 가능성이 도처에서 사라진 그 순간에 유럽 역사의 전면에 부각되었다. '인터내셔널'을 제7강국으로 올려놓은 그 사변(Ereginisse)은 동시에 '인터내셔널'이 전투력을 동원·발동시키지 못하도록 만들었다. 만약 전투력을 동원·발동시켰더라면 분명히 패하고 노동운동은 수십 년간 탄압받았을 것이다.

더욱이 갑자기 떨치게 된 협회의 명성을 '인터내셔널'의 현실적 상태에 대한 이해나 고려도 없이 개인적 허영심이나 공명심을 만족시키는 데 이용하려는 이들이 다방면에서 나타났다. 따라서 영웅적 결단을 내리지 않을 수 없었는데, 그러한 진단을 내리고 그것을 헤이그 대회에서 통과시킨 인물도 다름 아닌 마르크스였다. '인터내셔널'은 엄숙한 결의로써 무분별하고 비열한 분자들의 중심이었던 바쿠닌주의자들의 행동에 대한 온갖 책임을 벗어던졌다. 그리고 전반적인 반동의 조건 아래서 조직 앞에 제기된 중대한 요구에 응할 수 없었고, 또 조직의 완전한 활동을 유지하려면 노동운동이 피를 흘려야 한다는 점을 고려해서, '인터내셔널'은 총평의회를 미국으로 옮겨 무대에서 잠시 물러섰다.

이 같은 결정은 당시에도 비난받았고 그 후에도 종종 그러했다. 하지만 그것이 얼마나 정당했던가는 결과가 증명해주었다. 즉 한편으로는 '인터내셔널'의 이름으로 쓸데없는 폭동을 일으키려는 온갖 시도가 종식되었으며, 다른 한편으로는 각국의 사회주의적 노동자 당들 사이의 부단하고 긴밀한 연계 덕분에 '인터내셔널'에 의해 작성된 전 세계 프롤레타리아트의 공동적 이해와 연대의식은(당시 형식적인 국제적 협회라는 질곡으로 변화한 유대 없이도) 스스로 앞날을 개척해나갈 수 있다는 사실을 입증해주었다.

헤이그 대회 이후, 마르크스는 마침내 이론적 연구에 다시 몰두할 수 있는 안정과 시간을 확보했다. 오래지 않아 그는 『자본론』 제2권을 인쇄에 넘길 수 있으리라는 기대를 할 수 있었다.

마르크스가 자신의 이름을 과학의 역사에 기록할 여러 중요한 발견 중에서 우리는 여기서 두 가지만 지적하고자 한다.

첫째, 그가 세계사에 대한 이해 선반에 걸쳐 일으킨 변혁이다. 기존의 모든 역사관은, 모든 역사적 변화의 요인이란 결국 인간들의 변화하는 관념 속에서 찾아야 하고, 또 모든 역사적 변화 중에서도 정치적 변화가 가장 중요하며, 그것이 전체 역사를 규정한다는 관념에 입각하고 있었다. 그러나 인간의 이념은 어디서 생기며, 정치적 변화를 일으키는 원인은 무엇인가에 대해서는 문제가 제기되지 않았다. 최근 프랑스 역사 기술가들이 비로소 유럽 역사의 추동력이야말로 적어도 중세기 이후부터는 사회적·정치적 지배를 위해 봉건귀족과 벌인 상승 부르주아지의 투쟁에 있다는 확신이 일고 있었다.

하지만 마르크스는 기존의 전체 인류 역사는 계급투쟁의 역사이며, 복잡 미묘한 모든 정치투쟁에서 항상 문제가 된 것은 바로 일정한 사회계급들의 사회적·정치적 지배였으며, 낡은 계급의 지배 유지와 신흥계급의 지배 쟁취였다는 사실을 증명했다. 그러나 어떻게 이러한 계급들이 발생하며 또 존속하는가! 그것은 사회가 일정 시기에 생필품을 생산하며 교환하는 조건들에 의해 가능한데, 이 조건들은 특수한 물질적인 것들이며 또한 순전히 육체적으로 감지할 수 있는 것들이다.

중세의 봉건적 지배는 농민들의 소규모 공동체의 자급자족 경제에 입각하고 있었다. 그 경제는 거의 모든 생필품을 스스로 생산했으며, 교환을 거의 몰랐다. 무기를 소유한 귀족이 이 공동체들을 외부의 침입으로부터 보호해주었으며, 그 공동체들에게 민족적 또는 적어도 정치적 연계를 맺어주었다. 도시가 발생하고 그와 더불어 독립적 수공업과 상업(처음에는 국내 상업, 나중에는 국제 상업)이 발생하자 도시 부르주아지가 발전했다. 이들은 중세기에 이미 귀족과 투쟁하여 봉건제도 내에서 특권적 신분을 차지했다. 그런데 유럽 외부의 세계가 발견되자 15세기 중반부터 부르주아지는 훨씬 더 광범위한 상업 활동 영역을 구축했으며, 동시에 공업 발전을 위한 새로운 자극을 받기도 했다.

가장 중요한 부분들에서 수공업은 공장제적 매뉴팩처에 밀려나고, 매뉴팩처는 다시 전(前) 세기의 발명들, 특히 증기기관의 발명으로 가능하게 된 대공업에 밀려났다. 그런데 대공업이 후진국에서는 낡은 수공노동을 몰아내고, 보다 발전한 나라들에서는 근대적인 새로운 교통수단인 기선·철도·전신을 만들어냄으로써 상업에 반작용을 가했다. 그리하여 부르주아지는 사회적 부와 사회적 세력을 더욱 자기 수중에 집중시켰다. 그러나 그 후에도 오랫동안 그들은 정치권력에서 제외되어 있었고, 그것은 귀족과 귀족에 의지하는 왕권의 손아귀에 남아 있었다.

그런데 일정한 발전단계에 이르러(프랑스에서는 대혁명 이후) 부르주아지는 정치권력도 쟁취하여, 이번에는 그들 자신이 프롤레타리아와 소농에 대한 지배계급이 되었다. 이러한 관점에서는 물론 특정 단계의 사회경제 상태에 대한 충분한 지식(하지만 우리 역사 전문가들은 이러한 지식이 전혀 없다)을 가지고 있다면 모든 역사적 현상이 매우 간단히 설명되며, 또 그와 마찬가지로 주어진 각 역사적 시기의 관념과 이념도 그 시기의 경제적 생활조건과 이 조건에 의해 제약되는 사회적·정치적 관계에 의해 아주 간단히 설명된다. 역사가 처음으로 그 실제적 기초 위에 세워졌다. 인간은 우선 먹고, 마시고, 집을 갖고, 옷을 입어야 하며, 따라서 지배권을 얻기 위해 싸우거나 정치·종교·철학 등에 종사할 수 있으려면 우선 노동을 해야 한다는 이 명백한, 하지만 지금까지 전혀 간과해온 사실이 이제야 그 역사적 권리를 인정받게 된 것이다.

사회주의적 세계관에서 이 새로운 역사관은 매우 중요하다. 이 역사관은 기존의 모든 역사가 계급대립과 계급투쟁 속에서 진행되어왔다는 것, 언제나 지배계급과 피지배계급, 착취계급과 피착취계급이 존재해왔다는 것, 그리고 대부분의 인간이 항상 혹독한 노동과 비참한 생활의 운명을 타고났다는 것을 증명했다. 이것은 무슨 이유일까? 그것은 간단하다. 지금까지의 모든 인류 발전단계에서는 생산의 발전이 극히 미약하여, 역사적 발전이 그러한 적대적 형태로 진행될 수밖에 없었기 때문이다. 또한 역사적 진보가 대체로 특권을 지닌 소수의 활동에 맡겨져 있던 반면에, 방대한 대중은 자신을 위해 변변치 못한 생활수단을 생산할 뿐만 아니라, 특권을 지닌 자들의 부를 끊임없이 증대시켜주어야 할 운명에 처해 있기 때문이기도 하다.

그런데 기존의 계급적 지배를 이러한 방법으로 자연스럽게 합리적으로 설명하는(이러한 방법 외에는 이 계급적 지배야말로 인간의 악으로 설명될 수밖에 없다) 이 동일한 역사관은 또한 다음과 같은 사실도 깨닫게 해준다. 즉 현재 생산력이 거대하게 발전한 결과 적어도 가장 선진적인 나라들에서는 사람을 지배자와 피지배자, 착취자와 피착취자로 구분해줄 마지막 근거마저 소멸되고 있다는 것을, 지배적 대부르주아지는 이미 역사적 역할을 다했으며 더 이상 사회를 지도해나갈 수 없고 모든 나라의 상업 공황(특히 최근의 대파국[Große Krach][12])과 산업의 불경기 상태가 증명해주고 있듯이 앞으로의 생산 발전에 대한 제동기로까지 심화되었다는 것을 깨닫게 해준다.

그리하여 역사의 주도권은 이제 프롤레타리아에게로, 즉 자체의 사회적 상태의 모든 조건들 때문에 온갖 계급적 지배와 예속과 착취를 전반적

---

12) 특히 심화되고 있던 1873년의 경제공황은 독일·오스트리아·미국·영국·프랑스·네덜란드·벨기에·이탈리아 그리고 다른 국가들에까지 파급되었다.

으로 제거해야만 스스로를 해방시킬 수 있는 계급으로 넘어왔다는 것, 부르주아지는 더 이상 감당할 수 없을 만큼 왕성해진 사회적 생산력을 단결된 프롤레타리아가 소유하고, 사회의 각 성원들에게 생산뿐만 아니라 사회적 부의 분배와 관리에도 참여할 가능성을 부여해주며, 전체 생산의 계획적 조직을 통해 사회의 생산력 및 이 생산력을 통해 생산되는 생산물을 증대시킴으로써, 각 개인들에게 합리적 수요의 충족을 부단히 증대되는 규모에서 보장해줄 제도를 기다리고 있을 뿐이라는 것을 깨닫게 해준다.

마르크스의 두 번째 중요한 발견은, 자본과 노동의 관계를 궁극적으로 해명한 것이다. 다시 말하면 현대사회 내부에서, 즉 현존 자본주의적 생산 양식 아래서 자본가가 노동자를 어떻게 착취하는가를 폭로한 것이다. 정치경제학이 노동은 모든 부와 가치의 원천이라는 명제를 제시해놓을 때부터 다음과 같은 문제가 불가피하게 제기되었다. 그렇다면 이 명제는 임금노동자가 노동을 통해 생산한 가치를 모두 소유하는 것이 아니라 일부를 자본가에게 양도해야 한다는 사실과 어떻게 일치할 수 있는가? 부르주아 경제학자도 사회주의자도 이 문제에 대해 과학적으로 논증된 해답을 구하려고 애썼지만 모두 헛수고였다. 하지만 마르크스가 드디어 그 문제를 해결했다. 마르크스의 답은 다음과 같다.

오늘날 자본주의적 생산양식은 두 사회계급의 존재를 전제로 삼고 있다. 한편으로는 생산수단과 생활수단을 소유하고 있는 자본가와, 다른 한편으로는 양자를 모두 가지고 있지 못하고 오직 팔기 위한 한 가지 상품만을, 즉 노동력만을 가지고 있기 때문에 생필품을 얻기 위해 노동력을 팔수밖에 없는 프롤레타리아가 바로 그것이다. 그러나 상품의 가치는 그 상품의 생산에 따라, 또 재생산에 체화되어 있는 사회적 필요노동의 양에 따라 결정된다. 그러므로 평균적인 인간의 하루나 한 달 또는 한 해 동안의 노동력의 가치는 하루나 한 달 또는 한 해 동안 이 노동력을 유지하는 데 필요한 생활수단의 양에 체화된 노동량에 따라 결정된다.

가령 노동자의 하루 생활수단을 생산하는 데 6시간 노동이 요구된다고 하자. 또는 동어반복이지만, 그것에 포함된 노동이 6시간의 노동량을 나타낸다고 하자. 이런 경우 하루 동안의 노동력의 가치는 역시 6시간 노동을 체현하고 있는 화폐액으로 나타날 것이다. 그리고 가령 노동자를 고용하는 자본가가 노동자에게 이 금액을, 즉 그의 노동력이 지닌 전체 가치를 지불한다고 하자. 그리하여 노동자가 하루에 6시간씩 자본가를 위해 노동한다면 그는 자본가가 지출한 비용을 자본가에게 전부 보상할 것이다. 이런 경우에는 물론 자본가가 아무런 소득도 없을 것이다.

그러므로 자본가는 문제를 전혀 다르게 생각한다. 그는 다음과 같이 말한다. 나는 이 노동자의 노동력을 6시간만큼만 산 것이 아니라 하루 전체를 샀다고. 따라서 그는 노동자에게 사정에 따라 8시간, 10시간, 12시간, 14시간 또는 그 이상이라도 노동을 강요한다. 그렇기 때문에 7시간, 8시간, 그 이후 시간의 생산은 불불노동(不佛勞動, umbezahlter Arbeit)의 생산물이며 직접 자본가의 주머니로 들어간다. 그리하여 자본가에게 고용된 노동자는 다만 자본가가 지불한 노동력의 가치를 재생산할 뿐만 아니라, 그 이상으로 잉여가치(Mehrwert)를 생산한다. 이 잉여가치는 처음에는 자본가가 손에 넣었다가, 그 후 일정한 경제법칙에 따라 전체 자본가계급에게 분배되며, 지대·이윤·자본 축적 등 한마디로 비노동 계급들(nichtarbeitenden Klassen)이 소비하거나 축적하는 부의 원천을 이룬다.

그러나 이로써 오늘날 자본가의 치부는 노예 소유자나 농노의 노동을 착취하는 봉건영주의 치부 못지않게 타인의 불불노동의 취득을 통해 이루어진다는 것, 그리고 이 모든 착취형태가 서로 다른 것은 단지 이 불불노동의 취득 방식이 각각 다르기 때문이라는 것이 입증되었다. 또한 오늘날 사회제도 아래서는 법과 정의, 권리와 의무, 이해관계의 전반적 조화가 지배한다고 지껄이는 유산계급의 위선적 문구의 마지막 보루까지 허물어지고 말았다. 그리고 오늘날 부르주아 사회는 선행 사회들 못지않게 끊임없이 줄어드는 소수가 대다수 인민을 착취하기 위한 대대적인 제도라는 것이 폭로된 것이다.

오늘날 과학적 사회주의는 이 두 가지 중요한 사실에 입각하고 있다. 『자본론』 제2권에서는 자본주의적 사회제도의 연구 분야에서 이 과학적 발견들과 또 그에 못지않게 중요한 과학적 발견들이 더욱 전개될 것이며, 그와 더불어 정치경제학 중 제1권에서는 아직 다루어지지 않은 측면들도 근본적으로 변혁될 것이다. 마르크스가 곧 제2권을 인쇄에 넘길 수 있기를 바라마지 않는다.

1877년 6월 중순에 집필
1878년 브라운슈바이크에서 발행된 『인민연감』에 발표

부록 II 프리드리히 엥겔스[13] _ 블라디미르 일리치 레닌

무엇이 이성의 횃불을 꺼지게 했는가,
무엇이 심장의 고통을 멈추게 했는가![14]

프리드리히 엥겔스는 1895년 8월 5일(신력; 그레고리력을 말함 – 옮긴이) 런던에서 숨을 거두었다. 친구 카를 마르크스 이후(1883년에 사망) 그는 전체 문명세계에서 근대 프롤레타리아트의 가장 위대한 학자이자 교사였다. 카를 마르크스와 프리드리히 엥겔스가 숙명처럼 만난 이후, 두 친구는 공동의 대의를 위해 생애의 모든 작업을 바쳤다. 프리드리히 엥겔스가 프롤레타리아트를 위해 무엇을 했는지 이해하기 위해서, 우리는 당대 노동계급 운동의 발전을 위한 마르크스의 가르침과 연구의 중요성에 대해 명확한 견해를 갖고 있어야만 한다.

두 사람은 노동계급과 그들의 요구야말로 작금의 경제체제가 낳은 필연적 산물이며, 그 계급은 부르주아와 더불어 불가피하게 서로를 창출하고 조직한다는 것을 처음으로 보여주었다. 이들은 현재 인류를 억압하고 있는 악으로부터 구해낼 수 있는 것은 숭고한 정신을 지닌 개인들의 선의의 노력이 아니라, 조직화된 프롤레타리아트의 계급투쟁임을 보여준 장본인이었다. 마르크스와 엥겔스는 사회주의가 공상가들의 고안물이 아니라 근대사회에서 생산력의 발전이 가져다준 궁극적 목표이자 필연적 결

---

13) 이 글은 『레닌전집』(Lenin, *Collected Works*, Vol. 2, 15~27쪽)을 번역한 것이다. 원문의 후주는 편의상 각주로 처리했다 – 옮긴이.
14) 레닌의 이 비문은 네크라소프의 시 「도브롤류보프의 영전에」에서 인용했다.

488

과라는 사실을 과학적 저작들에서 처음으로 규명해냈다.

지금까지 기록된 모든 역사는 계급투쟁의 역사이자, 특정 사회계급의 타 계급에 대한 지배와 승리의 연속된 역사였다. 그리고 이러한 사태는 계급투쟁과 계급지배의 토대(사적 소유와 무정부적인 사회적 생산)가 사라질 때까지 계속될 것이다. 프롤레타리아트의 이해는 이러한 토대의 파괴를 요구하며, 따라서 조직화된 노동자의 의식적 투쟁은 토대로 향해야만 한다. 그리고 모든 계급투쟁은 일종의 정치투쟁이다.

마르크스와 엥겔스의 이러한 견해들은 지금 해방을 위해 투쟁하고 있는 모든 프롤레타리아들이 채택하고 있다. 그러나 두 친구가 당시의 사회주의적 저술활동과 사회운동에 참여했던 1840년대에 그러한 견해들은 전혀 참신한 것이었다. 당시에는 재능과 정직함의 유무에 관계없이 많은 사람들이 정치적 자유를 위해 투쟁했고, 부르주아지의 이해와 프롤레타리아트의 이해 사이에 존재하는 적대감을 간파해내지 못한 왕·경찰·성직자들의 전제정치에 맞서 투쟁에 몰두했던 수많은 인민들이 있었다. 하지만 이들 인민들은 하나의 독립된 사회세력으로서 행동하는 노동자들의 사상을 품고 있지 못했다.

또 한편으로 당대의 사회질서가 지니고 있는 불의에 대해 단지 지배자와 통치계급들을 설득하는 것이 필요할 뿐이었고, 당시에는 이 땅의 평화와 일반적 복지가 쉽게 이룩되리라고 여긴 많은 몽상가들과 그러한 몇몇 천재들도 있었다. 그들은 투쟁 없는 사회주의를 꿈꾸었다. 결국 그 당시 모든 사회주의자들과 노동계급의 친구들은 일반적으로 프롤레타리아트를 단지 **종기**(ulcer)로만 여겼으며, 산업의 발달과 더불어 프롤레타리아트가 어떻게 성장하는지를 혐오스러운 눈초리로 쳐다보았다. 그래서 그들은 산업 및 프롤레타리아의 발전과 '역사의 수레바퀴'를 멈추게 하려고 온갖 수단을 가리지 않았다.

마르크스와 엥겔스는 프롤레타리아트의 발전에 대한 일반적 공포를 전혀 갖지 않았다. 오히려 그들은 프롤레타리아트의 지속적 성장에 전적으

1918년 11월 7일 '마르크스·엥겔스 동상
제막식'에 선 레닌.

로 희망을 걸었다. 프롤레타리아트가 많을
수록 혁명적 계급으로서 그들의 힘은 더욱
커지며, 사회주의에 가까이 다가설 가능성
이 더욱 높아진다. 노동계급에게 마르크스
와 엥겔스가 이바지한 것들은 다음과 같이
몇 마디로 표현될 수 있을 것이다. 즉 그들
은 노동계급에게 스스로 깨닫고 의식하도
록 가르쳐주었으며, 또한 몽상을 과학으로
대체시켰던 것이다.

　이것이 바로 엥겔스의 이름과 생애가 모
든 노동자들에게 알려진 이유이다. 또한
우리의 모든 출판물들과 마찬가지로(러시
아 노동자들에게 계급의식을 일깨워주기 위해) 이 논문 모음집에서 근대 프롤
레타리아트의 위대한 두 교사 중 한 사람인 프리드리히 엥겔스의 생애와
저작을 개관하는 것도 바로 그러한 이유 때문이다.

　엥겔스는 1820년 프로이센 제국의 라인주에 있는 바르멘에서 태어났
다. 그의 아버지는 방직공장을 경영하고 있었다. 1838년 엥겔스는 고등학
교를 중퇴한 뒤 가정 사정 때문에 브레멘에 있는 상점에 점원으로 들어갔
다. 하지만 엥겔스는 스스로 과학적·정치적 교육을 추구하였고, 상점 일
때문에 그의 신념이 방해받지는 않았다. 그는 고등학교에 다닐 때에도 관
료들의 횡포와 독재를 증오했다. 그의 정신은 철학을 공부함으로써 더욱
발전해나갔다.

　그 당시 헤겔의 가르침은 독일 철학계를 지배했고, 엥겔스는 그의 추종
자가 되었다. 설령 헤겔 자신은 독재적인 프로이센 국가의 찬미자이자 베
를린 대학 교수로 있었더라도 헤겔의 **가르침**은 혁명적이었다. 인간 이성
과 그 권리에 대한 헤겔의 신념, 그리고 우주는 변화·발전의 연속적 과정
을 거치고 있다는 헤겔 철학의 근본 명제는 베를린 철학자의 몇몇 제자들

(현존 상황을 받아들이기 거부하는 사람들)을 이러한 상황에 맞서는 투쟁, 즉 현존하는 오류와 압도적인 악에 맞서는 투쟁도 역시 영원한 발전의 보편적 법칙에 뿌리를 두고 있다는 사상으로 이끌었던 것이다.

모든 사물이 발전한다면, 어떤 제도가 다른 제도로 대체된다면 어찌하여 프로이센 왕이나 러시아 차르의 독재, 거대한 다수의 희생을 담보로 한 하찮은 소수의 부 혹은 인민에 대한 부르주아지의 지배가 영구히 지속되는가?

헤겔의 철학은 정신과 이념(idea)의 발전을 말했다. 따라서 그것은 **관념론적**이었다. 그것은 정신의 발전으로부터 자연과 인간 그리고 인간적 관계와 사회적 관계의 발전을 이끌어냈다. 마르크스와 엥겔스는 발전의 영원한 과정에 대한 헤겔의 이념을 간직한 반면에[15], 관념론적 선입견은 거부했다. 따라서 그들은 삶에 관심을 돌렸고, 자연의 발전을 설명해주는 것은 정신의 발전이 아니라 오히려 정신에 대한 설명이 자연으로부터, 물질로부터 비롯되어야 한다는 사실을 알고 있었다. 헤겔과 다른 헤겔주의자들과는 달리 마르크스와 엥겔스는 유물론자였다. 그들은 세계와 인류를 유물론적으로 고찰하면서(모든 자연현상에는 물질적 원인이 깔려 있는 것과 마찬가지로) 인간 사회의 발전도 역시 물질적 힘과 생산력의 발전에 의해 좌우된다는 사실을 인식했다.

인간의 욕구 충족에 요구되는 물질의 생산 속에서 인간이 다른 인간들과 맺는 관계는 생산력의 발전에 의존한다. 그리고 사회생활의 모든 현상과 인간의 열망·이념·법률은 이들의 상호관계 속에서 설명될 수 있다. 생산력의 발전은 사적 소유를 바탕으로 한 사회관계를 창출해내지만, 이제 우리는 이와 같은 생산력의 발전이 대다수의 부를 박탈하여 하찮은 소수의 수중에 집중시키고 있음을 보고 있다. 생산력의 발전은 근대적 사회질

---

15) 마르크스와 엥겔스는 종종 자신들의 사상적 발전이야말로 위대한 독일 철학자들, 특히 헤겔에게 크나큰 빚을 지고 있다고 지적했다. 엥겔스는 다음과 같이 말했다. "독일 철학 없이 과학적 사회주의는 결코 탄생하지 못했을 것이다(프리드리히 엥겔스의 『독일의 농민전쟁』에 대한 서문의 주, Marx and Engels, *Selected Works*, Vol. I, Moscow, 1958, 652쪽)."

서의 토대인 소유를 폐지하고, 사회주의자들 스스로가 설정한 바로 그 목표를 향해 고군분투하고 있다. 모든 사회주의자들이 해야 할 일은, 어떤 사회세력이 근대사회에서 차지하고 있는 위치로부터 사회주의를 일으키는 데 관심을 갖고 있는지를 깨닫는 것이며, 자신의 이해와 역사적 임무에 대한 의식을 그 세력과 나누어가지는 것이다. 이 세력이란 다름 아닌 프롤레타리아트이다.

엥겔스는 1842년 아버지가 주주인 한 상사에 들어가 정착했던 영국의 산업중심지 맨체스터에서 프롤레타리아트를 비로소 알게 되었다. 여기서 엥겔스는 공장 사무실에 앉아 있었을 뿐만 아니라, 노동자들이 살고 있는 닭장과도 같은 슬럼가를 배회하면서, 직접 노동자들의 가난과 비참함을 목도했다. 하지만 그는 개인적 관찰에만 머무르지 않았다. 그는 영국 노동계급의 상태에 관해 종전에 간행된 모든 자료들을 읽었고, 입수 가능한 공식문서들을 모두 주의 깊게 파헤쳤다. 이러한 연구와 관찰의 결실이 바로 1845년에 발표된 『영국 노동계급의 상태』였다. 우리는 엥겔스가 『영국 노동계급의 상태』를 집필함으로써 보답한 최대의 공헌이 무엇인가를 이미 언급했다.

엥겔스 이전에도 많은 사람들이 프롤레타리아트의 고통에 대해 묘사했고, 그들을 도울 필요성을 지적했다. 엥겔스는 프롤레타리아트가 **그저 고통받는 계급만은** 아니라고 말한 **최초의** 인물이다. 사실상 프롤레타리아트를 견딜 수 없는 상태로 내몰고, 그들이 스스로의 해방을 위해 투쟁할 수밖에 없도록 만든 것도 그들의 비참한 경제적 상태이다. 또한 투쟁하는 **프롤레타리아트는 그 스스로를 도울 것이다.** 노동계급의 정치적 운동은 필연적으로 노동자들로 하여금 그들의 유일한 구원이 사회주의에 있다는 것을 깨닫게 해줄 것이다. 다른 한편으로 사회주의는 노동**계급**의 **정치투**쟁의 목표로 될 경우에만 하나의 세력으로 될 것이다.

이러한 것들이 바로 영국 노동계급의 상태에 관한 엥겔스의 책이 지닌 중요한 사상들이며, 이것은 오늘날까지도 사고하고 행동하는 모든 프롤레타리아트에 의해 채택되고 있지만, 그 당시에는 전적으로 새로운 것이었다. 이 사상들은 마음을 온통 사로잡는 문제로, 영국 프롤레타리아트의 참상에 대해 생생하고도 충격적으로 묘사하고 있는 책 속에서 전개되어 있다. 그 책은 자본주의와 부르주아지에 대한 신랄한 고발이었고 깊은 감명을 자아낸다.

엥겔스의 책은 근대 프롤레타리아트의 상태에 대해 기술한 것들 중 가장 뛰어난 본보기로서 여러 곳에서 인용되기 시작했다. 그리고 사실상 1845년 이전에는 물론이려니와 그 후에도 노동계급의 참상에 대해 그토록 생생하고 진실하게 묘사한 기록은 없었다.

그는 영국으로 건너와 비로소 사회주의자로 변신했다. 맨체스터에서 그는 당시 영국 노동운동에 적극적으로 참여했던 사람들과 접촉하면서, 영어로 사회주의에 관한 출판물을 집필하기 시작했다. 1844년 독일로 돌아가던 도중에 그는 파리에서 마르크스를 만났는데, 그는 이미 마르크스와 편지를 주고받았던 사이였다. 마르크스도 역시 파리에서 프랑스 사회주의자들과 프랑스적인 생활의 영향을 받아 사회주의자가 되었다. 이곳에서 두 친구는 공동으로『신성가족 또는 비판적 비판에 대한 비판』을 집필했다. 이 책은『영국 노동계급의 상태』보다 1년 먼저 나왔고 대부분 마르크스가 집필했는데, 유물론적 사회주의의 기초를 포함하고 있다. 우리는 그 주요 사상을 앞에서 상술했었다.

『신성가족』은 바우어 형제(부르노 바우어와 에드가 바우어 – 옮긴이)와 철학자들 그리고 그 추종자들에 대한 풍자적 별명이다. 이 신사들은 실천적 행동을 거부하고, 주위 세계와 그 안에서 일어나는 사건들을 단지 '비판적'으로만 관조하면서, 모든 실재와 당파 및 정치활동보다 앞서는 비판주의(criticism)를 설교했다. 이 신사들과 바우어 형제는 프롤레타리아트를 무비판적이고 맹종하는 대상으로 몰아붙였다. 마르크스와 엥겔스는 이 부조리하고 해로운 경향을 단호히 거부했다. 그들은 현실적인 인간(지배계급과 국가에 의해 유린당하고 있는 노동자)에 호소하여, 관조가 아니라 좀 더 나은 사회질서를 위해 투쟁하라고 요구했다. 물론 그들은 프롤레타리아트가 이러한 투쟁을 수행할 수 있고, 또 이와 이해관계를 맺고 있는 세력으로 여겼다.

『신성가족』을 발표하기 전에도 엥겔스는 마르크스와 루게의『독불연보』16)에 그의「국민경제학 비판 개요」17)를 게재했다. 거기서 그는 사회주의 관점으로 당대의 경제적 질서가 지닌 특징적 현상들을 고찰했는데, 그는 이것을 사적 소유의 지배하에서 나타나는 표면적 산물로 간주하고 있다. 엥겔스와의 교류는 마르크스가 정치경제학을 연구하기로 결심하는 결정적 요인이 되었는데, 그의 저작이 지닌 과학성은 진정한 혁명을 창출해냈다.

1845년에서 1847년까지 엥겔스는 브뤼셀과 파리에서 지냈다. 거기서 살고 있는 독일 노동자들과 실천적 활동을 벌이면서 과학적 저술 작업도 병행했다. 여기서 마르크스와 엥겔스는 비밀조직인 '독일공산주의자동맹'18)과 관계를 맺었는데, '동맹'은 그들에게 온갖 노력을 기울여 완성한 사회주의의 주요 원칙들에 대한 해설을 부탁했다. 그렇게 해서 마르크스와 엥겔스의 저 유명한「공산당선언」이 완성되었고, 1848년에 출판되었다. 이 소책자는 단행본보다 가치가 있다. 오늘날까지 그것이 내포한 사

---

16) 독일어로 파리에서 간행되었으며, 마르크스와 루게가 편집을 맡았다. 오직 초판만이 합본호로 1884년 2월에 발표되었다. 잡지 발행을 중단한 것은, 주로 마르크스와 부르주아 급진주의자 루게 사이의 원칙에 대한 차이 때문이었다.

17) Frederik Engels, "Umrisse zu einer Kritik der Nationalökonomie", Marx, Engels, *Werke*, Band Ⅰ, Dietz Verlag Berlin, 1956, 499~524쪽.

18) 혁명적 프롤레타리아트 최초의 국제적 조직. 동맹을 창설하려는 준비로서 마르크스와 엥겔스는 모든 나라의 사회주의자들과 노동자들을 이데올로기적으로, 조직적으로 결합시키려고 힘썼다. 1847년 초기에 마르크스와 엥겔스는 독일의 비밀결사 '의인동맹'에 가입했다. 1847년 6월 초에 '의인동맹' 회의가 런던에서 개최되었다. 그 회의에서 '공산주의자동맹'으로 개명했고, 전자의 '모든 인간은 형제들이다.'라는 모호한 슬로건을 "만국의 노동자여, 단결하라!"라는 전투적인 국제주의적 슬로건으로 대체했다. '공산주의자동맹'의 목표는 부르주아지의 타도, 계급 적대에 기초한 낡은 부르주아 사회의 철폐, 계급과 사적 소유가 없는 새로운 사회의 건설이었다. 마르크스와 엥겔스는 1847년 11월과 12월 런던에서 열린 동맹의 2차 대회 준비 작업에 참여했다. 대회의 지령으로 '동맹'의 강령인 「공산당선언」을 1848년 2월에 집필했다. '공산주의자동맹'은 프롤레타리아트 혁명가의 학교와 프롤레타리아트 당의 맹아로서, 그리고 '국제노동자협회'(제1인터내셔널)의 선구자로서 위대한 역사적 역할을 해냈다. '동맹'은 1852년 11월까지 존속했다. 동맹의 역사는 F. 엥겔스의 논문「공산주의자동맹의 역사」(Marx and Engels, *Selected Works*, Vol. Ⅱ, Moscow, 1958, 338~57쪽)에 담겨 있다.

상은 문명세계의 조직화되고 투쟁적인 프롤레타리아트 전체를 고무시키고 또 길을 안내해주고 있다.

프랑스에서 일어나 서유럽의 다른 국가들로 확산된 1848년 혁명으로 인해 마르크스와 엥겔스는 고국으로 돌아갔다. 프로이센의 라인 지방에 자리 잡은 그들은 쾰른에서 발행된 민주주의적인 『신라인신문』[19]의 편집 책임을 떠맡았다. 두 친구는 라인 지방에서 일어난 모든 혁명적·민주주의적 열망의 심장이자 영혼이 되었다. 그들은 반동세력에 대항하는 인민의 이해와 자유를 지키기 위해 끝까지 싸웠다. 이미 알고 있는 것처럼, 최근에는 반동세력이 고지를 점령했다.

『신라인신문』은 발행이 금지되었다. 망명기간 동안 프로이센 시민권을 박탈당한 마르크스는 추방당했다. 엥겔스는 시민무장봉기에 가담했고, 세 차례 전투에서 자유를 위해 싸웠다. 반란군의 패배 이후 그는 스위스를 거쳐 런던으로 몸을 피했다.

마르크스도 런던에서 거주했다. 엥겔스는 1840년대에 그가 일했던 맨체스터 상사에서 다시 사무원으로 근무했으며, 곧이어 주주가 되었다. 1870년까지 엥겔스는 맨체스터에서 지낸 반면에 마르크스는 런던에서 지냈다. 그러나 이것이 그들의 활발한 사상 교류를 방해하지는 못했다. 그들은 거의 매일 편지를 주고받았다. 이와 같은 편지 왕래 속에서 두 친구는 견해와 착상을 서로 교환했고, 과학적 사회주의를 완성하기 위한 공동연구를 이어나갔다. 1870년 엥겔스는 런던으로 이주했고, 가장 열정적인 천성을 지닌 그들의 한결같은 지적 삶은 마르크스가 사망한 1883년까지 계속되었다. 그것의 결실이 마르크스에게는 우리 시대 정치경제학의 가

---

19) 1848년 6월 1일에서 1849년 5월 19일까지 쾰른에서 발행되었다. 이 신문의 운영자들은 마르크스와 엥겔스였고, 편집장은 마르크스였다. 레닌이 말한 것처럼, 그 신문은 "혁명적 프롤레타리아트의 가장 탁월한 기관지였다." 그것은 대중들을 교육시켰고 그들에게 반혁명과 싸우도록 일깨웠다. 그리고 그것의 영향력은 독일 전역을 통해 감지할 수 있었다. 『신라인신문』이 간행된 첫 달부터 그 신문의 확고하고 화해할 수 없는 입장과 전투적 국제주의 때문에, 봉건적 왕당파와 자유주의적 부르주아 신문과 정부의 탄압을 받았다. 결국 프로이센 정부에 의한 마르크스의 국외 추방과 다른 편집자들에 대한 억압적 조치로 발행이 중단되었다. 『신라인신문』에 관해서는 엥겔스의 기사 「마르크스와 신라인신문」(1848~1849; Marx and Engels, *Selected Works*, Vol. II, Moscow, 1958, 328~38쪽)을 보라.

장 위대한 저작『자본론』으로 맺어졌고, 엥겔스에게는 크고 작은 여러 저작들로 맺어졌다.

마르크스는 자본주의 경제의 복잡한 현상들에 대한 분석을 계속했다. 엥겔스는 가끔 논쟁적 성격을 띤 짧은 저작들에서 역사 및 마르크스의 경제학 이론에 대한 유물론적 이해를 통해 더욱 보편적인 과학적 문제들뿐만 아니라 과거와 미래의 다양한 현상들까지 다루었다. 엥겔스의 저작들을 살펴보면 다음과 같다. 뒤링에 대한 논쟁적 저작(철학·자연과학·사회과학의 영역에서 매우 주요한 문제들을 분석하고 있다)[20],『가족·사유재산 및 국가의 기원』(1895년 상트페테르부르크에서 러시아어로 제3판이 번역되었다)[21],「루트비히 포이어바흐」(플레하노프가 러시아어로 번역하고 주석을 달았다. 제네바, 1892)[22], 러시아 정부의 외교정책에 관한 논문(제네바에서 러시아어로 번역되었다.『사회민주주의자』, 1~2호)[23], 주택문제에 관한 일련의 논문들[24], 그리고 끝으로 러시아의 경제발전에 관한 귀중한 두 개의 소논문[25](「러시아에 관한 엥겔스의 논문」, 자술리치가 러시아어로 번역하였다. 제네바, 1894) 등이 그것이다.

마르크스는 그의 방대한 저작『자본론』에 마지막 손질을 가하기 전에

---

20) 이것은 놀라우리만큼 풍부하고 교훈적인 책이다(Frederick Engels, *Herr Eugen Dühring's Revolution in Science*[*Anti-Dühring*]). 불행히도 사회주의 발전의 역사적 개요를 담고 있는 일부만이 러시아어로 번역되었다(「과학적 사회주의의 발전」, 제2판, 제네바, 1892). F. 엥겔스의 「공상적 사회주의와 과학적 사회주의」는 『반뒤링론』에서 3개의 장을 이루고 있는 팸플릿으로서, 1892년에 같은 제목으로 러시아어판이 출간되었다(Marx and Engels, *Selected Works*, Vol. Ⅱ, Moscow, 1958, 116~55쪽).

21) Frederick Engels, *The Origin of the Family, Private Property and the State*, Marx and Engels, *Selected Works*, Vol. Ⅱ, Moscow, 1958, 170~327쪽.

22) Frederick Engels, *Ludwig Feubach and the End of Classical German Philosophy*, Marx and Engels, *Selected Works*, Vol. Ⅱ, Moscow, 1958, 358~402쪽.

23) 프리드리히 엥겔스의 논문 「러시아 차리즘의 외교정책」은 『사회민주주의자』에 2회에 걸쳐 발표되었다. 『사회민주주의자』는 1890~1892년 사이에 런던과 제네바에서 '노동해방단'이 발행한 문학과 정치평론지로서 4호까지 발행되었다. 그것은 러시아에서 마르크스주의 사상을 보급시키는 데 큰 역할을 했다. G. V. 플레하노프, P. B. 악셀로트, 자술리치는 발행에 협력한 주요 인물이었다.

24) Frederick Engels, *The Housing Question*, Marx and Engels, *Selected Works*, Vol. Ⅰ, Moscow, 1958, 546~635쪽.

25) 『러시아에 관한 프리드리히 엥겔스*Frederick Engels on Russia*』(제네바, 1894)라는 책에 실린 엥겔스의 논문 「러시아의 사회관계에 대하여*On social Relations in Russia*」와 그 후기를 말한다.

숨을 거두었다. 그러나 초안은 이미 마무리되었고, 마르크스 사망 후 엥겔스는『자본론』제2권과 제3권을 준비하여 출판해야 할 막중한 임무를 떠맡았다. 그는 제2권을 1885년에 출판했고, 1894년에는 제3권을 출판했다 (그의 죽음으로 제4권의 준비 작업이 중단되었다).[26] 이 두 권의 책은 엄청난 노동을 요구했다. 오스트리아 사회민주주의자인 아들러는 다음과 같이 명백히 밝혔다.

"엥겔스는『자본론』2~3권을 출판함으로써 스스로 의도하지는 않았지만 자신의 이름을 지울 수 없도록 새긴 기념비, 즉 그의 벗이었던 천재에 대한 장엄한 기념비를 세웠다."

정말로 이 두 권의『자본론』은 마르크스와 엥겔스 두 사람의 작업이다. 오랫동안 전해오는 얘기들은 여러 방면에서 감동을 주는 우정의 사례들을 담고 있다. 유럽의 노동자는 다음과 같이 말할지도 모른다. 즉 프롤레타리아트의 과학은 학자이자 전사인 두 사람에 의해 창조되었고, 그들이 갖는 서로의 관계는 인간의 우정에 대한 고대인의 가장 감동적인 이야기들보다 훨씬 뛰어난 것이라고. 엥겔스는 항상(대체적으로 보아, 아주 당연하다는 듯이) 자신을 마르크스 다음으로 두었다. 엥겔스는 그의 오랜 동지에게 "마르크스의 일생에서는 제2 바이올린을 켰다."[27]라고 썼다. 살아생전의 마르크스에 대한 그의 애정과 존경은 끝이 없었다. 이 준엄한 전사이자 엄격한 이론가는 깊이 사랑하는 마음을 가지고 있었다.

1848~1849년의 운동 이후에 망명중인 마르크스와 엥겔스는 과학적 연구에만 자신들의 작업을 한정시키지 않았다. 1864년에 마르크스는 '국제

---

26) 1862~1863년에 집필된 마르크스의『잉여가치학설사』는 엥겔스가 표현한 견해에 따라 레닌이『자본론』제4권이라고 지칭했다.『자본론』제2권의 서문에서 엥겔스는 다음과 같이 쓰고 있다. "제2권과 제3권의 많은 부분들이 삭제되었으므로 나는 이 원고의 비판적 부분들을『자본론』제4권(『잉여가치학설사』)으로 출판할 작정이었다(K. 마르크스,『자본론』, 제2권, 2쪽)". 그러나 엥겔스가 제4권의 발행을 준비하는 데는 실패했으나, 이후 1905년과 1910년에 카우츠키의 편집에서, 원문에 대한 정확한 출판의 기본원칙이 무너지고 마르크스주의의 이론들이 상당히 왜곡되었다. C.P.S.U.의 중앙위원회 산하 '마르크스·레닌주의연구소'는 1862~1863년의 원고(K. 마르크스,『잉여가치학설사』,『자본론』, 제2권)에 따라, 3분책으로『잉여가치학설사』(『자본론』, 제4권)의 새로운 판을 발행하고 있다. 제1분책은 1955년에, 2분책은 1957년에 발행되었다.
27) 엥겔스가 베커(I. F. Becker)에게 보낸 편지에는 1884년 10월 15일로 적혀 있다.

노동자협회'[28]를 창립하여 10여 년 동안 지도했다. 엥겔스도 역시 적극적으로 그 일에 참여했다. 마르크스의 생각에 따라 모든 국가의 프롤레타리아트를 결합시켰던 '국제노동자협회'의 활동은 노동계급 운동의 발전에 엄청난 의미를 가져다주었다. 그러나 70년대 '협회'의 해산에 직면하고서도 마르크스와 엥겔스는 프롤레타리아트를 하나로 결합시키는 역할을 포기하지 않았다. 오히려 다음과 같이 말할 수 있을 것이다. 노동계급 운동의 정신적 지도자로서 그들이 갖는 중요성은 계속 증대되었다. 운동 그 자체가 계속 성장했기 때문이었다.

마르크스가 숨진 이후에도 엥겔스는 홀로 유럽 사회주의의 조언자이자 지도자로서 활동을 계속해나갔다. 박해에도 불구하고 그 힘이 급속하고 꾸준히 성장한 독일 사회민주주의자들뿐만 아니라 첫 걸음을 내딛는 데 심사숙고해야 했기 때문에 힘들 수밖에 없었던 후진국, 즉 스페인·루마니아·러시아의 대표자들도 그의 조언과 지도를 구했다. 그들 모두는 말년에 접어든 엥겔스의 풍부한 지식과 경험으로부터 교훈을 구했다.

마르크스와 엥겔스는 모두 러시아어를 배워 러시아의 서적들을 읽었고, 또 러시아에 대해 지대한 관심을 가졌다. 따라서 러시아 혁명운동에 동조하며 지켜보았고, 러시아 혁명가들과 관계를 유지했다. 둘 다 민주주의자가 된 이후에 사회주의자가 되었고, 전제정치를 증오하는 그들의 민

---

28) 프롤레타리아트 최초의 국제적 조직으로, 영국과 프랑스의 노동자들이 런던에서 소집한 국제 노동자들의 회의에서 1864년 카를 마르크스에 의해 창설되었다. '제1인터내셔널'의 창설은 노동계급의 혁명당을 창건하기 위해 마르크스와 엥겔스가 다년간 끊임없이 벌인 투쟁의 산물이었다. 레닌은 '제1인터내셔널'이 "자본에 대해 혁명적 공격을 가할 준비를 하고 있는 노동자들의 국제적 조직의 토대를 마련해주었으며", "사회주의를 위한 프롤레타리아트의 국제적 투쟁에 토대를 마련해주었다."라고 말했다(V. I. Lenin, The Third International and Its Place in History). '국제노동자협회'의 중앙지도부는 마르크스가 상임위원으로 있었던 총평의회였다. 당시 노동계급 운동에 만연되고 있던 프티부르주아적 영향과 종파적 경향들(영국의 편협한 조합주의, 로망스계 국가들의 프루동주의와 무정부주의)에 맞서 싸우는 과정에서, 마르크스는 총평의회에서 가장 계급의식이 강한 위원들(프리드리히 레스너, 오이겐 뒤폰, 헤르만 융 등)을 주위에 불러 모았다. '제1인터내셔널'은 타국의 노동자들의 경제·정치투쟁을 지도했고, 그들의 국제적 연대를 강화했다. '제1인터내셔널'은 마르크스주의를 보급하고 사회주의를 노동계급 운동과 결합하는 데 크나큰 역할을 했다. 파리 코뮌이 좌절된 이후에 노동계급은 '제1인터내셔널'에 의해 제기된 원칙에 입각하여 대중정당들을 창설하는 임무에 봉착하게 된다. 1873년 마르크스는 "유럽의 상황을 살펴보건대, 당분간 '인터내셔널'의 공식적 조직을 형식상 뒷전으로 물러나게 하는 것이 매우 현명했다(Marx to F. A. Sorge, September 27, 1873)."라고 썼다.

주주의적 의식은 대단히 강렬했다. 정치적 전제와 경제적 억압 사이의 연관에 대한 심오한 이론적 이해와 결합된 이러한 직접적인 정치적 의식과 삶에 대한 풍부한 경험은 마르크스와 엥겔스를 보기 드물게 정치적으로 민감하게 만들었다.

이것이 바로 소수 러시아 혁명가들의 믿음직한 가슴속에서 강력한 차르 정부에 대항하는 영웅적 투쟁의 방향으로 되살아난 이유이다. 이와 반대로 말하자면, 정치적 자유의 획득이라는 러시아 사회주의자의 가장 긴급하고 주요한 임무를 매혹적인 경제적 이득을 위해 회피하는 경향은 당연히 그들에게는 미심쩍게 보였으며, 심지어는 사회혁명이라는 위대한 목적에 대한 직접적인 배반으로까지 여겨졌다.

"노동자의 해방은 노동계급 스스로의 행동을 통해 이루어져야만 한다." 라고 마르크스와 엥겔스는 끊임없이 가르쳤다.[29] 하지만 경제적 해방을 위한 투쟁을 하기 위해 프롤레타리아트는 일정한 정치적 권리를 획득해야만 한다. 더욱이 마르크스와 엥겔스는 러시아의 정치혁명이 서유럽 노동계급 운동에도 역시 엄청난 여파를 던져주리라는 사실을 분명히 알았다. 전제국가 러시아는 일반적으로 항상 유럽 반동의 보루가 되어왔었다. 오랫동안 독일과 프랑스 사이에서 분쟁의 씨앗을 뿌렸던 1870년 전쟁 때문에, 러시아가 누렸던 엄청나게 유리한 국제적 지위는 반동세력으로서 전제 러시아의 중요성만을 높여주었을 뿐이었다.

폴란드·핀란드·독일·미국 또는 어떤 다른 작은 국가들을 억압할 아무런 필요도 갖지 않으며, 끊임없이 프랑스와 독일을 싸우게 할 필요도 전혀 없는 러시아, 오직 자유 러시아만이 전쟁의 부담을 제거하고 현대 유럽이 자유롭게 숨 쉴 수 있도록 할 수 있을 것이며, 또 유럽에서 모든 반동적인 요소들을 약화시키고, 동시에 유럽의 노동계급을 강화시킬 것이다. 이것이 바로 엥겔스가 서유럽의 노동계급 운동의 진보를 위해 러시아에서 정

---

29) Marx and Engels, *Manifesto of the Communist Party*, Karl Marx, *General Rules of the International Working Men's Association*, Marx and Engels, *Selected Works*, Vol. I, Moscow, 1958, 32쪽과 386쪽.

치적 자유를 확립하기를 염원했던 이유이다. 러시아 혁명가들은 그들의 가장 훌륭한 친구를 잃었다.

프롤레타리아트의 위대한 전사이자 스승인 프리드리히 엥겔스의 영전에 삼가 경의를 표한다.

1895년 가을에 집필

1896년 문집 『노동자Rabotnik』[30] 1~2호에서 처음 간행

『노동자』의 원문에 따라 간행

---

30) 1895년 가을에 레닌이 쓴 추도사 「프리드리히 엥겔스」는 1896년 3월 이후 발행된 『노동자』 1~2호에 발표되었다. 논문집 『노동자』는 1896~1899년 '러시아 사회민주주의자동맹'에 의해 부정기적으로 러시아 국외에서 출판되었고, '노동해방단(the Emancipation of Lobour Group)'에 의해 편집되었다. 그것의 실질적인 발기인은 레닌이었는데, 1895년(해외에 있는 동안) '노동해방단'에 의한 논문집의 편집과 출판에 대해 G. V. 플레하노프, P. B. 악셀로트와 합의하기에 이르렀다. 러시아에 돌아왔을 때 레닌은 출판에 대한 재정 지원을 더욱 확고히 하고, 러시아로 오는 편지와 논문들을 접수할 책임을 맡았다. 1895년 12월 체포되기 전에 레닌은 추도사 「프리드리히 엥겔스」와 『노동자』의 편집자들에게 보낼 편지들을 몇 개의 항목으로 준비했다. 이들 중 몇 개는 논문집의 1~2호와 5~6호에 발표되었다. 『노동자』는 통틀어 6호가 3권으로 묶여 발행되었고, 『노동자의 신문Listok Rabotnika』은 10호가 발행되었다.

본래 뜻을 찾아가는 우리말 나들이

알아두면 잘난 척하기 딱 좋은
우리말 잡학사전

'시치미를 뗀다'고 하는데 도대체 시치미는 무슨 뜻? 우리가 흔히 쓰는 천둥벌거숭이, 조바심, 젬병, 쪽도 못 쓰다 등의 말은 어떻게 나온 말일까? 강강술래가 이순신 장군이 고안한 놀이에서 나온 말이고, 행주치마는 권율 장군의 행주대첩에서 나온 말이라는데 그것이 사실일까?

《알아두면 잘난 척하기 딱 좋은 우리말 잡학사전》은 이처럼 우리말이면서도 우리가 몰랐던 우리말의 참뜻을 명쾌하게 밝힌 책이다. 일상생활에서 자주 쓰는 데 그 뜻을 잘 모르는 말, 어렴풋이 알고 있어 엉뚱한 데 갖다 붙이는 말, 알고 보면 굉장히 험한 뜻인데 아무렇지도 않게 여기는 말, 그 속뜻을 알고 나면 '아하' 하고 무릎을 치게 되는 말 등 1,036개의 표제어를 가나다순으로 정리하여 본뜻과 바뀐 뜻을 밝히고 보기글을 실어 누구나 쉽게 읽고 활용할 수 있도록 하였다.

이재운·박숙희 엮음 | 인문·교양 | 552쪽 | 25,000원

알아두면
잘난 척하기
딱 좋은
영어잡학사전

Dictionary of English Miscellaneous Knowledge
for Confidence

영단어 하나로 역사, 문화, 상식의 바다를 항해한다

이 책은 영단어의 뿌리를 밝히고, 그 단어가 문화사적으로
어떻게 변모하고 파생되었는지 친절하게 설명해주는
인문교양서이다. 단어의 뿌리는 물론이고 그 줄기와 가지,
어원 속에 숨겨진 에피소드까지 재미있고 다양한 정보를
제공함으로써 영어를 느끼고 생각할 수 있게 한다.

영단어의 유래와 함께 그 시대의 역사와 문화, 가치를
아울러 조명하고 있는 이 책은 일종의 잡학사전이기도
하다 영단어를 키워드로 하여 신화의 탄생, 세상을
떠들썩하게 했던 사건과 인물들, 그 역사적 배경과 의미 등
시대와 교감할 수 있는 온갖 지식들이 파노라마처럼
펼쳐진다.

김대웅 지음 | 인문・교양 | 452쪽 | 22,800원

투 보이스 키싱

진솔하면서 열정적이고, 머뭇머뭇 조심스러운, 색색의 사랑을 보여주는 소설

실화에 바탕을 둔 소설 ≪투 보이스 키싱 Two Boys Kissing≫은 기네스의 세계 키스 기록 갱신에 도전해, 서른두 시간의 마라톤 키스를 하고 있는 열일곱 살 소년 해리와 크레이그의 뒤를 쫓아간다. 그들이 키스를 하고 있는 동안, 작가는 다른 10대 소년들의 삶에 초점을 맞추어 사랑과 정체성과 소속감이라는 보편적 문제를 다루고 있다.

피터와 닐은 사귀는 사이지만 당면한 사실을 숨기고 만난 적이 있다. 에이버리와 라이언은 이제 막 만남을 시작했지만 앞으로 어떻게 해야 할지 몰라 한다. 쿠퍼는 외톨이고 정체성의 혼란을 겪고 있어 현실 도피적이며 삶에 무관심하다. 작가는 이들 등장인물이 느끼는 고통과 분노와 희망과 사랑을 키스라는 렌즈를 통해 설득력 있게 펼쳐놓는다.

데이비드 리바이선 지음 | 김태령 옮김 | 소설 | 근간

On the 14th of March, at a quarter to three in the afternoon, the greatest living thinker ceased to think. He had been left alone for scarcely two minutes, and when we came back we found him in his armchair, peacefully gone to sleep-but forever.

3월 14일 오후 2시 45분, 살아 있는 사람 가운데 가장 위대한 사상가가 생각하는 것을 그만두었습니다.
겨우 2분 동안 혼자 남겨져 있던 사이, 우리가 다시 돌아왔을 때 그는 안락 의자에 앉은 채 평화롭게, 영원히 잠들어 있었습니다.

- 프리드리히 엥겔스 -